教育·文化理论

changdao xiandai xuexi

倡导现代学习

谢春勤 ◎ 著

NORTHEAST NORMAL UNIVERSITY PRESS
东北师范大学出版社
WWW.NENUP.COM

前　言

　　教育和学习，是一个问题的两个方面。教育有两类，一是传统教育，二是现代教育。学习也有两类，一是传统学习，二是现代学习。根据党的教育方针，我们的教育，是为建设中国特色社会主义培养建设者和接班人的现代教育，我们的学习，是使自己成为有中国特色社会主义的建设者和接班人的现代学习。

　　现代学习认为：学习务必以报效国家为旗帜，务必紧密联系建设有中国特色社会主义实际和世界最先进的生产力发展实际，务必以赶超世界最先进的生产力发展水平为目标、为赶超世界最先进的生产力发展水平全力做好准备。

　　现代学习认为：学习是主观和客观相互作用的过程，我们既是学习的主体，又是学习的客体——因为我们是学习的主体，所以我们要奋发图强，激发主观能动性；因为我们是学习的客体，所以我们要在认识世界的同时，认识并改造自身。

　　现代学习认为：精神因物质而存在——在学习中系统、完整、准确地掌握客观知识、获得客观经验，是精神存在的物质基础；物质因精神而强大——客观的知识、经验，只有内化为主观的思想觉悟，即内化为个人的精神的时候，才会有力量；人的精神，只有在认识世界、改造自身的实践中、在正确的信念、热忱的美感和坚定的意志支持下，同时将自觉性、纪律性、创造性、责任心，用对党、对国家、对人民、对信仰的真诚、担当、血性和敬畏，从内容到形式、从理论到实践都和谐地统一起来并一齐推向极致的时候，才会变得崇高。

　　——在学习中真实地展现崇高精神的伟大、真实地体验崇高精神的美感、真实地促进崇高精神茁壮成长的学习观，叫作崇高精神学习观。

　　——在崇高精神引领下学习——努力通过严明的纪律约束、严格的要求磨砺、严肃的态度陶冶、严谨的作风锤炼，将崇高精神的伟大真实地展现到极致、将崇高精神的美感真实地体验到极致、将崇高精神的成长真实地促进到极致——让崇高精神美这一根红线，把德育、智育、体育统一起来，把知识掌握和能力发展统一起来，把学科学习和思想教育统一起来，使学习成为一门科学。

本书可以是高中和大学阶段学生的课外读物，也可以作为大学师范院校学生的专业参考书。本书对教师、教育科研人员、教育行政管理人员、家长及所有有志于现代学习和所有有志于有中国特色社会主义教育教学研究的人们，都可能具有一定的教育学、教育心理学、学习心理学、学习美学、德育论、课程论、教学论借鉴意义。

感谢原任株洲市教育局局长钟 燕同志、现任教育局长吴安浩同志、株洲市工业学校校长严建国同志和副校长周京平同志、株洲市第二中学校长曾湘漳同志，感谢他们对本书论题的方向把握，尤其是感谢他们对崇高精神学习观的理论肯定；感谢醴陵市第二中学教师刘 泳同志和株洲市工业学校教师王沅江同志——本书从创意提出到主题思想确立，再到具体观点讨论，延及素材整理和章节撰写，刘 泳同志、王沅江同志都给出了许多建设性、专业性意见；感谢北大星学校校长唐巧圆同志坚持实践现代学习理念并为此长期提供教学试验基地和教学试验数据；感谢丁小艳、李伟民等多位同学为本书处理文稿；感谢东北师范大学出版社、北京博仲兴业文化传播公司相关工作人员，感谢所有读者和所有曾经关注过、关心过本书的人们。

由于作者水平有限，缺点、错误在所难免，欢迎大家批评指教。

谢春勤

2017 年 8 月于株洲

目　录

第五章　掌握学习方法

第六章　增强学习意识

第九章 恪守课堂学习的预习原则

第十章 对先生深鞠一躬以示敬意

第四编　带着问题学习

第十四章　带着问题学习

第十五章　问题与解题学习的思想方法（一）

第十六章　问题与解题学习的思想方法（二）

第六编　培养课外学习力

第二十章　养成良好的课外阅读习惯

第二十一章　发现你的兴趣学习点

第七编　关于能力发展的假设

第二十二章　关于能力发展的假设

第九编　父母是你的好老师

第二十五章　父母是你的好老师

第二十六章　把网络学习和学校学习结合起来

第十编　恪守师生礼仪、讲究师道尊严

第二十七章　恪守师生礼仪、讲究师道尊严

第十一编　培养学习品质

第二十八章　从满足现实的需要做起

第一编　倡导现代学习

第一章　倡导现代学习

1.1 倡导现代学习

甲：历史的事实是，国民的学习方式与国家的强弱有关。

沙皇彼得与康熙帝玄烨年岁相近。彼得在国民中厉行现代学习方式，造就了一个幅员广袤、民风强悍，科学家、诗人、音乐家、画家、文学家多于繁星的血性俄罗斯；玄烨在国民中固守传统学习方式，结果是国家万马齐喑，鸦片战争战败、甲午战争战败、诸多战争战败并由此不断丧权辱国、割土裂疆，沦为东亚病夫。历史的事实是，国民的学习方式与国家的强弱有关——强国之所以强，无一不是因为厉行现代学习方式，国民国家意识强烈、国家精神振奋、科学思想普及并以此赶超世界最先进的生产力发展水平而使国家富强；弱国之所以弱，又无一不是因为固守传统学习方式，国民国家意识淡化、国家精神缺失、科学思想匮乏，国家生产力落后于世界先进水平后而使国家贫弱——沙皇俄国就是因为厉行现代学习方式而强大、清代中国就是因为固守传统学习方式而贫弱的。

——在建设有中国特色社会主义、追寻实现中华民族伟大复兴的中国梦的伟大征程中，倡导现代学习方式、扬弃传统学习方式，有着全新的意义。

乙：我们所倡导的现代学习方式，指的是以报效国家为旗帜，紧密联系建设有中国特色社会主义实际和世界最先进的生产力发展实际，以赶超世界最先进的生产力发展水平为目标、为赶超世界最先进的生产力发展水平全力做好准备的现代学习方式（以下简称现代学习）。

现代学习以建设有中国特色社会主义、实现中华民族伟大复兴的中国梦为己任。一切学习目标都与赶超世界最先进的生产力发展水平紧密联系，一切学习活动都与建设有中国特色社会主义、实现中华民族伟大复兴的中国梦紧密联系，一切学习内容都与新一轮世界变局和新一轮生产力革命紧密联系，是现代学习的时代特征。

现代学习坚持"学以益智、学以励志、学以立德、学以修身"的学习宗旨。

坚守旨在强国并志在报国的学习信念，坚定面向现代化、面向世界、面向未来的学习方向；现代学习认为，在学习中全面贯彻并落实党的教育方针，让自己成为有中国特色社会主义的建设者和接班人，是最大的政治。

现代学习以现代数理学习和现代科学技术学习为主线。现代学习不但着眼于眼前的"学（考）"，而且着眼于未来的"用（能）"；不但着眼于动脑的"知（理论）"，而且着眼于动手的"行（实践）"；不但着眼于优秀的世界文化继承，而且着眼于优秀的民族文化创新；现代学习从不将学习停留在感性的认识上，而是将学习深入到理性的实践中——"学习、学习、再学习，实践、实践、再实践"——拥有专门领域的高端知识、高端技术和高端技能，实现真本事和高学力的双向增长，是现代学习之魂。

现代学习强调：人不但要有日趋丰富且日趋高端的智力活动，而且要有日趋丰满且日趋高尚的精神生活；人不但要有日趋丰富且日趋高端的能力成长，而且要有日趋丰满且日趋高尚的个性发展——在崇高精神引领下学习，在学习中真实地展现崇高精神的伟大、真实地体验崇高精神的美感、真实地促进崇高精神茁壮成长——强国的志向、报国的热忱，对党、对人民、对社会主义祖国的忠诚和热爱，对荣誉感、事业心、纪律性，对政治修养、人文关怀、责任担当的执着、向往、追求、眷顾和守望，与单纯的知识认知、单纯的成绩优秀、单纯的名牌大学学历获得相比较，要宏伟、壮观得多！

现代学习厉行崇高精神学习观。崇高精神学习观认为：我们无论在何时学习，无论在何地学习，无论面向谁学习，无论学习什么，都务必要确立高层次的需要、动机、兴趣和高层次的理想、信念、世界观，都务必要将高水平的学习的精神力量，转化为高水平的学习的物质力量，再将高水平的学习的物质力量，转化为更高水平的学习的精神力量；都务必要在严明的纪律、严格的要求、严肃的态度、严谨的作风考验中，在认真负责、坚持不懈、一丝不苟、精益求精的认识世界、改造世界的学习实践中，将崇高精神的伟大真实地展现至极致、将崇高精神的美感真实地体验至极致、将崇高精神的成长真实地促进至极致。

丙：传统学习的学习观念与现代学习的学习观念有着本质的区别。传统学习不在意学习的生产力属性、学习的精神成长属性和学习的建设有中国特色社会主义的目标属性，传统学习集中关注的，是社会学习评价（古代的科举、现代的高考）指定的考试科目、考试大纲、考试形式，及在指定考试中获得的考试分数和在指定考试通过后所能进入的指定的学校，包括在指定的学校毕业后，毕业文凭可能带来的学历功利。

传统学习之风，发轫于"罢黜百家，独尊儒术"的汉武帝，后由隋文帝颁行的科举选士政策加以文本固定。从汉及隋，到唐、宋，经元转明、清，传统学习之风所向披靡，一路因袭传承至民国。事实证明，传统学习之风滥觞之后，汉民族的铁血勇武、侠肝义胆、"气吞万里如虎"的骁勇彪悍之风及无遮无碍、敢为人先、"百花齐放，百家争鸣"的质疑思辨之风顿折，国家竞争力、国家威慑力、国家创造力、国家血性悍然下降；以汉民族为主体的中国从此与以学科学求真、以学思想求变、以学技术求强、以学军事尚武渐行渐远……传统学习最大的弊端，一是在部分国民中形成了不讲公德和公利、不讲实据和实证、不讲实验和实践的形式逻辑思维方式和只顾个人小家、不顾国家大家的小农经济思想方式；二是培养了一堆精神涣散、见利忘义——"当时则荣，没则已焉"的"物质人"——除了唯利是图，对真理道德、国计民生、义务责任均一无所知或均一无所能或均一无所用的政客、看客、过客或食客。"为什么近代科学在欧美发生而没有在中国发生？"（李约瑟之问）"为什么我们的学校培养不出杰出的人才来？"（钱学森之问）为什么有的人读了书就渴望做官，做了官就放肆贪腐？都是因为历史上的传统学习的弊端在汉文化中流转积淀一千余年所导致。

丁：厉行现代学习，淘汰传统学习，既是责任，更是使命。

目前，世界正面临着近、现代史上最大的变局。经济全球化、政治多极化、科技现代化、社会信息化、劳动力机器人化、威胁多元化，使世界各大国的国力，尤其使世界各大国的国家生产力和国家竞争力处于新一轮角力和新一轮飞跃之中。西方各大国一方面通过科技创新，构建起以全球为背景的科研链、产业链、市场链，促进传统产业向先进制造业、先进制造业向综合国力的升级换代，一方面启用国家力量，通过意识形态的、文化经济的、政治军事的、地缘地理的合纵连横，阴谋构建起一道试图遏制并力图窒息中华民族伟大复兴的"围城"。

——这是一场似乎没有战火硝烟、流血牺牲的"上甘岭战役"，一场不分国界、潜滋暗长，但却是剑拔弩张、一日千里的生产力革命。如何厉行现代学习，为国家在这一轮生产力革命里夺得"战略机遇"，如何淘汰传统学习，为国家在这一场世界变局里夺得战略优势，让"东风压倒西风"，让"中国创造"远超"西方创造"，让"中国制造"领先"西方制造"，对我们来说，既是责任，更是使命。

新的挑战和新的使命不但要求我们要有为国家富强和为人民富裕而艰苦奋斗的献身精神与实事求是、独立思考、勇于创造的科学精神，而且要求我们要有以爱国主义为核心的民族精神和以改革创新为核心的时代精神；不但要求我们要用新的思维方式和新的思想方法方式掌握数学、物理学、化学、生物学、美学等文化科学基础知识，而且要求我们创造新科学、新技术、新理论，并将其应用于生产力革命，尤其是制造业革命和军事革命的实际；不但要求我们要有强烈的创新—改革意识、清晰的数理—逻辑意识、精细的复杂工艺理解力、科学的团队组织领导力，而且要求我们要有强健的体魄和报效国家、无畏流血牺牲的尚武精神——总之，新一轮世界变局、新一轮生产力革命，尤其是新一轮制造业革命和军事革命对未来的职业劳动者的素养要求是如此之高——如对手持平板电脑、在现代企业里操作机器人的普通工人的素养要求，对面向计算机屏幕、在现代军队中远程控制无人机、无人舰船、智能弹药的普通士官的素养要求，可能比在传统制造业岗位上生产传统产品和在传统军事技术岗位上组织传统战争的优秀工程师或优秀指挥员的素养要求，还要高级很多很多倍。

我们都是未来的、手持平板电脑或面对计算机屏幕工作的各行各业的工人、军人等职业劳动者。由于新一轮世界变局、新一轮生产力革命对我们的素养要求是革命性的，使得我们现在的学习需要，也务须是革命性的——传统学习是完全无力应对、完全无法满足我们这一革命性的学习需要了。由于传统学习无力应对、无法满足我们这一革命性的学习需要，厉行现代学习，淘汰传统学习，就成了历史的必然。

然而，在某些时候，尤其在某些学校里，传统学习的影响犹如铜墙铁壁一样横亘在我们面前——以考试分数为唯一硬指标的学习评价方式、以考试成绩为唯一硬指标的教学评价方式、以考试升学率为唯一硬指标的学校评价方式，使党的教育方针，使教育者的教书育人责任，同时使德育、智育、体育、美育，部分成了空中楼阁；有些"专家学者"和有些教师完全淡忘了邓小平同志关于"教育要面向现代化、面向世界、面向未来"的政治告诫和教育方针对教育（包括对学习）的法律规范，他们的教育思想或向教育物质化方向、或向西方教育思想和传统教育思想的糟粕方向严重倾斜。个别用钱堆出来的学校（尤其是个别超级小学、个别超级中学、个别超级重点大学），基本不是真实地展现崇高精神的伟大、真实地体验崇高精神的美感、真实地促进崇高精神成长的现代学习家园，而是"精致的个人主义者"们恬不知耻地散播平庸、炫耀私欲、淡泊信仰、追名逐利的传统学习的"名利场"。国家意识与国家精神教育不足、理想与信念教育不足、优秀民族文化与尚武精神教育不足、劳动与现代专业科技教育不足、对西方教育思想和传统教育思想的腐朽部分批判不足，使学校、教师、家长严重地丧失了教育力……说得过分一些，我们部分时候的部分学习，将其比作传统的"朝诵经史子集、夜习八股文章，为的是能够金榜题名"的科举功利型学习毫不为过。

总之，厉行现代学习，淘汰传统学习，将学习全部转移到现代学习上来，努力做能为国家赶超世界先进的生产力发展水平、为建设有中国特色社会主义并为实现中华民族伟大复兴做贡献、精神伟大、品德崇高、有理想、有道德、有文化、有纪律的实干家和实践家，不做百无一用，一心只想状元及第，考名校、做大官、发大财、衣锦荣归的书呆子范进，始终是一件极具现实意义的事！

习近平同志指出："党的十八大提出了建设学习型、服务型、创新型的马克思主义执政党的重大任务。学习是前提，学习好才能服务好，学习好才有可能进行创新。"他又说："一定要把学习作为一种政治责任，一种精神追求，一种生活方式，不断接受马克思主义哲学智慧的滋养，自觉坚持和运用辩证唯物主义世界观和方法论，广泛学习各方面知识，做到学以益智、学以励志、学以立德、学以修身。"习近平同志的要求，是对全党、全军、全国各族人民的学习要求，当然也是对我们的学习要求。

——"伟大的事业呼唤着我们，庄严的使命激励着我们"。历史必将证明，在以习近平同志为核心的中国共产党的领导下，中国势必成为世界历史上最强大的国家；最强大的国家需要最强大的国民，最强大的国民需要培养崇高精神并赶超世界最先进的生产力；培养崇高精神并赶超世界最先进的生产力需要有培养崇高精神并赶超世界最先进的生产力的学习——这一学习无疑是现代学习。

为倡导现代学习，我今不揣浅陋，特将本文置于卷首并期盼能引起大家的批评和重视。

探索和实践

●查阅荀子的《劝学篇》、张之洞的《劝学篇》、福泽谕吉的《劝学篇》，体会现代学习的意义。

●犹太民族和中华民族都是酷爱学习的民族。历史上的犹太民族由于没有独立的国家，曾不得不在世界各地漂泊、备受磨难。但就是这四处漂泊、备受磨难的民族却创造了世界最优秀的文化，并对世界最先进的科学技术有一流的贡献。中华民族有着独立的国家，综合学习条件远比犹太民族优越，但科学技术、生产力水平却逐渐落后（到1949年为止）。这一巨大差异是不是由于两种不同的学习——犹太民族厉行现代学习、而中华民族的学习固守传统学习所导致呢？别匆忙下结论！查找到了足够的实据后，再用论文的形式辨析自己的观点。

1.2 立志报效国家

我们读《邓稼先》，无一不为邓稼先的精忠报国所感动。因为精忠报国，邓稼先毅然回到一穷二白的祖国；因为精忠报国，邓稼先决心为国家研究、制造出原子弹；因为精忠报国，邓稼先从一个普通的物理学博士，成长为一名优秀的中国共产党人——成长为国家的栋梁、人民的骄傲、民族的光荣、现代知识分子的榜样。邓稼先的精忠报国的觉悟、信念和情怀，像大海一样辽阔，像蓝天一样高洁，像昆仑和黄河一样永垂不朽。

人是物质和精神的统一体。"物质人"只需要生存，满足于本能的官能刺激和基本的生活资料获得；"精神人"追求理想的实现、灵魂的铸造、崇高精神的体验和成长。"物质人"是心理学意义上的"小我"，"精神人"则是社会学意义上的"大我"。当人从"物质人"上升为"精神人"的时候，人的觉悟、信念、情怀、美感的质地水平不同了，人的认识力、意志力、需要层次、思维方式、价值理念、精神境界不同了，人的潜能发挥水平也就不同了，人的学习就有可能与国家的繁荣富强联系起来，从而彻底摆脱个人私念，远离懒汉懦夫思想，成为永远仰望着国家的星空，永远胸怀着国家的使命，永远被国家信念感、国家责任感、国家荣誉感、国家敬畏感、国家美感鼓舞着且永远不惜用生命以践行使命的"大我"了——人的精忠报国志向的确立、人的精忠报国觉悟的强化、人的精忠报国信念的实践等的终极意义，就在于它们能指示我们完成从"小我"——"物质人"向"大我"——"精神人"的战略跨越。

21世纪，是中华民族在中国共产党的领导下，实现民族伟大复兴的世纪——到建党一百年的时候，我们要实现"小康社会"，到新中国成立一百年的时候，我们要步入发达国家行列，在两个一百年的目标实现之后，还有更恢宏的国家目标和更重大的国家任务在等待着我们。我们也会面临诸多不可抗力的、重大的国际争端和关系国家生死存亡的国际挑战……所有这些，都需要我们强化国家意识，振奋国家精神，焕发民族光荣，克服民族惰性，掌握真本事，成为"大我"——"精神人"才能从容应对。古人说："一人必死，十人弗能待也；十人必死，百人弗能待也；百人必死，千人弗能待也；千人必死，万人弗能待也；万人必死，横行乎天下"——在中国共产党的领导下，在精忠报国的旗帜引领下，当我们万众一心，为了国家的繁荣不惜赴汤蹈火的时候，当我们同仇敌忾，为了国家的富强不惜流血牺牲的时候，地球上的任何牛人，即使他浑身长角，都不过是一根稻草。

我们的学习，务必是在精忠报国的旗帜引领下的"勿忘昨天的苦难辉煌，无愧今天的使命担当，不负明天的伟大梦想"的报效国家的学习，务必是强化国家意识、振奋国家精神、克服民族惰弱、赶超世界最先进的生产力，绝不准许甲午战争或任何其他侵略战争重演的学习，务必是在崇高精神指引下，真实地展现崇高精神的伟大、真实地体验崇高精神的美感、真实地促进崇高精神茁壮成长的现代学习。

在遥远的地平线上，在灿烂的晨曦里，在高扬的军旗后面，在激昂的军乐声中，迎面走过来一个又一个渴望着胜利、功勋和荣誉的年轻士兵方阵——他们气概威武、目光冷峻，他们一边激情地迈开大步，一边激越地放声高唱着：

"咱——当兵的人，

为什么不一般？

是因为我们都怀揣着——

报国的理想！"

同学们，让我们的方阵和士兵们的方阵、让我们的歌声和士兵们的歌声都交织在一起，让我们的精忠报国之志和士兵们的精忠报国之心融汇成一支横无际涯、绵延不息且又无坚不摧的精忠报国铁流——

　　"我们是血性的中国人，

　　我们热爱自己的国家；

　　我们是精忠报国的中国人，

　　我们立志为报效国家而努力地学习！"

探索和实践

●辩论会。正方，现代学习观：《学习首先是为了报效国家》；反方，传统学习观：《学习首先是为了个人完善》。

●辩论会。十年、二十年、五十年、一百年时，我们中国将可能是什么样子？为了建设一个团结、统一、民主、富强、文明的社会主义大国，我们现在该做些什么？

1.3 学习改变人生

　　首先强调：这里的学习，指的是现代学习；这里的"改变人生"，指的是学习者因为报效国家获得的、以承负更高的社会责任为标志的社会角色的变化。

　　1953年，一位身形瘦小、目光敏锐的年轻人背负着简陋的行李，来到湖南省的安乡农校任教。约在四十年后，这位年轻人先后被推举为中国工程院院士、被选聘为美国科学院外籍院士、被任命为国家杂交水稻工程技术研究中心主任，荣获国家特等技术发明奖、国家最高科技奖、联合国粮农组织颁发的"世界粮食奖"等许多国内或国际奖项——他就是出类拔萃的、令所有的中国人和所有了解他的外国人都肃然起敬的、为中国人民远离饥饿做出巨大贡献的水稻育种专家袁隆平教授。

　　是什么原因改变了袁隆平的人生，是什么原因让他在短短的四十年内，实现了从普通的农业学校教师向世界第一流的农业科学家的伟大跨越呢——答案只有一个：努力学习。

　　不止是袁隆平教授，几乎所有人的出类拔萃和所有人的人生的改变，都决定于他们是否能坚持"努力学习"这一根本——钱学森、郭永怀、邓稼先、袁隆平、于敏不努力学习，能成为钱学森、郭永怀、邓稼先、袁隆平、于敏吗？海军上将、外交家、物理学家、音乐家、教师、大国工匠、理发师、修鞋师不努力学习，他们能成为海军上将、外交家、物理学家、音乐家、教师、大国工匠、理发师、修鞋师吗？毫无疑问，一个人如果不努力学习，这个人就不可能在认识世界的同时认识自己，在改造世界的同时改造自己，他也就不可能完成从襁褓中的婴儿向学生、由学生向海军上将、外交家、物理学家、音乐家、教师、大国工匠、修鞋师的跨越，他对社会生产力的发展，就没有任何贡献，他就不能出类拔萃；他的命运将注定会像路边的野草一样——到时候枯黄衰亡，然后无声无息地随风而逝。

事实上，学习者的学习之所以能改变学习者的人生，乃是因为学习者的学习与学习者的人生改变之间存在着以下必然的、本质的联系：

学习者努力学习——取得学习成就——学习者将学习成就报效国家、服务社会——学习者的学习成就及学习者报效国家、服务社会的成就受到国家、社会的肯定——国家和社会把让学习者承担更高的社会责任、让学习者获得更大的人生光荣、让学习者享有更高的社会地位和更高的社会待遇作为对学习者努力学习、报效国家、服务社会、获得国家荣誉的肯定或奖赏。

袁隆平教授就是一个努力学习、报效国家、服务社会——首先解决了数以亿计的人的吃饭问题，进而得到国家、社会的肯定和奖赏，然后改变了自己人生的样板。

其实，对努力学习、报效国家、服务社会的公民给予肯定和奖赏并改变他们的人生角色，是一条普世的、公开的社会激励机制。世界各国都是利用这一激励机制，激励本国国民确立正确的学习——人生角色改变观，激励本国国民把努力学习与报效国家统一起来，把个人人生的改变与国家、民族命运的改变统一起来的——我们国家概莫能外。

"努力学习、学有所成，报效国家、服务社会，接受国家和社会的肯定和奖赏，改变自己的人生"，是学习英雄主义的表现，是一件光荣的、值得我们无比自豪的事。因此，我们时刻铭记在心的，应是不断地反思并警示自己："你今天努力学习了吗？""你将来有可能对国家和社会做贡献吗？""你在努力掌握真本事吗？"而不是一味津津乐道于怎样的分数、如何如何地考上怎样的大学，然后如何如何地当高官、赚大钱、发大财、讨漂亮老婆之类！

探索和实践

●在 2011 年的 4 月 4 日，北师大教授某某发微博对其学生称："当你 40 岁时，没有 4 000 万元身家不要来见我，也别说是我学生。"又称："高学历者的贫穷意味着耻辱和失败。"我认为，这种看法不对。你呢？

1.4 立德、立功和立言

学习有三大任务——"立德""立功"和"立言"。为了"立德"，故要学做人；为了"立功"，故要学做事；为了"立言"，故要学做学问。

"立德""立功""立言"有主次之分。所谓"太上立德、次立功、次立言"——学做人（学习道德、砥砺品行、践行责任、确立信念、促进崇高精神成长）是一件至高无上，处于"太上"——即处于无比崇高的位置上的任务，学做事（掌握思想方法、培养操作技能、积累工作经验、提高能力素养）处于第二位，学做学问（增长智慧、丰富知识、提高造诣、著书立说并把它们贡献于社会）处在第三位。显然，学做人是远重于学做事和学做学问的。如普通百姓谓本领为"道艺"，"道"列于"艺"前；如尊敬的夫子（即孔子，本文尊称他为夫子）说："入则孝、出则悌、谨而信、泛爱众，而亲仁，行有余力，则以学文"——"孝""悌""信""爱""仁"，指"学做人"；"行"指"学做事"。学做人、学做事的任务完成了——"行""有余力"了，再"学文"——学做学问。从古到今，官员有官德，医生有医德，武师有武德，教师有师德——即使是学做铁匠、木匠、篾匠、油漆匠，乃至学扎纸马、学打豆腐、学做厨师、学收鸡毛废品……三百六十行，行行首先要学的，全都是"德"——先"立德"，即先"修身"——"学道"——"学做人"。

学做人、学做事、学做学问的中心是"做（用）"和"行"，关键是"学"和"知"，且"学""做（用）""知""行"要结合起来。是故人要在做人的过程中坚持不懈地学习做人，在做事的过程中坚持不懈地学习做事，在做学问的过程中坚持不懈地学习做学问；或者说：人要在学做人的实践中，坚持不懈地学会做事和学会做学问，在学做事的实践中，坚持不懈地学会做人和学会做学问，在学做学问的实践中，坚持不懈地学会做人和学会做事。总之，在学习过程中，人要在理论与实践相结合的前提下，坚持不懈地通过"学""做（用）""知""行"的实践，坚持不懈地认识世界并改造世界，包括坚持不懈地认识自身并改造自身。

许多同学把"立德""立功""立言"的顺序颠倒过来了，他们把学做人和学做事视若敝履，甚至嘲笑"学做人"和"学做事"是"左"的、"文革"的思想倾向。他们认为学做学问才是学习，提高分数、考上重点学校就是"硬道理"；他们以为"知"才是学习，"做（用）"和"行"不是学习；他们以为上课听讲才是学习，以为动手实验、社会实践、课外阅读、课余探究不是学习；他们以为解题才是学习，以为参加升旗仪式、打扫教室、擦洗黑板、遵守纪律、整理仪表、服务大家、关爱他人、节约水电、给老人让座、为父母分忧、把地上的废纸捡起来等真实地展现崇高精神的伟大、真实地体验崇高精神的美感、真实地促进崇高精神成长的行为都不是学习。这些把学习单纯地局限为"做学问"——把学习单纯地局限在学校里、课堂上、课本上、概念上，甚至单纯地局限在练习册中的练习题上的观念，显然是错误的。

现代学习和传统学习有道德区别——"君子为学，明道救世"，那种注重崇高精神成长，以报效国家、服务社会为志向，以"立德""立功""立言"为目标，坚持在学做人的实践中，不断地学会做事和学会做学问的学习，是有德的现代学习；那种一切以"个人完善"为圆心、以个人功利为半径，无视崇高精神成长，只注重学做学问、不注重学做人与学做事的学习，是无德的传统学习。实践早已证明，我们的个人品性之所以污泥浊水甚多，根子上都与我们的学习大部分是缺乏崇高精神成长的、无德的传统学习有关系。因此，我们无论在什么时候、无论学习什么，都要坚持不懈地把增进崇高精神成长——"明道""立德"，即把"学做人"放在首位，都要坚持不懈地通过有德的"学""做（用）""知""行"的学习实践，达成"学会做人、学会做事、学会做学问"和"人有所成、事有所成、学有所成"的有德的学习目标。

"国无德不兴，人无德不立"。把"立德"放在首位，将"立功""立言"依序推进的、精神和物质相统一的现代学习，有如肥沃的土壤和甜润的清泉，所有的智慧之树，都是在这块土壤上萌发、在这一泓清泉的浇灌下成长起来的——但愿大家对此有清醒的认识。

探索和实践

● 1910 年，美国学者 E.A. 罗斯在中国考察了一遍后，写了一本叫《China in E.A.Ross's Eyes》的书。在书中，E.A. 罗斯说，中国尽管时刻都在变化，但中国忽视一个很重要的因素，那就是在发展科学技术的同时，应该有良好的公共道德做支撑。对中国来说，如果忽视了社会公共道德的发展与进步，让自私的物质至上主义泛滥成灾，即使科学技术发展了、社会富裕了，也不会是真正的发展与富裕，而将是一场灾难。你如何评价他的观点？

1.5 人皆可以成尧舜

尧和舜是古代传说中的圣贤。"人皆可以成尧舜"，说的是每个人都可以自我超越，都可以出类拔萃，都可以像尧、舜一样，能将自身的聪明才智发挥至极致的意思。

你若期望像尧、舜一样出类拔萃，将自身的聪明才智发挥至极致，建议你做好四件事：一，充分发挥"成尧舜"的主观能动性，别怕苦；二，真实地展现崇高精神的伟大，真实地体验崇高精神的美感，真实地促进崇高精神成长，别低俗；三，主动把握、积极创造"成尧舜"的机遇，别等待；四，让大家都"成尧舜"，别自私。

你若要充分发挥"成尧舜"的主观能动性，就得奋发图强——奋进、奋斗、奋起、奋力打拼，勇于"吃苦""吃亏"；就得勤奋、严谨、自律——勇于"苦其心志、劳其筋骨、饿其体肤、空乏其身、行弗乱其所为"；你决不可浮躁夸饰、飞扬跋扈，而务必卧薪尝胆——努力在奋进、奋斗、奋起中"吃苦"，在勤奋、严谨、自律中"受难"，在"吃苦""受难"中"静心养性""增益其所不能"。

你若要真实地展现崇高精神的伟大，真实地体验崇高精神的美感，真实地促进崇高精神成长，就要立志报效国家、追求远大的理想和高尚的情感、矢志求真求善求美、求新求变求强——在物质和精神、私欲和公利之间，你要天马行空、我行我素，果敢地、无所顾忌地选择精神和公利。

你若要主动把握"成尧舜"的机遇，至关紧要的，是积极进取又顺势而为——在进取中寻找顺势，在顺势中选择机变，在机变中发现挑战，在挑战中抓住机会，在机会中把握机遇——不断改造思维方式，不断变通思想方式，不断创新方法方式，不断战胜挑战并不断争取决定性的、关键性的外部条件支持。

社会大生产犹如一个大舞台，将自身的聪明才智发挥至极致——使自己"成尧舜"，好比是"搭人梯"。你若想"成尧舜"，就得在这舞台上主演一出《搭人梯》的大戏。在这《搭人梯》的大戏中，你除了善于找到他人的"肩膀"、为自己"成尧舜"找到立足之地外，你还要善于提供自己的"肩膀"，为他人"成尧舜"同时找到立足之地——此所谓"欲立立人、欲达达人"也——你只有不自私，在让"大家都来'成尧舜'"的前提下，你才可能并可以让自己"成尧舜"。

如果你不但能"充分发挥主观能动性"、真实地展现崇高精神、"果敢地选择精神和公利"，而且能主动把握"成尧舜"的机遇，并为他人"成尧舜"提供自己的"肩膀"，那么，你的"成尧舜"的可能性，就有可能转化为你的"成尧舜"的现实性了。相反，如果你或像黑洞一样自私、极端个人主义，或像植物一样得过且过，任由花开花落，或像石头一样麻木不仁，不问春夏秋冬——拒不发挥主观能动性、懒于把握机遇、妒于他人"成尧舜"、拒不为他人"成尧舜"提供自己的"肩膀"，那么，你的"成尧舜"的可能性，就不可能转化为"成尧舜"的现实性了。

我非常赞同夫子的观点。夫子说得好："我欲仁，斯仁至矣"——你只要志在"成尧舜"始终坚持不懈地在艰难困苦中磨炼自己"成尧舜"，始终善于在机变中、在机会中、在机遇中不但让自己"成尧舜"，而且让他人也"成尧舜"，你就有可能出类拔萃，成为像尧、舜一样受人称颂的人。

相传古塞浦路斯有个叫皮格马利翁的艺术家，善雕刻。由于他对自己用象牙雕成的少女产生爱恋，并赋以热情期待，最终雕像成为真人。像这种因为深含期望产生的认知感应现象，称为皮格马利翁效应。艺术家皮格马利翁是对雕像满怀期望产生皮格马利翁效应的，我们则是自己对自己产生皮格马利翁效应的，这或许就是当一个人矢志"成尧舜"，他就真有可能"成尧舜"的心理学原因吧。

有同学或许会反感地说："成什么尧舜啊？'成尧舜'多累啊？'出'什么'类''拔'什么'类'啊？你们看我整天悠闲自在、随心所欲，根本不在乎如何将聪明才智发挥至极致之类，不是很好吗？"

"'人各有志'——我的小伙子。""您不想'成尧舜'，不想出类拔萃，您甚至想成一堆石头，是您的权利，旁人无可指责。但人生也有涯乎？父母予您以生命、国家让您有安宁，地球将承载着您绕着太阳转几十个圆周，您似乎该为母亲、为国家、为地球做些什么才是！况且您少壮时自甘平庸、根本不在乎成为'一堆石头'的所带来的悔恨，只有到了耄耋之年，您才能真切地感受到。而一旦当您发现耄耋将至，地球快对您表示'拒载'，发现自己年轻时甘心成为'一堆石头'乃是一个自私的不可饶恕的错误时，您即使'搬起石头打天'，也没有用了。"

探索和实践

●初看起来，"矢志成尧舜"是一种个人信念，但在实践中，这种个人信念却往往表现一种试图实现自我超越的自我心理暗示。你认为这种观点对吗？试着以此为题写一篇作文。

1.6 君子止于至善

"君子止于至善"的意思是说——无论是做人、做事、做学问，还是学做人、学做事、学做学问，都要秉持极端认真、极端负责、极端自律、极端坚韧的精神，都要自加压力、负重前行、追求卓越、争创一流，都要视责任重如泰山，坚持把责任内的任何事情做到尽善尽美。

马虎、敷衍、放任、随便，认真、负责、自律、坚韧，极端认真、极端负责、极端自律、极端坚韧分别是学习的三个态度层次。马虎、敷衍、放任、随便是极不可取的低端态度层次。认真、负责、自律、坚韧是较可取的中端态度层次。只有在追求卓越、争创一流的精神鼓舞下产生的极端认真又极端负责、极端自律又极端坚韧的态度，才是最可取的高端态度层次。

认真、负责、自律、坚韧的态度与极端认真、极端负责而又极端自律、极端坚韧的态度之间的区别，就表现在"极端"二字上——前者把学习看作是自己的负担，后者则把学习看成是自己的责任；前者把学习看作是自己的任务，后者则把学习看成是自己的天职；前者把学习看作是自己的机会，后者则把学习看成是自己的光荣；前者强调按学校规定的、一般的学习标准学习，后者强调按照自己制定的、比学校高得多的学习标准学习；前者的学习仅是在学习如何做学问，而后者的学习则是在学习如何做学问的过程中，学习如何做事和学习如何做人。

对极端认真、极端负责而又极端自律、极端坚韧的态度而言，其精神表现是极端的崇高，其思想表现是极端的道德，其行为表现是极端的规范，其情感表现是极端的热忱，其意志表现是极端的坚强，其人格表现是极端的真诚担当、极端的毫不利己、专门利人，如果我们对国家、对民族、对他人、对自己，既是极端崇高、极端道德、极端规范、极端美感的，又是极端坚强、极端真诚、极端热忱、极端有担当的，学习上有什么困难不可以克服呢？

毫无疑问，认真、负责、自律、坚韧的学习态度与极端认真、极端负责而又极端自律、极端坚韧、全力以赴的学习态度之间，并不存在严格的界线，但二者间却有着境界的、本质的差别。这种差别好比 99 摄氏度的水和 100 摄氏度的水之间的差别一样——二者尽管只相差一度，但前者是热水，后者却是开水。

我们之所以不能"止于至善"，即极端认真和极端负责而又极端自律、极端坚韧的学习态度缺乏，是因为我们没有把学习视为"比泰山还重"的责任，没有受到追求卓越、争创一流的崇高精神鼓舞，我们还有过多的自私自利之心，我们总是满足于把自己烧成"热水"，不把自己烧成"开水"。因为我们满足于把自己烧成"热水"，所以学习就总是功亏一篑——不得不在低端的传统学习的阴影中徘徊。

探索和实践

●尝试着在止于至善的规范下履行值日生职责，体会极端认真、极端负责、极端自律、极端坚韧精神的作用。

1.7 信念坚如磐石

一个正确的认识，若既有炽热的美感做鼓舞，又有坚定的意志做支撑，还有严谨的作风和严格的纪律做保证，这一正确认识就有可能从被动的认知状态，内化为能动的精神状态——认识的这一能动的精神状态，称为信念。

信念的特点，在于它不但是旨在认识世界的，而且更是志在改造世界的；在于它不但是认知的、行为的、意志的，又是觉悟的、作风的和纪律的，在于它完全脱离了单纯的心理过程而内化成了人的个性意识倾向——因为信念内化成了人的个性意识倾向，所以信念如同人生指南——它是人的精神"骨头"或说它是人的"灵魂"。在一定程度上可以说，信念是世界观的具体化，或说信念是具体化的世界观。

因为信念是具体化的世界观，所以信念具有价值选择功能、目标选择功能和态度选择功能。所谓价值选择功能，指的是面对复杂的外部环境，信念是一价值判断标准；所谓目标选择功能，指的是信念决定了人的需要水平、动机强度和兴趣方向；所谓态度选择功能，指的是在信念作用下，人不但在认识上全力支持自己的价值选择和目标选择，而且在意志上、行为上、情感上、作风和纪律上同时全力激励并支持自己的价值选择和目标选择。

信念的选择功能激发了人认识世界与改造世界的主观能动性，提高了人的意志品质、情感品质水平，使人不但有信仰、有信心、有觉悟、有责任、有担当，而且有胆识、有胆略、有美感、有血性，使人不但以践行自己的信念而自信于世、自立于世、自豪于世,而且不惜为践行自己的信念前仆后继、赴汤蹈火、流血牺牲。在某种意义上可以说,信念是精神的中流砥柱,崇高信念是崇高精神的中流砥柱。

信念产生于对理想、对国家、对党、对人民的忠诚、敬畏、觉悟与热爱,成长于对真理、对美丑、对爱憎、对是非的辨析、体验与拱卫,坚定于身心的磨砺、磨炼与磨难。因此,培养信念并使其坚如磐石,不是空喊口号,而是艰苦至极的勤奋学习和身体力行。因为艰苦至极的勤奋学习和身体力行无处不在,如写字、唱歌、做早操、做作业、做实验,不把有一丝错误的作业交给老师;真诚、真实、真挚,奋发图强、实事求是、百折不挠,威武不屈、富贵不淫、贫贱不移,这些所有包含着认识、情感、意志和态度、作风、纪律张力的所有活动,都可以是培养信念并锻炼其坚如磐石的途径。而立志报效国家,赶超世界最先进的生产力,建设有中国特色社会主义,追寻"中国梦",实现中华民族伟大复兴,成为彻底摆脱个人私念、远离懒汉懦夫思想,永远仰望着国家的星空、胸怀着国家的使命,永远被国家信念感、国家责任感、国家荣誉感、国家敬畏感、国家美感鼓舞着且永远不惜用生命以践行使命的"大我",则是我们坚定的不可动摇的信念,我们务必要使之坚如磐石。

长期以来,人们就学习是为了培养能力还是掌握知识及二者谁先谁后、在学习过程中思想教育与学科学习孰轻孰重的问题争论不休。而我谨慎地认为:一、学习固然是为了掌握知识、培养能力,但学习更是为了培养信念并使之坚如磐石;二、在崇高信念的引领下,思想教育和学科学习如影随形,是一个不可分割的整体;三、单纯培养能力、单纯掌握知识,忽视信念培养的学习,以及脱离学科学习的信念教育与脱离思想教育的信念学习,均不是完整的学习。

现实的情形是,受传统学习观的影响,部分学校的学习多是以应试为目的的任务驱动式、私利驱动式学习,信念培养并使其坚如磐石的理念,常常被批评是"左"的思想而名存实亡;少数学校培养的学生,除了会做题应试、画点画、弹点琴,在"掌握知识、发展能力、培养信念并使之坚如磐石"三者之中,几乎一无所得;说得更严重一些,少数学校培养的,完全不是"信念如磐骨头硬、国家至上担当足"的铁人,而净是些孜孜于富贵、汲汲于名利、看见美女和钞票就流着一尺长口水的信念懈怠、信念病贫、信念苍白的蛆虫。

"砍头不要紧,只要主义真,杀了夏明翰,还有后来人"——人的强大,首先是信念的强大,信念是崇高精神的核心。缺乏信念教育、信念指引、信念锤炼,一味追求考试成绩优秀,学习的崇高精神含量低下,是学校校风不振、个人学业不良的首要原因。

探索和实践

●史光柱,战斗英雄、作家。先后立一等功1次,二等功2次,三等功2次。1984年被中央军委授予"一级战斗英雄",1990年被解放军总政治部等联合授予"全国自强模范"，2006 年被中国文联等联合评选为"全国十佳卓越人物"。

●史光柱生于 1963 年，1981 年入伍。在保卫边境作战中，史光柱在 4 次负伤、8 处重伤、双目失明的情况下，他继续带领战士们奋勇杀敌，取得战斗胜利。1986 年，史光柱进入深圳大学学习，获得汉语言文学学士学位。史光柱发表诗歌、散文共 500 余篇，获全国文学奖 17 次，被誉为中国的"保尔·柯察金"。多年来，史光柱还拖着残疾的身躯，坚持宣传革命英雄主义和社会主义价值观，坚持参与社会公益活动，先后帮助许多残疾人燃起生活的希望。

●读完这一段文字，你对"培养信念并使其坚如磐石"的命题，对史光柱"生命不息、拼搏不止"的崇高精神，有什么感想？你认为"培养信念并使其坚如磐石"与"生命不息、拼搏不止"之间，又有什么联系？

●作文：《信念坚如磐石》

1.8 责任重于泰山

"责任重于泰山！"

在 1968 年 1 月 5 日的凌晨，首都机场附近的居民突然听到一声巨响——一架民航飞机在即将着陆的时刻突然失事着火了！飞机残骸散落一地，机组人员和乘客不幸全部遇难！在许多具烧焦了的遇难者的遗体中，有两具遗体是紧紧地拥抱在一起的。当人们费力地把这两具遗体分开时，发现在他们的紧贴着的怀抱中间，竟完整无损地保存着一份记录着国家热核导弹试验数据的绝密军事文件……"让我们紧紧地抱在一起，我们即使死了，也绝不让记录着国家热核导弹试验数据的绝密文件有半点的泄露或一丝的烧损！"是这两位因公殉职者在生命即将逝去的最后一瞬间做出的重大决定。经查证，这两位因公殉职者中的一位，是中国科学院力学所的原副所长、"两弹一星"元勋、著名的科学家郭永怀同志；他们中的另一位，是郭永怀同志的警卫员牟方东同志。

什么是"责任重于泰山"？像尊敬的郭永怀同志和他的警卫员牟方东同志一样，把国家利益放在第一位，不惜用生命去履行"确保热核导弹试验数据完整无损"的职责，就是"责任重于泰山"。可见"责任重于泰山"不是别的，它是在正确地认识责任、热忱地履行责任、具体地落实责任的基础上产生的，视履行责任高于一切，甚至视履行责任高于自己生命的价值理念、科学态度和担当精神。

正确地认识责任，包括正确地认识责任的内容、意义，认识具体履行责任的时间、地点、行为要求，可以使我们明确我们是为什么负责，及在什么时间、什么地点，以什么样的行为方式对谁负责。一旦正确地认识了责任，我们的责任意识、责任心和责任感就有了思想基础。热忱地履行责任，不但可以让我们的全部身心都集中在履行责任上，满怀信心地、积极主动地、专心致志地做好责任范围内要做好的事，而且让我们体验到责任履行的需要得到满足及责任行为得以展现所产生的美感。具体地落实责任，可以让我们在行动上、时间上和程序上准确地达到全部责任细节要求，不让责任成为一纸空文。

从价值观看来，"责任重于泰山"是信念、世界观、崇高精神、社会主义价值观的具体化；从职业道德及岗位工作职责要求看来，"责任重于泰山"是职业道德及岗位职责要求的具体化；从个性品质看来，"责任重于泰山"是最重要的人格操守——科学态度和担当精神的具体化，所以"责任重于泰山"既是指导我们工作、学习的态度指南，又是评价我们工作、学习、人格操守的客观标准——尊敬的郭永怀同志和尊敬的牟方东同志，就是因为秉持着"责任重于泰山"的信念，不惜牺牲自己的生命去践行"责任重于泰山"这一崇高精神的、同时又是不惜牺牲自己的生命去恪守"责任重于泰山"的职业道德、岗位职责与人格操守要求的，所以他们是践行"责任重于泰山"的模范。

"责任重于泰山"是崇高精神的核心价值观。该核心价值观的积极秉持和反复实践，不但可以提高我们的忠于职守、努力学习、善于学习的心理能力，培养我们的高度自觉、勇于担当的工作作风和绝对可靠、绝对忠诚的人格品质，而且可以为我们赢得真实、诚恳的社会形象、社会声誉和社会公信。当我们携带着这些有着强烈的责任感支持的、高度自觉主动的工作作风和绝对可靠、绝对忠诚、勇于担当的人格品质及忠于职守、努力工作、善于工作的心理能力——尤其是当我们携带着真实、诚信的社会形象和绝对可靠、绝对忠诚的人格品质进入社会生活的时候，社会生活就将给予我们更多的责任托付和更多的责任信赖——社会生活会因为我们已经是一个"责任重于泰山"信念的杰出躬行者而想方设法让我们出类拔萃，或想方设法让我们在出类拔萃后继续出类拔萃！相反，如果我们敷衍塞责、轻诺寡信，思想上缺乏责任认识、情感上缺乏责任热忱、实践上缺乏责任担当，我们不但会因为不负责任而受到责任追究，而且会因为不负责任或不能承担起责任而给他人留下一个人格操守缺乏、毫无信用担当、不可责任托付，即不真实、不诚信且不负责任的人际印象！实践证明，对一个人来说，他的一切羞愧、一切错误，他的一切痛苦和失败，无一不源出于他的不真实、不诚信、不负责任、不敢担当……大家千万要记住：一个人哪怕是给人留下了一丝不负责任的人际印象，就足以毁掉这个人的一大堆的智慧，足以毁掉这个人能否出类拔萃，至少足以毁掉这个人在"出类拔萃"后能否继续"出类拔萃"的一切可能性了！

总之，对我们来说，认识责任、培养责任意识和责任心，坚持用强烈的责任感鼓舞自己真诚地、主动地担当起责任来，无论在什么时候、无论在什么场合、无论在做什么（哪怕是做作业、做值日生、擦黑板、做实验，哪怕是检讨错误），无论是对人、对事、对社会、对国家、对自己，都始终视"责任重于泰山"，都始终极端地认真、极端地负责任，都始终极端地真诚、极端地可靠，都始终极端地勤奋和极端地敬业，都始终能让国家、让上级、让对方极端地放心，是一件极端紧要的事！这是因为有责任才有担当，有担当，才有纪律，有纪律才有成功——当我们在学校学习时，责任、担当、纪律关系着我们的学业的成败，当我们进入社会生活时，责任、担当、纪律关系着我们的事业的成败！所以，在学习实践中，我们要像尊敬的郭永怀同志和尊敬的牟方东同志一样，坚持做一个始终极端忠实地信守着"责任重于泰山"的承诺、始终极端忠诚地坚守着"责任重于泰山"的理念、始终极端忠诚地恪守着"责任重于泰山"的纪律的模范。

　　"责任重于泰山！"是 21 世纪最伟大的语言，是崇高精神的核心理念，是我们的学习得以成功的法宝，也是我们终生得以成就、得以持续发展的法宝。

探索和实践

●从表面上看，一个极端认真地和极端地负责任的、视"责任重于泰山"的人，似乎是他在对工作、对他人、对组织、对上级、对社会负责任，但从本质上看，却是他在自己对自己负责任；任何出类拔萃的人之所以"出类拔萃"，都在于他始终能够坚持不懈地、极端认真地和极端负责地既对他人负责任又对自己负责任。你的看法如何？

●作文：《责任重于泰山》

1.9 千里之行，始于足下

　　1983 年，梁稳根先生毕业于中南矿冶学院（现中南大学）。1986 年，梁稳根在湖南涟源创办了一家生产焊接材料的小厂。1991 年，逐渐壮大的小厂改名为"三一重工"。2003 年，"三一重工"上市。目前，"三一重工"已发展成为世界一流的混凝土机械制造企业。

　　梁稳根先生的创业实践揭示了一个基本的道理——"千里之行，始于足下"。

　　"千里之行，始于足下"的核心是"行"。梁稳根先生的小厂之所以能从中国走向世界，是梁稳根先生和"三一重工"的全体员工实实在在地"行"出来的——老老实实地、一丝不苟地、具体地"足"，老老实实地、脚踏实地地、令神鬼敬畏地、具体地"行"——"做"，杜绝一切华而不实的张扬夸饰和坐而论道，是梁稳根先生的"三一重工"获得成功的秘密，也是我们的学习获得成功的秘密。

　　梁稳根先生创业的时候，只有四个人，六万元。从"四个人，六万元"开始，发展成为世界一流的大公司的创业实践告诉我们："千里之行"是终点，"始于足下"是起点；"千里之行"是有限大，"始于足下"是无限小。从创业的起点到创业的终点，从无限小到有限大，是一个连续的螺旋线渐进过程，任何一步的"始于足下"，都是"千里之行"的起点，任何一步的"始于足下"的停止，却都是"千里之行"的夭折——我们的学习要实现"千里之行"，就必须像梁稳根先生一样，通过"始于足下"的螺旋线渐进的点的持续，实现"千里之行"的螺旋线渐进的线的连续，决不可有丝毫的懈怠和片刻的停息。

梁稳根先生的事业是成功了——我们与其说梁稳根先生的事业获得成功，还不如说梁稳根先生的大无畏精神和从实际出发的思想获得成功。"千里之行"，就是大无畏精神，"始于足下"，就是从实际出发；有大无畏精神，就没有思想包袱，能从实际出发，就坚持了实事求是。我们的学习，也要像梁稳根先生一样，既有大无畏精神——志向高远，有理想和追求，又能从实际出发——勤奋务实、刻苦用功、坚持不懈、有始有终。

总之，学习中的艰难困苦，好比红军长征途中的千山万水，需要我们目标坚定地、一步一个脚印地跨过。对那些纯粹是为了应对考试、有始无终的或满足于一知半解和道听途说的、锲而舍之的、模而糊之的"螃蟹之学"和"蒙鸠之学"，对所有与"志存高远"及"脚踏实地"相悖的夸夸其谈和所有装潢门面的花拳绣腿，对各种学不到真本事的、名不副实的学习"牛屎"，我们一概要敬而远之。我们务必坚信，"从来就没有什么救世主，也不靠神仙皇帝，要创造人类的幸福，全靠我们自己……"只要我们始终秉持着"千里之行，始于足下"的精神，只要我们始终像尊敬的梁稳根先生一样，既有"千里之行"的目标，又有"始于足下"的坚韧，我们总有一天会搬走横亘在我们面前的学习"大山"，取得"千里之行"的学习的胜利。

梁稳根同志是赶超世界最先进的生产力的模范，更是为国争光的模范，我们对他应致以崇高的敬意。

探索和实践

●体会"千里之行，始于足下"这一哲学命题的思想意义。

1.10 全力促进崇高精神成长

"志士不忘在沟壑，勇士不忘丧其元"——一支军队，即使装备精良、军事过硬，若是缺乏对党、对国家、对人民的绝对忠诚，缺乏血性、担当、绞杀力和置生死于度外的崇高精神，这支军队就是一堆肉。我们每个人都与一支军队相仿，即使我们满腹经纶、学富五车，或贵为硕士、博士、院士，若是缺乏崇高精神，也是一堆肉。

——在学习活动中，全力促进崇高精神成长，始终处于首要的位置。

精神因物质而存在——系统、完整、正确地掌握客观知识、获得客观经验，是崇高精神存在的物质基础；物质因精神而强大——客观的知识、经验，只有内化为主观的思想觉悟，即内化为个人的精神的时候，才会有力量；人的精神，只有在改造世界、改造自身的实践中，在正确的信念、热忱的美感和坚定的意志支持下，在将严明的纪律、严格的要求、严肃的态度、严谨的作风，同时将自觉性、纪律性、创造性、责任心，用对国家、对真理、对信仰的觉悟和敬畏，从内容到形式和谐地统一起来并一齐推向极致的时候，才会变得崇高。可见，崇高精神不是"左"的思想，而是以正确认识为基础，在美感的滋润与张扬中，以责任重于泰山、信念坚如磐石为表征的高层次的个性意识倾向状态。

崇高精神的作用，第一，在于它捍卫了我们的高层次的需要、动机、兴趣和高水平的理想、信念、世界观，从而铸就了我们得以自立于世的"脊梁"和借以自强于世的"灵魂"；第二，在于它不断地将精神的力量，转化为物质的力量，又不断地将高水平的物质的力量，转化为更高水平的精神的力量，从而使我们的学习不断地因学习的量变引发学习的质变；第三，在于它把智育、体育、所有的学习活动都在美育的支持下德育化了。

西方的教育，在一定程度上，是强调崇高精神成长的教育（当然，他们的崇高精神内涵与我们的崇高精神内涵有一定区别）；西方的学习，在一定程度上，是强调崇高精神成长的学习。如美国的西点军校就是西方民族倡导崇高精神与躬行崇高精神的样板。西点军校以"责任、荣誉、国家"为校训，坚持认为人要学习爱国精神、奉献精神、科学精神、团队精神，要培养意志、责任心、自觉纪律与强健的体魄；坚持要求人务必要在高端的理想、信念层次上，将崇高精神的伟大焕发至极致。极具讽刺意味的是，西方社会某些人一方面把他们真正的教育精华，即教育人务必要在高端层次上全力焕发崇高精神的教育思想隐蔽起来，一方面把"个人博雅"和"个人完善"等假人本主义教育价值观兜售给我们，甚至讥讽我们的崇高精神学习观为"左"……西方社会实际躬行的、与西方社会某些人向我们反复鼓吹和反复蛊惑的矛盾的教育观告诉我们：如果我们既没有崇高精神做支撑的信念力、学习力、创造力、自律力、实践力、坚忍力、尚武力、审美力、体质与体力等做后盾，又没有崇高精神做引领的面向世界、发愤图强、深谋远虑、履践笃行的高远志向做指南，甚至动辄自己给自己的崇高精神戴上了一顶"左"的帽子——总之，如果我们放弃了崇高精神或不把崇高精神作为引领学习的旗帜，我们势必会陷入西方极端个人主义的笼子和传统学习的单纯应试泥淖！而我们一旦陷入西方极端个人主义的笼子和传统学习的单纯应试泥淖，不管我们如何自吹自擂，说自己是多么多么的神武，根子上我们都是一棵"折脚蓬子"（断根的蒲草。湖南方言，无生命力的意思）！如果我们都是一棵"折脚蓬子"，别说是拿枪的敌人，就是鸡毛蒜皮豆腐渣，也不屑于与我们平起平坐！

真实地追求、展现、彰显崇高精神，真实地体验崇高精神的美感、真实地促进崇高精神成长，是中华文明的精神之根。如《论语》开卷就说："学而时习之，不亦说乎？"又说"朝闻道，夕死可矣！"孟子亦如是，他说"富贵不淫、威武不屈、贫贱不移，此之谓大丈夫"。墨子亦如是："强必治，不强必乱；……强必贵，不强必贱；……强必荣，不强必辱；……强必富，不强必贫；强必饱，不强必饥；……强必暖，不强必寒……"即使是古代的市井故事亦如是——夸父打着一双赤脚，终生奋力追赶着太阳；女娲化身五彩的石子，用生命修补苍穹的缝隙；愚公年过花甲，却手持锄头扁担，下决心搬掉家门口的两座大山——这些是何等的崇高精神气势、崇高精神气概、崇高精神气魄啊！可惜的是，我们尽管读了很多年的书，但就精神品质而言，有时候却远不及一位穷乡僻壤的老农——精神缺失、精神低俗、精神病贫、精神腐败、精神懈怠，是少数同学共有的精神缺陷；精神物质化、精神生理化、精神娱乐化、精神粉丝化或精神痞子化，是少数同学共有的精神危险……如何克服精神缺陷和精神危险、如何促进精神日益伟大并日益成长，是我们急需解决的思想问题。

我们决心进行一次在崇高精神引领下的促进崇高精神成长的学习长征。从今往后，凡是能将国家责任感、国家使命感、国家荣誉感、国家美感、国家血性、国家底气激励至极限，凡是能将纪律约束、意志磨炼及将信念力、学习力、创造力、自律力、实践力、审美力、尚武力、体质与体力展现至极限，凡是能将"既要'求真、求善、求美'，又要'求新、求变、求强'"的真气概振奋至极限的所有事项，不管是预习、上课、复习、考试、做作业、做实验、做早操、做值日生、做家务，还是写字、说话、待人接物、穿衣吃饭、打工、踢足球、坐公交车、过马路、打扫卫生、把地下的一片垃圾捡起来……都是促进崇高精神成长的学习内容；我们务必要在崇高精神的真实展现中，真实地体验崇高精神美，在崇高精神美的真实体验中，真实地促进崇高精神成长——我们无论如何都要打赢这一场促进崇高精神成长的"上甘岭战争"。

西出西宁200里，是青海省海晏县。海晏县有个戈壁滩，叫作金银滩。金银滩环境恶劣、人迹罕至。然而就在这里，就在这条件极端艰苦的地方，共和国将军张爱萍、共和国科学家邓稼先及他们领导下的共和国科学家团队，却为共和国研制出了原子弹（大家可以想一想，共和国若是没有原子弹，将是什么样的国际地位！）面对着将军张爱萍、科学家邓稼先及他们领导下的科学家团队，我们都会情不自禁地俯下身来，向他们深鞠一躬以示敬意。"高山仰止，景行行止，虽不能至，然心向往之"——精神缺陷和精神危险的确不是罪，合法地追求物质利益明显没有错，但一个人，若被精神缺陷所玷污或被精神危险所淹没，一味追求个人私利，崇高精神和崇高精神美拥有率为零，就成了"物质人"，即使他贵如"地球士"甚至"宇宙士"，也纯粹就是一棵"折脚葑子"！这个人就彻底废掉了。

全力促进崇高精神成长，是中国人民从胜利走向胜利的法宝，也是促进我们学习进步、健康成长、和谐发展的法宝，我们千万不能忘记了这个法宝。

探索和实践

●阅读并体会习近平同志在《纪念长征胜利八十周年大会上的讲话》。在讲话中，习近平同志说："人无精神则不立，国无精神则不强。精神是一个民族赖以长久生存的灵魂，唯有精神上达到一定的高度，这个民族才能在历史的洪流中屹立不倒、奋勇向前。伟大长征精神，作为中国共产党人红色基因和精神族谱的重要组成部分，已经深深融入中华民族的血脉和灵魂，成为社会主义核心价值观的丰富滋养，成为鼓舞和激励中国人民不断攻坚克难、从胜利走向胜利的强大精神动力。"问题：人的优势主要在哪里？在信息社会里，人应该如何利用、发挥自己的优势？

●日本明治维新时期思想家福泽谕吉在《脱亚论》中说："我日本国土地处亚洲之东陲……然不幸之有邻国，一曰支那，一曰朝鲜……此两国者，不知改进之道，其恋古风旧俗，千百年无异。在此文明日进之活舞台上，论教育则云儒教主义，论教旨则曰仁义礼智，由一至于十，仅以虚饰为其事。其于实际，则不唯无视真理原则，且极不廉耻，傲然而不自省。以吾辈视此二国，在今文明东渐之风潮中，此非维护独立之道。若不思改革，于今不出数年，必亡其国，其国土必为世界文明诸国分割无疑。"——1894年的中日甲午战争，不全力求强的清政府战败，印证了福泽谕吉的部分预言。

反思福泽谕吉对抱残守拙的满清政府的振耳发聩的批判，你对积极增进崇高精神成长有什么感想？

第二章　要学真本事，不做稻草人

2.1 要学真本事，不做稻草人

古谚云"不为良相，就为良医"，俗话说"打铁还要自身硬"——人是需要有真本事的。没有真本事，像《刘三姐》中的几个酸秀才，除了吟几句破诗外，什么也不会做，就是"划胡子"。"划胡子"不但没有社会尊严，而且可能连饭也吃不上。我们若不想做"划胡子"，就要学真本事。

我觉得，以下方面的表现，是有真本事的表现：

信念如磐骨头硬、国家至上血性足。有崇高精神做支撑。无论在什么时候、无论在什么场合、无论在做什么，为了国家和人民的利益，我们都敢于出生入死、流血牺牲、上得去并打得赢，都能艰苦奋斗、奋发图强，都能守纪律、负责任、有科学态度和务实精神，都能正确认识、积极追求、激情捍卫真理，都始终是忠实地信仰并忠诚地实践"责任重于泰山""信念坚如磐石"的模范。我们若有了崇高精神做支撑，我们就有了精神脊梁，我们有了精神脊梁，我们就有真本事了，或至少有了掌握真本事的基础了。如果我们缺乏崇高精神，或把崇高精神鄙夷为"左"的思想，以致信仰缺失、纪律松散、态度消极、意志薄弱、"见小利而忘义，做大事而惜身"，缺乏政治信仰和政治责任，我们就不可能有真本事了。所以"宁可少活二十年，拼命也要拿下大油田"的全国劳动模范，被称为"铁人"的石油工人王进喜同志及用生命践行使命，在朝鲜战场上，固守上岗岭四十三昼夜的志愿军第十五军、志愿军第十五军军长秦基伟和他的战友们、中国量子技术首席科学家潘建伟院士和他的科研团队，就有真本事。

热爱劳动，善于劳动，脚踏实地，奋发图强。如果在态度上热爱劳动、在意志上坚持劳动、在认知上学会劳动、在技能上善于劳动且脚踏实地，求实创新，我们就有真本事；相反，我们如果厌恶劳动，拒绝劳动，怕苦怕累，对劳动技能一窍不通，是个四体不勤、五谷不分的懒汉，我们就肯定没有真本事。这就像《儒林外史》中的范进，范进虽说是中了举人，有了"高学历"，但因为他什么劳动都做不好，连妻儿都不能养活，故远不及他的杀猪卖肉的文盲岳父——胡屠户有真本事一样。

有大国工匠精神，能用敬业之心，做专业之事，劳动水平达到了出类拔萃的程度。各行各业，别说是科学研究、制船造炮、航天航海、教书育人、编程设计、写作说唱、行医营建、排兵布阵、筑路架桥，哪怕是修鞋、阉猪、做篾匠、做木匠、弹棉花、舞狮子、做风筝、刻石制砚、养蚕制药，只要劳动水平出类拔萃，把职业工作做到极致，成了名家高手或能工巧匠，就有了真本事。比如寓言家伊索、游医扁鹊、布衣军事家曹刿、民间石匠李春，就有真本事。

如果善于独立思考、有创造性，掌握着世界一流的科学技术或世界一流的劳动技艺，能设计并生产出世界一流的劳动产品（包括精神产品和物质产品），对国家赶超世界最先进的生产力发展水平有所贡献，这就是最有真本事的表现了！所以在一穷二白的条件下，能设计并制造出"两弹一星"的科学家——尊敬的二十一位"两弹一星"元勋们，青蒿素的发现者——尊敬的屠呦呦女士，像将军一样稀少但像将军一样备受尊重的导弹测控技师——尊敬的"兵王"王忠心同志及导弹外壳翻砂工毛腊生、预警机\微电焊工潘玉华、火药雕刻师徐立平师傅，就有真本事。

可惜的是（如果说得过分些了，就请原谅），我们中有许多人就没有真本事。我们中有许多人在百分之八十的时间里，没有学习任何真本事，甚至在学习假本事！说得更过分一些，我们中有许多人在百分之八十的时间里，就像一头在草地上闲逛的、无所事事的毛驴，或像一只在柜窗里展览着，涂着脂粉、画着胡子、自以为神武得很的纸老虎——他们不学真本事且全然不知真本事为何物，这是很可悲的。

当今的地球，犹如非洲的塞伦盖蒂大草原。有真本事的民族、国家，犹如狮子和猎豹，无真本事的民族、国家，犹如水牛和角马。在塞伦盖蒂大草原上，不管水牛如何外强中干、角马如何左冲右突，都改变不了终因自己是弱肉而注定被强食的命运。在当今的世界上，我们若不想因是弱肉而被强食，就必须成为"狮子"或"猎豹"；我们若想成为"狮子"或"猎豹"，就非得掌握真本事——掌握世界一流的科学技术包括军事技术、信息技术、工程技术、生物技术、制造技术等世界一流的劳动技艺不行。

如果我们从中学开始，就崇尚崇高精神，热爱劳动和创造，善于独立思考，都执着于努力学习一门真本事，且长大后确实都掌握了这一门真本事（而不是老想着去拼高学历、做大官、发大财之类），那么，在我国的大地上，就会诞生数不胜数的、掌握着世界一流的科学技术和世界一流的制造技艺并能生产出世界一流的劳动产品的、为了祖国富强和人民的富裕而忘我工作着的"狮子"或"猎豹"——那将是多么壮观的情景！到那时候，全世界最先进的生产力，最高超的创造力，表现在我们中国；全世界最先进的制造业和制造力，最强悍、最勇毅的军人，全世界最优秀的科学家、工程师、工技师、农艺师、园艺师、医生、教师、运动员、工人和农民，集中在我们中国；全世界众多尖端产品或尖端产品的尖端技术部分——长命百岁的医药、最动听的音乐和最激动人的电影、最优美的诗歌和文学作品，产生在我们中国；谁胆敢侵犯我们，我们立时将其捻成粉末——这些绝非是胡说八道、说梦话。美国人、德国人、日本人现在做得到的事，我们中国人不久肯定做得到；而我们中国人不久肯定做得到的事，美国人、德国人、日本人不一定做得到。

我们完全没有必要脱离个人实际，去拼考试、拼高分、拼高学历、拼名校之类；在学习上，只要我们全力以赴了，极端认真又极端负责了，外语还是不优秀吗，不要紧的，语文可以优秀；外语和语文都还是不优秀吗，不要紧的，物理、化学可以优秀。教育统计学说明，每个人都有其优势、有其特长的一面——我们做不了科学家，完全可以做个教师、医师、农艺师、工程师、会计师呀！我们做不成教师、医师、农艺师、工程师、会计师，完全可以做个数控机械师或精密仪表师或宝石鉴定师或面包师或理发师或雕花木匠或装修木匠或建筑木匠或建筑泥水匠或电工铣工钳工焊工呀！"世上无难事，只怕有心人"，且"行行出状元"——只要我们是有心人，不管从事那一个职业或那一个行当，我们哪怕是做门卫、做厨师、炸油条、做搬运、收鸭毛、捡废品，我们都能"出状元"，即锻炼出真本事来。

人有真本事，就有社会尊严，就不怕没饭吃。人若没有真本事，就会像孔乙己一样——身着长衫却站着喝酒，但最终因偷书被打折了腿，死了……粉板上还欠了酒店的酒钱——假如孔乙己有真本事，他即使仅学了一门技艺，是个木匠、篾匠、泥匠、补锅匠或弹花匠，也不会可怜到这般田地。

少数同学不努力学习真本事，而是今天学绘画、明天学钢琴，净学些"三脚猫"功夫，或是"三百斤的野猪——一把寡嘴"，只知道东南西北胡侃，或是"做一天和尚撞一天钟"，得过且过，不是愤青，就是嬉闹，不是游戏，就是找异性胡混，这很不好。

"人遗子，满籯金，我教子，唯一经"——"要学真本事，不做稻草人"。

"要学真本事，不做稻草人"，是现代学习最重要的观点之一。

探索和实践

●阅读下面的短文：1. 王忠诚先生，中国工程院院士。曾荣获国家最高科学技术奖、世界神经外科最高荣誉奖，发表论文280篇、专著26部。王先生医术高超：他是世界上唯一的一个做神经外科手术超过一万例的医生；他做的脑干手术死亡率不足1%，居世界首位；他成功切除的直径9cm巨大动脉瘤，至今仍为世界首例；他近几年完成的脊髓内肿瘤切除手术无一例死亡或瘫痪，亦居世界首位。王先生医德高尚，病人给他的红包，他一概不收，即使是国家颁发给他的各个大奖的奖金，他也全数捐给国家或捐给基金会。王先生生活进取简朴，为不占用工作时间，他凌晨4点开始锻炼身体，饭只要吃饱就行了，女儿把他的旧衣服丢掉了，他又把它们捡回来。王先生终生学而不厌、诲人不倦，他先后带出35名硕士、博士、博士后；在全国上万个神经外科医生中，约有三分之一直接或间接地接受过王先生的指导。

2.测控专业是负责导弹发射的专业，是导弹部队最难掌握的专业之一。导弹发射时，有上千条操作规程、有数十台仪器设备，电路、气路、液路有几万个节点。只有初中学历的王忠心同志，却熟练地掌握了这一专业所有的基础知识和基本理论，包括主要仪器设备的构造、操作原理、操作规程和操作要领。王忠心同志当兵29年，当导弹测控班班长25年，在导弹测控专业岗位上工作25年，先后执行重大任务25次，实装操作1300多次，没有下错一个口令、做错一个动作、连错一根电缆、报错一个信号、按错一个按钮。王忠心同志先后获"全军爱军精武标兵""第二炮兵十大优秀士官""全国敬业奉献模范"等荣誉，立二等功1次、三等功2次，被誉为像将军一样稀少并像将军一样备受尊重的"兵王"。

讨论：读完王忠诚先生和王忠心同志的事迹，你有什么体会？你打算如何学习真本事，不做"稻草人"呢？

●汶川大地震是世界屈指可数的大地震之一，但中华民族战胜了它。"非典"是世界屈指可数的恶性传染病之一，但中华民族战胜了它。试着以此为题，写一份《从汶川大地震及震后恢复看中国人的真本事》或《从"非典"大流行及"非典"的彻底战胜看中国人的真本事》的调查报告或相关论文。

2.2 激发高成就的学习需要

我年轻时候，在一条小河边教小学。有一次，我教学生写作文，题目是《我的念想》。有个学生在作文中写道："我的念想是做艄公。你看，做艄公多好呀！每天可以躺在船上，不要出工做事，不打赤脚，不晒太阳，到过年了，人家过河还打红包呢！"我读后，觉得他写真话，很好，但立意浅薄、视野狭窄，不好，于是把他的文章作为范文在班上宣读。学生们听后，一个个哭笑不得、体会好多。很多年后，我去看我的学生们，我发现，当多数学生早已劳动致富时，他却相对贫困；问及他的贫困原因，学生们说：还不是"艄公"惹的祸吗？不愿意"打赤脚、晒太阳"，没有念想，只图轻松做"艄公"，怎么会不贫困呢？

由此可见，在我们的身心活动中，需要（念想）——目前尚缺失、希望在未来得到满足的期望或欲求，始终处于本源的位置。因为有了需要，才有了动机和行为；因为需要得到满足，所以才会有成就感和愉悦感。总之，是需要这一心理特征，才使我们有着有目的的心理活动和有目的的行为活动的。

人的需要分成若干个层次：吃饱饭、穿暖和衣服、不生病、考试及格，是低级的层次；建立友谊、赢得自尊、获得赞誉，是中级的层次；建功立业、学有所成、报效国家、出类拔萃，则是高级的层次。低级层次的需要，有与之相适应的、低级层次的生活与学习方式，它只可能使我们取得低成就。高级层次的需要，有与之相适应的、高级层次的生活与学习方式，它可能使我们取得高成就。需要的层次不同，取得的成就便不一样。所以我们要把学习需要定位在高级层次（简称高层次）上。

通常，我们的学习需要有以下由低到高的层次表现：

——为混日子而学习（挨时间）；

——为逃避惩罚学习（怕父母责难）；

——为获得奖赏学习（为获得好的社会评价）；

——为安身立命学习（视学习为人生投资）；

——为满足个人爱好学习（有兴趣）；

——为履行社会责任学习（实现自我实现和自我超越）。

显然，我们的学习需要一定要定位在"履行社会责任学习（实现自我实现和自我超越）"的层次上。

高成就学习需要即是高级层次的学习需要。从哲学的意义上说，"高层次的学习需要"即高层次精神的需要；从政治学的意义上说，有"高层次的学习需要"，就是"有理想"；从学习学的意义上说，"高层次的学习需要"，即立志报效国家的需要；从心理学的层次看，高成就学习需要即实现自我实现和实现自我超越的崇高精神需要。

表面上看，高成就学习需要的激发是一个主观的过程——因为如果我们自己不激发自己产生高成就学习需要，别人是不可能代替我们产生高成就学习需要的；然而本质上看，高成就学习需要反映的是不断进步的世界最先进的生产力发展实际。因此，我们如果希图自己能不断地产生高成就的学习需要，我们就必须将赶超世界最先进的生产力发展水平的客观需要，转化为自己赶超世界最先进的生产力发展水平的主观需要，并以此为契机，激发自己产生更积极的、更高级的学习动机和学习期望，激发自己产生更积极的、更高级的学习动机、学习意志和学习美感。

通过高级层次学习需要的激发以取得高成就，并非不切实际。我们的大脑皮层的利用率可能不超过3%，我们的双手的利用率可能不过1%，我们的体力利用率甚至不超过0.5%！可以说，我们的潜力无限！我们只要稍加勤奋，即使在上述基础上，各自仅提高利用率的0.1个百分点，我们就可以取得足够大的成就。

心理学家麦克利兰认为：人的需要可分为三个层次——情谊的需要、权力的需要和成就的需要。他认为，人要建功立业，其需要须定位在高成就需要上，且要脚踏实地努力（做个理想的现实主义者）。他认为高成就需要不是天生的，每个人经过努力，都可以产生高成就需要。实践证明，他的话是对的。从社会统计结果可知，高成就的获得者确实并非都是高智能者或高学历者，而无一不是一个不断激发高成就需要的、且又脚踏实地地努力——舍得在某个地方持之以恒地打"井"的人。

高成就的现代学习需要激励我们开掘潜能，获得成就；低成就的传统学习需要则使我们流于平庸。然而，对我们来说，拥有过多的、超越现实可能性的、不切实际的"超高成就"的学习需要也是不妥的，因为它们常使我们的情感陷入因学习需要得不到满足而产生的痛苦、烦闷、忧虑和浮躁之中，是故高成就学习需要的确立必须实事求是。此外，高成就学习需要并非是高学历学习需要——一个能设计导弹火控系统的高级工程师和一个能在一平方厘米大小的导弹火控系统中的电路块上焊上上百个焊点的高级技工同样重要——如何使自己既有高成就的学习需要作学习的心理支撑，但又不让其膨胀成为"超高成就"的"学习需要肥皂"，是一个值得客观对待并小心斟酌的问题。

如果我们没有跨过眼前这条小溪的需要，我们就永远跨不过眼前这条小溪；如果我们没有获得奥运金牌的高成就需要，我们就永远也得不到奥运金牌；如果我们不想出类拔萃，我们就永远不能出类拔萃；如果我们不决心献身国家，我们就永远不会献身国家。这就像林肯总统——如果林肯总统没有成为美国总统的高成就需要，他就永远不能成为美国总统，他的终生充其量不过是一个平庸的、以诉讼弄饭吃、最终被人忘却的乡间小律师一样。

我的那位可爱的学生，就是因为没有高成就需要，只有"做艄公"的低层次需要而相对贫困的。

探索和实践

●阅读《钢铁是怎样炼成的》，了解奥斯特洛夫斯基的一生和他的成书的过程，理解"高成就需要不是天生的，每个人经过努力，都可以产生高成就需要并获得高成就"这句话。

2.3 我们一定要下苦功把数理化学好

数理化是真本事，我们一定要下苦功把数理化学好！

1968年，有三位知青在湖南东部的某个小山村里插队。

他们都是在城市里长大的高中生，刚到农村，感到十分沮丧。但其中一位高中高年级的学长说：学好数理化，走遍天下都不怕，金子总有一天会发光的。

插队后约一个月，队长找到他们说："队里有两百多只鸭子，本该下蛋了，但一直迟迟不肯下蛋，社员们说它们是'木鸭'，都不愿意接手放养，现请你们放养，你们得想办法咯！"三位知青答应了。

"鸭子为什么不肯下蛋呢？"他们就杀了一只鸭子做分析。他们发现，鸭子的卵巢发育正常，但卵泡较小，说明卵巢的功能可能不够旺盛；鸭子油脂多，说明饲料提供的碳水化合物偏多，蛋白质可能偏少。蛋白质与碳水化合物的饲料配比可以调整，但鸭子的生殖功能如何增强呢？其中一个知青突然记起他做中医的祖父说过的一句话——胎盘是神药，许多女人身体虚弱的病都可以用它来治，这说明胎盘里有好多激素和生物化学活性因子，说不定这些激素和生物化学活性因子能增强鸭子的生殖功能。大家一听，觉得有理，就从公社卫生院买回一些胎盘（当时的农村，以为胎盘是污秽的东西，大都是将它埋了的），切碎了喂给鸭子吃；他们将部分饲料稻谷卖了，换回豆饼以提高饲料的蛋白质配比；他们征得队长同意，实行稻—鸭混养；他们还训练鸭子睡午觉、准时在家产蛋，减少不必要的户外能量消耗……他们这样做了之后，鸭子的产蛋量大增。不到九个月，就完成了全年的鸭蛋生产任务。

鸭子生蛋的问题解决后，队长又要他们解决辣椒"发瘟"的问题。

辣椒为什么"发瘟"呢？他们认为，辣椒之所以"发瘟"，是因为辣椒受到了病毒感染；辣椒为什么会受到了病毒感染呢？一个知青分析说，辣椒之所以受到病毒感染，是因为辣椒植株受到了损伤，这就像人的呼吸道受到了损伤容易感冒一样——队上的一个懒汉的辣椒因为没受到损伤（懒汉从不施肥除草）就不"发瘟"，即是证明。大家觉得他分析得对。经队长同意，他们采取降低地下水位、隔冬温室育苗、营养钵移栽、施足基肥、牛粪混稻草地表覆盖、烟草水杀线虫和地老虎、移栽后免去中耕、施肥的措施——也像懒汉一样种辣椒——果不其然，辣椒不再"发瘟"，且获得了高产。

辣椒"发瘟"的问题解决后，大队茶场又要他们去养猪。

他们一看这群猪木然呆滞、瘦骨嶙峋，知道猪生病了，于是就采取了先治病除虫、再强体、后营养，改熟食为部分生食、改草菜饲料为主为高蛋白质饲料为主、改大栏放养为小栏圈养的方法来喂猪。其中一个知青提议仿照飞行员吃营养配合餐的方式为猪生产配合饲料，大家觉得这主意很有创意，就立即实行。他们的科学养猪的方法又获得了成功。

养鸭、种辣椒、喂猪的成功，使他们成了农村种植、养殖的小小土专家，社员们都请他们上门做客，他们成了村子里最可爱的人！这时他们真正地体会到了：学好数理化，真的是走遍天下都不怕啊！

在中学里，数理化是主课。数理化的作用在于：第一，它向我们介绍了，在空间里和在时间里，客观世界的物质的质和客观世界的物质的量是如何规律性地运动的，从而为我们打开了一扇认识世界的窗口。第二，它对我们进行了初步的基本科学思想、基本科学方法和初步的数理—逻辑训练，包括如何动手的训练和如何动脑的训练。第三，它初步培养了我们实事求是的科学态度和勇于实践、大胆创新的科学精神。第四，它有效地改变了我们的思维方式——改变了我们不讲逻辑和实证、不讲实验和实践、不对事物的本质进行深入的数据分析，满足于在华丽的辞藻、在激动的感情支持下产生的形左而实右的归纳判断并使其始终停留在似是而非的感性认知上的、中国传统文化固有的思维方式。

因为数理化具有上述核心的、基础的认识世界与改造世界的内涵，所以它在现代学习内容中、在已经到来的工业革命中，在未来赶超世界最先进的生产力发展水平的奋斗中，尤其在未来赶超世界最先进的制造业发展水平的奋斗中，有着不可替代的核心地位。

可惜的是，我们中有许多同学轻视数理化学习，他们向往的，是来钱多、来钱快的不以数理化为基础的专业和职业或考试能加分的"特长"。我们务必明确：社会大量需求的，是能富国强兵的、能制造坚船利炮的、能让老百姓丰衣足食的、能让竞争对手望而生畏的学好了数理化的优秀现代工人和现代农民、优秀的现代科学家、现代工程师、现代技师、现代军人，而不是对数理化一窍不通的官员、明星、模特和证券投机家。对大多数同学来说，数理化没有学好，既不利于继续学习，也不利于应聘求职。总之，城门失火，殃及池鱼。数理化没有学好，好比一个人没有准备，即使机会来了，也把握不住；又好比一个人患上了慢性病，什么都学不会、什么都学不好。其负向影响是多方面的且是终身的。

真正的素质是什么？真正的素质是旨在强国并志在报国的志向，以国家意识、国家责任感和国家美感为表征的崇高精神及意志、智慧、学习力、血性、强健的体魄、扎实的数理—逻辑素质和扎实的数理化素养、掌握有先进制造必备的新技术和新技能。特长不是素质，至少不是首要的素质。当前学校教育和学校学习之所以弊端丛生，主要的原因，就在于对素质的认识片面，且素质培养在特长技巧上而不在人的崇高精神培养点上。

——先进制造业是任何一个大国立国的根基。我国作为一个大国，先进制造业也应是我国立国的根基。因为数理化是先进制造业的根基，所以说数理化是我国立国的根基一点也不过分。

——在举世认可的十大科学定律或科学理论中，除了进化论和自然选择定律外，全部以数理化为基础；如果缺乏扎实的数理化素养，"赶超当代世界最先进的生产力发展水平"就是一句空话。

1978年，高考制度恢复，三位知青一齐考入大学——看来机遇总是首先赐予那些下苦功学好数理化并实际学好了数理化的人的。

探索和实践

●有人说：缺乏逻辑和数学思辨能力的民族，就是遍地博士也改变不了低智商的命运。系统地说一说你的见解。

2.4 及早给出《学习与职业生涯设计方案》

为了时刻主动地与世界最先进的生产力发展实际紧密联系，同时为了时刻主动地为赶超世界最先进的生产力发展水平做好准备，你应该及早给出自己的《学习与职业生涯设计方案》。

所谓《学习与职业生涯设计方案》，是你根据社会最先进的生产力发展需要和自身条件给出的、关于未来的学习和可能从事的职业的整体设想。

《学习与职业生涯设计方案》的主要内容有：

第一，学历及学位目标设计。即学历和学位要达到的目标。如是中等学校毕业还是大学本科、研究生毕业及是否获得相应的学士、硕士、博士学位。

第二，专业及职业目标设计。即选择什么专业学习及从事什么职业工作。

第三，技术等级及职位目标设计。即可能获得什么样的职称，将可能担任什么样的职务。

第四，重大影响及社会贡献目标设计。如将可能有什么样的专业学术成果及学术成就等。

设计时要适当留有余地，尽力减少方案设计的泡沫。

以下学习与职业生涯设计方案，可以作为我们制订自己的《学习与职业生涯方案设计》的参考。

姓名：李　徽，年龄：１６岁，重点中学高中一年级（班级成绩排名第35名）。

1年目标（16岁）	提高学习的自觉性，扎实学习基础。各科及格。学习成绩达到班级中等偏上水平（班级20名之内）。
2年目标（18岁）	掌握学习方法，充实学习基础。各科成绩在75分以上，达到班级上等偏下水平（15名之内）。
3年目标（19岁）	灵活运用学习方法，学习基础较扎实。各科成绩在80分以上，语、数、外三科在85分以上，达到班级中等偏上的水平（接近班级10名），考入一般大学的船舶动力专业学习。
7年目标（23岁）	以优异的成绩在一般大学的船舶动力专业毕业，获得学士学位。考入重点大学的研究生院核潜艇动力设计专业学习。
10年目标（26岁）	以优异的成绩在重点大学的核潜艇动力设计专业研究生毕业，获得硕士学位，或入伍。
12年目标（28岁）	进入核潜艇设计院工作，了解核潜艇设计、开发中的关键问题，担任核潜艇动力设计的助理设计师。
15年目标（31岁）	考入核潜艇设计专业继续学习（或留学），获核潜艇动力设博士学位。

18 年目标（34 岁）	成为核潜艇动力设计的高级设计师。
20 年目标（36 岁）	成为核潜艇动力设计的副主任设计师。能独立或领导核潜艇的动力机组设计。
23 年目标（39 岁）	成为国内有权威、在国际上有影响的核潜艇的动力设计专家，教授级核潜艇动力设计总设计师。

在进行学习与职业生涯设计的时候，你首先要考虑的，是自己未来的职业在赶超世界最先进的生产力发展水平中、在先进制造业系统中所处的位置、自己未来的职业生涯与发展着的世界最先进的生产力水平的联系程度，及自己未来的职业能否为国家赶超世界最先进的生产力发展水平做出贡献……而非是纯粹的功利驱动；你其次要考虑的，是你的身体实际、兴趣爱好实际及你能否胜任及你的学习是否确有后劲——如你想成为计算机航空航天材料量子模拟技术专家，你首先必须对物理学、数学、化学、计算机科学、航空航天学有兴趣，且你必须同时成为物理学家、计算机编程专家和航空航天材料技术专家。你若是不能三个专家同时兼得，就难以实现自己的计算机航空航天材料量子模拟技术专家的职业目标了。

确定好了自己的《学习与职业生涯设计方案》之后，你就要按照设计方案的要求执行。你不要计较他人对你的评价。你唯一要做的，就是持之以恒地、持续不断地努力。

需要强调的是，你的"学习与职业生涯设计"应是面向世界、面向未来、面向现代化，是旨在强国并志在报国的、以赶超世界最先进的生产力发展水平为目的的"现代学习和现代职业生涯设计"，而不应是面向考试、面向升学、面向社会学习评价的、以满足自我功利需要和自我兴趣需要为唯一目标的、自我职业生涯私利追求设计和"顺其自然"的职业生涯随意设计。

探索和实践

●制订好自己的《学习与职业生涯设计方案》，将它放置在激励你的地方，然后照着做。

2.5 培养健全、和谐的自我意识

我们要做好一件事，一是自己要有"定力"，明确"我是谁"，二是自己要有"张力"，明确"我的责任是什么、我应该做什么且必须做什么"，三是要有"胆力"，明确"我应该如何做到最好"。

无疑，这些"定力""张力"和"胆力"，均来自于健全、和谐的自我意识——健全、和谐的自我意识指的是，不但能正确认识环境（客观世界）的存在，而且能够正确认识自己（主观世界）存在并因此提高要求、严格要求、承担责任、积极进取的意识。

健全、和谐的自我意识能使我们产生健全、和谐的自我知觉和自我美感，其中包括健全、和谐的自我角色知觉、自我责任知觉、自我权力知觉和自我形象知觉和健全、和谐的自我角色美感、自我责任美感、自我权力美感和自我形象美感——我们所拥有的一切真实、善良、坚强、仁爱、弘毅、奋发图强、公而忘私、勇于创造等崇高精神和坚定信念，毫无例外地都来自于健全、和谐的自我意识和在健全、和谐的自我意识支持下，我们对自我知觉和自我美感的真诚捍卫。我们的自我意识若是不健全和不和谐，就没有"定力""张力"和"胆力"，我们若缺乏自我美感，就缺乏是非观和幸福观，我们不但什么事也做不好，而且会导致个性品质不良、思想品质不良、道德品质不良和学习品质不良。

健全、和谐的自我意识应该是我们的意识主线，它在根本上决定了我们是否能正确地自己认识自己、自己激励自己、自己教育自己、自己管理自己，决定了我们是否会自己对自己、对他人负责任，决定了自己对自己要求的高度和严格度以及潜力的开掘度。从心理学意义看，自我意识的健全与和谐，是我们本质的心理健全与心理和谐，自我意识的进步，是我们本质的心理和思想进步。

健全、和谐的自我意识是我们通过自爱自尊自重、自省自警自强获得并增强的。

我们若是有健全、和谐的自我意识，我们就有健全、和谐的自我情怀、自我要求和自我压力，我们的命运就在自己的掌握之中。从这一意义上可以说，凡是一个有健全、和谐的自我意识的人，就是一个有理想、有理性、有血性的人——任何一个有理想、有理性、有血性的人的命运，是不可能被他人所决定、被环境所注定的。

健全、和谐的自我意识是我们进行独立判断、独立思考、批判性思维的心理基础。

健全、和谐的自我意识不同于极端个人主义。健全、和谐的自我意识是人自己清醒地意识到自己存在的意识、自己对自己负责的意识，而极端个人主义则是人一切从个人利益出发的世界观。

探索和实践

●如何做个男子汉？试着用数学建模的方法，从培养健全、和谐的自我意识的角度谈一谈自己的见解，或组织一次班级《国际歌》和《我的中国心》歌唱比赛，在歌唱中体会自我意识。

2.6 勇于自我实现和自我超越

自我实现，是美国心理学家马斯洛创造的一个心理学命题。马斯洛先生说，人的需要是分层次的，最低级的需要是生理的需要，尔后依次由低到高排列着的是安全的需要、爱的需要、尊重的需要和自我实现的需要——自我实现的需要是促使人的潜能得以充分发挥、希望自己越来越成为自己所向往的某个理想人物的最高层次的需要。

马斯洛列举了人趋向满足自我实现需要方向的八条途径：

——忘我——充分地、活跃地、忘我地体验生活，全神贯注地专心于自己的事。

——选择成长（做出成长的选择）。

——独立自主——"要倾听内在冲动的呼唤"。

——敢于反躬自问，承担责任。

——坚持真理，不随声附和。

——竭尽所能地做好自己要做的事。

——促成、发现、体验心醉神迷的"高峰时刻"（自我激励并自我肯定）。

——去圣化并再圣化（破除迷信、解放思想，追求卓越、争创一流）。

从上述八条途径可知，从个体心理分析出发的马斯洛的自我实现理论，并不是以个人私利为中心的、彰显极端个人主义世界观的心理学需要理论。

马斯洛认为，自我实现者无一例外地痴迷于献身于一项身外的事业、执着于某种生命之外的东西——当他专心致志地从事某项工作且视全力地做好它为自己的天职时，他就在实践并力图实现自我超越。

我们的学习是现代学习。紧密联系世界最先进的生产力发展实际，最大限度地开掘潜能、握有真本事、增进崇高精神成长、实现报效国家的伟大志向，是我们的最高层次的需要；献身于旨在强国并志在报国的壮丽事业，是我们的自我实现和自我超越。从这两点出发，我们借鉴马斯洛的理论，将"勇于自我实现和自我超越"的理念贯穿整个现代学习的始终，有着非同寻常的精神意义。

探索和实践

●全力以赴做好值日生——是自我实现的途径吗？首先别说理由，试着实践一周后写一份实践总结报告。

2.7 解放自己的双手

夜半时分，我们不妨扪心自问："在这逝去的一天里，我的一双手做了些什么？它们是否是整天无所事事，经常处于闲置之中呢？"答案可能会使你唏嘘不已——在这逝去的一天里，我们的一双手除了吃饭、上厕所用手纸擦屁股，偶尔写几个文字外，确实是整天无所事事地闲置着，什么也没有做……

让双手闲置着，什么也不做，是我们最常见的学习行为状态。我们务必要尽快地改变这一学习行为状态，我们务必要尽快地把自己的双手从闲置中、从无所事事中解放出来。

人类的祖先是动物，因为前脚得到了解放，人类祖先的前脚就成了前肢；因为前肢得到了解放，人类祖先的前肢就成了上肢；因为上肢得到解放，人类祖先的上肢就成了手；因为有了手，人类祖先就有了制造工具的工具；因为有了工具和制造工具的工具，人类祖先就能改造世界；因为能改造世界，人类祖先就能在改造世界的同时认识世界并在认识世界的同时认识自己并改造自己，进而使自己脱离动物界，最终进化成人。在一定意义上可以说，人类是因为首先有了手的解放，然后才有脑的解放，人类是因为首先有了动手的改造世界的物质活动，然后才有动脑的认识世界的精神活动的；说得夸张一些，人类的大脑甚至可以视为就是人类解放了的双手的延伸——解放自己的双手，就是在解放自己的大脑。

手是世界上最灵巧、最机敏且最多能的器官。手的动作有成千上万种。不管是什么，只要是力所能及的，手都能把它创造出来——钢琴是手弹的、画是手绘的、地是手种的、房子是手建的、核潜艇是手造的，精确到头发丝直径的百分之一的机械零件，是手控制机器加工制得的——世界上所有非自然的万事万物，无一不是手的"杰作"，因此，手乃物质财富和精神财富的创造之源。

在现代学习看来，动脑的"学"和"知"与动手的"做"和"行"是相互依从的两个方面。在动手"做"和"行"的条件下，动脑的"学"和"知"所累积的量变，会产生"学"和"知"的质变；在动脑的"学"和"知"的条件下，动手的"做"和"行"所累积的量变，会产生"做"和"行"的质变。二者持续的质量互变结果，会使动脑的"学"和"知"，是有动手"做"和动手"行"的经验支持的"学"和"知"；会使动手的"做"和"行"，是有思想做基础或有理论为指导的"做"和"行"。如果我们能持续不断地推进这一螺旋形渐进的互变过程，我们的双手就有可能变成一部"万能机器"；我们的双手一旦变成了一部"万能机器"，我们就有可能成为一个善于创造物质财富和精神财富的、有真本事的实干家和有真本事的专家。

如何解放自己的双手，使自己的双手成为一部"万能机器"——成为物质财富乃至精神财富的创造之源呢？如何解放自己的双手，使我们成为有真本事的实干家和有真本事的专家呢？如何解放自己的双手，使我们养成多做少说、勤勉务实的好品行并养成善于动手、长于动手的好习惯呢？

首先，我们要在崇高精神学习观指引下，把动脑的"学"和"知"，尽可能地转化为动手的"做"和"行"。如学习了实事求是，我们就动手践"行"实事求是；学习了愚公移山，我们就动手践"行"愚公移山；学习了文学，我们就动手"做"文学；学习了数学，我们就动手"做"数学；学习了外语，我们就动手"做"外语。总之是动脑"学""知"不息，就动手"做""行"不已。我们要像松树死死地咬住岩石一样，死死执着地坚持在"学中做"、在"做中学"，像地球执着地由西向东转动一样，始终执着地坚守在"知中行"、在"行中知"，切不让双手闲置着。

其次，我们要在崇高精神学习观指引下，把学科的逻辑和言语意义上的知识概念，尽可能地转化为被合理、有序且有效地组织起来的心理活动方式或行为活动方式，即把学科的逻辑的和言语意义上的知识概念，尽可能地转化为能解决实际问题的能动手"做"的心智技能和动作技能，如学习了语法和词汇，我们就把它转化为写作和说话的技能；学习了定理和法则，我们就把它转化为论证和计算的技能；学习了性质和原理，我们就把它转化为设计和装配的技能等。总之是要努力将知识概念技能化，不让它们停留在单纯的认知层次上。

再次，我们要在崇高精神学习观指引下，把学习的心理活动和行为活动，尽可能地改造为脑力劳动或体力劳动——把学习改造为劳动，这是一个伟大的激情跨越——如学习了语文，我们就可以尝试文学或诗歌创作；学习了数学，我们就去联系实际解决生产生活中的数学问题；学习了外语，我们就可以写外语短剧，然后自导自演；学习了生物学，我们就可以实地种植、养殖或嫁接花木果苗……诸如此类。总之是我们要将动脑的学习与能够创造物质价值和精神价值并付出脑力或体力的劳动联系起来。

第四，我们要通过"学""知""做""行"，把所得到的知识经验化，继而把经验知识化，最终将它们上升为思想。

强调知行结合，强调身体力行，强调动手动脑，曾经是古代中国辉煌的教育思想。然而随着科举制的滥觞，知行结合的古代教育思想遂让位于知行分离的传统教育思想——世人皆浊迷于能给个人带来短期功利的科举的和应试的"知"，而荒废于能给国家和社会能带来文明及财富的实践的"行"，于是疏于动手的空谈者、贫于动手的清流者、懒于动手的旁观者、拙于动手的谋生者多于牛毛，善于动手的实践家、长于动手的专家、精于动手的实干家却寥若辰星；更为值得忧虑的，是部分国民不但不以拙于动手为耻，反以拙于动手为荣，不但形成了根深蒂固的鄙视动手、鄙视劳动的价值观念，而且养成了马虎随便、投机取巧、弄虚作假、坐而论道、惰懒无羁的不良习惯，这些不能不引起我们的反省和反思。

我们的学习，是为了在未来赶超世界最先进的生产力发展水平的现代学习。努力使自己成为善于动手的、有真本事的实干家，努力使自己成为长于动手的、有真本事的专家，努力使自己成为精于动手的、握有真本事和新技术的、旨在强国并志在报国的、不怕流血流汗的实践家，具有重要的意义。

探索和实践"

●水稻育种专家袁隆平教授说："我培养研究生、博士生第一个条件——你要下田！你怕下田、怕吃苦，我就不接收你。我说电脑很重要，书本知识也很重要，都是基础！但是电脑里面，书本里面是种不出水稻来的……田里面才能种出水稻……"读完这些话，你对命题"书本里面种不出水稻来的……田里面才能种出水稻……"有什么感想？

2.8 让思想冲破牢笼

秦末的陈胜，曾在一家人家打短工。当他在田埂上休息的时候，就感叹着说："如果将来富贵了，可不能忘记这段打工的日子啊！"当时，有伙计讥笑他口气太大，他却回答说："燕雀一类的小鸟，怎么会知道鸿鹄一类大鸟的志向呢？"我们姑且暂不评论陈胜的这些话语是对是错，我们只是引用这些话语来说明一个问题——什么是"让思想冲破牢笼"？陈胜的上述感慨及支持上述感慨的大无畏的精神表现，就是在"让思想冲破牢笼"。

像物理世界中的物体都具有惯性一样，人的思想也具有惯性。我们的这种用我们固有的理念、方法、经验，惯性地反映客观实际的现象，称为思想定势。某些思想定势就是囚禁我们思想的牢笼。

思想定势利弊各半。在一定条件下，某些思想定势是有益的，因为它可以使我们有着良好的价值理念、思维方式和思想方法方式，从而快速适应情境，高效率地解决问题；但在某些条件下，思想定势又是有害的，因为它使我们因循守旧、故步自封、守株待兔、削足适履，它禁锢了我们的创造性、窒息了我们的进取精神。从本质上看，凡是有益的思想定势，都是实事求是的；凡是有害的思想定势，都是形而上学的。所以我们要让思想冲破牢笼，首先就要坚持实事求是。如果我们的思想定势原本是实事求是的，它本身就不是思想牢笼，也就没有必要去冲破它。

要坚持实事求是，就要解放思想——这就是说，我们冲破了思想定势还不够，我们还要把思想从已经突破了的思想定势中解放出来——天马行空、百无禁忌——我们要破除迷信，尽力放开脑子去思考、尽力放大胆子去想象、尽力放松双手去行动，切不可畏首畏尾、缩手缩脚。

要解放思想，就要弘扬大无畏精神。所谓大无畏精神，就是不信邪、不怕"鬼"，不唯书、不唯上、只为实，敢于怀疑、敢于否定、敢于批判、敢于创新的开拓精神。《国际歌》说："从来就没有什么救世主，也不靠神仙皇帝，要创造人类的幸福，全靠我们自己！"有一位科学家说："你不需要绝顶聪明，也不需要有精湛的学问，只要有相当的聪明，肯努力，还要有天不怕、地不怕的精神，就可以做出很重要的事情来。"老百姓说得更直白："舍得一身剐，敢把皇帝拉下马。"在"让思想冲破牢笼"的问题上，我们要高扬并展现这种"舍得一身剐，敢把皇帝拉下马"的大无畏精神，勇于直面困难，敏于发现问题，敢于挑战权威，善于破除迷信，精于批判创新，始终坚持实事求是。

现代学习过程，其实就是一个不断地"让思想冲破牢笼"，即不断解放思想、实事求是的过程。

探索和实践

●"你不需要绝顶聪明，也不需要有精湛的学问，只要有相当的聪明，肯努力，还要有天不怕、地不怕的精神，就可以做出很重要的事情来。"从解放思想的角度理解这句话。

2.9 创造力从何而来

人最宝贵的能力是什么——创造力！现代学习的最高目标是什么——发展创造力！现代学习的最高成就是什么——表现创造力！什么是创造力，创造力从何而来呢？

创造力是独创性地解决问题的能力。创造力是一种特殊的能力，它通常是在下述活动中发展而来的。

第一，探究事物本质的发现活动。"曰遂古之初，谁传道之？"屈原一口气向上天问了一百多个问题，创作了著名的诗篇《天问》。墨子探究了木棍的"截"法——一截木棍如果不断地"截"下去，什么时候才是个头呢？墨子说"截"到"端"这个位置，头就到了，就不能继续"截"下去了，于是提出了初始的原子论思想。不同表皮特征的豌豆杂交，后代豌豆表皮总是呈现一定的规律性，为什么有这种规律性？是什么规律性？由什么规律决定的规律性呢？孟德尔通过试验探究取得了实据，创立了遗传学理论。闭合电路的一部分导体在磁场中做切割磁感线运动，导体中就会产生感应电动势和感应电流吗？法拉第通过试验探究取得了实据后，用数学的方法，提出了电磁感应定律。可见，创造力就是在这一系列锲而不舍的探究过程中产生的。

第二,理论联系实际的实践活动。任何理论都只有相对的正确性。在实践过程中,它的缺陷与不足就显现出来了,你就可以根据实践经验,修改、补充这一理论,甚至创造出新的理论来;任何实践,都是一定思想、方法的实践,通过实践,你能进一步发现客观事物间更多的本质联系,发现指导实践活动的思想、方法是否符合客观实际,你就有可能创造出新的思想、方法来。如彻底改变人类生产力发展水平和改变人类生活、生存方式的铁的冶炼、金属工具的发明,蒸汽机、内燃机、电机的普及,核能源、航天器、信息技术、量子技术、生物工程技术等的广泛使用等,所有这些都是人在理论联系实际的实践中创造的。严格意义上可以说,创造力的最根本的激发源泉只有一个,这就是理论联系实际的实践活动。

第三,有目的的思想交流活动。思想与心理定势使你封闭,封闭使你愚昧。而不同的知识、思想、方法、经验、信息之间的交换则可以打破你的思想和思维定势,解放你的思想和思维方式,激发你的创造力,使你聪明起来。古人说:他山之石,可以攻玉。古人们又说:如切如磋、如琢如磨。在彼此砥砺、相互辩诘之间,任何思想的交流都可以转化或放大成创造力。

第四,无拘无束的想象活动。与情感、思维活动一样,想象也是一种智能,在某种意义上甚至是比情感、思维有着更高水平的智能。也许是因为想象,人类才有了语言、文字、艺术、科学和技术。想象力开拓了人的思维空间并激发了人的需要和情感。所以在学习时,你要如天马行空,无遮无拦、无忌无讳、无羁无畏,大胆地想象。事实证明:人类的绝大多数想象都成为了现实。所以即使是幻想、猜想、空想、遐想、梦想、瞎想、奢想、遥想乃至胡思乱想也是无可指责、值得赞赏的。

第五,知识的高度精细分化和高度融会贯通的活动。当知识被高度精细分化时,你从更高级的层次上认识到它,你发现了它的许多的原来不被你明确,未被你掌握的联系,这对你来说,就是创造;当知识被高度融会贯通时,你从知识的交叉点、汇合点上更深刻地认识到它们之间更本质、更广泛的联系,发现并掌握了它们之间原来不被你发现并掌握的特征,这对你来说,也是创造。所以在学习时,你要尽可能地学深刻、学透彻,做到不但有新见解而且有新见识。这些新见解和新见识就是你的创造。

第六,艺术活动。当你在艺术活动时,你就少有迷信,形象思维和直觉思维就居于主导地位,你就有可能摆脱单纯的逻辑思维的曲缚,你的创造力就有可能在美感和想象力的夹击下迸发出来。

第七,敢于"反潮流"的解放思想活动。敢于辩证地批判、辩证地否定、辩证地改进、辩证地改造、辩证地迁移和辩证地变革,敢于实事求是后再实事求是——敢于突破"思想牢笼"。学术权威说"是",你就想象说"不是";

学术权威说"不是"，你就想象说"是"。他人发明了高温下的热核聚变，你就试图改进成低温下的热核聚变；他人发现了过氧化氢酶的生物化学过程，你就去发现过氧化氢酶的生物物理过程等。总之是当别人发现了事物的某一面时，你就受此启发，努力去发现事物某一面的对立面甚至是某一面的对立面后的其他许多面及许多面后的许多对立面。

和自律力、学习力、实践力、坚韧力、审美力并辔齐行的是创造力。创造力是你最高级、最宝贵的能力，也是国人最缺乏的能力之一。现代学习的目标之一就是激发创造力。

探索和实践

●读《诗经》的《七月》，体会诗人的创造力；观察一座桥梁或一部机器，体会工程师的创造力；欣赏一首乐曲或一幅画，体会艺术家的创造力，想象他们的创造力从何而来。

2.10 做一个学习的老实人

汉末的刘备听说隐居在卧龙岗上，一边耕田、一边读书的诸葛亮是个贤人，决心亲自登门去拜访他。刘备第一次登门拜访诸葛亮，诸葛亮不在；刘备第二次登门拜访诸葛亮，诸葛亮仍不在；刘备第三次登门拜访诸葛亮，才见到了诸葛亮。这就是历史上著名的"三顾茅庐"的故事。如果刘备不肯"三顾"茅庐，他是见不到诸葛亮的；如果刘备见不到诸葛亮，他是请不到诸葛亮的；如果刘备请不到诸葛亮，他是不可能与曹操、孙权三分天下的。刘备之所以能请到诸葛亮，得益于刘备老老实实的"三顾茅庐"。由此可见，做老实人、说老实话、做老实事，才可以成就事业。在学习上，我们都要像"三顾茅庐"的刘备一样，做一个学习的老实人。如何做一个学习的老实人呢？

首先，我们要老老实实地承认，现代学习是一项艰苦的劳动。现代学习不但要认知间接经验（如书本知识），而且要总结直接经验（如实践经验）并稳固为个人的心理素养和行为方式。间接经验和直接经验是客观的东西，心理素养和行为方式是主观的东西，要把客观的东西不断转化为主观的东西，无异于我们自己要对自己的身心进行一次又一次的改造。如果我们以为学习不过是背书、做题、考试，认为只要凭着一点小聪明，无须老实地出力、流汗，就可以学好它，我们就犯了一个极大的错误。

其次，我们要老老实实地下苦功学习。不管我们是如何的智力超群，也不管我们学习什么，我们的学习都要经过准确感知、准确识记、准确理解、准确应用、反思总结即通过具体化、经验化、意义化、结构化、概括化、技能化等许多个学习环节。学习实践证明，没有任何捷径可以帮助我们省去这许多个环节。

而顺利通过这些环节的途径只有一个，就是老老实实地下苦功学习——有时甚至是自讨苦吃地下苦功学习，无论怎样下苦功都不为过。

第三，我们要老老实实地遵照学习规律学习。因为学习既是一项心理活动，又是一项生理活动，还是一项社会活动，更是一项科学活动，所以学习要遵照心理活动、生理活动、社会活动、科学活动规律展开其进程。所以我们要把"知"和"行"结合起来，把"学"和"用"结合起来，把"接受"与"发现"结合起来。任何形式的自以为是、张扬浮躁、好大喜功和投机取巧都是违背上述学习规律的，任何违背上述学习规律的学习都是注定要失败的。

第四，我们要老老实实地承认学习失败。学习是一种目标行为，而目标行为是没有不失误的，目标行为每失误一次，就是失败一次。对每一次学习失败，我们要老实地承认它。只有老实地承认它，我们就找到了"学习点"，我们才能找到了再次前进的起点并把坏事变好事。如果讳疾忌医、文过饰非，拒不承认学习失败，我们就找不到"学习点"，我们就不得不在自欺欺人的、失败的阴影中继续徘徊。

第五，我们要一边老老实实地求知，一边老老实实地展现"老老实实"这一崇高精神，体验"老老实实"这一崇高精神所激发的"老老实实"的高尚情感。

但是，我们中有不少同学不愿做学习的老实人，他们不愿老实吃苦，总是四处"求神拜佛"，幻想着只需花三分的耕耘，但有十分的收获；他们幼稚地认为：学习必须而且应该是一件快乐的事，不应该是一件痛苦的事；他们以为考试获得高分就是硬道理，以为在学习中老老实实地展现崇高精神是"文革"的、"左"的思想。因为他们不能老老实实地遵照心理活动、生理活动、社会活动、科学活动规律老老实实地学习，他们总是热衷擦"学习肥皂"，做表面文章，所以他们的学习总是打败仗。

做学习的老实人，就是在学习上做实事求是、脚踏实地的人。"实事"——客观存在的事物；"求是"——寻求并发现规律性。我们一旦在学习上是个实事求是、脚踏实地的人了，我们就自然而然地成为学习的老实人了。

我们务必记住：所谓学做人，就是学做老实人；所谓学做事，就是学做老实事；所谓学做学问，就是学做老实学问或学习老实做学问或老实地学做学问。

探索和实践

● "所谓学做人，就是学做老实人"。学习为什么要从"学做老实人"开始？各举一个案例并通过分析说明之。

2.11 校风建设好了，学习便成功了一半

对我们来说，即使学习条件相同，但就读的学校不一样，学习的效果就不一样。为什么学习的条件相同，但学习的效果却不一样呢？这是因为不同的学校，有着不同的校风的缘故。

校风，泛指不但被学校舆论认可并倡导，而且被学校师生遵循并弘扬的、集体的精神风尚与行为风尚，它是崇高精神在学校的具体化。优秀的校风的作用，在于她既能用崇高的理想鼓舞人、用正确的舆论引导人、用严格的纪律约束人，又能用光荣的传统陶冶人、用具体的榜样示范人；在于她能通过集体的作用，引导我们改造价值观、严肃纪律性、培养责任心和高尚的情感，同时使我们明确学习目的、端正学习态度、掌握学习方法、完成学习任务，进而从高从严地自己教育自己、自己管理自己；在于她能通过教师的示范和纪律的权威，把学校的一切构成要素都转化为组织资源、纪律资源、学习资源、审美资源，并使之具有组织性、纪律性、教育性和美感。例如，在食堂吃饭，是最普通不过的学校生活活动了，然而我们若是在校风优秀的学校里，即使是在食堂打饭、找座位、吃饭、饭后卫生，都能表现出组织观念和纪律观念，表现出对人、对环境、对劳动的尊重和对他人奉献的感激，表现出团结和谐、安静有序、爱护公物、勤俭节约、讲究卫生的美感——总之，优秀的校风好比一面旗帜，她能引领我们集体地满怀激情地真实地履践崇高精神的伟大、真实地体验崇高精神的美感、真实地促进崇高精神的茁壮成长；优秀的校风好比一个粒子加速器，她能让我们在崇高精神的真实展现与崇高精神美感的真实体验中潜移默化、锻炼成长；优秀的校风又好比一座炼钢炉，她能帮助我们驱除所有的消极空虚、软弱涣散、懈怠慵懒等精神杂质，让我们百炼成钢。

不良的校风则相反。

现实的情况是，受传统学习观的影响，不少学校认为"提高分数就是硬道理"，除了分数还是分数、除了升学还是升学、除了考试还是考试、除了功利还是功利、除了"一本"还是"一本"，将"优秀的校风建设"束之高阁、不闻不问。在这些学校里，学校对学校对教师的要求不高，教师对自己对学生的要求不高，学生对自己对学校对老师的要求不高——既缺乏崇高的理想做鼓舞、正确的舆论做引导、严格的纪律做约束，又缺乏光荣的传统做陶冶和具体的榜样做示范；整所学校变成了一个看起来时髦热闹、大红奖状满天飞舞、规章制度多如牛毛，但学生的思想信念、精神作风、组织纪律和学习成绩却都是始终上不去的、混乱无序的"名利场"。我们若在这样的学校里学习，无异于掉进了传统学习的大染缸，除了浑身变得更污浊酸臭，自我要求越来越低之外，不可能有任何大

的学习收获。

　　校风建设的方法，首先是落实崇高精神学习观，让真实地展现崇高精神的伟大、真实地体验崇高精神美感、真实地促进崇高精神成长成为学校最美的、举目即是的风景；二是成立校风建设志愿者活动队，师生一起来建设校风——校风建设志愿者的宗旨有：一，以青年毛泽东为榜样，努力将崇高精神，包括信念力、学习力、创造力、自律力、实践力、坚韧力、独立思考力、审美力、体质与体力都真实地展现至极致；二，严格纪律性、提升自我要求；三，认真负责地、全力以赴地、奋发图强地学习；四，坚持天天定时开展校风建设活动，只奉献、不索取；五，全员建设校风，校长是队长。

　　校风是学校的脊梁，也是学校的生命；所有学校的优秀，都在于校风的优秀；所有优秀的学校，都在于有优秀的校风——学校的校风建设好了，学习便成功了一半。

　　探索和实践

　　●在具体调查的基础上，写一篇名为《学校的一切资源都具有组织性、纪律性、学习性和教育性》的考察报告。

2.12 算一算时间账

　　在高中阶段，你有多少时间用来学习？不妨算一算时间账。

　　（一）假设：1. 初中毕业这一年为第一年。领到录取通知书是第一年的七月一日，高中阶段学习结束则是第四年的五月三十一日。2. 每学期上课 20 周，一周上课 5 天，一天共上课 10 节（其中有 7 节是上、下午的课表课，其中 3 节是早、晚自习课），一节课 45 分钟。不考虑年法定假占用的学习时间量。3. 高中阶段全部学习时间为 2 年 9 个月，1005 天，计 24120 小时。

　　（二）按照学校教学计划规定的标准学习时间计算：

　　一日学习 10 节课，计 7.5 小时；一周学习 50 节课，计 37.5 小时；一期学习 1000 节课，计 750 小时；一年学习 2000 节课，计 1500 小时；二年九个月共学习 5200 节课，计 3900 小时，占高中阶段总时间的 16.2%。

　　（三）有效学习时间计算：

　　1. 课堂学习过程中，你的时间显然不能全部用来学习，因为你多少会分散自己的注意力。在课堂上，我们把用来学习的时间定义为课堂学习时间；在课堂学习时间内，你的学习不一定全部是有效的。在课堂上，我们把有学习效果的学习时间定义为有效学习时间，把没有学习效果的学习时间定义为无效学习时间。注意，这里的课堂学习是狭义的课堂学习。

　　我们把在一节课中，有效学习时间占有的时间百分率称为课堂有效学习时间利用率。

2.学习基础不同、学习态度不同、智能水平不同的同学有着不同的课堂有效学习时间利用率。现根据该利用率的高低，将他们分成 A、B、C、D 四类。各类同学的课堂有效学习时间利用率依序假设有 90%、70%、50%、30%。依此假设，四类同学的有效学习时间（总时数）分别为 3510 小时、2730 小时、1950 小时和 1170 小时，分别约占总时间的 14.5%、11.3%、8.1%、4.9%。

（四）"超 A 类"学生的"理想学习时间"分析：

假设某同学从收到高中录取通知书的那一天（设该日是高中学习阶段第一年的七月一日）起，便开始高中阶段的学习；假设他一周学习六天（每周休息一天），每天学习 10 节课；假设他每年的寒假、暑假、法定节假日共休息 20 天；还假设他的课堂有效学习时间利用率为 90%——他则被称为"超 A 类"学生，他的学习时间被称为"理想学习时间"。"超 A 类"学生总计学习 733 天，有学习时间 7330 节，计 5498 小时，其中有效学习时间有 4948 小时，有效学习时间约占他的学习阶段总时间的 22.8%。各类学生有效学习时间利用率、总时数、有效学习总时数占总学习时间的百分比假设见下表：

类别假设	超 A	A	B	C	D
课堂有效学习时间率假设	90%	90%	70%	50%	30%
高中阶段有效学习总时数假设	4948	3510	2730	1950	1170
有效学习时间占高中阶段总时间的百分数假设	22.8%	14.5%	11.3%	8.1%	4.9%

（五）结论：

——高中阶段的学习时间是二年零九个月，即 2.75 年，没有三年！

——你如果期望在高中学有所成，就应该积极提高课堂有效学习时间总量，最好成为能按"理想学习时间"学习的、最认真学习的"超 A 类"学生，至少要成为 A 类或 B 类学生。

——你要提高课堂有效学习时间总量，关键要做好两件事：一是提高课堂有效学习时间利用率，增加有效学习时间量，不浪费时间；二是充分利用节、假日，增加学习时间总量。你若要提高课堂有效学习时间利用率，就要讲究学习方法和学习艺术；你若要增加学习时间总量，就要充分利用节、假日，就要牺牲休闲娱乐，能够吃苦。

——在高中阶段，课堂有效学习时间利用率的高和低及合理利用节、假日的多和少，拉开了同学们之间有效学习时间总量的差距。合理利用节、假日，适当安排休息，课堂学习时间利用率约为 90% 的"超 A 类"学生，其有效学习的时间总量约为 4948 小时；完全按照学校教学计划学习、课堂有效学习利用率约为 30% 的 D 类学生，其有效学习的时间总量约为 1170 小时，此二者间的有效学习时间总量之比约为 4.2：1。可见，仅就有效学习时间总量而言，前者约是后者的 4.2 倍。这就是说，前者学习一年，约相当于后者学习四年！如果一个学生学习了几年，才顶得上另一个学生学习一年，他的学习成绩怎么会不落后于另一个学生很多呢？

——在高中阶段，绝大多数同学的课堂有效学习时间利用率远低于 50%，这无疑是绝大多数同学学业成绩不良的首要原因；少数懒散的同学甚至低于 20%，与勤奋用功的"超 A 类"同学相比较，说他们是在"混日子"，确实是一点也不过分！一分耕耘，一分收获——如果一个学生不幸沦为了 C 类或 C 类以外的高中学生，他若能考上一般的大学，就算是"天上掉馅饼"了。

——在世界上的各行各业中，学校教育是效率最低的行业。如果我们像老太太磨米一样，一切按部就班，被动地按照学校的教学计划"踏步"学习，我们就会犯极大的错误！

兵贵神速、事不宜迟，"一万年太久，只争朝夕"——你若要提高阶段学习成绩，就要未雨绸缪，及早准备。你最好从接到高中录取通知书的那一天起，甚至从初中一年级起就开始提前做好扎实的、细致的、长期的高中课程学习准备（这是一个学好高中课程的秘诀），不让学习时间有一丝一毫的浪费。

与此类似，我们若对大学的学习算一下时间账，会有同样的结果。如果考虑求职等耗去的时间，名义上四年的大学本科学习，事实上甚至只有三年半或三年稍多一点点。

唐诗《金缕衣》说："劝君莫惜金缕衣，劝君惜取少年时，花开堪折直须折，莫待无花空折枝。"从"算一算时间账"的角度而言，这首诗的说法是很有道理的。

探索和实践

●计算你每天的有效学习时间是多少，分析你的时间是如何浪费的，给出你的改进措施。

●讨论：惜时、守时是一种崇高精神。

第三章　给自己约法三章

3.1 给自己约法三章

建议你给自己约法三章：进取自励、真实自立和真诚自律。

进取自励：确立正确的、与时俱进的自我意识。积极促进自我进步和自我成熟，努力做到自尊自励、自信自重、自胜自强。

真实自立：凡事都求真务实。自己的事自己做，都竭尽全力又满怀激情地去动手去做，不自欺欺人、弄虚作假；不自私，不把希望寄托在他人身上，努力克服依赖等待思想和懒汉懦夫思想，反对假、大、空。

真诚自律：自己约束自己。少发些牢骚，多做些实事；不允许做的事，坚决不做；允许做的事，思考后做；鼓励做的事，大胆去做；要做的事，有计划地精益求精地、带着激情去做；多一些先天的质朴，少一些后天的虚假；不贪不义之财、不求虚妄之名；达则兼善天下，穷则独善其身。自律的内容不在乎多，但在乎具体：目标具体、要求具体、内容具体、时间具体，自己经过努力能做得到。

自己给自己约法三章，就意味着自己给自己制定了学习纪律。你的这一学习纪律愈是要求严格，你愈是遵守得好，你愈是"有纪律"，你的学习成功的可能性就有可能愈大。

给自己约法三章之后，就将它的内容写在日记本的首页上。每天对照它反省自己一次。若有违反，就做一个记号，在日记中写一段心得，自我批评一次。你若如此坚持不懈，一个学期过后，你的自我意识水平必定会有大的提高，你的写作水平、思维方式也必定会有大的进步。

请记住：人最大的敌人是自己，自己总是在自己面前打败仗。你的任何的学习的成功，不管是过去、现在还是将来，都命悬于能否进取自励、真实自立、真诚自律即命悬于自己能否战胜自己一线。又请记住：在约法三章中，最最重要的是真诚自律。因为真诚，你方可自律，因为自律，你方可自励；因为自励，你方可自立；因为自立，你方可自知；因为自知，你方可自胜；因为自胜，你方可自强；因为自励、自立和自律，你方能自己战胜自己，你方能自己促进自己人格的成熟包括学习的成熟，你方有可能将自己的身心整合起来，全力以赴地实现自己的学习目标。

现代学习认为，本源于真诚基础上的心理素养——自律力是人最基本、最重要的能力素养之一，是学习道德的重要组成部分，也是崇高精神展现的主要内容。子曰：“己所不欲，勿施于人。”曾子曰：“吾日三省乎吾身——为人谋而不忠乎？与朋友交而不信乎？传不习乎？”康德说：“有两件事物使我心中不断充满惊奇和恐惧——在我头上繁星密布的苍穹和我心中的道德法则。”……所有这些圣哲都是在告诫我们：自律力的培养并促进其高度发展，对人的学习、成长极端重要；缺乏自律力，听任个人欲望和弄虚作假等行为像动物的欲望和动物的行为一样自由泛滥，是一个人健康成长的大敌，也是学习的大敌。

探索和实践

●《三国演义》中，关羽无视曹操的高官厚禄、金钱女人诱惑，最终挂印封金、过关斩将而去。人最大的敌人，其实是自己、是自己的私心。自律，就是自己战胜自己的私心。自律力既是人格品质、心理能力，又是学习道德，更是崇高精神——人如何才能高度自律呢？从关羽的故事说一说你的见解。

3.2 选择良师益友

1966年，“文化大革命”开始，大学停止招生。中学生纷纷“上山下乡”接受再“教育”。北京的王同学、张同学、程同学、王同学、钱同学就是成千上万个中学生中的五个。

在每天要干十余个小时艰苦农活、身心极度疲乏的日子里，五个人怀着五颗报国之心，组成了一个旨在学习、研究现代数学的学习小组，并以手抄本形式“出版”了一份名为《中学生》的数学刊物。

历经八年的艰难，五个人自学完了大学数学课程，开始了研究生课程的学习。1977年，国家恢复高考，五个人都以优异的成绩考入大学数学系；大学学习不久，五个人又以合格的成绩提前考上研究生；研究生学习期间，五个人各自得到国外著名大学的奖学金，全部出国留学深造。

五位中学生的成人成才，不能不提及他们的恩师——韩念国先生。韩先生仅仅上了半年的大学便辍学了，后来到北京天文台工作。在著名数学家熊庆来先生的指导下，韩先生自学完了本科数学课程，考上北京大学数学系的研究生。也许是人生的巧合吧，当韩先生得知王世林等五个中学生自学现代数学的故事后，便无偿地承担起了指导他们的数学学习责任。他先是辅导五个人学完本科课程，再辅导五个人学完部分研究生课程，后又鼓励他们报考研究生并出国留学——五个中学生的成才无一不凝结着韩先生的心血、激情和理想。

听完我讲的故事，你自然得出了一个重要的现代学习结论了：“近墨者黑，近朱者赤。”——学习是要选择良师益友的。假如五个中学生没有遇到他们的恩师——韩念国先生，假如韩念国先生没有遇到他的恩师——熊庆来先生，假如五个中学生没有走到一起，且假如他们虽走到了一起，但并不是倾心地研究现代数学（而是打牌），这五个中学生的命运肯定是另外一副样子。

良师大都是人格高尚、学识渊博、关爱学生、深谙教学规律、满怀教育激情和教育理想的人。良师的教学特色，在于他先教你学做人，再教你学做事和学做学问。良师总是以身示范，告诉你为报效国家、把目前的学习与在未来赶超世界最先进的生产力发展水平结合起来，应是最高的志向和最大的功利；良师严格要求你对事要极端地认真和极端地负责任；良师会精选最佳的学习内容、采用最佳的教学方法、抓住最佳的学习时机，启发你自觉地、主动地、具体地、准确地、深入地学习；良师特别注重你知识结构的形成，他会帮助你实现知识向思想，思想向能力的转化。总之，良师会用他百倍的教育激情在你的身上实现他梦寐以求的教育理想。

益友的首要作用，在于能组合成一个有凝聚力、有目标的群体，群体间的有益的思想交流和碰撞可以将你的智慧贡献给大家，又将大家的智慧汇集给你本身，最终达到智慧共享与智慧放大的目的。组织行为学理论研究表明，群体中的各群体成员的素质水平有力求相互接近的倾向。这是因为群体中的个体有更多的相互激励、相互观摩、相互学习的机会；他们通过彼此激励、彼此观摩和彼此学习，会极大地激发起彼此的成就感和彼此的进取心，提高彼此的学业水平；组织行为学理论研究还表明，群体中各群体成员的相互交往、相互认知和相互沟通，还可以提高双方的人际活动能力和双方的社会化程度。

寻得良师益友，是人生一大乐事！良师不在乎多，但在乎精；益友则多多益善！事实上，在人的一生中，能得到一至二名名师的耐心指点，得到三至五位益友的全力支持，就是十分难得的了。

但是，我们中的大多数同学，普遍缺乏选择良师益友的观念。他们像农贸市场的过客一样，行色匆匆地在老师和同学面前走过，既不主动地亲近老师，又不积极地与同学接触，而是形单影只、孤家寡人一个，独自在家闭门造车。有的同学也有朋友，但他们选择的朋友不是益友，而是臭味相投的"哥们"。这实在是一件值得我们深刻反思的事。

良师可以是学校老师，可以是亲戚朋友，也可以是能工巧匠或学者专家，良师还可以是父母。值得强调的是，你可能偏重在老师中寻求良师，但对可以做良师的父母则不以为然，这是极大的误解。你的父母的专业造诣、他们的认真负责精神一点也不亚于你的学校老师，只是他们终日与你相伴，没有引起你的关注罢了。你的益友可以在本班、本年级、本学校或校外的各阶层人员中找到。但你的益友必须符合一个基本原则——"有益"，即有益于你学做人、学做事和学做学问，有益于你的崇高精神成长。"结友须胜己，似我不如无"的话虽是过分了些，但是是有道理的。

找到了良师益友后，你就应该努力地亲近他们、悦纳他们、忠诚他们、感激他们，与他们建立起良好的人际关系。经过长期的交往，良师有可能把他的终生学习所得倾囊相授于你，益友会将他的智慧毫无保留地展示在你的面前。经过多年的理解和融合，你和良师益友们有可能凝结成一个紧密的团队，这可是一艘不沉的航空母舰啊！对这一点，你不经历过许多年的挫折与磨炼，是不可能体验得到的。

探索和实践

●同样的一个人，他在清华大学学习与在武汉大学学习的学习成就是不同的，这是为什么？试着组织一个由益友组成，有良师指导的学习兴趣小组。试着在学习兴趣小组里建立起良好的人际关系，提高自身要求，学会团队学习方法。

3.3 学习预则立，不预则废

"学习预则立，不预则废"——"预"，即做好学习准备——包括学习时间、学习时机、学习认知的准备。

要做好学习时间的准备，至关紧要的，是要提前制订好切合实际的学习规划、学习计划、学习步骤。学习规划是高中三或大学四年的学习安排，学习计划是每日、每周、每月的阶段学习安排，学习步骤是具体完成具体学习任务的时间安排。你有了学习规划、学习计划和学习步骤，就有了长远的学习目标、阶段的学习目的和现实的学习任务，你就有可能以时间为红线，将所有的目标、目的、任务、包括资源等有序且和谐地串联起来，你就有可能夺得学习时间、赢得学习时间，甚至创得学习时间。

要做好学习时机的准备，至关紧要的，是提前做好具体的学习条件准备，这些条件准备包括学习态度、学习心向、能力素质、物质材料准备和学习情景的创设准备等。如果你把这些条件都提前准备好了，你就有可能先人一步进入学习状态、先人一步掌握学习内容、先人一步夺得学习先机。

要做好学习认知的准备，至关紧要的，是提前循序渐进地、全面地、系统地做好基本概念、基础知识、基本技能的准备——所有的课程，都自己提前自学一遍，通过自学，做好基本概念、基础知识、基本技能及学习"学习疑难点"的准备。

激流需高山做准备，阳春需白雪做准备，壮美需牺牲做准备——准备是事物运动的量的积累或事物运动的质的积累过程。你无论做什么、学什么，无论学习对象是大、是小、是巨、是细，都要耐心地完成这一质或量的积累过程——你都要具体地、翔实地、提前地做好各项准备。

夫子曾说过"杀鸡焉用牛刀"的话。夫子的意思是说，我们做事的准备工作要适当，无须过度准备。但我们却要反夫子之道而行之——"杀鸡就用牛刀"——即使是对待杀鸡之类的小事，也要把它视为像杀牛的大事一样，极慎重地对待它，全力做好各种准备；我们宁可把任务设想得更艰巨些、把困难设想得更多些、把事情设想得更复杂些、把准备工作做得更翔实、更充分些，也不要心存侥幸，试图在准备工作阶段投机取巧、有一丝一毫的马虎。

目前，考入一流大学的非重点高中的学生确实是愈来愈少了。非重点高中的学生之所以难以考入一流大学，主要是因为非重点高中的学生的学习"预"得不够——试想重点高中的学生，他们在初一就把高一的课程"预"完了，他们在高一就把高三的课程"预"完了，他们在高三就把大一的课程"预"完了，他们在假期就把下学期的内容"预"完了，他们的学习总是"预"字在前，总是走在老师和同学们的前面，他们的学习水平怎么不会高一些、他们的考试分数怎么不会高一些、他们考入一流大学怎么不会更容易些呢？囿于各种条件，非重点高中的学生们只能跟在老师的后面，亦步亦趋地学习，根本谈不上"预"；当根本没有"预"的非重点高中的学生们和"预"得足够好的重点高中的学生们同时参加同样的考试时，前者的考试成绩就比"预"得不够好的后者的考试成绩优秀得多。

"学习预则立，不预则废"——做好学习准备，既是崇高精神的展现，也是高超的学习智慧（其实岂止是学习，世界上所有人的做事和所有事的做成，无一不是因"预"而"立"，因不"预"而"废"的）。如果把学习成功视为是走一百公里路，做好周密的而且充分的准备，就等于走了九十九点九公里。

探索和实践

●试着从哲学上说一说"其实岂止是学习，世界上所有的人的做事和所有的事的做成，无一不是因'预'而'立'，因不'预'而'废'的！如果把学习成功视为是走一百里路，做好周密的而且充分的准备，就等于走了九十九点九里"。

3.4 学会有韵律、有节奏地学习

普通人用毛笔写一笔，歪斜孱弱，有如老鼠尾巴；书法家用毛笔写一笔，抑扬顿挫，有如一幅美丽图画。之所以有此区别，是因为后者的一笔饱含着韵律和节奏、前者的一笔却缺乏韵律和节奏的缘故。

韵律和节奏是物质运动的基本属性。我们的学习是一种物质运动，也有其固有的韵律和节奏属性，我们应该善于体察并能动地顺应这一属性。

首先，我们应该顺应学习时间的韵律和节奏。准确地把握好起床、就寝，上、下课等时间节奏。睡懒觉、开夜车，迟到、早退和旷课是不允许的。

其次，我们应调节好课堂学习过程的韵律和节奏。坚守课堂学习五环节——

预习、上课、小结、作业、复习。恪守课前预习、合上书做作业、在规定时间内完成作业等个环节的学习要求。

第三，我们还应安排好日学习、周学习、学期学习、学年学习的韵律和节奏;早、晚、白天的自习课，周六与周日，寒假和暑假、国家公假等时间都是由我们自主控制的，我们应该保持其固有的学习的韵律和节奏属性。

第四，我们应主动适应不同学科、不同老师上课的韵律和节奏。数学课不同于化学课，英语课相异于生物课。每科的老师各有其教学特点，各有其不同的思想方法和教学风格。我们的课堂学习的韵律和节奏应与各科老师教学的韵律和教学节奏保持一致。

第五，凡事有目的，做好准备、做好计划；遇到兴趣点、难点、知识汇合点和创新点问题能立即激发起学习点探究心和发现欲。

第六，我们必须使每个学习节奏都有一个学习的“律点”，且该学习的“律点”应与学习的韵律相对应。这个学习的“律点”，就是我们的“学习点”。没有“学习点”并不能和韵律相对应的节奏，不是学习节奏（关于“学习点”，后文将会反复提到），至少不是有韵律的学习节奏。

第七，最为重要的是，我们要养成有韵律、有节奏的学习习惯。有韵律、有节奏地学习，不但有益于激活我们的智慧、激动我们的情感、激发我们的想象和创造，而且有益于促进我们的学习心理，特别是有益于促进我们的学习活动表现出一定的认知周期性。因为学习若始终是有节奏、有韵律的，学习的心理和学习的条件反射必然始终是有节奏、有韵律的。如果学习心理和学习的条件反射始终是有节奏、有韵律的，我们就有可能因此形成良好的学习习惯、学习品质，并可能能冷静地应对任何学习压力，包括能冷静地应对任何考试。有些人之所以学业不良，极有可能是由于学习习惯、学习品质不良；有些人进入考场后之所以懵了、手忙脚乱了、脑子一片空白了，极有可能是因为他们在平时不是有韵律、有节奏地学习，没有形成良好的学习习惯、学习品质的缘故。

在初夏的月夜里，我们会听见远处江水的汩动和柳林深处夜鸟们扑动翅膀的声响；我们会留意到洒漏在清泉中的月光和不知名的游丝从眼前徐徐飘落的身影——这就是大自然的韵律和节奏；“篇章户牖，左右相瞰。辞如川流，溢则泛滥。权衡损益，斟酌浓淡。芟繁剪秽，弛于负担。”这是作文的韵律和节奏……正是因为这些韵律和节奏才使我们面前的一切变得和谐与有序，才使我们的学习变成是有效的学习、生动的和有美感的学习的。

我们执意要做的，是能动地顺应这些学习的韵律和节奏，而不是刻意去改变它。

探索和实践

●制订好适合自己的作息制度等各项学习制度，遵守它，使自己的学习是有韵律、有节奏的学习。

●韵律和节奏是一种美感吗？试着分别体验一下唱歌、写字、劳动、广播体操的韵律美和节奏美。

3.5 成也习惯，败也习惯

不管你如何有意识地改变自己的书写方式，笔迹鉴定专家都能把你的笔迹从众多的不同人的笔迹中鉴别出来。笔迹鉴定专家之所以能把你的笔迹鉴别出来，是因为你已经形成的书写习惯，是不可能轻易改变的。

和书写习惯一样，学习习惯也是你的早已程序化、自动化、模式化、被称为动力定型的条件反射方式，是你的认知定势、思维定势和行为定势的外在表现。学习习惯一旦形成，你对相关学习刺激做出反应所需的学习意识过程、学习思维过程和你的学习行为过程就被高度地概括化、稳固化、简约化了。由于你的学习意识过程、学习思维过程和学习行为过程的内容、方向不同，被概括化、被稳固化、被简约化的程度不同，行为表现水平不同，所以学习习惯有好坏之分。良好的学习习惯可以提高学习的准确度、学习的速度、学习的密度和学习的难度，节约学习时间，提高学习效率，故有利于学习；不良的学习习惯如马虎、懒散、脏乱、拖沓、浮躁等则是学习的"癌症"，任何人一旦感染上它又不下决心动"手术""切除"，后果必然是不可想象的。

表面上看，学习习惯反映的，是你在学习时表现的行为活动方式，但本质上看，学习习惯却反映了你做人、做事、做学问的宗旨，反映了你的思想方法水平、人格品质水平与人文素养水平。良好的学习习惯往往与忠实、积极、严谨、务实的做人、做事、做学问的信念相联系，与良好的个性品质及辩证的思维方式相联系。不良的学习习惯则相反。因此，对不良的学习习惯的纠正，不但有不良的行为活动方式的纠正，而且有做人、做事、做学问的宗旨的纠正与不良个性品质及不良思维品质的纠正。

因为不良的学习习惯是多种心理与行为定势的复合体，所以不良的学习习惯的纠正是一件十分困难的事。因此，现代学习以为，一个人应养成良好的学习习惯、不养成不良的学习习惯，更不能听之任之地、让自己首先养成了不良的学习习惯，然后再花气力来纠正它。

要养成良好的学习习惯，首先要有主敬的学习态度，凡事都能一丝不苟、认真负责，不马虎应付；其次要提高信念水平和人格修养水平，接受长期的、严格的、刻苦的学习行为规范训练；三要善于反思总结，努力掌握辩证的逻辑思维方式，养成规范的学习行为活动方式。

又及：良好的学习习惯最好在小时候、在家庭生活中就要养成。如若到了中学或大学还没有养成良好的学习习惯，就有些迟了。

探索和实践

●重要的是预防坏习惯的形成。为什么预防坏习惯形成比克服坏习惯更重要呢？

3.6 坚持早起早睡

一日之计在于晨——早起，是每天学习的第一个节奏。这一节奏若是不准确，全天的节奏就乱了套了。

早起可以争得更多的学习与锻炼时间。试想你6点起床，早锻炼、盥洗、骑车上学花去40分钟或一个小时，你至少争得一个多小时的学习与锻炼时间。一年365天，你若天天如此，你就多争得365个学习与锻炼学时。设想他7点起床，同样用近一个小时处理内务和准备上学，他就几乎没有时间学习了。即使他与你在校学习的时间相同，但仅从早晨时间利用一项，你就比他多争得了365个学时；以每天学习7.5个小时计算，一年内，你就比他多争得了近一个月的学习时间与锻炼时间！

早起还可以提高睡眠质量。早起的前提是早睡。适当的早睡可以提高睡眠质量，高质量的睡眠可以使大脑皮层得到充分的休息，让你的潜意识与意识之间得到沟通。可见，早起早睡的结果还有可能激发你的智慧。

有人研究后说，人约是在夜晚的子夜前后分泌生长激素以促进自己长高的。如果研究正确，睡得太晚，激素分泌不正常，势必不利于人的长高。所以，从健美的角度看来，晚睡也不合适。

早起还有其他许多边际效应。你早起了，就有较充分的时间做好学习准备。你不会因时间紧迫而违反作息制度，你不会因慌乱而丢三落四。相反，你若睡懒觉，起床迟，由于时间紧，你不得不不吃早饭，甚至在忙乱之中忘记带钥匙、带作业本、带课本，或因迟到而被老师批评。

坚持早起可以养成勤奋的生活习惯。

作息研究表明：晚上6点半开始晚自习，9点半到10点半就寝是最合适的，如果你延迟到11点多、12点就寝就显得太迟了。因为第一天晚上11点就寝，必须在第二天的7点后起床（否则不能保证8~9小时睡眠），第二天起床的时间就不得不推迟了。事实上，晚自习花了三个小时，基本上就够了。晚自习时间太长，不但占用了影响了第一天的早睡，而且影响了第二天的早起，是得不偿失的。

探索和实践

●修改你的作息时刻表，从明天起，坚持早睡早起并保证有足够的睡眠和体育锻炼时间。"人约是在夜晚的子夜前后……长高的……睡得太晚……将不利于人长高"——好好体会这句话。

3.7 打学习的进攻战，不打学习的防御战

任何战争，最终都是依靠积极的进攻取胜的。从来没有过消极的防御，即坐着等着挨打却能克敌制胜的先例。学习也是这样。现代学习是一场争得自身尽快发展的战争。现代学习只能打进攻战，不能打防御战。现代学习的进攻战，主要表现在以下方面：

把握主动。其中最主要的是发挥你学习的主体地位和主动精神，提高个人的学习需要水平与学习期望水平；提前做好各项学习准备，使自己时刻处于学习的"启动"状态。

积极进取。你的学习进取，应该是自加压力，先人一步，追求卓越，争创一流的学习进取。你的学习不能够简单地以学校或老师的要求为标准，而是自己要给自己制定高于学校或老师的标准；你要尽早地做出长期的学习规划，明确制订好阶段学习计划；你要努力做到学习成绩始终名列前茅——你不仅应争得班级学习成绩的前几名，而且应努力夺得年级学习成绩的前几名，甚至夺得全校乃至更大范围内学习成绩的前几名；你不仅要夺得学习的名次，你还应该在其他方面，如公益服务、劳动生产、体育学习方面夺得名次。总之，你必须有一颗"自加压力、负重前行，追求卓越、争创一流"的进取之心。

勇于争夺。争时间、争效率、争一流是你学习争夺的核心。你不但要勇于争，敢于争，善于争，而且要勇于夺，敢于夺，善于夺。你不但要有争夺的自信心和自觉性，还要有争夺的策略、方法和不夺得一流决不罢休的英雄气概。学习争夺，好比足球赛中的足球拼抢。在足球赛中，你若是拼抢不到球，是根本没有获胜的可能的。在学习过程中，你若是拼抢不到时间、拼抢不到效率，你同样是争夺不到一流学习成绩的。

先人一步。除了不为私利先人一步外，凡事都先人一步——物质、精神准备先人一步，认知、技能准备先人一步，即使是打扫卫生、体育锻炼、吃饭、睡觉、上厕所，也先人一步。

你每天清晨醒来，就要调节自己的心理，使自己有进攻的学习心态。你每天就寝之前，就要反思自己：今天，我的学习是进攻的吗？我是否做到了"自加压力、负重前行，追求卓越、争创一流"了呢？如果你的学习每天都是进攻的，你就好比是在永恒不息地、夜以继日地向东奔流着的大河中的一滴水——尽管道路漫长而曲折，但你誓不回头的进攻精神终究会使你汇入茫茫大海之中。如果你的学习一直是防御的，你就不得不落在老师和同学们的后面，你就好比

是一列误了点的火车——一个车站误了点，就有可能每个车站都误点——你个人的学习就踏不上老师和班级的教学节拍，你就不得不总是疲于消极应付。对你来说，学习的落后，学习的消极应付，不但是一项沉重的学习生理负担，更是一项沉重的学习心理负担，它对你的学习信心的损害，它对你的自尊心和自信心的打击，将是不言而喻的。

探索和实践

●在外语学习上，你是如何坚持用"打学习的进攻战、不打学习的防御战"记忆单词的呢？

3.8 知错能改，善莫大焉

数百万年以前，人类的祖先是地球上竞争力较小的一个物种，数百万年之后，人类统治了地球并将自己的飞船送上太空。人类之所以取得这样的成就，得益于人类具有知错能改的智慧。

所谓错，指的是我们的认识或实践不符合客观实际。所谓知错，指的是我们承认自己的认识不符合客观实际。知错能改包括认错、知错、改错三个环节。认错，承认错误；知错，认识错误性质及错误原因；改错，以实际行动纠正错误。知错能改的过程，是我们认识世界，并由此获得相关经验的过程，即是我们的学习过程。

知错能改，表现了我们实事求是的世界观、随机应变的思维方式及自警自强的学习敏感性——知道自己错了，立即认错、知错、改错，因此获得反面的和正面的经验，把坏事变好事。

事实上，我们每天的学习，都陷落在错误的海洋里，因为我们的认识，总是不符合客观实际。但更多的时候是，事实上我们确实是错了，但却拒不认错；或事实上认错了，却拒不知错；或事实上认错、知错了，却拒不改错；或事实上是认错、知错、改错了，但却不记错——以至于我们屡犯屡错又屡错屡犯，经常是错上加错，错了又错——知错不改，是我们最大的学习缺陷。

如何纠正知错不改的学习缺陷呢？

——客观地分析错误，努力发现错误的根源和本质。

——设置错误反思本。凡是错误的认识、错误的思路、错误的理解、错误的解题，所有错误的根源和本质都记录在该错误反思本上。

——加强心理暗示。所有学习活动，尽量一次性准确到位，争取不犯错；即使犯错，原则上也只准许犯一次。

——严守学习规范，养成动笔就准确，不涂涂改改的学习习惯。

——有认错、知错、改错、记错的求是精神。子曰："人非圣贤，孰能无过？"

子又曰："朝闻道,夕死可以。"——犯错了,承认、改正就行。我们的学习就是在不断地认错、知错、改错、记错过程中,螺旋形地循环渐进的。

探索和实践

●坚持在日记中反思总结自己的错误,一边提升自我修养,一边提升自己的写作水平。

第二编　改造我们的学习

第四章　解放学习力

4.1 关于学习和学习力的一般理解

　　为了适应并改变环境，为了自身的发展，每个人都必须不断改造自己的学习并不断解放自己的学习力。但是什么是学习、什么是学习力呢？我们是否可以尝试着给学习和学习力下一个相对正确的定义，我们应该如何理解该学习和学习力的定义呢？

　　学习问题是心理学家、教育学家、生理学家、社会学家共同关心的问题，也是争论很多至今尚未完全清楚的问题。

　　行为主义心理学家从动物学习的观察试验出发，认为学习是由经验掌握引起的"行为的持久变化"。但问题随即就产生了，浓的 $CuCl_2$ 溶液是棕黄色的，偏稀的 $CuCl_2$ 溶液是显浅绿色的，极稀的 $CuCl_2$ 溶液是略显蓝色的，假若我们已经认知了不同浓度下 $CuCl_2$ 溶液的颜色，但这一认知仅保留在意识上，我们的行为并没有表现出持久的变化，按照行为主义心理学家的观点，我们并没有学习，但是事实上我们是否在学习呢？事实证明我们在学习。学习心理学家鲍尔和希尔加德认为："学习是指一个主体在某规定的环境中的重复经验引起的，对那个情境的行为或行为潜能的变化。不过，这种变化是不能根据主体的先天反应倾向成熟或暂时状态（如疲劳、酒醉、内驱力等）来解释的。"该定义摆脱了行为主义观点的束缚，所指的学习的变化由重复经验所引起，既包括行为的变化，又包括心理潜能的变化——但所说的"行为潜能"则有模糊不清的感觉：因为既是后天习得的，就不应是"行为潜能"；既是"行为潜能"，就主要不是后天习得；既是"潜能"，就不限于"行为"；既限于"行为"，就不完全是"潜能"。

　　心理学家加涅则认为：学习不但有外显的（如行为）变化，而且有内隐的（如心理能力）的变化。他说："学习是人的倾向（disposition）或能力（capability）的变化，这种变化能够保持且不仅单纯归因于生长过程。"著名的教育心理学家邵瑞珍教授则认为，学校情景中的学习，是学习者"凭借经验产生的，按照教育目标要求的、比较持久的能力或倾向变化"。这一学习观点与加涅的学习观点基本接近，较鲍尔和希尔加德的学习观点似乎更加本质、更加准确且更加深刻。在本书中，如无特别指出，所有的学习心理学意义上的学习（不管是学校学习还是非学校学习），原则上都遵持或借鉴邵瑞珍先生的这一观点。

关于学习，我们似乎还可以从以下几方面着手，进行较深层次的学习细分：

第一，从学习的主、客体关系看，学习是学习者个体的事，归根结底是学习者自己的事——学习者既是学习的主体，又是学习的客体（对象）。因为学习者是学习的主体，所以学习者要激发学习积极性；因为学习者是学习的客体，所以学习者要在学习中自己认识自己、自己教育自己、自己改造自己。

第二，能动地接受、发现、识记住刺激（感知），是学习活动的起点——不但能接受具体环境中的具体实物的刺激，而且能接受具体环境中的语言、符号等抽象事物的第二信号系统的刺激，甚至能接受虚无的情感、朦胧的意识的刺激；不但能被动地接受刺激，而且能主动地发现并积极寻找刺激；不但能主动地让环境刺激自己，而且还能主动让自己刺激自己；不但能能动地形成刺激——反应联结，而且能主动地将刺激——反应后获得的联结上升为经验（后面还会继续论及到）；不但能能动地将联结上升为经验，而且能能动地将其系统化——形成认知结构并转化为思想。

第三，学习的直接目的，在于经验的获得，包括行为的习得、习惯的养成、技能的熟练；学习的间接目的，在于促进自身发生"比较持久的能力或倾向变化"，即促进自身智慧发展、体魄强健、能力成熟、人格完善、思想成熟。学习的目的是否达到，决定于我们是否获得并保持有足够的经验，且获得并保持的经验是否内化成了我们的身心素养——是否改进或改造了我们的心理品质、生理品质及行为活动方式，尤其是是否发展成为我们的崇高的精神、优秀的品性（包括需要、动机、兴趣、理想、信念、世界观）及伟岸的人格（包括能力、气质与性格）。

第四，学习的标志，表现在我们不但有丰富且高端的智力活动，而且有丰满且高尚的精神生活；表现在我们不但能竭尽全力地认识世界和改造世界，而且还能满怀激情地展现主观世界并改造主观世界——反复强调，在学习活动中，崇高精神的真实展现、崇高精神美的真实体验、崇高精神的真实成长，比单纯的知识认知、单纯的考试成绩优秀要重要得多！

第五，学习能否持续进步，决定于我们能否循环不已地、坚持不懈地将学习的物质活动（学习的心理过程和行为过程），转化学习的精神活动（学习态度、学习的思想方法、学习兴趣和学习责任心），再将学习的精神活动转化为更高水平的学习的物质的活动，如此螺旋形循环递进。因此，增大学习的精神含量，尤其是增大学习的崇高精神含量，不断地将知识转化为觉悟，是促进学习持续进步的关键。

既然学习可以视为是"凭借经验产生的、按照教育目标要求的、比较持久的能力或倾向变化",那么,什么是经验和有效的学习?什么是"按照教育目标要求"和"比较持久的能力或倾向变化"呢?

经验包括直接经验和间接经验两种。直接经验指的是在具体的实践活动中得到的认识;间接经验指的是,通过语言(如读书)或其他信息沟通方式间接获得的、他人的直接经验。所谓"按照教育目标要求",指的是按照国家的教育方针要求。所谓"比较持久的能力和倾向变化",指的是通过学习,或培养了能力素养、或培养了思想信念、或培养了行为习惯。所谓"有效的学习",则表现在支持学习的两个生理—心理基础能够不断地发展上。这两个生理—心理基础是:一,在大脑皮层中建立的、通过意义联系联结起来的、业已稳固了的条件反射体系;二,在大脑皮层中建立的、通过意义联系联结起来的、业已稳固了的神经细胞间的"接触"机制、神经冲动的启动与传递机制及启动、传递神经冲动的生物化学和生物物理机制。正是这两个有效的学习基础不断发展,才使"能力或倾向变化"因具有生理生化和心理生化的物质基础而日益巩固且日益持久的。

——善于发现学习影响、解决学习问题、获得新的经验;在认识世界、改造世界的同时真实地展现崇高精神的伟大、真实地体验崇高精神的美感、真实地促进崇高精神的成长并以此提高认识自己、改造自己的能力,称为学习力。

我们读到这儿,或许都会长叹一声,哎呀!学习和学习力怎么会是这么复杂的一回事儿呢?我们几乎读不懂了!请记着:这些其实都暂时是无关紧要的。我们现在对与学习有关的诸多的知识、概念暂时可能不懂,以后,当我们有了实践经验,再回过头来再重读(学习)一遍时,我们终究会读懂的。

探索和实践

●学习的核心价值,在于"是否培养并展现了崇高精神、体验并展现了崇高精神的美感",是"左"的思想表现吗?举例说,你在擦洗黑板,你一边擦洗一边表现了你认真负责、精益求精的精神,这难道是"左"的思想吗?

4.2 学习的生理机制推测

关于学习的生理机制,以巴甫洛夫(俄国生理学家)提出的学习的条件反射模型最为著名。

巴甫洛夫说:"显然,我们的一切培育、学习和训练,一切可能的习惯都是很长系列的条件反射。"大脑皮层上条件反射的建立(尤其是第二信号系统的建立),可能是关于学习的最基本的生理机制。

脑神经生理学研究指出：任何复杂的学习都与大脑和整个神经系统的复杂活动联系着。学习不仅依赖大脑皮层，而且也依赖于大脑皮层相联系的一些低级中枢。更深层次的研究还表明：学习的基础是相应突触部份的组织变化（有人认为是神经冲动在所构成的环路中往返传递）、人的学习能力与影响突触传递效能的化学递质有关系。无数大脑损伤的病理研究及精神病学研究从反向印证了大脑皮层与学习活动的生理机制有关系：当大脑相应部位受到损伤时，人的条件反射就不能建立起来，人的某项学习功能就有可能丧失；而当人一旦失去自我意识或自我意识不全时，人就难以建立起新的条件反射，由于原有的条件反射系统受到破坏，人就会因此患上精神疾病而不能正常地学习（还有人认为，大脑的活动还与心脏活动有关，尤其与心脏的供血有关系：心跳过快、血压过高、供血过多，不利于学习；但心跳太慢、血压太低、供血太少，同样不利于学习）。

既然学习最基本的生理机制可能是大脑皮层上条件反射（尤其是第二信号系统）的建立，那么，在学习过程中，我们必须努力促进自己建立尽量敏锐精确的、有利于学习的、正向的条件反射系统（尤其是第二信号系统），尽量避免建立模糊不清的、不利于学习的、负向的条件反射系统，我们还要尽力提高语言特别是学科专业语言的辨析功能。学习既与大脑皮层的神经系统、与突触、与神经递质有关系，我们就应该让大脑皮层有足够的氧气、足够的血液、足够的营养、足够的压力并让他们得到足够的休息。切记不要让大脑受到任何病理的、机械的、药物的、及强烈心理刺激的损伤。此外，我们还要有强健的体魄为大脑皮层复杂的精神活动，提供强健的物质支持。

必须指出的是，作为心理过程之一的情感，它既是心理的、又是生理的。因为情感既可以通过心理活动影响学习的生理机制，又通过生理活动影响学习的心理机制。所以学习时保持高度专一、适度激动（有热情）而又和谐（宁静、不浮躁）且有美感支持的情感，对我们的学习心理来说，极端重要。

我们有三大宝藏：我们的大脑（包括我们的身体）、我们的双手和我们的时间。其中大脑（包括我们的身体）是宝藏之首。我们只要精心地保护、发展、利用我们的大脑，积极开掘我们的体力、智慧、意志、情感和想象，我们的学习迟早会进步。

探索和实践

●脑是心理活动的器官，但古代中国人曾错误地认为心是心理活动的器官，这虽是一个错误，但这个错误对我们有哪些启示呢？你将如何注意大脑的血液、氧气、营养供给呢？

4.3 古代思想家的"知行结合"学习观

夫子的学说以人为中心，主张"仁""义""信"，关心国计民生，赞成敏行讷言，反对言行不一（原生态的夫子学说和被后人阉割、曲解的夫子学说不同）。夫子认为学习首先要"学以致用""身体力行"，认为"知"的目的是为了"行"。《论语》从头到尾不是教诲我们应该如何"知"，而是教诲我们应该如何"行"。如夫子一见面就告诉我们说："学而时习之，不亦悦乎？"——"一边学一边行，不是一件快乐的事吗？"夫子又说："传不习乎？"——"认识了道理，难道不能照着做吗？"夫子还说："见贤思齐焉，见不贤而内省也"——"发现了正面的榜样示范，就要考虑具体落实实行；发现了负面的事例表现，就要反省自责"。夫子所谓的"学""传""见"，指的是"知"；夫子所谓的"习""齐"，指的是"行"。可见，夫子可能是古代思想家的"知行结合"学习观的首倡者。

与夫子同时代的、曾大张旗鼓地劝导人们努力学习的荀子，同样持"知行结合"的学习观。荀子说："不闻不若闻之，闻之不若见之，见之不若知之，知之不若行之；学至于行而止矣。"又说："行之，明也。"荀子所说的"闻""见""知"，指的都是"知"。依照荀子的观点，"行之，明也"——"行"，即"做"，才会"明"，即身体力行才是最有意义的学习。

"四书"之一的《中庸》，对"知行结合"学习观阐述得更具体。《中庸》说：我们的学习要"博学之、审问之、慎思之、明辨之、笃行之"，其中，博学、审问、慎思、明辨是"知"，与"知"并辔齐行的是"笃行"——指的是全心全意地、脚踏实地地"做"。

南宋理学家朱熹把"行"视为学习的最高阶段——朱熹的学习阶段是：立志、博学、审问、慎思、明辨、时习、笃行。"立志"，指明确学习方向；"博学、审问、慎思、明辨"是"知"，"时习、笃行"是"行"。朱熹认为"知"和"行"是相辅相成的——所谓"知之愈明，则行之愈笃；行之愈笃，则知之愈明"；"知"是有利于"行"的，"行"是有利于"知"的，学习不但要在"知中行"，而且更要在"行中知"。

明代哲学家王阳明更是把"知行结合"学习观尊崇至高端。他说，"知是行之始，行是知之成"；"未有知而不行者，知而不行，只是未知"。他提倡必须"知、行并进"，既反对随心所欲地、懵懵懂懂的"做"，又反对茫茫荡荡地、不肯著实躬行的"学"（有兴趣的同学可以阅读他的代表作《传习录》）。

在古代中国，所有的有教育思想的思想家、所有的有思想的教育家如墨子、韩愈、王守仁、张居正、颜元、王夫之、王船山、梁启超等，无一不认同"知行结合"的学习观。

古代思想家在朴素的唯物主义思想指导下建立起来的"知行结合"的学习观，至今仍有深刻的现实意义。这些现实意义表现在：

第一，"知行结合"是现代学习的宗旨。这个学习宗旨是说，在学习过程中，我们不但要"学习"并学会学习，而且要不断地改造"学习"，即我们不但要"知"，而且更要"行"——我们不但要"知"如何学做人、学做事、学做学问，而且更要在学做人、学做事、学做学问的过程中，学会做人、学会做事、学会做学问；我们不但要抽象概括、还要实验实证；我们不但要掌握理论，而且更要参加实践；我们不但要认识世界，而且更要改造世界；我们不但要认识并改造客观世界，而且更要认识并改造主观世界即认识并改造自己。

第二，学习的"知"和学习的"行"相辅相成。我们的学习应该是不断改造的、"知"和"行"相结合、学做人与学做事与学做学问相结合的学习，是在"学中做"和在"做中学"相结合的学习，是动手和动脑相结合的、解决问题和反思问题相结合、理论和实践相结合、认识世界和改造世界相结合的学习——而非一味求"知"的、单纯动脑不动手的夸夸其谈和纯粹满足升学应试或坐而论道的口舌之辩。

第三，归根结底，我们的学习是通过"知"，认识知识经验，展现崇高精神；通过"行"，实践知识经验，彰显崇高精神；通过"知"与"行"的循环递进，实现知识经验和崇高精神都向"比较持久的能力或倾向变化"回归的学习，是把思想、精神、肉体三者统一起来并将其力量努力焕发至极致的、在"知行结合"中改造学习的学习。

"小人喻于利，君子喻于义"——以"喻于义"——"学做人"为宗旨、彰显崇高精神的"知行结合"学习观，是我国古代思想家的杰出贡献。可惜的是，古代科举制的滥觞，使人们只注重应试的"知"，忽略了经世的"行"；而西方单纯知识认知的学习理论的长驱直入，又把这一学习观视若敝屣，束之高阁。其实，我国古代以"喻于义"即以"学做人"为宗旨，以"知行结合"为核心的学习观，较之于现代西方各种单纯"喻于利"的实用主义学习观，其人文精神含量，不知道要伟大崇高出多少倍！

必须指出的是："知行结合"学习观所指的"行"，大多指的是"知"的实践，而一般不是指为探究客观事物的本质所进行的反复的深入试验和全面实证，这显然是"知行结合"学习观的缺陷所在。

探索和实践

●借阅《中国古代教育史》和《中国哲学史》，了解古代"知行结合"的学习观和"知行结合"的哲学观。

4.4 桑代克的"试误"说

桑代克（美国心理学家）认为：学习过程是渐进的、试探的，是不断地发生错误、不断地修正错误、最后取得成功的过程。在这过程中，错误的行为反应会逐渐减少，正确的行为反应会逐渐增加，最后形成固定的、正确的刺激——行为反应，也就是通过"尝试与错误"，在刺激和反应间形成联结。他的意思是说：学习就是把这些联结"铭刻"在神经系统里的过程。

桑代克为此提出了以下三条学习规律：

——效果律：刺激与反应是否形成联结，取决于行为效果。

——练习律：应用可以使刺激和反应间的联结增强，反之则使二者联系减弱。

——准备律：有准备接受刺激时，刺激效果好，无准备接受刺激时，刺激效果差。

桑代克提出的三条学习规律是完全正确的。

桑代克是在动物的学习行为试验分析的基础上，提出了人的学习理论的。动物的学习和人的学习固然有共同的地方，但二者却有本质的区别。动物只是被动地、在适应环境中学习，而人却是主动地、在一边适应环境，一边改造环境中学习；人的学习在一定过程上确实在"不断地修正错误和改正错误"，通过不断的实际训练以巩固，但人和动物根本不同：动物的学习缺乏主观能动性，故是本能的、盲目的，人的学习则是有主观能动性的，故是积极的、主动的；动物是学习的主体，但不是学习的客体；人既是学习的主体，又是学习的客体。所以你在"试误"和"尝试"中学习时，你要发挥主观能动性并注意遵守以下要求：第一，你应努力获得他人的指导，尽量减少因为"试误"和"尝试"所耗费的学习时间；第二，你的学习应该具体化，你应该在"做"中"试误"，在"做"中主动总结"试误"教训和"试误"的经验；第三，你应完成一定的学习训练量，努力使刺激与反应的联结更加紧密牢固；第四，你任何时候的任何学习都应该做好准备；第五，你要及时调适学习心态，努力保持情绪的乐观和心境的平衡。

必须指出的是：你的学习刺激和学习反应间的联结是否稳定且牢固，与你的学习的具体化、技能化、意义化程度，与你的学习识记准确度及学习情感的稳定度有很大关系。切记切记！你无论学习什么，都要在扎实基础的基础上，尽可能地具体化、技能化、意义化，都要尽可能准确地记牢，你无论如何都不可以急功近利、马虎浮躁！因为任何急功近利、马虎浮躁都会影响学习刺激和学习反应间联结的稳定性和牢固性。

探索和实践

●尝试着把每天重大的学习错误都记录在错误本上。尽可能深层次地探究每一个学习错误产生的原因，力图在错误的分析中总结到新的经验和教训。

4.5 华生的"刺激——反应"说

华生（美国行为主义心理学家）修正了桑代克的学说。华生认为：所有心理学的问题都可以归结为外部刺激（S）和内部心理反应（R）之间的联系，依据该二者间的联系，可以预知刺激后所要发生的心理反应，推断发生这种心理反应需何种外部刺激；华生还把学习看成是学习习惯的形成，而所谓习惯，则是外部刺激——内部心理反应间的牢固联结。

依华生看来，刺激是外部的客观条件，反应是内部即主观结果。有什么样的刺激，就可能产生什么样的反应；要有什么样的反应，就给予什么样的刺激。

外部刺激是客观的，只有给予人以外部刺激，客观才可以被主观反映。从这一点看，华生是有唯物论的意识的。但由于人心理的主观性，外部的客观刺激并不可能完全正确地被主观反映，所以华生的上述推断有一定的唯心论成分。因此，有什么样的刺激，肯定有什么样的心理反应的推断是值得商榷的。

华生把习惯看成是外部刺激与内部心理反应间的联结是相对正确的，而把学习仅看作是学习习惯的形成就失之偏颇了，因为人的学习的内涵比人的学习习惯的内涵要大得多。

根据华生的理论，我们在学习上要尽量发现并主动接受更多、更有益、更有效的学习刺激并尽量敏锐地做出更多、更深刻、更有意义的心理反应；我们应尽量避免接受无益或有害的学习刺激，尽量减少无益或有害的学习反应；我们应尽量培养自己良好的、正向的学习习惯，而尽力远离或纠正不良的学习习惯；我们不能被动地等待刺激，再被动地产生反应，而应该主动地寻找学习刺激，主动地产生学习反应；我们更应该积极主动地自己刺激自己，自己对自己的刺激做出积极主动的反应；我们不但要有远见和卓识，而且要有见识和胆识。

探索和实践

●物理老师在屏幕上展示了一幅"右手螺旋管法则"示意图。A同学说："一幅挂图！"B同学说："一幅反映螺旋管电流方向与磁场方向挂图。"C同学说："一幅反映环形电流方向与其磁场方向相互关系的挂图。"试着回答以下问题：（1）A、B、C三位同学的心理和行为表现是何者刺激的结果？（2）A、B、C三位同学中，停留在知觉阶段（感知阶段）是哪一个？经历知觉阶段已深入到思维阶段的是哪两个？经历过思维阶段且接近揭示事物本质的是哪一个？（3）什么是学习的敏感性？尝试着给出其定义。（4）刺激后有反应产生，学习过程就开始了吗？说一说你的认识。

4.6 斯金纳的"操作条件反射"说

斯金纳（美国心理学家）研究了老鼠在斯金纳箱中的行为活动，认为人和动物的一切行为都由反射构成，而人的学习在于形成条件反射。由于条件反射分成两类，刺激型条件反射和操作应答型条件反射，所以学习也分成两类，即刺激——应答型条件反射学习和操作型条件反射学习。而所谓操作型条件反射学习，指的是给定一个操作，呈现一个强化刺激，这个操作的强度就增加；如果给定一个操作，没有强度刺激，这个操作的强度就减少。因此，学习过程在某种定义上可以理解为行为被特定的方式刺激且不断被特定的方式强化的过程。

斯金纳的操作型条件反射学习开辟了新的学习研究方向。斯金纳提出的学习强化理论对激励人的学习积极性也有一定的启发意义。尤其值得指出的是，操作型条件学习理论倡导的程序学习和机器学习（如计算机网上学习）也取得了一定的成绩。

但斯金纳把人的学习看成是"超越单－反应或单－刺激反应的关系"。简单地归结为机械的条件操作反射，甚至否认人学习的主观能动性，把人的学习和动物的环境适应等同起来的观点则是错误的。

实践证明：正如斯金纳指出的，增加反应强度的刺激内容广泛，既可以是正向的，也可以是负向的。对于正向刺激物的刺激，人们往往难以接受，而对于负向的刺激物的刺激，人们却极易接受。如许多青少年沉湎于网吧的电游，或浏览黄色网站成瘾而变得精神不振，或由于自暴自弃而学业荒废等，就是典型的例子。当然，你可以尝试用操作条件学习理论做指导，用自我强化的方法激励自己努力学习。

请注意：学习的最大正向刺激物不是别人，而是自己！学习的最大负向刺激物不是别人，也是自己！你决不可以被负向刺激物的刺激使学习走向反面。

探索和实践

●学习的最大负向刺激物是自暴自弃或自卑自怨，即学习过程中最大的负向刺激物是自己，你能根据斯金纳的操作型条件反射学习理论谈一谈对此的认识吗？

4.7 格式塔学派的"完形"论

格式塔学派的韦特海默（德国心理学家）等认为，人和高等动物的学习，根本不是人和高等动物对个别刺激所做出的个别反应，而是对整个刺激情境做出的有组织的反应。人的学习过程是人对心理环境的重新组织和重新构造，人的学习不是依靠"尝试"，而是由于"顿悟"——突然理解"完形"的结果。

格式塔派心理学家的"完形"论，是他们主观先验的产物。格式塔派心理学家认为：人通过认知，得到的是事物的整个的"形"，当"形"出现"缺口"的时候，人就有尽可能地使"形"完整即"完形"——主动使"缺口"弥合的趋向，人的这种"完形"就是学习。由于这种"完形"不是渐进的，而是突然完成的，故称之为顿悟。

格式塔派心理学家强调人对客观世界的认识是整体的认识、强调人的学习过程是人的认识不断深化的过程、强调人的学习是人与环境相互作用的结果等，反映了他们的观点有其合理的一面。但他们把学习完全归因于人自身的"组织活动"，是"完形"出现且是"原始智慧的成就"，认为认识是脑天生的东西，不注重过去的经验的作用，不把学习过程视为是客观现实的反映过程等则是值得商榷的。

根据格式塔学派的"完形"学习理论，在学习时，我们要注意学习情境、情景的影响，要注意系统地、准确地把握学习对象的整体特征，要通过领悟建立起合理的知识结构；我们尤其要注意：在"完形"的过程中，我们往往会下意识地添加许多主观先验的成分——自圆其说，这些主观先验的成分往往是错误产生的根源。因此，坚持实事求是的学习态度，确保所有的学习过程，包括感知、表达、理解、思维、识记过程的准确性，不任意地"完形"，显得十分重要。

探索和实践

●两个小孩子在讨论什么时候太阳离地最近。甲小孩说：早晨太阳离地最近。因为距离越近，看到的物体体积越大，早晨的太阳看起来大些，所以它离地近些。乙小孩说："不对，中午太阳离地最近。因为距离越近，人感到越热，人感觉到中午的太阳要热一些，所以它距离地近些。

从甲、乙二位小孩的讨论里，我们是否理解到下述道理：（1）人对世界的认识总是试图从整体的角度认识；（2）人在试图从整体的角度认识世界时，总是添加有主观先验的成分；（3）人的这些主观先验的成分，是人犯错误的原因。

●你的学习是否也像上述两个小儿一样，经常犯主观臆想的错误呢？你该如何避免这一错误呢？

4.8 巴甫洛夫"条件反射"说

巴甫洛夫用试验的方法证明了学习既是生理现象又是心理现象。他认为条件反射是学习的最基本的生理机制。人在复杂的生活环境中，形成了多个层次的条件反射系统，这些系统的形成过程就是人的学习过程。所以巴甫洛夫说："显然，我们的一切教育、学习和训练，一切可能的习惯都是很长系列的条件反射的形成。"

巴甫洛夫指出，条件反射活动是大脑皮层功能，是暂时神经联系的接通。这种联系的接通由大脑皮层的两个基本神经过程即兴奋和抑制所决定。

巴甫洛夫还指出：条件反射存在两种信号系统，即第一信号系统和第二信号系统。第一信号系统是用实物作为刺激物引起条件反射的信号系统。第二信号系统是用言语（符号）作为刺激物引起条件反射的信号系统。由于人的第二信号系统活动直接与人的思维活动相联系，所以第二信号系统的活动质量，在一定程度上决定了人的思维活动质量（同时决定了学习准备的质量）。

尽管巴甫洛夫的学习理论有许多主观的、推测的成分，但是至今为止，世界上还没有一位科学家能通过实验的方法以否定或修正他的理论。巴甫洛夫的关于学习的条件反射观点、关于大脑皮层神经活动规律的观点、关于人的第二信号系统的观点仍具有现实的学习指导意义。

根据巴甫洛夫的学习理论，我们对学习有以下认识：

——学习的目的是建立起新的条件反射联系和建立起新的条件反射联系体系，或使已形成的备件反射系统更加稳固、更加精确化。我们若要提高学习效果，就必须积极主动地寻求学习刺激并在学习刺激与学习反应间建立起稳定的联系。若是缺乏有效的学习刺激，是不能建立起稳定的条件反射的联系的。

——条件反射联系体系是逐级建立起来的，初级条件反射联系是更高级条件反射联系形成的基础。所以学习要注重扎实概念基础，要注重理解基本的概念意义，要重视课本和课堂的学习过程，尤其要注意细密地、没有任何的疏漏地把握课本学习内容，任何对概念本质认知的一知半解和基本方法把握的似是而非，都是条件反射、条件反射链、条件反射体系建立的薄弱环节。

——条件反射联系是一个系统。系统条件反射功能的强弱决定于构成系统的各子系统的条件反射的功能的强弱。在条件反射系统中，若有一个子系统处于初级阶段，则整个条件反射系统处于初级阶段。所以我们的学习应是综合的、全方位的学习，我们不但要注重知识的学习，而且要注重思想方法的学习，我们不但要注重经验的积累，而且要注重能力与素养的培养。

——作为第二信号系统的刺激物，言语、尤其是词，对我们的学习具有特殊的意义。所以，我们要学会阅读、学会写作、学会表述、学会用内部语言思考。

——大脑皮层是条件反射建立的物质基础，我们要特别爱护、重视、发展我们的大脑，努力让他得到足够的营养、血液、氧气、压力、锻炼和休息，不让它受到任何的损伤。

——条件反射系统是一个不断被概括、被简约、被精细、被更新改造的变动的系统，因此，我们要完成足够的条件反射巩固训练量（尤其是足够的课外阅读量）。我们还要努力促进条件反射系统的新陈代谢，不让任何一个条件反射系统成为束缚我们思想的定势。

探索和实践

●你习惯用无声的语言（符号）帮助学习思考吗？若有，则努力使其连贯和更逻辑；若没有，则努力使其有。你有用脑卫生的意识和开掘大脑潜力的意识吗？若有，努力将其转化为实际行动，若没有，则努力将其建立起来。

4.9 奥苏贝尔"有意义言语学习"理论

奥苏贝尔（美国心理学家）指出：所谓"有意义言语学习"（简称有意义学习，有时称意义学习），指的是符号所代表的新知识与学习者认知结构中已有的适当观念建立起非人为（nonarbitrary)的和实质性 (substantive) 联系的学习。

"有意义的言语学习"理论认为：学习应该是有言语意义的即有意义的。有意义学习的标准有两条：第一，新的符号或符号代表的观念与学习者认知结构中的有关观念具有实质性联系。这是说，当你接受某新概念时，你就能把它与你的认知结构中已经有了的关于这一新概念的表象、符号、相关概念或命题联系起来。第二，新知识与你认知结构中的有关观念有某种合理的、逻辑基础上的联系。举例来说，学到英语"dog"时，你就把其与动物"狗"联系起来，就符合第一条标准，学习了三角形三内角和是180度，知道这是平角为180度的推论，就符合第二条标准。所有有意义学习都符合这两条标准，而一切机械学习则不一定符合这两条标准。

"有意义的言语学习"还须具有两个条件。一个条件是学习材料本身应具备有逻辑意义。对学习者而言，有被认知的可能性，另一个条件是学习者应具有有意义学习的心向，即学习者主观上具有把符号代表的新知识与自己认知结构中原有的旧知识主动联系起来的心理倾向。假若材料本身具有逻辑性，而且学习者认知结构中亦有适当的旧知识作为基础，那么，当具有潜在意义的新知识与学习者认识结构中的已有旧知识相互联系起来时，新、旧的知识就会获得新的心理学意义。

代表性学习、概念性学习、命题学习是有意义学习的三种类型。代表性学习，指掌握单个符号的意义学习；概念性学习，即掌握同类事物共同的本质特征的意义学习。概念性学习有两种学习形式，一种称为概念形成，一种称概念同化。命题学习包括两类，一类是单一命题的学习，另一类是概括性命题学习，说得简单些，概括性命题学习是由复合概念组成的复杂的概念学习。

奥苏贝尔认为：潜在的有意义的新命题，总是在同学习者认知结构中原有的适当观念建立了实质的、非人为的联系以后，才获得心理意义。有意义言语学习理论强调，在新知识的学习过程中，原有的适当观念对新知识起着固定的作用。从学习的角度看，这种固定作用分成三类：下位学习、上位学习和并列结合学习。总之，新旧知识之间只有通过相互作用，意义学习才得以实现；新旧知识相互作用的结果，就是新旧知识的同化。新旧知识经过不断的同化，才可能产生更为高级的、更为分化的认知结构。

介绍了如此之多的奥苏贝尔的观点，我们的思想是不是有点儿糊涂了？我们的思想之所以糊涂，用奥苏贝尔的理论来解释，就是因为我们对许多新概念不理解；我们之所以对许多新概念不理解，是因为我们新接触到的知识概念不能与我们已掌握的知识概念建立起有意义的联系，即新接触到的知识概念不能同化到我们原有的认知结构中去的缘故。

若要将奥苏贝尔"有意义的言语学习"理论通俗化，可以形象化地打一个比方：我们的学习好比一棵树，这棵树称为"学习树"。"学习树"上的根、干、枝、桠、叶、花、果，好比相互联系着的知识概念。在学习心理学家看来，这棵"学习树"可称为认知结构——认知结构不是别的，它就像树上的根、干、枝、桠、叶、花、果一样，是分别以上位、下位、并列的方式彼此有生命地联系起来的、"结构"呈"金字塔"型的概念系统。我们每天在学习知识概念，我们的"学习树"每天在成长，我们学习的内容通过"有意义的言语学习"形式被同化在这棵"学习树"上。由于"学习树"处在不停顿的、与时俱进的生长之中，所以昨天的"学习树"，不同于今天的"学习树"。今天的"学习树"，不同于明天的"学习树"。这就是说，我们的学习就像宇宙、江河一样，每一天都在永不停息的发展之中。

从奥苏贝尔"有意义言语学习"理论可以看出：我们的学习应该是以理论（概念）学习为导向、注重概念掌握、注重概念的言语意义联系理解、注重系统概念学习的循序渐进、强调有概念理解准备的学习。因为只有注重概念掌握，我们的意义学习才有了概念作为本源；因为只有注重概念理解，我们才可能实现概念同化。因为只有注重系统概念学习的循序渐进，我们对概念的掌握才可能更加精细和更加分化。此外，"有意义的言语学习"还要求准确、细密和严谨地展开概念学习过程。"有意义的言语学习"好比用概念织一只滴水不漏的"笼子"。

"有意义言语学习"也有不足。因为学习不仅是准确地形成概念，不仅是准确地同化概念。书本上的概念是显性的东西，隐藏在书本后的隐性的东西远较书本上显性的概念要多得多。例如思想、方法、经验、技能都是我们要学习的且都是隐藏在书本后的隐性的东西。因此，我们在赋予概念的心理学学习意义的同时，还要设法求得与概念学习过程如影随形的世界观与方法论的学习意义、技能转化与掌握的学习意义。在某种程度上甚至可以说，后者的学习才能赋予前者的学习以更深的内涵。

"有意义的言语学习"理论是典型的有东方思想的西方学习理论。这一理论强调学习要扎实基础，强调学习要系统地掌握概念，强调学习要循序渐进，强调学习要有认知准备，对于现代学习者来说，这些要求都是至理名言。

探索和实践

●下述关于椭圆定义的学习方式中，哪些方式是言语意义学习方式？哪些不是？①懂得椭圆方程与椭圆定义的相互关系。②机械识记椭圆定义和椭圆方程。③懂得椭圆方程中所有符号代表的数学意义并能用准确的数学语言表述出来。④能准确画出椭圆图形，指出图形上种几何点的数学意义和点与点之间的相互关系。⑤将椭圆图形和两点间距离图形联系起来，知道"直"（一次函数图形）是如何化"曲"（二次函数图形）的。

4.10 皮亚杰的"同化——顺应"学习观

太阳快下山了，西边的云彩全染成了金色。老太太说，这些云彩像漂浮在海上的龙王；小姑娘说，不对，这些云彩像麦地里的狗；老大爷说，都错了，这些云彩什么都不是，就是云彩。可见，每个人总是按照自己独特的认知方式，对输入的信息或对获得的经验进行组织或再组织，以使它最大限度地与自己已有的认知结构（被看作是有次序地整合起来的概念系统）相结合的。这是著名学者皮亚杰（瑞士心理学家）的一个重要的心理学观点——同化。

从前有个人，卖矛又卖盾。他举起自己的矛，然后说：我的矛锐利得很，什么也戳得穿。他又举起自己的盾，然后说：我的盾坚固得很，什么也戳不穿。旁边一个人反问他说：若您以您的矛戳您的盾，会怎么样呢？这个人惊讶得说不出话来。但这个人在惊讶之余也提高了认识——原来说话、推理是要注意逻辑性的！是不能自相矛盾的！可见，当外部经验与人的认知结构相结合即相同化时，人的认知结构会发生相应的变化以适应这一新变化。这就是皮亚杰的另一个重要的心理学观点——顺应。

按照皮亚杰的说法，顺应和同化是一对相互补充的过程，只要信息或经验的输入与现有的认知结构不相符合，就存在着不平衡。当发生了足够的同化和（或）顺应，使输入的信息和（或）经验与改变的认知结构相一致时，就达到了平衡。这就是我们所理解的皮亚杰的另一个重要的心理学观点——同化和顺应相互对立，又相互统一，二者在对立统一中，实现学习过程的观点。

我们总是在不断地认识世界的过程中不断地改造世界。我们不断地认识世界（包括认识自己）并不断地改造世界（包括改造自己）的过程，就是哲学意义上的学习过程。从这一点看，皮亚杰的经验获得（认识客观世界）和认知结构改变（改造主观世界）的学习观点是正确的。皮亚杰把学习的过程视为（经验）同化和顺应（认知结构改变）的矛盾运动过程，也是符合辩证法的。因此，皮亚杰的同化——顺应学习观对我们的学习是具有指导意义的。至于皮亚杰所说的"认知结构"究竟是什么样的"结构"，其物质基础是什么，则是需要继续探究才能获得更多的心理——生理学数据的支持。

根据皮亚杰的同化——顺应学习观，为了使学习有最大的学习效果，学习者所学到的经验必须和学习者已有的认知结构很好地配合起来。也就是说，学习者必须首先通过学习以获得经验，形成认知结构，然后再将获得的新经验"组织"或再"组织"到自身的认知结构中去。所以，在学习过程中，我们的学习不是单纯的"学"和单纯的"习"，而是为了获得新的经验的学习；且单纯的新经验获得了还远远不够，我们还要在正确思想的指导下，在改变原有的认知结构的前提下，通过多种方式，将新获经验与原有的认知结构对接（组织）起来并由此获得新的意义。另外，根据皮亚杰的同化——顺应学习观，我们的学习是在（经验）同化和（认知结构）顺应的对立统一发展起来的，所以，我们的学习应同时推进同化和顺应双方的矛盾运动，努力通过二者量变与质变的累积，促进我们的同化是高水平的同化，促进我们的顺应是高水平的顺应；还是根据皮亚杰等认知心理学家的同化——顺应学习观，影响学习的重要因素有两个，一个是学习者已有的知识结构或说学习者已有的学习水平因素，另一个是学习者已有的促进同化与顺应不断矛盾运动的主观能动性因素。为此，在学习过程中，我们要确立学习的自我意识、学习的哲学意识，并有下定决心、不怕牺牲、排除万难、去争取胜利的信念和意志；我们还要认真做好学习准备、克服学习定势，积极促进学习发展并使自己有合理的、成熟的甚至是超成熟的认知结构，同时使自己不但有对创造力的渴望和发明、发现的兴趣，而且有批评力和探索求证的能力。

皮亚杰是近代有重大学术影响的心理学家，他的上述观念及他提出的诸如用辩证的思维方式学习，通过交往的方式学习和激发创造力的方式学习等学习主张，至今仍不失去其积极意义。关于他的这些学习思想或学习主张的细节，我们可以通过阅读他的相关著作具体得到。

探索和实践

●你在学习概念的时候，有"同化"和"顺应"的理念吗？你在用旧概念同化新概念时，你原有的概念体系及被同化的新概念是否同时获得了新的意义呢？你如何认识"知识结构"和"认知结构"？试着联系实例说一说。

4.11 布鲁纳的"认知——发现"说

布鲁纳（美国心理学家）是现今最有影响的认知心理学家之一。布鲁纳认为"学习不在于被动地形成刺激——反应的联结，而在于通过主动发现来形成认知结构。"布鲁纳强调学科的基本结构的学习。他认为"不论我们选择什么学科，务必使学生理解学科的基本结构"，"学到的观点越是基本，几乎归结为定义，则它对新问题的适应性越广"。布鲁纳提倡用"发现法"来学习。他认为：在掌握学科的基本结构的同时，要掌握研习这一学科的基本态度和方法，用"发现"的态度和方法学习，可以使学生主动地获得知识并发展智能。

布鲁纳强调学生学习必须有学习的主动性无疑是正确的，强调学科学习的完整性也是正确的，强调学习的目的之一是形成自身的认知结构也有其合理性。但他过分强调学习的发现就值得商榷了。

现代学习认为，发现是一种学习态度，一种学习的思维方式；采用发现的方法学习，在理论上讲，当然更有益于人的认知，且通过个人探究发现得来的知识，是个人经验过的，能被个人深刻理解并掌握的、有发现经验支持的知识。但人生有涯，世界无边，用有限的人生去应对无涯的学习发现，显然是不现实的；更何况发现的方法、途径、结论多种多样，五花八门。有时候，我们没有发现真理，却发现了谬误；没有发现精华，却发现了糟粕。正确的思想可能是：发现是一种精神，我们应该尽力倡导它。但学习时该"发现"就"发现"，无须"发现"就"拿来"。只要我们在"拿来"时，富有发现的、创新的和实践的精神，这样的"拿来"有什么不可以的呢？总之，我们在学习时，大可不必掉入唯发现而"发现"的形式主义泥潭，而应该勇敢地去"拿来"。"拿来"的东西通过自己的实践经验和消化创造，就可以转化为发现的东西，最终转化为自己的东西，甚至转化为自己创新的东西。

根据布鲁纳的认知——发现学习理论，我们应尽力发挥学习的主动性，积极地探究、思考，尽量在一定的学习阶段内，通过发现的方式，对我们的学习对象有尽量系统、尽量深刻的本质认识。尤为重要的是，我们要有发现的学习心态和发现的学习精神，努力在发现学习实践中积累发现学习的经验并在发现学习的实践中创新，而不是在"发现学习"的臆想中，像和尚坐禅一样，挖空心思地为发现而发现。

美国一度以布鲁纳的认知——发现学习理论做指导，在部分中小学中推行教学改革。但事实证明，这一改革基本上是失败了。美国多数有责任感的政治家、教育家和美国的许多国民都认识到：年轻人就像被铁匠锤打的钢铁，需要长期的、反复的锻炼以扎实基础，发现学习不一定是最好的扎实基础的学习方式。他们甚至认为，美国学生要向中国学生学习。美国的教学改革经验告诉我们：发现学习有许多优势，我们应该掌握它，但我们决不可邯郸学步，让"发现学习"成为束缚现代学习的新的学习心理定势。

探索和实践

●检查一下自己是否能坚持发现学习。检查自己的所有学习是否有发现的观念。

检查自己在发现学习中是否有接受学习、意义学习的意识。检查自己在学习过程中是否执着地总结经验。为什么说总结经验的过程才是真正的发现过程？

4.12 赞可夫的"教学发展"论

赞可夫（前苏联心理学家）主张，教学的主要任务不是单纯地传教知识，而是通过教学促进学生思维的发展，且这种思维是理论水平的思维而不是经验主义的思维。他认为：学生只有在思维发展上有收获，掌握知识才会更容易。赞可夫认为儿童的观察力、理解力、逻辑思维能力的发展，认识兴趣、学习品质水平的提高，学习习惯的形成比考试分数（掌握知识）要重要得多。

赞可夫痛感前苏联当时的教学内容贫乏，教学方法死板，疾呼忽视理论知识、单纯追求分数等教学弊端给学生造成的危害，主张用新的教学三原则——简称"三高"的原则（①高难度教学原则、②高速度教学原则、③强调理论知识作用的原则），对教师的教和学生的学进行改革（其实前苏联的教学内容，比我们目前的教学内容要严谨、系统得多）。

从赞可夫的教学发展论中，我们可以开掘出以下意义，并将其作为现代学习的借鉴：

学习的核心是促进自身的发展（包括智力品质和非智力品质的发展，尤其是人格品质的发展），学习的主要任务不是单纯地认知知识；观察力、理解力、逻辑思维能力的发展，认识兴趣、学习品质的提高，学习习惯的形成比考试分数（掌握知识）重要得多。

我们应该提高学习的难度、学习的准确性和学习的速度，提高学习的理论思维水平，强化学习的效率观念，我们必须将我们的学习潜力尽可能地发挥至极致。

我们必须既稳妥、快速、准确地扎实学习基础，尤其是概念基础，又必须稳妥、快速、准确地推进理论思维水平的螺旋型渐进进程。

从某种意义上看，我们的学习如同在观看一部电视连续剧——我们关心剧中人的命运，为跌宕起伏的情节担心，但我们自己却置身剧外——即我们的学习目的仅是客观的知识的认知，而不是主观的身心的发展；我们的学习又如同在表演一部电视连续剧——既冗长拖沓，又萎靡散漫，我们的学习速度、学习容量、学习密度、学习难度和学习的理论思维水平有时低得难以置信！我们确实是花费了许多精力和时间，学习了许多被阉割了的、对在未来赶超世界最先进的生产力发展水平不会有任何贡献的东西！由于各种条件的限制——主观的和客观的、个人的和学校的、教师的和教材的、考试的和应用的等各个方面的限制——我们的学习委实又像可怜的蚊子一样，陷落在考试的蜘蛛网上而不能自拔。如此这般地，我们的学习潜力就在学习的电视连续剧观看中、就在学习的电视连续剧泡沫表演中、就在学习的蜘蛛网上消融殆尽！事实上，我们的学习效率本应该且事实上也应该高出目前很多很多倍的！赞可夫是洞察到了我们的这些学习的病症，给我们的学习大喝了"三声"并开具了一张"药方"的。

赞可夫的本是正确的学习理论，在教学实践上却部分碰壁。赞可夫的理论为什么在教学实践中部分碰壁呢？主要原因可能是，赞可夫虽强调了"三高"，但忽略了"三基"（基础知识和基本技能、基本概念和基础理论、基本的思想方法和基本的学习品质）所至。也就是说，因为赞可夫在实践上没能同时解决既如何稳妥、快速、准确地扎实学习基础，又如何稳妥、快速、全面地提高学习的理论思维水平的矛盾统一问题和螺旋性渐进问题，所以就使他的"教学发展"论成了空中楼阁。

学习的实践证明，赞可夫的理论是基本正确的。循序渐进地扎实学习基础，又循序渐进地推进"三高"的螺旋性渐进的教学进程，完全可以实现辩证统一。

目前，在我们的学校里，传统学习仍然占据着统治地位，我们的一切学习活动不得不以考试为圆心、以分数为半径"画圆"，既注重"三高"又注重"三基"的学习不过是一句空话。但我们是否可以换一个思路，若学校、班级不能坚持既注重"三高"又注重"三基"学习原则学习，我们自己是否可以严格要求自己、是否可以自发自主地坚持既注重"三高"又注重"三基"的学习原则学习呢？答案显然是可以的。

我们的学习是现代学习。在较短的时间里，我们必须掌握大部分人类创造的精神文明和物质文明成果，并在此基础上最大限度地促进自身的全面发展。在此意义上可以说，赞可夫的注重"三高"教学发展理论不但是正确的，而且还应该是现代学习的借鉴。

探索和实践

●人是有巨大潜力的智慧生物，从这一点看，人是完全能遵循赞可夫的观点，高起点、高难度、高速度地学习的。赞可夫的学习理论为什么在实践中碰壁了呢？你能谈一谈其中的原因并引以为借鉴吗？

4.13 布鲁姆的"掌握学习"理论

现代学习赞成布鲁姆的"掌握学习"理论。

布鲁姆（美国心理学家）认为：按学习的认知目标，由低到高排列着有6个层次：1.识记（记忆、再现、辨识）；2.领会（在理解的基础上识记）；3.应用（利用知识解决问题）；4.分析（抽象或概括出事物特征并分类）；5.综合（按规则整体化）；6.评价（给出价值判断）。其中识记是最基础的学习目标，而评价则是最高级的学习目标。

布鲁姆的掌握学习理论告诉我们，学习的基础目标是识记，没有识记，其他的一切学习目标都不可能实现；将学到的知识解决实际问题，则称为应用；将学习到的知识相对分解为若干个局部，通过局部本身及局部间相互联系的探究，揭示出事物的本质属性的称为分析；在分析的基础上，根据一定的要求将分析结果在更高的层次上概括出更本质的规律称为综合；而在综合的基础上给出个人的批判性的意见称为评价。布鲁姆的教学目标分类还隐含着这样一层意思：在不同的目标阶段，知识会向更高的层次转化；在识记、领会阶段，知识是识记形态的知识，而在应用阶段，知识便可能转化为技能；在分析、综合阶段，知识便可能转化为人的能力，而在评价阶段，知识甚至可以转化为人的思想。

根据布鲁姆的学习理论，记忆是学习的入口，知识是能力形成的本源，而学习的最高目标是形成人的思想，思想在本质上是知识或能力在一定条件下的转化。因此，我们不但要勤于学习（下苦功识记、领会），还要善于学习（在实践应用中，在分析，综合的思维活动中学习），更要将学习的目标尽可能地推至极致，不但要实现学习的能力目标，而且要实现学习的思想目标。

如果说众多的心理学家总结的学习理论总是抽象、朦胧的话，布鲁姆的掌握学习理论则具体多了。他告诉我们，学习是循序渐进的，是不断地从较低层次向较高层次推进的；他还告诉了我们知识、能力、思想三者之间的关系：能力、思想的基础都是知识——布鲁姆使我们豁然开朗。如果我们的学习一直处于识记、领会、应用阶段，我们的学习便固守在学习的初级阶段；如果我们的学习能上升到分析、综合、评价阶段上，我们的学习才可能上升到学习的"高级阶段"上。

探索和实践

●学习掌握既是分层次的，那么就有高级、初级之分。如何将你的学习初级阶段上升到高级阶段呢？你如何理解知识的转化过程？它是如何从知识向能力，再向思想转化的？能否举些例子来说明？

4.14 苏霍姆林斯基的"和谐学习"理论

在多如繁星的教育学家中，前苏联教育学家苏霍姆林斯基是屈指可数的、最富创新意识、最富实践精神的教育学家之一——现代学习观对尊敬的苏霍姆林斯基先生本人及其"和谐学习"理论充满了敬意。

苏霍姆林斯基提出了和谐教育理论。他认为："教育的和谐性在于，如何把人的活动的下述两种机能协调和平衡起来：一方面，是对客观世界的认识和理解，另一方面，是自我表现，自己的内心实质的表现，自己的世界观、观点、信念、意志力和性格在积极的劳动中，在创造性活动中，在集体成员之间的相互关系中发现和表现。正是在这一点上（即人的表现上），我们应当加以深思，并且朝这个方面来改造我们的教育工作"。苏霍姆林基思认为，学生除了学习的领域外，还可以在一切可能存在的领域里，如道德的、劳动的、体育运动的、创作活动的、审美的……领域里"竭尽整个心灵的全部力量"，"表现出自己"，并"达到某种完美的高度"，从而使自己拥有追求智力充实的、丰富而完满的精神生活；如果教师的教育活动仅以分数为目标，学生在学习中没有精神力量表现，这样的教育就不是和谐的教育。

限于时间和篇幅，本文难以全面反映苏霍姆林斯基的和谐教育的全部观点。但仅从上述简要描述中，我们就体会到了，在精神和物质两难的教学目标选择中，苏霍姆林斯基毅然选择了前者。

从教育学角度来看，苏霍姆林斯基谈的是教育，但从学习心理学角度来看，苏霍姆林斯基谈的是学习。苏霍姆林斯基的和谐教育理论在一定意义上便是"和谐学习"理论。

"和谐学习"理论要求学习者把理解并认识客观世界与在理解并认识客观世界的同时竭尽全力地表现自己的主观世界结合起来，使自己成为有信心、有追求、有信念——成为既有扎实的知识认识，又有丰富的精神生活的、意志坚定、思想充实的人。

根据"和谐学习"理论，我们的学习首先应该是信念的和精神的学习。我们无论是理解一个简单的概念，还是解答一道复杂的习题，首先必须有一种精益求精、视责任比泰山还重的精神做支撑，"显现出自己是一个优秀的完全合格的公民、诚实的劳动者、勤奋好学的思想家、不断探索的研究者、为自己的人格尊严深感自豪的人"，是一个锲而不舍的，执着倔强的，全力以赴地求真、求善、求美及求新、求变、求强的人，然后才是执着的认识者或探究并获得相关经验者。所以从某种意义上可以说，"和谐学习"本质上是在崇高的美学理念支持下，在展现、追求崇高精神和崇高精神美的过程中，体验、展现崇高精神美的、忘我的"境界学习"和执着地追求真理、认识真理、捍卫真理的信念学习。

学习中注重人的崇高精神的培养和崇高精神的美感体验，是重要的学习理念。古代教育家孔子、墨子、孟子就是秉执着这一理念，躬行着他们的教育理想与教学实践的。随着社会的发展，学习的直接物质功利作用日益显现，少数学校甚至已不是培养崇高精神的家园，学习亦不以培养人的崇高精神为目标。苏霍姆林斯基却反其道而行之，这或许就是他为什么能成为屈指可数的教育家的原因吧。

苏霍姆林斯基早已逝世了，他的理论似乎已被人忘却，传统学习的学习物质化、学习功利化追求倾向，西方假人本主义教育思想倾向，在少数学校、少数老师和我们中的多数同学的身上表现得愈来愈严重。国家花了老百姓那么多的钱办学校，但有的学校却成了恬不知耻的传统学习的"名利场"——学校培养出来的学生一门心思只知道为自己谋私利，这不能说是一件令人羞愧难当并令人痛心疾首的事。

现代学习推崇苏霍姆林斯基的和谐学习思想，认为学习固然是为了获得经验，成为善于动手的、能为社会创造财富的专家，但同时认为，这种专家更应该是有坚定信念支持的、有崇高精神鼓舞的、有创造性的独立人格的，"生的伟大、死的光荣"，能给国家、民族、老百姓，同时能给老师、父母、学校、家乡带来尊严和荣誉的国家公民——学习首先应该是信念的学习和崇高精神的学习（非是任务驱动式的应试学习）。在学习中培养崇高精神、展现崇高精神、体验崇高精神、增进崇高精神成长，比单纯的知识概念认知、单纯的经验获得与单纯的分数提高要重要得多。

探索和实践

●学习过程中丰富的精神生活表现在哪里？什么地方可以找到精神的种子？传统学习最大的弊端在哪里呢？

4.15 罗杰斯的"学会学习"理论

对精神分析学派、行为主义学派、认知学派等心理学家的学习理论，罗杰斯（美国心理学家）都持批判的态度。罗杰斯主张：人的学习活动是自主的（不是被动的）、全面的（不但有认知活动，而且有情感等活动）、渗透的（人的心理活动能向多个方向迁移），所以学习是"以人为中心"的学习。罗杰斯认为：一个人天生就有学习的潜能，人的学习应该是自由的、有目的和有选择的；对学习者而言，参与感兴趣的学习活动应该是一件愉快的事，完全没有必要为此采取措施加以强化。罗杰斯强烈抨击传统的学校教育硬塞给学生许多陈旧的、无用的知识。罗杰斯强调，只有有价值、有意义的知识或有价值的经验，才可能激发起学习者的学习兴趣和学习动机，才可能有学习效果。罗杰斯着重指出：首要的问题是要"学会如何学习"，"只有学会如何学习和学会如何适应变化的人，只有意识到没有任何可靠的知识，只有寻求知识的过程才是可靠的人，才是真正有教养的人。在现代世界中，变化是唯一可以作为确立教育目标的依据，这种变化取决于过程而不是静止的知识。"根据罗杰斯的理念，很多有意义的知识、经验不是从现成的知识中学到的，而是"做"到的——在具体的学习实践中获得的，所以"学会学习"的核心应该是"学会'做'"，即在"做"中学——在"如何'做'"的实践中去学会"如何学习"。

罗杰斯的"学会学习"理论，可以给我们的现代学习以哪些方面的启示呢？

第一，学习是生理和心理、精神和物质相统一的整体运动；我们既是学习的主体，又是学习的客体；学习可以让我们自觉发挥潜能，并因此得到满足；我们无论学习什么，都要把握其内容、价值、经验和意义；我们一旦把握了学习内容及其价值、经验和意义，我们的学习就可能是有效的学习。

第二，评价我们的学习是否有效的标准，在于我们是否坚持了既在"学中做"并坚持了又在"做中学"。只有通过"做"，我们才能获得经验；只有通过"做"，我们才能达到"学"的目的。

第三，重要的是如何"学会学习"。在学习中，我们要通过自我发现、自我评价和自我创造以获得有价值、有意义的经验，尤其要获得与自己的学习实际相适合的、如何有效学习的知识、思想与方法的应用经验——掌握知识、思想、方法的应用经验比什么都重要！

第四，世界是变化的，学习的唯一目标是学会如何适应这种变化，学习的对象应该是新的能适应这种变化的有现实意义的知识，一切无助于适应这种变化的知识都是无用的知识，都不值得学习。

罗杰斯是人本主义心理学的奠基人，存在主义是其哲学基础。罗杰斯的部分"学会学习"理论，与其说是心理科学，还不如说是心理哲学。由于缺乏足够的实验心理学依据，罗杰斯的"学会学习"理论，往往被人怀疑其中似乎含有太多的主观先验成分。另外，罗杰斯在提出"学会学习"的理论的时候，没有充分考虑到人的社会学前提——即人是社会人，是复杂人；人虽然是生物学、心理学意义上的独立的个体，但人归根结底是"一切社会关系的总和"，所以学习不仅是个人"自我完善"的需要，更是个人履行社会责任的需要；换句话说，个人是不可能摆脱社会制约，听凭天性使然，各取所需地、"自由"地学习，拥有绝对的学习自由的。尤为值得注意的是，罗杰斯在倡导实现学习的价值的时候，往往让学习者把"自我"——学习者的"小我"横置于社会这一"大我"的位置之上，这样就无形地放大了学习者的个人本位意识，甚至主动引导学习者将个人本位意识转换为极端个人主义。心理学史家舒尔茨曾一针见血地批评罗杰斯说："这个理论似乎是要把个体引到完全自私和自我放纵的生活状态上去，重点完全放置在为自己而体验、感受和生活上，没有把重点也相应地放在除了'我'和'我的'每一瞬间的新鲜体验之外的，对事业、目的或人的热爱、献身和义务上。"我想，舒尔茨的批评是对的，罗杰斯确实没有考虑到这一点。此外，罗杰斯亦不重视以书本知识为代表的间接经验的学习，认为知识是否被掌握及所学知识是否系统，对学习者而言并非举足轻重，重要的是掌握学习方法和在学习过程中获得"学会学习"的经验。罗杰斯对间接经验的轻视及对接受间接经验的贬斥，使他提出的如何"学会学习"的命题不得不陷入自相矛盾的悖论之中。事实上，个人通过学校学习得到的经验，大部分是以书本知识为代表的间接经验；个人的学习方式，大部分是接受学习方式（当然不是机械的接受学习方式）；个人学习的知识经验，大部分看起来似乎是"无用"的经验；但是，一个人若不掌握这些间接经验，若不采用接受学习的方式加快学习速度，若不接受多种知识、包括"无用"的知识的教育和陶冶，是不能够有序地展开其学习过程的；一个人若是不能够有序地展开其学习过程，就谈不上如何获得"有用"的知识经验的；一个人若是不能够获得"有用"的知识经验，就谈不上"如何学习"，更谈不上如何学会"如何学习"和"改造学习"的。此外，罗杰斯重视的，是教学过程而不是教学内容，是教学方法而不是教学结果也是值得商榷——没有内容之根，怎么会有过程之树呢？没有方法之花，怎么会有结果之果呢？

尽管罗杰斯的"学会学习"理论有这样或那样的不足，但瑕不掩瑜，他对人的多样性的重视及他的理论在学术方向上和实际内容选择上，还是部分可取的，尤其是他说的——"世界是变化的，学习的唯一目标是学会如何适应这种变化，学习的对象应该是新的能适应这种变化的有现实意义的知识，一切无助于适应这种变化的知识都是无用的知识，都不值得学习"（这不是罗杰斯先生的原话，是作者的理解）——虽有些矫枉过正，但是确是有道理的。许多国家的教育改革和对应的学习的"革命"，大都是在罗杰斯的"学会学习"的号召下展开的。不过，我们也必须正视罗杰斯的人本主义学习思想的缺陷，因为人的学习和发展，不是单纯的、唯个人利益是图或唯个人个性是图的"个人博雅"和"个人完善"。现代学习认为，在我们这么一个大国里，如果"以人为中心"的学习理论不小心被"以个人为中心"或"以个人个性为中心"中的"极端个人主义"钻了空子并泛滥成灾，如果我们把在"学做人"的同时须"展现精神的伟大和崇高"这一现代学习根本束之高阁并让其名存实亡，我们就势必要为此付出惨重的代价。

罗杰斯的以存在主义为哲学基础，以个人主义为指导，忽视崇高精神成长的人本主义教学思想和学习理论，是目前占主导地位的学校教学思想和学校学习思想。全盘地、形而上学地、不加思考地向罗杰斯的人本主义教学思想和学习理论倾斜所带来的负向影响，或许大家已经感受到了，肯定大家还将继续感受到。

探索和实践

●从图书馆借到罗杰斯写的《学习的自由》一书，阅读它，批判地领会其中的观点。

4.16 加德纳的"多元智力"学习观

加德纳（美国心理学家）给出了自己的智力定义。他在 1983 年公开出版的《智能的结构》一书中说："智力是一种或一组个人解决问题的能力，或制造出在一种或多种文化背景中被认为是有价值的产品的能力。"与传统的一元智力理论不同，加德纳认为人的智力结构是多元的，它既可以是某种独特的能力，也可以是多种能力的组合。加德纳指出，人有言语——语言智力、逻辑——数理智力、视觉——空间关系智力、音乐——节奏智力、身体——运动智力、人际交往智力、自我反省智力、自然智力、存在智力等九种。根据加德纳的"多元智力"理论，人的学习，本质上就是要有选择地拓展自己有优势的某一元或某多元智力的学习。

传统智力理论以人的认知水平为评价对象，以学校考试和学校考试分数为评价标准，"多元智力"理论的一部分观念则突破了这一思想定势。这一思想定势的突破，从根本上改变了教育者对教育对象、教育内容，学习者对学习对象、学习内容和学习者自己对自己的认识——教育者改变了对教育对象、教育内容的认识，学习者改变了自己对自己的认识——毫无疑问，这是一场有着伟大战略意义的学习的认识"革命"。因为根据"多元智力"理论，人的智力是各有其长的——"天生我材必有用"——由于"上天"给予了人各种各样的、不同的智力发展基础，使得每个人都有自己的智力发展优势，所以每个人都可以高瞻远瞩，从长计议，即每个人都不必为自己一时的学校学习得失、暂时的学校学习成绩不良或学校考试成绩不佳而垂头丧气。正是因为每个人可以从长计议，每个人又各有其长，所以，每个人都可以发展自己的智力优势，选择自己感兴趣的课程和感兴趣的专业甚至感兴趣的行当来学习，每个人都可以为实现未来的远大目标而大踏步地前进，根本不必要顾及旁边的人在说些什么。

加德纳教授是一位睿智的、勇于创新的哲学心理学家。之所以说他是"睿智的"和"创新的"心理学家，是因为他的"多元智力"理论的提出，为社会教育和个人创造性的学习提供了新的指导思想；之所以说他是一位"哲学心理学家"，是因为"多元智力"理论在一定程度上还缺乏充足的大脑神经解剖学与试验心理学的实证依据，他的许多论点都处于值得商榷的、哲学的演绎层面上。因为从辩证唯物论看来，智力是在遗传的基础上，是在教育、环境、个人的主观能动性，甚至包括营养等多重因素共同作用下产生的。就以加德纳先生为例：如果加德纳先生不是生长在美国，而是生长在非洲荒蛮的游牧部落里，或者他一来到人世间就被狼群收养，是个"狼孩"，他就不能成为心理学家并有写出《智能的结构》这本书必备的言语——语言智力。因此，不管加德纳教授如何理解、表述智力这一概念，也不管智力有多少"元"，智力无疑是学习者在学习实践中，创造性地利用客观条件，充分发挥自己的主观能动性的——主观努力的结果——智力是知识转化的结果！是学习者自己科学地学习的结果！智力归根结底是学习者在认识世界并改造世界的过程中，自己认识自己、自己改造自己的结果！"上天"是小气的，它无论何时何地，从不会白送给我们任何智力！"天生我"不一定有"才"！更为重要的是，一个人是否拥有某"元"智力，完全是他自己或他人的主观判断，这一判断有可能是对的，但也有可能是错的。如果这一判断是对的，一个人按这一判断充分发展自己的智力优势，无可厚非；如果这一判断是错的，一个人按这一判断充分发展自己的智力"优势"，就糟了。总之，对"多元智力"理论和在此理论指导下建立起来的学习观，我们要保持足够的理智。我们如果整天休闲娱乐、自由散漫，连眼前的学习时间也抓不紧；我们如果连学校里要学习的这么一丁点课程也学不好，甚至连普通的学校考试也不能通过，我们还有什么尊严去奢谈什么在遥远的未来，我们能"服务社会、报效国家"、能"制造出在一种或多种文化背景中被认为是有价值的产品"、以证明自己确实拥有某"元"智力，不是一个傻瓜呢？所以我冒昧地认为：通过有目的学习充分拓展自己有优势的某一元或某多元智力固然是重要的，但最重要的却是另外的两点：一是我们不要老是幻想如何在未来"能生产出什么产品"，而应该是把握现在，即在眼前现实的学校里，我们如何脚踏实地地正在为未来"能生产出什么产品"做了些什么脚踏实地的准备；二是我们学校学习的成绩不良，有可能并不在于我们缺乏某一方面的智能，而在于我们的主观努力不够。如果我们完全忽视学校学业成绩不良的事实，完全忽视自己对自己消极懒怠的、对学习不负责任的学习态度的批判，完全忽视发挥个人的主观主观能动性，完全忽视自己认识自己和自己改造自己的急迫性和必要性，一味地用"多元智力"理论来为自己的消极懒怠、无所作为粉饰搪塞，或画饼充饥、或自宽自解；如果我们一天到晚想象着"多元智力"中的某几"元"会在某一天，像神仙下凡一样来帮助我们向世界展示"有价值的产品"并以此证明我们的学习的成功，我们就要犯一个天大的错误。

现代学习观承认不同的个体有着不同的遗传素质和与之相对应的神经生理解剖学特征，肯定个性化的教学指导方式是有效的教学指导方式；然而在客观的大脑神经解剖学与试验心理学的试验、实证数据未能更全面地给出之前，现代学习观对"多元智力"理论暂持适当的保留态度。

探索和实践

●在网上或在图书馆查阅加德纳的"多元智力"理论及其评价，试着说出自己的独立见解。

4.17 "知识技能（方法）化"学习观

　　"知识技能（方法）化"学习观认为：任何有效的学习，都必须将认知到的知识在经验的作用下技能（方法）化——都要转化为能够解决实际问题的心智技能或动作技能，即转化为被完善、合理且有效地组织起来的心理活动方式或转化为被完善、合理且有效地组织起来的行为活动方式，或说转化为在具体情景中能解决具体问题的具体本领（方法），或说转化为技能化知识或是转化为知识化技能。如学习了语言、文字，就要将它转化为口头表达技能（方法）、书面阅读技能（方法）和写作技能（方法）；学习了医学，就要将它转化为临床诊断技能（方法）、临床医疗技能和临床护理技能（方法）；学习了畜牧学，就要将它转化为牲畜饲养技能（方法）、牲畜繁育技能（方法）和牲畜疾病防治技能（方法）等。如果学习了语言文字，却既不会说和读，又不会认和写；学习了医学，既不会诊断和处方，又不会医疗和护理；学习了畜牧学，既不会饲养和繁育，又不会防疫和治病；如果学习了某学科，除了不着边际地与外行胡扯或滥竽充数之外，一无所能，就等于什么也没有学。

　　由于技能（方法）必须通过行为操作才可以获得，必须通过长期反复的实际训练才可以熟练，必须在熟练的基础上知识化、理论化，所以所有的技能（方法）学习都应该是在"学中做"与在"做中学"相结合、在"学中用"与在"用中学"相结合、在"练中用"与在"练中学"相结合、在"练中思"与在"练中思"相结合的，"做、练、用、思"四位一体的不断在实践中改造学习的学习。

　　——"做"，倾向于在解决问题的实践中，探讨如何将知识技能（方法）化；

　　——"用"，倾向于在知识技能（方法）化的过程中，如何提高知识技能（方法）化水平；

　　——"练"，倾向于在解决问题的实践中，反复地将知识技能（方法）化以获得知识技能（方法）化经验。

　　——"思"，倾向于将在技能活动中获得的知识技能（方法）化经验概括为思想或理论。

　　"做""练""用""思"的结果，则表现为"学"——客观的知识、概念在技能（方法）化的基础上，进一步内化为主观的心理素养。

　　传统学习注重知识的记忆和理解，不太注重在实践中，在"做""练""用""思"的过程中，在具体的解决问题的过程中将知识转化为技能（方法），甚至鄙薄技能（方法）。传统学习以为技能（方法）掌握不是学习的目标，以为知识学习尤其是理论知识学习远比技能（方法）掌握更重要。因为传统学习忽视知识技能（方法）化，所以满足于坐而论道；因为传统学习满足于坐而论道，客观的知识、概念不能及时内化为主观的、能具体解决具体问题的具体本领，所以传统学习往往是"秀才造反、十年不成"，眼高手低、心有余而力不足、心到而手不能到。

熟练使用劳动工具的技能称为劳动技能，熟练使用科学知识系统解决劳动产品的生产技能称为科学技术，支持出类拔萃的劳动技能和科学技术的崇高精神就是大国工匠精神。在一定条件下，任何科学知识都要向科学技术转化，任何科学技术都要向劳动技能转化，任何出类拔萃的劳动技能和科学技术都要向工匠精神转化。在新一轮产业革命里，由于劳动工具不完全是扳手和板锥，而是软件和电脑，所以所谓"熟练使用劳动工具"，就是"熟练使用软件和电脑"；由于劳动工具主要是软件和电脑，所以如何将科学技术信息化，如何在技术信息化中展现大国工匠精神，将是最重要的技能内容。

也许有人反驳说，人最重要的是理论思考与科技创新，技能掌握不重要——这观点不完全对——说"人最重要的是理论思考与科技创新"，对；说"技能掌握不重要"，错。比如现在在设计并试制一种抗癌药，设计就要编程，就要计算机模拟，没有计算机编程技术和计算机模拟技术，就设计不了抗癌药；抗癌药即使设计成功了，还要进入实验室合成，实验室合成后还要进行动物临床试验、病人临床试验等。没有各种技能如试验技能、医疗技能、检测技能、计算机操作技能的综合运用，抗癌药的设计和试制，无异于纸上谈兵。也许有人还反驳说，人最重要的是知识学习与"个人完善"，技能掌握不重要——这观点不对。人最重要的是"知识学习与'个人完善'"，错；"技能掌握不重要"，错上加错。人活着就要吃饭，要吃饭就要付出劳动，付出劳动就要掌握技能——别说是做工务农，就是在寺庙做和尚，也要学会传经布道敲木鱼呢！不会传经布道敲木鱼，寺庙香火不旺，即使是唐僧再世，也只有饿肚子。

探索和实践

●从知识技能化的角度理解"学用结合""知行结合"的学习才是真正的学习；"将科学技术信息化"，将是最重要的技能。

4.18 "崇高精神"学习观

通常的经验是，一个志向远大、意志坚强、自我期望高端、自我要求高级、自我美感高尚的人的学习，与一个志向狭隘、意志薄弱、自我期望低端、自我要求低级、自我美感低俗的人的学习相互比较，学习力绝然不同。二者的学习力之所以绝然不同，是因为二者学习时展现的崇高精神含量不同的缘故。

在崇高精神引领下学习，在学习中真实地展现崇高精神的伟大、真实地体验崇高精神的美感、真实地促进崇高精神茁壮成长的学习观，叫作崇高精神学习观。

——在崇高精神引领下学习——表现在我们自信且自豪地向外界宣告，我们的学习是立志报效国家、为赶超世界最先进的生产力发展水平做好准备、成为有中国特色社会主义的建设者和接班人的学习，我们根本无视有人给我们戴上"左"的帽子；表现在我们不是光喊口号、不务实际的空头革命家，而是努力学习、踏实学习、持续学习的实干家；表现在我们无论在何时、在何地学习，无论面向谁学习，无论学习什么，都能确立高层次的需要、动机、兴趣和高层次的理想、信念、世界观，始终用崇高精神塑造自己、用崇高精神引导自己、用崇高精神鼓舞自己、用崇高精神教育自己，始终远离精神缺失、精神低俗、精神病贫，始终不会陷入精神腐败、精神懈怠和精神平庸。

——真实地展现崇高精神的伟大——即使是最简单的经验获得，我们也能自觉增大其精神含量，并使其精神展现达到最崇高的程度。例如，在上课时，我们极端认真极端负责地做好听课笔记，课后，我们极端认真极端负责地做好作业——我们就在真实地展现崇高精神；我们不但上自己喜爱的课能极端认真极端负责地做好听课笔记并极端认真极端负责地做好课后作业，而且上所有的课都能极端认真极端负责地做好听课笔记并极端认真极端负责地做好课后作业；我们不但在某一天的某一堂课上能极端认真极端负责地做好听课笔记并极端认真极端负责地做好课后作业，而且在每一天、在每一堂课上都能极端认真极端负责地做好听课笔记并极端认真极端负责地做好课后作业——我们就在真实地展现崇高精神的伟大。我们真实地展现崇高精神伟大的目的，不是装模作样、走秀张扬，而是为了将伟大的精神力量，转化为伟大的物质力量，将伟大的物质力量，转化为更伟大的精神力量；我们还藉此向世界宣告，我们不但在思想上向往着做一个"优秀的、完全合格的公民、诚实的劳动者、勤奋好学的思想家、不断探索的研究者、为自己的人格尊严深感自豪的人"，而且在行动上我们正在做一个"责任重于泰山、信念坚如磐石——极端认真、极端负责，视人民的利益、国家的尊严、建设有中国特色社会主义的伟大事业远重于个人利益的人"。

——真实地体验崇高精神的美感——我们的学习不仅是认识自己的，更是改造自己的。我们要认识自己并改造自己，就要将自己纳入认识自己和改造自己的学习实践之中。表现在我们不但能在行为上真实地展现崇高精神的伟大，而且在情感上能真实地体验崇高精神的美感；不但能通过崇高行为美的表现和再表现，获得崇高精神美的体验和再体验，而且能通过崇高精神美的体验和再体验，实现崇高价值的选择和再选择；不但能通过崇高价值的选择和再选择，实现崇高价值的价值肯定和价值再肯定，而且能通过崇高价值的肯定和再肯定，产生更伟大的崇高精神美展现需要和更深刻的崇高精神美体验需要。当更伟大的崇高精神、崇高精神美展现和更深刻的崇高精神、崇高精神美体验成为我们的自我实现需要的时候,我们的崇高精神就不但有量的变化,而且有质的变化了;我们的自我认识和自我改造也就不但有量的变化,而且有质的变化了;我们的学习的精神含量也就不但有量的变化,而且有质的变化了,我们的学习就真实地进步了。

——真实地促进崇高精神茁壮成长——所有的学习活动和学习活动的所有构成,无论硕大还是纤细——组织、目标、计划,课程、教材、教法,规范、条令、制度,一丝不乱的教室、一尘不染的校园、一丝不苟的预习、上课、小结、复习、作业,还有整洁的仪表、健美的体格、优美的音乐,延及说话、唱歌、写字、吃饭、就寝、打扫卫生,即使是透过窗户的阳光或从高空掠下来的让国旗高高飘扬的风……都是促进崇高精神茁壮成长的内容。当我们在严明的纪律、严格的要求、严肃的态度、严谨的作风考验中,当我们在认真负责、坚持不懈、百折不挠、精益求精的认识世界、改造世界的实践中,当我们倾尽全力将崇高精神的伟大真实地展现至极致,将崇高精神的美感真实地体验至极致,将崇高精神的成长真实地促进至极致并因此不断产生更加高级的崇高精神展现和崇高精神美体验需要——当我们以此倍感自豪,甚至不惜用个人的荣誉捍卫它的尊严的时候,我们的崇高精神就内化成了我们的理想、信念、世界观,我们的崇高精神就茁壮成长起来了。

……

如果我们从步入校门、向着国旗致敬的那一刻开始,就坚持在崇高精神的引领下学习,在学习中实践崇高精神学习观,努力从自己做起、从现在做起、从小事做起,一刻也不停息;如果老师始终用崇高精神和崇高精神美示范我们、学校始终用崇高精神和崇高精神美教育我们、家庭始终用崇高精神和崇高精神美熏陶我们、社会始终用崇高精神和崇高精神美鼓舞我们;如果我们始终用整个心灵的力量真实地展现崇高精神的伟大、真实地体验崇高精神的美感、真实地促进崇高精神成长并将其融化成了我们的"灵魂"、浇注成了我们的"脊梁"、结构成了我们的"细胞"——如果我们都像长征路上的红军战士一样,帽檐上始终缀上了崇高精神这颗闪闪的红星——我们的学习会有这么多的问题、缺陷、遗憾和失败吗?肯定没有;我们的成长会有这么多的问题、缺陷、遗憾和失败吗?肯定没有。

长期以来,有人认为学科学习(智育)和思想教育(德育)是"两张皮"。从崇高精神学习观看来,这种观点不对。学科学习(智育)和思想教育(德育)的关系是精神和物质的关系,是一个既互为目标,又互为途径,还相互转化的统一体。"把作业交给老师"和"不把有一丝错误的作业交给老师"——作业"不但准确,而且整洁,不但整洁,而且美观,不但美观,而且美极了"——二者的学习效果可以等量齐观吗?不可以的!显然,当崇高精神学习观真实地贯彻于学科学习始终的时候，奋发学习学科知识，即是实践崇高精神；实践崇高精神，即在奋发学习学科知识；实现了学科知识（智育）目标，务必会同时实现思想教育（德育）目标；实现了思想教育（德育）目标，务必会实现学科知识（智育）目标。

——夫子60岁了，才垒起讲台办学，到73岁逝世，办学仅13年。夫子育有贤人七十二，弟子三千。夫子以六经为教材，以六艺为内容组织教学，著有《论语》传世。夫子创立儒学、整理古籍、教书育人、"立德""立功""立言"的教育成就，古今中外，无有企及其项背者。故司马迁评价夫子说："天下君王至于贤人众矣，当时则荣，没则已焉。孔子布衣，传十馀世，学者宗之。自天子王侯，中国言六艺者折中於夫子，可谓至圣矣！"夫子一了草根，为什么能取得如此大的教育成就呢？是夫子恪守、坚持、厉行崇高精神学习观的结果。1871年，普法战争结束，普鲁士获胜。论及获胜原因，普鲁士军统帅毛奇说：普鲁士的胜利，早在小学教师的讲台上就决定了！因为普鲁士是自觉地厉行崇高精神学习观（他们的崇高精神理念与我们的崇高精神理念当然有所不同）的国家。1922年，苏联立国，1992年，苏联解体。在从立国到解体的七十年里，苏联历经国内革命战争、卫国战争，成长为世界的超级大国——是什么原因使苏联历经磨难，却迅速成长为世界的超级大国呢？是苏联厉行崇高精神学习观致使苏联成长为世界的超级大国的！正因为苏联厉行崇高精神学习观，所以才培养了一大批布尔什维克，培养了一大批社会主义的建设者和接班人。正因为苏联培养了一大批布尔什维克、一大批社会主义的建设者和接班人，所以才构建了超级大国的灿烂和辉煌。我们还可以调查一下美国麻省理工学院和美国西点军校学生的学习情况（我要大喊一声：他们的学习比我们大多数同学要勤奋得多！）参观一下美国麻省理工学院和西点军校的教室、实验室、饭厅、阅览室。在这两个学校里，哪一个学校的哪一处不是纪律严明，哪一个学校的哪一处不是严肃认真，哪一个学校的哪一处不在厉行他们的崇高精神学习观呢？哪一个学校的哪一处都在（我要大喊一声：他们的要求比我们有的学校要严格得多！）检查一下我们的学校，检查一下我们的教室、实验室、饭厅、图书馆，反省一下我们的学习作风、学习态度、学习纪律吧，审视一下我们的道德品质、人格品质和学习品质吧——我们的任何一项学习的脏、乱、差、假、大、空、懒、弱、散——我们学习的任何一项缺陷，哪一项不是因为缺乏崇高精神学习观所导致呢？哪一项都是！

——教育的癌症，在于以应试为中心，忽视学习的精神需要，将崇高精神、崇高精神美和崇高精神学习观打入"另册"；学生学习的癌症，在于以成绩为中心，片面强调升学功利，将崇高精神、崇高精神美和崇高精神学习观束之高阁；学校学习的癌症，在于以升学率为中心，违背教育规律，将崇高精神、崇高精神美和崇高精神学习观视若敝履；教师教学的癌症，在于以试卷为中心，对崇高精神、崇高精神美和崇高精神学习观置若罔闻。此四者的直接结果是，学习的物质（学习心理和学习行为）活动和学习的精神（学习思想和学习意识）活动相互脱离——二者不能相互转化；由于二者不能相互转化，学习活动就不得不全都停留在低端的层次上了。

——崇高精神学习观需要崇高精神教育观做指导，需要通过崇高精神教学观、崇高精神教育教学学习评价观和崇高精神教育教学学习管理观落实。

——学习的问题千头万绪，归根结底就是一句话：是否真实地展现崇高精神的伟大、是否真实地体验崇高精神的美感、是否真实地促进崇高精神茁壮成长。我们的学习效果之所以不理想，归根结底还是一句话：没有把崇高精神学习观作为学习的指导思想并将其贯彻学习活动的始终。

探索和实践

●共产党领导下的中国工农红军的二万五千里长征，曾为中国革命赢得了世界级的声誉。毛泽东对此总结说："讲到长征，请问有什么意义呢？我们说，长征是历史记录上的第一次，长征是宣言书，长征是宣传队，长征是播种机。自从盘古开天地，三皇五帝到于今，历史上曾经有过我们这样的长征吗？ 12个月光阴中间，天上每日几十架飞机侦察轰炸，地下几十万大军围追堵别截，路上遇着了说不尽的艰难险阻，我们却开动了每人的两只脚，长驱2万余里，纵横11个省。请问历史上有过我们这样的长征吗？没有，从来没有的。长征又是宣言书。它向全世界宣告，红军是英雄好汉，帝国主义者和他们的走狗蒋介石等辈则是完全无用的。长征宣告了帝国主义和蒋介石围追堵截的破产。长征又是宣传队。它向11个省内大约两万万人民宣布，只有红军的道路，才是解放他们的道路。不因此一举，那么广大的民众怎会如此迅速地知道世界上还有红军这样一篇大道理呢？长征又是播种机。它散布了许多种子在11个省内，发芽、长叶、开花、结果，将来是会有收获的。总而言之，长征是以我们胜利、敌人失败的结果而告结束。"

背下上面一段话。阅读《红星照亮中国》。理解长征的胜利，归根结底是崇高精神的胜利。

●红军长征，经过湖南汝城县沙洲村，3名女红军借宿徐解秀老人家中，临走时，她们把自己仅有的一床被子剪下一半给老人留下——上网搜查一下网友们的留言，综合网友们的留言，联系实际，写一份《崇高精神是共产党人的红色基因和精神族谱的重要组成部分》的评论。

第五章　掌握学习方法

5.1 学习方法的一般理解

猴子们发现月亮掉井里头了，决定把它捞起来。怎么捞起来呢？它们想了一个办法：第一只猴子倒挂在井边的歪脖子树上，它的手抓着第二只猴子的脚；第二只猴子又倒挂着，抓住第三只猴子的脚；好几只猴子就这样依序倒挂起来。由挂在最下面的最小的猴子去捞掉在水中的月亮。

猴子们倒挂着去捞掉在水中的月亮，就是猴子们想出的"捞月亮"的方法。可见方法是在具体情景中，有效地解决具体问题或完成具体任务的具体的办法。

方法总是具体的，总是旨在有效地解决具体的问题的。猴子们串联着倒挂起来的方法，目的旨在"捞月亮"，即解决月亮掉井里的问题。

方法总是根据一定的原理（经验）设计的，不是瞎胡闹。猴子们"捞月亮"的方法依据是：一只猴子的手太短，捞不到月亮，多只猴子串接起来，就等于把手伸长了。

方法总是按照一定的程序（步骤）操作的：猴子们"捞月亮"时，必然是先开个会，商议妥当，取得一致，由一只力气大的猴子首先挂在树上，然后一只一只串联起来；体力最小、行为最机敏的小猴子自然挂在最下面，决不会也不可能相反。

方法总是尽可能地符合实际且是可行的。如果井边没有这棵歪脖子树，猴子们就想不出这办法，即使想出来了也不能付诸实际。

具体性、原理性、程序性、可行性是方法的四个普遍性特征。

什么是学习方法？学习方法有哪些特征呢？我们不妨继续猴子捞月亮的故事：

小猴子在井水里捞了半天，也没有捞到月亮。这是怎么回事呢？猴子们议论起来。这时恰好一只老猴子路过。老猴子见着倒挂在树上的猴子们很是奇怪，问这是怎么回事，猴子们便把月亮掉井里，它们正设法把它捞出来的事告诉了它。老猴子听了就发笑，说："月亮正挂在天上呢，井里不过是它的影子罢了。"猴子们听了，抬头一看，心中一惊，脚手一松，于是纷纷掉在井里头了。

从此之后，猴子们都知道月亮是挂在天上的，它不会掉到井里，井里的月亮只不过是天上月亮的影子而已。

猴子们倒挂着"捞月亮"，捞了好半天，什么也没捞着，后来经一只老猴子的提醒，才知道月亮挂在天上，水中只不过是它的影子。从学习的角度看，猴子们经过捞月亮的实践并接受老猴子启发，终于得到了井中的月亮不是真正的月亮，而是天上月亮的影子的经验。像这种能有效地解决问题并使你既获得直接经验又使你获得间接经验的、系统且有序的行为和思维组织方式，称为学习方法。

学习方法既有方法的普遍性特征，又有学习方法的特殊性特征。学习方法的特殊性特征表现在：

学习方法总是具体的，总是旨在解决学习问题或通过解决学习问题获得经验的。

学习方法总是根据具体的学习情景，根据一定的学习原理选择和设计的，不是随心所欲、想当然的。

学习方法总是按一定的学习程序（步骤）操作并展开的。

学习方法总是切合实际且是可行的、变通的、不断改造和改进的。

学习方法的使用效果主要决定于学习者的学习准备水平和他的主观能动性发挥水平。

学习方法本质上是在一定的条件下将知识具体化或将知识技能化方式。

可见，解决学习问题的具体性，学习方法设计的科学性，学习方法操作的步骤性，学习方法实施的可行性和变通性及学习方法使用的主观能动性和相关知识的技能化，是学习方法的特殊性特征。

现代学习认为：学习方向决定于世界观，学习成效决定于方法论——学习是必须讲究方法的。但世界是复杂的，是故学习有法、但无定法，即任何形式的学习都有最好的学习方法与之对应，但最好的学习方法的选择则根据学习者个人的主观实际和学习者学习时的客观实际所确定，世界上不存在、事实上也没有一种万能的学习方法。

探索和实践

●从生物学实验中的显微镜使用方法理解：1.我们无论做什么，都要考虑方法问题。2.学习的方法问题本质上是思想（概念）问题或思维方式问题或技能操作问题。3.方法总是随机应变、与世推移的。

5.2 接受学习法

希腊字母"σ"该如何读呢？我们就是闭门思考一万年也不会知道。但老师在讲台上一边放录音，一边告诉你说："'σ'，读作'西格玛'。"我们一听就知道了。像这样——"扯开一个口袋"，把我们要装的东西"拿来"全装在里面——这种通过认知的方式，把学习内容能动地接受（注意是能动地接受）

下来的学习方法，叫"接受学习法"。

"接受学习法"的最大优点就在于能动地接受，即能动地甚至不加以选择与不加以批判地接受。

"接受学习法"的优点之二，在于省时省力。即省去了我们选择学习内容、学习方法、学习目标等学习准备过程——这等于"直接把钻石装进口袋里，免得满河滩地寻找"。由于"接受学习法"学习省时、省力，我们就可以在有限的时间内学习到更多的东西。

"接受学习法"的优点之三，也是更重要的，可以使我们在学习的同时，直接接受到更多的隐性知识认知、更多的科学思维方式训练及更多的包括人格品质等在内的崇高精神的熏陶。由于"接受学习"往往是师生面对着面的学习——老师或导师就在我们的面前，他们不但可以教我们如何学做学问，而且还可以教我们如何学做事及如何学做人——或者说，我们在"接受学习"的时候，在我们的面前，同时打开了两本书，其中一本是有字的教科书，即课本，另一本是无字的教科书，即老师。有字的教科书告诉我们如何做学问，无字的教科书不但告诉我们如何做学问，而且告诉我们如何做人和如何做事。与有字的教科书即课本相比较，老师这本无字的教科书不知道要亲切、要丰富、要深刻、要伟大多少万倍！"接受学习法"之所以生生不息、长盛不衰，原因就在这里。

接受（识记）学习内容，领会学习内容的本质、应用、反思、总结学习内容应用经验，是"接受学习法"学习的三个学习阶段。因此，当我们采用"接受学习法"学习时，首先的一步，乃是准确地、牢固地识记住学习内容（记住它，再现时能区分、辨识它）；第二步，则是理解、掌握学习内容的本质及其在学科概念体系中的意义和地位；第三步，就是应用它解决实际问题，并通过实际问题的解决，反思、总结相关经验。

遗憾的是，在应用"接受学习法"学习的时候，我们经常犯以下错误：一是"见物不见人"——我们往往只注意学习认知，而不注意老师对我们的人格影响；二是浅尝辄止，学习常停留在第一个学习阶段或第二个学习阶段，没有将"接受学习法"学习推进到第三个阶段。三是思维活动往往是被动的或集中的，缺乏主动性和发散性。由于大多数人的"接受学习法"学习都会犯上述错误，所以"接受学习法"就经常给我们以这样的假象："接受学习法"乃是一种"填鸭式"的、不注重理解的、束缚人的思维和思想的、压抑人的创造力的学习方法——许多教学论专家都持这样的观点。

其实，上述观点是值得商榷的。我们的学习是现代学习，如果我们想在短短的十几年的学校学习里，确立正确的世界观，准确、深刻地掌握全人类创造的大部分基础文明成果，我们只有采取科学的"接受学习法"学习，才能做到这一点；况且我们的教育制度、教学评价、教材教法，大部分都是以"接受学习法"为主导制定或选用的，是故我们的学习方法也必须部分以"接受学习法"方可以与之对应；由于学习首先是学做人的，故采取"接受学习法"学习，我们可以受到老师更多的人格感染、思想熏陶和思维训练。所以"接受学习法"必然是我们的重要的、不可替代的学习方法。

但千万不可忘记的，第一，"接受学习法"必须具体化并经验化——即必须将接受到的学习内容应用于解决问题的实际并因此获得具体的直接经验和具体的间接经验。如果缺乏具体化这一学习环节，用"接受学习法"学习得来的知识就是一堆僵死的教条！第二，在可能的条件下，"接受学习法"应尽量与"意义学习法""发现学习法"结合起来。实践证明，采取"接受学习法"的学习形式和"发现学习法"的学习态度，通过意义学习法将学习活动向更深的层次推进，效果最好。

受文化背景和思维方式的影响，西方教育较多地注重"发现学习"，东方人特别是我们中国人比较多地注重"接受学习"。目前教育界有一种思想趋势，以为西方的教育思想一切都好，有时甚至盲目地把西方的教育思想和西方的教育思想倡导的学习方法抬高到不切实际的位置——这极有可能是一种危险的教育思想倾向！它的负向影响或许在许多年后才会显现出来。

任何学习方法都应切合我们心理的、生理的、社会文化的实际。看菜吃饭、量体裁衣、到什么山上唱什么歌——我们该应用"接受学习法"学习，就应用"接受学习法"学习，我们该不用"接受学习法"学习，就不用"接受学习法"学习。

探索和实践

●在所有真正的教育中，都努力尝试将接受学习学得的知识具体化，都努力把"接受学习"与"发现学习""意义学习"结合起来。都努力总结将"接受学习"转化为"发现学习"的经验。

5.3 发现学习法

"发现学习法"为布鲁纳所倡导。布鲁纳认为，在掌握学科基本结构的同时，也要掌握研习这一学科的基本态度和方法，尤其是掌握研习发现的态度和发现的方法。他说："发现不限于寻求人类尚未知晓的事物，确切地说，它包括用自己的头脑获得知识的一切方法。"经典的"发现学习法"通常是根据发现问题、分析问题、提出假设、验证假设的科学研究四阶段展开学习过程的。

从布鲁纳的本意看，发现学习法首先是一种用学习者的头脑主动地获得知识的思想，其次才是一种相对固定的以发现为目的的学习行为模式。

与"接受学习法"相比较，"发现学习法"可以使学习者有着更主动、更积极的学习态度，"发现学习法"还可以使学习者亲历所学知识的发现过程，从而促使学习者较快地建立相应的知识结构。"发现学习法"的最大优点，在于通过发现得来的知识，是学习者"经验化"的知识。但发现法也有不足，事实证明，发现学习可以有力地激发学习者的学习主动性是正确的，促使学习者"重温"所学知识的"发现过程"的设想就不见得完全正确了。因为学习者囿于学校的条件，如果要按照科学研究四阶段展开学习过程并由此发现他人毕其一生才发现的客观规律，显然是不现实、不可能，也是不必要的。

对于学习内容，既然不能全部用"发现"的方式将其"重复"一遍，那么，如何应用"发现学习法"学习，才有可能是最为有效的呢？

事实上，我们可以按"发现学习"的学习过程学习。即对学习中的任何一个问题，我们都可以从发现问题、分析问题、提出假设、验证假设的四个阶段着手研究它。但在研究时，我们可以通过接受他人的指导来解决疑难，加快发现的进度，提高发现的质量。最为重要的是，我们要确立科学的"发现"观——在学习过程中，我们不仅要发现疑难、发现规律、发现问题、发现矛盾、发现结论、发现猜想、发现假设、发现机智，发现一切可以增长我们智慧的东西，我们还要批判疑难、批判规律、批判问题、批判矛盾、批判结论、批判猜想、批判假设、批判条件，批判一切用以阻碍我们智慧增长的东西。

现代学习认为：发现学习法的精髓在发现。发现学习法的优势在解放思想并在解放思想中实事求是；发现学习法精髓中的精髓在于发现问题并发现经验、批判问题并批判经验、发现真理并捍卫真理——在实事求是中发现，在发现中解放思想，在解放思想中再实事求是。

现代学习认为：所有的接受学习，原则上都应尽可能转化为发现学习，再在发现学习的基础上，通过意义学习形成认知结构；所有的发现学习，原则上都应该接受学习并通过接受学习以提高学习速度。事实上不存在任何绝对的、单一的、纯粹的发现学习——东施效颦般为发现而发现的"发现学习"，完全是骗人的形式主义。

探索和实践

●老师说"There are books 应这样读"。你如何将这一接受学习转化为发现学习呢？说出你的方法。

5.4 探究学习法

啄木鸟先在树干的这边敲一敲，后在树干的那边敲一敲，终于在树干上选定了一个位置并啄开了一个洞，树内的蛀虫被它一条一条地"叼"出来。啄木鸟的这种觅食方法可称为探究式的觅食方法。

啄木鸟是在遗传的基础上，经过多次的实践、失败，再实践、再失败，才最终掌握探究觅食方法的。啄木鸟的这种觅食方法与你探究的学习方法相接近。探究的学习方法也是经过实践、失败，再实践、再失败的多次反复才发现解决问题中的关键问题之所在的——其中"探究"的目的是为了"发现"，"发现"的准备则是为了"探究"，因此，在某种意义上可以说：探究的学习方法指的是，经过多次实践、失败、再实践、再失败的试误反复，发现解决原始问题的关键问题之所在，通过关键问题的解决，最终解决原始问题的学习方法。

"探究学习方法"一是"探"，即试探——通过观察试验，发现问题、明确问题，提出假设；二是"究"，即研究——继续观察试验并用数理—逻辑方式，创设条件,验证假设——一次探究失败,再来一次探究,直到有所发现、探究成功,获得经验为终止。

探究是人潜在的天性，探究活动是人好奇心指导下的主动的行为活动，因此探究往往是你兴趣的兴奋点，所以探究活动可以满足你的好奇心。你的好奇心得到满足，会让你产生愉悦的情感。愉悦的情感将驱散你的疲劳，激发你产生更强烈的兴趣。所以探究的学习过程还是你学习情感的体验过程和学习兴趣的强化过程，可见，"探究学习法"的学习效果是全方位的。

事实上，你的每一次探究，都在实践着局部的、简短的解决问题的发现过程——在探究之前，你要发现问题（探究什么），分析问题（如何探究），提出假设（如果这样做，结果会如何呢？），在探究之后，你要验证假设（看一看假设是否正确），可见探究的学习方法本质上是发现学习方法的变形。只不过是这种方法在过程上与科学研究上的发现过程相似，内容上却简单了许多罢了。

值得强调的是，探究学习形式，往往是试验的和观察的、数理的和逻辑的、合作的和团队的。这是因为试验的和观察的、数理的和逻辑、团队的合作的探究学习形式，更利于探究精神培养和集体与个人的智慧同时放大；还有，探究学习特别注重问题探究后的经验总结与问题探究后的经验反思，包括问题探究后的经验总结与问题探究后的经验反思的再探究——注意到问题探究过后的再探究，及至探究过后的创造和再创造，是探究学习的精华所在。

探索和实践

● "探究学习"往往是从探究入手，通过探究发现问题并通过研究解决问题的学习；"研究学习"往往是从研究入手，通过解决已经发现了的问题的学习。"探究学习"更多地注重发现问题与问题反思，"研究学习"更多地注重寻找结论。但"探究学习"与"研究学习"往往相互包含。你对此如何理解？

5.5 模仿学习法

从现代学习看来，模仿即"拿来"——模仿是个好东西——模仿学习法是个好的学习方法。

模仿学习法即示例或示范如何做，你就学着如何做的学习方法，是"依样画葫芦"的学习方法。

模仿学习法的优点，是先给出一个实际的榜样做示范，然后你对照着榜样示范使学习具体化；你再通过学习的具体化，加深自己对学习对象和学习过程的本质的把握。举个例子，对某个英语单词，你不知道如何准确读音，于是你跟着磁带模仿着读几遍，你就读准确了；如果你不跟着磁带模仿着读，而是自己摸索着读，即使你摸索一个星期，也许还是读不准的。

模仿学习的内容有很多。几乎所有的学习过程、学习方式、学习途径等都可以模仿，如思维方式的模仿，解决问题的思想方法的模仿，技能技巧的模仿及发明创造的模仿等。

模仿学习是否有效，取决于你是机械式的模仿学习还是意义式的模仿学习。所谓机械式的模仿学习，指的是不加思考、不加理解地原封不动地照搬示例或示范；而所谓意义式的模仿学习，指的是通过对示例或示范的反复思考、反复理解、反复消化后，把模仿对象的精髓与个人的创造性理解结合起来的学习。机械式模仿学习只是他人学习过程的简单重复，意义式的模仿学习则是对模仿对象的再创造，二者的本质和效果是不同的。

模仿学习有三个环节。第一个环节是对模仿对象的反复揣摩。反复揣摩的目的在于发现模仿对象的思维方式、表达方式和操作方式，发现其直观的和潜在的指导意义。第二个环节则是具体的意义模仿，即"照着做"，做到"形似"。第三个环节则是总结模仿经验，反思自己在模仿学习过程中，自己有哪些体会、有哪些发明、发现和创造，然后通过消化，把模仿的东西转化为自己的东西，做到"神似"。

任何学习都要经过模仿学习阶段。模仿学习的终极目的，是为了理解和掌握学习对象，甚至是为了创造或改进学习对象。模仿学习最终都须转化为发现学习。这些是你千万不要忘记的。

探索和实践

●如何理解模仿学习的三个环节和模仿学习最终都须转化为发现学习？以外语单词学习为对象实践一下。

5.6 讨论学习法

大家坐拢来，可以就一个问题，也可以就多个问题，平等地交换意见。这种通过共同讨论（交换意见）而使讨论者都学有所得的学习方法，称为讨论学习法。

古希腊的柏拉图，中国古代的孔子（本书中常恭称为夫子），都喜欢用讨论学习法组织学生学习，如《论语》中的文章，大部分节录自孔子在师生讨论学习时的发言；"经讲"——两位学者领头讨论，并以两人间的讨论引发大家的共同讨论，是古代学校常用的课堂教学方法；时至今日，"经辩"——面对面地讨论佛教经典的意义，切磋个人的看法，亦是佛教僧侣们每天必修的功课；上课时，老师提问，学生作答，也是讨论学习法的一种。

讨论学习法由领会、探究、议论、反思四部分组成。领会——明确讨论的目标问题是什么；探究——发现目标问题的本质问题是什么；议论——再发现本质问题后面更本质的问题是什么；反思——继续发现更本质问题后面更更本质问题是什么。

讨论学习要四"结合"：一是"听中思"和"思中听"相结合，二是"思中说"和"说中思"相结合，三是"记中思"和"思中记"相结合，四是"听中做"与"做中听"相结合——核心是"思"。在讨论学习中，你当然要发表意见，提出主张，但你更要虚心地、耐心地、精心地做个好"听众"。

注意：在参与讨论时，一定要先思考成熟，写好发言提纲后，再有礼貌地、商讨着说。讨论时，切勿全盘否定他人意见。凡是有可能导致人际争执、人际冲突、人际矛盾的意见，一般不在讨论中说。切记一定要把自己的思想精华与大家的思想精华进行最真挚地交流。

问题讨论过程，也是人际交流过程。在人际交流过程中恪守尊重人、关爱人、"己所不欲，勿施于人"的人际交往原则，努力让他人"知无不言，言无不尽"，是非常重要的。

"听""思""记""说""做"是讨论学习法的五个要点。其中"听"是"君"，"思"是"臣"，"记"是"辅"，"说"是"佐"。上述五个要点都是很重要的，缺少某一个要点都会影响你用讨论学习法学习的质量。

探索和实践

●人最有效的倾听时间约在两分钟之内，超过十秒还未切入正题或超过两分钟的发言都会使人感到困倦；发言通常分三段：观点、说明、小结。说明部分是发言的重心，通常分为三小点。试着实践一下。

5.7 批判学习法

如果孔乙己问你："茴字有四种写法，你知道吗？"而你则反问孔乙己说："茴字确实有且只有四种写法吗？茴字是否有五种或五种以上的写法呢？茴字的多种写法究竟是如何写的呢？"像你这样，持怀疑的态度，用求异思维的方式，在批判错误观点的过程中发现正确的观点，或在肯定正确的观点的过程中确立正确的观点并发现错误的观点的学习方法，称为"批判学习法"。

"批判学习法"有三个环节：①准确感知、理解学习内容；②分析、评价学习内容，提出自己的观点；③证实自己观点的正确性。

准确感知、理解学习内容，是正确提出自己观点的前提，如果你连学习内容都没有准确感知、准确理解和准确把握，你后续的一系列关于学习内容的批判活动就毫无意义了。

在准确把握学习内容的基础上，你就可以选择某个角度作为切入点，对学习内容进行一系列分析了。你一边分析，一边提出自己的见解——或做出肯定的判断，或做出否定的判断，或做出既不十分肯定又不十分否定的判断。

你一旦提出了自己的观点，就应该努力探讨你所持观点的相对正确性——探究并发现隐含在学习内容中更本质、更概括、更深刻的必然联系，通过更多层次的、更加系统的必然联系的开掘以说明你的观点是相对正确的、比较辩证的和发现创新的。

"批判学习法"的重点在"批"且"判"之——指出错误的观点并分析它，在分析错误的观点中发现正确的观点；指出正确的观点并分析它，在分析正确的观点中不但肯定正确的观点、发现错误的观点，而且发现并论证更正确的观点。

不破不立、不塞不流、不止不行，发现并分析错误的观点是"破"，肯定并论证正确的观点是"立"；"立"中必然有"破"，"破"中必然有"立"。"批判学习法"就是在"破"与"立""塞"与"流""止"与"行"的往复循环中获得正确认识的学习方法。

"批判学习法"往往与求异思维相联系。求异思维方式与求同思维方式是两种方向不同的思维方式。如孔乙己问："茴字有四种写法，你知道吗？"求同思维的思维方向是："茴字有哪四种写法呢？我只知道其中的一种写法。"求同思维往往只有一种思维结果。而求异思维则可以是——"茴字确有四种写法吗？"也可以是——"茴字难道仅有四种写法吗？"还可以是——"茴字若有多种写法，各种写法是如何写的呢？"等等。可见，求同思维往往在不自觉中就认可了对方的观点，进入到对方的思维"围城"之中，而求异思维因为不一定认可对方的观点，所以不一定进入到对方的思维"围城"中。显而易见，与求同思维方式相比较，求异思维方式的思维容量、思维密度、思维难度有可能更大，思维起点有可能更高。"批判学习法"就是能动地通过求异思维活动的方式以能动地提高思维活动水平的学习。也正是因为这一原因，"批判学习法"较之于其他学习方法有着更独特的学习效果。

值得指出的是，如果你的求异思维是系统的、辩证的求异思维方式，那么，你的思维方式就是批判的辩证思维方式了。请记住：批判的辩证思维方式是现代学习倡导的思维方式。"批判学习法"就是批判的辩证思维方式的具体应用。

又及：我们的学习的改造，往往是在批判的辩证思维方式中进行的，你对此要保持高度的敏感性。

探索和实践

● "批判学习"为什么能更深刻地揭示事物的本质呢？举个实例说明。《假如记忆可以移植》（高考作文题）可用批判的辩证思维方式来写吗？

5.8 过度学习法

根据教学大纲或考试大纲的要求，对某个知识点的掌握或对某项能力的发展，我们是必须达到规定的要求而且只须达到这一规定的要求的——我们似乎没有必要超过这一规定的学习要求，因为超过规定的学习要求的部分，相关的学历考试是不会考试的。在学科学习的基本训练中，我们必须完成一定的训练量才可以熟练，但我们似乎没有必要过于熟练。如在语文、外语的学习过程中，有的老师就经常认为：有的课文只要熟悉了、掌握了就可以了，凡是没有规定要背诵的课文，就没有必要去背诵它。

过度学习法不持上述观点。过度学习法认为：我们的自我学习要求必须适量超过规定的学校学习要求，我们学习的基本训练量必须适量超过达到规定训练要求所需的临介训练量，总之是我们在作风上奋发图强，自我学习要求高于学校统一要求一个层次甚至若干个层次，并以此确保高水平学习质量的学习方法，叫作过度学习法。

过度学习法的优点在于它可能使我们的学习处于超成熟的状态。如果我们的学习能处于超成熟的状态，我们的意义学习水平可能会更高、学习能力可能会更强、学习效果可能会更好并且可能节约更多的时间；学习的超成熟状态还有可能使我们的自我学习要求自始至终处于超一流的水平上，而自我学习要求的超一流的水平会进一步激发我们的学习潜力并产生更高的学习积极性。

过度学习法与其说是一种学习方法，还不如说是一种学习精神。过度学习法的关键在"过度"上。"过度"一词不应片面地理解为仅仅是打死仗、拼死命，而应理解为既讲究选择生动活泼、灵活机动的学习方法学习，又讲求"打赤膊、出黑汗、卷起裤脚加油干"的下苦功学习。

过度学习的策略之一是：提前做好学习准备。譬如做好假期预习和课前预习——当其他同学还没有做好意义学习准备时，我们准备好了；当其他同学刚接触难点时，我们已经消化难点了；当其他同学刚开始学习新概念时，我们已经掌握它了。过度学习的策略之二是：延请一位导师做指导，以免自己在黑暗中摸索。这是因为任何课程学习都有难点，突破了难点，学习就不难了；任何学习都有一定的思想方法，一旦经人指点，学习方法掌握了、豁然开朗了，学习就不难了。过度学习的策略之三是：团队学习——几位志同道合的同学组织起来，相互学习，彼此鼓励，共同化解困难，同时实现智慧共享。过度学习的策略之四是：愚公移山———下苦功夫、二练硬功夫、三有真功夫。

"愚者千虑，必有一得""驽马十驾，功在不舍"。如果我们持过度学习法学习，我们的学习成熟度、学习水平自然遥遥领先于其他不用过度学习法学习的同学。设想我们的数学、外语已达到大学一年级水平，而我们却和我们的其他同学一块参加高考，只要我们沉着冷静，不张扬浮躁，我们高考的数学、外语成绩肯定会遥遥领先于其他同学一大截。

过度学习法展现了我们"自加压力、负重前行，追求卓越、争创一流"的崇高精神。与那些凭一点小聪明就能获得好的学习成绩者相比较，我们要可敬得多。

俗话说"泰山压卵"。如果我们坚持合理的过度学习，我们就在准备一座"学习泰山"。我们若用这座"学习泰山"来压学习之"卵"，我们学习的成功的可能性，怎么不会大得多呢？

探索和实践

●成就武功的秘诀在于将人的体力和智力都发挥至极致，该问题与过度学习有些什么联系？

5.9 意义学习法

启蒙老师在黑板上端正地写好一横，说："这是一个'一'字"。我们在三秒钟内，就认识这个字了——这种以"接受"的方式来认识客观事物的学习方法，叫"接受学习法"。用接受学习法学习的优点是简单、直接，有老师面对面地授业解惑，学习的容量大、效率高。缺点是——接受学习法的学习所得，或因缺乏直接经验的支持而流于肤浅，或因不能在大脑皮层上形成多层次、多方向的暂时神经联系而容易遗忘（暂时神经联系很快地消退）。

生物老师在即席演讲中说："人是有体毛的，细胞有'体毛'吗？在动物细胞膜的表面，是否有分子束像体毛一样，向外部自由地伸展开来呢？"对生物老师提出的问题，我们很感兴趣，于是四处查资料、找专家咨询、进行试验研究。最后，我们在试验观察和试验数据的基础上结论说："在某些动物细胞的细胞膜的表面，确实有蛋白质'分子束'像人的体毛一样，自由地向外部伸展着。"——这种以"发现"的方式来认识客观事物的学习方法，叫"发现学习法"。发现学习法学习的优点是思维密度大，理论能联系实际，在学习者的大脑皮层上，能形成多交会的、多变量的、较不易消退的暂时神经联系。"发现学习法"的缺点是过程复杂、曲折，阻碍多、进展慢、学习容量小、需要人指导。

因为接受学习法和发现学习法各有利弊——而且发现学习法的"利"恰好是接受学习法的"弊"，发现学习法的"弊"恰好是接受学习法的"利"，所以我们就可以尝试着将二者结合起来，兴利除弊——首先，我们在老师的指导下，通过接受学习法学习，从言语意义上直接、快速地接受学习对象蕴含的学科逻辑（概念、命题、符号）意义和科学逻辑（思想、方法、经验）意义。然后，我们采取发现学习法学习，在追根究底、得陇望蜀似的问题探究中，分别发现在学习对象与客观的学科概念结构之间隐含着的、非人为的意义联系和在学习对象与我们的主观的认知结构之间隐含着的、实质性的意义联系——这种通过接受学习法和发现学习法的辩证应用，使我们既能在知识的言语意义上、又能在客观的学科概念结构意义上、还能在主观的认知结构意义上整体把握住学习对象的学习方法，叫"意义学习法"。

意义学习法有三个要点：

第一，我们自身必须要有意义学习的心向，包括意义探究的心向和意义识记的心向。首先，我们要有意义学习的意识，包括意义探究的意识和意义识记的意识；其次，我们要有意义学习的心理准备，包括意义探究的心理准备和意义识记的心理准备；第三，我们要掌握意义学习，包括意义探究和意义识记的方法。

第二，我们的学习对象应有意义学习的意义。即我们的学习对象既要有学习的学科逻辑意义，又要有学习的科学逻辑意义。这也就是说，在学习对象与客观的学科概念结构之间应存在非人为的意义联系，在学习对象与主观的认知结构之间应存在实质的意义联系且这些联系都应该是隐含着的、非直接的和非直观的，都应该是通过努力才可以发现的。因此，我们要主动选择学习对象，确保它的学习难度不应该太大、但应该比较大；如果学习对象太难或太容易，就没有学习价值，我们就要果断地放弃它。

第三,我们已有的知识经验，包括我们已有的学科概念结构和心理认知结构，都能够与学习对象稳定地、清晰地、可分辨地、有意义地通过概念、命题、符号、思想、方法、概念形成或分化等途径有机地"对接"起来。因此，我们在平时，就要脚踏实地扎实学习基础，养成"准确学习""有准备学习""有计划学习""动手学习"的好习惯。

意义学习法的学习步骤是：

第一步，调整自己的心态，自觉地选择好学习对象。确保自己有意义学习的心向，包括有意义探究的心向和有意义识记的心向；初步分析学习对象（毛估），确保学习对象有学科逻辑意义和科学逻辑意义（有学习价值）。

第二步，接受学习对象。从概念、命题、符号及思想、方法、经验等层面，继续分析学习对象，准确地认知并把握学习其学科意义及科学意义，准确地识记住它们的语言表述——该死记硬背的，必须死记硬背下来。

第三步，探究学习对象。通过系统且辩证的问题发现、问题分析、问题解决、问题反思，发现学习对象与已掌握的学科概念、学科命题、学科符号之间及学习对象与已掌握的思想、方法、经验等方面的本质的联系。

第四步，在学习对象和已有的学科概念结构之间，建立起非人为的意义联系，同时在学习对象和已有的认知结构之间，建立起实质性的意义联系。

第五步，反思上述意义联系，努力使学习对象、原有的学科概念结构、原有的认知结构都因为新的学习对象的学习而具有新的学习心理学意义。

意义学习法是最重要、最实用的学习方法。意义学习法可以在我们的大脑皮层上建立起高度有序、高度融会、高度敏捷且不容易消退的暂时神经联系，让我们在高起点、高难度的学习条件下高速度、高效率地学习；意义学习法告诉我们，学习既要学"死"，又要学"活"，既要记忆，又要思考；意义学习法还告诉我们，学习是系统的知识经验的学习，也是系统的思想方法的学习。我们要像《水浒传》里的林冲一样，用意义学习法学习并掌握过硬的真本事，我们决不能像《水浒传》里的洪教头，东施效颦地四处"发现"，净学一些好看不中用的"划胡子"来文饰自己。

接受学习法有可能使我们较快地感知学习材料，发现学习法有可能让我们独立地发现事物的本质，意义学习法有可能使我们在概念、命题、符号的"意义化"过程中，高起点、高难度、高速度、系统地认知并掌握概念系统、命题系统和符号系统，完善认知结构。因此，我们的现代学习的部分表现，应该是在意义学习法指导下展开的、以接受学习法和发现学习法等为表现的、强调言语意义、强调思维和记忆的意义学习。

探索和实践

●体会下述意义学习法的学习步骤，思考其中"加黑"的文字的意义：

我要学习"胶体"，我首先要准确理解它的含义并准确地记住它。

"'胶体'是分散质粒子在 1nm-100nm 之间的分散系"——为什么"分散质

粒子在1nm-100nm之间的分散系"才是"胶体"？分散质粒子小于1nm或大于100nm的"分散系"是有什么特征的"分散系"呢？污泥水、矿泉水、土壤间隙的营养水、合金，从化学的角度看来，有什么区别呢？

在1nm-100nm之间的分散质粒子，有什么特殊的性质呢？我要分析它。

——表面积增大。表面积增大对分子或电荷的吸引力增大（建立"胶体"分散质粒子的双层电荷模型），于是增加了"胶体"的稳定性，使"胶体"处于介稳状态并有电泳和聚沉现象。

——直径小，能透过滤纸，不能透过半透膜，可以通过渗析精制。

——直径小于可见光波的波长，有的"胶体"有"丁达尔现象"。

——质量小，容易产生加速度，有布朗运动。

——影响化学反应速率。

我现在可以做部分结论了（结论略）。

我还要问：从哲学的角度看，溶液、胶体、悬（乳）浊液的物理性质的不同，反映了客观世界的哪些规律呢？这些本是物理学中的问题怎么会放置在化学中重点讨论呢？我们要制备"纳米材料"，从胶体入手，是个好办法。

我想，世界上的大多数物质都是混合物，"胶体"是其中一种有着特殊性质的混合物。胶体概念的正确建立，给了我一个观察问题、发现问题、解决问题的新视角。

●我要把我今天学到的知识准确地记下来。

5.10 标杆学习法

你一定见过奥运会上长跑运动员夺冠的情景——1000米、2000米、9800米、9950米、9999.9米，10000米；超过一个、两个、三个……超过所有的运动员，最终第一个到达终点并夺得冠军。像这样确定一个目标点，为超过该目标点竭尽全力、最终超过该目标点的学习方法，称标杆学习法。

人是有潜力的，人的潜力需要激励才可以发挥出来，标杆学习法就是自我最大限度激发自我潜力的学习方法。

标杆学习法的第一步是目标的确定。目标既不可太高——根本实现不了，没有现实性；也不可太低——太低了，不能充分激发潜能。标杆的确定应选择在经过努力完全可以达到的位置上。

选定了追赶的标杆后的第一件事，便是"比"：将自身的优势、劣势、问题细分，细分后逐一地与标杆的优势、劣势、问题细分并比较，比较后制订一个追"杆"方案，同时拟定一个追"杆"计划。

标杆学习的第二步是"学"和"赶"，即确定自己应从哪些方面向标杆学习，并将自己的学习目标付诸学习的实践。通过实践，一次一次地、一条一条地、逐步地接近并赶上标杆（目标）。

标杆学习的第三步是超，即不但要接近标杆并且要下决心超过标杆。

在具体的追"杆"过程中，你会遇到多种困难，你要凭借自己的意志力去克服这些困难，这是你必须付出你的全部毅力方可以做到的事。

也有这样的情形，你志在追赶的标杆也在飞速进步，不管你如何追赶，也追不上他。但你不要为这些遗憾，因为你已经尽力了，你问心无愧了。

如果你采用标杆学习法，接二连三地超过你要追赶的目标，你的学习将会飞速地进步。

有句成语叫"后来居上"，说的是事物的发展，犹如垒木头。在垒木头的过程中，先垒的木头总是放在下面，后垒的木头却总是垒在上面。后垒的木头之所以垒在上面，就是因为它们在不断地追"杆"，在不断地超越。标杆学习法的奥秘就在这里。

比、学、赶、超是标杆学习的四个阶段，善于自我激励是标杆学习法的核心，你只要沉下心去全力地做、持之以恒地做，总会有成效的。

探索和实践

●确立自己的标杆，制订追"杆"方案和追"杆"计划。

5.11 案例学习法

麻雀的解剖生理学特征有哪些？细致地解剖一只麻雀就足够了。像解剖麻雀一样，通过典型的案例分析获得新的经验的学习方法，称为案例学习法。

案例学习法的关键在于精选案例。被精选的案例必须具有典型性并在案例分析之后能给人带来新的经验。例如我们已经掌握了麻雀的解剖生理学特征，我们再选一只麻雀来解剖就没有必要了；例如我们并不了解麻雀的解剖生理学特征，但我们选择一只生病的麻雀来解剖显然也不合适；相反，如果某只麻雀患了"禽流感"，我们要研究麻雀是如何传染上"禽流感"的，就必须解剖该只患"禽流感"的麻雀。所以在案例学习中，我们精选的案例往往是典型的、解决起来有一定困难的问题。

精选好了案例后，我们就要分析案例。分析案例时，一般首先确定分析案例的思想方法，然后在该思想方法指导下，确定分析案例的基本思路，接着根据分析案例的基本思路将案例进行条块分割，理顺其条块之间的本质联系，最后将分条、分块割裂的案例整合起来，从而发现贯通案例的主线和贯穿左右的网络——案例本身内在的规律性和案例分析方式的规律性，包括案例问题解决方式的规律性。所有这些新的规律性，就是新的试图通过案例分析学习的东西。

案例分析的关键在于过细。一是案例感知的过细和案例分析过程的过细；

二是案例综合归纳的过细和经验反思总结的过细等。案例分析最忌讳的是粗略、粗糙和粗心大意。

每当我们分析了或解决了一个典型的案例，我们就积累起了分析或解决一类典型问题的思想方法经验和知识概念应用经验，这些知识概念、思想、方法等就有可能概括成一个知识——思想方法技能模块。每当我们分析了一个案例，就有可能积累起一个知识——思想方法技能模块。这样的模块积累多了，我们的新经验便增多了，我们分析问题与解决问题的能力自然就提高了。

在学习过程中，我们应培养案例意识，每发现一个典型问题或典型事例，我们就把它当成一个案例来分析；而当我们分析一个典型案例，就至少获得一种解决这类问题的典型经验。如果我们坚持不懈地这样做，我们将不但有见解，而且将有见识。

探索和实践

●试着将各科的典型习题收集起来，分析它们。每当我们学习一个重要概念，就要找一个案例来配合学习它，这样做有什么好处？

5.12 步步为营学习法

在江南的乡村，在稻田水坝的淤泥里，常藏有泥鳅。捕捉泥鳅的方法很简单，先把水弄干，再将淤泥一寸一寸地翻过来，然后把淤泥里的泥鳅一条一条地捧进篓子里。

在学习活动中一步一个脚印地打基础、没有任何花拳绣腿、基本没有学习缺陷、朴实得似乎有点"痴笨"的、捉泥鳅似的学习方法，称步步为营学习法。

步步为营的学习法是除了勤奋用功之外，主观上不刻意追求任何学习方法的学习方法。步步为营学习法的第一个特点上"实"，就是严格地按照老师的要求，扎扎实实地学习，不要任何的花枪，没有任何的幻想，也没有任何的虚荣。第二个特点就是"细"：细密、细实、细致，没有任何的疏漏，就像一块刚从织机上下来的、整洁扎实得像天空一样的布。第三个特点是"牢"：牢固、牢实、牢靠；记得牢、掌握得牢、学得牢，对老师讲过的、自己学过的、自己错过一次的，他决不会再错。

我教学多年，见过的学生多了。我发现，最有学习成就的学生，往往就是这种不浮躁、不张扬，看起来似乎有点呆笨，不太机敏，但实际上却是大智若愚、寓巧于拙的、像《射雕英雄传》中的郭靖一样的学生。

如果你选用这样方法学习，你就要决心做一个"学习军人"，一丝不苟的、但又创造性地按照学校与老师的要求办事。你的所有的学习，全都要精益求精地达到学习目标；你要甘心情愿地、全心全意地做一个从不投机取巧的"学习傻子"。《愚公移山》故事中的愚公就是这样一个与此类似的、从不投机取巧的痴心搬山的"傻子"。愚公的执着感动了上帝，上帝派神仙把他要搬的两座山搬走了。你若是真的成了痴心学习的"学习傻子"，你也会像愚公一样感动"上帝"的，你的脑子不知在哪一天会突然"开窍"——进来了一个神仙，他会使你在猛然间突然变得聪明起来的。

探索和实践

●傻子学习法是最聪明的学习法。老子说：大智若愚。试着用傻子学习法的大智若愚表现。

5.13 实践学习法

认识长才干，实践出真知。

人的经验、知识，乃至人的思想、方法既有显性的，又有隐性的。显性的经验、知识、思想、方法可用语言、图文清楚地表述，但隐性的则困难一些。即使是能用语言、图文清楚表述的显性的内容，学习起来也往往难以"到位"，而隐性的东西则有如 UFO，更是讲不清、道不明、理解不透，只可意会、不可言传的。解决上述诸多难题的办法便是实践。结合具体的对象和具体的情景，对照着自己或他人已有的经验，在实践中具体动手一番，或在老师"手把着手教"的指导下具体操作几次，你便一下子恍然大悟了（即使恍然大悟了，意识上掌握了，但语言上还是表述不出来）。这种在实践中学习的方法叫"实践学习法"，简称"实践法"。

实践法学习的特点，一在于使你在实践中获得真知——获得直接的实践经验；二在于使你自始至终地在"做中学"和在"学中做"；三在于可能有有实践经验的老师做指导，且这位老师能把他的所学、所得、所知精心地、毫无保留地传授给你（如果没有老师，就只好自己摸索了）。如果你的老师能毫无保留地指导你，现场情景也能满足学习的实践需要，你真是令人羡慕的学习的幸运儿了。

许多能工巧匠都是在实践中,选用实践法学习成为能工巧匠的。许多军事家、文学家、画家、音乐家、药物学家、建筑学家也是选用实践法学习而成名成家的。甚至可以说，所有有真本事的能人、专家，无一例外地不是选用实践法学习才成为有真本事的能人、专家的。

选用实践法学习的关键，在于学习者要培养"悟性"，要在实践中"做个有心人"。所谓"悟性"，指的是学习敏感性；所谓"有心"，指的是认真、负责、执着、专注的态度。缺乏"悟性"，不动脑子，跟着老师依样画葫芦地在实践中学习，只可能学到手艺；而一边实践一边思考、一边思考一边总结、一边实践一边领悟、一边领悟一边创新，才可能在实践中学到智慧——甚至"青出于蓝"——学到大智慧，超过老师，成为大家或大师。

特别提醒你的是，在选用实践法学习时，你最好要找到好老师做实践指导并很好地处理好你和他之间的人际关系。人都是血肉之躯，都是有意识、有自尊、有思想的。只有当老师充分信任你并认为你确实能实现他的职业理想时，他才会在实践中毫无保留地、精心地指导你。所以，你必须真实、真诚、真挚地像对待自己的父兄一样地对待自己的老师。否则，你就得不到老师的信任，你就难以在实践中用实践学习法学到老师探究一生才学到的真本领了。

探索和实践

●实践法学习特别应注意反思。若是缺乏反思，感性认识便很难转化为理性经验。你如何理解这一点？

5.14 研究学习法

"研究学习法"是发现学习法中的最典型的一种。研究学习法的方法是这样的：

先确定研究课题（发现问题），即确立研究的对象。

再确立研究目的、研究原理（明确问题），即确立研究的范围、原理、方法。

给出研究假设（设计研究方案），即从理论上推测出可能的研究结果。

验证假设（实施研究方案），即按研究方案，在控制研究条件的前提下，有步骤地、具体地获得研究数据。

做出研究结论，验证按研究方案得出的实际结果与理论上推测的假设是否一致。

探讨结果一致或不一致的原因，写出研究报告。

在中学阶段，研究学习法多使用在物理、化学、生物等实验学科的学习上。

研究学习法的最大优点，就是让你在近乎实证的、科学研究的情景下学习。在这一情景下，你的思维能力、实验能力、分析综合能力、获取知识的能力和表达能力，及你的非智力品质都得到了锻炼。

研究学习法耗费时间过长，对于学习任务繁重的中学生而言，是否较多地采用研究学习法学习，应认真听取老师的意见。但不采用研究学习法学习，甚至没有接受过任何的研究学习法学习的基本训练，是不妥当的。为此，我们可以把某些本可以通过演绎推理解决的问题进行条件转换，即把原本用接受学习法学习的内容，改用研究学习法学习。

研究学习法与探究学习法与发现学习法互为伯仲，在学校里，研究学习法比探究学习法、发现学习法有着更大的自由度。

又及：研究学习法最重要的是通过研究、发现问题——发现问题比解决问题重要得多。

探索和实践

●有人说："研究学习法的重点在研究，它不排除有人指导。但如果指导的范围过大，甚至代替了研究者本身的独立思考，就没有任何意义了；研究的目的在创新，如果仅是重复他人的研究，也没有意义。"你如何理解这段话？

5.15 团队学习法

一个群体，如果有着共同的组织目标和强韧的组织凝聚力，组织各成员严格履行岗位责任，那么，这个群体就可以称为团队。一个学习小组，如果有共同的学习目标和相互学习的心愿，彼此真诚地相互帮助，那么，这个学习小组就可称为学习团队。在团队的研讨交流中完成学习任务的学习方法叫团队学习法。团队学习法是学习效果最佳，最值得推崇的学习法。

团队学习法有三大优点：放大智慧、培养人文精神和促进人的社会化。

团队学习是团队成员在独立思考前提条件下展开的合作学习。在诚恳的讨论和真挚的切磋中，团队成员把智慧贡献给了大家，大家把智慧汇集起来，回馈给了团队成员个人，团队成员的学习效果，学习所得便因此放大了好多倍。团队学习创设了一种探究的、发现的、和而不同的团队的气氛，培养了大家实事求是的科学精神和不计个人得失的奉献精神。在团队学习中，团队成员的合作意识、自我意识、创新意识，及与该意识相对应的独立意识、团队意识、探究意识都得到发展。团队学习还是一个具体的人际交往过程。在学习过程中，团队成员之间的自由讨论、自主探究、彼此模仿、相互学习的人际交往，对大家学会如何人际认知和如何人际沟通，及如何在学会做人的过程中学会做事和学会做学问，对促进人的社会化，也有实践意义。

学习团队最好由3~5人组成。人数太多，成员参与相互交流的时间有限，反而不好。团队中最好有一位能者（老师、家长、有学习水平的高年级同学）做指导。团队成员最好各具特色。

在森林中，大多数树的高度基本相同。在群体中，低水平的个体会得到较快的提高，个体之间的水平会彼此尽力达到一致。因此，你应尽可能地融入水平较高的团队学习。

由于学校的学习以传统学习占统治地位。自小学到中学，我们采取的都是闭门造车式的、封闭的学习方式，有的老师对这种封闭的学习方式还大加赞扬，说是有独立思考精神。我们的家庭生活和社会文化背景，亦强调我们要谦逊、含蓄、收敛。这些观点和主张的本意或许是对的。但在学习实际中，我们的谦逊、含蓄、收敛经常过了头，我们一个个亦因"过了头"而变得小心谨慎、羞涩寡言、老于世故——这些负向的个性品质和学习品质，显然都是不利于团队学习的，都需要我们努力克服。

"三人成虎"——优秀的学习型团队将是一支铁流、一支舰队，是最锻炼人的地方。

探索和实践

●寻找良师益友并组织起来，整合为一个团队。制订学习计划，开始有目的的团队学习。

5.16 钉子学习法

钉子的特点是小、尖、钻、有一股狠劲。选择一个要点，像钉子一样在这个要点上深入、执着地在这个要点上钻研的学习法，叫钉子学习法。

钉子学习法的关键之一，在于合理选择学习目标。目标不宜大，但必须是学习的重点。

钉子学习法的关键之二，在于在学习目标上深入地、执着地、不达目的不罢休地钻研：钻研得越深入即把与该学习目标相关的方方面面、上下左右、来龙去脉、范围条件、东西南北中的各种本质联系钻研得越透彻越好。

为使钻研活动有条不紊，在钻研之前，要写好钻研提纲。若有心得体会，要做好翔实的记录。钻研结束后，要尽力把这些钻研心得记载下来，若有可能，还可以将钻研所得写成一篇小论文。

钉子学习法，是一个极好的学习方法。首先，它给人以磨炼。有时你为了弄清楚一个问题，有可能反复调查研究，如查阅、整理资料，请教老师们，甚至亲自动手做实验。其次，钉子学习法不但使你对教材上的许多概念、原理、知识有更深刻的理解，还会使你掌握许多课外的东西。更为重要的是，钉子学习法还能培养你的学习兴趣，为你将来的专业发展打下基础。

探索和实践

●钉子学习法应扩大学习面，单一、孤立无援地钻研必然缺少后劲，你对此如何理解？

5.17 实（试）验学习法

实践出真知。读书是学习，实践也是学习，而且是更重要的学习。实（试）验是一种特殊的实践方式，故是一种特殊的学习方式。我们把通过实（试）验实现学习目标的学习方法，称为"实（试）验学习法"。

学习的重要任务之一，乃在于培养科学精神，而实事求是则是科学精神的核心。实（试）验学习就是通过具体的实（试）验设计、实（试）验操作、实（试）验观察、实（试）验过程与实（试）验结论表述等过程，培养我们具有实事求是这一核心的科学精神的。

我们无论学什么，都要理论联系实际，实（试）验就是典型的理论联系实际的学习方式。在实（试）验中，我们学到的理论得到实践的严格检验，我们亦由于有了实践经验而对理论的认识更深刻。

就像狙击手要学会隐蔽和射击，篮球运动员要学会运球和投篮一样，每门学科都有其基本技能、基本操作训练要求。实（试）验就是最好的学科基本训练方式。通过实（试）验，我们将学会如何合理确定实（试）验目的、选择实（试）验用品、设计实（试）验方法与实（试）验步骤；学会调整实（试）验仪器、观察实（试）验现象、记录实（试）验数据并做出科学的实（试）验结论。所有这些实（试）验环节，都被我们的"做"联系起来了。通过"做"，我们的基本训练得到全面落实。

实（试）验学习有"预习、操作、观察、表述"四个步骤。实（试）验"预习"即实（试）验前准备工作，包括实（试）验目的、内容、步骤的预先了解，及对可能出现的实（试）验现象和可能得到的实（试）验数据的"毛估"，还有实（试）验仪器与设备的准备，"操作"即正确使用实（试）验仪器或实（试）验试剂，按实（试）验步骤规范地完成实（试）验步骤，如实记录实（试）验数据，对实（试）验目的、过程、观察到的现象、实（试）验数据给出自己的主张并整理成客观的、实事求是的书面报告。

由于实（试）验学习既是动脑的、且又是动手的学习，所以实（试）验不但有助于我们认识学科概念，而且有助于我们培养实（试）验技能。实（试）验学习更有利于培养我们的学科思想方法、学科思维方式、激发我们的想象力和创造力。

注重实证、实据、实（试）验是形成现代科学思想的基础，也是西方科学思想的精华，更是现代学习的核心内容。坦诚地说，我国古代虽有过辉煌的科学成就，但对实证、实据、实（试）验不够重视也是有目共睹的。这种重精神、轻物质的传统学习方式不能不说它直至现在仍在严重影响我们的价值观念和学习方式。

——这个问题不能解决吗？做个实（试）验探究一下吧！这个问题可能发现什么？做个实（试）验探究一下吧！要证明这个论点吗？把实（试）验数据拿出来吧！实（试）验好比是《天方夜谭》中的神灯，你每擦它一下，它就会给你一个意想不到的惊喜。

实验不同于试验。实验是验证已发现的客观规律性，试验则是探究未发现的客观规律性，但二者的本质是相近的。鉴于试验的周期太长，所以在学校里，我们经常用实验学习法学习，而较少用试验学习法学习。但我们必须接受严格的试验学习法训练，掌握并积累试验学习法的学习经验。

探索和实践

●以"古代中国普遍缺乏实（试）验意识和实（试）验研究实践"为题，写一份研究报告。

5.18 吹毛求疵学习法

吹毛求疵，是一个带有贬义的成语，有过度苛刻地、毫无必要地找人毛病、无端地责难人的意思。在人际交往中，彼此之间吹毛求疵是不妥当的。但学习中的吹毛求疵，尤其是自己对自己的学习吹毛求疵不但是应该的，而且还是必须的。吹毛求疵学习法就是一种主动地寻求一个对手并与他决一雌雄——自己要求自己严格地、一丝不苟地、精益求精地学习的学习法。

吹毛求疵学习法的重点是：第一，确立尽可能高的学习标准；第二，按照最高学习标准规范自己、约束自己、最高水平地完成学习任务；第三，对已完成的学习任务和学习结果进行全方位的、毫无遗漏的检查，力求使各个方面都毫无瑕疵，一切精益求精、尽善尽美；第四，努力在吹毛求疵的学习过程中发现问题并解决问题。总之是努力使自己的学习进入高端层次。

例如，一道数学题做完，你就可以这样吹毛求疵：审题准确吗？解答过程规范到极点了吗？解答结果精确吗？表达方式无可挑剔吗？书写、制图、排版精确吗？卷面整洁、美观到了极点吗？没有时间和精力的浪费吗？是在规定的时间内解答完毕的吗？解题思路、解题方法是用最优的吗？还有哪些解答思路和解题方法呢？解题学习进入了高端层次吗？诸如此类。

吹毛求疵学习法本质上是"批判式学习法"的特例。这种方法不但可以促进你完整、准确地把握学习内容，培养你的学科学习能力，而且可以锻炼你的坚韧的学习意志和理智的学习情感；吹毛求疵学习法还是一特别注重细节的学习法，这一方法对于培养严谨的学习态度和务实的学习作风十分重要。对你来说，学习上如果不能吹毛求疵，总是满足于"差不多"，确实难已学业有成。

探索和实践

●尝试着用本学习方法完成一个星期的数学作业，总结作业后体会。

第六章　增强学习意识

6.1 学习的学习意识

夫子驾车出游，遇见几个小儿在玩，其中有一个在一边站着看。夫子觉得奇怪，就问站着看的小儿说："你为什么不一起玩呢？"小儿答："这样玩无益呀！"过了一会儿，小儿堆土成堡，却不给夫子的车让路。夫子又问："你为什么不给我的车让路呢？"小儿答："世界上只有车让城，没有城让车呀！"夫子赞叹他说："你年纪虽小，懂得的事理可真不少哇！"小儿答说："鱼生下来就会游水，兔和马生下来就会奔跑，这些都是自然的事理——我懂得这些事理与我年龄小可没有什么关系啊！"夫子再问："在世界上，你知道什么火没有烟？什么水没有鱼？什么山没有石？什么树没有枝？什么人没有妇？什么女没有夫？什么牛没有犊？什么马没有驹？什么是雄的却没有雌的？什么是雌的且有多余？什么是君子？什么是小人？什么是不足？什么是有余？什么是有城却没有人做买卖？什么是人却没有名字呢？"小儿答："萤火没有烟，井水没有鱼，土山没有石，枯树没有枝，仙人没有妇，玉女没有夫，土牛没有犊，木马没有驹，孤雌没有雄，贤为君子，愚为小人，冬日不足，夏日有余，皇城没有市，小人没有字呀！"……二人如此这般地诘辩了一番之后，夫子并没有明显地占据上风，不由得赞叹说："后生可畏！焉能求者之不如今也！"——"我现在懂得一个道理了，年轻人的前途不可限量啊，他们实在是了不起！他们值得我学习！我怎么可以随便断言说未来的他们不可能超过现在的我们呢？"

"三人行，必有我师焉""见贤思齐焉，见不贤而内自省也"——夫子毕竟是夫子，他走到哪就学到哪，他即使和小孩子交流一番，也会发现其中的学习影响并将其与自己已有的知识经验联系起来。

像夫子这样，主动积极地寻求、发现、接受学习影响，并把学习影响与自己已有的知识经验有意义地联系起来，并继续深入思考的意识，称为学习的学习意识。

学习意识的产生，源于你对学习的不满足及你力图满足它的学习心理渴望。这一心理渴望在学习心理学上称为学习需要。正因为你有了学习需要，所以你才有内部的学习驱动力，你才有主动寻求学习目标、发现并接受学习影响并使其经验化的思维活动；你才会把学习视为一件兴奋且畅快至极的事，甚至把它视为人生快乐之本。

学习意识的作用，在于它使你具有学习的敏感性和主动性，使你自觉地、积极地发现学习影响，而不是被动地、消极地接受学习影响，使你不但能发现显性的、高强度的学习影响，还能发现隐性的、极微弱的学习影响；学习意识还时刻使你能从众多的学习影响中把自己所需要的学习影响精细地分离出来并将其与你原有的知识经验紧密联系起来。总之，学习意识使你无时无刻不沉浸在学习的"海洋"里。

正是有学习意识的存在，你才时刻关注并思考着学习，你才具有学习兴趣、学习的辨别力和学习的敏感性，你才能把新接受到的学习影响与你原有的知识经验及时地联系起来；正是因为你能敏锐地把新接受到的学习影响与你原有的知识经验及时联系起来，所以你的这一学习的意义联结点就成了新的学习的探索点、或新的学习的生长点、或新的学习的"学习点"，你的学习就因此具体化了。

学习意识的上述心理特点，使学习活动时刻处于警醒的具体的学习兴趣状态和学习准备状态——你不但能敏锐地发现客观世界的学习刺激并敏捷地做出学习反应，而且能敏锐地自己给自己以学习刺激并敏锐地做出学习反应；你不但善于敏捷地把握转瞬即逝的学习反应和学习机会，而且善于敏锐地领悟、体悟包含在其中的隐性的学习意义和显性的学习意义。

司马迁说："盖西伯拘而演《周易》；仲尼厄而作《春秋》；屈原放逐，乃赋《离骚》；左丘失明，厥有《国语》；孙子膑脚，《兵法》修列；不韦迁蜀，世传《吕览》；韩非囚秦，《说难》《孤愤》。《诗》三百篇，大氐贤圣发愤之所为作也。"一个有学习意识的人，不管在什么情况下，他都会保持自觉的学习兴趣、警醒的学习意识，都可能主动地找到他的"学习点"并力图学有所得。

探索和实践

●反思你的学习意识——你是否主动寻找、接受学习影响，并积极发现其中的知识经验意义联系呢？学习意识中的思维活动往往是发散的，是如何发散的？举出三个实例来。

6.2 学习的自我意识

戊戌变法失败，谭嗣同知道自己必死，说："各国变法无不从流血而成，今日中国未闻有因变法而流血者，此国之所以不昌也。有之，请自嗣同始。"像谭嗣同一样，主动地把自己从环境中分离出来，认识到学习（革命）的主体是自己，学习（革命）的客体也是自己的意识，称为学习的自我意识。

学习的自我意识的作用，在于它能使我们有着学习的自我知觉，使我们始终保持着学习的自觉性、主动性、学习的热忱、学习的胆识和学习的创造性，同时使我们始终有着寻找学习点的直觉和学习的兴趣要求,有着学习的任务感、学习的责任感、学习的荣誉感和学习的紧迫感。

学习的自我意识是不断地发展的。在不同的学习阶段和不同的年龄阶段,应对对应着不同水平的学习的自我意识。学习的自我意识还有一个成熟的问题,比如到了高中,我们却像初中学生一样学习,到了大学,我们却像高中生一样学习,就是学习意识不成熟的表现。当然,学习的自我意识还有一个品质的问题,善于把握事物的本质、善于学以致用、善于反思总结,善于改进、改造自己的学习并改造自身的人格品质的人,其学习的自我意识品质是优良的,反之,则不够优良。

我们通常用自我暗示的形式,通过自律、自省、自励方法以提高学习的自我意识水平,促进其不断成熟并在此基础上不断改进、改造自己的学习。

显然,学习的自我意识也有良莠之分,许多同学学习的自我意识有待增强——他们虽能坐下来上课,但仅单纯地为了应对考试、或单纯地为了认识客观世界——这种不把自己当作学习的主体,尤其不把自己当作学习的客体的错误的自我意识,急需努力改变。

探索和实践

●学习自我意识在学习中应处于什么位置? 反思你的学习自我意识水平,设计一个改进它的方案。

6.3 学习的思想方法意识

我们无论做什么,都要在理论上和实践上同时解决"如何做"的问题。"'如何做'的问题"实质上就是思想方法问题。在学习活动中,始终把在理论上和实践上同时解决"如何做"的问题放在首位的意识,称为学习的思想方法意识。

对我们来说,学习的思想方法(以下有时称思想方法)意识通常表现在以下几方面:

第一,思想方法选择在前。学习活动开始,首先不是具体思考如何具体地逻辑地解决问题,而是选择应用什么思想方法在理论上和实践上都能具体地逻辑地解决问题。

第二,思想方法指导在前。一旦选择好了思想方法,就把它作为解决问题的指南,坚定不移地在它的指导下展开学习实践活动,坚决不在"黑暗"中摸索。

第三,思想方法创造在前。没有僵化的思想方法定势,不存在固定的思想方法模式,总是因地制宜、因时制宜地尽力尝试着创造出新的、适合客观实际的思想方法。

第四,思想方法的总结反思在前。在学习后的总结反思中,首先是思想方法的总结反思和思想方法总结反思后的再总结反思，努力在思想方法的总结反思中，获得思想方法的应用经验，在思想方法的应用经验的总结反思中，尽力将思想方法经验上升为思想方法理论。

第五，所有的知识概念，都要尽可能地转化为思想方法。显然，我们不但要有如何快速、有效学习的属于学习心理学方面的思想方法意识，而且要有学习、掌握学科课程中展现的和隐含的学科思想方法及如何将所有的知识概念，都要尽可能地转化为思想方法的哲学思辨意识。

许多同学不懂得"四两拨千斤"的道理，不理解学习的首要的目的就是掌握思想方法。他们总是懵懵懂懂地上课、做作业，懵懵懂懂地跟着老师的脊背，重复着盲人摸象的故事，学得又苦又累而效果又不好。他们这种只知埋头拉车、不知抬头看路的学习意识和学习方式，是值得商榷的。

所谓"学会学习"，本质上就是学会灵活掌握并灵活运用学习的思想方法——所谓"灵活掌握并灵活运用学习的思想方法"，本质上就是改造我们的学习——关于这一点，因本书辟有专题讨论，故不在此过早地絮叨。

探索和实践

●当大多数同学跟随着老师读单词 blackboard 时，你打开英语词典，一边跟随着老师读，一边发现 blackboard 是由 black（黑色的）和 board（板子）组成的，于是你瞬间认识了这个单词并瞬间认识了 blackbird（画眉鸟）、blackguad（流氓）、blacksmith（铁匠）等多个单词。你这时是如何变换学习的思想方法的？将你的学习的思想方法与同学们的学习的思想方法做一比较，你以为哪一种学习的思想方法显得更合适一些呢？

6.4 学习的美学意识

这是一个极复杂、极抽象，也极不易说明白的问题。

任何事物，都有物质和精神两种形态；任何形态，都有内容和形式两个层面；任何层面，都有混乱和和谐两种表现；任何表现，都有低端和高端两种选择。在学习活动中，那种把物质和精神、内容和形式和谐地统一起来并同时将二者推向高端的意识，就是学习的美学意识。

学习的美学意识的作用，在于它总是通过积极的价值判断、深刻的情感体验和热忱的情感激励，促使我们的学习不断地实现物质和精神、内容和形式、理想和现实之间的质量互变和辩证统一，促使我们在学习的质量互变中，在学习的辩证统一中，在学习的价值分析中，发现美、选择美、体验美、欣赏美、创造美、表现美并在美的再选择、再发现、再体验、再欣赏、再表现与再创造中，辨析美丑、辨别是非、辩证觉悟，使我们的行为和精神活动远离混乱、走向和谐，远离低端、走向高端——最终将学习的物质活动与学习的精神活动合二为一。学习的美学意识好比一面镜子，它时刻提醒我们高扬起崇高精神的旗帜，时刻映射出并"显现出自己是一个优秀的、完全合格的公民、诚实的劳动者、勤奋好学的思想家、不断探索的研究者、为自己的人格尊严深感自豪的人"，是一个责任重于泰山、信念坚如磐石，锲而不舍地展现崇高精神的伟大，坚持不懈地体验崇高精神的美感，百折不挠地促进崇高精神茁壮成长的人。

我们可以以"责任重于泰山"为题写两篇作文，一篇以学习的美学意识做引领，在作文中倾尽整个心灵的力量，真实地展现立意的精神的美感、谋篇的结构的美感、文采的语言的美感、书写的文字的美感……一篇则弃之不用，仅写"黑"了本子，应付交差了事。两相对比后，我们会发现，前一篇作文的人和所作的文，无疑比后一篇作文的人和所作的文要真实高尚得多、真诚真挚得多、神采飞扬得多、纯洁优美得多。我们还可用值日工作——擦洗黑板做对比。当我们视责任重于泰山，倾尽整个心灵的力量履行值日职责的时候，我们的劳动的勤奋与踏实程度，我们的责任心、荣誉感的激发与强烈程度，我们的自律意识和奉献精神的伟大与崇高程度，黑板经擦洗后表现的整洁与美观程度，势必要比我们在学习的美学意识淡薄的值日背景下展开的、应付式的擦洗黑板工作要高级许多许多倍！

事实上，学习的美学意识是一种直面理想的苍穹，在学习做学问的过程中学习如何做人、在学习做人的过程中学习如何展现并促进自己的精神——包括思想、人格、心灵、态度、情感并使它们日趋伟大而崇高的意识。在学习的美学意识指导下的学习，是一种不断地求真、求善、求美、求新、求变、求强以展现崇高精神的伟大，且又是一种不断地通过求真、求善、求美、求新、求变、求强以体验崇高精神美感的学习，故是一种高层次的崇高精神学习和崇高境界学习，或是一种高层次的崇高精神和崇高境界的学习、学习、再学习。对这种高层次的精神学习或境界学习及它们的学习、学习、再学习过程，我们只有在长期的学习美学意识熏陶的基础上、在反复的学习美学实践和感悟中，才能体会并领悟到。

学习的美学意识好比一条河——河流总是以飘逸劲动之姿，以永不停息的歌唱和一往无前的奔流，直到自己应该达到的宽度与广度之中。如果没有美学意识支持，学习就有如戈壁高原，就不得不长期向世界提供干涸、戈壁、死寂、荒凉、尘暴和无奈，就不得不在精神的低端和学习的低端徘徊。

在我国军人的内务条令中，长一点八米、宽一点五米的军被，是必须在3分钟内，折叠成长、宽各 0.5 米、高 0.17 米、误差不许超过 0.5 厘米、棱角必须分明的"豆腐块"的。有人问：被子即是被子，它不是刺刀和步枪，有必要这么严格要求吗？答复是：有必要。被子胡乱地堆在床上，那是土匪作风；被子折叠了，这是老百姓在打扫卫生；被子天天折叠成标准的"豆腐块"，那是军人在展现军人的伟大、在体验军人的美感。可见，形式上的"叠被子"，本质上却是军人的作风、觉悟、纪律和"一切行动听指挥"的崇高精神展现。

任何学习，都有一个学习的美学意识问题。有美学意识做支撑的学习，才有可能是有崇高精神展现的、有崇高精神美感体验的、促进崇高精神成长的学习。

学习的美学意识缺乏致使学业成绩和思想品德长期处于低端，是我们共有的、却没有引起重视的学习顽症。有的同学别说是"展现精神的伟大和崇高"，甚至连懂礼貌、守纪律、明是非、知羞耻、作业准确工整、不写错别字、不随手作图、不缺交作业、不讲脏话、考试不作弊、衣着整洁、仪表端正等基本学习道德要求也做不到——这是很可耻的事。

探索和实践

●下述审美活动中，你能体会到什么道理？（1）不把有一丝错误的作业交给老师。（2）深鞠一躬以示敬意。（3）"孔夫子不嫌字丑，只要笔笔有"。

6.5 学习的哲学意识

我们的所有的学习活动，都可以从哲学的角度观察、分析和理解。这种用哲学观念指导我们学习的意识，称为学习的哲学意识。

学习的哲学意识首先注意的，不是学习活动的具体内容，而是具体内容所反映的哲学命题及其蕴含的哲学意义；其次，学习的哲学意识强调从世界观与方法论角度，在更深的层面上，更抽象、更概括、更深刻地发现并解决更普遍的问题，而不仅是具体地解决具体的问题并由此获得具体的经验；第三，学习的哲学意识试图通过具体情况的具体分析，发现事物的特殊性；通过事物特殊性的分析，发现事物的普遍性；第四，学习的哲学意识表现在，我们无论学什么，都要努力将其上升为思想。

在学习活动中，我们的哲学意识往往表现为一种辩证的哲学思维方式和辩证的思想方法方式。辩证的哲学思维方式反映了我们在辩证唯物主义世界观的指导下，用系统的、发展的观点分析问题；而辩证的思想方法方式则反映了我们能用矛盾的观点，在事物相互联系的把握中，在事物对立统一的批判、分析中，发现并揭示事物的规律性并努力把复杂的问题变简单。

学习的内容之一，就是学习思想方法，包括学习哲学的思想方法。解决问题，往往在思想方法上解决问题，首先在哲学的思想方法上解决问题；总结经验，往往在思想方法上总结经验，首先在哲学思想上总结经验。

总之，用哲学的意识把握学习的全过程是真正的学习智慧。哲学意识好比放大镜和显微镜。在哲学意识指导下的学习，可以使我们用系统的、批判的、辩证的思维方式更准确地把握好客观事物的本质和细节，如果我们的学习能在哲学意识的指导下学习，我们对学习内容的认识势必深刻得多。

值得提醒大家的是：对学习内容的哲学意义探讨，往往是在学科问题的学科意义探讨之后。我们只有在准确把握学科问题的学科意义的基础上，才能进一步探讨学科问题的哲学意义，而决不是相反。

探索和实践

●阅读毛泽东的《实践论》和《矛盾论》，理解思考应是哲学的思考，思想应是哲学的思想这两个命题的正确性。

6.6 学习的学生意识

学习活动往往由先生和学生共同担当责任——先生是师长，是教育者，是传道、授业、解惑者；学生是弟子，是被教育者，是习道、受业、有惑者，二者各据不同的位置。在学习过程中，弟子恪守弟子的角色并在先生的指导下虚心地学习的角色意识，称学习的学生意识。

在学习活动中，学生恪守学习的学生意识，非常重要。因为学习活动是一项很特殊的人际交往活动。在这特殊的人际交往活动中，先生和学生之间通过人际接触，促进了人际认识；通过人际认识，实现了人际沟通；通过人际沟通，建立了人际情感；通过人际情感的融洽，达到教学相长的目的。这就是说：在教学活动中，先生有可能根据师生间人际交往水平的不同而选择不同的教学目标、教学内容和教学方法，而学生则因为先生的教学目标、教学内容和教学方法的不同，有着不同的学习效果。

当你恪守着学习的学生意识时，你对先生必将持谦恭有礼的态度——亲其师，信其道——你可能会谨记先生的教诲，好学上进，你与先生之间的人际交往必然会频繁些，你与先生之间的人际情感必然会深厚些，先生亦会因为你们之间有着深厚的人际情感、因为你有可能实现其教育理想而对你另眼相看乃至倾心相授——有时候，先生的一席话、甚至一句话，就把他的终生所学的全部精华都交付给你了。而当你缺乏学习的学生意识时，你在先生面前，就可能有轻视他的劳动、漠视他的自尊、无视他的教育理想，有时甚至有损害他的人格和自尊的言论或行为。你的这些态度、言论、行为无疑会阻碍你与先生之间人际交往的持续深入、人际情感的相悦相知及价值理念的相纳相同；你对先生人格和自尊的损害，还会使你们之间产生人际认知障碍和人际情感隔膜。师生间一旦产生了人际认知障碍和人际情感隔膜——先生一旦发现你是一个缺仁少义、刻薄寡恩、过河拆桥的自私自利的混蛋，一旦发现在你的身上，他根本不可能实现其教育理想时，他就不会将自己的终生所学倾囊地交付于你了，你至少是难以从他那儿获得他更多的有启发意义的指导了。总之，你一旦缺乏学习的学生意识，你的学习就势必因为缺乏先生指导而不得不反复在低端的学习"黑洞"里挣扎——记住：你的学习一旦陷入了低端的学习"黑洞"，你的未来充其量是一条淤泥里的泥鳅，而决不会是一条深渊里的潜龙。

坚持学习的学生意识的另一个方面的意义，是可以使你时刻保持虚心好学的学习态度，使你能利用一切时机，随时随地向一切可以学习的对象学习，你的学习就不会停留在单一的学校里和单纯的课本上——这样，普天下的人都是你的老师，普天下的事物都是你的学习对象，普天下的空间都是你的教室，普天下的时间都是你学习的时间……你走到哪儿，就可以学到哪儿，你活到老，就可以学到老——你就能学习到更多的东西。

确立学生意识，把全世界值得学习的人都当作教育学意义上的师长，像尊敬父兄一样地尊敬他们——尊重他们的劳动，感恩他们的奉献，敬畏他们的权威，及至实现他们的教育理想，你就有可能得到他们更多的学习指导，你也就有可能遇到许多位使你终生受益无穷，甚至能改变你人生的恩师。

探索和实践

●尊重老师的关键在哪里？如何才是真正、有效地尊重老师的表现？你是否有一位能使你终身难忘的恩师呢？

6.7 学习的自学意识

这里的自学意识，指的是我们无须老师当面督导，也能自觉主动地学习的意识。

从广义的角度看，知识经验往往是客观的。客观的知识经验要转化为主观的认知结构，必须经过一个由客观到主观的质变过程。显然，这一过程是我们通过自学的方式完成的。如果我们不自学、不发挥主观能动性，客观的知识经验绝不可能自发地转化为我们的主观的认知结构——客观的知识经验若不能转化为我们的主观的认知结构，我们就等于没有学习。

从狭义的角度来看，我们的学习所获来自两部分，一部分来自以老师为主导的课堂学习，另一部分来自以自己为主体的课堂内及课堂外自学。在部分同学的印象里，似乎只有课本外、课堂外的学习才是自学，课本内、课堂内的学习是不称为自学的，这其实是一种误解。课本内、课本外，课堂内、课堂外都同时并存着自学和不自学的形式。例如课前的课本预习、课后的小结、复习、作业、参考书学习等都属于自学的范围。即使在课堂上，有老师当面督导，大部分时间仍是自学的时间。

我们若是算一笔学习时间账，会发现课堂的三分之一、课余的100%，都是自学的时间；我们若是探究一下知识的认知过程、能力的发展过程，方法、思想的掌握过程和学习的成熟过程，大部分过程都是自学的过程；我们若是检讨一下浪费，会发现大多数浪费是不能抓紧时间自学所导致的时间与精力的浪费；我们若是反省一下学习的失败，大都是缺乏自学意识，不能坚持自学的失败。

值得强调的是，现在的考试已不是早些年的考试了。早些年的考试内容，是完全源于课本并基本囿于课本的，这也就是说，在早些年里，我们只要读"烂"了课本并在"题海"里遨游了一圈，我们就能考得好成绩了。现在的重要考试，是源于课本但完全不囿于课本的，我们即使读"烂"了课本、即使在"题海"里遨游了好几十圈，我们也不一定能考得好成绩。这是因为现在的考试强调检测考试者的临场自学能力——强调检测考试者能不能在扎实的基本概念、基础知识、基本技能、基本的思想方法的基础上，在系统地整合已有能力及全面掌握材料的前提下，通过考场自学——即兴发挥、急用先学地并现场地、准确地、快速地、创造性地、有美感地发现问题和解答问题。如果我们缺乏学习的自学意识、缺少持续的自学锻炼、没有临场自学能力，而又想能应对好国家的重要考试，包括能应对好现在的高考且取得好的成绩，说得刻薄了些——这样的想法无异于异想天开。

没有任何一个科学家、工程师、医生、画家、作家、能工巧匠，不是通过刻苦自学成才的。我们应该牢记，确立学习的自学意识、养成认真自学的良好习惯、坚持刻苦自学，是学习成功的关键。

探索和实践

●学习需要自学、自学需要自律，你理解二者之间的关系吗？

●从今以后，坚持自学并在自学中学会自学。

6.8 学习的概念意识

学习的主要心理过程是逻辑思维。逻辑思维既以概念为依据、又以概念为依归。也就是说，逻辑思维是概念的思维——如果没有掌握概念，或掌握的概念不精准，逻辑思维将寸步难行。

学习的概念意识能使我们迅速地进入学习的角色，不擦学习的"肥皂"。这是因为我们一旦扣紧概念学习，就可以及时进入学习的逻辑思维过程，而学习一旦进入了逻辑思维过程，新认知的概念就可以迅速被已认知的旧概念意义同化，已认知的旧概念也在新概念意义同化的同时，被赋予新的概念意义。

学习的诀窍之一，就是回归概念。因此，每当遇到学习障碍，我们就应该迅速回归到概念上去，甚至回归到原始定义上去，从重新认知并反思旧概念，甚至从重新认知并反思原始定义开始，再次认知新概念——这就像古希腊神话中的大力士安泰，每当他需要力量，他的双脚就会落到大地上，他的大地母亲就会给予他无穷的力量一样——实践证明：学习一旦遇到困难，只要回归到概念上，大多数困难问题都有可能迎刃而解。

任何学科，都存在一个严密的概念体系。在该概念体系中，每个概念都占有一定的逻辑位置且每个概念的逻辑位置都是相互联系着的；每个概念本身及每个概念的逻辑位置都有其独立意义暨整体意义——就像一张网，网上的每个"目"都有其"目"的独立的意义，又有其"网"的整体意义一样。

实事求是地说，我们的"新课程"的最大失误，就是缺乏严密的学科概念系统，它们就像一本科普读物——这不能不说是相关的教学大纲的制定者、相关的教材的编写者、相关的教材的审查者的失职。

教学的目的是发展智力还是发展能力，一直是教育界争论不休的问题。持智力发展论者说，教学的目的是发展智力，因此对知识（概念）的学习持绝对肯定的态度。而持能力发展论者则认为，教学的目的是发展能力，因此对知识（概念）的学习持相对否定的态度。我认为，在学校学习中，知识（概念）学习和能力发展都是重要的，但知识（概念）学习相对于能力发展应该更重要些。因为能力本质上是知识的一种个性化存在形态，人一定是先有知识（概念）的掌握、后才有能力素养的发展的。忽视具体的知识（概念）的掌握、片面追求抽象的"能力发展"的学习，等于没有鸡，但期望先有蛋。

注意：凡是系统地掌握系统的学科概念的学习，都肯定是脚踏实地的学科学习。凡是不能系统地掌握系统的学科概念的学习，都肯定不是脚踏实地的学科学习；我们在学习的时候，一旦遇到课本中的概念模糊或概念交叉的情形，都要主动地通过自学加以补充、明晰和完善。从这两点出发，我们对那些多于牛毛的、欺世盗名的、未经实践检验是正确的"教学改革"，都应持辩证的、客观的态度。

通过概念把握问题、通过数学把握问题、通过实验（试验）把握问题、通过具体事例把握问题，是把握问题的四个方向，而"通过概念把握问题"是把握问题的根本。

探索和实践

●把书读"烂"是什么意思？有人说，学习无须掌握概念，只需知道些大概就可以了，你以为如何？

6.9 学习的问题意识

学习活动千头万绪，归根结底是两个字"问题"——发现问题、分析问题、解决问题、反思问题，发现问题中的本质问题、分析问题中的本质问题、解决问题中的本质问题、反思问题中的本质问题，发现、分析、解决、反思本质问题中的更本质的问题。可见问题既是思维的始端，又是思维的终端，既是学习的始端，又是学习的终端——我们的学习即是关于问题的学习，我们学习时应有强烈的问题意识。

问题是什么？从哲学上看，问题是因实事而求是，即事物的现象和事物的本质之间的联系还没有被充分揭示。发现"实事"——发现问题，分析"实事"——分析问题，因实事而且"求是"——解决问题，实事求是后再实事求是——解决问题后再反思问题再解决问题。因为任何"实事"都是运动着、彼此联系着甚至是隐蔽着的，所以要努力探究才可能发现它；因为任何"实事"的外部特征和内部本质注定是有着必然的联系的，所以要深入分析它且只有深入地分析它才可能准确地把握它；因为任何具体问题都只能是具体情况具体解决的，所以任何具体问题都要具体分析它；因为任何具体问题的具体解决都是能总结经验的，所以要不厌其烦地、从本至末地反思、反思、再反思它；因为任何经验的反思都能发现新的实事，所以要继续不厌其烦地、从里到外地"求是""求是"、再"求是"它。

学习的问题意识使我们的学习心理活动时刻处于独立思考的、主动实践的、追求创新的、发现本质的敏锐状态。学习的问题意识启发我们对即使不是"问题"的问题，也可以将其转化成"问题"的问题来学习。而学习内容中的不是"问题"的问题一旦转化为"问题"或转化为"问题"的问题，我们就找到了深入学习的"根据地"、或找到了学有所得的"疑点"或说"学习点"；我们的学习一旦找到了学习的"根据地"，即找到了学有所得的"疑点"或"学习点"，我们的学习就可能找到了"学习力"。

在批判性思维的基础上，批判性地提出批判性的问题，是提高学习水平的秘诀之一。

探索和实践

●如何理解学习往往是以问题探究——以发现、分析、解决、反思问题中的问题为主线展开的？举个例子说明它。

6.10 学习的时间意识

在学习过程中，时间既是学习资源，又是学习成本，我们必须很好地管理它。为此，我们应有学习的时间意识。学习的时间意识有以下表现：

一是惜时——一早起来，就按作息制度作息，不睡懒觉，第一天晚上就是学习得再晚，第二天早上也必须准时起床；及时做好学习准备，努力把上一个学习环节的终点看作是第二个学习环节的起点，无论在心理上、物质上、学习内容上都相互衔接起来；行为准确、有节奏、尽量不重复。二是守时——学习有计划，每一时间段，有每一时间段内必须完成的学习任务，不延误、不拖沓，准时开始学习活动、准时完成学习任务、准时结束学习活动。三是挤时——养成挤时的习惯，即使是按作息制度作息，在规定的学习时间段内完成了学习任务，也应本着最大限度节约时间的原则，挤出时间或用来完成其他学习任务或用来休息。四是限时——无论学习什么，时间用量都是重要的学习指标，不但规定自己必须完成某学习任务，而且规定自己在规定的时间内完成规定的某学习任务。五是争时或抢时——凡事领先一步，学习总是走在老师和班级的前面：当大家正在学高一的内容时，你就在学习高三的内容了；当大家还在做课前准备时，你的正式的上课学习活动就开始了；当大家正进入上课学习活动时，你却开始课堂小结或课堂复习了。六是杜绝任何时间的浪费——你千万不要以为：我的钥匙、钢笔掉了，这仅是金钱的浪费，其实，这也是学习时间的浪费！因为为了找钥匙、配钥匙，找钢笔、买钢笔，都得花时间——从广义上说，任何时间，都是学习时间，任何时间的浪费，都是学习的浪费。

必须指出的是，不管是惜时、守时、挤时，还是限时、争时、抢时或杜绝任何学习时间的浪费，都比不上有准备的、精准的、有计划的、超前的、忘我的、高效率且是高质量的高端学习——有准备的、精准的、有计划的、超前的、忘我的、高效率且是高质量的高端学习，才是一日千里同时又是惜时如金的学习的时间意识表现。

夫子在川上曰："逝者如斯乎！不舍昼夜。"夫子的话说得多好啊！人的生命就像在时间的大河中挟裹着的一滴水，时间在不断地流失，这滴水在不断地流淌，生命则在不断地流逝——把学习的时间意识看作是人的生命意识，一点也不为过。

探索和实践

●分析一道数学题的解答过程，分析你的时间浪费的原因。时间是一种学习成本，你如何理解这一观点？

6.11 学习的选择意识

学习的选择意识，指的是在学习活动中，始终主动地将有限的学习心理和学习行为集中并稳定在有限的、最有意义的学习对象上，力图精准地把握它们并因此获得最优的学习效果的意识。

学习的选择意识的作用，在于它能使我们的学习心理和学习行为具有选择性，从而使我们的学习是在个性意识倾向性控制下展开的、力图获得最优的学习效果的学习。以英语听、说学习为例，当老师要我们听"The old man stopped；his eyes，turned up word，had a bright，suffering look." 的时候，我们的全部注意力就要集中并指向在老师的口头表述上（这反映了注意的选择性）；我们不但要把每个音节从单词的语音中选择出来，而且要把每个单词和语法、语调从句子中选择出来（这反映了听知觉的选择性）；我们不但要一边听、一边记（这反映了记忆的选择性），而且要一边听、一边理解、一边反思其独特的语言表达方式并以此作为今后学习英语听、说、读、写的借鉴（这反映了经验反思的选择性）；当老师要我们模仿着说 "The Apple-tree, the singing and the gold." 的时候，我们就要选择准确的气息，选择准确的喉、颚、齿、舌、唇位置，选择准确的韵律和节奏，准确地将它们彼此配合起来，从而准确地把这句话说明白（这反映了行为方式的选择性）。

从学习心理学的角度看，上述学习的选择意识仅是我们系统的复杂的学习选择意识中的一小部分。我们的大部分的学习的选择意识表现在学习时必需的个性意识倾向选择和学习的个性心理特征选择上。学习的个性意识倾向选择，包括学习的需要、动机、兴趣选择和理想、想念、世界观倾向的选择；学习的个性心理特征的选择包括学习的能力、气质和性格发展的选择。与学习时必需的心理过程的选择意识和学习的行为方式的选择意识相比较，前者较后者要基本得多、重要得多。如学习的精神、作风、态度、习惯、价值观的选择意识就比学习的注意、知觉、记忆、行为、技能活动的选择意识要基本得多、重要得多。我们仍然以英语听、说学习为例。当老师要我们模仿着说 "The Appie-tree, the singing and the gold." 的时候，我们首先要选择认真负责的学习态度倾向予以应对。如果我们缺乏认真负责的态度倾向选择，我们是不可能有展开想象、激发思维等正确的学习心理过程选择和动口动手等正确的学习行为方式选择的。

学习的选择意识无时无刻都在使我们的学习心理和学习行为处在正确的学习意识倾向控制下，处在能动的"意识倾向（选择）—刺激（选择）—反应（选择）—经验总结（选择）"的链条上；没有选择意识，就没有准确的心理和行为活动——所谓认真地、用心地学习，其实质就是在正确的学习选择意识指导下展开的，在选择高尚地做人的过程中选择精细地做事，在选择精细地做事的过程中选择精湛地做学问的准确的学习。

然而，我们中有许多同学不是这样。因为学习的选择意识缺乏，他们的学习心理和学习行为活动就像胶体粒子一样散漫地做混乱且无序的"布朗运动"——老师指到哪里，就学到哪里；学到哪里，就算到了哪里；只要具体的学习任务大致完成了，具体的学习要求大致达到了，就以为万事大吉、高枕无忧了。至于如何在学习的选择意识的指导下主动开展自己准确而有效的学习心理和学习行为活动，至于如何在努力学做学问的过程中学习做人和做事并获得最准确的、最优秀的、最具美感的学习效果是不加选择的——这是他们亟待纠正的不良的学习意识方式。

让我们立起身来，举目四望吧：在遥远的天际，是一大片茂密的森林。在森林与苍穹相交的弧线的下方，一条越来越宽的大河逶迤曲折地奔流到我们的面前；而紧贴着散发着氤氲的雾气的河面，一群白鹭在翩然地飞翔……河谷里，有人在伤感地歌唱，他唱的是《信天游》；河岸上的柳树下，有人陷入了沉思，他是一位有着淡淡的忧郁、却又热情浪漫的诗人；河边的麦田里，农学家在用野麦和家麦杂交，他志在培育一种抗病且高产的小麦新品种……毫无疑问，森林、河水、白鹭是大自然选择的结果；这森林、这河水、这白鹭、这诗人、这农学家、这歌、这忧愁、这品种，分别是我们、诗人、农学家在选择意识指导下的主动选择的结果——人类社会生活中的万事万物，有哪一样不是人类在选择意识指导下主动选择的结果呢？没有选择意识，曹雪芹能写出《红楼梦》吗？没有选择意识，梅特纳和弗里什能发现核裂变吗？没有选择意识，火箭怎么能穿越太空，将人类送上月球呢？……啊哈！选择意识指导下的选择是如此之多，无怪乎我们的学习乃至我们的人本身，无时无刻不得不面临着选择；无怪乎我们的学习乃至我们的人本身，无时无刻不得不沉浸在选择的空气里了！

自我实现和自我超越过程，事实上就是不断的自我选择过程。选择精神与价值、选择伟大与崇高、选择目标与追求、选择崇拜与景慕、选择热爱和热恋，及至选择取舍、详略、重点和关键。

学习的选择意识还是一个内容深刻且宽泛的问题，需要我们潜心体会，才可能逐步领悟到它。

探索和实践

●尝试着在学习的选择意识指导下学习外语，从中发现自己的听力是如何提高的。

6.12 学习的应试意识

我们的学力能力和学识水平，是必须通过社会学习评价即通过法定的考试检测的。如果事实上我们的学力和学识水平确实很高，但我们在法定的考试中却不能发挥出来，我们再高的学力和学识水平仍然无法得到社会的认可。所以，我们必须增强学习的应试意识，培养自己在法定的考试中有表现学识水平和学力水平能力的能力。如何增强学习的应试意识呢？

第一，我们要善于将学习的情景应试化。不管在什么情况下，我们都要有目的地把学习的情景创设成考试的情景，即不但要求自己有强烈的学习责任心和学习期望值，而且要求自己能准确、快速、整洁、美观地完成学习任务。如做作业，就要像考试一样做作业；如写作文，就要像考试一样写作文；如听英语，就要像考试一样听英语；我们要彻底杜绝马虎、随便、应付、拖拉等不良的学习习惯。

第二，我们要培养自己的考题敏感性。考题的命定和考题的组卷，有其各自的规律性。这一规律性就表现在：命题者往往利用难度中等的试题检测我们的学识水平，往往利用难度上等的试题检测我们的学力水平，且往往在学科的知识、概念、技能、能力、素养的交会处命题。因此，在平时的学习活动中，每当我们遇到经典的、综合的、细节的、交会的、有创意的问题——这些问题初看起来似乎能顺利地作答，但具体着手作答起来又有困难时，我们就要机敏地意识到：这就是一道"考题"了！对这些"考题"，我们不但要反复地揣摩它们——揣摩它们的解答方法、命题思路和各种变式，而且要牢固地识记住它们的内容及解答它们的思想方法，把它们归纳、整理、分类收集在习题集中（如果我们在平时做好了这一工作，我们就有可能猜中百分之八十以上的考题）。

第三，我们要有针对性地进行考试心理、考试行为和考试策略锻炼，克服偶然因素对考试成绩的影响，培养自己有展现考试能力的能力。影响考试成绩的偶然因素有很多方面，如心理素质差、行为不规范、见识少。心理素质差往往表现在考试动机过强、考试情感浮躁、知识细节记忆模糊、概念本质理解不清、考试感知不细致、考试思维不细密；考试行为不规范表现在学科技能不熟练、学科言语或符号表达不细心、考试时行为活动的方向及限度与心理活动的方向及限度不一致；见识少表现在我们对试题的命题思路、检测目的、试题语言与图表的表达方式，对试题解答的思想方法或是从来没有见识过、或是从来没有听说过、或是从来没有动手解答过，总之是一头雾水，没有任何经验可借鉴。要克服上述因素对考试的影响，需要我们在平时有意识地培养良好的学习品质和学习习惯，适当拓宽学习范围，努力多见多闻；更为重要的是，需要我们的学习是有人文精神支持的有德的且是高端的学习，即需要我们具有正确的学习价值观念、端正的学习态度——关于这些，我在后面的章节里会专门谈到。

第四，所有重要考试所考试的，都是高端的基础，所以视野宽阔、见识广博、基础扎实、善于变通，将学习的触角深入到较眼前更高一级的学习层次、深入到最新的科技发展、深入到实际的社会生活之中，不做好高骛远、眼高手低、虚有其表的"划胡子"，很是重要。

第五，培养严谨的学习态度，养成动笔就准确的学习习惯，任何时候的学习都必须到"点"、到位、到"家"，如何时候都一丝不苟，任何时候都不马虎。

总之，我们不但要学会学习，而且要学会考试。许多平时成绩优秀的同学之所以在考试中败北，缺乏应试意识的培养，没有学会考试，没有在激烈竞争中展现学力能力和学识水平的能力，可能是其中重要的原因。但是，我们也要知道，我们的学习，是现代学习，现代学习是面向世界最先进的生产力发展水平的学习，且学习是全方位的事，学习并不是单纯地为了应对考试的，我们的学习切不可以陷入"唯考试论"学习的泥潭。我们固然应有应试意识，但我们的应试意识应是在崇高精神和现代学习思想主导下的应试意识，否则，我们的学习就和传统学习毫无二致。

法定的社会学习评价制度即法定的考试制度，是一万年后都不可能消除的社会学习评价制度。坚持现代学习与在法定的考试中争取取得优秀的考试成绩完全可以并行不悖。由于现代学习是在立志报国的前提下、与当代最先进的生产力发展水平密切联系的崇高精神引领型学习，传统学习则仅是为了个人完善的、唯利是图的应试驱动型学习，二者虽然都期望取得优秀的社会学习评价成绩，但由于学习需要不同、学习动机不同、学习期望不同，应试意识也就有着本质的区别。

其实，我们时时都在"应试"——有事要穿越马路，要过斑马线还是不过？一棵树被风刮倒了，扶还是不扶？有人遇到危难，帮还是不帮呢？正确的"应试"心理和行为是：过斑马线、扶起树并捆扎好、帮忙……由此可见，应试意识还是一种自律意识或规则意识，它可以落实"慎独"，使人少犯错误。

探索和实践

●把你认为有可能是考题的问题，整理、收集在考题本上；尝试着把所有的作业情景都创设成考试情景。

6.13 学习的高端意识

秦末的项羽，曾学问于他的叔父项梁。项梁先授项羽以武艺，项羽认为这是"一人敌"，不足学，他要学的是"万人敌"——项梁遂授项羽以军事。由此可见，和世界上的万事万物一样，学习——无论是学习的意识、学习的内容、还是学习的思想和学习的方法，都有一个质和量的层次区别问题。质和量都属高层次的学习，称为高端的学习；质和量都属低层次的学习，称为低端的学习。

毫无疑问，我们必须将自己的学习定位在高端的层次上，我们必须有学习的高端意识。而在学习的高端意识主导下的高端的学习，可以用一句话概括其特点，这句话就是："源于高端、止于至善"。

所谓"源自高端"，指的是我们无论学什么，都要高要求，都要回归到学习的"制高点"（高层次）上。这些学习的"制高点"包括：第一，我们要用崇高精神学习观指导我们的学习，进入忘我的审美境界，在我们的大脑皮层上，有且仅有一个兴奋中心，这个兴奋中心就是一边学习，一边履践，展现崇高精神，一边体验崇高精神的美感；我们不但是极端认真、极端负责的学习者，而且是极端好学者和极端乐学者。第二，在学习过程中，我们要尽量用批判的辩证思维方式把握客观世界和主观世界，"不唯书、不唯上、只为实"，努力使自己视野开阔、见识广博、见解深刻，力图有所发现和创新。第三，我们要尽可能地采取实践的、动手的、探究的、合作的、信息的、发现的、开放的方式学习，我们一方面要努力促进实事求是精神和团队协作精神的成长，一方面要努力促进彼此间的思想的交换和智慧的放大。第四，我们所有的学习，都要实现五个"回归"——我们的任何学习实践，最终都要"回归"到理论上；我们的任何理论，最终都要"回归"到实践上；我们任何的知识概念，最终都要"回归"到技能或技术上；我们任何的技能或技术，最终都要"回归"到熟练的动手操作上；我们的任何理论、实践、技能技术、动手操作等学习过程都要回归到崇高精神上。

所谓"止于至善"，一是指我们的学习必须精益求精，即有着尽可能扎实的知识和技能基础，有着尽可能高的理论起点，有着尽可能高的崇高精神含量、尽可能高的学习难度、尽可能高的学习速度、尽可能高的学习质量、尽可能高的学习效率和尽可能深刻的学习反思；二是指我们的学习必须是精准的、意义的、基础的、识记的、不断改变思维方式的、重在把握思想方法的和学用结合、知行结合的学习；三是指在学习过程中，我们一方面要努力促进知识概念的系统化，使系统化的知识概念转化为系统化的经验和技能，使系统化了的经验和技能转化为系统化的思想和方法；四是指我们的学业成绩排名，至少要有二至三科始终名列班级前茅（这一点最重要），如果我们的学业成绩一直处于班级的中、下游水平，我们就没有任何自尊说自己的学习是高端的。

荀子说：他即使踮起脚尖张望，也不及山顶上的人视野广阔；他站在高山上招手，即使是很远的人都能清晰地看见；他若是顺风呼喊，即使声音不大，对方也会听得清楚……荀子又说：环境不同，结果不同。纤弱的蓬草长在麻地里，无须护持，也能挺直脊梁；洁白的砂石若是混淆在乌泥里，就沁染成了黑色；原本是馥郁的艾草，一旦淹渍在臭水里，就失去了原有的芬芳……在学习的高端意识主导下的"源于高端、止于至善"的高端的学习，好比在高山上招手、顺着风呼喊，较之于像混淆在乌泥里的砂石和淹渍在臭水里的艾草一样，在学习的低端意识主导下的"源于低端、止于初级"的低端的学习，前者的学习质量、学习效率和学习水平，不知要高出后者多少倍！

"源于高端、止于至善"的高端学习意识，是高效学习的法宝。许多同学学习很努力，但学习成绩并不好。他们学习成绩不好的主要原因，在于他们缺乏学习的高端意识，没有把握好"源于高端、至于至善"的这一学习法宝。因为他们没有把握好"源于高端、止于至善"这一学习法宝，所以他们学习的精神含量很低、学习目标很低、学习效率也很低；因为他们学习的精神含量很低、学习的目标很低、学习的效率很低，所以他们的学业水平就不得不始终在低端的、初级的、原始的层次上徘徊，他们也就不得不在检测应试者已有的学习水平是否高端，及应试者是否能胜任高端学习的考试竞争中败北。

探索和实践

●对高考作文《踮起脚尖》，三个同学有不同的立意。甲同学的是，"踮起脚尖"是一种行为状态。人之所以要"踮起脚尖"，为的是不烦扰他人；人若不烦扰他人，就不会招惹灾祸；为不招惹灾祸，故做人、做事都要小心翼翼地"踮起脚尖"，甚至要小心翼翼地"夹着尾巴"。乙同学的是，"踮起脚尖"的行为后面，是人的谨慎心理及人对不"踮起脚尖"可能导致的失败的估计——"小心驶得万年船"，我们要建功立业，就要"摸着石头过河"，时刻"踮起脚尖"。丙同学的是，荀子说过，他即使"踮起脚尖"张望，也不及山顶上的人视野广阔；他站在高山上招手，很远的人都能清晰地看见；他若是顺风呼喊，就是声音不大，对方也会听得清楚……这说明我们在做人、做事、做学问时，既要充分发挥主观能动性，又要创造性地利用客观条件。比较三位同学的立意，哪位同学的立意要更高端一些呢？你从中有些什么体会？

6.14 学习的创新意识

一颗种子，如果它不创新，它会长成一棵大树吗？一棵大树，如果它不创新，它会繁衍成一片大森林吗？一片大森林，如果它不创新，它能躲过无数的地球浩劫、成千上万年生生不息，它的后代会播撒在天涯海角吗？肯定不会。可见要发展，就要有创新；有创新，才会有发展——学习是一个典型的使学习者自身求得尽快发展的过程，所以学习者必须要有学习的创新意识。

由于学习既是学习活动、心理活动，又是生理活动、社会活动，所以学习的创新意识可以从管理的、心理的、生理的、社会的等方面入手分析。

从管理学层面看，学习的创新意识表现在学习内容、学习过程、学习过程组织和学习评价不断地与时俱进上，即紧跟当代最先进的生产力发展实际，果断舍弃旧的、过时的学习内容和学习方法；从心理学层面看，学习的创新意识表现在努力获得新的思想方法、领会新的知识概念、认知新的技能技术、形成新的自我意识和新的思维方式；从生理学层面看，学习的创新意识表现在努力建立起新的条件反射联系或努力使业已形成的条件反射系统更加稳固、更加精确化；从社会学层面看，学习的创新意识表现在强烈渴望学习内容能经世致用，对学习目的、学习内容选择有着强烈的生产力敏感性和时代辨别力。

重要的是，如何才能够具有上述管理学的、心理学的、生理学的、社会学的相关发现、相关转化和相关飞跃的学习创新意识呢？我想，要有实现上述相关发现、相关转化和相关飞跃的学习创新意识，关键在于以下几个要点：一是要有不断认识自己且不断改造自己的自我评判精神，坚持不懈地追求真理和真知，持之以恒地努力读书学习，永远不故步自封；二是坚持解放思想、实事求是的科学态度，使自己始终处于不断的自我改造与自我更新中，始终处于持续的科学发展中，永远不因循守旧；三是坚持理论联系实际，努力在知行结合、学用结合中，促进学习的迁移转化、改进改造、融会贯通、丰富发展，永远不纸上谈兵；四是善于兼容并包、融会贯通——从无序中发现有序，在矛盾中发现对立，在混淆中发现规律，在兼容并包中融会贯通——总之是要千方百计、挖空心思地使自己的学习不断地发生"革命"——在理论指导下发生实践的"革命"，在实践的基础上，发生理论的"革命"，在"革命"的基础上，发生"革命"的"革命"，进而不断地除旧布新、革故鼎新、吐故纳新。

学习的创新意识缺乏，是我们普遍存在的学习缺陷，我们要正视它。鉴于后面第二十三章会专题研究创造力学习问题，是故，学习的创新意识的话题就暂时讨论到这里。

探索和实践

●紧密联系自身实际，试着制订一个具体的学习创新自我要求。你如何理解"要有不断认识自己且不断改造自己的自我评判精神，坚持不懈地追求真理和真知，持之以恒地努力读书学习，永远不故步自封"这句话？

6.15 学习的数理—逻辑意识

因为任何事物都在运动、变化着，任何运动、变化着的事物都在彼此联系着——或是量和质的联系、或是原因和结果的联系、或是空间和时间的联系、或是内容和形式的联系——所以任何事物的任何问题，本质上都应该是且必然是数学的问题或是辩证逻辑的问题，简称数理—逻辑（本概念与纯数学意义的数理逻辑概念有不同）问题。

用数理—逻辑的思想方法，数学地、辩证逻辑地认识客观事物的学习意识，叫作数理—逻辑意识。

从数理—逻辑意识角度看来，在具体试验（实验）中得到的实据和在实地观测中得到的实例或实据、实例经数理统计学处理得到的实证，及以实据、实例、实证为逻辑基础的且业已被实践证明完全是正确的知识、概念、思想、理念，是进一步认识世界与改造世界的起点。数理—逻辑意识虽然赞同大胆的想象和积极的猜测，但是它断然否定——任何缺乏实据、实例、实证支持的想象、直觉、猜测及由不完全的归纳判断得到的结论，均不能作为真理的先导。

但数理—逻辑意识从不将认识停留在具体的实据、实例、实证上，而是首先将实证抽象、概括为数学模型，然后用数学模型作为工具，从更高的层次上以解决更复杂的实际问题。比如隐形战机的外形设计、坦克火控系统的目标和弹道解析设计、巡航导弹发射与制导设计，都是一系列数学模型的集大成者。可以说，任何一项关键技术，最大的瓶颈往往都在如何将实例、实据整理成实证，及如何在实证的基础上建立起抽象的数学模型。

数理—逻辑意识强调：这种以实据、实例、实证为逻辑基础的、以数学模型为工具以解决实际问题的数理—逻辑的思想方法，才是认识世界与改造世界的科学方法。不但是与数学紧密联系的工程、技术、物理、化学学习要用到数理—逻辑的思想方法，其他所有的学科学习，包括语文、外语、历史、地理乃至音乐、体育的学习，也要用到数理—逻辑的思想方法，如写作文时拟写提纲、写剧本时写场次、作曲的和声和旋律就是数理—逻辑思想方法在写作、舞台、音乐创作中的具体应用。

数理—逻辑意识指出：任何学科、尤其是自然科学，都有一个数理—逻辑概念系统，这一数理—逻辑概念系统，构成了该学科的学习主线。紧扣该主线的学习，才可以说是脚踏实地的学科学习。说得学术化一点——学物理是学数理—逻辑，学化学是学数理—逻辑，学建筑、学桥梁、学机械等无一不是学数理—逻辑；说得矫枉过正一点——学物理是学数学，学化学是学数学，学航天、学材料、学建筑、学桥梁、学机械等学科无一不是学数学。

我们已经知道，任何学习，都包括两个内容，一是学科学习，包括学科知识、学科概念的学习，二是促进自身的发展的学习，包括心理品质，尤其是智力品质、学习品质的锻炼，崇高精神履践、体验展现与成长——唯有坚持在数理—逻辑意识指导下的数理—逻辑学习，才能做到这一点。

公元前三世纪，古希腊数学家欧几里德就写出了《几何原本》十三卷。《几何原本》在一定程度上奠定了西方的数理—逻辑意识基础和数理—逻辑思想基础——并在此两个基础上形成了西方的重视实验探索、重视实据、实例与实证发现、重视数据、重视数据数理分析和数据数理分析创新的数理—逻辑传统和数理—逻辑思维方式。正因为这一原因，西方国家产生了远比中国为多的数理科学家并取得了远比中国为多的数理科学成就。

这是一个值得我们深刻自我反思并引起我们深刻自我批判的问题。

轻视实证和实例的发现，轻视数据、数理的把握和数据、数理的数学与辩证逻辑分析，满足于固有的形左实右、似是而非的模糊判断和哗众取宠的不完全归纳及朦胧的、若有若无的水墨画抽象，贬低现实的、写实的素描般具体，一直是中国传统思维方式的硬伤，也是传统学习的硬伤。正是由于这一硬伤，当科技发展由经验积累折向理论创新，当科研对象由宏观折向微观，当生产力对劳动者的要求由体力折向智力的时候，中国便落后了，工业革命选择在数理—逻辑基础扎实的西方产生而不选择在数理—逻辑意识薄弱的古代中国产生，自然就是一件很自然的事了。

现代学习认为，数理—逻辑意识和建立在数理—逻辑意识基础上的数理—逻辑思想尤其是批判性的数理—逻辑思想并以此不断改造学习，才是真正的智慧。极具批判性的数理—逻辑意识、批判性的数理—逻辑思维方式和批判性的数理—逻辑思想，是西方民族真正的思想优势。从这一点出发，学科的数理—逻辑主线才是学科真正的内容主线，坚持在批判的数理—逻辑思想指导下，紧扣学科的数理—逻辑主线的、批判性的学科数理—逻辑学习，才是扎实的学科学习。

又及，毛泽东说："总之注意科学，只有科学是真学问，将来用处无穷。"——把西方民族真正的思想优势学到手，加上我们对国家的铁血忠诚，我们就会力量无穷。

探索和实践

●试着用数理—逻辑思想做指导，在古代中国的任意一部人文典籍中任选一部作为对象，将其与古希腊欧几里德的《几何原本》的思想价值做一比较，体会提高数理—逻辑素养的重要性。试着分析西方现代学习的历史，体会数理—逻辑思想在现代学习中的意义。

第七章　熟悉学习策略

7.1 过度学习策略

亢龙有悔、欲速不达、骄兵必败——凡事都有度，学习也有度。

所谓度，是事物在具体运动中或事物在一定的发展阶段上反映的、关于事物自身某一特征的质和量的规定性。

学习的度就表现在：无论是学习活动过程还是学习活动结果，都有一个关于学习的质和学习的量的限定的问题。我们把在一定条件下，学习的质和学习的量恰好都达到了规定要求的学习，称为达标学习；把在一定条件下，学习的质或学习的量或学习的质和量都超过了预定要求的学习称为过度学习。

坚持过度学习，是我们首选的学习策略。

据心理学家统计，人类的智力是呈常态分布的。聪明超群、闻一知十，即智商奇高的天才是极少的，绝大多数人的智力属于中等。这也就是说，绝大多数人要想学有所成，别无他途，只有下苦功。所谓"下苦功"，在一定程度上就是指坚持过度学习。

根据巴甫洛夫的观点，学习是条件反射及条件反射链的建立、稳固和不断地被精确化、精细化、自动化的过程。我们建立了初步的条件反射是不够的，我们还要努力稳固它；我们稳固了它仍是不够的，我们还必须使其精确化、精细化和自动化；条件反射被精确化、精细化和自动化还是不够的，我们必须使所有的条件反射、条件反射链融会贯通，形成一个条件反射系统。为此，我们要对条件反射进行反复强化。所谓反复强化，就是在学习实践中，通过反复训练，有目的地、有计划地加强信号刺激与条件反射之间的联系。事实上，条件反射的强化过程就是过度学习过程。

心理学家布鲁姆指出：我们的学习是一个循序渐进的认知过程，其基础的认知目标是识记，然后由低到高依序排列开来的认知目标是领会、应用、分析、综合、评价。我们只有通过过度学习，才可能实现低层次的认知目标向高层次的认知目标的飞跃，实现知识向能力、能力向思想的转化。这就宛如我们种下南瓜籽，才会长出南瓜苗；有了南瓜苗，才会开南瓜花；开了南瓜花，才可能结南瓜果一样。

我们的学习还是开掘潜能并应对未来竞争的学习，我们要想开掘潜能、在竞争获胜、在考试中取得优异的成绩，就必须努力使我们的学习的心理成熟程度，使我们对学习内容的掌握程度，使我们的能力、素养发展程度遥遥领先于规定的学习要求，遥遥领先于其他的竞争者。我们只有坚持过度学习，像奥运选手一样"魔鬼"般刻苦学习，才能够稳妥地做到这一点。

过度学习首先要求有勤奋的学习态度和锐意进取的崇高精神。《三字经》说："披蒲编，削竹简；彼无书，且知勉。头悬梁，锥刺股；彼不教，自勤苦。如囊萤，如映雪；家虽贫，学不辍。如负薪，如挂角；身虽劳，犹苦卓。"指的就是这种崇高精神。没有这种崇高精神，是不可能长期坚持过度学习的。

过度学习有很多形式。如背诵可以是识记的过度学习，反思可以是总结的过度学习，创造可以是创意的过度学习，精通可以是熟悉的过度学习，预习可以是课堂的过度学习，高中阶段的语、数、外的学习水平已达到大学一年级以上的学习水平可以是学科学习内容的过度学习等。

过度学习可通过多种途径落实。如增大学习容量、提高学习要求、加大学习难度、拓开学习背景、增高学习的理论思维与意义学习水平等。总之，只要我们在学习的质和学习的量都达到了规定要求的基础上，再扎实地渐进了一步，哪怕仅是渐进了小小的一步，我们就迈开了过度学习的步伐。

许多同学缺乏过度学习意识和过度学习策略。他们无论学什么，只要略微懂得了一点皮毛就将其束之高阁，不闻不问，以为万事大吉了；考试侥幸取得了八十几分、九十几分就觉得了不起；或一暴十寒，或有始无终；不愿意、不坚持、也不考虑如何竭尽全力，下苦功过度学习。诸如此类的懒汉懦夫思想、投机取巧思想、故步自封思想、夜郎自大思想，都是与过度学习的理念背道而驰的。但过度学习也应限定在一定的程度上，也有一个"度"的问题。超过个人心理和生理承受能力、违反学习规律和自身实际的、低层次的"过度"学习，既没有必要，也没有意义。过度学习还要讲求效率、效果、效益，讲求科学的思想方法，过度学习不是老牛拉车、蚂蚁搬家似的死拼力气。

美国人科比是世界最优秀的篮球运动员之一，科比的成功完全得益于他始终恪守着过度学习的策略。据说科比自从进入 NBA 以后，长期坚持早晨四点钟就起床练球，且要求自己每天要投进一千个球后练球才算结束。当某记者问及科比的成功之道时，科比反问说："你知道洛杉矶早晨的样子吗？"记者摇头。科比说："我知道洛杉矶早晨的样子。"因为早晨四点，当他人还在睡梦中打呼噜的时候，科比就出现在篮球训练房了——事实上许多西方学生的学习，比我们的学习要勤奋要过度得多。

过度学习的策略即像科比一样下苦功、拼"死命"、发愤图强的学习的策略，是把希望寄托在自己身上，不等、不靠、不幻想、不依赖、不奢求他人的学习策略，故应是我们首选的学习策略。

探索和实践

●孙子说过："故用兵之法，十则围之，五则攻之，倍则分之……""集中优势兵力，各个歼灭敌人"的军事策略与过度学习策略相比较，有哪些异同？

7.2 学习的正向迁移策略

闻一知十——从学习心理学看来，一种学习活动达到了熟练程度所形成的心理或行为活动方式，会对另一种，甚至多种内容类似的学习活动产生影响，这种影响称为学习的迁移。

由于我们的学习活动的多样性，更由于我们因熟练形成的心理定势的作用，学习的迁移对我们的内容类似的学习，可能有有利的一面，也可能有不利的一面。我们把其中的有利的一面，称为学习的正向迁移，把其中的不利的一面，称为学习的负向迁移。在学习活动中，我们要使我们的学习有更多的正向迁移。

如何使我们的学习有更多的正向迁移呢？

五六岁的小孩学习个位数的加法，常用手指头当"算盘"——"3加4等于多少呀？""这里有3个手指头，这里有4个手指头，'1、2、3、4、5、6、7'，一共是7个手指头，'3加4等于7！'"——像小孩将抽象的数字符号迁移到具体的手指头上一样，在学习中，我们常常有目的地将抽象的问题迁移为具体的问题，我们的这种将抽象向具体迁移的学习迁移方式，称为学习的具体化迁移。

囿于认识的局限，我们对具体的事物比较容易认知，而对抽象的事物则难以认知，所以事物一旦实现了具体化迁移，就有如"神仙下凡"——我们会在瞬间，或是因为受已正确地认识的、具体的事物的启发，或是因为有在正确地认识具体事物时所总结了的新的经验的支持——我们就有可能豁然开朗，同时就有可能回过头来正确地认知原来难以认知的抽象的事物。

学习的具体化迁移是我们一刻也不能忘记的学习的迁移方式，且我们的所有的学习毫无例外地都要经过这一学习的迁移方式。

五六岁的小孩在学习数值较大的十以内的数的加法时，手指头已经不够用了，他们便用脚趾头来"凑数"——"'10加3等于多少呀？'""这里是十个手指头，这里是3个脚趾头，'10、11、12、13'，一共是13个，'10加3等于13！'"——小孩用脚指头代表手指头当"算盘"的思维过程，称为小孩学习的概括化过程。小孩明白，手指头虽不同于脚趾头，但十个手指头所代表的"10"和三个脚趾头所代表的"3"，在代表"数"的这一本质的意义上是相同的。在学习过程中，我们像小孩一样，通过概括，把学习现象向学习本质迁移的迁移方式，称为学习的概括化迁移。

我们对世界的认识有感性认识和理性认识两种。感性认识是具体的认识，它只能认识到事物的局部和事物的现象；理性认识是抽象的认识，它则能认识到事物的整体和事物的本质。事物一旦通过正确的概括实现了由具体向抽象的迁移，我们就有可能因概括而获得具体的经验，因具体的经验的获得而实现感性认识向理性认识的飞跃。

学习的概括化迁移同样是我们一刻也不能忘记的学习的迁移方式，且所有的学习毫无例外地都要经过这一迁移方式。

当五六岁的小孩在学习较复杂的两位数的加法时，手脚并用的"算盘"已经不够用了。"17 加 5 等于多少呀？"老师问。有的小孩就这么想："17 等于 10 加上 7，17 加 5 等于 10 加上 7、再加上 5；7 加 5 等于 12，再加上 10——'老师：17 加 5 等于 22！'"小孩是在 10 加上 7 等于 17、7 加 5 等于 12 的基础上，最后算得 17 加 5 等于 22 的。小孩在这儿表现的智慧，就在于他找到了他已掌握的简单的个位数加法和复杂的十位数加法之间的、非人为的、本质的意义联系，并在具体运算过程中，将复杂的十位数加法降解为个位数加法。小孩的这种将他已有知识经验，与学习对象中相关的概念、命题、符号建立起非人为的、本质的意义联系的学习迁移方式，称为学习的意义化迁移。

我们对世界的认识总是循序渐进的。我们往往是在正确认识并正确掌握已有的知识经验的基础上，展开学习过程、认识新事物的。通过学习的意义化迁移，我们的已有的知识经验便有可能与代表新事物的概念、命题、符号等建立起非人为的、本质的意义联系，新事物就因此被辩证地包含在已有的知识经验之中而被我们逻辑地认识。而代表新事物的概念、命题、符号一旦与我们已有的知识经验建立起了非人为的、本质的意义联系，新事物就有可能迁移到我们的认知结构之中，我们就有可能谈得上是真正地掌握了它。

学习的意义化迁移是我们一刻也不能忘记的学习迁移方式，所有的学习毫无例外地都要经过这一迁移方式。

总之，学习的具体化迁移、学习的概括化迁移、学习的意义化迁移是学习正向迁移的三个"基本点"。该三个"基本点"组成了学习正向迁移的"基本面"；三个"基本点"在"空间"正向迁移的集中点与三个"基本点"组成的学习正向迁移的"基本面"，共同构成了学习正向迁移的"三角锥形"。三个"基本点"在"空间"正向迁移的集中点则是此"三角锥形"的"顶点"。所有的学习的正向迁移，即所有被转化为更高水平的知识经验，或转化为更高水平的、被合理、有效、有序地组织起来的心理活动方式和行为活动方式，都有可能在此"顶点"上实现质的飞跃——最终转化为我们的优秀的思维方式和行为方式，转化为我们的优秀的行为品质或优秀的心理素养。

学习认知活动千头万绪，归根结底是做好三件事，一件事是持续不断地获得新经验，一件事是持续不断地促进经验发生正向迁移，一件事是持续不断地坚定信念、展现崇高精神。这三件事是紧密地联系在一起的：持续不断地获得新经验，是为了促进经验持续不断地发生正向迁移；促进经验持续不断地发生正向迁移，是为了持续不断地获得新经验；持续不断地获得新经验和持续不断地发生正向迁移，就是在持续不断地坚定信念、展现崇高精神。对这三件事，我们要有充分的行为敏感性和充分的心理警觉性。

学习的正向迁移策略使我们有学习"悟性"。

探索与思考

●找一个问题并以它为载体，分别实现学习的具体化、概括化、意义化正向迁移。讨论获得经验与促进经验持续不断地发生正向迁移之间的相互关系，并为此写一篇短文。

7.3 精准认知的学习策略

我们可以任意地选择一堂课，认真地探究一下，在这堂课的 45 分钟的时间里，我们掌握新知识、重复认知旧知识各自花费了多少时间。我们会发现，用来重新认知旧知识花费的学习时间，有可能占这堂课全部时间的 80%！而认知新知识花费的时间，可能仅占这堂课全部时间的 20%！而在重新认知旧知识的所有时间里，纠正关于旧知识的认知错误，又占去了 80%！由此，我们可以联想到，我们每天的学习时间，大部分都花费在对已学习过的旧知识的重新认知上！如果我们能一次性精准地认知新学的知识，我们就不要浪费这么多的时间去重新认知旧知识、去纠正对原有的旧知识的认知错误了！我们的学习效率就会提高许多倍了！因此，在学习过程中，我们要坚守住精准认知的学习策略。

对任何新知识，我们要努力在第一次接触它时就要精准地认知它。因为在心理学上，第一印象往往是极为重要的，若第一印象不精准，而随后要设法改变它，花费的时间和精力就要多得多了。

精准地认知新知识的第二个要点，是采用意义学习的方法认知新知识。即既要努力认知新知识在客观的知识系统中的逻辑位置，又要使它与我们主观的认知之"树"上的已有知识建立起本质的、非人为的意义联系。当我们在新、旧知识的意义联系分析中认知并掌握新知识时，我们精准地把握住它的可能性就要大多了。

精准地认知新知识的第三个要点，在于应用新知识正确地解决具体问题（将其具体化）。因为在正确解决具体问题的具体化过程中，我们可以求得认知新知识的新经验，新知识有了新经验的支撑，认知的精准程度自然就要高多了。

精准地认知新知识的第四个要点是"精"，即迅速把握住"要害"（本质）或要点（关键），将复杂的内容变简单。老师们的教学有一个特点，就是都喜欢把简单的问题变复杂（这是必须的）——把书教"厚"，我们的学习的奥秘，则是把复杂的问题变简单——把书读"薄"。

如果在学习过程中，我们跨出的每一步都是精准的，那么，我们的学习必然是快速的和有效率的和不重复的学习。如果我们跨出的某一步是错误的，我们便不得不设法改正这一步的错误，并且不得不退回到原来的位置上重来一次——精准认知好比坐火车出行，当我们精准购票、在精准的时刻精准地坐上精准地开往目的地的火车时，我们就能精准地到达目的地。我们若是弄错了，即使只把某一个坐车的小环节弄错了，我们都不得不掉过头来，花费时间、花费精力来纠正这一环节的错误。例如我们本来是去北京的，但我们却坐上了去广州的车，我们就要下去广州的车，换上去北京的车，如此换车、转车，我们的时间和精力的浪费就大了。我们的学习若是经常如此这般地为改正错误而反复地折腾，我们的学习效率无疑会大打折扣。

总之，精准认知学习策略包括四个要点，一是尽力一次性精准认知，二是采用意义学习的方法认知，三是在解决问题的实践中，求得新的经验的支持，四是迅速抓住本质和关键，将复杂的问题变简单。

差之毫厘，谬以千里。精准认知是一个极复杂、极重要的问题，几乎所有的心理过程和个性心理都可影响精准认知。现代学习的基础是数理–逻辑，数理–逻辑的核心是精准认知。关于这些，我们还将在后面的文章里陆续谈及到。

与精准认知相悖离的，是毛躁马虎——毛躁马虎是我们最恶劣的学习习惯和最恶劣的学习品质。

探索和实践

●精准认知有哪些要点？你计划如何精准认知？某同学看错了时间，把早上 8 点看为早上 7 点，以致延误了考试。你能原谅这一失误吗？类似这样的失误在学习中有多少呢？

7.4 先人一步的学习策略

兵贵神速、事不宜迟，"一万年太久，只争朝夕"——现代学习强调凡事都要先人一步——学习上先人一步，以此争得学习优势并将该优势贯彻到学习始终的学习竞争策略，叫作先人一步的学习策略。

学习上先人一步，是有学习危机感的表现。因为有了学习危机感，所以才有学习的紧迫感；因为有了学习的紧迫感，所以才能抢先行动并以此赢得时间、夺得先机、占得主动——先机、先机，只有抢先，才可能争得时机！主动、主动，只有领先，才能抢得主动——只有争得时机、抢得主动，我们才可能在学习竞争中遥遥领先并把握更多的学习机会！

　　学习上先人一步，反映了我们拥有"自加压力、争创一流"的学习竞争精神。这种竞争精神有可能使我们的学习始终处于领先的位置上，而学习的领先位置，势必激励我们更加努力地学习并得到老师更多的肯定、更早地获得学习的成功。

　　学习上先人一步，是一种讲求效率的、雷厉风行的工作作风。这种作风亦有益于我们的意志品质的培养，有益于我们的心理健康，有益于我们克服拖拉疲沓、软弱涣散等不良的学习习惯。

　　机不可失、时不再来，"过了这个村，没有那个店"——在学习上，时间、时机、时运是瞬息即逝的。时间、时机、时运一旦失去，我们就是再努力，我们的本事就是再大，也只能望洋兴叹了——这好比我们本就是奥运金牌的争夺者，只因为大家在路上贪喝了一杯咖啡、是故迟到了一分钟、最终就是因为我们迟到了这一分钟而被取消了竞赛资格、失去了夺冠的机会一样——相反，如果我们先人一步——提早一小时到达赛场，哪怕是提早一分钟到达赛场，都不会出现这悲剧性的一幕。

　　要想在学习上先人一步，必须把握住以下三个要点：一是做好学习计划，确定好阶段目标和阶段任务，使学习进程有条不紊；二是做好学习准备，包括物质和精神准备；三是在实施计划时，无论学习任务是什么，都尽量提前一个时间段——提前进入学习情景、及早创设学习条件、尽早占得学习位置、抢先夺得学习机遇、超前完成学习任务——不等待、不依赖、不心存侥幸——早晨起得最早，教室进入最早，练习完成最早，预习、小结、复习、作业完成最早，即使是去食堂吃饭，去浴室洗澡，去厕所小便，也到得最早……总之是凡事都先人一步。

　　许多同学养成了挨、疲、拖、拉——凡事后人一步的学习习惯：今天的事推至明天做，明天的事推至后天做——作业交在最后、上课坐在最后、讨论发言说在最后、请教老师排在最后……，做什么都落在最后。这种凡事后人一步的学习习惯，是永远把握不了学习时机和学习主动的坏习惯。

　　诗曰："明日复明日，明日何其多！我生待明日，万事成蹉跎！"成语说，捷足先登，又说"先到为君，后到为臣"，我们若是养成了挨、疲、拖、拉的学习习惯，我们若是不坚持学习的先人一步策略，满足于凡事后人一步，我们就会万事蹉跎、"后到为臣"，以致一事无成。

探索和实践

　　●孙子说："攻其不备，出其不意。"孙子说的是先人一步的策略吗？"不打无准备之仗"呢？你如何做到在学习上先人一步？试着制订几条措施。

7.5 过细的学习策略

从遗传学的角度看，男、女生的学习成绩应该各有优势、旗鼓相当。但从近几年的高考看，女生的成绩，甚至是女生在数、理学科方面的成绩却普遍地领先于男生。为什么会表现出如此显著的差异呢？我想其中的原因极有可能是因为女生的心思细腻，她们无意识地、普遍地掌握了过细的学习策略的缘故。

过细的学习策略，指的是用极为有周密的学习方式，严密、细密、缜密地、有选择地掌握学习内容中的每一处学习细节的学习策略。

极为周密的学习方式，包含着两个层面的内容：一是极为周密的学习认知心理活动方式，二是极为周密的学习行为活动方式。

极为周密的学习认知方式包括目标认知细分的严密性、感知方式细分的精密性、思维过程细分的缜密性和思想、方法使用细分的周密性等；极为严密的行为方式则表现在学习行为过程细节上的规范性，及学习行为细节表现的标准性上。说得通俗些，是将我们的学习内容分解成若干细节，然后在准确认知各细节基础上，达到规范地、标准地、准确地认知整体的目的（见下图）：

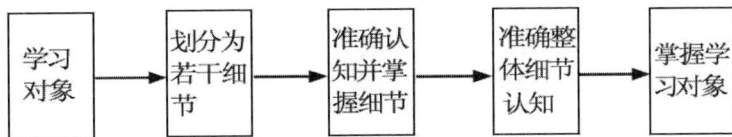

我们的学习是系统的学校学习。我们不但要接受学校毕业时的学历评价考试，而且要参加国家规定的升学学力选拔考试。而所有这些考试，都是根据国家规定的学科学习要求命题的。如果我们不采取过细的学习策略，不能一步一步地、严实地达到每一学科的学习细节要求，我们就不可能在相应的考试中取得优异的成绩。另一方面，我们只有通过学习的"过细"，才可以将学习目标具体化；我们只有"过细"地实现了局部具体的学习目标，掌握了学习细节，才可能谈得上实现整体的学习目标。

"细"和"粗"是相对的，"密"和"疏"是相对的，"周"和"缺"是相对的。学习上最忌讳的，就是"粗略""粗疏""粗枝大叶"和"粗心大意"——粗略则不细密，粗疏则不严密，粗枝大叶则不精密，粗心大意则不周密。有些同学有很好的潜质，但其学业成绩却总是进入不了第一流的，之所以进入不了第一流，是因为其学习的心理和行为活动往往失于粗略、粗疏、粗枝大叶、粗心大意的缘故。

老子曰："天下大事，必作于细。"西谚说："魔鬼藏于细节。"管理学上有一句名言，叫作"细节决定成败"。所谓秘诀，其实乃是一个细节。这些话都是可以作为现代学习的座右铭高挂在床前的。

探索和实践

●老师在黑板上推导某公式,产生了哪些细节?你是如何将其分解、再分解的?

7.6 尊师的学习策略

老父端坐在下邳的圯桥之上,见张良走近,便把鞋踢至桥下并厉声地命令张良说:"去!小子!拾鞋!"张良照着做了。老父接着伸出脚,又厉声地命令张良说:"来!小子!穿鞋!"张良跪下,又照着做了。老父于是约定在后五天的天亮时刻,在某地与张良谈一次话。到后五天,天刚发亮,张良准时赴约,但老父早已到了。老父批评张良说:"你既与长辈约会,就不能迟到!再后五天的清晨,你再来吧!"再后五天的清晨,天未亮,张良就赶到了约会地点,但老父还是比他到的早。老父训斥张良说:"你怎么又迟到了呢?"不及说完,老父转身就走。张良起脚就追。老父说:"再一个后五天的清晨,你再来试试。"后五天不及子夜,张良就赶到了约会地点,终于比老父早到。老父从怀中取出一卷书,郑重地将它递给张良,叮咛张良认真地学习它。等及天亮,张良展开书卷,一看,原来这是一卷《太公兵法》!(古代使用冷兵器作战,如何创设一种有利于自己的战争态势,如何组织力量将敌人分割、包围、歼灭,既需要军事理论做指导,又需要军事经验做参考,"兵法"就是系统地介绍军事理论、系统地总结军事经验的军事著作。这种军事著作往往秘不示人。在秦末,还没有发明纸,所有的文字都要用笔抄写在简上,由此可见《太公兵法》的珍贵。太公,可能是指姜尚也可能是指老父黄石公。)

这故事来源于《史记·留侯世家》,应该是真实的。

在古代,辅佐刘邦建立了汉王朝的张良,与姜尚、诸葛亮、徐达、刘伯温齐名,是著名的被称为"谋圣"的军事谋略家。毫无疑问,张良之所以能成为军事谋略家,得益于他学习了《太公兵法》;张良之所以能学习到《太公兵法》,得益于圯桥之上的老师(老父)精心传授他以《太公兵法》;圯桥之上的老师(老父)之所以精心传授张良以《太公兵法》,是因为张良尊敬他,即得益于张良躬行了尊敬老师的学习策略。

在生活中,老师是一门特殊的社会职业。教导学生学会做人、学会做事、学会做学问,是老师的职业责任,也是老师最高的职业期望。当你在心理上、行为上及在学习过程中表现出了强烈的尊敬老师的心向时,老师就有可能因为自尊——人生的浅层次的需要满足而把你视为他实现人生的高层次需要——教育期望需要的最佳人选。当老师的教育期望、老师的教育责任感、老师的教育热忱与你的学习期望、你的学习责任感与你的学习热忱发生共振时,老师的"教"

和你的"学"就有可能产生最佳的教学效果；而当你在心理上、行为上表现有漠视老师存在的趋向时，老师很有可能不会注意你、不会发现你、更有可能不会重视你。当你没有受到老师的注意和重视时，老师和你就像登上了同一节车厢的、位置相邻的两个陌生的旅客，在各奔东西的行色匆匆中，彼此毫无感觉地擦肩而过。

许多同学缺乏尊敬老师的意识。他们只注意老师的教学活动，而不在意老师的人本身，甚至对老师没有基本的礼貌，他们与老师之间的交往仅局限在一般的教学互动上。他们不知道，对许多的精要的知识经验和关键的思想方法，尤其是价值理念，只有在尊敬老师的前提下，只有在师生亲密无间的有礼貌的人际交往中，只有在老师"手把着手"的教导过程中，只有通过老师的口传身授和耳提面命，才能够真正地学到。

"青，出于蓝，而胜于蓝"。我们是"青"，老师是"蓝"。我们如果不尊重老师，就得不到老师的指导；我们得不到老师指导，怎么能"出于蓝"呢？我们不能"出于蓝"，怎么能"胜于蓝"呢？

"古之学者必有师"。任何一个学有所成的人，都是接受过老师的教导的人。孔子、墨子、孙子，李白、杜甫、白居易，钱学森、华罗庚、袁隆平、梁稳根，苏格拉底、柏拉图、黑格尔、亚里士多德、玛丽亚·居里、牛顿、爱因斯坦、姜子牙、诸葛亮、刘伯温……齐天大圣孙悟空（他是尊敬老师的模范），无一不是老师教导的结果。"无师自通""生而知之"者，亘古未闻。如果说，"学习改变人生"这句话在一定条件下是正确的，那么"尊师改变人生"这句话，在一定条件下也是正确的。所以说，现代学习的策略若有一万条，尊敬老师的学习策略是第一条；现代学习的策略若只有一条，尊敬老师的学习策略是其中唯一的一条。

张良去世后数百年，李白过圮桥、经下邳，作诗感叹曰："子房未虎啸，破产不为家。沧海得壮士，椎秦博浪沙。报韩虽不成，天地皆震动。潜匿游下邳，岂曰非智勇。我来圮桥上，怀古钦英风。唯见碧流水，曾无黄石公。叹息此人去，萧条淮泗空。"这些当然是李白缅怀张良因尊敬老师学到真本事的一段佳话。

探索和实践

●品学兼优"与"尊敬老师"为什么会表现出显著的正相关关系？你从中领悟到了什么道理？

7.7 学习的思想方法策略

思想方法的学习包括两个层面的学习，一个是学科层面（包括科学和哲学层面）上的思想方法学习，另一个是学习心理学层面上的思想方法学习。

把上述两个层面的思想方法的学习确定为最高学习目标之一的学习策略，称为学习的思想方法策略。

根据心理学家布鲁姆的"掌握学习"理论，学习水平可以由六个由低到高排列着的层次作为表征，层次越高，学习的水平愈高。这六个层次依次是："认识""领会""应用""分析""综合""评价"。准确的知识认知和扎实的基础技能训练，充其量只能使你的学习至多上行至"领会"的层次；学习要提高到更高的层次，非得掌握学科（包括科学和哲学）意义上的思想方法不行。

根据学习的"技能化"理论，任何成功的学习，都必须经历"技能化"过程，即所有的知识经验都必须在"技能化"过程中被有序地组织起来，转化为合理、完善、有效的心理活动方式和行为活动方式。不掌握相应的学科（包括科学和哲学）意义上的思想方法，是不可能完成这一活动的组织和转化过程的。这也就是说，不掌握学科（包括科学和哲学）意义上的思想方法，所有的知识经验都是一堆不能"入心入脑"的、不能动手解决实际问题的僵死的教条。

根据学习的"成熟"理念，任何能够实现预定目标的学习，都必须推进到学习"成熟"的阶段。而判断学习是否"成熟"的标志，在于不管是学习者通过认知得来的知识，还是学习者通过训练获得的技能，抑或是学习者通过实践总结得来的经验，都要在高度分化和高度概括的前提下，首先转化为学习者的学科（包括科学和哲学）意义上思想方法，然后转化为学习者的能力素养。

因此，在学习时，你要同时实现两个学习目标：初级的学习目标是掌握学科知识概念，高级的学习目标是总结、发现、掌握思想方法。

如何在学习活动中坚持学习的思想方法策略呢？

首先，要有学习的思想方法意识。在学习中，你要把思想方法的学习始终放在首要的位置，努力让思想方法的学习统帅知识概念和技能技巧的学习。。

其次，也是最重要的，你所有的知识、技能、经验，都尽可能地在高度分化、高度概括、高度意义化的前提下，在高度"压缩"的基础上，尽可能向思想和方法的转化。

不少同学既不重视学科层面（包括科学和哲学层面）的思想方法学习，又不重视学习心理学层面上的思想方法学习，也从不关注自己已经掌握的知识、技能、经验，如何才能高度分化、高度概括化、在高度意义化的基础上向思想方法转化。他们的学习好比简单的"两条腿走路"，总是低级的、机械的知识识记重复、知识领会重复、技能训练重复。由于缺乏思想方法做学习的核心或统帅，他们的学习就始终进入不了高端且始终不得不日复一日地在学习的低端徘徊（尽管他们学的汗流浃背），他们也就不得不在高级的、特别注重思想方法检测的、由学科专家（如大学教授）命题的考试（如高考）中败北。

坚持学习的思想方法策略，是学习的生命。孙子说："上兵伐谋，其次伐交，其次发兵，其下攻城。"一个军事指挥官如若无"谋"、且不善于"谋"、或不善于"伐谋"，而仅是"伐交""发兵"或"攻城"，那他就不会打大仗：同样地，如果你在学习时不坚守学习的思想方法策略，一心只扑在单纯的知识概念的把握上，只知道霸蛮"攻城"，你就是"下兵"而非"上兵"。

探索和实践

●有人说，小学的学习注重步骤、初中的学习注重理解、高中的学习注重概念和思路，你对此如何理解？你有思想方法意识吗？该意识是作为指导思想呢？还是作为解决问题的具体方式呢？为此写一篇科研报告。

7.8 学习的心理调节策略

我们都曾有过这样的经验，在课堂学习过程中，我们的有效学习时间百分率往往不足 50%，大量的课堂学习时间都沦为无效学习时间而浪费掉了。为什么如此呢？主要是我们缺乏学习的心理调节策略，不能将全部心理活动集中在学习活动上所至。

学习的心理调节策略，能动地调适心理活动的强度、方向和限度，使其产生最大的学习效果的策略。

心理调节策略包括以下方面：

——调节注意力。你的注意力一定与你的学习认识活动保持一致。这时，在你的心理上，一定要有一个认知中心点，你的注意力，你其他的认知活动，必须始终集中在这个中心点上，这好比你在读你手里的这本书，你的注意力和你的认知活动都始终集中并指向你读的这本书一样。

——调节动机强度。你要通过隔绝诱因，降低需要层次，减少需要种类，淡薄需要满足导致的功利性预期，使动机保持在不过强、也不过弱的适当的强度上。过强的动机会使你心跳加快，大脑一片空白；过弱的动机则使你行为懒散，软弱无力。当动机过强时，你可以静一静，忍气吞声，让大脑处于暂时休息状态，这样坚持一到两分钟，动机就弱了。

——屏蔽情感。学习时，只要有略微积极（如愉悦）的情感支持即可，尽量克服负向情感（如厌恶）或过强的正向情感（如欣喜）对你学习心理的影响。经验证明：当你全身心地投入到学习活动上时，几乎体验不到过强的情感活动。

——克服主观认知偏差。在学习过程中，学习活动情景、学习活动内容与学习方式若与你的兴趣或价值观相似时，你就会产生一种肯定、认同的态度，从而努力地学习；相反，你则会产生一种排斥、拒绝的态度而回避学习。这时你就要尽力克服主观认知偏差，使自己对学习活动产生认同并肯定的态度。在学习过程中，主观认知偏差导致的学习态度不良，往往是庸人自扰。克服主观认知偏差的方法就是积极主动地纠正主观认知偏差。如你不喜观某老师,你亦不喜观他教的某门功课,这就是典型的主观认知偏差。你为什么不喜欢某老师呢?你不喜欢他有什么道理呢?如果你转变观念,喜欢上他了,你就喜欢他教的课了,你上课的学习时间浪费就少多了。

——提升意志水平。学习需要克服困难,付出精力、耐力、体力和毅力。你要克服或克制自己的懒惰、懦弱和怕苦怕累,要忍受得了身体力和心理上的痛苦,坚持有始有终地完成学习活动。

——提升崇高精神水平。崇高精神是人高端的个性意识倾向性。它在高端层次上决定了人的精神选择性,该精神选择性其实就是人的崇高精神自我暗示,精神越是崇高,精神自我暗示越强烈。

总之,学习的心理调节策略要求你通过努力,使注意力和认知目标保持一致;要求你控制、调节好动机、情感的强度与方向,努力在意志力的作用下,耐心地把全部心理活动都集中在学习活动上。

请注意:主观的心理调节策略最好采用自我暗示的方法,如果刻意地调节学习心理过程,往往会越调节越混乱。考试时,许多考生就是因为刻意地调节考试心理过程,导致心理过度紧张,以至于严重影响了考试成绩。我们绝对不可以犯这个低级错误。

学习时表现的坚忍、坚韧、坚强、坚持的心理品质,都需要心理调节策略予以应对或拱卫。

探索和实践

●刻意地调节学习心理,为什么往往会越调节越混乱?为什么用"傻子式"方式调节学习心理最有利?在学习上还有其他的"傻子式"方式吗?例如喝一杯水或吞一口唾沫。

7.9 学习的积累策略

荀子在《劝学篇》里说:"积土成山,风雨兴焉;积水成渊,蛟龙生焉;积善成德而神明自德,圣心备焉。故不积溪流,无以成江海;不积跬步,无以至千里……"总之,荀子阐明了一个道理——学习是需要积累的,学习积累到一定程度,会发生质变的。

学习实践说明,荀子的观点是正确的。因为任何形式的学习,均表现出一定的学习阶段性。该阶段性反映了事物从量变到质变的规律性——学习的质变,是学习的量变的积累;学习的量变,是学习的质变的积累,学习上不存在一蹴而就的学习突变。这就是荀子所说的积土成山、积水成渊、积善成德、积溪流成江海、积跬步至千里的关于"积"字和"成"字的哲学的道理。

认识了学习的质和量的积累意义，你就有可能认识到，提高学习质量的方法之一，就是切实抓紧平时学习，扎实打好学习的原始积累基础，通过学习的质与量的原始积累，推进学习的质变和学习的量变之间的相互转化。值得你注意的是，这里所指的积累不是同质的量的积累，而是不同质，至少不是绝对同质的量的积累。举个例子：设想你在学习单词 reach，如果你在草稿纸上简单地、重复地写了 100 个 reach，你并没有完成单词 reach 学习的量的积累，因为"简单地、重复地写了 100 个 reach"是"同质的量的积累"；如果你分别用听、说、读、写的方式，首先比较了 reach 与 arrive（抵达）、get（到达）及 leave（离开）等诸多近义词、反义词的意义，然后比较了它们在句子中的诸多不同用法，听、说、读、写数量多达 100 次，你这样学习的量的积累，因为是"不同质，至少不是绝对同质"的学习的量的积累，所以是具有学习意义的、有可能导致较快地产生学习质变的学习的量变的积累。

聚沙成塔、集腋成裘、聚指成拳、聚水成河，如果你扎扎实实地做好了学习的量变的积累工作，心无旁骛地做个有心扎实学习积累的学习的"傻子"，你就会有意想不到的收获。从哲学的角度看，大智若愚，一片痴心在积累的学习的"傻子"，是一点儿也不傻的。学习的"傻子"之所以"一点儿也不傻"，是因为他们把扎实的学习过程安排在扎实的原始积累上，从而扎稳了学习的质量互变、与时俱进之根。

探索和实践

●你开始了哪方面的学习累积？典型习题集、单词本、疑难笔记本？

7.10 学习的回归基础策略

所谓学习的回归基础策略，指的是：第一，我们无论学习什么学科，都要把学习的主要精力和学习的主要任务放置在基础理论、基础知识、基本技能的扎实掌握和促进基本能力、基本素养发展等"五个基本点"上。我们切不要好高骛远，弃"五个基本点"于不顾，不切实际地追求哪些逾越上述五个基本点、超越学科学习大纲过多的、力不能及的、难以掌握的学习内容；第二，我们无论学习什么，都要坚持"学习上每前进三步，就要退回两步"的及时"回归基础"的学习原则，我们"进三步""退两步"的目的，就是为了扎实基础、养精蓄锐，以求扎实地进一步。

学习扎实在上述"五个基本点"上的关键，是实现学习的"五个回归"——"回归课堂""回归课本""回归基本概念、基础知识和基本技能""回归基础的思想方法""回归基本的经验总结"。

"回归课堂"指老老实实地抓紧课堂学习，不因课外学习（如特长学习与奥赛学习等）而喧宾夺主；"回归课本"，指老老实实地紧扣课本、深入钻研课本，不因学习课外参考书而本末倒置；"回归基本概念、基础知识和基本技能"，是指老老实实理解基本概念、掌握基本概念和基础定义，掌握基本技能，不因为了应对考试而顾此失彼；"回归基础的思想方法"，是指掌握基本的学科思想和学科方法，促进其向身心能力和身心素养的转化，不因单纯的基础知识的学习而因小失大；"回归基本的经验总结"，是指反思总结经验以扩大视野、扩充见解、扩展见识，不因沉湎于单纯的基础学科知识概念的学习而孤陋寡闻。总之，我们的学习应是在老师的指导下，充分发挥自己的主观能动性、紧贴教材、紧扣基础的学习，是紧密联系世界最先进的生产力发展实际，全面实现国家规定的学科学习目标的学习。

在上述"回归基础"的学习策略指导下，我们的学习重心，始终要稳定在"基础学习"这"五个基本点"上。我们要下决心利用基础知识、基本概念、基本技能、基础思想方法解决基本的问题，以获得最基本的知识具体化、技能化、经验化、概括化、意义化经验。总之，我们要客观地估计自身的能力，不脱离自身实际、不逾越学习的基础，去追求那些用虚荣和自欺堆积起来的空洞的学习泡沫——事实上，超越学习基础的且脱离自身实际的学习内容，本身就是一堆学习泡沫——这一堆泡沫留给我们的，除了虚有其表的自欺欺人之外，没有任何意义。

超级棋手在向对手使出凌厉的"杀招"之后，往往会"回转身"来，巩固好自己的阵地和已经取得的优势以准备"再杀"。超级棋手的这种战略退却，就相当于我们学习的"回归基础"。超级棋手的战略退却其实是战略进攻的前奏。我们的学习每前进三步，就要退回两步，则是学习的战略进攻的前奏——我们只有把基础扎实了，把阵地巩固好了，我们才有实力发动并扎实下一次学习的战略进攻。

因此，在学习时，我们要老老实实地预习、上课、小结、作业、复习，一环紧扣一环地、老老实实地进攻、退却、回归基础、扎实基础，然后再进攻、再退却、再回归基础、再扎实基础。我们要老老实实地、反反复复地在扎实基础上下苦功夫。

机遇总是会降临在那些不事张扬、一心执着地在基础上"打夯"的"傻子"们的头上。这看起来似乎有些难以理解，但事实上却有其内在原因。因为世界上无论做什么，都要注重基础：房屋基础打好了，房子才可能建得高；土地深厚、肥沃了，庄稼有可能长得更好——如果房子基础打不好，房子自然就建不高；土地贫瘠，庄稼自然就难能长得好。学习的"傻子"们，就是务实地回归基础、打牢基础，准备建高楼的人；就是务实地改良、肥沃土地，且又发奋种庄稼的人。

仔细分析每年的高考、研究生考试的命题思路，大都是以上述"五个基础"

为"基础"，以上述"五个回归"为"回归"展开的。因此，每个注重基础学习、每个经过扎实的基础训练并掌握有扎实的基础知识经验、扎实的基础经验知识和扎实的基本技能的同学，都有可能取得好成绩。而那些漠视基础、热衷于追求学习泡沫的同学，则总是"败走麦城"。然而，即使年年有同学"败走麦城"，但还是年年有同学忽视上述"五个基础"和"五个回归"，执拗地去涂抹、堆积那些毫无价值的"学习泡沫"。

我们应时时刻刻提醒自己注意：在学习中，我们越是注重回归基础、扎实基础，我们的学习后劲会越足，我们的学业成绩会越好。

在希腊神话里，有个战无不胜的英雄叫安泰。安泰之所以战无不胜，是因为他一旦遇到强敌，力不能支，他就回归到地面上，他的大地母亲就会给他力量——像安泰一样，基础就是我们的学习母亲，回归基础是我们首选的学习策略。

探索和实践

●学习的基础回归有哪几个基本点？基础回归策略与过度学习策略是相矛盾的吗？

7.11 健康——快乐的学习策略

什么样的人学习得好？健康的人学习得好。还有什么样的人学习得好？快乐的人学习得好。什么样的人学习得最好？健康——快乐的人学习得最好！

我们的健康包括两方面：身体健康和心理健康。身体健康可以使我们的学习有着良好的物质基础——我们有一颗健康的心脏，我们的大脑皮层有足够的血液、氧气和营养供应且各部位能相互配合并经常发生有益于思考的 α 波；我们有足够的体力和耐力应对复杂的身心活动，我们的身体不易疲劳且容易恢复疲劳。心理健康可以使我们的学习有着良好的精神基础——我们保持着良好的自我意识，我们有着平和的心态和积极的学习心向——我们头脑清醒、思维敏捷、意志坚强、情感丰富而深刻。我们不会因过度的精神挫折而背上过多或过重的心理包袱，我们对人常常怀着感恩之情并按自己的意愿有规则地生活着，我们从不顾及，也从不在乎他人会说些什么。

快乐是情感的表现形式之一。因为情感既是需要是否满足的态度体验，又是自我调节的结果，既是客观的，又是主观的，所以快乐也是需要是否满足的态度体验，也是自我调节的结果，同样既是客观的，又是主观的。与其他的心理过程不同的是，情感活动不但与心理活动有关，而且与生理活动有关。由于情感能与心理和生理活动有关，所以情感既影响我们的心理活动，又影响我们的生理活动——或是支持我们的心理或行为活动，或是抵制我们的心理或行为活动。情感还具有两极性——正向的情感接受或支持我们的心理和行为活动，而负向的情感则拒绝或回避我们的心理和行为活动；情感还有强弱之分——在不同的条件下，程度强烈的正向情感和所有负向情感，都影响我们正常的学习活动。快乐是一种主观的、正向的、程度不太强烈的情感。事实证明，由于因心理快乐而兴奋的大脑皮层和因学习而兴奋的大脑皮层容易相互连通，故学习时快乐的情感可以放大我们的智慧，使我们的学习始终处于积极的活动状态，远离功利的羁绊和虚荣的困顿。

快乐既是"需要得到满足的态度体验，又是自我调节的结果"，那么，我们可以通过两种方式求得快乐。一种方式是，我们可以主动地把自己的需要规定在实事求是的位置上，对它不寄以过高的或超越现实的期望，那么，我们的需要就可以经常地得到满足，我们就能"知足常乐"；另一种方式（且是主要的方式）是，我们发挥主观能动性，在意识上把一件生理上的苦事主动地转化为一件心理上的乐事，我们也能自得其乐。

身体健康，心理健康，情感快乐三重作用，使我们的生物学上的个体和心理学上的个体处于统一的状态，我们就避免了生理和心理的不适，尤其避免了负向情感的烦扰；我们若是避免了上述不适和烦扰，我们就能尽快地建立起条件反射和条件反射链，我们的学习效率就得以提高。

许多同学没有掌握健康且快乐地学习这一学习策略。他们或是不善于调节心理需要，或是不善于发挥主观能动性，或是不注意身体锻炼……总之，由于他们的身体健康和心理健康太差，就使得他们学习的生理和心理负担太重，进而使他们学习显得特别累、特别难和特别慢。

再三提请大家注意的是："健康且快乐"学习策略中的快乐，主要指的不是在刺激——反应后得到的生理快乐，而是学习者通过主观的心理调节得到的心理快乐，其中尤其是展现崇高精神后体验到的快乐。其实，学习是一件艰苦至极的事，根本不是一件生理快乐的事。我们所谓的快乐，指的是当我们面对这一生理上艰苦至极的事，却在崇高精神的鼓舞下，用一颗快乐的心去做好它，且以做好它作为快乐的快乐。这就像吃苦瓜，苦瓜本来是苦的，但我们并不以苦瓜的苦为苦而津津有味地吃它一样。所谓的"寓教于乐"，是教育不懂事的小孩子的说法！对于我们而言，更多的是"寓学于苦"！

古代中国有一个著名的皇帝，叫康熙皇帝。康熙皇帝的父亲——少年顺治皇帝刚刚登基的时候，康熙皇帝的奶奶、当时的孝庄皇太后与摄政王多尔衮就给他准备下了三位满族、两位汉族、一位蒙族共六位老师，结果却教出了一个整天闹着要出家，当和尚的情圣皇帝——顺治皇帝。孝庄皇太后想：这么多的饱学之士，他们都这么有学问，为什么把我的儿子给教成这模样了呢？她想来想去，觉得问题就出在儿子学习时情绪不快乐这一点上。后来，她吸取教训，就把她的孙子爱新觉罗·玄烨交给她的侍女——善于哄小孩子开心的苏茉儿来教。玄烨在苏茉儿的指导下，健康——快乐地学习，最终终于成为了中国历史上相对较有作为、最有学问的皇帝。可见"健康——快乐的人学习得最好"的命题确实是正确的。

健康——快乐的学习策略，其实就是健康——审美的学习策略。因为快乐就是审美，审美即是美的发现、美的创造、美的体验和美的展现，所以健康——快乐的学习策略，其实就是崇高精神的展现、崇高精神美的体验、促进崇高精神茁壮成长的学习策略。

探索和实践

●如何理解"'寓教于乐'，是教育不懂事的小孩子的方法！对于我们而言，更多的是'寓教于苦'！"这句话？

7.12 学习的名列前茅策略

一个众所周知的学习效应是：刚开始高中或大学学习的时候，班级学习成绩排序就靠前的同学，他在整个高中或大学阶段（以下简称阶段）的班级学习成绩排序大多是会靠前的；而班级学习成绩排序（简称排序，下同）靠后的同学，他在整个阶段的排序大多是会靠后的——这种排序靠前者始终排序靠前、排序靠后者始终排序靠后的学习效应称作学习的排序效应，简称排序效应。因为高中或大学学习存在着排序效应，所以我们一旦进入阶段学习，无论如何都要使自己的学习名列前茅，并力图通过学习的名列前茅，使自己的学习成绩越来越好。

高中或大学学习之所以会产生排序效应，是因为不同排序位置的同学，有着不同的排序归因方式。排序位置靠前的同学，大多将排序位置靠前归因于主观的努力进取和学习方法把握得当；而排序位置靠后的同学，大多将排序位置靠后归因于客观的学习环境不良、学习内容太难、教学方式不适，或归因于主观的智力水平太低。由于不同的排序归因方式会产生不同的自我心理倾向，包括自我意识倾向、自我期望倾向、自我激励倾向，而不同的自我心理倾向又会导致不同的自我教育方式、自我认知方式、自我情感体验方式和自我意志努力方式，所以对不同排序位置的同学而言，排序效应有着不同的心理功能。在排序效应正向的心理功能作用下，排序位置靠前的同学一般都能自觉地提高需要水平，主动地自己教育自己、自己激励自己、自己约束自己，并且有较强的学习荣誉感、学习自信心、学习坚持性作为继续努力学习的心理支撑。在排序效应负向心理功能作用下，排序位置靠后的同学所产生的自我心理倾向，大多是负向的自我怀疑、自我抱怨、自我压缩的心理倾向；他们对排序往往持忌讳的、逃避的态度；排序产生的自卑感和因学习成绩不良产生的挫折感极大地弱化了他们的自我意识，降低了他们的需要水平和学习期望值；思想的自我封闭则使他们很难听得进他人的正确意见，他们即使是下定决心要改变现状，也往往是或因朝令夕改、或因"雷大雨小"而流于空谈；有时候，个别排序位置靠后的同学甚至会因为排序位置屡屡靠后且屡屡得不到提升而失去学习的信心，有的甚至会因此逐渐变得或叛逆另类、或消极浮躁、或自暴自弃。总之，排序位置靠前的同学往往因为排序位置靠前，使得排序位置靠前成为激励其持续努力学习的心理优势，从而让他的排序位置越来越靠前——他的学习成绩越来越好；而排序位置靠后的同学则因为排序位置靠后，使得排序位置靠后成为拖累其持续努力学习的心理负担，从而使他的排序位置越来越靠后——他的学习成绩越来越差。排序效应正是通过它对不同排序位置的同学有着不同的心理作用来影响着大家的学习的。

"百舸争流、奋楫者先"——无论如何都要使自己的学习名列前茅，并力图通过学习的名列前茅，使自己的学习越来越优秀的学习策略，称学习的名列前茅策略。基于这一策略，我们哪怕是再苦、再难、再累，哪怕是要粉身碎骨或要脱掉"一层皮"，也要让我们的学习越来越优秀。我们决不可以对学习能否名列前茅持无所谓的态度——或陷入对名列前茅的空想、或以为时间来日方长、或以为自己有锦囊妙计、能在一夜之间就可以来一个学习成绩的"乾坤大挪移"而后来居上；此外，对名列前茅，我们还要有信心：不管我们目前的学习是如何的落后，只要我们"奋楫"而为、踏实努力、不怕吃苦，我们未来在学习上的名列前茅，不但是可能做得到，而且是可以做得到的。

俗话说："宁为鸡头、不做凤尾。"撇开世俗的功利成见，这句话是有哲学道理的。"头"不管他如何简朴，他始终是头；"尾"，不管他如何豪华，他始终是尾。从现代学习看来，我们无论在什么时候、我们无论学习什么，都一定要自始至终地、坚持不懈地、旗帜鲜明地争取做领先的"头"，让学习的排序效应发挥其积极的、正向的心理功能，让自己的学习成绩越来越好；一定要自始至终地、坚持不懈地、旗帜鲜明地拒绝做落后的"尾"，不让学习的排序效应发挥其消极的、负向的心理功能，不让自己的学习成绩越来越差。

探索和实践

●制订下述学习计划并严格执行之：首先让自己的学习态度名列前茅，接着让自己的各科作业水平名列前茅，然后让自己的优势学科的学习成绩名列前茅。如果你按计划做到了这些，你会发现，你的其他学科的学习成绩都接近名列前茅了。想一想，其中蕴含着什么道理？

7.13 学习的具体化策略

老鼠们在讨论"如何知道猫来了"的问题。一只老鼠说，这好办，只要在猫尾巴上系个铃铛就可以了。老鼠们都举手赞成。但谁去猫尾巴上系个铃铛呢？老鼠们面面相觑，半天没有下文——"在猫尾巴上系个铃铛"的决定遂不了了之。可见，凡事必须具体、必须落实；凡事不具体、不落实，就是名副其实的"划胡子"（空谈）。学习也必须是具体的落实的。那种将理论与实践结合起来，老实巴交地将学习活动都在实际中身体力行的学习策略，叫学习的具体化策略。

我们之所以要坚持学习的具体化策略，有以下原因：

第一，任何有效的学习，都是理论和实践不断反复、不断总结提高，借此解放思想，改变思维方式的学习——掌握了理论，就要具体地回归到实践上，将理论具体应用于实际；有了实践经验，就要具体地回归到理论上，将经验具体概括为理论；有了理论，就要具体地回归到改变思维方式上。如果不具体，没有具体的载体或没有具体承载的具体化过程，理论和实践的不断反复就不能落实，改变思维方式就不能具体"到位"，学习不能具体"到位"，学习就没有实效。

第二，具体化有利于化繁为简——我们对某问题不明晰吗？实地调查研究一番或代入一个具体数据或举个实例说明一下就明白了。

第三，我们在学习时，在我们的大脑皮层上，是允许有且只允许有一个"兴奋中心"的，坚守学习的具体化策略，可以让大脑皮层上的控制认知的"兴奋中心"和控制实践的"兴奋中心"都具体地得到强化且彼此具体地"叠加"在一起，从而使大脑皮层上的"兴奋中心"有一个且只有一个。

第四，学习也是为了发现问题、解决问题并通过发现问题、解决问题以获得经验的，只有通过具体化，即只有具体地"做"，我们才能发现具体问题、解决具体问题并在发现具体问题、解决具体问题的过程中获得具体经验。

第五，学习是必须技能化、意义化的，只有通过具体化——具体的"做"，书面的知识概念才可能具体转化为在具体情境中能迅速解决具体问题的、有序的且可以操作的具体的心理组织方式和行为组织方式，才可能被技能化；同时，也只有通过具体的"做"，在实践中认识的、已被经验化、技能化的知识概念，才可以在反复总结、反复反思的基础上意义化，进而概括为思想方法、上升成智慧，我们的学习才能具体地得到落实。

现代学习认为：空谈误国、实干兴邦；生于具体，死于抽象。凡事不具体、不到位、不落实，满足于夸夸其谈和坐而论道，务虚不务实，是传统文化的痼疾，是现代学习的大敌。

探索和实践

●"凡事不具体、不到位、不落实，满足于夸夸其谈和坐而论道，是传统文化的痼疾，是学习的大敌。"——说一说你的见解。

第三编　牢牢地把握住课堂学习这一根本

第八章　牢牢地把握住课堂学习这一根本

8.1 牢牢地把握住课堂学习这一根本

牢牢地把握住课堂学习这一根本，这是公开的且众所周知的提高课堂学习质量的秘密。

每年的高考过后，都有一批同学"落第"。许多人把他们在高考中"落第"归因于如考试失误、心理紧张、身体状态不佳等客观因素。而我认为：这些同学的高考"落第"乃命中注定。之所以说他们是"命中注定"，是因为他们坚持己见，犯了一个相同的错误——没有牢牢地把握住课堂学习这一根本。

高考是反映国家意志的考试。高考的考试依据，是国家以法规的形式颁布的高中学习要求。高中阶段的学习，就是根据国家颁布的高中学习要求，根据国家规定的教学计划、规定的学科教学大纲、规定的学科教学课时，使用国家规定的学科教科书展开的课堂学习。如果这些同学充分利用了课堂学习时间，牢牢地把握住了课堂学习这一根本，全面落实了国家法定的高中学习要求，他们自然就有可能顺利地通过反映国家意志的相关考试，其中包括高校选拔新生的高考了。这些同学因为舍本逐末、好高骛远，不能"牢牢地把握住课堂学习这一根本"，学习时间和学习重点都不在课堂学习这一根本上，都不在全面落实国家法定的高中学习要求上，所以他们在以国家规定的学习要求为依据的、反映国家人才选拔意志的高考中"落第"，自然是情理之中的事了。

"牢牢地把握住课堂学习这一根本"的关键，一在于严格要求自己，集中注意、集中思想、集中精力，自觉地主动地发挥主观能动性；二在于牢牢地把握住高中学习要求，即牢牢地把握住高中学科教学大纲，牢牢地把握住课本内容体系，牢牢地把握住课本的思想方法体系、知识概念体系和技能训练体系；三在于牢牢地把握住课堂学习五环节（预习、上课、小结、作业、复习），尤其要牢牢地把握住课堂 45 分钟的有效学习——及时地回归学科学习要求、及时地回归学科教学大纲、及时地回归课堂、及时地回归课本、及时地回归定义、及时地回归基本的学科思想方法，执着地把课堂时间利用穷尽！执着地把课本读"烂"！

我们六岁启蒙，先读小学、再读中学、后读大学、再读研究生、博士生，甚至博士后。在课堂上，我们要学习九年、十二年、十六年、或二十年甚至更长的时间……我们人生的成败，就由课堂学习基本决定了；我们民族的兴衰，就由课堂学习基本决定了；我们国家的强弱，就由课堂学习基本决定了；我们的国家在未来的不可抗力的国际竞争中的胜负，就由课堂学习基本决定了——可见，牢牢地把握住课堂学习这一根本，很是重要。

现代学习的课堂学习观之一，就是牢牢地把握住课堂学习这一根本。其实，何止是课堂学习，世界上所有成功的秘诀都在于牢牢地把握住"本"——树以根为本，称为根本，国以民为本，称为民本，学校学习以课堂学习为本，称为课本。如果你的学校学习不能牢牢地把握住课堂学习这一根本，而是陶醉在各种自欺欺人的分数热、特长热、证书热和各种华而不实的辅导班、奥赛班等"学习牛屎"之中，提高学习成绩就是一句空话了。

探索和实践

●"执着地把课本读'烂'"，"烂"是什么意思？你是"执着地把课本读'烂'"的人吗？

8.2 狭义的课堂学习与广义的课堂学习

狭义的课堂学习，指的是在学校里，以课本为学习依据，以教室为学习情景，有教师当堂指导的学习。课前预习、课后小结、作业、复习等学习环节由于没有老师当堂指导，故不称为课堂学习。

广义课堂学习，则是指凡是根据学校教学计划，以学科教学大纲为指导，以指定的课本为依据，在教师全程指导下的学习。因此，课前预习、课后小结、课后作业、课后复习等都是课堂学习。而任何课外的、不以指定课本为依据的学习，称为课外学习而不称为课堂学习。

不管是狭义的课堂学习还是广义的课堂学习，都是以自学为主的学习。对这一点，你应该有充分的了解。

探索和实践

●从广义看来，课堂学习本质还是自学。你如何理解这一点？

8.3 高水平课堂学习的若干特点

——坚守崇高精神学习观。坚持用崇高的理想鼓舞人、用正确的思想引导人、用严格的纪律约束人、用光荣的传统陶冶人、用具体的榜样示范人，尽力增大课堂学习细节的精神含量，尤其是崇高精神含量。

——严格学习要求，刻苦学习，学有所得。个人学习目标始终与老师预定的教育教学目标保持一致，是在认真负责地"学做人"、认真负责地"学做事"、认真负责地"学做学问"的学习，更是展现崇高精神的伟大、体验崇高精神的美感、促进崇高精神的成长的学习，而非是单纯的知识认知或做题应试。

——强调师道尊严，严肃纪律性。课堂即社会，社会有规则——尊重先生的领导地位、维护先生的教育权威、无条件服从先生的正确指导；任何挑战先生地位、漠视先生权威、藐视课堂纪律、无视课堂学习规范的言行，都必须禁止和查处；决不允许异端邪说借百家争鸣的名义在课堂上颠倒是非，决不让几粒"老鼠屎"——一小部分不学习、不上进、不务正业的学痞——严重扰乱课堂学习氛围和秩序。

——强化批判性思维水平。批判性地提出问题，批判性地分析问题，批判性地解决问题。

——尽可能高速度、高难度、高理论起点地，有准备地、物我两忘地、奋发图强地、知行合一地学习。尽可能增大学习的密度、难度、理论联系实际的强度，尽可能总结积累更多的实践经验、反思掌握更多的思想方法、融会积累更多的见识经验，尽可能拓展视野、改变思维方式、提高能力素养水平。

——交换思想、放大智慧，使"人皆成尧舜"。在独立思考的基础上，团结协作，彼此交换思想，放大智慧，互为"肩膀"，既让自己"成尧舜"找到立足之地，也让他人"成尧舜"找到立足之地。

总之，高水平课堂学习恪守崇高精神学习观，是强调师道尊严、严肃纪律性的学习，是高速度高难度高理论起点的、物我两忘、知行合一的、有美感体验的境界学习。缺乏崇高精神做引领、学习目的和教育目标相脱离、死盯着分数和成绩的应试驱动型学习，学习纪律松散，即使天天"合作探究"、天天"快乐发现"、天天"张灯结彩"——即使人人考入清华、北大——都不过是一场闹剧，决不是高水平的课堂学习。

在本书里，高水平课堂学习有时又称为课堂"高级学习"或课堂"高端学习"。课堂"高端学习"和课堂"高级学习"，是我为了讨论课堂学习问题的方便，杜撰的两个词。

探索和实践

●分析你的课堂学习是否是高端学习。如何才能脱离课堂初级学习而步入课堂高端学习呢？给出三个办法来。

8.4 课堂有效学习与无效学习及二者的时间分布

课堂有效学习指学有所得的学习。课堂无效学习指学无所得的学习。

通常情况下，从统计学的角度看，课堂有效学习和无效学习的时间分布有以下的规律性：

在课前第一个五分钟里，有效学习时间少而无效学习时间多。这是老师的组织教学时间。

在课前第二个五分钟里，有效学习时间与无效学习时间基本持平。这是老师复习提问和导入新课时间。从课前第三个五分钟开始，有效学习时间增多而无效学习时间减少。这是学习新课的时间。约在课后倒数第二个五分钟里，有效学习时间与无效学习时间基本持平，这是复习巩固时间。从课后倒数三分钟起，有效学习时间减少而无效学习时间增多。这是老师课堂小结、布置作业的时间。

从上述课堂有效与无效学习时间的分布可以看出：课前五分钟与课后三分钟是无效学习集中的时间段。这两段时间的浪费与注意力分散有关系。在课前第二个与在课后倒数第二个五分钟里，是有效学习时间量与无效学习时间量彼此相近的时间段，这主要与引入新课的学习刺激不够或与新课学习后产生的学习疲劳有关。在其他的时间段，有效学习时间普遍多于无效学习时间，这可能与大家已普遍地进入了学习角色、学习思维被积极地调动起来了有关系。

知道了课堂无效学习的时间分布特征及其产生的原因，你就可以理智地调节个人的学习行为方式和学习心理方式以减少无效学习的时间量了。及早做好学习准备、全身心地扑在学习上，坚持在"学中做"并在"做中学"，是最有效的课堂学习的行为方式和最有效的课堂学习心理调节方式。因为只有做好了学习准备，你才有可能与老师的教学活动始终保持同步；因为只有全身心地沉浸在学习之中，你才不会因为要刻意地调节心理活动而衍生出一系列其他的负向的心理活动。

在一节课的 45 分钟里，无效学习时间有时有可能占去课堂总时间的 50% 甚至更多（在后文里，我们将专门讨论这一问题）！学校教育之所以效率最低，原因之一就在这里。

探索和实践

●课堂上，你如何通过"挤两头，抓中间"的方式，提高课堂有效学习时间量？

8.5 始终把握住课堂学习主线

任何课堂学习都有其相应的数理—逻辑学习目标（或技能操作目标）和数

理—逻辑学习（或技能操作学习）要点，这些数理—逻辑学习目标（或技能操作目标）和数理—逻辑学习（或技能操作学习）要点顺着时间的顺序排列开来，就构成了课堂学习的主线。

课堂学习的主线通常有三条：

一是以课本学习为主线。老师的"教"和你的"学"都是以课本为依据展开的。课本是教学双方的"地图"。在学校里，大多数老师都遵循这一条课堂学习主线组织教学，这条学习主线叫以"'本'（课本）为本"。

二是以老师的教学为主线。表现在老师的课堂教学是在教学大纲指导下，源于课本但又是不囿于课本的。表现在课本之外，老师要补充、增添许多教学内容；在课本之内，老师要删改、精析许多教学内容。例如在大学里和高考总复习的阶段，大多数老师都是遵循这一条主线组织教学的，这条教学主线叫以"'纲'（学科学习大纲）为本"。

三是以自我探究为主线。课堂学习完全是在你的自主控调下展开的，课本和老师仅发挥了支持和辅助的作用。这种学习主线不妨称为"以'我'为本"，如研究生的学习和考前的自由复习。

在现实的课堂学习过程中，你经常因为以下的错误认识而偏离了学习主线：

一是错误的课本观。你有时认为课本太过简单而轻视它，有时又认为课本太复杂而厌恶它，有时因诸多说不清的原因而放弃它。总之，你总是把课本束之高阁，自己另搞一套。

二是错误的教学观。你或认为老师的教学水平底，或因与老师的人际关系不良，或觉得老师人品讨厌而抗拒他的教育影响，进而远离他的教学主线。

三是错误的课堂学习观。以为学科课堂学习就是做题。于是你买来很多本参考书和习题集，把自己的学习完全沉入学科参考书和习题集中，甚至刚进入高中，便搬来许多高考题、奥赛题来做，结果是越做难题，越不会做难题。这样既浪费了时间，又增大了心理压力。

这些把课本、把老师、把课堂学习束之高阁的、严重偏离学习主线的做法，是愚蠢且笨拙的。

课堂学习主线主要是由课堂数理—逻辑学习目标（或技能操作目标）与课堂数理—逻辑学习（或技能操作学习）要点等构成，把握住了课堂数理—逻辑学习目标（或技能操作目标）与课堂数理—逻辑学习（或技能操作学习）要点，便把握住了课堂学习主线了。一般情况下，课堂学习主线采用以"'本'（课本）为本"、以"'纲'（学科学习大纲）为本"和"以'我'为本"的三"本"一体、但又完全不囿的三"本"一体的课堂学习主线方式，是基本不会错的。

特别值得强调的，是学科参考书的使用问题。学科学习必须使用学科学习参考书。好的学科学习参考书确实可以弥补课本的不足。但有着明晰的数理—

逻辑学科思想与数理—逻辑学科方法，始终贯穿着数理—逻辑思想、辩证逻辑思想、学习心理学思想、学习美学思想，重在不断改变思维方式的有特色的学科参考书寥若辰星，少数学科参考书甚至完全是滥竽充数、欺世盗名、错误百出的"假洋鬼子"——纯粹是些彼此抄来抄去的、毫无学科创新意识的垃圾。

　　做个老实人，牢牢地把握住你的自学意识、牢牢地把握住你的课本、牢牢地把握住老师的课堂学习指导、牢牢地把握住你的学科数理—逻辑问题（或技能操作问题）、牢牢地把握住你的课堂学习主线——牢牢地把握住你的这些学习根本吧！你无论如何也不能放松这一根本！

　　探索和实践

　　●你的数学学得很好，你根本不在乎课堂学习而一心钻研数学奥赛问题，这合适吗？

8.6 课堂显性学习和课堂隐性学习

　　我们毫不怀疑自学成才者有较强的学习能力和人文素养。但一般而言，在老师的指导下成长起来的、接受过严格且正规的学校教育的成才者，较自学成才者人数一般要多得多，学习能力和人文素养一般要高得多。这是为什么呢？我认为，其中的原因可能是，在学校里，在老师的指导下系统学习的成才者，不但接受过较多的显性学习，而且接受过较多的隐性学习。然而什么是显性学习、什么是隐性学习，二者对于课堂学习有哪些意义呢？

　　所谓显性学习，指的是完全局限于课本规定的知识概念的学习；所谓隐性学习，指的是在深入认知课本规定的知识概念的基础上展开的、以世界观和方法论为主导的精神、品质、人文素养的学习和知识概念技能化的学习。如我们学习《论语》，夫子说："三人行，必有我师焉，择其善者而从之，其不善者而改之。"假若我们仅从字义上理解——夫子说，三个人一起走路，其中一定有一个可以作为我的老师。选择他的长处供自己学习，找出他的短处（假若自己也有的话）改正它——这就是显性学习。假若我们在上述理解的基础上，进一步领悟到：夫子其实是说——"我们随时随地可以学习。正面学习他人的优点，是一种学习方式，发现他人的不足，从反面引以为借鉴并在行动中予以落实，是另一种学习方式"——就是隐性学习。

　　显性学习的意义，在于它能使我们掌握基础知识、基本概念、基础理论和基本技能，在一定程度上掌握学科思想和学科方法，形成基础的认知结构；隐性学习的意义，在于它不但能引导我们掌握学习心理学意义上的思想方法和思维方式，而且能引导我们在掌握学科意义上的思想方法和学科意义上的思维方式的同时，进一步掌握建立在科学意义之上的如科学或哲学意义上的思想方法和思维方式，在掌握科学或哲学意义上的思想方法和思维方式的基础上，体验崇高精神，形成科学的世界观，同时展现崇高精神，展现科学的世界观。

课堂显性学习和课堂隐性学习有如一片树叶的正反两个面。但在课堂学习过程中，我们一般能较多地注意课堂显性学习，实现显性学习目标，我们一般较多地忽视甚至没有注意到隐性学习，更谈不上实现隐性学习目标——这不能不说是一种遗憾。

接受过较多的隐性学习或善于接受隐性学习的同学更具学习力。他们之所以更具学习力，是因为他们的思维方式不一样。正因为他们的思维方式不一样，所以他们能发现更多的显性的和隐性的"学习点"，与其他同学相比较，即使在同样的条件下学习同样的内容，他们也能学习、领悟、掌握到更多的东西，这种在隐性条件下发生的隐性的学习方式，叫陶冶。

"蓬生麻中，不扶而直"，陶冶是一种重要的隐性学习方式。不过，我们不是蓬，我们不能被动地等待陶冶，我们要积极主动地陶冶，即要积极主动地发现并接受隐性学习，让自己陶冶得快一些。

值得指出的是：老师和课堂是我们最好的隐性学习对象和隐性学习环境。

探索和实践

●隐性学习的重点是什么？例如在实验室做实验，亦含有隐性学习吗？

●《论语》之所以流传千年、生生不息，是因为在《论语》中，知识的认知、理解与掌握，与精神的感悟、展现、体验并重，即显性学习和隐性学习并重。你能说说你的体会吗？

8.7 课堂无效学习表现与无效学习分析

课堂无效学习无处不在——缺乏学习积极性，学习懈怠，不负责、不认真、不细致；缺乏自学意识，只知道单纯地等待老师教；不能做好学习准备，迟迟进入不了学习情景；学习浮躁、毛糙，不得不反反复复地"炒现饭"；因为注意力不集中；因为不喜欢某上课老师；因为缺乏学习策略和学习方法；因为没有带教科书；因为花了三分钟寻找笔记本；因为在作文时，马虎地写了一页，不合要求，重写，又写了一页，还是不合要求，再重写；因为给同坐的女孩子写条子；因为身心太疲劳……诸如此类。课堂无效学习就是这样无孔不入地渗透进我们整个的课堂学习过程。

课堂无效学习产生的原因，有主观和客观两方面：老师的教学内容、教学方法不符合我们的学习实际，教材太难，教学组织不合理等，属于客观原因；学习的积极性低，学习的基础太差且学习准备不够，自我意识混乱、情感浮躁，大脑皮层因过度疲劳产生了暂时的保护性抑制,没有合理利用、放大学习资源等，属于主观原因。其中最主要的原因是：思想上缺乏崇高精神做引领，态度上缺乏学习信念做支持，认识上缺乏学习的敏感性和学习悟性及学习意志薄弱、学习行为懒散，不能及时、有效地找到课堂学习的"学习点"并及时、有效地在"做中学"、在"学中做"等。

课堂无效学习极大地降低了课堂学习效率，使我们的学习长期处于"劳而无功"的状态。研究表明：有些同学的课堂无效学习时间百分率甚至可达70%~90%！有效学习时间只有10%~30%！也就是说，这些同学在大部分，甚至在所有的课堂学习时间里，几乎没有学到什么东西！即使是学习认真的同学，他们的有效学习时间率亦只有40%~70%！无效学习时间也接近30%~60%！总之，因为无效学习，我们的很多的课堂学习时间都浪费了！我们的课堂学习就成了世界上效率最低的活动！这不能不说是天下最大的悲哀！

课堂无效学习是一个值得大家认真对待的问题，必须要引起大家足够的重视。

探索和实践

●分析你课堂无效学习的缘故及其表现。给出提高有效时间量的学习方案，从明天起开始实行。

8.8 提早做好课堂学习准备，及时做好课堂学习总结

我们要知道，决定事物发展的条件有两个，一个是事物本身（主观条件），一个是外部环境（客观条件），只有主观条件和客观条件都齐备了、都成熟了（有了量变），事物才可能发展变化（发生质变）——我们要促进事物能动地发展变化，就要积极地促进主观条件和客观条件的齐备和成熟（推进事物的螺旋形渐进过程），这一积极地、能动地促进主观条件和客观条件的齐备和成熟的过程就是准备；另一方面，准备是在原有主观条件和客观条件基础上的准备，所以我们应当吸取经验教训，尽量理论地、尽量深刻地、尽量及时地把握主观条件和客观条件在事物发展变化中的规律性，避免再走弯路，这一活动就是总结。显而易见，准备和总结是能动地促进事物发展变化的两个相辅相成的步骤——前一总结为后一准备做准备，后一总结又为前一准备做总结。总之，由于课堂学习是旨在促进我们尽快地获得发展变化的活动，所以我们必须开动两只"脚"——一只"脚"是及时地、精益求精地做好课堂学习准备，另一只"脚"是及时地、精益求精地做好课堂学习总结。

为使及时地做好课堂学习准备和及时地做好课堂学习总结变得和谐有序，我们有目的地将笼统的课堂学习细分成若干个学习环节，使前一个学习环节为后一个学习环节做准备，让后一个学习环节为前一个学习环节做总结，由此形

成一个学习准备——学习总结不断循环递进的学习发展变化链。如课堂学习就可以细分为预习、上课、小结、作业、复习五个环节，预习即为上课做准备，上课即为预习做总结，上课即为小结做准备，小结即为上课做总结等。

必须指出：第一，我们的课堂学习准备和课堂学习总结必须及时。若不及时，课堂学习准备和课堂学习总结就有可能因为失去其准备或总结的时机而不得不降低其准备或总结的效用。一般说来，学习准备应该适当提前，学习总结应该即时——我们要养成提前准备、即时总结的课堂学习习惯。每结束一个学习阶段或结束一个学习步骤，哪怕是结束一个极简单的学习步骤，也要回过头来反思、总结一番。第二，总结的目的，是为了获得经验，获得经验的目的，是为下一个学习步骤做好准备。许多同学的学习成绩排序之所以越来越后，没有提前做好课堂学习准备或没有即时做好课堂学习总结，可能是主要的原因。第三，我们的课堂学习准备和课堂学习总结必须紧扣"学习点"——力求学有所得。决不能轻描淡写地走程序，没有"学习点"的课堂学习准备和课堂学习总结只是浪费时间。

对课堂学习准备和课堂学习总结这两个命题，还有广义和狭义的理解。广义的课堂学习准备指的是阶段课堂学习准备，如以时间周、学期、月为阶段的课堂学习准备；狭义的课堂学习准备指的是每堂课的每一个学习环节的准备乃至每一个学习步骤的准备。就提高学习成绩而言，对我们来说，以时间周为阶段的课堂学习准备和以时间节为阶段的课堂学习总结具有特别重要的意义，我们如果踏实地、及时地做好课堂学习准备和课堂学习总结，我们的学习成绩必将名列前茅。

及时地做好课堂学习准备和课堂学习总结，好比学习的两条"腿"，我们的课堂学习就是在这两条"腿"的循环递进下能动地获得发展的。

探索和实践

●举出没有课堂学习准备和没有课堂学习总结就没有课堂学习进步的实例。分析你的学习没有较大幅度进步的原因；领悟做好课堂准备和课堂总结的意义。

8.9 课堂学习"五环节"

为使我们的课堂学习是有准备的、有总结的课堂学习，现根据实际，将课堂学习划分为五个学习环节。这五个学习环节依序是预习、上课、小结、作业、复习。

课堂学习的核心环节是上课。这是唯一通过师生教学交往完成的学习环节（其他学习环节是自学）。

第一个课堂学习环节是预习。预习的主要学习目的旨在自学课本，发现疑难，做好上课学习准备。第二个课堂学习环节是上课，直面接受的学习老师指导。上课是课堂学习的核心环节，其主要目的是接受、探究、发现、认知、初步掌握新课。第三个课堂学习环节是小结。小结的目的是初步反思、总结，将课堂学习内容纳入主观的认知结构体系和客观的学科概念体系。第四个课堂学习环节是作业。作业的主要目的是为了使新学得知识概念的具体化、概括化，获得知识具体化、概括化经验。第五个课堂学习环节是复习，复习的主要目的是为了加强记忆、完善学科概念体系和个人认知结构体系。

前一环节是后一环节的准备，后一环节是前一环节的总结；前一个旧的课堂学习五环节结束，后一个新的课堂学习五环节开始。如此环环相扣、螺旋递进、循环不息。

课堂学习形式大部分时间是老师指导下的自学，我们必须充分利用"老师指导"这一有利条件。

各环节的主要学习目的、学习形式见下表：

顺序	学习环节	主要学习目的	学习形式
1	预习	发现课堂学习疑点、难点、盲点	自学
2	上课	探究、认知、初步掌握新课学习内容	教学
3	小结	将新认知的知识概念纳入客观的概念体系	自学
4	作业	获得新的知识概念的具体化经验与概括化经验	自学
5	复习	反思、总结课堂学习经验，完善认知结构和概念体系	自学

许多同学的课堂学习仅有上课和作业两个环节，少数同学甚至只有"上课"这一个学习环节（他们不做作业），大多数同学的"课堂学习五环节"残缺不全——这是不妥当的。

探索和实践

●你的课堂学习有几个环节？哪些课堂学习环节是你缺乏的环节呢？

8.10 概念认知准备愈充分，课堂学习的效果愈好

任何形式的学习都必须做好准备，尤其是必须做好概念认知的准备，课堂学习也不例外。课堂学习的概念认知准备愈充分，课堂学习的效果愈好。

如何做好课堂学习的概念认知准备呢？

首先，对即将学习的新内容，你务必要提前自学（预习）一遍，在提前自学的过程中，你特别要注意以下问题：

一是对新学习的内容，尤其是对新学习的概念，你要检查自己能否"学得懂"；二是通过检查，对新学习的概念，你如果认为有些"学不懂"，你就要继续明确你在什么地方"学不懂"；三是如果你已经明确"你在什么地方'学不懂'"，你还要继续明确"你为什么在这些地方'学不懂'"。

接着，你要把这些"学不懂"的内容、"学不懂"的位置、"学不懂"的原因等学习疑难概括成若干个具体的问题，这些问题就是你的"学习点"。所谓"学习点"，就是学习疑难点或学习空白点。

然后，你要带着这些"学习点"——具体的、待解决的学习疑难问题——去上课。

充分做好课堂学习的认知准备有以下好处：

可以使你的学习始终处于积极的概念学习、问题学习、意义学习和发现学习状态。因为你的学习是概念学习，所以你的学习才富有理论性和思辨性；因为你的学习是问题学习，所以你的学习具有鲜明的目的性，就有可能获得更多的新经验；因为你的学习是意义学习，所以你的已有的知识经验就有可能与新学习的知识概念建立起本质的、非人为的意义联系，你就有可能形成新的认知结构，你的概念才有可能学得准、学得牢；因为你的学习是发现学习，所以你就有可能增加思维的容量，增大思维的难度，提高思维的质量，改进思维的方式，促进已有的知识经验和新学习的知识概念向四面八方迁移；正是因为你的学习处于积极的概念学习、问题学习、意义学习和发现学习状态，所以你就有可能摆脱单纯的学习材料感知、单纯的学习内容识记、单纯的概念语言接受学习状态。

学习心理学研究已证明，任何新概念，都要经过记忆、理解、应用等具体化阶段，才能真正被掌握；都要通过模仿、熟悉、熟练等具体化阶段，才可能转化为技能；都要经过具体化、概括化、意义化等具体化过程，才能使语言的和逻辑意义上的概念转化为能力意义上的、最终转化为个人的心理素养意义上的概念。

有着充分的认知准备的课堂学习可以有效地缩短上述的转化过程（关于这一问题，本书后面的文章将会继续讨论）。

上述学习转化过程的缩短，意味着你的学习就有可能走在班级其他同学的前面。你的学习一旦走在班级其他同学的前面了，你就有可能始终走在班级其他同学的前面（关于这一问题，本书后面的文章将会继续讨论），你也就有能力、有时间带着思辨的、批判的哲学精神学习。当你带着思辨的、批判的哲学精神学习的时候，你对思维方式和思想方法方式就有可能随认识的深化而与时俱进，你的学习层次就可能要高端得多，你的学习所得可能要丰富得多。

根据认知心理学家的观点，你是带着一棵心理学意义上的"认知树"来学习的。客观的知识概念只有"对接"（同化）在你的主观的"认知树"上（形成认知结构）后才能被你掌握，所以你一旦做好了充分的概念认知准备，你的"认知树"上的概念"对接点"就准备好了——你就有可能在最短的时间内，让新的概念能以最有序、并最有效的方式"对接"（同化）在你的这棵主观的"认知树"上了。

"充分做好课堂学习的概念认知准备"——找到课堂学习的"学习点"即概念"对接"点，让学习总是走在班级和老师的前面，是提高课堂学习质量的"秘诀"。可惜的是，不管老师们如何反复强调，只有极少数同学能做到这一点。

探索和实践

●你如何理解"充分做好课堂学习的认知准备"的核心是做好"学习点"准备？

8.11 关于学法和教法的讨论

第一，我们选择的学法原则上应与老师选择的教法相对应。因为老师在做教学准备时，他不但考虑了他的教法，也考虑到了我们的学法，而且老师是先考虑了我们的学法、再考虑他的教法并以此为基础给出教学计划的。

第二，老师选择的教法和我们选择的学法原则上应与课本要求的教法和要求的学法相对应。不同学科的课本尽管有着不同的编写大纲、编写宗旨、编写体例与编写方式，但都是考虑到了老师的教法和我们的学法的。

第三，我们选择的学法原则上应与自己的优势的学法相对应。不管什么"法"，只有乐于被自己接受、理解，并为自己所熟悉并熟练的"法"，才是好"法"。我们如果霸蛮地采用一种自己不熟悉、不理解、不熟悉并不熟练的学法来学习，显然是欠理智的。

第四，谦恭地遵循老师设计的教法和学法学习。对老师设计的教法和学法，我们可以提出合理化建议，让老师设计的教法和学法更科学，但我们的学法原则上应与老师设计的教法和相一致，切不可以自行其是，对老师指手画脚，另搞一套。

目前，普遍倡导的教法或学法，是"发现法"，即要求学生都要像科学家搞创造性研究一样，用"发现"的方法学习。但教学实践证明：在有限的学习时间里，在同一个班级里，要求几十个同学都具体地、有效地、步调一致地用"发现法"学习，很是困难。

"发现"是一种精神，"发现精神"并不能与"发现法"画等号。无疑地，我们应该倡导"发现精神"并尽量地用"发现法"教学。但是考虑到教材的编写特点、班级集体与个人的学习实际，我们的"发现法"教学应具体情况具体分析，应因学科、因时制宜——凡是切合我们的学习实际，凡是有利于知识认知、经验获得，凡是有利于激发"发现精神"、扎实学习基础、改造思维方式的教法和学法，便是值得我们选择的、切合实际的教法和学法——什么样的教法和学法最好，我们便选用什么样的教法和学法来学——不存在任何绝对的、固定的教法或学法定势；东施效颦般的、为"发现"而"发现"的教法和学法，纯粹是装腔作势的"演戏"，毫无实际意义。但一般而言，与老师或课本要求的教法和学法相对应，且又符合我们自身学习实际的教法和学法，应该是最适宜的教法和学法。

值得强调的是，在课堂上，我们的学法虽原则上要与老师的教法对应，但我们的这种对应，不应该是被动的对应，而应该是主动的对应——不管我们的学法如何随老师的教法而改变，我们自始至终坚持的以发现的、探究的、合作的、开放的、质疑的精神统率学法的原则不改变。

值得反省的是，在课堂学习过程中，面对老师的教法，部分同学总是莫名其妙地持逆反的态度，即不管老师采取哪一种教法，他们的学法总是与老师的教法背道而驰。毫无疑问，这是亟待克服的病态的学习心理。

探索和实践

●你有课堂学习方法的意识吗？你是否坚持用探究与发现的精神统率自己的学法呢？

8.12 课堂学习交往与和谐班风的创建

我是在一所县城中学念完中学的。教我们的动物学的先生姓肖，是湖南湘乡人，鼻音重而浊。在第一堂课上，因他把草履虫念作草履"同"，我们为此送他一个绰号叫"草履'同'"。每当上动物学课，我们便私下传告："草履'同'"老师来啦！"但"草履'同'"老师从不以为然。不管我们如何恶意地哄闹，不管我们如何无休止地嘲弄，他总是准时来教室上好每一堂课、准时在晚自习来教室面批我们的作业，他从未为这些鸡毛蒜皮生过气。

肖老师的绝活有很多，最令人惊讶的绝活是钓鱼。有几次，他从河中的深潭里钓回来了许多条大鱼，给我们这些营养不良且对他又很不礼貌的学生们补充营养。肖老师善于识别、采制草药。他采制的草药治好了几个同学的慢性病。尤其令人惊讶的是，不管谁抓到一只昆虫，还是谁拾到一片树叶，他都能以此为题，引经据典地、滔滔不绝地说出一大摞生物学的、地质地理的或文学的故事来。非常奇怪，随着我们与肖先生之间从相生到相熟，从相熟到相知，从相知到相悦，从相悦到相同的交往的延续，肖老师和我们之间的感情逐渐变得深厚起来，我们不再戏谑地称他为"草履'同'"，而是恭敬地称他为肖老师，我们再也不在他的课堂上哄闹，更不嘲弄他；我们对他的鼻音重浊的湘乡话，不仅不反感，反而觉得十分亲切，肖老师的动物学课竟成了我们大家最盼望、最喜欢、最热闹、最认真、学习成绩最好的课。

就像我们与教我们动物学的肖老师之间的人际交往过程一样，同班所有同学之间的课堂学习交往同样都要经历一个从相生到相熟，从相熟到相知，从相知到相悦，从相悦到相同的交往过程——"相生"，彼此陌生；"相识"，彼此认识；"相知"，彼此了解；"相悦"，彼此喜欢；"相同"，彼此的价值观念一致。

同班同学之间一旦在情感上相互喜欢（相悦），价值观念上一旦相互认同（相同），课堂学习交往水平就会发生质的变化。这些变化表现在：彼此之间的学习交流增多了，学习兴趣增大了，学习自觉性提高了；无效学习时间量减少了，有效学习时间量增多了；显性学习量增大了，隐性学习程度深刻了；尤为重要的是，同学们之间经常发生的矛盾、摩擦、争执、争吵、对立、对抗减少了，友谊、团结、合作、宽容、理解增加了。班集体里有更多的同学关心班集体的荣誉，有更多的同学关心他人的学习，有更多的同学关心班集体的团结；班集体的目标被全班同学认可，班集体的价值观念、纪律观念和行为规范被转化为班级的集体舆论，班级有了凝聚力和纪律性。而班级一旦有了凝聚力和纪律性，崇高精神就成为班级的旗帜，和谐的班风就可能形成了。

和谐的班风是真正的教育资源啊！有了和谐的班风，我们就有了良好的学习团队背景和良好的学习团队环境。同时也有了展现崇高精神并体验崇高精神美感的学习精神背景和学习美学环境。经验证明：和谐班风班级学生的学习成绩，与不和谐班级学生的学习成绩相比较，前者比后者要高得多。当然，和谐班风的创建，是一个极端艰巨的任务。该任务的完成，涉及许多方面。提高课堂学习交往水平，仅仅是其中的一个要点。

重视课堂学习交往，缩短同班同学间从相生到相熟，从相熟到相知，从相知到相悦，从相悦到相同的交往过程，有利于形成和谐的班风；和谐的班风一旦形成了，自己就能为集体提供"肩膀"并能获得集体的"肩膀"做支撑了。

天才成群、傻瓜成堆——通过学习交往培养和谐班风，通过和谐班风培养创建班级美育环境，通过班级美育环境创建提升班级学习水平，很是重要。

探索和实践

●班级学风是如何形成的？从人际交往的角度说一说。人的智慧在他人的脑子里，你如何理解这句话？

8.13 课堂学习交往的方法

一条狼，如果从幼年起，就被孤单地放逐在草原上，它是决不可能成为一条真正的狼的。对一条狼而言，坚韧、团结、力量与智慧等这些必备的品质，只有在狼群中，在狼的团队中，在"狼际交往"过程中，才能真正地学习到。交往，是动物学意义上的狼转化为生态学意义上的狼的必要条件。

与狼相似，我们大部分学习活动，也是在学习交往活动中完成的。所以我们要提高课堂学习水平，就要坚守崇高精神学习观，掌握课堂学习交往的方法，学会课堂学习交往。

在课堂学习过程中，个人、老师、班集体共同构成了多层次的课堂学习交往三角形，也就是说，课堂学习交往有我们彼此之间的交往、我们与老师之间的交往、我们与班集体的交往和班集体与老师之间的交往多种；课堂学习交往有成功的交往和不成功的交往两大类——成功交往指充分发挥了学习功能的课堂学习交往，课堂不成功交往指不能充分发挥学习功能的课堂学习交往。如何才能使我们的课堂学习交往更多的是成功的学习交往呢？

首先，作为课堂学习的交往双方，都要尽力地对对方保持着谦虚、宽容、低调、平等等尊重对方的交往态度并以这种态度吸引对方。

其次，恪守真实、真诚、真挚、忠厚、忠实、忠恕的课堂学习交往原则。努力克服各种阻碍课堂学习交往的负向心理，以自己的真实、真诚、真挚、忠厚、忠实、忠恕感动对方和悦服对方。注意：真实、真诚、真挚、忠厚、忠实、忠恕不但是课堂学习交往的基本原则，而且是社会人际交往的基本原则——真则不悔、诚则不愧、挚则不怨、忠则不忧、厚则不薄、实则不虚、恕则不器——一个怀抱着真实、真诚、真挚、忠厚、忠实、忠恕之心等崇高精神与人交往的人，必将是一个受人赞誉的、学有所成的人。

第三，促进班集体从松散的学习型群体向有序的学习型团队转化，通过稳固的课堂人际关系的建立和正确的价值观念的认可，促进和谐学风的创建。

课堂学习交往有着丰富的内容，它既有精神的感染、信息的交流，还有情感的交融、思想的交换和智慧的放大。所以课堂学习交往是一个展现人的精神、丰富人的情感、增长人的经验、提高人的智能水平的学习过程，也是人的团队化、社会化过程——其实，交往也是学习。我们中有许多同学羞于课堂学习交往或远离课堂学习交往，是十分错误的。一个在学校学习阶段都懒于或羞于人际交往的人，很难想象他在进入社会之后能做出什么丰功伟绩来。

探索和实践

●如何理解课堂学习是通过交往完成的？交往的"真实、真诚、真挚、忠厚、忠实、忠恕"的内容是什么？什么是课堂学习交往之根？

8.14 节约和放大课堂学习时间的艺术

从物质上看，课堂学习时间是一个定值，但从精神上看，课堂学习时间却是一个变量，它可以通过我们的主观能动性的充分发挥得以节约和放大。

节约和放大课堂学习时间的艺术表现在以下方面：

时刻保持学习准备的心向，可以增加课堂学习时间。有了学习准备的心向，我们就有了做好学习准备的警觉性和紧迫性，我们就可以提前进入学习的紧张状态，从而增加了时间。如课前预备铃刚响，我们就立即进入教室，就迅速地调整自己的动作水平和注意水平，控制大脑皮层的兴奋程度和抑制程度；当其他同学的学习心理还处在课间嬉闹的兴奋状况或还停留在课间休息的松弛状态时，我们则提早进入了学习状态，我们的学习时间就比其他同学多了几分钟。

具体制订并具体落实好学习计划，可以赢得课堂学习时间。学习计划是我们对未来学习活动的具体安排。学习计划制订并落实好了，我们的学习目标就具体了，学习任务具体了、学习措施具体了、学习过程具体了，学习绩效自然就提高了。我们的学习绩效提高了，自然就赢得时间了。如在假期，我们就做好下学期的学习计划，就开始预习，重点做好在下学期的外语单词预习和下学期的语文的作文预习，我们就赢得了下学期外语和语文的课堂学习时间。

做好学习的随即准备，可以夺得课堂学习时间。我们的学习，有如高天流云，一个步骤接着一个步骤，我们的时间浪费，大都集中在因为学习步骤衔接不当所导致的学习的"边际时间"的浪费上。因此，我们若是养成了第一个学习任务刚完成，就随即做好完成第二个学习任务的准备——养成了随即准备的学习习惯，我们就可以夺得好多的"边际时间"，就可以避免好多的时间浪费。例如晚自习刚结束，我们就随即做好第二天的上学准备——把第二天要带的学习用品甚至包括乘车卡、书籍、文具、书包、钥匙等收拾好，装在书包里，将书包等放在预定的地方，第二天一早起来，我们就可以立即背着书包等去上学——这样我们就节约了找乘车卡、找书籍、找文具、找书包、找钥匙的时间，相应也就减少了因为找书、找文具、找书包、找钥匙导致的时间的浪费。

做好学习的概念认知和学习的物质条件准备，可以节约课堂学习时间。如做好预习，就节约了上课时间；做好上课准备，就可以节约小结时间；做好小结准备，就可以节约作业时间；做好作业准备，就节约了复习的时间；做好了材料分析的准备，就节约了概念形成时间等。在认知过程中，认知准备愈充分，思疑、质疑、解疑所花的学习时间就愈少，思维障碍造成的学习时间浪费就愈少。"工欲善其事，必先利其器"。学习是需要一定的物质条件做保证的，做好了物质准备，有了必要且完备的学习工具，学习效率自然就高多了，中途用来借用、修整学习工具所花费的时间自然就少多了。

准确学习，可以争得课堂学习时间。课堂学习时间的最大浪费，在于缺乏"学习点"导致的学无所获或由于学得不准确、不得不重复学习导致的时间浪费。因此，课堂学习时，我们宁可学得慢些，但力求要学习得准确些：准确感知、准确理解、准确思维、准确应用、准确识记、准确掌握——努力争取"一步到位"——由于"一步到位"，无须一次又一次地炒"现饭"，学习时间总量反而少了。

抓住间隙，可以挤得课堂学习时间。在学习过程中，学习的时间间隙是很多的。如课间、会议间、就餐排队间、坐车间等，这些间隙的时间不长，但次数很多，若能日积月累，数量就大了。假如我们每天利用的间隙时间仅20分钟，年利用约300天，我们就相当于增加了半个月的学习时间量！我们就较其他同学多学习了二个星期！

深入学习思考，可以提高学习的有效性和深刻性，就等于放大了课堂学习时间。课堂学习过程中，努力让思维活动更深刻、更广阔、更富创造性，就可以增大课堂有效学习量，减少课堂无效学习量，进而使初级课堂学习，上升为高级课堂学习。

因此，在课堂学习过程中，我们若是能充分发挥主观能动性，按期制订好学习计划，做好学习的随机准备，养成了准确学习、善于抓住间隙时间学习、精于深入思考学习的好习惯，我们的学习时间就得以节约和放大，我们就不至于陷于忙乱之中了。

探索和实践

●河北有个衡水中学。衡水中学的惜时如金是有名的。你尝试着探究一番并写出一份小范围研究报告。

●你每天浪费了多少时间？做一统计，逐一地将浪费的时间量排列开来，发现其中最大的时间浪费是什么。

8.15 发现课堂学习的"学习点"

经常有这样的情形，当我们回顾、总结一天的课堂学习时，竟发现自己一无所获！为什么忙活了一整天，却一无所获呢？原因之一这可能是因为我们在上课前没有带着"学习点"学习或在课堂上没有发现课堂学习的"学习点"所至。

因为课堂"学习点"是在课堂学习过程中能给我们带来学习收获（经验）的课堂学习位置，所以下述课堂学习位置有可能是课堂"学习点"所在：

疑难问题发现点。每当一个疑难问题被发现，就找到一个"学习点"。

问题反思的经验点。我们探究并试图解决某个问题后，我们有必要反思解决该问题时获得的经验。经验的反思点即"学习点"。因为当我们通过问题解决反思，获得了新的经验甚至获得了经验反思的经验的经验的时候，我们的知识就经验化了，我们的经验就知识化了，我们就会有新的收获。

概念认知的意义联结点。我们新认知了某一个新概念，找到了新概念在概念认知体系中的新位置，我们新认知的概念就获得了新的意义，我们的认知结构亦因与新概念建立了新的意义，联系也有了新的意义，我们的认知就会有新的收获。

思想方法的概括点和技能模仿、熟练点。当我们把新学习的概念概括为思想或把已有的或新学习的知识概念转化为新方法，当我们模仿、熟练了某一技能，我们也就学到了新的东西。

学习心理的激发点和崇高精神的展现点和学习美感的体验点。举凡学习心理过程和学习心理受到激发，如集中了注意、产生了兴趣、激活了思维、激动了情感、坚强了意志等，都可称为"学习点"；至于提高了兴趣和需要水平，坚定了理想、信念，改造了世界观，展现了"求真、求善、求美"，又"求新、求变、求强"精神，更是我们的"学习点"，因为我们的学习不但包括科学知识的学习，而且包括世界观、方法论及各种心理能力和人文素养的学习。

技能实践动手点。当知识转化为技能，当技能由熟悉转化为熟练，当知识在动手的过程中转化为经验化知识，当经验在动手的过程中转化为知识化经验，我们也找到了如何"做"的"学习点"。

在课堂学习中，我们要有学习目的并要有学习准备，尽量采取探究的、发现的、反思的学习方式学习，善于领悟、反思、迁移，尽快找到较多的"学习点"。我们决不可以像看电视、读小说、逛街、擦肥皂一样，用漫不经心的、观光浏览的心态学习。

探索和实践

●分析并指出你的课堂认知的"学习点"位置；情感陶冶和意志锻炼亦可以说成是"学习点"吗？

8.16 成也经验，败也经验

评价课堂学习是否高效的直接标准，是我们在课堂学习过程中所得到的经验的数量与质量（当然也包括它们向我们的身心素养的转化程度和转化水平）。

课堂学习中得到的经验有两种，一是间接经验，即反映客观事物规律性的知识；二是直接经验，即我们在间接经验具体化过程中所得到的经验化知识，和经验化知识在概括过程中所得到的知识化经验。

间接经验往往用文本的形式，把经验和他人获得该经验的来龙去脉写在课本上。老师会以此为蓝本并引经据典地演绎它们一番，我们经过理解，就可以感知、识记住并初步认识它们。

直接经验包括两部分：一部分曰经验化知识，二部分曰知识化经验。经验化知识指的是有实际经验支撑的、能有效地解决问题的知识；知识化经验指的是经验化知识通过反复实践并反复概括、业已上升到理论层次的经验。例如在今天的英语课上，老师指导我们学习了虚拟语气的语法及用法——我们就认知了虚拟语气的语法知识和句法知识，我们也就获得了一定的关于虚拟语气语法的间接经验了。如果我们将虚拟语气知识应用于具体有效的言语交际实际，虚拟语气知识就有了实际经验做支撑。虚拟语气知识一旦有了实际经验做支撑，就转化成了经验化的虚拟语气知识了；如果我们继续将经验化了的虚拟语气知识继续反复地应用于语言交际实践并在此基础上进行再总结和再概括，经验化的虚拟语气知识就上升为知识化的虚拟语气经验了——我们就获得了虚拟语气学习的直接经验了。

成也经验，败也经验。在课堂学习过程中，我们如果没有同时获得足够数量与足够质量的直接经验和间接经验，如果我们获得的直接经验没有转化为间接经验，我们就等于什么也没有学。

有一种观念认为，学习的意义就是认知，就是解决"知"与"不知"的问题的。这种观念显然是不完全正确的。因为学习的目的，不但要解决"知"与"不知"即解决间接经验获得的问题，而且要解决"知"在一定的条件下如何"用"、如何"做"、如何"行"，包括在"用""做""行"之后如何再"知"、再"行"的问题，即解决直接经验获得的问题。换句话说，仅在语言含义上认知了知识的文字与逻辑意义，仍不能说已获得了真知；只有在知识的"用""做""行"的实践中，获得了经验——将知识转化成了有经验支持的经验化知识、将经验化知识再转化成了理论化的知识化经验，我们才可以说是获得了真知——因为真知不是别的，它是通过实践获得的、经实践检验是正确的且业已上升到理论水平的知识化经验。

同时要注意到，我们在课堂上获得的经验，往往由两部分组成：一部分是经验，另一部分是用以获得经验的材料（问题）。经验和材料相比，好比一棵带土的"树"——经验是"树"，材料则是"土"。树因为带了土，才更有生命力，经验只有带了材料了，才更有适应能力和迁移能力。所以我们在获得经验时，一定要把经验之"树"和用以反思、总结经验的材料之"土"连接起来。

因为"成也经验，败也经验"，所以第一，我们一定要在动脑的同时，还要动手、动眼、动嘴，甚至动其他；第二，我们所获得的任何经验，一定要有材料做支持；第三，我们的经验，要尽可能地理论化，或转化为经验化知识或转化为知识化经验。

探索和实践

●理解什么是知识的具体化与概括化。举例说明什么是经验化知识，什么是知识化经验。为什么说"纸上谈兵终觉浅，须知此事要躬行"是一句至理名言呢？

8.17 把握好课堂学习细节

一个整体，可以划分为若干个局部，每一个局部，就是一个细节。可见，细节是相对整体而言的。课堂学习也可以划分为若干个学习细节。课堂学习细节把握不当，势必影响课堂学习的整体效果。所以我们要把握好课堂学习细节。

如何把握好课堂学习细节呢？

首先，你应具有细节学习的心向，即细心。有了细节学习的心向，才可能具有课堂细节学习的敏感性。如语文课中谈到苏东坡的《赤壁怀古》时，老师说，"羽扇纶巾"应该作"羽扇纶（guān）巾"，并说："纶巾"是古人帽子的带子。"纶"又读 lun，一种纺织品。"这时，你应立即敏锐地认识到"纶"有两种读法。"纶巾"读"guān jīn"，而"尼纶"应读作"尼 lun"，并把这一读音的差别立即记录在课堂笔记本上而且告诫自己说："以后别读错了！"你如果没有细节学习的心向，即使老师反复强调，再三告诫"纶"字的两种读法，你也未必能机敏地意识到。

其次，你要学会细密地认知学习细节的方法。"细节"正由于其"细"，往往不易引起注意。因此，细节认知时，你要从细节与整体的关系、从细节存在的条件、从细节的决定性作用去认知它。如南京大屠杀中，日寇杀害中国军民三十余万人，"余"就是一个限定细节；又如单词 The 在后续单词 age 前与后续单词 tiger 前读音不同，就是一个规则细节。如用数学归纳法证明 $1+\frac{1}{2^2}+\frac{1}{3^2}+\cdots+\frac{1}{n^2}<2-\frac{1}{n}$ （$n \geq 2$）时，当你证明到：$1+\frac{1}{2^2}+\frac{1}{3^2}+\cdots+\frac{1}{k^2}+\frac{1}{(k+1)^2}<2-\frac{1}{k}+\frac{1}{(k+1)^2}<2-\frac{1}{k}+\frac{1}{k(k+1)}=2-\frac{1}{k}+\frac{1}{k}-\frac{1}{k+1}=2-\frac{1}{k+1}$ 命题成立时，不等式 $k(k+1)<(k+1)^2$ 的放大就是本题的技巧细节。

第三，善于发现和掌握关键性细节。在某种意义上，关键性细节就是"诀窍"。关键性细节的认知和掌握不过关，对概念的认知和掌握就不能过关，问题的解决便毫无可能性。以上题为例，如你未能掌握不等式的放缩法细节、$k(k+1)<(k+1)^2$ 的细节、$\frac{1}{(k+1)^2}<\frac{1}{k(k+1)}$ 的细节，及将 $\frac{1}{k(k+1)}$ 变换成 $\frac{1}{k}-\frac{1}{k+1}$ 的细节，该题的证明几乎是不可能的。

与细节相对应的，是轮廓。对于课堂概念的学习，仅识其内容的轮廓而不知其内容的细节是非常危险的。轮廓给我们的只是模糊的粗略印象，而细节给我们的却是准确的概念认知。对于课堂学习内容，我们只有认真地掌握其细节，才可能准确掌握概念，准确掌握思想方法，才能够应对由无数个细节检测组成的各种严格考试。某种意义上可以说，正确地掌握了细节，就是掌握了学习诀窍。我们之所以反复强调课堂学习必须细心、细致、细密，都是对准确认识细节并准确掌握细节而言的。

值得注意的是，课堂学习的细节把握，是把握课堂学习整体前提下的细节把握——首先把握整体，在把握整体的前提下，再把握细节，而决不可以相反。如果不把握整体，一味在细节上下功夫，我们就会变成"钻牛角尖"而因小失大。

要把握好课堂学习细节，需要耐心、需要钻研、需要有敏锐性，所以我们无论何时何地，都绝对不可心理浮躁，都不可以持"擦肥皂"式的学习态度学习。

"立乎其大，则小者不可夺也。"把握好课堂学习细节是一件很重要的事。

探索和实践

●课堂学习的细心、细致、细密表现在哪些方面？什么是学习诀窍？什么是优秀的学习细节表现？

8.18 坚持在"学中做"、在"做中学"

在"学中做"，表现为你将认知——"学"得来的知识同步地应用于解决问题的实际——"做"。当你将所"学"同步地应用于你的所"做"时，你就有可能获得相关的经验——或是正向的成功经验，或是反向的失败经验。你若是获得了正向的成功经验，你可以再次重复地"做"，使你的成功经验在实践中被不断地强化，进而获得更多的、更丰富的、更深刻的成功经验；你得到的若是失败经验，你同样可以在实践中重复地再"做"几遍，但你的这几次的"做"，是纠正错误、汲取教训的"做"。通过这几次的"做"，你既有了失败的经验，又有了成功的经验，还有了通过总结反思得到的关于失败与成功的经验的经验。

在"做中学"，表现为你一边"做"——一边具体解决问题，一边"学"——一边具体地反思问题。通过解决问题，你的知识在解决问题的过程中被具体化，你的知识有可能转化为有实践经验支持的经验化知识；通过反思问题，你的经验在解决问题的过程中被知识化，你的经验有可能转化为有理论支持的知识化经验；通过一边"学"和一边"做"，你还有可能将解决问题所涉及的所有的知识、经验、思想、方法等整合起来，形成一个概括化水平更高的经验化知识模块或知识化经验模块，进而内化为你的能力素养的一部分。

"学"和"做"，是课堂学习的两条"腿"。二者既可以是相互支持的学习的两个阶段，也可以是相互促进的学习的两个层面，二者互为伯仲，缺一不可。

事实上，在"学中做"与在"做中学"并无严格的区分。"学"中有"做"，"做"中有"学"，"学"即是"做"，"做"即是"学"。我们之所以将它们分开来说明，只是为了阐述问题方便些而已。

　　请注意：在课堂学习过程中，你的知识认知若是没有在解决问题的过程中经历过经验化的过程，便等于没有知识认知，就等于没有"学"；你的经验若是没有在解决问题的过程中经历过概括化过程，就等于没有很好地"做"，也等于没有"学"。这就像学了农学的大学生，因为没有经历过农学实践，所以不能称他们学好了农学，种地的老农虽天天农作，有很多经验，因为他们的经验没有上升为农学理论，所以也不能称他们学好了农学一样。

　　在"学中做"和在"做中学"是最理想的学习方式。所有的元帅都是在"做"中"学"会了战争，成为元帅的；所有学业成绩优异者，都是在"做"中"学"会了学习而学业成绩优异的。因此，在课堂学习过程中，你无论学什么，都要立足于"学、做结合"，都要把脑子、手、口、耳、眼统统"拿出来"，都要把学习工具统统拿出来，一切都要立足于在"做"中"学"和在"学"中"做"——勤于动手做、动笔做、动口做、动脑做、身体力行地具体做！决不可以有半点的取巧、半点的偷懒、半点的坐而论道！在课堂学习过程中，谁不具体地在"做"中"学"，谁不具体地"学"中"做"，谁不具体地不"卷起袖子""打了赤膊"、脚踏实地地"做"，谁的课堂学习就是空谈！

探索和实践

　　●如何理解元帅是在战争中学会战争、最后成为元帅的？有不在战争中但学会了战争的元帅吗？

第九章　恪守课堂学习的预习原则

9.1 恪守课堂学习的预习原则

"凡事预则立，不预则废"。"预"就是"准备"的意思。课堂学习也有"预"。课堂学习的"预"称为预习——对课堂学习内容的自学，它是课堂学习五个环节中的第一个环节。预习的目的是：

第一，做好上课的意义认知准备。预习之后，你对上课学习的内容已有初步的认知，这样就降低了上课学习的难度。上课学习难度的降低，就可以提高你理解的深度。

第二，做好上课的疑难求教准备。通过预习，你已经发现了自己的疑难——找到了"学习点"，上课时，你可带着这些"学习点"有目的地听课或有目的地向老师、同学请教。

第三，做好上课的心理准备。通过预习，你可以调节课堂学习的自我意识，调节课堂学习需要水平和课堂学习动机的强度，调节课堂学习情感和课堂学习意志活动的水平及大脑皮层的兴奋程度，你可以使自己的身心状态处于最积极的课堂学习准备状态。

第四，长期坚持预习，学业成绩必有进步，个人的自信心将更强，老师和同学的评价将更高，自我感觉将更好。

因此，做好了预习准备的上课学习与没有做好预习准备的上课学习相比较，前者的学习起点更高，学习的效率更高，可以接受的学习的难度、速度、容量及学习的理论的高度较后者更大。

总之，预习可以使你在课堂学习中夺得主动、领先一步——既领先老师一步，又领先同学一步，还领先时间一步。孙子说："知己知彼，百战不殆。"知己知彼的过程，就是"预"的过程。因此，"恪守课堂学习的预习"过程可以看作是一条课堂学习学习原则。任何课堂学习都必须坚持这一原则。

提高学业成绩的秘诀之一，是"学习要走在老师的前面"。做好预习就是"学习要走在老师的前面"的一种表现。

探索和实践

●所有的失败，大部分源于"预"的失败，对否？以《三国演义》中的赤壁之战说明之。

9.2 如何克服预习困难

刚开始预习时，你会感到有许多困难，其中主要的困难是"学不懂""坐不住""坚持不了"。

"学不懂"——预习时遇到"学不懂"的时候，你应该感到高兴。因为预习的首要目的，就是要发现自己有哪些"学不懂"，哪些"学不懂"找到了，预习的基本目标就达到了。如果你实在要把"学不懂"彻底"弄懂"，一种方法是"退"——来一个概念的溯本求源——一层一层地往上抽丝剥茧，当你退回到原始定义，再从原始定义逐层下行，把概念体系逐一辨析"弄懂"后，你就有可能"学得懂"了；另一种方法是"换"或"变"——你若转换一个角度思考或改变一种思维方式思考或改变一种思想方法方式思考，你就可以跳出固有的思维定势，你也就有可能"学得懂"了；三是"问"或"查"——当你向人请教或亲自查找资料，在他人的启发下，你突然有所发现或获得实证和实据，你就有可能"学得懂"了；四是"论"——组织一个团队，大家一起来预习，通过讨论的方法，用集体的智慧来放大个人的智慧。如果上述方法得当，"学不懂"的地方终究都是可以改变成"学得懂"的。

"坐不住"——预习时，你既想学，又不想学，你就有了双向需要，你由于有双向需要，就产生了双向动机，你由于存在双向动机，于是就产生了双向的态度倾向和双向的行为倾向。你的双向需要、双向动机、双向态度、双向行为倾向一旦产生，学习目标就不由自主地游移开了，注意力就不由自主地不集中了，你就不由自主地"坐不住"了。所以你若要改"坐不住"为"坐得住"，关键在于你要改双向需要为单向需要、改双向动机为单向动机、改双向态度为单向态度、改双向的行为倾向为单向行为倾向——在双向的"鱼"和"熊掌"之间，你若"傻瓜蛋"一点、不贪心，仅选其中"一向"——舍"鱼"而取"熊掌"，你就"坐得住"了。

"坚持不了"——为什么"坚持不了"呢？首先是你对预习的重要性认识不够，从形式上看，你在预习，但从本质上看，你根本没有把预习看作是一项重大责任或一项非得完成并坚持始终的任务，而是在做个样子给人看；其次是你缺乏自信，你不相信自己有能力、有毅力能坚持做好预习；三是你的意志薄弱、情感浮躁，懒汉懦夫思想严重。所以你若要"坚持得了"，关键在你要充分发挥主观能动性，坚强意志，克服意志薄弱、情感浮躁和懒汉懦夫思想对你的侵扰。

克服预习困难的另一个措施，是使预习有实效。预习如果有了实效，你就会体验到预习成功的愉悦；你一旦体验到了预习成功的愉悦，你预习的自信心自然会更强；预习时，你就自然更能学得懂、更能"坐得住"、更能坚持得住了。

如果实在学不懂，没有关系的——老师还会上课呢！退一万步说，找到了学不懂的地方，预习就成功了一大半。

坚持不懈地克服预习困难，是学习英雄主义的表现，所以说学习需要崇高。与舍生取义相比，克服预习困难几乎轻如鸿毛——为了捍卫真理，生命尚可牺牲，小小的预习困难又算得了什么呢？

探索和实践

●学习是经验的获得、行为的习得和精神成长的过程，循序渐进的预习极有益于这一过程。说一说你的见解。

9.3 "大预习""小预习"和"泛预习"

"大预习"，是你在寒、暑假中完成的各门功课的总预习；"小预习"，则泛指各种课前预习。"泛预习"指没有学科预习目的的预习。

"大预习"一般是这样进行的：

假期快到了，你首先到高年级学长那里借一套你下学期要用的课本（尽量早一点着手借，借得迟了，便借不到了），该套课本与我们下学期要用的课本在内容上甚至版本上要基本保持一致。可能的话，你还可以把他的听课笔记本、作业本一并借来。

接着，你邀集2~5个同学组成假期大预习学习小组，并临时聘请若干个指导老师。指导老师可以是老师，也可以是高年级同学，也可以是家长，只要是能指导你们学科学习的人，都可以做指导老师。

然后，你们共同拟订好作息制度和学习计划。

一切准备就绪了，你就可以着手大预习了。大预习一般采取逐章预习的方式，按课本顺序将学习内容展开——一切围于课本、预习速度不宜太快、采用共同讨论的办法加深对预习内容的理解、记好预习笔记，是大预习的四条基本的预习原则；切记：对预习内容力求基本弄懂，不强求完全弄通（能弄通更好），对大家的疑难和对大家都不能解决的问题，就在课本上做好标记。

大预习的目的，旨在提早在心理上初步建立起比较完整的学科概念体系，发现学习的疑难点和学习的"学习点"，为下学期的学习做好准备。

大预习的重要任务之一，是记忆外语单词。比如你若在初中毕业后的暑假，就全部预习甚至全部记住了高中阶段要掌握的外语生词，到了高中学习阶段，你就可以腾出大量的时间学习其他学科，你的高中学业成绩肯定要优秀得多。

"大预习"应是低调的、老老实实的学习，你千万不要找一些高考指南之类的参考书来帮助你们的"大预习"，但辅助着读一些科普读物、中外文学作品、浅显的外文原著对"大预习"是有益的。

需要指出的是，在假期中，我们的同学们往往不是参加这个"奥赛"班，就是参加那个"提高"班，整天"赶场子"。事实上，这些"班"即使是组织得再好，也没有"大预习"对你学习的帮助大。另外，大家往往不愿意请一位好的老师做指导，认为没有必要，这更是错误的。优秀的老师具有点石成金的本领，有时候他的一句话，胜过我们埋头苦读许多天，有老师指导的"大预习"与没有老师指导的"大预习"，结果完全不同。

"小预习"泛指课前预习。"小预习"可以是整节、也可以是整章的预习。如果"大预习"后，你对课堂学习内容已有初步的了解，那么，你的"小预习"的重点就应该放置在疑难的进一步发现、概念的进一步认知及学科思想、方法的进一步探究上。

"泛预习"指广泛的课外阅读、课外实践和课外兴趣。这里既包括"见"和"识"，又包括"学"和"做"。"泛预习"对学习的影响最大。例如，阅读古代典籍，就相当于预习了语文；栽培植物、饲养动物，就相当于预习了生物；阅读科普读物，就相当于预习了数学和化学；有收集矿石或化石标本的兴趣，就相当于预习了地质或地理；学会了机械加工和机械制作，就相当于预习了物理等。在班级里，凡父母是知识分子，尤其父母是教师等家教条件优良的同学，尤其是课外阅读量"超大"的同学，他们的学习成绩之所以都比较好，就是因为这些同学自小就开始了广阔的"泛预习"的缘故。

在课前预习中，你要将"大预习""小预习""泛预习"结合起来。你想一想看，同样是坐在教室里听老师讲课，部分同学没有预习，他们面前的一切都是陌生的，而你却预习了多遍，你面前的一切是熟悉的甚至是批判的，如果单就课堂学习效果而言，你的学习效果岂不是会好得多吗？你的学习成绩将优于他们的学习成绩，岂不是显而易见的吗？

如果有可能，"大预习"应尽早——如在上学期暑假，就学完了下学期的功课；在初中阶段，就学完了部分高中的功课；在高中阶段，就学完了部分大学的功课；在大一阶段，就学完了部分大二的功课；在本科阶段，就学完了部分研究生的功课。实践证明，"早起的鸟有虫吃"——所有坚持预习，尤其是坚持及早"大预习"和"泛预习"的同学的学习鲜有不成功的。

探索和实践

●你如何将"大预习""小预习""泛预习"结合起来？马上着手做。

9.4 课前预习的三个初级目标

第一，寻求新学习的概念与已掌握的概念间的意义联系。

假如你正在预习高中化学的化学平衡一章，你面临的第一个概念是化学反应速率。为从本质上弄清楚这一新概念，你必须联系生活、生产中的现象与经验，探讨已掌握的概念及其与新概念的意义联系。你会发现，任何事物的变化都是相对于时间的变化而言的。所谓化学反应速率，常用某化学反应中的某反应物或某生成物单位时间内浓度的变化（单位 $mol.L^{-1}\cdot s^{-1}$）表示。由于化学反应的瞬时速率不易测定，我们所谓的化学反应速率指的是某一段时间内化学反应单位时间的平均速率。

v（某反应物或某生成物）= △浓度（$mol.L^{-1}$）／△时间（s）。

你看，你在相似概念的意义联系分析中，就把化学反应速率概念弄清楚了。

因此，在预习中，你每接触到一个新概念，你就要设法找到它与若干个概念之间的意义连接点，然后以该点为"根据地"，弄清楚它与其他概念之间的意义联系线。概念之间的意义联系线弄清楚了，概念本质自然也就明晰多了，概念也就容易理解并掌握了。

第二，寻找课本中的"学习点"，包括疑点、难点与盲点。

又以上述化学反应速率为例子：你的第一个疑点就可能是：为什么不称为化学反应速度而称为化学反应速率呢？是否有意与物理的速度概念相区别呢？例如，对于中和反应，瞬间就完成了，是否有化学反应速率意义呢？若反应物、生成物中有固体或液体，其化学反应速率又该如何表示呢等。注意到：预习不仅在于能学懂，即"知"，更在于发现不懂，发现问题，即找到疑点、难点与盲点——"不知"。总之，找到了疑点、难点与盲点，就找到了"学习点"。

第三，识记、理解学习内容，特别要识记、理解基础知识与基本概念。

不管预习什么内容，你都要在理解的基础上识记住知识和概念，或在识记的基础上理解知识和概念。总之，是你既要理解它又要识记它。当预习的内容与你头脑中已有的知识经验建立起了本质的、非人为的联系时，你对它的理解就算是真正地有些理解了，你也就容易记住它了；预习的内容很多，但你只要把其中骨干的基础知识与基本概念理解了、识记了就行了。

第四，牢牢地把握好学习内容的事理点、数理点、逻辑点、技能点或实验点、脉络点的关系。

不管预习什么内容，你都要牢牢地把握好事理、数理、逻辑、技能、实验的脉络关系，努力从学科概念的、数学的、逻辑的、技能和实验的角度，辩证地、系统地、整体地认识事物，努力把识记理解和死记硬背结合起来，努力把事理、数理、逻辑与实验系统地结合起来。

在这里，我要补充并反复强调准确识记的意义。任何学习都是从识记开始的。我们无论学什么，学过了，就要准确识记住。在预习时，你一定要绷紧准确识记这根弦。

探索和实践

●具体预习一门明天要学的功课，按本文的要求完成三个预习目标。

9.5 课堂预习的三个高级目标

第一，寻找新学习的知识体系中蕴含着的、反映该学科思想方法的思维方式包括是数理—逻辑的表达方式。如你若在预习高中生物学的"光合作用"一节，你会发现，这是生物学在利用化学的思维方式揭示无机物如何向有机物转化的规律性：水 + 二氧化碳 $\xrightarrow{\text{光、叶绿素}}$ 碳水化合物 + 氧气。掌握了光合作用的这一性质后，你可以从数学的质量守恒角度、化学的氧化还原反应的角度、从化学反应速率和化学平衡的角度、从化学的催化机理的角度、从物理学的太阳能向化学能转化的角度、从环境的化学保护及生态化学角度深入地探究这一问题。

第二，在新学习的知识体系中寻找学科思想方法。如你在预习三垂线定理时，你发现课本的思维过程是：若平面内直线 L，垂直于与平面相交直线 L_1 的射影 L_2，则直线 L 垂直于直线 L_1 与直线 L_2 相交的平面；因直线 L 垂直于直线 L_1 与直线 L_2 相交的平面，所以直线 L 垂直于直线 L_1。你马上意识到这是立体几何中转化思想的具体应用。由于任何正确的方法，都是正确的理论在一定条件下具体的、正确的应用，因此，在预习中，你发现了思想，就可能发现方法；你发现了方法，就有可能发现思想。

第三，值得指出的是，在预习中，你要善于发现各个学科的思维方式和思想方法方式及其交叉，尤其是要善于发现数学的思维方式和思想方法方式和语文、物理、化学、生物的思维方式和思想方法方式的交叉，发现物理的思维方式和思想方法方式和语文、数学、化学、生物的思维方式和思想方法方式的交叉，发现物理、化学的实证的思维方式和语文、数学、生物的思维方式和思想方法方式的交叉。进而从语文、数学、物理学、生物学角度理解各学科的思维方式和思想方法方式。以化学为例，关于物质的量的计算一直是个难点，但如果从数学的角度去理解——物质的量是专门用以计量微观粒子数目多少的物理量且微观粒子的数目与微观粒子的物质的量成正比（比例系数是阿伏加德罗常数的倒数），微观粒子集合体的质量与物质的量成正比（比例系数是微观粒子的摩尔质量的倒数），你就容易理解多了。

第四，总结并发现学科思想方法、学科思维方式在解决学科问题过程中的实践经验。预习过程中，尽管解决问题的实践活动不多，但例题的分析和习题解答的预习结果，同样可以使你获得一定的分析问题与解决问题的经验。这些经验哪怕再简单，你也要认真地做准备。

人总是在理性活动中把握客观事物的本质的。因此，预习时，你的思维愈理性，愈具哲学的评判的思辨的成分，你的思维活动水平有可能愈高级。

探索和实践

●课堂预习有哪三个高级目标？何为学习理性？如何在预习中培养这种理性？

9.6 开放式预习法

个人的智慧有限，因此有必要把个人的智慧奉献给群体，经群体把所有个人的智能整合放大后，再将其回归给个人。像这种实现智慧共享的预习方法叫开放式预习法。

开放式预习法的第一阶段，是个人独立钻研阶段，即个人预习阶段。第二阶段则是群体切磋交流阶段。第三阶段是预习所得共享阶段。开放式预习最重要的是第二阶段。在这一阶段，大家可以各抒己见、百家争鸣，通过思想碰撞与理念思辨，通过论述、讨论、比较、分析、综合、辩证、诘难、论证等方式，提高大家对预习内容的认识。

开放式预习实质上是一种集体的互教互学形式。大家既是学生，又是先生，彼此教学相长。

个人的智慧有限，集体的智慧有时也有限。因此，在预习过程中，获得老师的预习指导是很重要的。现在的问题是，这些高水平的预习指导老师到哪儿去找呢？

办法之一是，寻找学有所成的、极富教育思想和教育理想的老师。但这样的好老师难得找到，即使找到了也不太方便请教，因为预习是每天必修的功课，你们不可能天天登门去拜访他的。

办法之二是，去找自己的父母。很好！就找自己的父母。现在父母的知识水平都提高了，不少父母的学历水平甚至比老师的学历水平还高。因此，请父母指导你们的预习应是没有问题的。

办法之三是，上网查找资料，寻求网络指导。

办法之四是，买一本较高水平的、化难为易的参考书，寻求参考书的指导。

开放式预习的方法很多。归根结底，不管是什么方法，都要求我们发挥主观能动性并彼此团结一致，教学相长。我们若是不能发挥主观能动性或彼此间老是扯皮，开放式预习就不过是一种形式，它就不可能有实效。

探索和实践

●试邀集2~3个朋友，组成开放式预习小组；理解你的智慧都在别人的脑子里。

9.7 自问自答预习法

所谓自问自答预习法，指的是在预习时，一边自己将预习内容问题化，一边自己思考、一边自己提问、一边自己作答的自问自答、边问边答的预习法。

自问自答预习法有一个"中心"，两个"过程"。把原本用感知的方法把握的预习内容，改为用思维的方法来把握，是其"中心"；首先将预习内容抽象为问题，然后具体解答这一问题，则是两个"过程"。显而易见，当你用自问自答的方法预习时，你的思维密度、思维难度、思维容量要大得多，对预习内容的认知程度要深刻得多。比如设想你在预习某个新单词，你一边问自己并一边回答：这个单词是这样读的吗？它的反义词、近义词是如何读的呢？它在句子里是如何读的呢？它的常用词组有哪些呢？诸如此类。显然，你这样的自问自答，比你反复地念读这个单词一千遍有用得多。

由此可见，当你用自问自答的方法预习时，既有利于自己集中注意力，又有利于自己正确理解、识记预习内容。由于自问自答预习法的思维活动是发散的，所以自问自答预习法的最大的优点，在于它能把本来是典型的以感知为主导的接受学习，转换为典型的以思维为主导的发现学习；把本来是集中的思维方式转换为发散的思维方式。通过上述两个有意义的转换，你的学习内容和学习所得就可以同时放大许多倍。

探索和实践

●学习时，我们为什么经常自言自语？试着做一试验。尝试着用自问自答的方式预习。

9.8 宁可学得慢一些，但要学得准一些

一位书生进京赶考，途中问一老者，说："此去京城几多远？"老者答："快走三时辰，慢走二时辰。"书生想：这老者想必是糊涂了，快走怎么会晚到呢？书生快走了近两个时辰，京城城楼已经在望。书生愈想愈觉得老者可笑，不留心绊了一跤，捆书箱的绳子断了，笔墨纸砚撒了一地。待书生重新收拾书担，急忙地进得京城大门时，恰好花了三个时辰，应验了老者的话。

这是一个杜撰的故事。这个故事说明：欲速不达。你的行为处事速度，应是在确保行为处事质量的前提下的速度。如果你不能确保质量，看起来似乎是快的事，但实际上却是慢的了。因此，在学习上，你应遵守确保质量兼顾速度的原则。在课前预习时，宁可学得慢一些，但要学得准一些。

课前预习的"慢"表现在以下几方面：一是知觉速度慢。即一板一眼地、一字不漏地知觉新课的每一个关键词、关键字，切忌一目了然。二是领会的速度慢。不轻易做出"这个我已经懂了。""这个简单极了"等结论，而是经反复钻研、反复思考后再下结论。三是识记速度慢。即在反复准确感知、反复准确领会的基础上，对新学习到的知识、概念进行有意义的准确识记，而不是模

棱两可的意向性、轮廓性、似是而非地识记其大概。

预习时，知觉、领会、识记的速度慢，使你的心理和行为活动表现出一定的停顿，表现出一定的韵律和节奏。在停顿、在节奏间产生的间隙，有利于你的知觉、理解、识记及充分的思考。正是这些时启时顿的反复思考，才使你有时间更深入、更准确地理解和把握预习内容的。

学得慢又学得准，远远地优先于学得快和学得一塌糊涂。

探索和实践

●试述学习速度慢与快的辩证关系。你的预习是准确的吗？你的学习是准确吗？

9.9 重视预习后反思

预习结束，你本可以休息一会儿了，但我劝你暂时别这样做，你对你的预习结果要做一次全面的反思。

你先合上书，然后采取自问自答的方式，将预习重点回顾一遍：

——本节有哪些知识点，即有哪些概念点、事理点、数理点、逻辑点、技能点或实验点？它们各自与上节的知识点有哪些意义联系？

——本节有哪些重点、疑点和难点？我的"学习点"在哪儿？

——预习结束后，哪些内容我记住了，哪些没有记住？等等。

预习反思结束，你可以重复浏览一遍预习笔记，若有体会，就将其记在预习笔记本上。

补充一句：反思是一种很重要的思维方式。经验、教训、思想、方法、创造、体会大都源自于反思。真正使你的思维方式、思想、方法获得进步的，便是反思。我们的学习，在某种程度上都是反思的学习。关于反思的重要性，在后面的介绍里，还会多次谈到。

你的预习本是接受式的，但一旦转入反思，就有可能转化为发现式的，你能理解这一点吗？

学习的秘诀之一是"反思"。子曰："温故而知新，可以为师矣。""温故"其实就是反思的意思。

探索和实践

●有心理学家说，学习就是反思并掌握经验。这句话对吗？试着理解这句话。

9.10 撰写好预习笔记

预习时将自己的学习所得撰写成文，叫预习笔记。预习笔记既有助于对预习内容的理解，又有助于逻辑思维能力和自学能力的培养，还因留有文字记述而有利于你今后的复习。

撰写预习笔记要恪守以下原则：一，个人（群体）体会的原则——预习笔记记的是学习体会，切记不要抄书，尤其不要对照着书，把书上的东西抄到预习笔记本上。二，记下要点和"一笔准"的原则——可有可无的话一律删去；思考在前，记述在后，思考准确后再动笔写，下笔便要求准确，不反复涂改；笔记应尽量做到一丝不乱和一尘不染。三，找到"学习点"的原则——找到学习的难点、疑点和重点。四，成文的原则——所有体会都要整理成文，做到有中心、有条理、有篇章，言之有物。

预习笔记撰写有以下要点：一，有哪些疑点、难点、重要概念及对它们的意义理解与意义辨析；二，有哪些知识点且它们是如何联系的；三，有哪些科学思想及学科思想方法；四，预习总结与反思。

撰写预习笔记的方法：自订或选购一个 16K 的大练习本，将练习本分为左、中、右三部分。右边部分写复习笔记，中间部分写听课笔记，左边部分记预习笔记。

请注意：课前预习是以课本为本的预习。不管在什么情况之下，你的预习之根，只能深扎在课本的土地里，你应抵挡得住那些花花绿绿的参考书和练习册的诱惑。

写好预习笔记，不仅是对你意志品质的考验，更是对你学习品质的考验。

探索和实践

●检查你的预习笔记，是简约且精要的吗？预习笔记是学习的再创造过程，是如何创造的呢？

第十章 对先生深鞠一躬以示敬意

10.1 对先生深鞠一躬以示敬意

上课铃响起，先生走进教室。师生相互问候。这时，我们都应该站立起来，深挚地而不是应景式地对先生深鞠一躬以示敬意。

从某种意义上看，课堂学习是一个人际交往的过程。上课学习的目标，就是在师生的相互交往中实现的。朝先生深挚的一躬，使我们意识到，接受鞠躬礼的对方是我们的先生，是我们的贤者或是我们的长者，是我们的教育者；而施礼的自己则是弟子，是晚辈，是受教育者。瞬间的礼仪过程将强化我们的学生的角色意识和我们的学习责任感。

我们以深挚的一躬对先生表示敬意，还可以满足先生的渴望自尊的心理要求。而先生的自尊的满足，将激励他以更负责任的态度并伴之以更炽烈的教学热情组织教学过程，进而更全面地激发他的教学创造力和教学积极性。师生之间的情感会因此变得更融洽，师生思想交流会因此变得更活跃，师生之间的交往会因此变得更密切，教学效果会因此更好。

"在心为德，施之为行"。对先生深鞠一躬以示敬意，是一种认可先生权威、敬畏先生的权威、感恩先生奉献的道德行为。认可先生权威、敬畏先生的权威、感恩先生奉献的学习，与不认可先生的权威、不敬畏先生的权威、不感恩先生奉献的学习，其学习效果迥然不同。

但我们往往忽视了上面这些。我们或是懒散地站起来，或是极不满意地甚至极不情愿地朝着先生应付式地懒散地望了望，然后就懒散地坐在座位上，懒散地找东西，鲜有十分规范、完全发自内心地对先生鞠躬施礼的；先生则是局促不安地点了点头，就行色匆匆地上课了。整个过程显得压抑、仓促、应付、迫不得已。这样潦草的学习开场既难以唤醒我们的学习意识，又难以激发先生的传道、授业、解惑的热情，既缺乏课堂学习礼仪的严肃性，又缺乏课堂学习礼仪的教育性，更不便于拉开优美的"境界学习"序幕。这种马虎的、粗糙的、有损彼此的自尊并令彼此都深感歉疚的课堂学习"招呼"毫无美感和崇高精神展现，纯粹是浪费时间的"走过场"。

在重要的人际交往场合,对对方深鞠一躬以示敬意,是我们民族的传统礼仪。我们不但应在上课时恪守这一礼仪，而且应在其他人际交往场合中也恪守这一礼仪。看看胡锦涛同志吧！在重大的集会上，胡锦涛同志总是先向听众、来宾们深鞠一躬以示敬意后才开始他的发言的。我们为什么不能像胡锦涛同志一样，在真挚地向对方深鞠一躬以示敬意的过程中，表现出自己是一个认可权威、既尊重他人又尊敬自己的、有着高尚品格的、既为他人实现人格尊严而深感自豪、又为自己实现人格尊严而深感自豪的人呢？

——对"对先生深鞠一躬以示敬意"这一礼仪要求，古代、民国时期的学生，现在的日本人、韩国人做得比我们好，我们应该向他们学习。

——先生是一本书。学生对先生深挚一躬，会激发先生自觉且热切地打开他的这本书。

——尊敬老师的人格、尊重老师的劳动、敬畏先生的权威、感恩先生的奉献，对先生深挚一躬以示敬意，是课堂有效学习的起点也是课堂美学环境建设的起点；除了对丑恶和谬误，对国家，对人民，对世界上所有的人和所有的物都持尊敬的、感恩的态度，是一种德行，大家千万别忽视了这两点。

探索和实践

●向老师鞠躬施礼以示谢意，理应成为校园的一道风景——你认为这是一个老旧的观点吗？

10.2 尽快融入课堂学习情景

先生站着讲一节课，学生坐着听一节课的讲授式教学法，是效果较差，较为同学们反感的教学法。因此，有经验的老师往往会创设一种教学情景，让大家在"学中做"或在"做中学"，从而把枯燥的内容讲授式教学转化为活泼的问题探究式教学。

先生的课堂教学情景创设包括课堂学习环境、课堂学习方法、课堂学习角色创设三个要点。你若要提高课堂学习效果，务必要尽快融入课堂学习环境，进入课堂学习角色，使自己的学法与老师的教法相对应。下面举一个例子：

语文先生走进课堂就说："小伙子们，今天的这节课，是讨论课，按上星期的布置，今天讨论的题目是《容易写错和容易读错的成语》。现在我要求大家在常用成语中各举出两个来，任选其中的一个造一个复句。不知道大家是否准备好了？"

分析先生的课堂教学导语，我们就知道了，先生创设的学习环境，是合作学习环境，他使用的教学方法是讨论法。这时，我们就应该按照老师的要求，即时进入课堂学习角色，主动向同学们介绍自己所知道的容易读错和容易写错的成语、造一个复句并积极参与课堂讨论。

尽快融入课堂学习情景，即时进入课堂学习角色，可以使我们的学习活动按照先生的教学设计舒展开来，使师生在融洽协调的交往互动中完成先生的教学计划，节约先生组织教学的时间，实现最大的教学效益。

在我们这个年龄段，是叛逆心理比较强的年龄段。叛逆心理有时使我们对先生的教育教学持抵制、拒绝或不合作的态度；具体表现在迟迟不愿意融入课堂学习情景、进入学习角色——或心不在焉、或满不在乎、或硬性抵触、或"上甲课、做乙事"。我们必须克服这种负向心理倾向。

探索和实践

● *"上甲课、做乙事"有什么坏处？你有这一不良习惯吗？尝试根除这个习惯。*

10.3 保持教室肃静

我们的学习，是崇高精神引领下的学习。保持教室肃静，既是崇高精神展现过程，又是崇高精神美感体验过程和促进崇高精神成长的过程。

班级学习的最佳方式，是班级资源美育化，并使之具有组织性、纪律性、学习性、教育性和美感——保持教室肃静，就是班级资源美育化的最基础的形式。

学习的敌人之一，是注意力分散。注意力分散的原因，或是由于我们的意识没有将我们的心理活动集中并指向在学习对象上；或是由于我们接受了过多的、与学习活动毫无关系或关系不大的刺激，或是由于我们的行为对这些刺激给出了过多的、与学习活动毫无关系或关系不大的身心反应。我们知道，人的心理能力是有限的，当我们的学习注意力分散，我们的学习意识集中不到学习的对象上，我们预定的有目标的、有计划的学习活动就受到了干扰，学习的心理活动质量就下降了。另一方面，我们的学习注意力的分散，还直接影响了老师的教学计划、降低了老师的教学热忱。例如上课时，我们若是太过吵闹，老师就不得不停下来，指示或暗示大家不要吵闹，要将注意力集中到教学活动上；老师甚至不得不因为停下来的次数太多以至费时太多而削减、更改教学计划，降低教学目标，减少教学内容。尤其影响严重的是，在上课时，我们若是长期吵闹不休且长期屡教不改，老师的职业自尊心就会受到挫伤。老师的职业自尊心一旦受到挫伤，老师就会降低他对我们的学习期望值和教育期望值；老师对我们的学习期望值和教育期望值一旦下降了，他的职业积极性就下降了；老师的职业积极性下降了，他对我们的学习期望值和教育期望值会降得更低——如此这般地、反复地恶性循环，到头来受到损害的，归根结底还是我们自己。

在教室里，在课堂上，混乱无序的包括与学习活动无关的说话声、哄闹声、咳嗽声、笑骂声、插嘴声、生气声、手机铃声、扭动桌椅的"吱吱"声，是使我们的学习注意力大量分散的不良刺激。我们必须尽量减少这些不良刺激。教学经验表明：混乱、嘈杂的声音环境对人的听知觉、对人的认识活动和人的内部语言活动、对人的个性发展和行为习惯养成等都是负面的。长期吵闹不休的教室噪音环境，不但会影响我们的认知、美感，而且会影响我们的智力和行为习惯，甚至会影响我们的个性。

"上课时保持肃静，我表示理解。下课后，总可以吵闹一下吧？"有同学会说。

下课后，同样要保持教室肃静。这是因为下课后，同样要创设学习的美学情境，且有的同学要休息、有的同学要学习。教室里若是太吵闹了，学习的美学情境就破坏了，又影响了部分同学的休息和学习，所以下课后仍然要保持教室的肃静。

保持教室肃静的最好方法，乃是养成遵守纪律、尊重他人、严格自律的习惯，养成少讲话、不讲脏话、废话，在教室里不大声讲话、大声唱歌、接打手机、进行体育活动的习惯，养成小心地搬动桌椅、轻声地走路的习惯——在教室里，我们可以讲话，但我们能大声讲；在教室里，我们可以争辩和争议，但必须轻声地争辩和争议，我们不得因为意见不同而情绪激动，不得因为情绪激动而高声大叫。此外，在制度上严格教室声音管理，也是很重要的。总之，我们要使保持教室肃静成为大家的共识、成为大家的习惯、成为班级的纪律、成为班级的作风、成为学校的一道优美的风景线。

什么样的纪律，有什么样的美学环境；什么样的美学环境，培养什么样的人。肃静的教室是我们通过严肃纪律创造的优美的课堂美学环境，其本身就展现了我们的纪律性和责任心，就展现了我们关心他人比关心自己为重的崇高精神，同时我们也体验到了纪律性、责任心、关心他人比关心自己为重的美感。

有同学或许会说：在美国的学校里，学生上课时自由自在，可以大声嚷嚷，为什么在中国的学校里，学生就不可以了呢？我的回答是：情况不同，那里是美国，这里是中国。我还会对这些同学发问：在美国西点军校的教室里，学生可以大声地嚷嚷吗？为什么我们无论做什么都非得要向美国看齐呢？而在向美国看齐的时候，为什么非得要向那些破落学校看齐，为什么不向西点军校看齐呢？事实上，在美国，别说在学校，即使在商场，顾客们也不得大声嚷嚷；在美国的大多数学校里，学校对学生的纪律要求，比我国的部分学校对学生的纪律要求，要严格、严实、严细、严肃很多。

实事求是地说，好多学校的班级学习纪律很差。"一粒老鼠屎搅坏一锅汤"——由于少数"学痞"的捣乱，个别班级甚至连上课也上不成。但好多学校仅以"学习纪律差"一笑置之，并不采取措施切实解决这一纪律"癌症"，结果造成了班级学习时间、教育资源与学习资源的极大浪费。

从保持教室肃静入手，强化班级组织意识和纪律意识，严明班级组织纪律和学习纪律，建设优良的班纪班风，使班级一切资源美育化，是提高班集体学习效率、班集体学习品质的关键。

探索和实践

●试着制订一个班级声音管理方案，使保持教室肃静成为班级的优良作风，成为学校的一道风景。

10.4 三种基本的课堂教学方法

（一）接受教学法是一种历史悠久的教学方法。接受法最常用的技术是老师讲我们听。其他教学媒介如多媒体、模型、实物、实验演示仅起着辅助的作用。

接受教学法的最大优点是经济。老师可以在有限的时间内，"拿来"大量有组织的教学内容并结合自己的经验教授给我们；接受教学法的第二个优点是，老师"拿来"的教学内容会是一个舞台，老师会在这个舞台上演出一幕幕活剧来；接受教学法的第三个优点是，老师在"拿来"同时，会耳提面命、传道解惑，我们不但接受了新的知识，而且接受到老师人格的、精神的、思维方式的、思想方法的熏陶。

接受教学法的缺点是难以全程激起我们大家的学习积极性，通过接受法获得的知识还不是经验化的知识，还必须经过具体化过程才能被我们掌握。因此，当老师经常用这种教学方法组织教学并变成一种呆板的程序时，我们常会因为自己始终处于被动的学习位置而表现出本能的抵制。

（二）发现教学法提倡老师站在我们的后面，扮演促进者的角色；老师不必直接给我们介绍学习内容，而仅是为我们创设一种学习情景，由我们自主地发现问题、分析问题、提出假设、验证假设，最后做出结论。发现教学法是在老师的指导下，我们通过实践活动，用自己的头脑主动发现知识的教学方法。

发现教学法的缺点是耗时太长，被我们发现的结论往往是浅薄的，且不能形成准确的概念体系。因为概念得不到有效的形成、分化和有机的融会贯通，所以我们用发现教学法学习的容量有限，学习的速度有限。发现教学法的优点在于——我们的学习是在主观能动性激发下的学习，我们通过主动发现得来的知识是在实践中获得的、是有经验支持的、可以真正进入我们认知结构的知识。

（三）有意义的言语接受教学法强调学习的意义性，即强调我们要在具备意义学习心向的前提下，让新学的知识与我们认知结构中已有的适当观念建立起非人为的、实质性的意义联系。讲的简单直白些，有意义的言语接受教学法强调概念学习，强调概念间的意义联系的发现，强调新学习的概念与原有的认知结构能建立起意义联系，并强调二者在建立起意义联系的同时，都能获得新的意义的教学法。

按照我的理解，有意义言语接受教学法应由两种教学法组成，一种是接受教学法，一种是发现教学法。接受教学法使我们较快地感知学习材料，发现教学法让我们独立地发现事物的本质及其意义联系。总之，意义教学法有可能使我们在概念、命题、符号的"意义化"过程中，高起点、高难度、高速度、系统地认知并掌握概念系统、命题系统和符号系统，完善认知结构。

有意义言语接受教学法充分发挥了接受教学法和发现教学法的长处，克服了二者的短处。

（四）比较三种教学法的利弊，我们会发现：

接受教学法、发现教学法、有意义的言语接受教学法各有利弊。有意义的言语接受教学法由于综合了接受教学法和发现教学法的长处，所以是一种理想的教学方法。

决定教学方法选择的关键因素有三个，一是老师的教学水平，二是我们自身的学习水平及主观能动性的发挥水平，三是师生共同完成的教学任务及实现教学目标的实际需要。教学上不存在任何一成不变的教学的方法，任何教学方法都是权变的。

接受和发现都可以是一种精神，是一种思想。我们应有接受和发现的心理及接受和发现的意识，但我们没有必要事事去接受或事事去发现。发现未必就是创造的，接受未必是机械的；发现未必优于接受，接受未必优于发现，任何教学法都各有优劣，如何选择都受制于具体情况具体分析。

学习的首要的目的是学做人，然后是学做事，最终才是学做学问。因此，凡是老师精心选择的教学方法，原则上都是优秀的教学方法，而不管它是接受的、是发现的还是意义的。因为老师精心选择的教学方法较缺乏老师精心选择的教学方法，前者有着更多的学习做人和学习做事的示范即崇高精神示范。

探索和实践

●理解不管什么方法，有老师精心指导的方法一般就是好方法；理解发现是一种精神，无须"发现"时就"拿来"。

10.5 提高课堂学习的知觉准确度和知觉速度

所谓课堂学习知觉，指的是上课时，你对直接作用于你的感觉器官的课堂学习情景的整体的把握——例如，通过听觉整体地把握一个单词、一个句子、一段话、一篇文章的意思，是听觉知觉；通过视觉整体地观察一个现象、一个画面，一个情景，是视觉知觉；通过触觉在琴弦上整体地把握乐音的位置、音色、响度是触觉知觉。知觉的结果是印象（意想或表象）。我们在课堂上的学习，很多情况下是通过知觉完成的。所以如何提高课堂学习的知觉准确度和课堂知觉速度是很重要的。知觉准确度指的是知觉的准确程度，知觉速度指你在单位时间内的知觉量。显而易见，课堂学习时，课堂学习知觉愈准确，课堂学习知觉速度愈大，课堂有效学习的质量愈高。

　　课堂学习的知觉准确度与课堂学习的知觉速度相比较，课堂学习知觉准确度显得更为重要。因为不准确的课堂学习知觉，即使课堂学习速度再大，也没有实际意义。但在课堂学习时，若我们的局部课堂学习知觉是准确的，但由于费时太长，以至我们的课堂知觉速度赶不上课堂学习活动的整体速度，同样没有意义。因此，课堂学习时，我们要确定这样一个理念——尽力提高课堂学习的知觉准确度和课堂学习知觉速度，在确保课堂学习知觉准确度的前提下，兼顾课堂学习知觉速度。

　　若要提高课堂知觉准确度和课堂知觉速度，你应注意哪些方面的问题呢？

　　——专心致志。将注意力集中并指向在知觉对象上。

　　——确保首次知觉（第一印象）的准确性。即必须一次性知觉准确。当你首次知觉不准确，不得不回过头来试图重新知觉准确的时候，你花费的时间就多得多了（甚至没有机会知觉了）。因此，在课堂学习中，无论是听老师的讲解，还是观察课堂演示实验，或是观看老师的板书（视频），你都必须抓紧时间，一次性准确知觉到位。

　　——克服以往知觉经验的负向影响。以往的知觉经验常以某种知觉定势固定在你的记忆里，这种定势既有助于你现实的上课知觉活动，但有时也会产生知觉误导。因此，上课时，你不能凭经验去知觉学习材料，而要从实际出发知觉学习材料。

　　——准确地把握好知觉细节。知觉准确的关键，在于关键细节的准确知觉。对这些关键细节，老师经常会反复强调，或用彩色粉笔，或用各种设计的符号把它们重点选择出来或反复地用着重语告之大家，对老师反复的细节强调，你要保持高度的知觉警觉性。

　　——动手。或动手写、或动手做。

　　——减少时间浪费。在保证课堂知觉准确度的前提下，要尽力减小知觉活动转换的时间量，以期有节奏地将你知觉活动从一个活动对象转移到另一个活动对象上去——由于较少有知觉时间浪费，所以课堂知觉效率便提高了。

　　——值得指出的还有：知觉往往与思维有关——思维的混乱必然导致知觉的混乱；而思维又与概念有关——概念的混乱，务必导致思维的混乱。所以提高课堂学习的知觉准确度和课堂学习的知觉速度的前提，还在于准确地掌握概念，即要做好概念准确认知的准备。要做好概念准确认知的准备，就要提前做好预习，对将要学习的概念，或让自己准确认知，或让自己明确，自己在什么地方还不能准确认知。

　　探索和实践

　　●任何心理过程都有速度和准确度的问题。是在确保准确的前提下兼顾速度，还是确保速度的前提下兼顾准确呢？试着体验一下。

10.6 课堂上如何专心致志

课堂上如何才能专心致志呢？

崇高精神展现意识强烈。你的崇高精神展现意识愈强烈，你的学习的志向、信念、需要水平愈高级；你的学习的志向、信念、需要水平愈高级，你的学习的意志控制能力愈强；你的学习的意志控制能力愈强，你的学习动机、学习兴趣、学习行为愈稳定；你的学习动机、学习兴趣、学习行为愈稳定，你学习时愈能专心致志——你就会像学习的释迦牟尼，即使鸟在头上做窝，也不会影响你的学习注意和心向。

学习意识达到了忘我的状态。你的注意力应始终集中并指向在你要学习、要感知、要探究的学习问题上，而不是集中并指向自身。注意力若总是集中并指向自身——自己总是强迫自己专心致志，你就往往不能专心致志。这是因为当你自己强迫自己专心致志——大脑皮层的某一区域处于抑制状态时，势必会诱发大脑皮层的另一区域处于兴奋状态；学习时，你的大脑皮层若有两个兴奋区，你就不可能专心致志了，而当学习意识处于忘我状态时，大脑皮层只有一个兴奋区，大脑皮层的其他区域都处于抑制状态，自然就专心致志了。

做好课堂笔记。做好课堂笔记时，你的所有的学习注意和学习心向，都可能集中并指向在"做好笔记"这一学习的中心点上；你要做好笔记，就要认真倾听、仔细观察，积极思考、保持沉默；你认真倾听、仔细观察、积极思考，就难以分散注意力；你保持沉默，不多说话，就不会诱发与学习无关的人际交流……这时你的大脑皮层有且只有一个兴奋区，你的专心致志的学习心态和学习心向就难以被破坏了。有的同学学习时根本不做课堂笔记，学习时漫不经心，心猿意马，思维像烟雾一样，向四面八方散开，没有学习中心点；喜欢自吹，有了一点心得就要张扬出来，生怕别人不知道；有的同学缺乏自律，总是肆无忌惮地、信马由缰地胡扯，全然不顾及班级学习纪律——这样不但影响自己不能专心致志，而且影响他人也不能专心致志。

始终保持积极主动的学习心态、学习心向和学习心理暗示。如主动地将接受学习转化为发现学习，将发现学习转化为意义学习；又如主动地将感觉转化为知觉，将知觉转化为想象，将想象转化为思维；又如主动地一边动脑思考、一边动手操作（记笔记）、一边准确记忆等；你要适时提醒自己——学习时必须专心致志、专心致志……不分散任何精力——人是有惰性的，只要稍微失去一点儿心理暗示，注意力就会与认知中心点偏移，注意力一旦向认知中心点偏移，你就"分心"了——你一旦"分心"了，就不能专心致志了。

专心致志需要崇高精神做引领，它既是崇高精神的展现过程，又是崇高精神美的展现和体验过程。专心致志是你的学习品质的组成部分，也是你的学德的组成部分。

探索和实践

●阅读《纪昌学射》，体会专心致志的方法并反思自己的学习为什么不能做到专心致志。

10.7 准确感知、准确思考、准确识记

在课堂学习活动中，感知、识记、思考是你的三个重要的学习心理过程。对你来说，这三个心理过程必须是同步准确的。如果三者之中有任意一者是不准确的或是不太准确的，课堂学习就根本谈不上有任何的课堂学习有效性了。以写命题作文《跑的体验》为例，如果你不能准确感知、准确思考以准确把握题意，你错误地把"跑"仅理解为"跑步"，根本不把它与"体验"挂起钩来，加上你在写作过程中，忘记了写作的主题思想和对应的篇章结构这根"弦"，而是信马由缰地"一顿乱写"——你的作文即使是通篇的流光溢彩，也是及不了格的。

上课学习中，你该如何准确感知、准确识记、准确思考呢？

最重要的是，你应有准确感知、准确识记、准确思考的心向。"心有如来，看人皆为如来；心有牛粪，看人皆为牛粪"。当你在心理上有准确感知、准确识记、准确思考的心向时，你才会有准确感知、准确识记、准确思考的敏感性，你才可能有准确感知、准确识记、准确思考的行为。

其次，除了思考过程允许不必思考一遍就准确"到位（达到学习要求）"外，感知、识记要尽可能一遍就准确"到位"——一遍就要准确感知，一遍就要准确识记，决不用、也无须多遍感知、多遍识记（才能感知、识记准确）。

感知时，第一印象往往有刻板效应，第一印象一旦错误，要改变这一错误的印象就很困难了。因此，无论是听、视，还是听和视结合，都必须一遍且仅需"一遍便要准确感知'到位'"。如果第一遍感知不能准确"到位"，而要借助于第二遍甚至多遍感知，通过第二遍甚至多遍感知以修正第一遍感知产生的错误之后才能准确"到位"，你就有可能越感知越糊涂。在识记时，你也要养成习惯，尽可能地紧扣关键词、抓住关键句，在理解的基础上，一遍就要识记准确，决不用、也无须反复地多遍识记。思考时，你要准确应用概念，尽可能一遍就要思考准确（与感知和思考不同，思考即使是一遍能准确"到位"，也要反复多遍地思考，有时还要故意让它一遍不能"到位"以获得为什么一遍不能"到位"的经验）。

第三，动手——在"学中做"，有利于准确感知、准确识记和准确思考。如你一边听、一边说、一边记录、一边观察、一边模仿、一边识记、一边在解

决问题中思考、一边在思考中动手解决问题，就比单纯地感知、或单纯地识记、或单纯地思考，更容易达到准确感知、准确识记和准确思考的学习目标。

你试着听两段英文课文朗读录音做对比吧。对其中的一段，你用平常上课的心态去听，试试有什么效果；对其中的另一段，你要带着准确感知、准确识记、准确思考的心向，一边准确地听，一边准确地思考，一边准确地识记，一边准确地模仿，一边准确地记录，试试又有什么效果。你会发现：当你坚持在动手的过程中，带着准确感知、准确识记、准确思考的心向去听英文课文朗读录音时，你的听觉感知会准确许多倍。

特别需要反复强调的是，课堂准确识记在课堂准确感知和课堂准确思考中有着核心的意义。所谓"准确感知"，一是对感知刺激物的刺激作用的准确感知，二是指对感知刺激物的刺激结果的准确识记；所谓"准确思考"，一是指逻辑过程的推理准确，二是指对用以思考的感知刺激结果的准确识记和对思考结果与思考过程的准确识记。所以，课堂准确思考，是准确识记前提下的准确思考，课堂准确感知，是在准确识记前提下的准确感知——如果没有准确识记——你在课堂上看对了、听对了、想对了，你一切都对了，但你却记错了或忘记了，你的课堂学习便是水中之月，变得毫无意义了。

课堂准确识记有两种形式，一种是课堂准确感知后的准确识记，一种是课堂准确思考后的准确识记。课堂准确感知后的准确识记是准确的短时记忆，它给课堂准确思考做好了部分记忆准备；课堂准确思考后的准确识记，则必须是准确的长时记忆。任何课堂学习，只有把短时识记和长时识记结合起来，才具有实际的学习意义。

我们中的许多同学不注意课堂准确感知、准确思考和准确识记。对学习对象，有如"老鼠看筒车"——端详了大半天也不知道它是什么，或虽然是准确地感知了它，但一瞬间又忘记了。这是准确感知、准确识记敏感性较差、准确的短时识记力不强的表现；许多同学短时识记力虽强，但课后没有几天就把课堂学习的内容忘记了，这是长时识记力不强的表现；对一个简单至极的问题，思考了很久也没有找到它的因果联系，这是逻辑思维力较弱的表现。在课堂学习过程中，不重视准确感知、准确思考、准确识记，尤其是不重视"知识点"的准确识记，不重视当堂准确感知、当堂准确思考、当堂准确识记，尤其是不重视当堂对"知识点"准确识记，以至于不得不在课后经常回过头来，多次花大量的时间和精力来"炒剩饭"，是最不好的学习习惯——许多同学的课堂学习失败，就失败在这里。

一边准确感知、一边准确地识记、一边准确思考；凡是准确感知到的、准确思考到的东西，都能长久地、准确地记住它——学过的就要准确地记住——这是课堂学习的秘诀。请注意，在课堂上，任何学习对象，只有当你采取准确感知、准确识记、准确思考的方式，准确地去学习它时，你才能收到预期的学习效果；任何学习，只有当你采取准确感知、准确识记、准确思考与准确识记同步时，你才能准确地掌握它。只有这样，你的学习有实际效果，才不会是表面的、"擦肥皂"式的、花拳绣腿般的形式学习，而是深入本质的、学有所得的内容学习；同时也只有这样，你才能养成动笔就准确的学习习惯，你才能从容应对各种格古论今、花样百出的考试。

准确还有程度之分。极度的准确、丝毫不差的准确叫作精准。准确感知、准确识记、准确思考到了极致，就是精准感知、精准识记、精准思考。精准感知、精准识记、精准思考是准确感知、准确识记、准确思考的高端——它既是学习的高端，又把以认真负责为表征之一的崇高精神展现到了极致。

探索和实践

●如何理解上课准确感知应是有准确思考与准确识记参与的感知？如何理解准确思考应是有准确识记参与的准确感知的思考？尝试用准确感知、准确思考、准确识记并行的观念去学习，反思其学习效果。

10.8 学会使用内部学科语言思考

上面讲到，我们上课时的准确感知应该是有思维参与的准确感知。而思维是以什么为载体参与准确感知的呢？思维是以内部学科语言为载体参与准确感知的——内部学科语言指的则是在心理活动中运用的、但并不发声的语言，这种不发声的语言不一定有完整的语法组织，它是由一系列关键词组成的语言意识逻辑流——这里的"关键词"指的是学科概念、学科图形和学科符号。因此，在某种意义上可以说，所谓内部学科语言思考活动，指的是由学科概念、学科图形和学科符号等学科用语组成的、以完成学科逻辑思维任务为目的内部语言意识逻辑流活动。

语言是思维的工具，语言影响思维品质；内部学科语言是学科思维的工具，内部学科语言影响着学科思维品质。当我们用内部学科语言思考，尤其当我们用内部学科语言逻辑地咬文嚼字时，我们不但要思考学科概念间的逻辑联系，而且要思考概念与其边界条件间的逻辑联系；当我们意识地、语言地、逻辑地咬文嚼字时，我们的舌头也会与此相随，也会情不自禁地、下意识地、不出声地、语言地、逻辑地"咬文嚼字"起来。这样，我们不但提高了思维的密度和难度，锻炼了思维能力，而且集中了注意，有利于我们将所有的心理活动都集中并指向学习的对象，使我们的学习有专心致志的心态。

内部学科语言活动是第二信号系统活动，是以"词为统帅"，用概念抽象地、逻辑地把握客观事物相互关系的条件反射活动。如果我们长期坚持严格的内部学科语言训练，我们的第二信号系统将有可能得到充分的精细、精析和分化，我们的头脑也有可能因为第二信号系统的充分的精细、精析和分化而变得缜密、精明、睿智起来。

目前的时尚是，大量的问题都是选择题——选择题的解答往往依靠直觉或片断的逻辑排除以做出四选一的判断，内部学科语言活动量相对较小，这不能不说是一种遗憾。

值得注意的是，当我们固执地一直拒绝用内部学科语言思考时，我们的第二信号系统就得不到充分的精细、精析和分化了，我们甚至有可能会产生阅读障碍。一旦产生阅读障碍，我们就有可能厌恶语言、文字、符号——我们一旦看见语言、文字、符号就眼睛发胀、大脑发懵，我们的学习也就会因此停滞不前。少数同学聊天时口若悬河，滔滔不绝，但作文时却半天写不出一段话来，其中的深层次原因，就在于他们一直荒于用内部学科语言思考所至。

探索和实践

●试用内部数学语言思维：某服装以零售价的 8 折实价售出，仍可获 25% 的毛利。求零售价与原价的函数关系。

10.9 动手做好课堂笔记

老师在课堂上讲解或示范，我们不能只是听或看，而应动手做好课堂笔记。

做课堂笔记时，我们要把我们在课堂上观察到的、倾听到的、发现到的或接受到的，经反思总结后，规范地、逻辑地、工整地撰写成一个文本，努力让我们的观察，是概念的本质的语言的观察；让我们的理解，是系统的理论的语言的理解；让我们的思维，是辩证的逻辑的语言的思维。课堂笔记的语言特征，直接地提高了我们的第二信号系统的活动质量，间接地提高了我们的课堂学习质量。

记课堂笔记是一个课堂学习的再理解、再反思、再学习的过程，是故课堂笔记要写成反思体会式笔记而不要写成抄录式笔记——课堂学习时，老师或一边阐述，一边指导，或一边示范；我们或一边探究、一边反思、或一边体会……我们要把老师的指导、示范，把同学们探究、心得，包括自己的反思、体会都记下来，而不仅是把老师的板书（讲话）或课本上的要点照抄照搬下来。

课堂笔记应是课堂学习翔实的记录。所谓翔实记录，指的是笔记中所记下的学习要点、学习重点、学习体会，应是周密、详细、具体、脉络清晰的。许多同学记的课堂笔记没有学习要点和重点、没有自己的体会，或是过于简略、粗糙、模糊不清，且只有自己才看得懂，是不妥的。

认真负责地、一丝不苟地、坚持不懈地做好课堂笔记，还可以强化我们的纪律意识,提高课堂学习效果,同时还可以激发老师的工作责任心和教学积极性,节约老师维持课堂学习纪律的时间。可以设想,假如你是老师,你正在教室上课——你举目所见,是同学们都在认认真真地伏案做好课堂笔记,没有一个同学偷懒、没有一个同学懈怠,全教室没有一丝紊乱和一丝无序,你敢不认真负责地教学吗?你敢不严格要求同学们吗?你敢不认真做好教学准备、给同学们更多的学习指导吗?你肯定不敢!(有经验的老师往往根据学生提交的课堂笔记、作业、考试考卷综合评定学生的学习成绩)。

尤为重要的是,在某一堂课上,或在自己喜欢的老师、或在自己喜欢的科目的课堂上做好课堂笔记不难,难的是在任何时候、任何课堂上都能认真负责地、一丝不苟地、坚持不懈地做好课堂笔记。"在任何时候、任何课堂上都能认真负责地、一丝不苟地、坚持不懈地做好课堂笔记"——是在展现崇高精神的伟大、体验崇高精神的美感并促进崇高精神成长——其中包含的精神意义,比单纯的"做好课堂笔记、提高学习成绩",要深刻、要重要得多。

课堂笔记应尽力做到准确、规范、翔实、美观,且写成一个文本。由于课堂笔记纯属是个人的学习笔记,许多同学对此持马虎的态度,这很不好。因为准确(不犯或少犯错误)、规范(合乎标准)、翔实(体会细节)、美观(有美感)地记笔记,不但有助于我们掌握学科学习内容,提高我们的第二信号系统活动水平、语文学习水平、培养优秀的学习品质、养成良好的学习习惯,而且有助于我们将物质的活动转化为精神的活动。

课堂笔记整理的方法:一是内容改错、内容补充;二是记下待进一步理解、掌握的难点和疑点,发现学习内容与上下左右、东西南北的意义联系;三是总结经验体会、思想方法;四是对重点内容,用特有的标记标识出来(如用不同颜色的墨水、用意义不同的符号注明不同的意义等),让所有的笔记内容形成一个逻辑的概念系统。

课堂笔记存档。所有课堂笔记,都要编号存档,以免遗失。课堂笔记是最好的复习材料,总复习时,平时的课堂笔记将大大地提高总复习效率。

记住:人的成功,不是因为人适应环境要求而成功,而是人对自己的要求高于环境对自己的要求而成功。做好课堂笔记,就是我们对自己的学习要求高于环境对自己的要求的典型表现。

做好课堂笔记,是提高课堂学习水平的第一个秘诀。

探索和实践

●课堂笔记是课堂学习的又一次学习,好的笔记犹如一篇好文章,你以为如何?谈一谈你的体会。

10.10 听课好比悟"道"

只要有足够的学习准备，即只要有扎实的学习基础，任何新课，都可以通过自学基本掌握到的。既然新课可以通过自学基本掌握到，为什么还要认真上课，亲自听取老师的教诲，接受老师的指导呢？我想，这可能是因为自学所得，远不及老师耳提面命的教诲和点石成金的指导所得的缘故。

老师的教学内容选择，总是源于教材，但不囿于教材。老师的教学方法，总是面向实际、追求卓越，以取得最优的教学效果为依归的；老师的思维方式、解决问题方式、人际交往方式无一不表现出老师的精神信念。因此，当你坐在座位上听老师讲课时，你不但可以具体地观察到老师的思维示范、操作示范、解决问题示范，而且还可以见识，甚至掌握老师的精神活动方式，包括老师的学科思维方式、思想方法方式、工作作风方式、人际交往方式，后者正是你即使自学一万年也不能学习得到的东西。

因此，上课时，你不但要领会老师提供的材料以形成正确的概念，而且要领悟并掌握老师解决学科问题的哲学意识，学科的思想方法，思维方式等弦外之音。

有经验的老师不会、其实也不可能将所有的教学内容都讲透，凡没有讲透的部分——这好比绘画中的"飞白"部分——有时是他有意、有时是他不得已留下的。你应尽力加以领悟。如果我们不开掘老师话题之外的深层次意义，仅仅是像看电视一样看着老师"唱戏"，我们的学习便会局限在一个狭小的空间里，我们的信息便不能很好地和环境交换，我们的学习进步势必很缓慢。

所以，当老师在课堂上指导我们学习时，我们要像一位淘金者一样，不断地从教师平凡而普通的语言中，开掘出更典型、更宝贵的学习意义——"道"来。

听课好比悟"道"，关键在"悟"——尽量敏锐、深入、深刻、发散地思考、反思，再继续敏锐、深入、深刻、发散地深入、深刻地再思考、再反思，直至认识本质、融会贯通为止。

课堂上悟到的"道"，要及时地写在笔记本上，以免遗忘。

探索和实践

●思考一下"悟"的速度，试着用"悟"的方式听一堂课；什么接受学习有时可以悟到更多的东西？

10.11 概念掌握和课堂练习

课堂学习的首要目的，为的是准确掌握概念。克服思维定势，寻求概念间的意义联系，提供足量的、系统的概念形成材料，完成足量的"变式训练"，反复应用概念解决足够多的实际问题，增加见解、增长见识等方式都有利于概念的准确掌握。

课堂练习，就是老师设计的，旨在通过上述方法让大家尽快地、准确地掌握概念的教学过程。

课堂练习一般分为"练（练习、做）""议（探究）""讲（指导）"三个小环节。"练"，要求大家当堂解答教科书上的或老师布置的课堂练习题；"议"，要求大家就练习内容进行多方向的探讨；"讲"，师、生讨论——各自给出深层次的，有启发意义的课堂练习体会。

在实际的课堂练习实践中，"练""议""讲"并无严格的先后次序，总是表现出"夹'练'、夹'讲'、夹'议'"的特征。

有经验的教师会尽力避免空泛的课堂讲授和华而不实的"情景发现"，他总是留出大部分课堂学习时间让大家做课堂练习或课堂讨论，然后以课本和课堂练习或课堂讨论为依据，通过夹"'练'、夹'议'、夹'讲'"的循环递进方式，促进新学概念的具体化、概括化和意义化，进而使新学概念转化为有经验支持的概念，使新学知识转化为有经验支持的知识，使新的经验转化为知识化经验（学习实践表明：这种课堂学习方式较之于冗长、散漫的老师讲、学生听的学习方式要有效得多）。我们则要配合老师的这一教学方式，明确老师的课堂练习目的，牢牢地把握好准确掌握概念这根"弦"。

探索和实践

●在课堂上，老师是如何按照夹"练"、夹"议"、夹"讲"的顺序循环递进的？你对此有心得吗？

10.12 争得老师的当堂指导

上课学习时，老师只有一个，学生有几十个，老师没有时间也没有精力对每个同学具体学习指导。因此，你须争得老师的学习指导。如何争得老师的学习指导呢？

——认真学习，争得老师对你的主动指导。老师是从事教育职业的知识分子。老师的知识分子角色决定了他的最高的需要是实现其教育理想——让学生成人成才。当你认真负责地学习，发奋把老师的教育理想变成人生理想时，老师会因他的需要有可能得到的满足而主动地给你以指导，使你学得更好（同时也使他的教育理想变成现实）。

——学习上先人一步，争得老师对你的优先指导。如果你在学习上先人一步：当大家在感知课本时，你已经熟悉了课本；当大家在熟悉课本时，你已经能熟练地应用课本了。总之，你无论学什么，都先人一步；由于你先人一步，你就与众不同；由于你与众不同，你就会受到老师更多的关注；由于你受到老师更多的关注，你就争得到老师的优先指导。

——尊重老师劳动，争得老师的指导回报。教学过程中，师生关系在一定程度上是人际交往关系。师生从相生到相熟、从相熟到相知、从相知到相同的人际交往过程，是从相互尊重对方劳动开始的。你尊重了老师的劳动，老师的自尊得到满足，你们二者的情感彼此相互悦纳；同时，因为你尊重老师的劳动，老师也会尊重你的劳动——如他对你的作业批改将更认真，对你的学习方法指导将更详尽，他给你的激励和鼓舞将更多、更及时。不知你注意到没有，当你全身心投入上课学习，当你的课堂学习与老师的课堂教学配合得天衣无缝时，你专心致志的神情，你点头肯定和会心微笑的表现，都可以激发老师的教学热情和教学责任感，你就争取到了老师更多的学习指导回报。

有老师指导的学习与没有老师指导的学习相比较，其学习所得完全不同。在班集体里，学生几十个，而老师仅一个，所以你不但要获得老师的学习指导，还要努力争得老师的学习指导。

探索和实践

●为什么尊重老师劳动、实现老师的教育理想是争得老师主动指导的最好办法？

10.13 如何克服课堂学习疲劳

在课堂上，面对着学识远比我们渊博且唯恐我们学不懂的老师，我们经常表现出懈怠、困倦、瞌睡、注意力下降等学习疲劳现象，这是为什么呢？

我们的大脑是一个复杂且精密的神经系统，它兴奋过一段时间后，会自然地转向抑制，易产生脑力疲劳；我们的机体的生理承受力亦有限，若过度劳累或尝试了或实践了力不能及的事，易产生体力疲劳。脑力疲劳和体力疲劳都是人的生理疲劳。高强度的注意活动伴随着高强度的心理活动，持续不断的单调刺激或根本没有刺激都会使人感到疲劳，这时产生的疲劳是心理疲劳。生理疲劳与心理疲劳往往是相互联的。脑部供血或供氧不足、营养不够等容易导致生理疲劳的因素往往引发心理疲劳；作息时间安排不科学、学习习惯不良、心理健康水平低等容易导致心理疲劳的因素往往引发生理疲劳。生理疲劳和心理疲劳还与身体素质有关——体质差，体能不足都易同时导致生理疲劳和心理疲劳。

因为疲劳的感受是主观的，所以不同的个体有着不同的疲劳阈限值。有的极易疲劳，有的难以疲劳。不同的个体疲劳恢复的速度也不一样。有的恢复的快，有的恢复的慢。疲劳产生的副作用也因人而异。有的人会因疲劳导致疾病，有的则不会。因此，提高抵抗疲劳的能力和恢复疲劳的能力，掌握克服疲劳的方法非常重要。

精神崇高、志向远大、自信心足、自我控制力强且有着良好的学习习惯的、心理健康的个体，其抵抗并恢复疲劳的能力强，反之则弱。所以正确的价值观和人生观、清醒的自我意识、自律坚韧的自我意志、良好的学习习惯，都有利于克服疲劳，提高抵抗疲劳能力和恢复疲劳能力；一边做且一边学、注意力集中并指向在学习的对象上、有学习的成就感等有利于提高疲劳阈限值，增大对疲劳的抵抗力。

人的身体和人的心理是有潜力的。只有通过压力的作用，人的这种潜力才可能激发出来；人的毅力和意志只有在适度的身体和心理的压力之下才可以锻炼出来，这种压力，就是疲劳的压力。因此，在学习过程中，我们必须让坚韧不屈的崇高精神支撑自己，激发潜能、培养毅力，通过克服疲劳，提高坚韧力、自律力和意志水平，展现崇高精神，把坏事变好事。另一方面，我们也应该锻炼身体，提高健康水平；尤其要提高心理健康水平，以提高疲劳抵抗力。此外，我们要尽力恪守健康学习的原则，保证我们的身体和心理不受过度疲劳的损害。实在因精神或身体劳累，感觉实在是疲劳了，我们就应果断地去休息。休息够了，再来学习，切记不要在过度疲劳下学习。

探索和实践

●如何理解适度的疲劳是一种有利于激发潜能的压力？过度疲劳对学习是有害的，你曾有过相类似的经历吗？

10.14 重视课堂学习的"议"

在前面的文章里，我们已经知道，有经验的老师总是把他的课堂教学分成"讲""议""练"三段，"议"是其中的一段。"议"较多地与"练"配合进行，或先"议"后"练"，或先"练"后"议"，更多地表现有夹"讲"、夹"议"、夹"练"。

"议"，即集体讨论。老师为什么留出专门时间让大家集体讨论呢？

课堂学习归根结底要发挥学习者本身的主观能动性，旁边人无论如何都是无能为力的。老师留出时间让大家讨论，为的是把学习的主动权还给大家。

在"议"的过程中，大家将各抒己见，被"议"问题的庐山面目逐渐剥去，被"议"问题的本质逐渐水落石出。大家在积极的思维中，在积极的人际交往和思想交流中，不知不觉地实现了由"接受"的学习方式，向"发现"的学习方式的转化。

"议"的另一个作用，或使"讲"进一步深入，或在"议"中进一步概括经验，或为下一时间段的"练"和"讲"做好心理的、概念认知的准备，使上一步的"讲"与"练"不再是一般意义上的"讲"与"练"，使下一步的"练"与"讲"是更高层次上的"练"与"讲"。

"议"还是一个互教互学、教学相长的过程。老师和学生、学生和学生之间不同意见的相互质疑、诘辩、切磋与交流，将有效地刺激思维活动质量，彼此增长见识和智慧。

因此，每当老师组织大家"议"时，我们要尽快进入"议"的情景，积极地参与"议"，既做个好听众，又要通过深思熟虑地表达自己的意见。

切记"议"一定要与"练"、与"听"、与"思"、与"记（录）"相结合，或边"议"边"练"边"听"边"思"边"记（录）"，或边"听"边"思"边"练"边"议"边"记（录）"，总之是"议"与"练"、与"思"、与"听"、与"记（录）"相结合的"议"，才是有目的的、具体的、可能获得相关经验的、学有所得的"议"。任何"议"，如果停留在清谈上，或是幽默轻松一刻，是毫无意义的。

所有的"议""练""听""思"的要点，都应有条理地记录在笔记本上。

探索和实践

●"议"与"做"（"练"）、与听（"讲"）、与思（"讲"）、与"记"（记录、记忆），是结合在一起的，试着学会一边"听"、一边"讲"、一边"练"、一边"记"。

10.15 做个好听众

课堂讨论时，首要的不是如何"议"和如何"论"，而是如何"听"。也就是说，课堂讨论时，你要专心致志地做个好听众。

做个好听众——对方在"论"，而你则在认真地听，说明你对对方的"论"有着积极的反应，对方可能会因此感到自尊并可能发表内容更丰富、见解更精辟、思想更独特的"议"和"论"作为回敬；况且只有通过认真地听，你才能准确地掌握对方在说些什么，他说的要点是什么，你才可能对对方的"议"和"论"进行深入的分析或给出具体的评价，你才有可能在准确地听取对方议论的基础上，深思熟虑地、准确无误地、有针对性发表自己的意见，而不会言不及义、词不达意、无的放失地乱说一气。

俗话说："他山之石，可以攻玉。"人的智慧本质上是他人的智慧。人的智慧更多的是在人际交往中，在人际间的言语交流（讨论）中进行交换和放大的。做个好听众，就有利于你采"他山之玉，功己之石"——与对方进行智慧的交换和放大。俗话又说："教学相长。"在课堂上，你不但要向老师学习，而且要向同学学习，做个好听众，就是向同学学习的好形式。俗话还说："潜龙在田。"——处事低调，少些张扬和夸饰，像潜龙一样藏而不露地、耐心地等待时机，不但是课堂讨论时应该学习并注意的事项，而且是进入社会安身立命时必须恪守并坚持的人格修养。

因此，在课堂讨论时，你若不假思索、信口开河，不可；你若守口如瓶，木讷不言，亦不可；你若唯心地附和对方的意见，不可；你若全盘否定或全盘肯定对方的意见，亦不可。正确的态度是：先认真地听，边听、边想、边记，再谨慎地、真诚地说。夫子早就告诫过我们，要"敏于行而讷于言"，"做个好听众"，笨一点，就是"敏于行而讷于言"的具体表现。

课堂学习活动中，如果你闭门造车、孤家寡人一个，不倾听或不与外界进行精神、信息、智慧的交换，你是永远也得不到智慧，或是永远也放大不了智慧的。但你若是不认真听，而是随心所欲、信口开河地抢着说，同样是永远得不到智慧，或是永远放大不了智慧的。"做个好听众"，就是你克服闭门造车，积极向对方学习、积极接受对方智慧并积极与对方交换智慧，最后积极放大智慧的好办法。

探索和实践

●在课堂上，你是个"好听众"吗？"好听众"有哪些表现呢？

10.16 深思熟虑后再说

上课学习时，你不能仅汲取大家的智慧，而不把自己的智慧贡献给大家。也就是说，在课堂上，你要积极稳妥地"议"，即积极稳妥地发表自己的意见。你应该如何积极稳妥地发表自己的意见呢？

任何意见，一定要经过深思熟虑、确认是精准无误、有一定的智慧含量之后，才可以发表。因为只有这样做，意见才有价值，才不至于浪费自己和他人的时间。如果好为人师，自己仅有一知半解，尚在"摸着石头过河"，便信口乱说，只会给自己闹笑话。通常的"议"的方式是：先认真听取他人的意见，后认真考虑好个人的意见，意见考虑好后，再认真写个提纲（至少要写好关键词），经仔细斟酌、确认无误后再说。这样就可以避免因为一时的情绪紧张而张口结舌，把说的要点忘记了。说的时机也要选择好——不要争先恐后，尽量让他人先说。若是他人的意见与你要说的意见相同，他说过了，你就没有必要再说了。发言时，要委婉用词，切勿锋芒毕露、讲过头话。子曰"君子和而不同"，"和"总是最重要的。要说真话，千万不说假话。如若说真话不合时宜，宁可沉默不说。发表自己的意见时，切记不要耍小聪明、出风头、与人发生意见冲突。

深思熟虑后发表意见，是你对自己、对他人负责的表现，也是你遵守人际交往礼仪且有人文修养的表现。在课堂讨论中，你如果能沉住气，能坚持深思熟虑后再说，对你的精神展现力、思维力、情绪控制力、自我管理能力等都是一种有益的锻炼。

山不在高，有仙则灵；话不在多，精简即明；斟酌用词，真诚谨慎——在课堂上，深思熟虑后再说，总是好处多于坏处的。

探索和实践

●说话处事深思熟虑，是人良好的品行，情感常使人失去理性。你认为这一观点是正确的吗？

10.17 掌握了也要动手练习

课堂练习大都简单明白，许多同学便懒得动手，认为反正已经懂得"如何解答了，心里掌握了，没有必要再重复了"——这种观念是极为错误的。

"心里掌握了"，仅是我们的一种直觉。这一直觉可能是对的，是真"知"；也可能是错的，是假"知"。究竟是真、是假，老实地做一遍就知道了。学习经验告诉我们，在很多情形下，当我们自认为"心里掌握了"时，但实际上却没有掌握。而富有戏剧性的是：那些看起来似乎知道如何解答，但具体解答时却解答不出来的练习题，往往是考试时的考试题。如果平时练习时，我们满足于"心里掌握了"，不具体地实际练习一遍，考试时我们就会吃大亏。

在学习上，我们往往有眼高手低的现象，这一现象在某些处事不过细、有虚荣心，喜欢卖弄"小聪明"的同学身上表现得最明显。他们为什么会"眼高手低"呢？其主要原因，就是因为他们经常自以为"心里掌握了"，不注重动手实际练习的缘故。

任何课堂练习的正确完成，决定于多种条件相互配合：一是准确掌握概念，二是准确掌握概念应用的思想方法，三是熟练掌握解答问题的相关技能，四是获得具体应用的实际经验。即我们不但"心里掌握了"这是什么，而且应该知道如何动手"做"；我们不但知道如何动手"做"，而且会具体动手"做"；我们不但会具体动手"做"，而且有具体动手"做"的经验。这好比唱歌，我们不但知道如何唱，而且知道如何具体地、优美地、大方得体地登台演唱；我们不但知道如何具体地、优美地、大方得体地登台演唱，而且曾经具体地、优美地、大方得体地登台演唱过。

课堂练习是"做"，有"做"才有经验；有了经验，"心里掌握了"的知识才是具体化的，有实践经验支持的知识，所以在一定意义上可以说，有"做"才有"学"。课堂练习，是知识具体化即将语言意义上的知识转化为经验意义上的知识的重要途径。知识或概念不经过这一途径，就不能在具体化的基础上，转化为有经验支持的、活的知识，也就难以进入我们的认知结构。

此外，也是最重要的，课堂练习还是知识、概念技能化的重要途径。一个重要的观点是：知识必须转化为技能、且技能必须熟练后才最终被我们掌握，从这一观点出发，我们同样要下功夫做好课堂练习。

探索和实践

●为什么不能满足于"心里掌握了"，而要动手具体"做"？以一个高考失败的案例说明之。

10.18 学会课堂反思

课堂反思，指的是在课堂上，对学习中的问题进行多向思考的简称。

反思的方法之一，是"退回来想一想"。所谓"退回来想一想"，即退回到思维活动的上几个逻辑层面，甚至退回到原始定义上"想一想"。"退回来想一想"，有利于你在思维过程中及时纠正思维偏差。事实证明："退回来想一想"，尤其是退回到原始定义上"想一想"，是我们纠正学习错误，拓开学习思路的好办法。

反思的方法之二，是"反过来想一想"。通常的思维方式是"如果不是这样，又会如何呢？"辩证法告诉我们，任何事物都包含着相互依存、相互对立的两个方面。当你不能理解、不能掌握"此"一个方面时，你不妨反过来思考一下与"此"一个方面相对立的"彼"一个方面。你对"彼"一个方面的理解了，你对"此"一个层面的理解就会深刻得多。

反思的方法之三，是"改变某些（个）思维条件想一想"。任何思维，都是在一定条件下的思维，思维的条件不同、思维结果便不一样。"改变条件想一想"，有利于我们拓展思路，改变思维方式。

反思的方法之四，是"换一种思想方法方式想一想"。即通过思想方法方式的改变，或摆脱原有的思维方式，或创造性地采用新的思维方式，以此让思想冲破牢笼。

总之，反思是多方向、多层面的、深层次的、发散性的思考，它几乎可以不择时机、天马行空般地进行，即我们可以随时反思；反思好比琢玉又好比淘金，它可以去粗取精、去伪存真，让我们在精益求精的探究过程中发现更多、更本质的问题；反思往往与获得经验相联系，经验是反思之果，反思是经验之根——没有学习反思，我们就不能获得经验，要获得学习经验，就必须深刻反思；反思还使我们的学习发生学习的"革命"——从接受的学习方式转化为探究的或批判的或实践的学习方式。

我们的课堂学习，若是按部就班，唯老师马首是瞻，学习思维量是不大的，特别是经过预习之后，学习思维量更是不大。如果我们注重"反思"——每遭遇到一个思维点，我们就举一反三、触类旁通，就从四面八方着眼、就钻山打洞般地狠狠地由此及彼、由表及里地反思一番，我们的思维活动的容量、深度、广度、密度、流畅性和创造性都增大了，我们获得的经验就增多了，我们学习的效果便极大地提高了，我们的一节课就可以顶得上几节课了。

在课堂上，许多同学的学习注意力似乎是集中的，似乎是在努力地学习着的，但由于他们的思维活动总是在学习活动的表面"擦肥皂"，没有系统且深刻的反思活动，所以他们的课堂学习既是缺乏思维力度和经验获得的，又是缺乏精神力度和意志锻炼的低效率的课堂学习。

探索和实践

●反思可以分阶段的，也可以是即时的。什么是即时反思？你尝试着进行上课即时反思。

10.19 敏锐地领悟老师的练习指导

课堂练习过程中，老师会选择时机给你以指导，你要善于敏锐地领悟老师的练习指导。

练习之前，老师会指导你"议"（自由讨论）。老师的目的，一是引导大家做好练习的概念认知与解决问题的思想方法准备，二是引导大家切磋交流，激活思维，交换思想，理清思路。这时候，你要在老师的启发下，积极思考，尽可能地虚心倾听老师和同学们的意见并发表自己的意见，尤其要留心老师的指导性、启发性意见，准确地、敏锐地领悟老师的练习指导。

在练习过程中，老师会在同学们的座位间巡视，他将逐一地检查大家的练习，指导大家更正练习错误。当老师巡视到你的面前时，你要主动起立并用双手将练习本递给老师，请求老师指出你的练习错误并请求他解答你在练习过程中产生的疑难，求得直面听取他指导的机会。

练习结束，老师会就同学们在练习过程中出现的问题来一次"麻雀解剖"。他会指出练习错误的各种表现，分析典型练习错误、分析所有错误产生的概念认知原因和思想方法原因，对全班的练习情况进行全面的反思和总结。这时候，你要尽力伸长耳朵，睁圆眼睛，努力将自己的练习结果与老师的练习指导作一比较，努力发现自己的练习错误；努力在深化概念认知的基础上，总结新的概念具体化经验、新的思想方法具体化经验，找到新的"学习点"，尽力让新知识、新概念、新经验与新的思想方法、新的思维方式、新的技能技巧等概括为一个新的、解决问题的知识经验模块体系。

值得强调的是：你要特别留心老师对课堂练习的细节指导和阶段小结——当老师用粉笔敲打着黑板，或用彩色粉笔把黑板上的重点、难点及某些突破难点的方法、技巧凸显出来，当老师反复强调这问题是如何如何重要，该如何如何解决时，你就要本能地意识到，课堂练习的"学习点"找到了！老师课堂练习指导的关键时刻到了！老师是在点石成金——传授"学习秘诀"了！

老师的课堂练习指导，是老师课堂教学的"亮点"所在，你务必要保持心理警醒，尽心在把握整体的前提下，领悟其中的每一个细节。

探索和实践

●在上课练习过程中，洞察并体会老师对练习细节的指导，并争取得老师的指导。

10.20 剖析典型示例并记住它

在课堂学习过程中，每当遇到疑难，老师就会举出典型的示例具体说明。对这些典型的示例，我们应认真剖析它并记住它。

如何剖析典型示例并记住它呢？

老师是不会无缘无故地选择典型示例的。老师之所以选择此示例而不选择彼示例，是根据他的课堂教学目标确定的。所以剖析典型示例要做的第一件事，就是体察老师的示例目的。

剖析典型示例要做的第二件事，是体察老师在示例什么，是思想方法示例，还是技能操作示例。

体察典型示例要做的第三节事，是典型示例学习后的经验反思——学习了典型示例之后，我们有哪些经验体会呢？今后遇到类似的问题，我们能否以典型示例为榜样，有效地解决它呢？典型示例经验反思愈深刻，学习的效果愈好。

剖析典型示例要做的第四节事，是观察老师如何动手做，即观察老师是如何具体动手解决问题的。

值得强调的是，老师的课堂上剖析典型示例，不仅是知识认知的示范，还是世界观、方法论、人格品质等的榜样示范。所以在剖析课堂典型示例的同时，剖析并接受老师的世界观、方法论、人格品质等榜样示范，也是很重要的。

对老师给出的典型示例及榜样示范，要用一个本子把它们记下来，汇集起来。在课堂学习过程中，识记住所有的典型示例及榜样示范，遇到学习困难时迅速回到示例或示范上，是一种良好的学习策略。

我们打开高考试卷，会发现90%以上的试题都曾是老师讲解过，我们曾解答过的典型示例。对这些试题，我们之所以解答不出来，一是因为我们没有深入地剖析、理解它们，二是没有准确地识记住它们。

探索和实践

●什么是示例，什么是示范？如何识记示例和示范？谈一谈你的方法。

10.21 特别留心老师的即席演讲

老师的课堂教学总是按计划进行的,但有时也有特例。老师有时会抛开书本,即席发表一通真诚而又热情洋溢的演讲。

对老师的演讲,你和同学们通常是瞪大眼睛,为老师的幽默、激情所打动或哈哈大笑一番,而忘记了体会老师演讲中所蕴含的深层次的意义。

老师的即席演讲,目的在于阐明一个事理。而对这事理的认识,你和你的同学们在当时是模糊不清的。老师的目的,旨在于通过即席演讲来清晰它。因此,当老师即席演讲时,你就要认真地聆听并认真地反思:老师的演讲目的、主题各是什么? 我从中能获得哪些经验? 通过反思老师的即席演讲,你就能领悟到、体会到许多东西。

探索和实践

●什么是"只可意会、不可言传"。发现老师即席演讲中的"只可意会,不可言传"的内容。

10.22 不留疑难到课后

上课学习时,你必然会产生许多疑难。对其中的大多数疑难,你将通过独立思考或通过学习交流解决它们。对少数实在不能解决的疑难,你要大胆地向老师请教,求得当堂解决,切不留疑难到课后。

学习实践证明:疑难是一个心理压力,即是一个精神包袱,这一心理压力或精神包袱有可能严重地影响你的学习心态。对下一节课的学习而言,上节课的未解决的疑难还是一个学习障碍,一个学习的空白点,因为即使是一个"点"的疑难,也会影响你对一个"面"甚至对一条"线"的所有概念的意义认知。此外,课后自己独立解决疑难,显然比当堂请教老师解决疑难要困难得多。所以,你上课若有疑难,就要大胆提出来,争取获得老师的当堂指导并当堂解决。

有经验的老师非常欢迎学生当堂提出疑难。因为发现了学生的疑难,就发现了学生学习的难点和盲点,也就发现了学生的"学习点";而某个学生的疑难,很可能是班级学生的疑难;解决了一个学生的疑难,很可能解决了班级大部分学生的疑难。另外,通过疑难的提出与解决,有经验的老师还会引导学生从反面探究学习内容,总结学习经验,从而全面提高课堂学习效果。

当然,你在提出学习疑难的时候,也要考虑课堂学习的具体情景。当课堂学习情景不允许你提出疑难时,你最好不要提出疑难,否则会影响班级课堂学习气氛;当你提出疑难时,要注意礼貌,要从学生的角度、从请求老师指导的角度提出疑难。你要充分体现你对老师的发自内心的尊重。你要一次性地把自己的疑难讲明白，切记不要急急巴巴地讲了半天也讲不清楚；切记不要扭扭捏捏，不要怕出丑，不要不敢说；切记无论在什么情况下，刁难甚至利用疑难取笑老师，都是不道德的和不允许的。

当堂释疑解难，是老师在课堂教学计划中特意设计的一个必不可少的教学环节。有经验的老师不但会留出时间，而且会启发你当堂提出疑难并当堂解决它们的。老师甚至会若有所思地反复地问："小伙子们，还有疑难吗？有疑难的请举手！"你若是有疑难，就马上举手、抓住机会，当堂提出疑难并当堂解决疑难——决心"打破砂锅问到底"，切不留疑难在课后。

探索和实践

●为什么疑难不宜留至课后？如何请教老师当堂解决疑难？

10.23 远离"上课学习愚蠢"

以下的上课学习表现，叫作"上课学习愚蠢"。

心不在焉。注意力不集中，或犯迷糊，或打瞌睡，或上"甲课"，做"乙事"。

不真实。或以不知为知、或不懂装懂；个人的"学"与老师的"教"不同步——上课时，老师教老师的，自己学自己的，自己的学与老师的教总是"两张皮"。

漠视老师权威，轻视学习纪律。否认老师的判断，抵制老师的指导，无视老师的评价和处罚；自由散漫，为所欲为，一副十足的市井烂痞模样，但自己不以为耻，反以为荣。

学习虚荣心太重。过分看重班级成绩排名，为名次不惜弄虚作假；喜欢卖弄小聪明，课堂上不认真学习，极力表现出一副无所谓的、玩世不恭的样子，晚上却独自用功到深夜。

学习心态浮躁，情绪化。面对喜欢的老师、面对喜欢的课程，就努力学习；面对不喜欢的老师、面对不喜欢的课程，就不努力学习；好大喜功、急功近利，学习活动不由理智所决定，而由情绪所决定。

缺乏学习准确性。不能准确把握概念及其概念间的意义联系，不注重概念的细节把握和概念具体化后的经验反思；或满足于表面印象，或满足于似是而非的一知半解。

学习马虎，缺乏美感。动笔就错，动手就错，开口就错，无论学什么都不规范，且都缺乏学习的美感展现与学习的美感体验。

自我封闭，单干、闭门造车。不进入老师和同学们共同创设的学习情境，拒绝学习交流，讨论时保持沉默——既不做个好"听众"，又不把自己的智慧奉献给大家。

作风疲沓，缺乏进取心。学习心理与学习行为的反应不敏捷，懒散、麻木；学习准备不全，学习思维和学习行为呆滞，个人的学习节奏永远跟不上老师和班级集体的教学节奏。

忽视准确识记。缺乏准确识记意识和准确识记习惯，记不准、记不住、不下苦功死记硬背。

懒惰，拒绝动手。不做笔记，不动手操作；胡思乱想，甚至莫名其妙地想入非非。

上课学习愚蠢与崇高精神缺乏有关。

缺乏崇高精神展现和美感体验的"上课学习愚蠢"，既严重地削弱了我们的"学"，又严重地削弱了老师的"教"；既严重地影响了我们的学习习惯的养成和学习成绩的提高，又严重地影响了我们的学习品质的发展和个性品质的发展，我们应该尽量地远离它们。

探索和实践

●写一篇题为《远离上课学习愚蠢》的作文。

10.24 在课堂练习中熟练并掌握学科技能

学科技能是为顺利解决某些学科问题，通过实践训练获得的心理兼动作的活动方式。故学科技能一部分与我们的心理活动的组织方式有关系，称为学科心智技能，如阅读、计算、语言表达等；一部分与我们的动作活动的组织方式有关系，称为学科动作技能，如运动、表演、实验操作等。由于掌握学科技能是重要的学科学习目标，所以我们要在课堂练习过程中，努力地熟练它并全面地掌握它。

学科技能学习的初始阶段是"明理"阶段，即认知技能活动的学科原理阶段。我们在学科技能学习的初始阶段，就希图完全"明理"，显然是不切实际的。但我们要克服困难，努力做到不但能更多地"知其然"，而且能更多地"知其所以然"。如在物理学学习中，在学习通电螺旋管左手定则的时候，如果我们首先了解了通电导线的电流方向与导线磁场方向的相互关系，我们学习并掌握通电螺旋管左手定则就容易多了。

学科技能学习的第二阶段是模仿阶段。在这一阶段中，老师会亲自提供示范并指导我们模仿他的示范。我们则要接受老师的指导，一边一个细节、一个细节地练习，一边一个细节、一个细节地体会、领悟老师的心理活动方式和动作活动方式。如在外语的语音学习中，在学习"失去爆破"发音时，我们模仿老师发音，我们很快就学会"失去爆破"的发音了。

学科技能学习的第三阶段是熟悉阶段。通过模仿，我们对学科技能的心理和动作活动方式有了一定的了解。但这还不够。我们还要继续完成一定的练习量，直到在我们的大脑皮层上建立起关于学科技能的心理和动作活动方式的条件反射系统、动作技能的视觉控制减弱和动觉控制增强（也有例外）为止。

学科技能学习的第四阶段是熟练阶段。因为学科技能水平必须达到熟练程度才有实际意义，所以我们要在解决问题的练习过程中，把学科技能与学科知识、学科经验、学科思想、学科方法概括起来，形成一个集学科技能、学科知识、学科经验、学科思想、学科方法于一体的学科知识经验技能模块。我们的学科技能一旦模块化，它就可能是意义化的，与学科知识、学科经验、学科思想、学科方法融会贯通的、脱离了单纯学科技能范畴的学科技能，它就有可能实现从学科技能到学科能力素养的飞跃。学科技能一旦实现了这一飞跃，就达到了熟练的程度了，学科技能一旦达到了熟练的程度，它就不仅是一种被完善、合理、有效地组织起来的学科技能活动方式，而是一种在实践中发展起来的、更概括、更高级的学科思想认识能力了。

遗憾的是，在课堂练习过程中，同学们较多地忽视了学科技能的训练和学科技能的熟练，尤其较多地忽视了促进学科技能的概括和学科技能向学科能力素养的转化。这一学习缺陷必须引起我们的重视。

总之，学科技能是建立在知识认知基础上，通过训练获得的心理或动作活动方式，它是我们学习学科知识，发展学科认识能力的桥梁，我们要在课堂练习中，努力熟练并掌握学科技能。

探索和实践

●技能是如何被熟悉、被熟练的？它是如何实现从技能向素养的转化的呢？

第十一章 建立起课堂学习的"认知地图"

11.1 课后小结的目的

上课结束之后，有的同学就开始完成作业，这个学习习惯很不好。正确的做法应该是：上课结束后，稍微隔一段时间，再课后小结——所谓课后小结，指的是课后对上一堂课的阶段复习总结——待课后小结之后，再完成作业。为什么上课之后要小结，作业要在小结之后完成呢？

课后小结的第一个目的，乃在于使新认知的概念意义化。所谓意义化，指的是将新学习的知识概念既与客观的学科知识系统"对接"起来，又与主观的认知结构"对接"起来，使其与已被我们掌握的知识、概念、思想、方法、经验等建立起本质的、非人为的意义联系；新认知的概念一旦意义化了，就被有序地组织起来了。

课后小结的第二个目的，是总结上课学习经验，发现并掌握新的"学习点"。所谓新的"学习点"，主要是指新的知识认知所得——知识点、新的概念理解所得——概念点、新的技能训练所得——技能点、新的思想方法掌握所得——思想方法点。上课结束后，略停顿一小段时间再小结，有利于完成这一过程。

课后小结的第三个目的，是及时复习、巩固上课学习内容，以此强化记忆，避免遗忘。识记规律表明，识记后近期忘得快，远期忘得慢，及时小结复习，就忘记得慢些，保持得长久些。

课后小结的第四个目的，是整理、概括上课学习内容，使之变得简约而有序——有可能的话，还要将其转化为自己的方法或思想。

我们必须明确，课后小结的重点，是继续深入地反思并在深入反思的基础上继续深刻地概括。因为有反思才有概括，有概括才有总结，有总结才有会发现新问题，发现了新问题才会有新思想和新经验。

课后小结还可以加强我们的记忆，使我们对学习内容的把握从感性层面上升到理性层面。

课后小结做好了，我们才可以合上教科书像考试一样完成作业。

注意到课后小结的重点是"结"，且是"小"结。"结"者，总结也、结论也；"小"者，细微也。所以课后小结的口子不宜开得太大，要紧贴着课本、课堂、课堂学习、预习笔记本、课堂听课笔记本和课堂练习本进行。小结时，不管是反思概括，还是总结经验，我们都要从"小"事"结"起，"结"一点就掌握一点。在小结后,我们还要用学科语言将小结成文并有条理地写在听课笔记本上。

探索和实践

●理解课后小结中的"小"和"结"的意义;课后小结可随时进行吗?还是专设一段时间小结呢?

11.2 课后小结的两种形式

一是抽出专门时间,进行课后专题小结。例如各门功课在白天的学习结束之后,我们可利用晚自习进行专题小结。专题小结可以按照概念认知、问题查找、经验总结等要点进行。

二是老师在前面小结,自己在后面跟着小结。课堂学习过程中,老师就像书面语言中的句号一样,会时刻抓住时机小结:如示例小结、问题小结、讲解小结、讨论小结、课堂练习小结等。上课学习临近结束,老师还会对本节课进行全面小结。对老师的色彩纷呈的小结,我们可以一边接受它,一边批判它;一边批判它,一边发现它;一边发现它,一边小结它。努力在老师小结的基础上,形成自己的小结。

三是分"学习点"小结。即重点小结自己的学习所得。

在上述小结形式中,最应该引起我们密切注意的,是老师的教学小结和自己的"学习点"小结。老师的小结,往往是学习的"学习点"、关键点所在;自己的"学习点"小结,则是自己的"经验点""总结点""认识点"所在。

画家作画,往往画几笔,便停一停,退后几步揣摩体味一番,再继续画;木匠做工,往往刨几刨子,便停一停,眯缝着眼睛揣摩体味工件一番,再继续刨。这是画家和木匠在寻找问题、总结经验、检查自己的劳动成果,寻找"经验点""总结点""认识点"和"小结点"。我们的课后小结,本质上和内容上都与画家的画间小结、木匠的工间小结相同。

探索和实践

●实践三种形式的课后小结方式,选择一种最适合于自己的小结方式;小结与反思有何异同?做一深入比较。

11.3 建立起课堂学习的"认知地图"

课堂学习的"认知地图",指的是课堂新学习的概念或命题与已掌握的知识概念的联系图。课堂学习认知地图是课堂学习内容(主要指概念、命题。以下简称概念)意义化的结果。

毫无疑问,学校的课堂学习,是系统地学习并掌握系统的概念的学习,这些概念俗称为"知识点"。所谓概念的意义化，就是发现并确立"知识点"与已被自己掌握的知识概念间的意义联系，努力在概念彼此联系的意义把握中，系统地掌握概念及概念系统。

在诸多概念中，有的是彼此直接联系的，像葡萄串长在葡萄藤上一样；有的则是平行联系的，像葡萄串并列地长在同一根葡萄藤上一样；有的则是对应联系着的，像矛和盾一样。直接关联的概念有上、下属概念的区分——下属概念是上属概念在有限条件下的推广或分化，上属概念则是下属概念的概括和形成；平行联系着的概念互不直接隶属，但却平行地隶属于某一上属概念或下属概念。对应联系着的概念间彼此是对应的，甚至是对立的或相互包容的，但却不是上、下隶属的或平行并列的关系。例如 $n(H^+)$ 和 pH 值是上、下属概念联系；椭圆方程和抛物线方程是并列概念联系；氧化反应与还原反应则是对应概念联系等。

概念之间之所以存在有各种联系，是因为它们的本质特征既有共同性一面又有特殊性一面。因为彼此有共同性，所以联系起来了；因为彼此有特殊性，所以二者又存在一定程度的区别。因此，所谓寻求概念联系，就是寻求概念的共同性和二者的因果联系。所谓寻求概念的意义化，一是寻求概念的共同性联系即本质的因果关系，二是在因果联系的把握中掌握不同概念的本质特征。

懂得了上述"弯弯绕"，我们可以着手于建立起我们的概念体系，即"认知地图"了。

首先要认知课堂上学习过的核心概念。

接着要提出与核心概念相关联的问题并深入探究这些问题。在问题探究过程中，通过思维与想象发现概念间的意义联系。

最后要用短线将这些概念联结起来。

例如，学习了单调函数定义及其判断方法，我们就可以按上述方法建立起它的"认知地图"：

从该"认知地图"可知，在本节课上，我们共学习了四个重要的新概念，各概念联系见图。

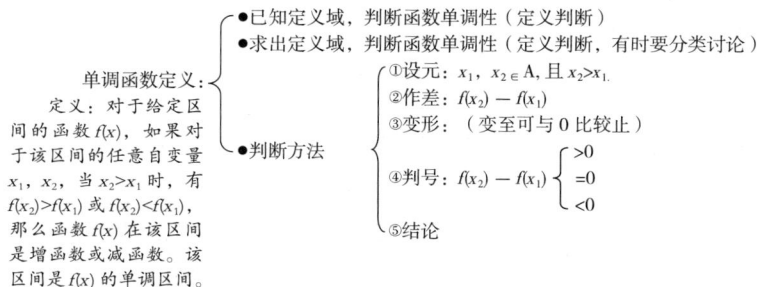

几乎所有的课堂学科学习，都有其相应的"认知地图"。把握好了课堂学

习的"认知地图"，我们就基本上把握了课堂的学习要点。

探索和实践

●试给出今天所学的各门功课的"认知地图"。

11.4 如何提高小结阅读效果

小结时，我们要再次阅读课本、预习笔记本、听课笔记本及课堂练习本。这一阅读过程，称为小结阅读。不同的小结阅读方式，有着不同的小结阅读效果。如何提高小结阅读的效果呢？

曹操着人修了一座花园，竣工之后，曹操视察了一番，未置褒贬，只是在花园门内写了个"活"字就走了。众人看了，议论纷纷，不得其解。这时杨修来了，众人把这疑难告诉了他。杨修吩咐如此这般一番，众人照他的话做了。不久，曹操又来到花园，见花园的门已修窄了些，很是满意。众人问杨修是如何揣测到曹操的意思的。杨修说："丞相在'门'字内写上一个'活'字，不就是告诉我们，门是太'阔'了些吗？"

从心理学看来，认识花园门上曹操写的那个字是"活"字，是人的知觉过程。因为众人的心理停留在关于"活"字的知觉上，没有与门联系起来，所以就不懂得曹操的意义了。杨修则不同。杨修知觉了这一"活"字的意义后，随即将知觉转移至思维上——花园门的"门"内写上一个"活"字，有什么意义呢？接着他将"活"字"意义"化——"门"字内写上一个"活"字，不是"阔"字吗？所以他就懂得了曹操的意思是嫌花园门太宽了些。

通过这个故事，我们可得到以下的启示：①知觉是认知的开始，也是学习的开始；②根据知觉（通过思考）提出问题，根据问题进行思维，通过思维将知觉"意义化"并由此获得经验，是学习过程。

我们的小结阅读就是从知觉开始的。如果我们反复于或满足于知觉活动上，不启动思维并由此获得相关经验，我们的小结就是无效的小结。我们只有根据阅读提出问题、根据问题展开思维、通过思维将知觉到的内容与我们认知结构中已有的适当观念联系起来，使之意义化，并由此获得经验，这样的小结阅读才可能是有效的小结阅读或说是有学习效果的阅读小结。

因此，小结阅读时，我们一定要注意：①要准确阅读，千万别阅读错了；②要根据阅读内容提出问题；③根据问题使认识到的概念、知识意义化。这也就是说，我们一边小结阅读，一边要提出问题；一边要思考问题，一边在小结阅读内容与我们已有的认知结构之间建立起意义联系，一边豁然顿悟——获得经验。在小结阅读时，像和尚念经一般，一味地阅读，不加思考；或是一味地机械识记，不加理解；或像看电视一般，从头至尾过一遍，这样的小结阅读，效果必然是很低的。

探索和实践

●摸索适合自己的小结乃至课本阅读方式。做到一边阅读、一边思维、一边识记。

11.5 课后小结是解题的小结

学习主要是关于问题的学习。学习可以是自己发现问题、自己解决自己发现的问题的学习，学习也可是"拿来"他人发现的问题、自己解决他人发现的问题的学习。"自己解决他人发现的问题"的学习又称解题学习。在小结学习环节里，解题学习占据有十分重要的位置。因为学习是必须入心入脑的，停留于反复知觉（看书）和反复识记上的学习，不能入心入脑，所以没有什么意义。学习要入心入脑，一要将其与我们原有的学科概念结构建立起非人为的意义联系，二要将其与我们原有的认知结构建立起实质的意义联系；学习还要使新认知的概念（命题）在精析的基础上，准确地记忆在大脑中并转化为技能（本书专有一章讨论这一问题）。毫无疑问，这些都与问题解答相联系着。更为重要的，是我们对课堂学习内容掌握程度如何，往往比较主观，我们必须通过解题学习的检验，即通过具体的"做"，才能发现我们的这一认识是否符合实际。由此，在某种意义上可以说，课堂学习的一部分是解题的学习，课后小结的一部分是解题的小结。

因为课后小结一部分是解题的小结，所以动手解答问题是课后小结的主要内容。即使是对一目了然的问题，只要它与小结的内容有关，我们都必须具体动手解答它。我们决不可满足于一知半解，用阅读的、浏览式的、"动脑、动口、不动手"的方式解答它。

小结时的解题学习，可以采用一边解题，一边看书的形式进行（这与作业的解答要求不同，作业时，是不允许一边看书，一边解题的）。小结时之所以允许一边看书，一边解题，是因为我们对相关思想方法的掌握还不太熟悉，对相关概念的认知尚不够精准，我们还缺乏足够的学习见解和学习见识。再说，小结时的解题学习，是为作业准备的，小结时可以打开书解题，一旦开始做作业，就不可打开书解题了。

课后小结的问题来源有三个，一是课本本身配置的习题，二是课本本身配置的例题，三是课外参考书提供的习题。对前二者，我们必须全部解答一遍；对第三者，我们应选择解答那些与上课学习紧密相连的、注重学习基础并且突出思想方法应用的典型习题。我们不要去解答那些形式复杂、内容古怪，力暂不能及的高考模拟题或往届竞赛题。小结中接触到的基础的、最具学科思想、学科方法特征的问题，则应特别引起我们的注意。因为从学习的角度而言，它们是我们必须掌握的内容；从应试的角度而言，它们就是必须考试的内容。

课后小结后，我们的书便读"薄"了。

探索和实践

●小结时，对一目了然的习题，是否同样必须动手解答一遍呢？习题小结的这一环节，是否可以省略呢？

11.6 给出"认知地图"的意义联系实例

小结时，我们要给出课堂学习的"认知地图"。为此，我们是否可以对着课本或笔记本，把相互联系的"知识点"（概念命题）抄在笔记本上就完事了呢？不可以的。我们在给出课堂学习"认知地图"时，必须要相应给出"认知地图"绘制的意义联系实例。所谓意义联系实例，指的是在"认知地图上"，每给出一份意义联系，就提供一个具体的实例佐以说明。

例如，今天的数学课复习了极值，我们知道了六种极值的求法。对每一种求法，除了要理解、熟悉、识记其思想方法、技能技巧外，我们还要选取对应的实例来建立我们的"认知地图"。

首先把握极值定义——函数 $y=f(x)$ 定义域为 A，$x_0 \in$ A，对于任意的 $x \in$ A，都有 $f(x) \leq f(x_0)$〔或 $f(x) \geq f(x_0)$〕成立，则 $y=f(x)$ 在 $x=x_0$ 时有极大（小）值 $f(x_0)$。

接着给出六种极值判断方法的意义联系实例，并以此建立起本节课的学习的"认知地图"：

第一种：$x \in$ R，$x^2 \geq 0$。实例：$x,y \in$ R，且 $x+y=1$，求 x^2+y^2 的极小值。令极小值 $z=x^2+y^2$，$z=x^2+(1-x)^2=2(x-\frac{1}{2})^2+\frac{1}{2} \geq \frac{1}{2}$，即解。

第二种：$a \neq 0$，$ax^2+bx+c=0$，有实根，则 $b^2-4ac \geq 0$。实例：求 $y=\frac{x^2+x+1}{x^2+1}$ 的极大值和极小值。令极值 $y=\frac{x^2+x+1}{x^2+1}$，则 $(1-y)x^2+x+1-y=0$。分 $1-y \neq 0$、$1-y=0$ 两种形式，按 $b^2-4ac \geq 0$ 求解。

第三种：$x \in$ R，$|\sin x| \leq 1$，$|\cos x| \leq 1$。实例：$x^2+y^2=4$，求 $x+y$ 的极值。设 $x=2\sin\theta$，$y=2\cos\theta$，（$0<\theta<\frac{\pi}{2}$）。极值 $z=x+y=\frac{4}{\sqrt{2}}\left(\frac{\sqrt{2}}{2}\sin\theta+\frac{\sqrt{2}}{2}\cos\theta\right)$，即解。

实例可以使知识、概念，使知识、概念之间的意义联系具体化。通过具体化，我们就可能获得经验的支持。我们一旦获得了经验的支持，我们就能够更深刻地理解知识、概念的本质意义。如果缺乏这一经验的支持，我们对知识、概念及其意义联系的理解，势必停留在知觉层面上。值得注意的是，我们对每个实例的解答细节，都要了如指掌，不但要知其然，还要知其所以然，限于篇幅，本文把实例的解答细节省去了。

每棵树都有根，根的周围都有土，树干与树根联系着，树根与泥土联系着。我们之所以给"认知地图"上的每个知识、概念都辅以实例，目的是让知识、概念和知识、概念之间的意义联系具体化并由此获得经验的支持——就像是让树根努力获得周围泥土的支持一样。我们知道：一棵树根连着泥土的树与一棵光秃秃的、树根没有一丝泥土的树相比，前者的生命力要强盛得多。

探索和实践

●学习是必须具体化并获得经验支持的。在给出"认知地图"的同时给出实例说明的目的是什么？

11.7 小心地拓开课堂学习视野

在学校里，每节课有 45 分钟时间。在这有限的 45 分钟里，不管我们如何全力以赴，我们的学习容量总是有限的。为此，我们必须在课后小结的学习环节中，小心地拓开课堂学习视野，以此来补充上课学习内容的不足。在课后的小结学习环节中，我们应如何小心地拓开课堂学习视野呢？

小心地拓开课堂学习视野的方法有四个，一是小心地概括数理－逻辑思想，二是小心地总结学科思想和学科方法，三是小心地拓开学科背景，四是小心地增长学科见识。

所谓小心地概括数理－逻辑思想，指的是从数学的角度，逻辑地建立起数学模型——或是准确的数学分析模型、或是模糊的数学结构模型。

所谓小心总结括学科思想，指的是或从新的角度、或在更高的层次上，小心地对上课学习内容进行更本质的概括，从而使学科知识转化为学科概念、使概念转化为学科思想。如今天我们学习了等压条件下的"化学反应中的能量变化"，我们就可以小心地尝试着概括以下化学思想：在化学变化的同时，必然伴随有能量的变化即表现为能量的吸收或放出，这一能量变化即"焓变"。焓变（$\triangle H$）＝生成物的总焓—反应物的总焓。

所谓小心地总结学科方法，指的是在学科学习中，小心地总结具体地解决具体的学科问题的具体的办法。又以"化学反应中的能量变化"为例，我们就可以小心地总结出化学的数学分析方法和化学的物理分析方法等。

所谓小心地拓开学科背景，指的是尽可能通过概念精析，努力在新学习的知识概念之间、在新学习的知识概念与已经掌握的知识概念之间，系统地发现本质的、非人为的意义联系。仍然以"化学反应中的能量变化"学习为例，我们新学习了反应热——焓变，记作 $\triangle H$，单位 KJ / mol——我们可以继续探讨我们已经学习过的燃烧热、中和热、溶解热、水合热与反应热的关系，甚至还可以小心地探讨反应热与键能、反应热与晶体结构、反应热与氢键、反应热与物质聚集态、反应热与气体压力之间的意义联系。通过这些基本的意义联系的探讨，达到小心地拓开学科学习背景的目的。

所谓小心地增长学科见识，指的是在解决问题的经验反思过程中和思想方法的交流切磋中，发现或接受新的经验、新的技能和新的意义联系，进而改变思维方式包括思想方法方式。还是以"化学反应中的能量变化"学习为例，通过反应热的学习，我们不但认知了反应热的概念，初步建立起了"化学变化的同时，必然伴随有能量的变化"的思想，而且学习并逐步认识了利用热化学方程式计算反应热的数学方法。更为重要的是，我们通过反应热与键能、反应热与物质性质、反应热与晶体结构等问题的探讨，对物质的宏观性质（如硬度、熔点、沸点）和微观结构（键能、键角，晶体结构）之间的定性或定量的关系，有了更深一步的跨学科理解。

课堂学习视野的拓开，关键在"做"、在"做"中举一反三，即关键在"做"的实践中，通过反复反思获得新的经验、新的技能、新的意义联系。如果我们的上课小结仅停留在课本、笔记本、课堂练习本的阅读上，或停留在对上课学习内容的简单知觉、重复识记或简单的逻辑思考上，我们的上课学习视野是不可能得到拓展而变得开阔的。

由于课堂小结学习的广度和深度有限，使得课堂学习视野拓展的空间亦有限。因此，我们必须紧贴着课本、紧贴着课本后的习题、紧贴着课堂学习的要求，谨慎地、当然也是尽可能高水平地展开这一学习视野拓展过程。我们千万不要把拓展课堂学习视野的"战线"拉得太长、"架势"拉得太大，我们应在"小心"两字上做文章——小心地概括学科思想、小心地总结学科方法、小心地分析数理—逻辑、小心地拓开学科背景、小心地举一反三、小心地增长学科见识。

见多必将识广，孤陋囿于寡闻，登高才能望远。一只青蛙浮在井水里，当它鼓着眼睛往头顶上看去时，它发现"天只有一个井口大"；当这只青蛙站在高高的井沿上，瞪着眼睛眺望时，它就不会再闹"天只有一个井口大"的笑话了。在课后的小结学习中，我们要克服狭隘的"井底之蛙"心态，要努力使自己的学习起点高级些，使自己的学习背景广阔些，使自己的学习见识广博些，。

探索和实践

●小结时如何拓开学习背景，如何增长学习见识？谈一谈你的体会。

11.8 试着从哲学的角度想一想

课后小结时，我们要试着从哲学的角度，对学习的内容和学习的过程想一想。

最重要的，是要想一想课本内容表现的思维方式和思想方法方式。从哲学高度看来，不管是理科课程内容还是文科课程内容，反映的都是人类的思想。

既是思想，就存在着一个思维方式和思想方法方式的问题。我们要从哲学的角度去思考这些思维方式和思想方法方式。

其次，要想一想老师在课堂教学时表现的思维方式和思想方法方式。从哲学高度看来，课程内容的概念意义是外显的，但其思维方式、思想方法方式是内隐的。对老师揭示的课本中的思维方式和思想方法方式、老师示范的思维方式和思想方法方式，我们必须潜心领会。

第三，要想一想自己发现并掌握了哪些思维方式和思想方法方式，且这些思维方式和思想方法方式是通过接受的方式得到的，还是通过模仿或发现的方式得到的。

第四，我们一定要牢牢地记着：当我们想一想自己发现并掌握了哪些思维方式和思想方法方式时，一定要从大量的具体实例出发，从自己实际经验过的肯定例证中，以归纳的方式抽取出其中的本质属性，并将其本质属性抽象概括为更有学科意义乃至更有哲学意义的思维方式和思想方法方式来。任何思维方式和思想方法方式如果仅停留在言语意义的感知上，没有具体例证做参照或没有直接经验做支持，是毫无意义的。

学习就是学思想，首先就是学哲学思想。哲学思想从来不是空洞的。在课程学习中，哲学思想往往表现为有具体实例支持的辩证的思维方式和多姿多彩的思想方法方式。课后小结应是哲学思想包括思维方式和思想方法方式的小结。

思想的贫困和贫困的思想是愚昧落后的一个事物的两个方面，是学习止步不前的本源。

探索和实践

●"学习主要是学思想"——这个命题该如何理解？小结应是哲学思想的小结吗？

第十二章　切不把有一丝错误的作业交给老师

12.1 高水平作业的若干特点

把完成作业视为自己的学习责任，而不仅是把作业视为自己的学习任务。

在限时、闭卷的考试情景中，有准备地完成作业。

在和谐的心态支持下，专心致志地完成作业。

精准、规范、工整、美感、没有一丝错误、文本像受阅士兵一样整齐并有气场的作业。

是经过充分的总结反思且获得了一定的知识具体化经验，又经准确识记后，按时上交的作业。

是解答在练习本上，而非解答在练习册上的作业。

许多同学不是这样。由于他们在完成作业时精神含量很低，是在随意地、随便地，甚至是随手地完成的，使得他们的作业缺乏上述特点。尤其是，他们不把作业视为责任，而把作业视为一个"包袱"——只要作业完成了，"包袱"就放下了，他们就打个哈欠说："可以了"——至于作业是对是错，至于作业水平是高是低，至于在作业活动中是否展现、体验、增长了崇高精神，至于作业标准答案外是否有非标准答案，他们是全都不以为然的；他们即使关心作业答案的对与错，也只是彼此串联一番："喂：你的答案等于几？""我的答案等于几"，"我的答案也等于几"，如此这般地附和一通就完了。少数同学打开书照抄，甚至把其他同学的作业"拿来"照抄。有的同学做作业盘桓拖沓，有的甚至盘桓拖沓到临近作业上交限期即到的最后一刻才动手做抄或动手做作业。有的同学的作业错误百出、思维混乱、文本潦草马虎，如一堆牛粪……这样的低水平的、只关心是否完成作业任务、或只关心作业答案对错、精神含量低下的作业方式，纯粹是无效劳动，是不可能有良好的学习效果的。

提高学业成绩的方法之一，是高水平地完成作业——一边精准地作业认知、作业行为，一边真实地展现崇高精神、真实地体验崇高精神的美感、真实地促进崇高精神成长。学习实践已经证明：如果一个学生的作业精神含量高，始终是精准、规范、工整、美感、没有一丝错误的，那么，他的学业成绩终将会是高水平的，他根本就不用去读什么补习班之类；如果他的作业总是错误百出、马虎潦草、乱草一般的，他即使遍求天下名师，他的学业成绩也会是低水平的。

探索和实践

●尝试着用"高水平完成作业"做指导，精益求精地完成作业，体会其中的乐趣。

12.2 作业的"四先"与"四后"

作业有"四先"和"四后"的要求。

第一，先小结，后作业。作业时间应安排在学习小结之后——通过学习小结，确认自己已经掌握了上课学习内容、作业解答完全没有疑难之后——再合上课本做作业。而不是打开课本，一边看课本，一边看笔记本，一边做作业。

第二，先思考，后动笔。思考活动应在行为之前。是想好了、思考好了，思路清晰了，没有问题了，再动笔做作业。而非是先动笔写（作业），再回过头来想（作业）。

第三，先草稿，后誊正。先在草稿纸上完成作业，确认无误之后再将草稿纸上的作业誊正，不可以不经草稿，直接在作业本上做作业。

第四，先反思，后上交。作业完成后，要反思作业内容和作业过程，总结作业经验，将二者准确识记后再上交。

"四先"和"四后"的作业原则既有利于你确保作业过程的规范性与作业结果的标准性，又有利于你通过做作业以全面、深刻地掌握课堂学习内容，提高课堂学习质量，养成学习必动笔、动笔就准确的学习习惯。

探索和实践

●你的作业为什么总是涂涂改改？如何克服它？你如何确保作业的准确性和整洁性呢？

12.3 草稿也要写规范

草稿不是正稿，当然可以相对写得潦草些、简约些，甚至可以增删涂改。但草稿也要写规范。

草稿的规范是：

——有草稿标记和草稿顺序。草稿标记指作业题草稿来自于课本的那一页的那一题；草稿顺序指在纸面上演草时，作业草稿要按先后顺序，依次排列开来。

——反映思维活动。即从草稿上，可以看得出逻辑判断的依据、逻辑推理的过程及逻辑推理的结论等关键步骤。

——书写规范。尽可能按规定的格式书写，不写错别字，标点、符号正确，近似计算精确，原则上不随手作图。

——整洁美观。整齐、清洁，不脏乱。

按照上述规范完成的作业草稿，最大的优点是便于作业的反思、检查、修改和验算，同时也有利于节约草稿用纸。

个别同学在写草稿时，随手乱写，有时甚至把草稿写在课本上或笔记本上，写在课桌上或手掌上；同一问题的草稿，"东"拉"西"扯，杂乱无章，甚至自己看起来也一头雾水，分不清东西南北。

有的同学或许会说：老师，您这不是小题大做吗？我则回答你说：不是的！为什么呢？记得我们曾经讨论过，我们在学会做学问的时候，一定要学会做人和学会做事。我们写草稿时，追求草稿的尽善尽美、注意草稿用纸的节约，就是在学做学问的同时，学习做事和学习做人；另外，即使是从纯功利的角度看，我们养成的把草稿写规范的习惯，对我们今后的继续学习——例如参加高考也有好处。高考时，我们的草稿若是规范的，我们就可以很快地从草稿中检查出解答错误并立即更正卷面的解答错误。

规范地写好草稿是崇高精神展现过程。我们要养成将草稿写规范的好习惯。

探索和实践

●检查你的作业草稿，分析它的优缺点，写一个简短的报告；草稿书写如何与做人联系起来呢？分析其中的理由。

12.4 创设作业的考试情景

完成作业之前，你要将作业认真地浏览一遍，尽力发现自己是否存有疑难。若有，就及时钻研课本或向他人请教，直到疑难解决为止。你一旦开始做作业，就不允许自己自由自在地离开座位，自由自在地四处求教了。因为作业时，你一定要创设严格的考试情景，让自己在考试的情景中完成作业。

作业的考试情景是这样创设的：

暗示。自律自制，有强烈的考试自律心和考试责任心和考试成绩期望值。

闭卷。合上课本、笔记本、练习本；像考试一样，不查找任何学习资料。

闭嘴。不说话。

限时。自我设定作业时限，要求自己在规定的时间内完成规定的作业量。

准确。力求动笔就准确。包括审题准确、解答步骤准确、解答结果准确，没有一丝错误。

专心致志。在作业时限内，专心做作业，不做任何与作业无关的事，注意力都集中在作业解答上。

规范。书写、表达、绘制、操作，符合标准，不马虎。

美观。卷面整齐、清洁，有美感。

细心、细密、细致。

准中有快且记忆牢固——在确保作业准确的基础上兼顾作业速度；一边做

作业，一边识记作业。

像考试一样做作业，是一种自我超越的作业方式。坚持这种作业方式无论是对你平时的学习，还是对你在未来的工作，都是有好处的。

探索和实践

●尝试着坚持在考试的情景中完成作业，总结自己的体会。

12.5 切不把有一丝错误的作业交给老师

如果说，学习若有一条公开的秘诀，这一条公开的秘诀就是：无论在任何时候，无论在任何情况下，不管是学习哪一学科，我们切不可以把有一丝错误的作业交给老师。

"切不把有一丝错误的作业交给老师"，是一件能够做到，但又极难做到且又必须做到的事。

作业是小结学习后的又一个学习环节，作业通常以解答问题的方式进行，而问题大都是上课学习内容的较肤浅的具体化，是故作业的难度有限——这就是说，只要我们在课堂上学懂了，作业时不犯任何错误是完全可能的。

然而人是有惰性的。我们几次、十几次把没有一丝错误的作业交给老师，做得到；我们若要长期地、每天都能把没有一丝错误的各科作业交给老师，就不容易做到了。因为我们只要稍有懈怠、稍有麻痹，作业就会有错误。然而如果我们始终恪守着"不把有一丝错误的作业交给老师"的学习信念，始终坚持着极端认真、极端负责的"不把有一丝错误的作业交给老师"的学习道德，始终保持着坚强的"不把有一丝错误的作业交给老师"的学习意志和饱满的"不把有一丝错误的作业交给老师"的学习热情，我们是完全能做得到的——因为如果我们做得到第一次，我们坚持把第二次当作第一次来做，始终执着地把每次作业都看作是"没有一丝错误"的"第一次"，我们为什么会做不到呢？

始终坚持"不把有一丝错误的作业交给老师"好处很多。

对我们来说，"不把有一丝错误的作业交给老师"的实施，既是一个端正学习态度，自觉克服困难的过程，也是一个"责任重于泰山"的理念的实践过程，更是我们真实地展现崇高精神、真实地体验崇高精神的美感、真实地增进崇高精神成长、真实地恪守并履践崇高精神学习观的过程。

此外，我们的学习，是在师生交往的过程中完成的。"不把有一丝错误的作业交给老师"，是尊重老师的劳动、老师的职业及老师人格的诚信表现，故是一种高尚的学习的道德精神表现——而"尊重"和"道德"是相互的，当我们持之以恒地坚持"不把有一丝错误的作业交给老师"时，老师会对我们的"尊重"和"道德"表现给以我们更多的学习回报——当我们第一次把没有一丝错误的作业交给老师时，老师或许不以为然，当我们第二次把没有一丝错误的作业交给老师时，老师或许仍不以为然，当我们每次都把没有一丝错误的作业交给老师时，老师或许会由惊讶转而赞叹进而转为赞美，继而激发起他的更高的教学热忱和更高的教育期望，我们的学习亦因为老师的教学热忱的高涨和教育期望的跃升而进入更高级的学习层次；同时，当我们持之以恒地坚持"不把有一丝错误的作业交给老师"时，我们的学习信念、学习意志、学习热情便可能战胜学习懒惰、学习浮躁、学习马虎等学习弱点，学习时表现的认真负责的心理活动方式，便有可能与认真负责的行为活动方式以合理、完善、有效的形式组织起来，进而稳固为良好的学习习惯。

工程师的图纸、军事家的地图和音乐家的乐谱，是不可以有一丝错误的。我们交给老师的作业，就有如工程师的图纸、军事家的地图和音乐家的乐谱，同样是不允许有一丝错误的。

你想出类拔萃吗？告诉你一个秘诀，你若从初中阶段起，就把"切不把有一丝错误的作业交给老师"当作座右铭并切实遵守它，你就可以出类拔萃了。

探索和实践

●如何理解"没有一丝错误"中的"一丝"的含义？数学作业写了一个错别字，英语作业弄错一个标点符号是"一丝"错误吗？分析你的作业，为什么有错误产生呢？尝试着不把有"一丝错误的作业"交给老师，坚持它。

12.6 如何放大作业功能

自加压力。努力使各科作业质量次次是全班第一。"使各科作业质量次次是全班第一"的目标实现过程，就是你的自律自强的、在学做学问的过程中学习如何做人的、真实地展现崇高精神过程。

寻找概念间的意义联系。因为作业总是在概念具体化过程中完成的，概念总是联结在概念系统里和认知结构里的，所以你要主动寻求与该（些）概念相联系的其他概念——发现它们之间的系统关系，努力在概念系统理解中掌握单一概念，努力在单一概念的掌握中，理解概念系统。

反思作业过程。作业由问题组成，问题或从客观实际中提出或以知识概念为背景提出，作业完成过程，实际上是选择正确的思想方法，在数理逻辑演绎的基础上，发现问题与问题流、解决问题与问题流的过程。所以在作业活动后，你要就指导发现问题与问题流，解决问题与问题流的知识概念、思想方法、数理逻辑，进行具体问题的具体总结和具体问题的具体反思。

总结作业经验。一是反思在作业过程中，总结如何把书面的语言意义的知识概念转化为具体的有经验支持的经验化知识概念；二是反思在作业过程中，如何把技能知识化，使之成为有知识支持的技能；三是反思在作业过程中，如何把经验理论化，使之转化为知识化经验；四是反思在作业过程中，如何把经验化知识、技能化知识、知识化经验概括化，使之形成能有效地解决问题的知识经验技能模块。

将作业题归类、存档。

识记作业。每完成一次作业，你就要对作业题的内容、解答方法、难点、关键点、经验逐一牢记在心，每做一道作业题，就记住一道作业题。

如果你按上述方式具体地做作业，就是以一当十地做作业。你的作业的功能就会放大许多倍。如果你做完作业，便一交了事，作业的效果就可能缩小很多倍了

给自己定一个学习规矩：每完成一次作业，就对全部作业，至少对部分作业精益求精地反思几次，完全彻底地将学习经验"放大"一次。

探索和实践

●作业完成后，你就一交了事吗？你还有哪些事要做呢？什么情况下，作业做得越多越蠢？

12.7 作业过细的方法

作业的过细的方法包括"三细"：作业感知的细心，作业思考的细密，作业表述的细致——细心，指的是心理知觉的准确性；细密，指逻辑思维的准确性；细致，指语言、符号即文本表达的准确性。

作业解答的第一个步骤是审题，即准确地知觉题意（扣紧关键词）。知觉题意时要细心，要如履薄冰、如临深渊，必须小心翼翼，一个字一个字、一句话一句话地细心地准确知觉（扣紧关键词）——差之毫厘，谬以千里。题意知觉中只要有一处细节错误，作业解答必然导致整体的错误。

知觉题意必须一步到位。题意知觉第一次不准确，随后的多次都难以准确。

作业解答的第二步是解题。解题的过程是逻辑思维过程，逻辑思维必须细密。首先要找到解题的逻辑"根据地"——正确的概念、正确的判断，才可能有正确的推理。任何一处逻辑细节的错误，势必导致作业整体解答的错误。

即使审题过程是细心的，思维过程是细密的，但解题结果的语言和符号表达若是芜杂凌乱、马虎潦草，不规范，老师同样会毫不留情地对你的作业给出一把大"叉"，因此，解题的语言、符号即文本表达必须细致。

解题的语言、符号即文本表达细致，表现在，第一，字符、制图的书写规范。二，概念、逻辑推理正确。三，像写一封信一样，逐层地、一环紧扣一环地，做好作业的细节分解与文本语言的逻辑表达工作。四，格式规范，版面美观简洁，

文本像受阅的士兵一样整齐有气场。

与细心相反的是粗心，与细密相反的是粗疏，与细致相反的是粗糙。粗心、粗疏、粗糙——这些不良的学习品质是学习的癌症，它们无一不导致我们的学习失败。

探索和实践

●对照你的作业：是细心的、细致的、细密的吗？你的学习的不过细表现在什么地方？

12.8 作业解答的识记意向

所谓作业解答的识记意向，指一边作业解答、一边作业识记的心理暗示。

作业解答的识记意向包括以下内容：

内容的识记意向。对任何作业题，你需知觉它一次且仅需知觉它一次，就要准确地把它的内容识记下来。作业内容被准确地一次性识记后，可以避免因反复模糊审题引发歧义并浪费时间。

步骤和结果的识记意向。任何作业解答都需按步骤进行，任何作业都应该有准确的解答结果，你要把作业解答步骤与作业解答结果都识记住。

难点和经验点的识记意向。任何作业都有难点，这些难点或难在概念、或难在思想方法、或难在技能技巧；任何作业在完成后，都有经验可陈。对作业的难点和作业的经验点，都要记住它们。

作业的识记是一个很重要的问题。做完了作业，然后又把作业忘了，就等于没做。

我们的期末考试，考的是作业，我们的高考，考的还是作业，我们只要把作业内容、作业步骤、作业结果、作业难点和作业经验点都识记准确了，我们对所有考试自然就应对自如并游刃有余。许多同学在考场里一筹莫展，但走出考场就恍然大悟——"这不就是老师曾经讲过的某某作业吗？我为何不记得了呢？"就是典型的因为忽视作业识记所导致的考试失败的例子。

探索和实践

●每做一次作业，就试着识记下这次作业的内容、解答方法、解答经验。

12.9 作业解答的探究意向

作业解答的探究意向，指把封闭式的作业解答转换为开放式作业解答的心理暗示。

平常的作业，是有答案且有的是有唯一的答案的。我们只要采取集中思维的方式，通过归纳的或演绎的逻辑方法，将该答案找出来就可以了。

然而，当我们尝试着用探究的意向来解答作业时，情况就不同了。这时摆在我们面前的作业不再是一个简单的待解答的问题，而是一个复杂的待探究的课题集了。正因为他们是待探究的课题集，所以它们的题意把握方式、题意解答方式、题意反思的方式就不再是固定的、封闭的、唯一的，而是变化的、开放的、多样的了。

作业解答的探究意向具体表现在：第一，对题意的把握是探究式的而不是接受式的。我们可以多方向、多层次辨析题意，甚至多方向、多层次批判题意。如我们可以这样思考：问题的命题正确吗？表述合理吗？是否具有普遍意义呢？是否可以作为例题示范或作为重要的定理、定义的推论呢？改变其中的一个或多个条件，其结果又将是如何的呢？第二，问题的解答方式是探究式的和发现式的。如我们可以这样思考：当条件不变时，解答这一问题有哪些思想方法和技能技巧呢？它们各自应用了哪些概念、各有哪些优缺点呢？当条件改变时，问题将如何变化，又有哪些解答的思想方法和可能的解答结果呢？其中有哪些规律可循呢？第三，对问题的解答结果的反思是探究式的和发现式的。如我们可以这样思考：通过问题探究，我们获得了哪些经验呢？当作业作为待解答的问题探究时，我们获得哪些经验呢？当作业作为待解决的课题时，我们获得了哪些经验呢？当问题是封闭式的，我们获得哪些经验？当问题是开放式的，我们又获得哪些经验呢？诸如此类。第四，问题解答的数理—逻辑分析是探究式的和发现式的。

总之，当我们持探究的意向，通过发散思维、横向思维、逆向思维、纵向思维的相互交叉，将封闭的作业问题转换为开放的作业课题时，我们就在不知不觉中将作业功能放大了许多倍。

探索和实践

●试着用探究的意向解答一道作业题。封闭题和开放题有区别吗？试着举一个例子。

12.10 对作业错误穷追不舍

交给老师的作业是不准许有一丝错误的。

如果出现了错误，你要对作业错误穷追不舍。

对作业错误，你首先要认真分析作业错误的性质。你要尽力发现：作业错在哪里，是什么形式和什么内容的错误，是否是本质的错误，是否是知识概念和数理—逻辑的错误，是否是思维方式错误、思想方法错误及解答表述错误，是否是细节错误等。

当你对自己的作业错误有了上述初步认识后，你要继续深入探讨：是什么原因使自己犯了这一错误呢？原因是必然的还是偶然的呢？错误的发生反映了自己在哪些方面存在着缺陷呢？如何避免再犯类似的错误呢？总之，你要尽可能地对学习错误的性质进行深层次的开掘，甚至"上纲上线"，努力把隐藏在自己心理和行为深处的缺陷暴露出来，若有可能，你还可以写上一小段文章警示自己。总之是要努力通过对作业错误穷追不舍，将学习过程转化成高效率的再学习过程，使坏事变成好事。

备一个错题本，将所有的作业错误、作业错误更正结果、作业错误更正体会都记在本子上。每过一段时间，就翻开本子，温习一下。这是对作业错误穷追不舍的好办法。

任何作业错误是只准犯一次的；大家都容易犯错误的作业题，极有可能是考试题；发现了作业错误，就穷追不舍——这就等于"活捉"了一道考试题。你应有对作业错误穷追不舍的敏感性。

探索和实践

●尝试着对自己的作业错误穷追不舍。备一个作业错误的本子，把所有典型的错误都记录下来。

12.11 反思老师的作业批改

我们上完课，就必须做作业，作业是紧随课堂学习小结环节后的又一学习环节。老师的作业批改，则是老师课堂教学的延续，是他课堂教学计划的一部分。

老师的作业批改，约有三种形式。一种是"面"批、一种是"背"批、一种是"'面'批自改"。所谓"面"批，是老师当面批改你的作业；所谓"背"批，是你把作业交上去，老师批改后再将作业本发还给你；所谓"'面'批自改"，指老师面向班集体讲解作业，在讲解中，他会给出作业的思考过程和正确答案，然后由你自己动笔批改自己的作业。

作业批改，顾名思义，一是批，对作业给出评价；二是改，对作业错误予以改正并做出示范。

如果老师找你面批作业，你应该感到荣幸，同时也应意识到问题的严重性。这时，你应虚心听取老师的指导（评价），深刻认识自己的作业错误并彻底地纠正它。凡是有不懂、不清楚的地方，你一定要反复请教老师，细心观察老师的示范，立时改正作业错误及至获得相关的学习经验为止。对老师"背"批的作业，在作业本发下来的时候，你要立即打开作业本，检查老师的批改意见。对作业的严重错误（记"×"）、或作业的小错误（记"✓"）及错误所在位置（记

"~~~~"），你一定要反复思考——错误错在哪一步骤、错误原因、是什么性质的错误及如何改正错误等；对老师的批语，你一定要反复琢磨、理解、反思、体会老师的意见；当老师"'面'批自改"作业时，你一定要兼有双重角色——老师的角色和学生的角色。作为老师的角色，你要对作业做出客观的评价；作为学生的角色，你必须对作业的错误及导致作业错误的原因穷追不舍。

作业是不允许有丝毫错误的；作业有了错误，则必须及时纠正；纠正了作业错误，须及时总结并反思正面的作业经验和反面的作业经验，甚至及时总结并反思反面、正面的作业经验的经验。你如果做好了这些，你的作业错误就从坏事转化为好事。

作业错误的改正，往往用"更正"来表示。更正后的作业应规范地写在作业的后面。负责任的老师会再次批阅你更正后的作业并再次对你的更正后作业给出评价的。

作业—批改既是师生间的交流过程，也是师生间的教学过程。很多的时候，作业不但有益于老师的授业与解惑，而且有益于老师的传道。

目前的情况是，由于练习册的滥用，许多老师已不再批改作业；由于阅读机的普及，许多老师在电脑上"读"作业——仅判断"对"和"错"，不再"批"和"改"——这种做法是不符合教学要求的。

探索和实践

●你有分析研究老师作业批改的习惯吗？你是否把老师的作业批改视为再学习的过程呢？

12.12 用练习本、不用练习册

练习本，即空白的作业用本；练习册，即预先印制完备的作业用书（实际上主要是习题集）。我们应该尽量地用练习本做作业而不用练习册做作业。

用练习册做作业有四大害处：

第一，不利于老师因材施教。老师核心的教学原则，是因材施教，即老师应在不同的教学时间段，针对不同的同学，安排不同的教学内容、采取不同的教学方法、布置不同的作业并选择不同的作业批改和作业评价方式，使不同的同学都学有所得（最大所得）——这也就是说，老师布置的作业是因人、因时、因地制宜的、个性化的。当我们用练习册做作业时，老师因为不得不与练习册编排的作业保持一致，所以因材施教的教学原则就被搁置了。

第二，不利于学科技能训练和学习品质培养。课后作业的目的，一是复习巩固已经被初步认知的知识概念，二是熟练学科技能，三是促进学习品质的发展和学习精神的成长。当我们用练习本做作业时，不但要认真负责地抄题、作答、作图，而且要把我们的思维过程整理成文本，并像写作文或工程制图一样，把文本规范、工整、美观地誊写在练习本上。因此，在练习本上完成作业的过程，实际上是技能训练过程、学习品质锻炼过程和学习精神的陶冶过程。当我们用练习册做作业时，我们只要在对应的括号里打个勾就可以了，技能训练程度自然就变小了，学习品质的锻炼水平自然就降低了，学习精神的陶冶程度自然就变小了。

第三，不利于认知。为突出"卖点"，扩大发行量，赚更多的钱，练习册不惜违背人的由易到难、由简到繁、由近到远、由具体到抽象的认知规律，或是开卷伊始就安排许多难题、怪题、竞赛题乃至高考题让我们来做，藉此显示其"编集水平"；或是甲、乙、丙、丁开中药铺，鸡毛蒜皮、虾公鱼弄子问题一应俱全，藉此显示其"内容完整"；或者编辑五花八门的"信息题""创新题"，美其名曰"拓展视野"，以显示其"高端"。总之，大多数练习册有如电视肥皂剧，既错误百出，又松散枝蔓；既不利于去粗取精，又不利于删繁就简。

第四，不利于老师作业批改。根据教学要求，对学生的作业，老师是必须因材施教，不但要"批"而且要"改"的。由于练习册的任务量大，信息题多，故既不利于老师的"批"，又不利于老师的"改"。现实的情况是，部分老师确实违背了对学生的作业必须既"批"且"改"的教学要求——其中相对负责任的老师尚能将"逐一批改学生作业"改为"班级集体讲解作业"，不负责任的老师甚至不再批改作业，而是让学生自己核对标准答案。

第五，编辑水平低端。练习册由多位编写者辑集而成。辑集工作很简单——先开个会：分人、分段负责辑集内容，然后辑集者或问题剪切、或问题扫描、或问题下载，总之是东拼西凑，缀合成编，故练习册是"天下练习一大抄"，有的甚至连"抄"也没"抄"准确。由于大多数练习册是"抄"来的，练习册上挂名的"专家学者"，只不过是用来骗人的"广告"（他们其实是只拿钱不干事的），所以练习册中连篇累牍的错误是家常便饭（只不过因为我们的知识水平有限，暂时看不出来罢了）。

第六，影响了我们的思维发展和心智技能成长，压抑了我们的创造性。练习册上的问题，多是现成的选择题，且无须我们用书面的学科语言并逻辑地表达问题解决的全过程；因为问题解答的书面学科语言表达缺乏、书面学科语言表达的逻辑过程缺乏，我们用以学科学习的第二信号系统就不能得到有效的刺激和分化，这样既影响了我们的学科思维的发展，又影响了我们的学科心智技能的成长，况且练习册上问题的答案多是现成的、非此即彼的选择题，长期使用练习册，无疑会形成答案唯一的心理定势，进而压抑我们的批判意识和创造精神。

第七，翻开我们的书包，查看一下我们有多少本练习册吧！打开我们的练习册，查看一下有哪些练习册被我们从始至终地做完了吧！查看一下哪些练习册被老师从始至终地批改完了吧！我们会发现，我们花了好多钱，买了好多练习册，甚至每一门学科，我们就有好多本练习册——对这些练习册，我们大部分没有做完，有的甚至根本未曾打开过，老师大部分没有详细批改过。

我们的崇高精神的成长，来自于崇高精神美的真实体验，崇高精神美的真实体验，一部分来自于自身的崇高精神真实展现，一部分来自老师的崇高精神示范。练习册的泛滥，既极大地萎缩了自身的崇高精神展现舞台，又极大地萎缩了老师的崇高精神示范的舞台。

探索和实践

●对我们的学习而言，练习册弊多利少，所以我们应该尽量地用练习本做作业，不用练习册做作业。

第十三章　改造思维方式和思想方法方式

13.1 课堂"高级复习"与课堂"初级复习"

经过预习、上课、小结、作业四个课堂学习环节，我们对课堂学习内容的掌握应该是够扎实的了。但我们仍然觉得不放心。我们还要继续最后一个学习环节——课堂复习的学习。

课堂复习有三种形式：一是反复温习，通过反复多次的感知，达到牢固识记的目的；二是反复反思，通过进一步精析概念以掌握经验；三是查漏补缺，通过"挨家挨户"的排查，发现学习缺陷并予以弥补。这三种形式的复习固然有益于我们的课堂学习，但因为它们不能促使我们的课堂学习发生质的飞跃，故是初级水平的课堂复习。什么是高级水平的课堂复习，它有那些特点呢？

第一，能突破思想定势，有改进或改造已有的思维方式和思想方法方式的效果。

第二，能给出课堂学习内容的数理—逻辑框架，并在此基础上给出"认知地图"，通过"认知地图"的意义化，将学习内容简化为认知结构。

第三，能在牢固识记的基础上，将知识概括为概念；在深入理解概念的基础上，将概念概括为思想；在概括应用的基础上，将思想转化为方法。

第四，为下一堂课的课堂学习循环做好全面准备。

在课后，我们很多同学花了很多的时间反复地复习，但复习效果却不太理想。其主要原因，就是因为他们的复习总是处于初级层次上。

探索和实践

●理解高端水平课堂复习的四个特点。改变你反复看书、反复识记、反复做作业题的课堂复习形式。

13.2 改造或改进我们的思维方式

思维方式，是逻辑上间接地把握客观世界的思维组织方式；思想方式，是观念上间接地把握客观世界的概念组织方式；方法方式，是实践上直接地把握客观世界的技能组织方式。三者简称为思维方式。必须记住：学习的首要目的，不是单一地准确认知、把握概念，而是在准确认知、把握概念的同时，具体地、持续不断地改造或改进思维方式。

在课后复习过程中，我们如何做到这一点呢?

首先，我们有哲学意识，并在哲学意识的指导下，及时总结、发现老师有目的地示范的、或无意识地表现的思维方式和方法方式。如在数学课上，老师以"弦图法"证明勾股定理为例，介绍了一种名为"构造法"的解答数学问题的思想方法，我们便由此认识到了一种名为"构造法"的思维方式;又如在语文课上，我们学习了苏洵的《过秦论》,老师讲到了该文的论述在前、论题在后——我们便由此学习了一种新的论述在前、论题在后的思维方式。

第二，我们要善于学习探究、研讨、交换课本反映的、同学们在学习活动中表现的思维方式和方法方式。在课后复习中，我们有必要对课本的、同学在课堂学习时表现的思维方式来一次大检查和大批判，从中发现哪些是值得彰显的创造性的思维方式，哪些是必须批判的落后的思维方式。

其次，我们要善于将新掌握的思维方式和方法方式向其他各科迁移。如在数学课上，我们学习了数学归纳法，我们就可以将数学归纳法迁移到语文学习上——我们会发现我们惯用的三段式议论文的写法，从数学角度上看，属于不完全归纳法，它在逻辑上是不严谨的，甚至是错误的，我们以后写议论文时，就不再用这一方法了。又如在用数学归纳法证明数学命题时，我们学会了用"放缩"的方法来证明当 N=n+1 时的命题的正确性，我们就可以将这一方法迁移到不等式的证明中去。

第三，善于将他人的思维方式和方法方式与自己的思维方式和方法方式相比较，总结、发现、掌握新的思维方式。我们一旦发现了他人的思维方式和方法方式中的精华，我们就找到了改进或改造自己的思维方式的"学习点"。

知识概念认知（包括经验获得）、思维方式改造、基本技能熟练、能力素养的提高、崇高精神展现、体验和成长,是上课学习的五大任务。在这五大任务中，首要的任务，应该是在崇高精神引领下，全面地、深入地改造或改进自己的思维方式——思维方式若不及时得到改造或改进，学习品质的提高和能力素养的完善就是一句空话。

课堂学习实践说明：掌握知识、认知概念并不是一件困难的事;不断地改造或改进思维方式,使自己成为有思想觉悟、有创新意识、有实践能力,思维敏捷、头脑清醒、善于动手、善于变通,有崇高精神支持的人,就是一件困难的事了。部分同学把学习的重点，放置在对一般概念的反复认知和对一般技能的反复训练上，忽视了对隐含在知识概念认知和技能训练背后的能更深刻、更高级、更本质地把握客观事物本质联系的思维方式和方法方式的改造或改进，忽视了对隐含在思维方式和方法方式后的崇高精神的展现和成长，他们在注重思维方式检测的现代考试中屡屡失利，就一点不奇怪了。

——思维方式是智慧的核心。在准确认知的基础上，积极地改造思维方式,是学习的"牛鼻子"。

——所谓"学习、学习、再学习"的目的之一，就是"改造思维方式"。

探索和实践

● 什么是思维方式和思想方法方式？改造或改进学习的思维方式和思想方法方式从何入手？为什么思维方式或思想方法方式的改造，是学习的首要任务？

13.3 如何将课堂学习"认知地图"纳入"认知结构"

我们每天都要初步认知新概念，或深入认知已初步认知的旧概念。对新概念的初步认知和对初步认知的旧概念的深入认知，都是依循着由近及远、由浅入深、由表及里、由易到难的数理—逻辑顺序逐步完成的。这些由近及远、由浅入深、由表及里、由易到难排列着的有着本质联系的概念，就"绘"成了我们的学科"认知地图"。因此，学科"认知地图"不是别的，它是一个由相互联结着的、概括性从高至低地依序排列着的、金字塔形的学科概念系统和数理—逻辑判断推理的层次系统。在每一节课的学习中，我们把新学习的最重要的概念，称为"骨干概念"，衍生了本"骨干概念"的概念，即概括性更强的"骨干概念"的"根"，称"骨干概念"的上属概念（通常我们已经学过了）。由"骨干概念"衍生而来的"枝""叶"，称为下属概念，把与"骨干概念"相平行的概念，称并列概念。打个比方，"骨干概念"好比儿子，"骨干概念"的上属概念好比爷爷，"骨干概念"衍生而来的下属概念好比孙子，与"骨干概念"相平行的概念好比儿子的叔伯兄弟。当我们以"骨干概念"为中心，将与之相连的上属概念、下属概念、并列概念有意义地联结起来时，就构成了这一节课的学科"认知地图"（学科概念层次系统）。如某天的数学课就有以下数学"认知地图"：

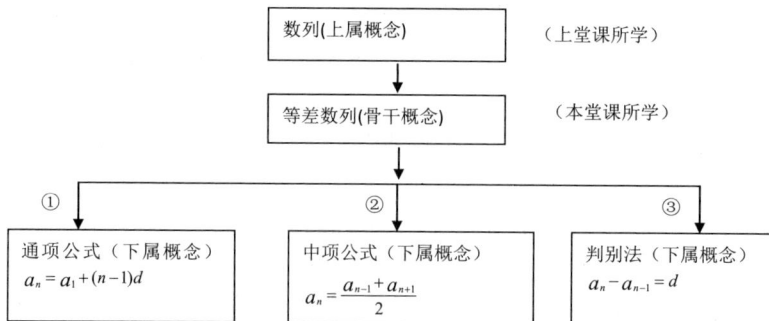

接下来的问题是："认知地图"是如何被转化为"认知结构"的呢？

以上述等差数列学习为例。该节课的骨干概念是等差数列，它的上属概念是数列。当我们知道等差数列的本质特征是 a_n-a_{n-1} 或 $a_{n-1}-a_n$ 之值为常量，仅是数列中的一个特例的时候，或当我们应用等差数列概念正确地解决了具体问题的时候，等差数列这一概念就被具体化了，而等差数列概念一旦被具体化，就有了经验的支持；等差数列概念一旦有了经验的支持，就与已被我们认知的概念建立了本质的、非人为的联系，它就被"意义化"了，等差数列概念一旦被意义化，就进入到了我们的"认知结构"之中了。根据我的理解，西方心理学家所谓的"认知结构"不是别的，而是一个人心理上独有的、有实际经验支持的、赖以认识和改造世界的、有序的概念或观念系统。

值得强调的是：一个概念一旦被纳入学科"认知地图"，该概念便有了新的意义；一幅学科"认知地图"一旦被纳入心理上的"认知结构"，学科"认知地图"本身有了新的意义，"认知结构"也有了新的意义。因此，我们的学习不但要准确掌握概念及其相互关系，而且要形成学科"认知地图"；不但要形成学科"认知地图"，而且要将它转化为"认知结构"。准确掌握概念，主要是预习、上课、小结、作业的首要学习目标，而形成学科"认知地图"并转化为"认知结构"，则是课后复习的首要学习目标。

探索和实践

●画出今天各科学习的"认知地图"。"认知地图"是如何意义化且是如何被转化为"认知结构"的呢？如何理解"认知地图"一旦转化为"认知结构"，二者都赋予了新的意义呢？

13.4 死记硬背是真功夫

死记硬背，向来是个贬义词。该词常用来形容那些不讲究学习方法、好学习但不求甚解、只知道下苦功死读书的书呆子们。

但我从不这样看。我认为，我们不能全盘否定死记硬背。对某一学习内容，能用理解的、活学活用的方式，在概念的意义化过程中达到识记的目的，固然好；但若因暂时不能深刻理解，不能活学活用，难以意义化而必须下苦功死记硬背的内容，我们就必须死记硬背了。例如课本中的某些符号、意义、命题、概念，包括外语的单词、短语、语法、习惯用语，以及课文、定理、定义、公式、定律、符号等都是必须死记硬背的。《南京条约》《马关条约》《尼布楚条约》的内容是什么？气、氘、氚的化学符号如何写？古代中国人认为圆周率的值在哪两个分数值之间？等等，都需要我们死记硬背——下功夫记准、记牢、记"死"的！否则，我们的思想就会像一只无底的桶子，而无底的桶子是盛不住一勺水的。

犹太民族是世界上最优秀的民族之一，犹太民族少年儿童的启蒙语言学习，就是死记硬背《圣经》；中华民族也是世界上最优秀的民族之一，古代中华民族少年儿童的启蒙语言学习，也是死记硬背如《三字经》《百家姓》《四书五经》等。毫无疑问，启蒙语言学习与死记硬背之间，肯定有一种尚不为人所知的学习心理学机制——死记硬背对人的学习是有益的，至少对人的语言学习是有益的。

事实上，在中学乃至大学学习阶段，许多东西是不可能首先被理解，然后被识记的。对"四书五经""唐诗宋词"，我们能透彻理解后记住它们吗？不可能的！英语单词、英语课文，爱因斯坦的质能方程，也不可能全部在理解后识记，只能够下苦功死记。年轻时，记忆力强，下苦功多记些东西，对以后的学习有好处。温故知新，随着年龄的增长，年轻时死记下的东西将会给我们带来许多新的收获。这就是说：准确的、牢固的死记硬背有时还是正确认知的先导！有的同学自诩智力好，不下功夫死记硬背，结果是许多知识概念不记得、或记个似是而非，使得学习功夫不过硬、不过细，考试时，成绩总在中等以下，不能冒尖。相反，我们中的一些老实人，他们不认为自己聪明，只知道下苦功，凡是应该识记的学习内容都准确、牢固地识记下来，学习功夫过得硬、过得细，所以考试成绩总是名列前茅。

从某种意义看，死记硬背还是一种作风，一种自加压力、负重前行的作风。这种作风把希望寄托在自己身上，寄托在自己的辛勤劳动上，表现了学习者的进取精神和拼搏意识。嘲笑他人死记硬背的人，往往是自己不善于死记硬背，或不肯、或不会下苦功死记硬背的懒汉。

当然，死记硬背决不应该是纯粹的、机械式的"傻记"，也要讲究一定的思想方法。不讲究思想方法、不尽力理解记忆内容、不计时间与精力成本的、形式主义的死记硬背也是不妥当的、不宜提倡的。

课后复习时，我们应对课堂学习内容的识记情况进行一次排查——语文、英语课中的词汇都记住了吗？部分精彩的句子、段落是否能被背诵出来呢？历史的年代、事件、地图，生物、化学、物理、数学课的概念、定理、定义、公式、定律、符号、技能方式都一字不漏地被记住了吗？课堂学习的"认知地图"、老师的思想方法示范、典型示例解答或实验操作示范都被自己记住了吗？若都记住了，很好！我们就达到了这节课的识记目标。若我们没有识记住，就要继续识记它们，直到它们被记准、记牢为止！

再次重复：死记硬背不应该是个贬义词，至少应该是个中性词。死记硬背有可能使我们的学习成功，但若不死记硬背，我们的学习肯定不能成功。课后复习的内容之一，就是死记硬背。意义学习法的第一步，就是死记硬背。

像中医开处方一样，我们要开一个课后复习记忆的清单：该死记的、该硬背的，一定要死记硬背！千万不要相信所谓的"注重理解、不要死记"之类的胡扯。识记的目标尚未达到，能够很好地理解吗？有的人往往说外国学生如何如何不死记硬背。外国学生怎么不要死记硬背呢？比如 beautiful 能写成 beatiful 吗？纽约能说成是华盛顿吗？肯定不可以。况且外国有外国的国情，他们是否死记硬背是他们自己的事。我们是中国学生，我们有我们的国情，该我们死记硬背的，就大胆地、毫无顾忌地死记硬背它；不该我们死记硬背的，就切记不要死记硬背它。

探索和实践

●力求把所有学过的古文名篇、古诗词、外语课文都背下来，把所有的定律、定义、定理、骨干概念都一字不漏且一字不错地记下来。

13.5 如何克服心理定势的影响

课后复习时，我们要努力克服心理定势的影响。

学习的心理定势，指我们在学习时所表现的执拗、刻板与固执的不能随机应变的学习的心理准备状态。

学习的心理定势既有利又有弊——它既可以帮助我们轻车熟路地、按照常规轻松地解决问题，使认知的事物很快意义化。但它又可以使我们一叶障目，不见泰山，死钻"牛角尖"，使思维变得呆滞死板，以致窒息了我们的创造性。

对我们的学习来说，心理定势是利弊俱备，那么，我们应该兴利除弊，尽力发挥心理定势有"利"的一方面，尽力克服心理定势的有"弊"的一方面。

课后复习过程中，我们如何对心理定势兴利除弊呢？

首先，客观地看待已有的成功的经验。复习时，要应用已有的成功的经验来解决新问题，但决不固执死板地、先验地按原有的经验去复习总结课堂学习内容，遇到问题不死钻"牛角尖"。

其次，心理"归零"，不让任何心理定势影响我们的思维和情感。我们无论是整理课堂学习"认知地图"，还是总结课堂学习思想方法，都不要带任何"框框"，一切都从实际出发，一切都实事求是，客观上是什么，主观上就是什么。不让已有的、成功的经验影响自己的独立思考和独立判断。

第三，勇于怀疑、勇于批判。课后复习时，对学习内容、学习过程、学习方法，应有一种怀疑的、批判的，甚至叛逆的意识，永远不认为老师讲的、书上写的、自己做的都已走到了真理的尽头，而总是力图变革它、改进它、不断地完善它。

第三，勇于变通、勇于创新。学习活动千头万绪，归根结底，只有变通和创新才是最重要的！如果在复习过程中，我们的思维方式总是被许多经验、模式、样范局限着，我们就不得不坐井观天、因循守旧，我们也就不得不在自我封闭的心理定势中继续画地为牢。

探索和实践

●试分析你的一个不良的心理定势，设计克服它的方法；什么是学习的批判精神？试着批判一下看。

13.6 如何概念精析

学习活动中普遍存在的问题,是我们对概念的认知常处于模糊的表象状态,即"半桶水"状态。当我们对概念的认知处于"半桶水"状态时,我们或是模糊了概念的来龙去脉,或是对概念的本质特征的理解仅停留在模糊的表象上或仅停留在初始的轮廓上。由于概念既是认知的对象,又是认知的工具,如若我们模糊了概念的来龙去脉或是对概念的本质特征的认知停留在模糊的表象上或初始的轮廓上,我们就不可能准确地认知它。因此,对概念进行多方向、多层次的精析,通过概念精析,准确地认识概念并促进其内化为我们的认知结构,乃至内化为我们的思想方法方式或能力素养方式,很有必要。

如何概念精析或说如何精析概念呢?

一是在概念意义化的过程中精析概念。所谓概念意义化,指的是将新学习的概念一方面与我们已有的知识经验建立起意义联系,一方面与已被我们掌握的学科概念建立起意义联系。例如学习了"物质的量",我们就可以一方面将其与其他的物理量建立起意义联系——"物质的量"和长度、质量、温度一样,是一个物理量;要将其与已掌握的学科概念建立起意义联系——"物质的量"是以阿伏加德罗常数(N_A)为计量单位、专门计量微观粒子数目的物理量,它的计量单位是 mol,它的计量符号为 $n(R)$(R:指意,微观粒子符号),它的数学表达式是 $n(R)=N(R)/N_A$。通过概念的意义化精析,我们不但能够从概念形成和概念分化的"事理"角度本质地理解概念,我们还可以从变量和函数的"数理"的角度和判断和推理的"逻辑"的角度,在准确地把握概念系统的前提下,更准确地把握单一概念,或在更准确地把握单一概念的基础上,更更准确地把握概念系统。

二是在概念具体化的过程中精析概念。所谓概念具体化,指的是将新学习的概念应用于解决问题的实际。如学习了"物质的量"、摩尔、摩尔质量、气体摩尔体积、"物质的量"浓度、理想气态方程,我们就可以从微观的、宏观的、标况下气体体积的、溶液溶质的、化学式的、化学方程式的、电荷相等的、"物料"相等的等方面,以微粒的"物质的量"为单位,将它们应用于具体解决具体问题的具体实际。通过具体问题的具体解决,我们对"物质的量"的言语逻辑意义、对"物质的量"的内涵和外延、对"物质的量"的应用边际与应用条件,将有新的理解和新的经验。我们一旦对"物质的量"的上述内容有了全面深刻的理解,我们就达到了精析概念的目的。

三是在概念概括化的过程中精析概念。所谓概念概括化,指的是将新学习的概念在意义化、具体化过程中所获得的新的知识经验、新的思想方法、新的技能技巧概括起来,形成一个新的能将概念应用于解决问题实际的知识概念——经验技能模块,使外在的概念在精析的基础上向内在的思想方法和能力素养迁移。如在概念"物质的量"意义化过程、具体化过程精析之后,我们就可以尝试建立"简约"的、以"物质的量"为中心的、使复杂的化学计算变得相对简单的"物质的量"——概念经验技能计算模块。

我们在概念精析时,一定要找到并紧紧把握住概念精析的"根"——概念的本质特征及其相关的数理—逻辑分析的来龙去脉,并且一定要辅之以具体的动手的"做"(解决问题)、具体的动脑的"思"(分析比较)、具体的动脑的"悟"(联想迁移)。我们必须明确:概念精析是以具体概念为对象,以具体问题为载体,以概念系统为背景,以通过解决具体问题且一定要获得具体经验的具体的概念精析——一不"做"、二不"思"、三不"悟"的空对空的概念精析。不具体的"概念精析"和不能转化为思想方法、技能技巧的"概念精析",纯粹是浪费时间,没有任何实际意义。

"概念精析"的结果,是学习内容的删繁就简和去芜存菁——复杂的、立体的、冗长的学习内容,首先被抽象、概括、精简为若干个有数理—逻辑支持的"面";接着"若干个有数理—逻辑支持的'面'",被抽象、概括、精简为若干个有数理—逻辑支持的"线";然后,"若干个有数理—逻辑支持的'线'",被抽象、概括、精简为若干个有数理—逻辑支持的"点";末了,"若干个有数理—逻辑支持的'点'",被抽象、概括、精简为一个有数理—逻辑支持的一个"点"。注意,是一个点!在上课学习中,有经验的、高明的老师,往往通过概念精析和删繁就简,一步一步引导我们逼近乃至掌握这一个点的;在课后复习中,我们往往通过概念精析,去芜存菁,一步一步逼近乃至发现这一个点的。学习实践证明,不管学习内容多么复杂,它都是可以通过"概念精析"删繁就简和去芜存菁,一步一步逼近乃至发现这几个点或一个点,及至把书读"薄"。

探索和实践

●"概念精析"的方法之一是概念精细。"概念愈被精细,概念即愈被精析",这话有道理吗?

13.7 完成足够多的习题解答量

课堂学习共有五个学习环节,所有学习环节有一个共同的任务——完成足够多的习题解答量。

有人做过研究,要牢记住一个外语单词,必须听、说、读、写总计约 1500次。这就是说,经过 1500 次的听、说、读、写刺激,牢记某一单词的条件反射(第二信号系统)就可以建立起来了。如果我们把课堂学习单纯地视为以概念、命题、符号掌握，视为复杂的条件反射系统的建立过程，那么，对任意一个概念、命题、符号，我们就务必要接受较 1500 次还要多的学习条件刺激。为提供并保证有足量的学习条件刺激，我们必须完成足够多的习题解答量。

任何知识、概念的掌握都要经历知识具体化，即将语义意义的知识转化为有经验支持的经验化知识的过程；任何经验化的知识都要经历知识的概括化，即转化为有经验体系支持的知识化经验的过程。知识的具体化和概括化，大多是在问题（包括习题）解决的过程中完成的。这就是我们为什么要解答足量多的习题的另一个原因。

习题解答不但是动脑的思维活动，而且是动手的技能活动。从学习心理学看来，所有的知识、概念不但要转化为思想方法，而且要转化为技能方能被我们掌握，而技能则必须达到熟练水平（转化成了技巧）才具有学习的意义。要使知识，概念转化为技能，要使技能达到熟练程度，只有坚持刻苦练习，无任何捷径可走。从这一点看，我们同样必须且不能不完成足够多的习题解答量。这是我们为什么要解答足量多的习题的第三个原因。

究竟解答多少习题才能实现上述目的呢？显然要因人、因学科而异。从学习理论看，每一个重要概念，大约都要从概念形成的、概念认知的、概念应用的、概念综合的、概念分析的、概念评价的等角度，每个角度运用 3 至 5 次，合计运用 20 至 50 次方可基本掌握好。注重反思、富于学习敏锐性和善于学习创新的同学可适当少一些，相对不太善于反思、不太善于发现，学习敏锐性差一些的同学可以适当多一些。举个例子，今天的数学课上，我们学习了等比数列求和概念。对该概念，我们就要分别从概念的形成、认知、应用、分析、综合运用等角度，每个角度解答 3 至 5 道习题，总计约 20 至 50 道习题，才可能基本上掌握它。学习能力强的同学可以少解答几道题，学习能力稍弱的同学则需多解答几道题。

在实际的课堂复习环节中，我们的习题解答数量远远低于每个知识点必须解答 20 至 50 道习题的习题解答量。因为习题解答量不够，所以我们经常出现眼高手低、力不从心的现象。

世界上本来就没有什么天才，世界上只有下苦功的人、动脑筋的人和既下苦功又肯动脑筋的人。我们要努力做一个既下苦功又肯动脑筋的人。因此，我们要准备好多个习题本，在课堂学习的复习阶段，抓紧时间完成一定的习题解答量——首先完成课本上的全部习题。我们只有坚持这样的课堂复习，我们的复习才会有质量。如果我们不死死地坚守住"完成一定的习题解答量"的学习底线，而总是拿着课本像和尚念经一样，读过来又读过去，我们的课堂复习是根本不能到位的。

探索和实践

●同样是学习同一门功课，甲同学不断地看书（阅读教材），乙同学不断地做题，丙同学则看书、做题、做事相结合，甲、乙、丙三同学中谁的学习效果最好？为什么？

13.8 每门课原则上精读一本参考书

在课后复习中，原则上你要选择一本高端的学科学习参考书，像钻研课本一样钻研它。

参考书多如牛毛，但真正有参考价值的、其指导思想和学习资源同属高端层次的，却寥若辰星。因为参考书大都是"天下文章一大抄"，有的甚至连"抄"都没有"抄"准确。如果你缺乏学习资源选择的警惕性和学习资源选择的敏感性，而是不假思索地、不分良莠地、凡是参考书就拿来读，那么，你就会被各类"南郭先生"所误导，你就有可能搬起石头打自己的脚。

高端的参考书符合哪些标准呢？

首先，它是由从事学科教研教学的、有实践经验的专家或是学者或是教师所著或所编著的，而不是从网络上下载而来，或是你抄一段、我抄一段地辑集而成的"百衲衣"；其次，它应有思想、有见解、有见识，有一条学科数理－逻辑主线，而不是简单的知识罗列、概念堆砌或习题辑集——记住：凡是没有学科数理－逻辑主线，没有思想、没有见解、没有见识的参考书，便是没有灵魂的参考书，这样的参考书纯粹是误人子弟的一堆烂草；第三，它应注重回归基础并注重联系学习实际，学科语言应精准、简约、专业、规范，容易被你理解和接受——参考书不是越艰深越好，而是内容指导越详尽、细节分析越详细、见解辨析越翔实越好；第四，它的内容顺序应与课本的内容顺序相接近，阅读量不宜过大；第五，也是最重要的，它应有启发性、示范性、探究性和资料性，它所提供的学习资源必须是最高端的、最先进的。

在实际的学习过程中，你会经常陷入参考书"误区"。你发现这本参考书好，买下；发现另一本参考书好，又买下。结果是：参考书是买了一大摞，但你对每一本参考书都浅尝辄止，对每一本参考书都没有钻研透——这实在是你的学习损失！记住：当你选择好一本高端的学科参考书后，就不要受其他相关的学科参考书的诱惑了（当然，在一个学习小组内，参考书最好是互不相同，这样有利于大家切磋交流、取长补短、实现参考书的思想交流和参考书的智慧共享）。

请注意：不管是课本、参考书，包括我写的这本书，都不能代替你的思考，你要时时保持思想的独立性、理智性、批判性、敏锐性和创造性。切记：每门课精读一本参考书且不要被它所迷惑。

在大学学习阶段，参考书可以适当地多选用一些。高中使用参考书旨在精析概念，大学使用参考书旨在比较思维方式和思想方法方式。

探索和实践

●清理你的参考书，每门精选一本备用；定期在学习小组内召开参考书学习心得交流会，你会发现：你在半小时内学到的东西，比你在三小时内学到的东西要多得多。

13.9 让课后复习与课前预习相衔接

上堂课的复习环节与下堂课的预习环节安排在同一时间段，使二者相互衔接，可以省时增效。

课堂学习的上、下两堂课之间，有一定的衔接性。课堂学习的各个环节之间，也有一定的衔接性。毫无疑问，上堂课必然是给下堂课做好学习准备，以利下堂课的学习内容被我们迅速地掌握的；上堂课的最后的一个学习环节的学习，必然是给下堂课的第一个学习环节的学习做好准备，以利下堂课的第一环节的学习内容被我们迅速地掌握的。将二者安排在同一时间段，既有利于上堂课的最后一个学习环节——复习的学习，又有利于下堂课的第一个学习环节——预习的学习。因为上堂课的复习，会因下堂课的预习有所新的体会；下堂课的预习，会因上堂课的复习而有所新的发现。如此这般地锦上添花、相辅相成，学习效果自然就要好得多了。

到课后复习环节为止，你的一个课堂学习结束了，你阅读课本已经有四次了。你若是个认真地学习着的而不是马虎地学习着的人，你的课堂学习应该是够扎实的了。

若课后复习与课前预习能做到长期相互衔接，大幅度提高学习成绩是指日可待的事。

探索和实践

●摸索课后复习与课前预习环节相重叠的经验。课后复习与课前预习相重选时要注意些什么？

第四编　带着问题学习

第十四章　带着问题学习

14.1 带着问题学习

老鼠蹲在河岸上，望着咿呀作响、挽水不断的筒车，百思不得其解……这就是在湖南农村流传甚广的歇后语"老鼠看筒车——不解"的本意。该歇后语弯绕着说明了一个道理：学习应该是带着问题的学习，如果学习者不带着问题学习，就什么都学不到。

带着问题学习，可以让"带着的问题"成为学习活动的认知中心点，从而使我们的注意力全部集中并指向在这一认知中心点——即"带着的问题"上，继而使我们的学习成为有认知目标、有认知任务、有认知重点、有认知计划、有认知效果的学习。这就像河岸上的老鼠，如果它"带着的问题"是：筒车是方的吗？筒车是否可以吃呢？那么，它一看见筒车，就会集中注意，首先观察筒车的外形，然后尝试筒车是否真可吃；在认知过后，老鼠还会做出认知结论……如此这般一番。这时候的老鼠的学习就是有"认知中心点"的、解决问题的、有认知结果的学习，而非是七上八下地乱"擦学习肥皂"，它也就不会傻兮兮地观看了大半天时间的筒车，却什么东西也没有学到。

带着问题学习，还可以让带着的问题成为学习的"山头"，让我们在解决"带着的问题"的基础上，由此及彼地、"瓜棚搭柳"地、意义地解决一系列相关的问题，从而使学习的"山头"扩大为学习的"根据地"。这又像河岸上的老鼠，如果它这时所带的问题是：筒车是既有"筒"又有"车"的吗？那么，它观察了一会儿筒车后，可能会说：筒车确实是既有"筒"又有"车"的——这还不够，老鼠会马上解释："筒"就是横卧着装在"车"上的用来打水的桶子，"车"就是那被水流冲击而旋转不息的轮子——这还不够，老鼠会接着说明："筒车"又为何不叫"筒轮"呢？这可能是古人称谓"筒车"为"筒车"由来已久，约定俗成了，其实说"筒车"乃是"筒轮"也有道理——这还不够，老鼠还会继续补充：不过，从语言美的角度看，说"筒车"是"筒车"，有一种进取的动感，比说"筒车"是"筒轮"要优雅、生动得多……毫无疑问，带着问题学习的结果，不是孤立地、单一地只解决"带着的问题"，或仅是获得单一地解决'带着的问题'的经验，而会像老鼠一样，逢山开路、遇水架桥，在解决单一的"带着的问题"、获得单一问题的解决经验的同时，还解决隐藏在"带着的问题"后面的一系列平行的或衍生的问题并获得一系列平行的或衍生的问题解决经验。显然，这种"使学习的问题'山头'扩大为学习的问题'根据地'"的学习方式，效果好得多。

带着问题学习，还可以让我们在解决"带着的问题"的学习过程中，不断改变思维方式和思想方法方式。我们知道，任何问题的提出和解决，都是从一定的角度，在一定的思想指导下，选择一定的思想方法加以提出和解决；任何问题的总结和反思，都是从一定角度，在一定的思想的指导下，选择一定的思想方法加以总结和反思。所谓"一定的角度""一定的思想""一定的思想方法"，从心理学角度看，就是不同的思维方式和不同的思想方法方式。随着发现、解决、总结、反思问题的角度和对应的指导思想和思想方法的与时俱进，发现、解决、总结、反思问题的思维方式及思想方法方式也会与时俱进；而发现、解决、总结、反思问题的思维方式及思想方法方式的与时俱进，就是在改变思维方式及思想方法方式，即在改变自己对世界的认识方式了。这就像老鼠，它原本的问题可能是："筒车会一边咿呀作响、一边挽水上岸吗？"它改变了思维方式及思想方法方式后的认识方式可能是："筒车是会一边咿呀作响、一边挽水上岸的（就事论事），但是否一直如是，则与河水的水流情况有关（有辩证观念）：如果河水水流天天不断，筒车是会天天咿呀作响、天天挽水上岸的；如果降雨太少、天气干旱、河水断流或筒车坏了，筒车就不会天天咿呀作响、天天挽水上岸了（加以引申）——可见做人处事，还得瞻前顾后，有些危机感才行啊（概括成哲学理念）！"

两根同样材质、用同样的力度绷得同样紧的琴弦，为什么只有在长度比为2比1或3比2时，发出的声音才和谐悦耳呢？达郎贝耳带着这个问题，建立了波动方程。电和磁存在什么数学关系呢？法拉第带着这个问题，建立了电磁感应定律。电和磁还存在什么空间关系呢？在法拉第研究的基础上，麦克斯韦带着这个问题，建立了麦克斯韦方程。电子运动和波之间存在什么关系呢？薛定谔带着这个问题，建立了薛定谔方程。给定初始温度，一根细棒的温度是如何随时间的变化而变化的呢？傅立叶带着这个问题，建立了傅立叶变换。质量和能量之间能够相互转化吗？爱因斯坦带着这个问题，建立了质能互变方程。波动方程、电磁感应定律、麦克斯韦方程、薛定谔方程、傅立叶变换、质能互变方程是如此辉煌地、像太阳普照万物一样地改变了世界（同时也为这五个科学家和这五个科学家的祖国带来了如此辉煌的、像太阳一样光辉的荣誉）。如果达郎贝耳、法拉第、麦克斯韦、薛定谔、傅立叶、爱因斯坦各自不是带着问题来探究客观世界并获得成就的，他们本身的社会形象、现今的社会生活或许会是另一个样子。

带着问题学习，既是具体的问题学习进行过程，又是具体的问题学习准备过程，更是崇高精神学习观的实践过程，还是一条具体的学习原则。我们每一项学习活动，都应该包含这三个过程，遵循这一原则。如果我们不是"带着问题学习"，而是像"老鼠看筒车"一样——我们势必会反复涂擦"学习肥皂"，百思不得其解且势必会一无所获。

探索和实践

●老师指着一棵树并对我们说："给你们两分钟时间，让你们观察这棵树。"我们抬起头，仰望着这棵树好一会儿，然后对老师说："老师，什么也没有哇！""再给你们一分钟时间，让你们再观察一下这棵树是棵什么树。"老师又说。我们抬起头，朝着树仅望了一眼，就立即兴奋地回答老师说："老师，这是一棵银杏树！"为什么我们的第一次观察毫无结果，我们的第二次观察却很快发现了这是一棵银杏树呢？有同学认为：我们在第一次观察时，没有带着问题观察，所以我们的观察无果而终；我们在第二次观察时，是带着问题去观察的；正因为我们是带着问题去观察的，所以我们的观察就能转化为探究、探究就能转化为思维、思维就能转化为发现；正因为我们的第二次观察伴随着一系列的探究、思维、发现过程，所以我们的第二次观察的学习收获较第一次要大得多。你如何评价他的见解？你能够带着问题，在反思、批判深刻问题的过程中反思、批判深刻问题中的更深刻的问题吗？

14.2 培养发现问题的敏感性

有经验的刑事警察能从犯罪现场的蛛丝马迹中发现罪犯犯罪证据，在茫茫人海中找到罪犯的踪迹。许多人见过苹果落地的现象，但发现"苹果为什么落地"这一问题的，则是牛顿。在特殊的现象中，迅速发现普遍的问题；在普遍的现象中，迅速发现特殊的问题；在特殊的问题中，迅速发现本质的问题，需要一种特别精细、特别敏锐的认知辨析力，该辨析力就是发现问题的敏感性。

如何培养发现问题的敏感性呢？

首先要培养发现问题的心向，即在主观上，要做个善于发现问题的有心人。"世上无难事，只怕有心人"——在犯罪现场，刑警A下决心要侦破这一案件，下决心要在现场找到罪犯犯罪证据，他就有可能发现罪犯犯罪的相关问题；刑警B对侦破某案没有信心，他要急着回去侦破另一例案子，他只是轻描淡写浏览一下现场，他不相信能找到证据，他就发现不了罪犯犯罪的任何问题。

其次要培养发散思维和集中思维相结合的批判性辩证思维方式。批判性辩证思维方式注重实证和实据，注重分析事物间的必然联系。表现在不但善于由此及彼地、从里到外地、从特殊到普通地将事物的现象和本质、形式和内容、条件和结果、事理和数理诸问题辨析、区分开来，发现直接的问题，而且善于创造性地逻辑地发现直接问题后面、前面、左面、右面、上面、下面，东西南北中各个方面的诸多间接的问题后面的间接问题，直至发现间接问题后面的本质的问题——既不被任何直接问题、间接问题所迷惑，也不会因为本质问题发现的分外艰难而止步不前。

刚从学校毕业的刑警 C 能否在纷乱的罪犯犯罪现场中发现罪犯犯罪的问题呢？可能也很困难。因为他可能还没有现场发现罪犯犯罪证据问题的经验——这就像一个小孩，因为没有经验，区分不开什么是鸡蛋和鸭蛋一样——显然，要培养发现问题的敏感性，还必须积累起足够的发现相关问题的经验。

刑警 A 在犯罪现场或拾到一根头发、或发现一处痰迹，他都会如获得至宝地将它们装进塑料袋里。刑警 A 知道，凭着头发或痰迹的问题分析，他就有可能锁定真正的罪犯——可见要培养发现问题的敏感性，需要掌握敏锐地发现问题的特别精细、又特别精准的专业知识，是个有真本事的行家。

问题学习千头万绪，归根结底是一件事，即善于发现问题。要善于发现问题，就要培养发现问题的敏感性——有了发现问题的心向，形成了发散思维和集中思维相结合的批判性辩证思维方式，积累了更多的发现问题的实际经验，掌握了特别精细而又特别精准的专业知识，是个有真本事的行家，发现问题的敏感性就有可能培养起来了。

探索和实践

●在复习迎考阶段，有一种复习方法叫作"习题阅读"。在"习题阅读"过程中，如何培养发现问题的敏感性？

14.3 尽量准确地发现本质的问题

国家公务员考试有三个考试科目，《申论》是其中的一个。

《申论》的考试方式是：①给定一份书面材料。②要求应试者概括出材料要点。③要求应试者根据材料要点提出相应的对策或建议。④要求应试者论证自己的对策或建议。

根据《申论》的考试要求，应试者的应试方式应该是：①准确掌握全部材料内容。②准确发现材料反映的问题。③准确发现材料所反映的诸多问题中的本质问题。④继续在更高的层面上，在更广的范围内，更准确地发现隐含在本质问题后面的、更本质的问题。

可见，《申论》的应试过程，是在准确把握材料的基础上，不断准确地发现本质的问题的过程。

其实，何止是《申论》科目的应试，你的所有的学习，无一不是一个不断准确地发现本质的问题和更本质的问题的过程——发现问题，是为了准确地发现本质问题；探究问题，是为了准确地发现本质问题；解决问题，是为了准确地发现本质问题；反思问题，同样是为了准确地发现本质问题，甚至是为了准确地发现本质问题中的更本质问题。总之，所有的学习，你总是以准确地掌握全部材料为起始，以准确地发现本质的问题为中介，又是以准确地发现更本质的问题为依归的。

如何才能准确地发现本质问题和更准确地发现更本质问题呢？

首先，你要始终本着实事求是的、旨在发现本质问题的态度。由于人的心理的主观性，人在发现问题时，往往有"完形"的倾向，即你经常会自己给自己的认知添加许多主观臆测的成分以求自圆其说。如果你始终坚持实事求是、一切从实际出发的原则，你的这种"完形"的倾向就可能得到克服，你就会较少犯主观的、"完形"的错误。

其次，你要尽可能多且尽可能准确地、全面地掌握材料，努力在材料的分析综合和比较鉴别的过程中概括出本质的问题，而不是从主观的愿望或从直觉、想象出发猜测出"本质"的问题。

第三，掌握准确地发现本质问题的方法。

——通过分析材料间的相互联系，准确发现材料反映的问题体系（而不是发现单一的问题）；通过问题体系中所有问题的分类排队，抽象概括，准确发现本质的问题（而不是发现一般的问题）。《申论》的应试，就是用这种一步一步的渐进的方式，准确发现一系列本质问题的。

——通过大问题的逐层分析降解，准确发现影响大问题彻底解决的小问题，该小问题就是你正确解决大问题的本质问题。如数学问题的解答，就是用这种层层降解的方法，最终准确地发现解决问题的本质的问题的。

——通过问题的具体化以准确发现本质问题。任何问题的本身既有事物的普遍性特征，又有事物的特殊性特征。通过具体化，如通过问题普遍性特征的具体化，你可能可以准确发现有特殊意义的本质问题；通过问题特殊性特征的具体化，你可能可以准确发现有普遍意义的本质问题。如科学试验就是试图通过问题特殊性特征的具体化，以准确发现有普遍意义的本质问题的例子；演示实验就是试图通过问题普遍性特征的具体化，以准确发现有特殊意义的本质问题的例子。

——通过学科问题的数理—逻辑分析以准确发现本质问题。任何问题，一旦确定了边界条件，数理—逻辑分析的方法比其他任何分析方法都来得深刻和直接。如弱电解质的电离度与弱电解质的浓度的关系，用语言说了半天也说不明白，如若应用数学工具讨论一番，便恍然大悟：在一定温度下，弱电解质的电离度与其浓度的平方根成反比——弱电解质的浓度愈小，其电离度愈大。

画蛇添足的人之所以没有赢得酒喝，乌鸦之所以被狐狸骗走一块肉，在作文中之所以审题错误，原因之一，就在于它（他）们各自发现的问题都不准确且都不是本质的问题。蛇本无足，为什么无中生有地画上足呢？乌鸦本不会唱歌，为什么要炫耀着开口唱歌呢？很明显地是写议论文，为什么要写成记叙文呢？所有在生活、学习中乃至在军事、政治上的一切错误，无一不是因为发现的问题不准确，或者是因为发现的问题不是本质的问题所导致。

本质的问题是关系到问题能否被解决的问题。本质的问题是解决待解决的问题的关键，或是解决待解决的问题的难点。对此，你必须有发现本质问题相关的敏感性——一旦发现问题，就要尽快发现关于该问题的本质问题，然后着手解决它。

许多同学到了大三，常为写论文发愁。其实，论文的撰写与《申论》的应试是一回事。首先翔实地占有尽可能多的材料——实证，然后在材料中发现本质的问题（做一个详尽地掌握材料的基层干部），接着在本质问题的数理—逻辑联系分析中发现更本质的问题——实据（做一个发现更本质问题的中级干部），继而从已有的实据入手，在数理—逻辑分析的基础上，实事求是地、创造性地提出解决问题的办法——建模（做一个发现更本质的问题的高级干部）——或发现前人未发现的问题，或发现前人未发现的联系，或解决了前人未解决的问题——论文就写成了。

或思维幼稚，或缺乏实证和实据，或沉溺于表面现象和表面现象的罗列堆砌，或发现不了本质的问题和更本质的问题（不能建模），总是游离在本质问题的远方擦"论文肥皂"，是愚蠢的本源。

探索和实践

●你不小心把针遗落在地板上，你是如何找到它的？这件事对你的学习有何启发？

●《申论》的写作好比下、中、高三级干部的岗位职责：下级干部写材料、中级干部写报告、高级干部写批示并论证批示。你觉得这三级干部的问题意识有什么区别？试着写篇申论。

14.4 提出问题与掌握思维方式

在学习过程中，你一旦发现了问题，就需要用简洁的专业语言将其表述出来，这就是提出问题。你的提出问题的角度、方式、方法，表述问题的准确、简洁、严谨程度及提出问题的深刻程度，都反映了你的思维方式。你要在提出问题的过程中掌握思维方式。

所谓思维方式，指的是如何正确把握材料、如何具体情况具体分析、如何在矛盾的"丛林"里发现主要矛盾、如何将思维活动有序地合理地组织起来、如何分析矛盾内对立着的双方在一定条件下如何相互转化及如何从哲学的、学科的、事理的、数理的、逻辑的、试验实证的角度，提出系统化的、旨在本质地把握客观事物内部联系的逻辑思维方式、思想方法方式和动手操作方式。

曹操兵败华容，关羽捉而放之。有人不解——分明是捉到敌人的总司令了，为什么竟放走了他呢？其实捉曹、放曹，早是诸葛亮预料中的事。诸葛亮提出的问题是：如果曹死，魏亡，孙吴势必坐大，三国鼎立局面就被破坏。因此，放走曹操，使三国鼎立局面得以维持，是利大于弊且是乐得让关羽做个顺水人情的好事。诸葛亮的思维方式，是批判的辩证思维方式。诸葛亮的指导思想，是局部服从整体、眼前利益服从长远利益、维持三国鼎立局面的思想；诸葛亮的操作方式，是"捉放曹"的、以德报怨的外交操作方式。而我们一般人的思维方式是形式逻辑思维方式甚至是唯心主义的、形而上学的思维方式——捉到敌人的总司令了，就要砍了他的头，彻底消灭他，根本不可能会释放他。

因为任何问题的提出，既反映了问题本身的深刻程度，又反映了提问者的思维方式及其辩证思维水平，还反映了提问者的思想方法的理论高度和具体化程度。所以当你在提出问题时候，一定要把你提出的问题和你的思维方式联系起来。努力做到二者都是有思想、有理论、有意义、有发现、对他人和自己都是负责的。所谓有思想，指的是有哲学思想和学科思想做指导；所谓有理论，指的是有准确的概念体系和辩证的逻辑思维做支持；所谓有意义，指的是提出的问题是有理论深度的问题，是本质的，甚至是创新的问题；所谓有发现，指的是在思维方式上有新的体会和新的改进及客观规律有本质的揭示；所谓对他人和自己负责，指的是能展现出一种认真负责、精益求精的崇高精神。

我的这些话是太多了些哲理，读起来是复杂了些，但这却是一个非常重要的问题。因为用哲学的观念把握思维方式，用批判的、辩证的思维方式把握问题的提出，在哲学的理念和学科思想的指导下，努力在理论上和在实践上高层次地分析问题与高层次地解决问题，努力在提出问题的同时，高层次地掌握思维方式，不但可以使你少犯错误或不犯大错误、使你的学习与时俱进，而且可以使你成为一个有思想、爱思考、有智慧的人。

探索和实践

●从发现问题到提出问题是一个什么过程？是思维过程吗？

14.5 分析问题的策略

第一，分析问题的思想方法策略。分析问题的过程，事实上是将待解决的大问题，分解为若干小问题的过程。如何将大问题分解，在什么思想指导下将大问题分解及用什么方法将大问题分解，有一个思想方法的问题。分析问题不是盲目地将问题细分，而是在一定思想方法指导下将问题细分。当你掌握了分析问题的思想方法，问题解决便完成了一半。举个例子：

工业上用 MnO_2 和 KOH 为原料制取 $KMnO_4$。生产分两步：第一步，将 MnO_2 和 KOH 粉碎，在空气中加热熔化并不断搅拌，制得 K_2MnO_4。第二步，K_2MnO_4 电解，有 $KMnO_4$。

用什么思想方法来分析上述问题呢？从 $MnO_2 \rightarrow K_2MnO_4 \rightarrow KMnO_4$，可知元素 Mn 的化合价是逐渐升高的，所以 MnO_2、K_2MnO_4 是为还原剂。接着分析氧化剂：在 MnO_2 被氧化为 K_2MnO_4 过程中，氧化剂是 O_2，K_2MnO_4 是在电解的条件下被氧化为 $KMnO_4$ 的。

上述的思想方法是氧化 – 还原理论分析的方法。只要你发现了元素 M_n 的化合价不断升高这问题一特征，就抓住了分析问题的要领。

第二，在分析问题过程中发现本质问题的策略。分析问题的目的，在于发现问题，而且在于发现本质的问题。本质的问题找到了，分析问题的任务便基本完成了。举个例子：某火箭停止发射——发射出现了问题。如何解决这一问题？寻找火箭停止发射的故障。故障在那里？是什么故障？导致故障出现的本质问题找到了，解决了，火箭停止发射的问题便解决了，火箭便可以点火发射了。

请注意，分析问题不是简单地化繁为简，而是为了从中发现本质问题。

第三，分析问题的具体化策略。分析问题时，由于问题太过抽象，往往抓不住要领，这时，你不妨给定一个特殊的、具体的量——将代数问题转化为算术问题并以此作为分析问题的引导。例如：设 $y=f(x)$ 是定义在区间 $[-1,1]$ 上的函数，且满足条件：$f(-1)=f(1)=v$. 对任意之一的 u，$v \in [-1,1]$ 时，都有 $|f(u)-f(v)| \leqslant |u-v|$. 证明：（1）当 $x \in [-1,1]$ 时，有 $x-1 \leqslant f(x) \leqslant 1-x$.（2）对 u，$v \in [-1, 1]$，有 $|f(u)-f(v)| \leqslant 1$.

这是一个抽象的函数题，分析问题时，我们可以设法将其具体化：由题意可知，对任意的 u，$v \in [-1, 1]$，有 $|f(u)-f(v)| \leqslant |u-v|$. 令 $u=x,v=1$，有 $|x-1| \geqslant |f(x)-f(1)|$，即得 $|x-1| \geqslant |f(x)|$，有 $x-1 \leqslant f(x) \leqslant 1-x$. 同样的方式可证得 $|f(u)-f(v)| \leqslant 1$.

第四，分析问题的数理—逻辑策略。任何学科问题，只要是能用数学方法逻辑地把握的，就尽量用数学方法逻辑地把握。从数学的角度看，"燃料电池若用酸做电池液，电池液中氢离子的运动方向与外电路中电子运动的方向相反；燃料电池若用碱做电池液，电池液中氢氧根离子的运动方向与外电路中电子运动的方向相同。"就很容易理解。

分析问题的策略很多，主要是以上几种。但不管何种策略，归根结底是为了发现问题中的本质问题，本质问题找到了，分析问题的任务便完成了一大半。

探索和实践

●分析问题的过程是什么过程？有人说，分析问题的过程是寻求因果关系的过程，对吗？

14.6 不要匆忙地给出解决问题的假设

要解决问题，首先就要给出解决问题的假设。在学习中，总会有同学因匆忙地给出解决问题的假设而导致问题解决失败。可见给出解决问题的假设必须慎重、不要匆忙。

匆忙地给出解决问题的假设，往往是因为功利欲太强，或解决问题的动机太强，或支持解决问题的情感过于热烈，或对问题本身缺乏深入的认识等原因所至。实践证明，解决问题需要准确的认知、严谨的逻辑、冷静的理智、中等强度的动机与稳定的情感。当你的功利欲太强、当你的动机太强、当你的情绪过于激动、当你对问题的认知尚处于一知半解、尚缺乏足够的调查研究时，你在匆忙中给出解决问题的假设往往是错的。

匆忙给出的解决问题的假设，往往对问题本身缺乏严谨的逻辑分析，自己并未准确发现待解决的问题的本质问题究竟是一个什么样的问题，是凭着已有的简单经验，在心中无数的前提下给出的缺乏数理支持的直觉判断，该判断往往不符合客观实际。所以匆忙给出的解决问题的假设，往往是错误的假设。

现实的情形是，当一个匆忙给出的解决问题的假设被证明是错误的假设之后，有些同学不是亡羊补牢，及时回归到具体问题具体分析，回归到寻求待解决问题所包含的本质的问题分析上去，而是继续慌乱地继续给出第二个解决问题的假设，当第二个匆忙给出的假设又被否认之后，甚至会匆忙地提出第三个、乃至第四个假设来。

多个解决问题的假设被匆忙地给出和多个解决问题的假设被匆忙地否定，使这些同学的思维陷入定势，情绪变得浮躁，行为变得慌乱起来。在考试中，你一旦陷入了这种浮躁和慌乱的情绪泥淖，想要考出好成绩来就很困难了。经验表明：当考生匆忙给出的第一个不成熟的解决问题的假设被匆忙地否定之后，继之而来的，在慌乱和浮躁中给出的第二个解决问题的假设往往是错误的。因此，确保首次给出的解决问题的假设的正确性显得十分重要。

为确保首次给出的解决问题的假设的正确性，你首先要把解决问题的重点放置在准确地认知问题及准确地分析问题这两个"基本点"上。只有通过准确认知与准确分析问题，发现了解决问题的本质问题并确保新给出的假设基本上准确无误时，才可以给出解决该问题的假设——讲得简单些，你第一次给出的解决问题的假设必须准确，必须小心谨慎，凡是有疑问的、不完善的假设切不要匆忙地给出来。

不匆忙地给出解决问题假设，第一次给出的解决问题的假设必须确保其有基本的准确性——此二者能使我们有着良好的学习心态且能使我们的学习是意义学习，而不是盲目的"试误"学习或被动的"刺激—反应"式的学习。

在考试中，匆忙给出的第一个解决问题的假设错误，导致后续一系列解决问题的假设错误，屡见不鲜，许多同学在考场上一筹莫展，一出考场就豁然开朗，原因就在这里。

不匆忙地给出解决问题的假设，初看起来，学习的速度似乎是小一些，但由于是"一锤子准"，没有多次假设、多次"试误"的反复，学习的速度反而增大了。

事实上，从心理学的角度看，"不匆忙地给出解决问题的假设"即是保持"情绪冷静"——不感情用事。处事理智，不感情用事，时刻远离浮躁冒进，时刻保持"情绪冷静"，是人的大智慧。

探索和实践

●作文的涂涂改改、作业的涂涂改改、处事的反反复复都与匆忙地给出假设有关系吗？失了斧子的人怀疑人，是什么原因所致？这与匆忙给出假设的思维方式有相同之处吗？

14.7 直觉和猜测在问题解决中的作用

直觉，直觉思维的简称。逻辑思维按照概念—判断—推理的形式把握世界，直觉则省去了概念这一环节，直接通过判断或直接通过理由不充足的推理把握世界。

如同你坐在临街的咖啡店里，遥望着窗外匆匆来去的过客，就能较准确地判断出谁是北方人、谁是南方人一样，你对某些问题的解决方式及有可能得到的解决结果也有一种直觉——令人惊讶的是——直觉的结果往往是准确的！这是为什么呢？

作为一种把握世界的心理活动方式，直觉并非是与生俱来或无中生有的。如你若是个"老外"，或你极少见过南方人或你极少见过北方人，你是很难仅凭着一闪而过的身影给出对方是南方人或是北方人的直觉判断的。你之所以有准确地把南方人和北方人区别出来的直觉，是因为你经常地与南方人或与北方人接触，你对他们的各自的特征，哪怕是极微小的特征，都了如指掌并有过利用这些特征准确地判断某些人是南方人还是北方人的经验。因此，直觉来源于你在长期的学习和生活实践中大量地积累起来的、暂时还没有归纳概括为概念的感性认识，这些感性认识集合起来，就形成了你的心理印象——你就是以这些心理印象作为直觉判断的依据进行直觉活动的。例如语感、乐感、节奏感就是分别是语言、音乐、动作的直觉，敏感、敏锐、悟性、"下意识"等心理活动也有直觉成分。

在解决问题的过程中，直觉的作用表现在以下几方面：一是用直觉直接判断命题的正确性。例如外语考试有一道"完形填空"题，该题有四个答案供你选择，每个待选答案的意义均十分接近，选取哪一个作为正确答案呢？依靠严格的逻辑推理来确定吗？不行。只有依靠语言直觉才可以选择出正确答案。二是根据直觉直接发现解决问题的思想方法。例如化学考试有一道问答题说：在同一溶液里，醋酸钠溶液的浓度为 $0.1\ mol \cdot L^{-1}$，甲酸钠的浓度也是 $0.1\ mol \cdot L^{-1}$，问氢氧根离子、氢离子、醋酸分子、甲酸分子的浓度如何从大到小排序？凭着直觉，你就知道这是一个数学问题——因为在同一溶液里，醋酸根、甲酸根离子分别水解，溶液显碱性，所以氢氧根离子浓度大于氢离子浓度；通过水解平衡常数估算，知道醋酸根离子的水解常数大于甲酸根离子的水解常数，考虑到醋酸钠溶液的浓度和甲酸钠的原始浓度都是 $0.1\ mol \cdot L^{-1}$，故甲酸浓度小于醋酸浓度。三是根据直觉对解决问题的结果进行"毛估"——对解答结果进行值域的初步估计。有了结果的初步估计，你就可以适当减少因粗枝大叶而导致的解答错误。四是根据直觉直接识别学科问题陷阱。例如高考中的应用题总是看起来很难，但实际上却是较容易的，关键在于识别它隐含的问题陷阱——如 1989 年高考的数学应用题（见本书 16.1），看起来很复杂，似乎要利用指数函数求解，你则凭着直觉识别了它的问题陷阱，发现这是一个用反比例轻松求解的、连初中学生都可以正确解答的简单问题。

直觉既然是一种印象判断而非完整的概念判断，所以直觉往往一蹴而就，省去了许多中间推理环节，能直奔结论，故直觉过程简单、省时、省力。由于直觉没有用完整的概念或没有用准确的概念做判断依据，所以如若仅凭直觉解决问题，就容易犯错误。因此，问题若能用逻辑思维的方式解决，就用逻辑思维的方式解决，问题若不能用逻辑思维的方式解决，那就只有靠直觉思维尝试着解决了。

与直觉相似的心理过程还有猜测和猜想。猜测和猜想也是非逻辑的判断或逻辑判断条件不充分的心理活动。但猜测和猜想不是"蒙"，有时甚至是一种更高层次的，更富专业知识和专业思想的、专业想象力的、专业创造性的问题直觉。

世界上的问题多如牛毛，许多问题的解决，在逻辑上尚不清楚（至少在目前的学习阶段不清楚），故只好凭着直觉经验、凭着猜测和猜想去解决它。尤为重要的是，世界上还有许多问题等待着去发现。直觉、猜测和猜想，就是发现问题的重要先导。直觉、猜测和猜想由于不依常规、不循常理，所以它可以摆脱逻辑思维的定势而魅力四射，它往往是焕发创造力的源泉。因此，在学习中，你要巧妙地用直觉、猜测和猜想去发现问题和解决问题，更为重要的是，你要培养自己有直觉、猜想和猜测的能力。但你也要注意，世界是实事的、数理的、逻辑的，你决不能让直觉、猜想和猜测松散了你严谨的数理—逻辑思维体系，使你成为一个幻想太多、理性太少，不务实际、缺乏实力，整天陷于胡思乱想之中的老顽童。

探索和实践

●直觉是一种思维方式吗？直觉往往是创造性的吗？直觉与猜测有什么关系？猜测和猜想呢？

14.8 问题解决与思维方式改变

我们的学习目的，归根结底是为了认识世界和改造世界，而认识世界和改造世界的首要目的，是为了认识自己并改造自己——不断改变自己的思维方式，就是在不断地认识自己和改造自己——从这一观点出发，在问题解决的过程中推进自己的思维方式改变，确实是一件意义非凡的事。

设想你正在捕捉一条毒蛇。你的想法是：迅疾地抓住蛇的尾巴，迅疾地把它甩动起来，待把它甩昏了，就可捉住它了。然而当你刚好抓住蛇尾巴，正打算用力地甩它一把的时候，毒蛇的头却像闪电一样回转过来，在你的手上狠狠地咬了一口。你被毒蛇狠狠地咬了一口的教训，改变了你原有的思维方式——原来毒蛇是绝不能用先抓住尾巴、再用力地甩它一把的方式来捕捉的。

从以上例子可以看出：思维方式的改变，往往发生在问题解决遭遇失败的原因反思过程之中，并大都是通过经验总结获得实现的——问题解决遭遇失败，就有失败的原因反思；通过失败的原因反思，就有失败的经验总结；通过失败的经验总结，就可能有思维方式的改变。

问题解决遭遇失败的反思可能改变思维方式，问题解决获得成功的反思同样可能改变思维方式。设想你在学习"返滴定法"——在一定量的酸中，加入适当过量的碱，然后用酸滴定过量的碱——对于"返滴定法"，你本是似懂非懂的，然而经过反复多次的实际操作，你不但理解了"返滴定法"的滴定分析原理、掌握了"返滴定法"做滴定分析的操作要领，而且能将"返滴定法"迁移到某些盐的滴定分析上去。你对"返滴定法"的这些新认识，使你原有的关于中和滴定的思维方式得到改变。显然，你的关于滴定分析的思维方式的改变，是遵循以下的路径实现的——问题解决获得成功，就有问题解决获得成功的原因反思；通过问题解决获得成功的原因反思，就有问题解决获得成功的经验总结；

通过问题解决获得成功的经验总结，就可能有思维方式的改变。

你无时无刻不在解决问题，你无时无刻不面临着解决问题的成功或失败。但是，为什么有的时候，解决问题的成功或失败都能改变你的思维方式，但有的时候，解决问题的成功或失败都不能改变你的思维方式呢？我想，这可能与你是否有决心改变思维方式的主观能动性有关系。如果你没有决心改变思维方式的主观能动性——问题解决成功了，你将其束之高阁，不总结成功的经验，问题解决失败了，你同样将其束之高阁，不汲取失败的教训；或者是你在解决问题时，虽然有了一些成功的经验和失败的教训，但你却听之任之，将其束之高阁，从不去概括、提高它们——不将其概括化和意义化。鼓不敲不响、钟不叩不鸣，如果你自己不下决心改变思维方式，不做一个下决心改变思维方式的有心人，你的思维方式是永远不会自觉地发生改变的。

探索和实践

●思维方式改变与问题解决有哪三个要点？你有总结经验、改变思维方式的习惯吗？

14.9　概念在思维活动中的作用

事物在一定条件下表现的本质属性的语言概括，称为概念。概念在思维活动中有着核心的作用。

从数理—逻辑看来，概念是思维的依据，也是思维活动的起点。这里讲一个故事：一位城里的妻子，随着丈夫回到江南老家。有一天，妻子不见了丈夫，她问母亲，丈夫哪里去了，母亲说，去后山上挖红薯去了。妻子随即在门旮旯里拿起一把斧子往后山上走。正在挖红薯的丈夫见到匆匆而来的妻子，便问她："你这是干什么呀？"妻子回答说："帮你挖红薯呀！"丈夫听了，哭笑不得地说："斧子是用来砍山上的木头的，它怎么可以用来挖土里的红薯呢？"从这个例子可以看出，没有正确的概念，就没有正确的判断；没有正确的判断，就没有正确的推理；没有正确的推理，就没有正确的思维。这就是说，没有正确的概念作基础，建立其上的所有的思维活动都不可能是正确的。城里生长的妻子因为没有正确地掌握挖红薯需要什么样的工具的概念，所以就闹了一个用斧子挖红薯的笑话。

概念还是思维的工具，也是思维的载体。任何一篇文章，任何一首诗歌，甚至任何一句话，任何一步逻辑推理，都由概念所组成。是故，当我们以语言为工具完成思维活动的时候，本质上是以概念作为工具或作为载体完成思维活动的。

概念还是错误的根源。所谓错误，大部分是思维的错误——或是因为错误的概念，或是因为概念的错误，或是因为概念应用条件把握不当，或是概念使用不当导致的逻辑错误。

因此，在思维活动中，你对概念要予以特别的重视。

首先，你要准确地理解概念。因为概念反映的，是客观事物在一定条件下的本质属性，所以你对概念的理解，要从概念反映的事物的本质属性、概念在概念体系中的位置、概念存在的相对条件等多方面去理解，尽力在把握概念间的必然联系的过程中、在概念所在矛盾的对立统一中去把握概念，决不能孤立地就概念理解概念；由于概念是用语言表述的，所以你对表述概念的每一个字、每一个词、每一个符号，包括每一个标点，你都要准确地理解其意义。

其次，你要努力将概念具体化、经验化、技能化、概括化。任何概念，如果仅停留在文字上或逻辑意义上，是不能被准确地理解并被准确地掌握的。所以你必须将概念应用于解决问题的实际——即将其具体化。概念一旦经过具体化，你就获得了概念应用的经验，你就使文字或逻辑意义上的概念，转化为通过实践应用并通过实践检验的——有经验支持的经验化概念。你还必须将经验化的概念转化到被合理、完善、有效地组织起来的心理和行为活动方式中，即将其技能化。你还必须将经验化、技能化的概念与所有解决某些问题所涉到的思想、方法、经验、技能等整合起来，使之概括化，成为更高级的、在具体情景中能顺利地解决某类具体问题的集概念、思想、方法、经验、技能等于一体的概念经验技能模块——概念经验技能模块一旦形成了，模块中的概念就是生动活泼的、有生命力和学习力的概念了。

因为概念是逻辑的起点，所以，你要下决心准确地理解并记牢每一个重要概念。坚持滴水不漏地、绝对准确地理解并滴水不漏地、绝对准确地把所有原有的和新学的概念都背记出来，是你每天必须完成的功课。识记中依稀朦胧、似是而非的概念，除了用来做不负责任的谈资，没有任何实际意义。

在学习过程中，当你遇到不能解决的问题时，你就要迅速地回归到概念上，回归到概念的条件把握上，甚至回归到概念的原始定义上（这是一个解决问题的法宝）。

你还要努力推进概念的具体化、经验化、技能化、概括化、意义化进程，积累起概念具体化、技能化、经验化、概括化、意义化经验。努力使你认知的和掌握的概念，使你用以认知和掌握概念的概念，都是能解决实际问题的、已被具体化、经验化、技能化、概括化、意义化的"活"的概念。

成也概念，败也概念。许多同学在拼比实力的考试中之所以一败涂地，就是因为他们对概念识记不牢、掌握不牢，概念具体化、技能化、经验化、概括化、意义化不够。

苏联的现代学习推行成功的原因之一，是因为每个学科，都有一个严密的概念系统，教材并非是一本似是而非的科普读物；而现行教学之所以弊端丛生，是因为教材缺乏严密的概念系统，有的是一本似是而非的科普读物——没有系统概念的教材是没有权威的、也是没有教育性的。

探索和实践

●什么是概念的具体化过程？什么是概念的概括化过程，什么是概念的意义化过程和技能化过程呢？

第十五章　问题与解题学习的思想方法（一）

15.1 解题学习的意义

"一头牛，前脚走三步，后脚走两步——是牛的前脚走得快些还是牛的后脚走得快些呢？""前脚。""那么我们是否可以这样设想：一头牛从株洲出发，它的前脚到了武汉，后脚还在岳阳呢？""牛的前脚与牛的后脚走得一样快。"像这样，通过具体问题的具体解答以展开的学习叫解题学习。

或许大多数同学都曾有过这样的经验，当我们全身心地进入解题学习状态时，我们往往会心驰神往地掩卷沉思——我们一边自言自语地分析问题和反思问题，一边因问题发现和问题解决而手舞足蹈。我们之所以会如此忘情地陷入解题学习的海洋，是因为以思维为核心的解题学习，集中了我们的注意，激发了我们的热情，启发了我们的思维，让我们找到了学习之根。

解题学习就是一种特殊的问题学习。它的特殊性就表现在：待解答的问题原则上不是我们亲自发现的问题，而是现场预先给定的问题。这些由他人给定好了的问题省去了我们发现问题的时间并为我们创设了问题学习的条件。

解题学习是在题意限定的条件下，通过解题方法、解题过程、解题结果的优化，进而获得相关经验的学习。由于解题方法、解题过程、解题结果、解题经验都是未知的，必须通过反复的探究才可能得到，所以解题学习是相对典型的问题学习。我们的学习一旦问题化，我们被动的接受学习方式一旦转化为主动的发现的学习方式，我们的学习效果就可能发生根本的变化。

在学校里，解题学习是最富思维活动容量和最富思维品质训练量的学习方式之一。解题学习不但包括问题分析与问题解决过程，而且包括经验反思与经验总结过程。在这两个过程中，我们不但要将理论应用于解决问题的实际，而且要将在解决问题过程中获得的经验上升为理论。因此，哪怕是解答一个极简单的问题，我们都要从理论到实际地、根根绊绊地、枝枝叶叶地解决、反思一系列问题。在某种意义上甚至可以说，解题学习活动使我们不得不陷入思维的丛林，使我们不得不提高思维的质与量才得以走出这一丛林。

尤为重要的是，通过解题学习，我们新学习的知识被具体化、经验化、概括化、技能化了，分别成为了有实践经验支持的、被思想方法等整合起来的、进入了认知结构且被转化为技能、技巧的活的知识。毫无疑问，不通过解题学习活动，这些转化都是不可能实现的。

更为重要的，是因为解题学习是一个动脑、动手、付出精力和体力的劳动过程。解题学习者的思想、觉悟、作风、态度，间接影响了解题者的认识、情感和意志，所以解题学习具有巨大的精神含量。正因为解题学习有着巨大的精神含量，所以解题学习是落实崇高精神学习观的有效途径。

解题学习的上述意义，决定了解题学习在学校学习中的位置。如果说，问题学习是课堂学习的核心，那么，解题学习便是问题学习的核心，即是课堂学习核心的核心。如果我们没有数量足够的、合理配置的、要求严格的、动手和动脑相结合的、开放的解题学习，我们就不可能有高质量的课堂学习。不过我们也要注意，我们固然要重视解题学习，但我们的学习决不仅是解题，我们的学习之所以暂时局限在解题学习上，是因为我们的学校学习特点所致。事实上，国计民生中生动活泼的现实问题的学习，与解题学习比较起来，前者要重要得多、有意义得多，我们决不可以成为除了解题之外，对国计民生都一无所知的解题机器。

探索和实践

●通过解题，知识被具体化了，也被经验化了、技能化了，你如何理解这命题？

15.2 问题的分类方法

——以解题结果是否唯一分类，有封闭式问题和开放式问题。封闭式问题有正确答案，而且可能只有一个正确答案，甚至没有正确答案；开放式问题可能有正确答案，而且可能有多个正确答案，甚至没有正确答案。如数学题大都是封闭式问题，语文的作文问题大都是开放式问题。

——以问题给出的内容是否有过直接经验分类，有信息式问题和传统式问题。信息式问题是给出一系列我们从未系统接触过的数据，要求我们发现其中的规律、甚至要求继续用该规律性解决有关问题的问题。传统式问题则是从课本到课本——根据课本学习内容提出问题，并根据课本学习内容解决问题。例如，给出一组数据，要求我们判断火箭的直径与火箭的长度以多大比例为宜，便是信息式问题；问我们火箭以多大的速度方可以摆脱地心引力便是传统式问题。

——以问题的已知和未知之间的关系分类，有"不定式"问题和"确定式"问题。"不定式"问题的已知条件相对是参变的，所以未知结论是不定的；"确定式"问题的已知条件是固定的，所以未知结论是确定的。如"树上有 10 只鸟，打一枪，树上还有几只鸟？"就是"不定式"问题。溶液的 pH = 8，求溶液 OH^- 浓度就是"确定式"问题。

——以习题的训练目标分类，有基础训练题、综合训练题和系统训练题。基础训练题是直接应用知识解决简单问题以获得知识具体化经验的问题；综合训练题是知识与思想、与方法共同运用，解决较复杂的问题以获得知识概括化经验的问题；系统训练题是在知识概括化经验的基础上，运用较复杂的知识经验—能力模块解决复杂问题，以形成更高级的知识经验能力模块即知识能力化问题。如课后练习多是基础训练题,高三迎考训练多是综合训练题和系统训练题。

——以问题的评卷方式分类，有客观问题和主观问题。客观问题即是选择题，主观问题即非选择题。客观问题即使不能正确作答，随便一蒙，也有一定的蒙中的概率，所以选择题除了便于机器阅卷之外，对学习的好处实在不太多。主观式问题是蒙不得的，但评卷时的评卷误差很大，这就像一幅画，不同的人看这幅画，有着不同的评判结论一样，主观式问题容易产生问题解答评价结果的不公平。

——以问题的情景方式分类，有随机问题和创新问题。随机问题是条件相对开放、信息相对开放、结论相对开放的问题。创新的问题是条件相对创新、信息相对创新、结论相对创新的问题。可以预计，今后的考试，大多会以情景类问题为主——不拘一格、现学现考。

探索和实践

●将期中考试各科试卷的试题分类。

15.3 一次性准确知觉题意

作文时审题不准，致使文不对题，是大家常犯的错误。为什么面对一目了然的作文题目，且反复审查了许多次，最终仍然犯下令人后悔不迭的审题错误呢？这是因为作文的审题过程，首先是心理学意义上的题意知觉过程。知觉有一个特点，就是先入为主——首次知觉即第一印象十分重要。首次知觉印象一旦形成，以后要试图改变它，便十分困难。犯有作文审题错误的同学，就是因为首次题意知觉错误了，以致后来反复多次知觉都改变不了首次错误知觉产生的错误印象所致。因此，解题的第一个要求，就是一次性准确知觉题意。

如何一次性准确知觉题意呢？最要紧的，是具体问题具体分析，不受任何心理定势束缚且不受任何"完形"的思想意识影响——我们决不可自圆其说、捕风捉影或刻舟求剑、张冠李戴，机械地套用以往行之有效的方法经验或无中生有地对题意添油加醋。因为在"完形"的思想意识影响下，喜欢或惯用已往行之有效的经验、习惯、思想方法方式等心理定势知觉事物，是我们认识事物的特点，然而主观的"完形"往往不符合客观的实际，在彼条件下是有效的认识事物的思想方法方式,在此条件下不一定是有效的认识事物的思想方法方式。所以在知觉题意时，我们宁可把熟悉的问题视为不熟悉的问题，把熟悉的事物当作不熟悉的事物来知觉，切不可自以为是——脑袋一拍—"这还不晓得！"

如果我们做到了这一点，就能少犯或不犯首次题意知觉错误。

其次，要一边准确知觉题意、一边准确理解题意。我们若要一次性准确知觉题意，切记勿陷入单一的唯准确知觉题意而准确知觉题意的泥潭，而要一边准确知觉题意，一边准确理解题意，即在准确理解题意的基础上反复准确知觉题意。

第三，因为准确的题意知觉必须有准确的题意理解参与，准确的题意理解必须有准确的题意思维参与，所以只有在准确的思维的参与下，所有各分散的知觉要素，才可能因因果关系相互联系起来进而形成一个整体；只有当所有的知觉要素都被我们用正确的因果关系准确地联系起来时，题意的本质联系就有可能包含其中而立刻被我们准确地理解了。所以一次性准确知觉题意表观上是指一次性准确知觉问题中的数据，本质上是指要一次性准确理解题意给出的各数据间的本质联系。

第四，要一边准确理解题意，一边动手、一边准确识记题意。在准确知觉并准确理解题意的同时，我们务必要把题意准确地识记下来。一般的要求是，一道题只需知觉一遍且仅需知觉一遍就要把题意准确地识记下来了。

由于题意的识记过程是将问题转化为表象或印象保持在大脑中的过程，所以准确识记题意的诀窍乃是在"思中做"、在"做中记"（如用笔记下要点或画好关系框架图），而非是不动手的题意知觉的不断地重复——不断地擦知觉"肥皂"。我们中有许多同学不习惯准确识记，不习惯通过动脑动手帮助准确识记，往往一边知觉、一边遗忘——反复地擦了半天知觉"肥皂"，却仍不知道自己知觉了一些什么并识记下了一些什么，这是很不好的题意知觉习惯。

第五，一次性准确知觉题意还必须掌握一些必要的识记技巧。如必须一鼓作气，一次且仅需一次就要知觉题意完毕，切勿停停打打、打打停停；一次性准确知觉题意的速度宜小不宜大，知觉速度太大——"快刀必有缺"——必然会产生知觉不准确的后果；采取"外科手术法则"，一步一步地通过把握住关键词、关键句，识别关键点、难点、题意陷阱点等，是常用的准确知觉题意的技巧。记住，不管题意多么复杂，你都要有一次性准确知觉题意的自信心。如果你一"望"题就缺乏自信，就止步不前，你是无论如何也不能一次性准确知觉题意的。

过目不忘，一次性准确知觉题是解题学习中最重要的问题，是真本事。首次知觉题意如果不准确，再次知觉题意就很难准确了。

探索和实践

●你有一次性准确知觉题意的习惯吗？为什么一边要准确知觉题意，一边要准确识记题意呢？

15.4 问题解答的事理、数理——"两边夹"技巧

问题解答还是一种综合的技能活动。问题解答既是一种综合的技能活动，就得讲求一定的技巧以将这些技能活动合理有效、有序地组织起来。问题解答有哪些技巧呢？

问题解答的技巧有很多，其中一个常用的技巧戏称为事理、数理"两边夹"技巧。事理、数理"两边夹"技巧是这样讲的：题意知觉之后，分别从整体的、宏观的、事理的方向和局部的、微观的、数理的方向——两个相平行的方向，通过定性和定量两条途径共同解答问题。举个例子：

体积为 V_a，$pH = a$ 的一元强酸和体积为 V_b，$pH = b$ 的一元强碱恰好完全中和，且 $V_b > V_a$，$a = 0.5b$，问：(1) a 值可为 3? (2) a 值可为 5? (3) 求 a 值范围。

从宏观的、事理的角度看，这是一个根据一定体积、一定物质的量浓度的一元强酸和一定体积、一定物质的量浓度的一元强碱恰好完全中和；从微观的、数理的角度看，则是求原一元强酸的 H^+ 的物质的量浓度范围和 OH^- 物质的量的浓度范围的问题。

我们从事理和数理开始"两边夹"：

"因为 $pH = a$，体积为 V_a 的一元强酸，与 $pH = b$，体积为 V_b 的一元强碱恰好完全中和，

则 $V_a 10^{-a} = \frac{10^{-14}}{10^{-b}} V_b$，因为 $V_b > V_a$，故 $10^{-a} > \frac{10^{-14}}{10^{-b}} = 10^{-14+b}$，有 $a+b<14$。"

"因为 $a = 0.5b$，故 $b = 2a$，当 $a = 3$ 时，$b = 6<7$，显酸性，即碱的 pH 值 <7，显然不可"；

"因为 $a=5$ 时，$b=2a=10$，$a+b=15>14$，显然不可以。"

"因为 $b<7$，即 $b = 2a>7$，故 $a>\frac{7}{2}$，求得 a 值下限"；

"因 $a+b<14$，代入 $b = 2a$，$a+2a<14$，$a<\frac{14}{3}$，求得 a 值上限"；

"a 值的范围是 $a>\frac{7}{2}$，$a<\frac{14}{3}$，即 $\frac{7}{2} <a<\frac{14}{3}$"。

注意用事理和数理"两边夹"法则解题时，往往首先"夹"清楚事理，然后逐步"夹"清楚数理；有时甚至右边"夹"一下事理，再左边"夹"一下数理，如此循环往复地事理"夹"来又数理"夹"去。但往往是哪边合适继续"夹"，就继续"夹"哪边，哪边不合适"夹"了，就换个位置，改从另一边"夹"，直至问题彻底解决。

事理和数理"两边夹"法则还可以应用到写作上：

——从宏观的、事理方面"夹"：主旨和主线；从微观的、数理方面"夹"：材料和结构。

——从宏观的、事理方面"夹"：思想和理念；从微观的、数理方面"夹"：

修辞和文采。

——从宏观的、事理方面"夹":结构和承转,从微观的、数理方面"夹":逻辑和启合。

——从宏观的、事理方面"夹":重心和亮点,从微观的、数理方面"夹":启首句和结束句。

当我们分别从宏观的、事理方面和微观的、数理方面,反复地左一"夹"、右一"夹"之后,我们解决问题的逻辑思路和书面写作的灵感创意就可能降临——至少比咬着笔头、漫无目的地胡思乱想要有头绪得多。

探索和实践

●试着用"两边夹"解题技巧解题或写作文,体会"两边夹"法则解题的要点。

15.5 问题解答的循序渐进——"外科手术"技巧

大家一定听说过或是经历过或至少可以想象得到,外科手术通常是这样循序渐进的——消毒、麻醉、清创、开创、扩大创面、手术、手术复查、创口缝合、术后检查。其中,医生总是从手术部位所在的身体表面开始,从外部到内部、从简单到复杂、循序渐进地推进手术过程的。外科手术式的问题解答技巧强调要像外科手术一样从易到难地、循序渐进地展开解题过程。

举个例子:某市有汽车 35 万辆,该市最大汽车容量为 65 万辆,该市汽车以上年存量总量 5% 报废,以上年存量总量的 10% 递增,问:如果以今年为第一年,什么时候(第几年),该市的汽车恰好达到最大容量?

从解题的"外科手术"技巧看,循序渐进的第一步,也是最容易的解答步骤是"设"。

"今设今年为第一年,第 x 年,该市汽车恰好达到最大容量——65 万辆"。

解题时,尤其是在解数学、物理学、化学计算题时,"设"是最简单的(但也是最重要的)。在考试中,我们若是完成了"设"这一步,就可以唾手得分。但有的同学往往认为该道题解答不出来,索性就连"设"也放弃了,这是很可惜。

接着,我们可以继续循序渐进地、从易到难地做"手术":

"第一年,汽车总存量在上年 35 万辆的基础上,报废 5%,即报废 $35 \times 5\%$ 万辆,汽车新增 $35 \times 10\%$ 万辆,报废和新增相抵,净增 $35 \times 5\%$ 万辆,第一年汽车总存量为 35(1+5%)万辆。"

这样的分析是最简单不过的事情,也是俯拾即可得的得分,但我们有许多同学却因为整体数学模型给不出来,索性连这些简单的、可以得分的分析过程也不写,也又是很可惜的。

"第二年的汽车总存量为 $35(1+5\%)^2$ 辆,第三年的汽车总存量为 $35(1+5\%)^3$

辆。"

这样的"手术"推进过程实在是太简单、太令人兴奋了。我们自然就推断到第 x 年，该市汽车总存量达到 65 万辆的最大容量。

"第 x 年，该市汽车总存量为 $35(1+5\%)^x$ 万辆。"

"手术"到了关键阶段，我们就可以由上述推断建立起相关数学模型：

于是有："$35(1+5\%)^x \leqslant 65$。"

解答上述不等式，即求得 x 值。x 可以是整数，如"8"，也可以是 7.3、8.7 等非整数数值，这时，我们就要"手术复查"，"第"几年往往是整数，而非小数。但若是没有涉及"第"几年，而仅涉及"什么时候"，我们就可以这样结论：

"求得 $x \approx 12.2$（年）"

许多同学往往说第 12.2 年，该市汽车达到 65 万辆，这不合常情，不准确。有的同学机械地使用四舍五入法则，将 12.2 近似处理为 12.0，说是"第十二年，该市汽车恰好达到 65 万辆"，则是错误的。由于题意没有指出该市汽车的报废速度和增加速度是否是均匀的，所以正确的答案应是：第 13 年，该市汽车达到最大容量——65 万辆。

许多同学求得 x 后，不继续乘胜追击、规范作答——复杂的"手术"做完了，相对简单的"术后检查"却没有完成，这也是有始无终的，不规范的学习表现。我们应该锦上添花地说：

"答：如果以今年为第一年，第十三年时，该市汽车达到规定的最大容量——65 万辆。"

请注意，外科手术式的解题技巧，就像脱衣服得一粒一粒解扣子一样，往往由由浅入深、彼此环环相扣的小步骤组成，小步骤应该尽量地小——不怕小，越小越好，切记：是步骤越小越好！

探索和实践

●尝试着用外科手术式的解题技巧解答一道较难的题，体会其中的"细"的奥妙。

15.6 问题解答的见机而作——"柿子"技巧

我们大家都知道，柿子的成熟是不一致的，即使是同一棵树上的柿子，成熟时间也不一致，有的成熟得早一些，有的成熟得迟一些。我们的原则是，先挑成熟的柿子吃，没有成熟的柿子，则促进其成熟，待成熟后再吃。对实在暂时催不熟的柿子，则放在一旁，等它熟了再吃。我们在解题时，可以把首先挑吃熟柿子的解题方式，借鉴为解题技巧（简称"柿子"技巧）。"柿子"技巧的做法是，首先完成自己能解答的问题或能够完成的步骤，把不能解答的问题或不能完成的步骤尽力转化为能够解答的问题或能够解答的步骤。对于确实暂时难以解决的问题或难以完成的步骤，索性将其束之高阁，暂时不闻不问（但不是永远束之高阁、不闻不问）。

举个例子：已知等差数列前三项为 $a,4,3a$，前几项和为 S_n，求 $\lim\limits_{n\to\infty}(\frac{1}{s_1}+\frac{1}{s_2}+\cdots+\frac{1}{s_n})$．

这是一个有相当难度的问题，难就难在我们必须找出 $(\frac{1}{s_1}+\frac{1}{s_2}+\cdots+\frac{1}{s_n})$ 的通项公式，如何求得该这项公式呢？

利用"柿子法则，先挑熟柿子吃"：

"因为 $a_1=a, a_2=4, a_3=3a$，求得 $a_1=2, d=2$，则 $S_n=2n+\frac{1}{2}n\,(n-1)\times 2=n(n+1)$"

这一"熟柿子"吃完了，吃下一"熟柿子"：

"$\frac{1}{s_1}+\frac{1}{s_2}+\cdots+\frac{1}{s_n}=\frac{1}{1\times 2}+\frac{1}{2\times 3}+\cdots+\frac{1}{n(n+1)}$"

到了这一步，部分同学就做不下去了，无"熟柿子"了，怎么办？办法是请教老师和同学，继续弄懂（平时），或者暂时放弃（考试时）。

但是我们可以这样思考，如何才可以使上述冗长的无限项化简为有限项，即消去中间的某些过渡的中间项呢？

由于 $\frac{1}{n(n+1)}=\frac{1}{n}-\frac{1}{n+1}$，于是我们又找到一个"熟柿子"：

"$\frac{1}{s_1}+\frac{1}{s_2}+\cdots+\frac{1}{s_n}=(\frac{1}{1}-\frac{1}{2})+(\frac{1}{2}-\frac{1}{3})+\cdots+(\frac{1}{n}-\frac{1}{n+1})=1-\frac{1}{n+1}$"

就有 $\lim\limits_{n\to\infty}(1-\frac{1}{n+1})=1$

在解题实践中，"柿子技巧"成功应用的关键是如何将"生柿子"转化为"熟柿子"。

如在写作文时，我们往往感到无话可写（遇到一个生柿子了），怎么办？转换一个话题方向，如从正面写转向反面写；或转换一个话题内容，如从写关于甲的事转向写关于乙的事；或转换一个话题述说方式，如从叙述改为议论，就有话可写了。具体如写命题作文《永不停息的风》——如果仅是单调地写微风、和风、狂风，我们就会觉得无话可写。但如果把风的无休止的流动和风的短暂的沉寂有可能引发的急骤的阵雨联系起来，或把风的无休止的流动和风的短暂的沉寂想象为人类无休止的思想、情感活动或社会活动，我们就可能有话可写了。"生柿子"就见机而作地变成了"熟柿子"了。

一位数学教育家说过："不断变换你的问题。""我们必须一再变化它，重新叙述它、变换它，直到最后成功地找到某些有用的东西为止。"我们不妨按照数学教育家的思维方式，把这个问题变换为："不断见机而作地催熟你的柿子。""见机而作地催熟了一个柿子，就见机而作地吃掉了一个柿子，直到所有的柿子都被见机而作地催熟并被见机而作地吃掉为止。"

不管如何生涩的柿子，终究都可以被催熟的，关键是必须见机而作，即有方向地、有方法地、科学地催熟它们。解题时，一定要做到既心中有数，又见机而作，决不可以漫无目标地做"布朗运动"。

"柿子"技巧在考场上非常适用。对我们来说，考卷上的考题，不是题题都能解答完整的，总有个别的考题可以难倒我们。这时候，我们就要使用"见机而作"的"柿子"技巧了：我们能解答某一步，就解答到某一步；如果考卷上既有"生柿子"，又有"熟柿子"，我们不妨把"熟柿子"吃完，让"生柿子"留下。如果我们就是一个"熟柿子"都不"吃"——见机却不"捉"，傻乎乎地交上白卷一张，是极其不妥的。

探索和实践

●"柿子技巧"的是什么样的思想方法做指导？当采用"柿子技巧"解答数学、物理、化学问题时，宜采用什么样的解答方式？是分步式，还是综合式？

15.7 问题解答的"图示"法则

一件复杂的事物，若用语言讲不清楚，可以画一个图，甚至画多个图来辅助说明它。用图示法解答数学问题，我们早已耳熟能详了。举个例子：若 $f(x) = x^2+bx+d$ 对于任意的 t 都有 $f(2+t) = f(2-t)$，则 $f(2)$、$f(1)$、$f(4)$ 的大小排列顺序是_____。

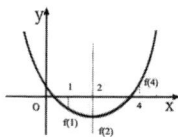

本题若是利用解方程的方法求出 b、c，再回过来求 $f(2)$、$f(1)$、$f(4)$ 的值显然是笨拙而又费力的。但若用图示的方法，则变得极为简单。

该抛物线对称轴是 $x = 2$，最小值为 $f(2)$，故有 $f(4)>f(1)>f(2)$。

几乎所有的问题都可以用图示法解答或用图示法帮助我们思考。

图示法不但可以用在数学问题的解答上，而且可以用在语文问题的解答上。例如：作文《拒绝平庸》，我们就可以用这样的图示来拟定写作提纲：

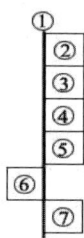

①主题拒绝平庸

②导语解释题意：何为平庸

③平庸的表现与来源

④平庸的危害

⑤如何拒绝平庸（以上正面论述）

⑥驳平庸无害（反面论述）

⑦结语（与导语相对应）：拒绝平庸。

不仅是数学、语文，其他学科例如物理、化学、生物课等都可以用图示法帮助解题，尤其是物理和生物课，几乎没有一题不可以用图示法来做辅助解答的。

图示法甚至还可以用作逻辑判断，例如有一道逻辑判断题说：

"美国国会参议院于三月十八日做出的表决，未能通过布什总统对众议院通过的、有条件延长中国最惠国待遇议案的否决。问在延长对中国最惠国的待遇问题上，美国参议院的主张是'有条件'，还是'无条件'"？

若用逻辑推理的法则解答这一问题，有可能使人一头雾水，一时弄不清楚。但若换用图示法解答，则极为简单：

没"有条件"延长中国最惠国待遇记↑，否定有"条件"即"无条件"记↓，则有：

众议院通过的有条件延长对中国最惠国待遇议案：记↑。

布什总统否决了该议案：记↓。

参议院未能通过否定了布什总统对该议案的否决，记↑。

结论：美国参议院做出"有条件"延长对中国最惠国待遇议案。

问题解答的图式法则是一种是极有利于启发我们思维活动的一种数理—逻辑智慧，该智慧的本质在于通过数学的图示的方法，把事物的本质联系凸显出来了。

探索和实践

●试着用图示法撰写作文提纲。

15.8 解题学习准备有哪些

往往有这样的情景，老师刚布置完作业题，有同学就抓紧时间解答完了；有的同学一边看课本，一边解题；有的同学临上交答卷了才匆忙地解题。这样不做好充分的解题学习准备就展开解题学习过程的做法不值得提倡。解题学习准备有哪些呢？

解题学习准备包括以下内容：

心理准备。将解题动机调整在适中的强度上和合适的探究方向上，努力抱着一种专心致志的、心理平和的、情绪愉悦、积极行动的态度准备解题。

认知基础准备。包括概念准备、思想方法准备、相关经验准备。我们应该在准确理解概念等的前提下解答问题，如果我们不具备这些准备，我们最好不要动手解答问题，因为我们即使动手解答问题，也没有效果。

解题学习目标准备。即我们对解题学习后将可能有哪些学习所得的粗略估计。

解题的考试情景准备。包括时间准备、物质材料准备、场地准备。因此，我们要做好时间计划，留有合适的时间，准备好解题学习必备的工具书、文具、草稿纸等。

"不打无准备之仗"是基本的军事原则，也是学习的基本原则，更是解题学习的基本原则。

老师布置的解题任务刚结束，解题便结束了；一边看课本，一边解题；在相关概念未准确认知，相关的思想方法尚未掌握之前就动手解题，都是不认真做好解题准备就动手解题的表现，都是不可取的。

探索和实践

●观察钢琴家的演奏和运动员的竞赛，分析他们是如何做好准备的，体会他们做好演奏或者竞赛准备的意义。

15.9 首先确定解题的思想方法

我们不管解答什么问题,都应遵循这样一个程序：首先在明确事理的基础上，确定正确的解题的思想方法，然后在正确的解题思想方法的指导下，去发现已知和未知、事理和数理之间的必然联系（展开解题过程，找到问题答案）。

下面举两个例子：例1，乌龟和兔子赛跑，谁先跑到终点呢？

你回答说乌龟，不正确；你回答说兔子，不正确；你回答说可能是兔子，也可能是乌龟，还可能一齐到达终点。正确。你之所以回答乌龟先跑到终点，是因为你受了寓言《龟兔赛跑》的影响，自圆其说（完形）地认为兔子赛跑时睡了一觉；你之所以回答兔子先跑到终点，是因为你自认为兔子的奔跑速度确实比乌龟快，所花时间少。如果你在问题作答之前，能选择具体情况具体分析的思想方法做指导，你就不会犯这样的低级错误了。

例2，复数 $-i$ 的一个立方根是 i，它的另外两个立方根是什么？

怎么办呢？是否直接将 $-i$ 开立方求得另外两个立方根呢？如果直接用将 $-i$ 开立方求解的方法求解，你可能运算很久也解不出答案。但若首先确立用解方程的数学思想方法做指导来解答该问题，就显得容易多了。

例3，配平氧化还原方程式：$Zn+NH_4NO_3=ZnO+N_2\uparrow+2H_2O$

如果按电子得失相等的经典的思想方法配平，显得很繁。若是换一条思路，选择常规的思想方法配平，就容易多了——左边一个 Zn，右边一个 Zn，Zn 平，一个 O 固定；左边三个 O，右边已经固定一个 O，于是 H_2O 前面冠以系数 2，右边有三个 O，O 平；最终左边 2 个 N，右边一个 N_2，N 平。

从上述实例可以看出，在解答问题之前，你若是首先确立解题的思想方法，你的解题思路就有了方向，解题的思维起点就要高得多；在解答问题之前，你若是首先不确定解题的思想方法，而是凭着已有的经验或仅凭着蹩脚的模仿，用"试误"的方式在黑暗中摸索着解题，你的时间的和精力的浪费要就大得多。

探索和实践

●试着先确定正确的解题思想方法再解题的方式解题，并将其与先写提纲再写作文做一比较。

15.10 寻求解题经验的支持

解题固然要讲求创造性，但不是对每一个问题，无论在什么情况下都要讲求创造性的。例如在高考中，创造性解题可以节约时间，取得速度，但若不识时务，一味标新立异去寻求创造，结果不能准时交卷，也是不可取的。因此，在某种情况下，当不需要展示创造性的时候，你就不要不识时务地"把蛮"创造，而要努力地寻得解题经验的支持，尽快解答问题。

经验是一种初级的、局部的理性认识。经验可以为你节约问题探究的时间，使你对问题的解答更具主动性。这好比去清华大学，有去过清华大学经验的人，比根本没有去过清华大学、毫无去清华大学经验的人要快捷得多。

如何寻求得解题经验支持呢？
第一，在自己曾经总结积累过的、类似问题的解答经验中寻求经验。
第二，在老师、课本的例题示范中寻求经验。
第三，在曾经使自己获得解题成功的思维或知识模块中寻求经验。

不过值得强调的是，你已有的解题经验仅仅是在一定条件下成功的解题经验，它可以启发思维或作为解答问题的借鉴，但你切不可机械地照搬。往往有这样的情形：你一看某问题，便认为自己有过类似的解答经验，脑袋一拍——"嗨！这还不晓得！"于是不假思索，依样画葫芦，一挥而就，不注意问题细节与解答细节，结果差之毫厘，谬以千里。因此，你在寻求经验支持自己解答问题时，必须小心谨慎，万万不可粗心大意地将牛头接在马嘴上。不管是多么熟悉的问题，你在解答它的时候，都应该"一停、二看、三通过"——视它为生疏的重大问题并寻得解题经验的支持，再小心谨慎地对待它；"求得解题经验支持"的学习实践也说明，善于在平时积累解题经验（如备好"错题本"）是多么重要。

探索和实践
●俗话说"阴沟里面可翻船"，我们的解题错误为什么总是发生在极简单的问题的解答上呢？

15.11 解题的实事求是原则

多年以前，美国科学家曾在全世界征集过一次创意。创意要求设计一种笔，这种笔可以让宇航员在太空中，在失重的情况下流利地书写。不管倒着写、顺着写都行，且中途没有添加墨水等麻烦事。许多人提交了创意方案。但所有的方案均未被美国科学家所看重。有一天，美国科学家收到一封寄自德国的信，一位德国小朋友在信中说："……先生：您为何不尝试一下铅笔呢？""是啊！我们为何不用铅笔呢？"美国科学家顿时恍然大悟，他们原本以为是复杂得了不得的问题竟然是如此这般的简单！

这虽是一个辗转宣传，不知是否属实的故事。但故事说明了一个道理：在很多情况下，尤其在事关紧要、或情况紧急、或情绪紧张的情况下，我们最容易将简单问题复杂化。为避免问题复杂化，我们在解题时，一定要坚持实事求是的原则，克服主观先验的心理影响。

我们要克服主观先验的心理影响，首先要强调的，是实事求是——客观事物是什么，就是什么，我们不能让任何负向的心理定势干扰我们对客观事物的准确观察、准确思维和准确思想。这也就是说，在解题的时候，我们决不可用先入为主的方式，自以为是地曲解题意，或是不假思索、生搬硬套以往行之有效的解题经验。其次，我们要强制自己恪守一切结论都产生在调查研究之后的数理—逻辑原则，不让心理定势影响我们的心理过程。第三，我们要记住：对自己而言，任何问题都是生疏的问题，任何问题的解答都由其自身的内容所决定——它原本是复杂的，就是复杂的；它原本是简单的，就是简单的。我们决不可把复杂的问题想象为简单的问题，我们同样不可把原本简单的问题想象为复杂的问题（当然，在解题过程中，适当地把问题想象得复杂一点是可以的；但把问题想象得过于复杂就没有必要了）。我们千万不要陷入无端的猜疑之中——问题就这么简单？我看不至于吧——解题实践，尤其是考试解题实践证明：当我们对问题的认知掉入怀疑、相信，再怀疑、再相信之间不断循环的肯定、否定陷阱之中时，我们大脑的思维就会像"失了斧子的人"一样变得扑朔迷离起来，有时甚至会对一个简单至极的问题也会给出荒唐至极的错误判断。

在解题过程中，简单的问题固然不可以复杂化，但复杂的问题是否可以简单化呢？答案是：实事求是。通过观察分析，复杂的问题是复杂的就是复杂的，只要合理，复杂的问题都可以化繁为简。但复杂问题简单化与不假思索，把复杂问题想象为简单问题的简单化是两回不同的事。

"看菜吃饭、量体裁衣"，"到什么山上唱什么歌"，我们无论做什么都要坚持实事求是、化繁为简。

探索和实践

●剪取两小块相同的嫩绿烟草叶片，分别放入盛有等量的蒸馏水和 $NaHCO_3$ 稀溶液的同型号试管中。此时，叶片均浮在液面上。然后将两试管置入钟罩，抽去钟罩内空气，发现叶片沉入试管底部。

开启日光灯，将两支试管放在日光灯下照射一段时间，置于稀 $NaHCO_3$ 溶液中的叶片上浮了，但置于蒸馏水中的叶片仍沉在试管底部；再将两支试管置于暗箱中，一段时间后，稀 $NaHCO_3$ 溶液中的叶片下沉了，但蒸馏水中的叶片仍沉在试管底部。

试解释上述实验结果。试以此题为实例，体会解题的实事求是原则。

15.12 解题数量的过度策略

解题的基本要求是：不但要会解题，而且会灵活地、熟练地解题。"会"，指的是对知识、概念有正确的认知；"灵活"，指的是能善于变通地运用思想方法、知识概念，创造性地解题；"熟练"，指的是不但能正确解题，而且能熟练地解题，甚至能"秒杀"某些问题。解题要达到上述要求，需要有适当过量的解题训练。

适当过量的解题训练，可以使我们产生"题感"及解题直觉。因为问题解答得多了，我们对问题的表述方式、问题解答的思想方法方式、问题解答的逻辑演绎方式、问题解答陷阱才可能了如指掌。

适当过量的解题训练还可以让我们积累更多的解题经验。解题经验一多，解题见识就多，解题见识一多，解题思考所耗时间就少了，解答错误发生的概率就小了。

适当过量的解题训练还有利于技能的熟练。因为技能的熟练必须经过反复的、适当过量的操作练习才得以完成。俗话说，熟能生巧。反复的解题训练，可以使知识、概念转化为技能，使技能转化技巧——知识、概念一旦被技能化、技巧化，就转化成了"活"的、有经验和技能支持的知识、概念。知识、概念的技能化、技巧化，是一个关键的、决定性的、伟大的学习战略转折。

过量的解题训练还可以促进知识、概念的精析和分化。问题解答得多了，知识的具体化、知识概括化的经验增多了，大脑皮层上形成的相关条件反射更精细、更精确且更稳固了，对相关概念、知识的认知自然更细致、更深刻了。

过量的解题学习还有助于识记。问题解答一次，则相对地识记一次。解题的数量愈多，借助解题进行识记的次数愈多，与解题有关的知识、概念、思想、方法的识记保持程度愈大。

在课堂学习过程中，各科都应该有一个解题学习计划。我们除了完成老师规定的解题学习任务之外，还要完成课本规定的解题学习任务，此外，我们还要系统地完成一定数量的课外解题学习任务。

解题学习时，切记要找到自己的新的"学习点"。要设计两套练习本，一套练习本将所有已正确解答的习题登记（剪切）在案，一套练习本将所有错题登记在案。

有的同学有些偷懒。他们经常以"这还不晓得"自诩，懒得动手解题，这是错误的；有的同学不假思索，完成了过于过量的解题学习任务，这也不好。

在解题学习上，夫子说过的"过犹不及"的话并不适用。因为解题学习时，解题学习的量必须适当过量。因为如果不适当过量，我们就很难将知识、概念经验化、技能化、技巧化，但过于过量就没有必要了。

探索和实践

●我们不止一次地强调过过度，试着从哲学的角度，谈一谈解题数量为什么要强调适当"过度"。

15.13 解题学习的回归基础策略

解题学习过程中，我们应遵守一个原则：任何时候，都不去钻难题、偏题和怪题。我们应把解题学习的重点回归到下述基础上：

一是回归课本。对课本上的任何习题，包括示例，我们都要钻研透彻。注意：不是"解答过""钻研过"，而是"钻研透彻"——获得解题经验、识记住它们、内容上贯通它们。

二是回归课堂。充分利用课堂45分钟，虚心接受老师的解题指导，揣摩老师的解题示范，完成老师布置的解题任务。

三是回归基本理论和基本概念。每解答一道题，我们都要回归到基本理论和基本概念的理解与掌握上，有时甚至回归到原始定义上。如若没有解答困难，可以加深对基本理论、基本概念的理解；若有解答困难，则可以通过基本理论、基本概念的再次理解进而克服这一困难。

四是回归基本的思想方法。任何问题的解决，都有相应的思想方法做指导。解题时，不管是解题否有困难，我们都必须而且首先应该回归到解题的基本的思想方法上。

五是回归知识的经验化和概括化案例。任何问题的解决，都是知识、概念、思想、方法、技能在实践中的具体应用，我们必须通过问题解决后的总结反思，得到知识具体化经验；任何问题的解决，都是知识、思想、方法、技能、经验模块系统应用，在原有系统应用之后，我们必须总结系统应用经验并将新的经验概括起来，得到更高级的概括化经验和更高级的概括化案例以形成更高级的知识经验技能模块。解题时，我们要及时回归到这些更高级的经验化和概括化案例上，一要理解它们，二要识记它们。

六是回归理论和实践。凡是理论学习，则回归到实践上，凡是实践学习，则回归到理论上，通过这样的方法，使我们的学习基础是高端的基础。

如果我们的解题学习踏实地回归到上述六个基础之上，我们就抓住了解题学习的"牛鼻子"。

在学习实践中，许多家境清贫的同学之所以成绩优异，一是因为他们刻苦，二是因为他们不得不总是紧握着上述六个"回归基础"的法宝不放。相反，我们中有少数同学却忽视了这几个法宝，他们今天参加这个训练班，明天参加那个"奥赛"班，喜欢钻难题、装门面，不把学习的回归重心放在扎实基础上；平常时，他们的自我感觉似乎是春风得意，但一旦参加高考，就铩羽而归。

牢牢地把解题学习回归到扎实在高端的基础上，像沙漠里的植物把根系扎实地回归在沙层的深处一样——是我们务必切实记牢的一件事。

探索和实践

●解题学习向哪几个"点"回归？为什么重在向基础回归？

15.14 解题学习的示例策略

如何从示例分析中准确认知概念，我们已经部分地谈过了，这里所说的示例分析策略，指的是如何通过示例分析，达到学会解题的学习策略。

示例分析是老师常用的教学方法——某个概念一时讲不明白，某种方法一时讲不清如何应用，老师举个具体的例子，大家就清楚了。从老师的示例选择方式里，从老师的示例解答的方法示范里及老师的示例示范表达分析里，我们能学到些什么呢？

第一是学习老师分析问题、解决问题的思维方式和数理—逻辑方式。老师在做解题学习示范时，往往会把他的思想方法和数理—逻辑方式自觉地或不自觉地向大家介绍，这时候，你要分析老师的思想方法，尤其要分析老师的思维方式和数理—逻辑方式。

第二是要学习老师的解题经验。示例解答完毕，老师往往会对他所选用的解题方法，结合大家的解题错误，做一个总结。老师的这一总结可能是计划之中的，也可能是临场发挥的，但这一总结是老师可贵的解题经验，我们要学会"拿来"这些经验。

第三，要学习老师的示例解答表述方式。揣摩老师是如何准确地使用学科语言，是如何有文法地表达自己的思想的，他的哪些解题技能和解题技巧是值得学习和借鉴的。

解题示例都是些经典问题。这些经典问题的问题提出方式、问题思考方式、问题解答方式、问题表述方式等都有可能是你问题学习的样板，实际上也是你的解题学习经验。在你今后的学习中，当遇到解题困难，你就可以问道于示例，从中求得解答经验的支持。

有时候，示例即是案例。解题的示例策略，即是解题的案例策略。

探索和实践

●军事上说："伤其十指，不如断其一指。"由此看来，示例策略就是一种"断其一指"的策略。试体会其含义。

15.15 解题学习的思想方法策略

关于解题的思想方法，我已经重复过多次了。这里所强调的，部分是已经强调过的重复，部分是没有强调过的。

第一，解题时，解题的思路，即思想方法立意在先，而解题的具体步骤设计在后。我们解题的第一个问题是——我该用哪种思路、哪些思想方法解决这一问题？在众多的思想方法中，哪一种是最佳的思路、最佳的思想方法呢？

第二，解题结束，解题的思路、思想方法的正确性复查在先，解答过程及解答结果的正确性复查在后。解题结束复查，我们的第一个问题是——我所采用的解题的思路、解题方法是科学、合理的吗？是最佳的解题的思路、思想方法吗？是否有疏漏或使用不当呢？

第三，解题反思时，解题的思路、思想方法的反思在先，概念准确把握与应用的反思在后。反思时，我们可以自己问自己：用其他的解题的思路、思想方法如何解答问题？它有哪些优越性？可以试一试吗？

当我们用思想方法拓开解题之路时，我们对问题的认知将更深刻，我们对经验的总结将更理性，我们的解题学习所得将处在更高的层面上。

当我们的解题学习缺乏解题的思路、缺乏思想方法做指导，仅是凭着经验和模仿着示例解题时，我们的解题学习便不得不停留在"试误"学习的低层次上了。如果解题学习缺少解题的思路、思想方法的支持，纯粹是在黑暗中摸索，我们的解题能力培养便无从谈起。

在这里，我想和大家交流一些似乎与本文关系不大的观点。

我不止一次地强调过，对于我们来说，学习的首要任务是学思想——学数理—逻辑思想、学哲学思想、学科学思想、学学科思想；我也不止一次地强调过，我们要学方法并学经验；我还不止一次地强调过，我们之所以要学思想、学方法、学经验，为的是要使我们焕发起一种有思想、有方法、有经验乃至有情感和有意志支持的崇高精神。事实上，我们的任何学习，都是从思想和方法入手，以把握概念为目的，以经验获得与崇高精神成长为依归的。我们不管学什么，都要牢牢地把握住思想方法学习、崇高精神成长、概念掌握及经验获得这三根"弦"。

探索和实践

●既然学习是学思想，解题学习如何学思想呢？

15.16 解题学习的视野拓展策略

在解题学习过程中，在扎实课本学习基础的前提下，有必要寻求更高的标准、更强劲的竞争对手，经历更多、更高水平的解题学习实践，以积累更多的实际经验。因此，你要坚持拓展视野的解题学习策略，从而自加压力，负重前行，保持解题学习的与时俱进。

在解题学习中，如何贯彻拓展视野策略呢？

第一，钻研透课本中的每一个基本概念、示例、每一道综合性的课后习题。在钻研的同时，精读一本较高水平的学科参考书，逐一地解决自己所有的课本学习疑难，使学习从课内向课外拓展。

第二，有计划地进行视野拓展训练。见识、见解、见教足量的、从不同角度立意、用不同形式表述、按不同思想方法求解的问题，完成过度的问题解答量，使解题学习从简单向复杂拓展。

第三，积累足够的典型问题解答的感知、理解经验，知识、概念应用经验，思想、方法应用经验和总结、反思经验，使解题学习从实践向理论拓展。

第四，积极与外界进行解题学习交流。通过交流，认知最新的问题提出方式、问题探究与问题解决方式，最受关注的思想方法方式和思维方式，使解题学习从封闭向开放拓展。

第五，关心科技与学科的最新发展与最新成就。

拓展视野的作用，在于它不但让你不但有知识，而且让你有见识；不但让你有知识和见识，而且让你有胆识！见识愈广阔，学习时已有的旧概念与新概念建立起本质联系的联系点的数量就愈多，学习的速度和知识领会的深度就有可能更大，胆识愈大，就有可能让你更勇毅，思维的定势更小，学习的思辨力、创造力和坚持力可能更强。这就像一位自小生长在大海边的孩子，因为他对海洋的见识广博，所以他远较城市里的孩子更容易学习扬帆出海一样。

襟怀广阔，是我们用来形容志向高远者的话；鼠目寸光，是我们用来形容思想狭隘者的话。学习中拓展视野，有利于你襟怀广阔，避免鼠目寸光。

探索和实践

●见识、见解、知识有什么区别？能举出几个实例吗？熟读荀子的《劝学篇》，青蛙为什么没有见识呢？

15.17 解题学习的识记策略

一只狗熊跑到玉米地里，它先掰下第一根玉米棒，夹在腋下。接着，它又掰下第二根玉米棒，夹在腋下。当它松开手，夹第二根玉米棒时，它首先掰的第一根玉米棒就掉地下了。如此这般，它最终只能掰到一根玉米棒。我们中有的同学的解题学习，其情形与狗熊掰玉米棒子的情形是相近的——他们解答过很多的问题，但他们的脑子就像用来盛水的筛子一样，每解答一个问题，就忘记一个问题。我们在解题学习时，要力戒这一不良倾向。我们应每解答一道题，就牢牢地识记住这一道题，我们要有解题学习的识记策略。

解题时，我们要培养识记的心向——面对每一个问题，就要自我暗示说："我要准确地感知它并准确地识记住它！"我们只有具备了识记的心向，我们才有识记的敏感性，我们才能识记住。

解题学习的识记是从准确知觉题意开始的。在知觉题意时，我们就要一边认、一边知，一边认知、一边准确地识记。题意认知过程结束，我们就能把问题准确地复述出来，甚至背诵出来。

我们务必动手——坚持在"做中记"，以此使记忆有行为、思维和经验背景。如果像背书一样地靠着嘴巴反复重复，是记不住也是记不牢的。

我们还要把解题的思维方式、解题的思想方法、解题的过程等要点全都准确地识记下来。

最后，也是最能使我们保持鲜明的识记表象的，是将解答过的问题归类。可以按问题的解题思想方法归类，也可以按命题的立意方式归类。我觉得有一分类法大家可以试一试，就是按照我们解题的疑难归类或按照容易犯的错误分类。要知道：解答过的问题一旦归类分档，就容易识记多了。

我们如果掌握了解题的识记策略，做到了凡是老师讲过的、自己解答过的、自己见识过的、曾经错误过的，我们都能识记得很明白，那么，不管考试如何花样翻新，我们都能应付自如。

我们必须记住，任何学习都是从识记开始的。没有有效的识记，就没有有效的学习。

我们务必明白，善于死记硬背是真功夫，千万不要相信"千万不要死记硬背"之类的胡扯。

探索和实践

●考试完毕，你能将你不能解答、不曾解答、没有解答的试题都记住了吗？能将全部试题记住吗？锻炼自己有过目不忘的识记技巧并尝试掌握过目不忘的识记技巧。

15.18 解题学习的反思、总结与思想回归的策略

如果你的课堂学习是扎实的，你的解题学习便可能如行云流水、天马行空。

但不管你的解题学习是如何地如行云流水、天马行空，你都必须坚守解题学习的反思、总结、思想回归策略。

反思、总结、回归思想是联系在一起的。反思是形式，总结是结果，思想回归是目的。反思即是多方向的思考。反思的结果是总结，总结的目的，是将已有的反思通过反复的再反思以回归为思想。

反思有两种形式，一是阶段性反思，即边认知、边反思，边识记、边反思。比如你一边解题，一边问自己——题意理解是准确的吗？对概念间、已知和未知间的联系的分析是准确吗？解决问题的思想、方法是正确的吗？对解题陷阱有明晰、准确的判断吗？阶段性反思可以保证你的解题学习的阶段正确性。二是终结性反思。解题结束，你要停下来，将解答过程与解答结果，做一次通盘的反思检查。这时你的反思是对整个问题解答的反思，包括你的解答问题的思想、方法、技能、技巧的反思及再反思等。终结性反思可以保证你的整体解题学习的正确性，特别是可以保证你的解题答案的正确性。

最后，你还要合上练习本，将反思的结果和反思结果的再反思结果回归为思想。夫子曰："三思而行，再思可矣。""三思"就是多次反思；"再思"，就是将反思再反思多次。直到把在反思中获得的具体而零散的经验化知识，概括为感性成分略少，理性成分更多的知识化经验；把理性成分更多的知识化经验，在系统化、理论化基础上，反思总结为思想。你必须明确：解答问题、掌握知识，这仅是学习的初级阶段；反思总结、思想回归，才是学习的高级阶段。

据说动物中最聪明的是狼，如果狼"上"过一次当，它就不会再"上"第二次当了。狼之所以不会"上"第二次当，是因为它通过"反思"，进行了"总结"，得到了"经验"，且经验回归成了思想，即"经验"被理论化了。有的同学在学习的反思总结、思想回归方面，甚至比不上狼，这显然是不应该的。

探索和实践

●什么要反思？反思为什么要总结，总结的目的是什么？为什么说如果不能得到经验，反思总结便是一种形式？

15.19 恪守"动笔就要准确"的学习策略

"解题必须精准""动笔就要准确"。

首先，我们应有"解题必须精准""动笔就要准确"的心理暗示。我们有了这一心理暗示，就有了"解题必须精准""动笔就要准确"的行动指南。

其次，力戒情感浮躁。不管面对的，是多么复杂、多么困难的问题，也不管所在的，是多么紧张、多么关键的时刻，我们都要心如止水、集中注意，不急不躁地、认真负责地、精益求精地、规范有序地解答问题，任何时候都不陷入慌乱。

第三，坚持先思考、后动笔，先草稿、后誊正，先确保准确、后兼顾速度的解答原则，努力做到：一，对题意、命题者的命题目的、命题者的命题思路，准确理解到了极致；二，解答问题的数理—逻辑方式严格、严密到了极致；三，专业用语表述的规范、严谨到了极致；四，卷面的简洁、美观到了极致。如果能做到上述四点，解题就可能是精准的、动笔就可能不犯错。

我们知道：任何问题的解答，都有其特定的目的；任何问题的本身，都有其内在的事理、数理、逻辑的规定性；任何问题的解决，都有其最优的思想方法；任何问题的解决过程，都有其专门的专业术语和专业文本格式……更为重要的是，任何问题的解决，都反映了我们的主观能动性的发挥程度和崇高精神的展现程度。因此，精准地把握问题的本质，精准地把握解决问题的思想方法，精准地把握专业术语和专业文本格式，在全力激发主观能动性的同时，精准地展现崇高精神并精准地体验崇高精神的美感，是我们通过解题学习认知知识、获得经验的必然过程，也是我们坚持"解题必须精准"的前提、恪守"动笔就要准确的学习策略"的必然途径。

见题就动笔，动笔就写，一写就错，一错就涂，一涂就烦，一烦就乱，一乱又错，如此循环往复……所以动笔就错，致使解题不精准。我们务必要纠正这一不良的学习习惯。

湖南方言中，有"迷糊"一词。"迷糊"一词，常用来善意地形容人或头脑不太清醒，或思维不太严密，或举止不太得体的样子。我们在解题的时候，切不可以像"迷糊"一样，迷糊地解"迷糊题"。如果我们像"迷糊"一样，迷糊地解"迷糊题"，即使找到了正确的答案，也不过是找到了一个答案意义上的一个答案罢了，而在学习的意义上，我们自始至终是一个行色匆匆的、汗流浃背的、一无所获的过客。

恪守"解题必须精准——动笔就要准确"的解题学习原则并养成习惯，使我们每解答一道题，就有解答一道题的收获，同时使每一道题的解答结果和解答卷面都像艺术品一样、神形兼备、精准无缺，不但可以作为我们的儿子辈们的学习示范，而且可以作为我们的孙子辈们的学习示范，很有必要。

探索和实践

●给出迷糊地解题的几种表现。与迷糊解题相反的，是精准解题。如何精准解题呢？试着在作业过程中摸索经验。

第十六章　问题与解题学习的思想方法（二）

16.1 理清命题思路，有利问题解答

学科学习中，任何习题（包括试题）的命定，都是命题者的目标行为。因此，理清命题者的命题思路，将有利于问题解答。

如何理清命题者的命题思路呢？

首先，明确命题者的命题目的是什么。

接着，明确命题者所提问题的事理。

第三，明确命题者所提问题的数理。

第四，明确解决问题的事理和数理陷阱在哪儿。

第五，应用尽可能简单的数学方法解决数理问题。

下面，给出一个实例加以说明。

1999 年全国高考题：图为一台冷轧机示意图。冷轧机由四对轧辊组成。从一端输入的带钢，依序经过四对轧辊逐步减薄后输出。已知冷轧机的每对轧辊的减薄率为 20%、轧辊周长为 1600mm。若某对轧辊有缺陷，它每滚动一周便在带钢上压出一个疵点，在冷轧机输出的钢带上，疵点间距为 L_K，为便于检修，计算 L_1、L_2、L_3 并填入下表。轧钢过程中，带钢宽度不变，且不计损耗，一对轧辊减薄率 =（输入该对的带钢厚 – 该对输出的带钢厚）/ 输入该对的带钢厚。

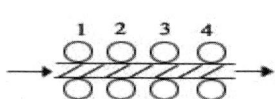

轧辊序号 k	1	2	3	4
疵点距离 Lk(mm)	3125	2500	2000	1600

初看起来，这似乎是一个令人头晕脑胀的问题，尤其是在高考的情景中，更令人头晕脑胀。但当我们顺着命题者的思路"梳理"一番，会发现这竟是一个连初中学生也能正确解答的中考题！

首先，我们分析命题者的目的是什么。

命题者的命题目的有：

（1）考查我们阅读、处理数学资料的能力——考查我们能否从复杂的信息中，把数学信息分离出来。

（2）考查我们接受临时数学定义的能力——考查我们能否从直接给出的显性定义中，间接发现引申定义。

（3）考查我们的数学建模能力和数学思想方法应用能力。

（4）考查我们的数学论证和数学运算水平。

接着，分析命题者所提问题的事理。

命题者是从生产中得到的实例为事理素材的：带钢进入轧辊，会逐渐减薄。若轧辊有缺陷，会在钢带上留下疵点。有缺陷的轧辊愈靠前，钢带上疵点间的距离愈大。所以根据疵点间距离的大小，就能判断出那对轧辊有缺陷。

然后，分析命题者所提问题的数理：发现疵点间距离与轧辊位置的函数关系。

最后，识别命题者所提问题的事理和数理陷阱：文字材料多，但数学关系却很简单。

解法1：设带钢被第一对轧辊轧制一圈后，是厚 $a$mm、宽 $b$mm、长1600mm、体积为 $1600ab$mm^3 的钢带。若减薄率20%，则上述钢带经过第二对轧辊时，厚为 $a(1-20\%)$mm，宽 $b$mm，长 L_2mm，体积为 $L_2ba(1-20\%)$mm^3，钢带经过第 k 对轧辊，厚度为 $a(1-20\%)^{k-1}$mm，钢带体积为 $L_kab(1-20\%)^{k-1}$mm^3，宽 $b$mm，长 $L_k$mm。

于是有方程式：$L_kab(1-20\%)^{k-1}=1600ab$。

当 k=1，2，3，4 时；L_k=1600mm，2000mm，2500mm，3125mm。即当钢带的疵点间距分别为3125mm、2500mm、2000mm、1600mm 时，有缺陷的轧辊对应为1、2、3、4。

解法2：显然，钢带的宽度和体积是不变的，所以钢带的厚度和长度成反比。比例常数为 $1-0.2=0.8$。若有缺陷的轧辊在1，则钢带进入轧辊2时，疵点间距：1600mm；再进入轧辊3时，疵点间距：1600/0.8=2000mm；再进入轧辊4时，则疵点间距：2000/0.8=2500mm；经轧辊4轧制完毕，疵点间距：2500/0.8=3125mm。同理，若有缺陷的轧辊分别在2、3、4（见图），则疵点间距分别为2500mm、2000mm、1600mm。

解法3：若轧辊4存在缺陷，疵点间距离为1600mm；若轧辊3存在缺陷，疵点间距离为1600/0.8=2000mm；若轧辊2存在缺陷，则疵点距离为2000/0.8＝2500mm；若轧辊1存在缺陷，则疵点距离为2500/0.8=3125mm。

比较解法1、解法2和解法3，我们发现：解法1涉及到高中的指数函数知识，解法2和解法3仅涉及反比例知识，即使是初中学生也能正确求解。

比较上述示例的三种解法，我们得到一条经验：我们若是遭遇看起来较难的问题，不要忙，先追本溯源，理清命题者的命题思路，再明确解决问题的事理和数理，识别解决问题的"陷阱"，我们必然能找到解决问题的简单办法。

探索和实践

●分析本轧钢应用题的解题方法。最简单、最生动、最富创意的是哪一种？体会最富创意的解题方法，往往是最简单的、但我们却视而不见的平常方法。上题有一处命题缺陷，你能找出来吗?

16.2 寻求用多种思想方法解题

兵无常势，水无常形，说明客观事物总是运动的、变化的。所以我们应以同样是运动的、变化的观点观察、适应并改造世界。因此，在解题的时候，我们应灵活机动、随机应变，不可因循守旧、刻舟求剑。如果某道题能用多种思想方法解答，我们应穷尽这些解答方法，不可仅用一种方法解答完了事。因为若仅用一种思想方法解题，思维活动只有一个问题解答指向，所有的思维活动都集中在这个方向上；若用多种思想方法解题，思维活动就有多个问题解答的方向。所以用多种思想方法解题，比用一种思想方法解题，思维更具发散性、辩证性和探究性。

正因为用多种思想方法解题的思维活动更具发散性、辩证性和探究性，所以解题时思维的容量、密度、难度均有效地增大了。这样，一道题相当于多道题了。更为重要的是，通过多种思想、方法求解，你可以从中优选出一种最具学科特色、最稳妥、解答思维量最小、过程最简洁的解答方式，或最具创造性的解答方式作为答案，你亦由此获得更多的解题经验。

多种思想方法求解的另一个作用是，可以促进不同解题思想、方法，不同解答经验的交叉、融会和贯通，从而激发起你的创造性思维活动。例如对某一个问题的解答，你可以使用方法甲，可以使用方法乙，还可以使用方法丙。但你发现，若使用将甲、乙两种方法结合起来的方法丁，过程会显得更加简便，结果会显得更精准，这样你就发现了一种新的解答问题的思想方法——方法丁。请大家注意，当代注重能力检测的考试往往是在知识的交会点处命题的。所谓"在知识的交会点处命题"，其实是"在多种知识的交会处，创造性地提出问题"和"在多种思想方法的交会处，创造性地解决问题"的简称。所以努力用多种思想方法解题，努力在用多种思想方法解题的过程中，促进各种解题的思想方法的融会贯通，可以有效地提高我们应对现代考试的能力。

寻求用多种思考方法解题，本身就是一种值得肯定的创造性思维方式。这种思维方式可以将我们的思维活动从单方向的演绎思考转移到多方向的解题探究上——我们的思维活动一旦从解题思考转移到解题探究上，我们的单一方向的被动的接受学习势必因此转化成了复杂方向的自觉自主的探究性学习——我们的接受性学习一旦转化为自觉自主的探究性学习，我们的学习活动就发生了本质的变化。

探索和实践

●试着用多种方法解题并从中促进知识、思想的融会贯通、触类旁通与灵活变通。

16.3 掌握常规的思想方法

任何问题的解答，至少有两种思想方法方式，一种是常规的思想方法方式，或说是常规的问题解答方式；一种是创新的思想方法方式，或说是创造的问题解答方式。掌握常规的思想方法方式解答问题，是你解题学习的重点之一。

常规解答问题的思想方法方式，是常规的思维方式在问题解答中的体现。常规的思维方式是常用的思维方式，它的特点是直观、稳定，有经验支持，故不容易出错。常规的解答问题的思想方法方式还是创造性地解决问题的思想方法方式的基础，因为任何创造性的思想方法方式，都是常规的思想方法方式通过改进、改造或通过彼此交会或相互贯通产生的。

用常规的思想方法方式解答问题，还是一种考试策略。因为常规的思想方法方式是常用的、相对熟练的、有经验支持的思想方法方式，故是不容易出错的思想方法方式。但创造性地解决问题的思想方法方式就不同了——它有可能是直接的、高水平的，但也极有可能是不成熟的，或不够熟练的，或缺乏经验的，故容易犯错误。所以在平时学习的时候，你应在熟练掌握常规的解决问题的思想方法方式的基础上，力求自己尽可能多地发现、尽可能多地创造出更多的创造性的解决问题的思想方法方式；但你在考试的时候，原则上只要选用常规的解决问题的思想方法方式，尽快地求得正确的答案就可以了，你切不要试图通过创造性地解决问题的思想方法方式表现在考场上夸耀自己——如氧化还原方程式通常用电子得失相等的方法配平的，但对于某些复杂的氧化还原方程式，用常规的方法配平还直接得多，如果你死板地坚持用电子得失相等的方法配平，说不定还配平不了；又如高考和研究生的英语考试是要写英语作文的，你只要按照常规的思想方法方式，四平八稳地写准确单词、句子，使它们有机地联系成一篇有意义的短文就行了，就可以得满分了。但你如果别出心裁，试图表现自己英语学习水平高，用了许多有文采的句子和成语，但你不小心犯了多处语法错误，你就有可能弄巧成拙。

建议你建立经典问题解答档案；建议你对每一个经典问题，都分别用常规的思想方法方式、创造性的思想方法方式去解答它。

探索和实践

●分别用常规的解答问题的思想方法方式和创造的思想方法方式写一篇作文：《论实力使人伟大》，并试分别用常规的思想方法方式或创造的思想方法方式解答以下问题：已知 $p>0, q>0, p^3+q^3=2$，求证：$p+q \leq 2$。就用常规的思想方法解答问题的思维过程写一段体会。

16.4 找到问题的难点

我们经常会遇到问题。遇到问题时，我们一定要找到它的难点。

难点，就是解答问题过程中阻碍你解答它的困难点，即主要矛盾的主要方面。

难点形式是多种多样的。有题意知觉的、有概念掌握与应用的、有思想方法的、有思维方式的、有技能技巧的、有经验见解的等。但不管难点是什么，你一定得把它寻找出来。

难点的寻找过程，本质上是问题的分析过程，也是你对自身学习掌握程度的检测过程，因而也是一个学习过程。

找到了难点，一定将它具体化——解题困难究竟困难在什么地方？这是什么性质的困难？一旦将难点具体化了，解决难点的方法、途径也就有可能具体化，就有可能解决它了。

难点解决之后，你要反思总结一番，把如何解决难点的经验写下来，记述在问题的后面，把它留作学习体会。

遭遇问题，发现了难点，即使问题不能被解决，也可以视为是学习的成功；遭遇到问题，发现了难点，集中精力解决了它，更是学习的成功。所以，每当遇到了难点，我们应该高兴才是。

发现问题难点的方法是难点分析法。即将大问题分步细分，一直细分到大问题的难点水落石出为止。一般而言，问题经细分呈现于外时，影响大问题解答的、关键的本质问题及与该本质问题相联系的小问题找到了——"影响大问题解答的、关键的本质问题"——主要矛盾的主要方面就是难点。由于与本质问题相联系的方方面面的小问题也找到了，本质问题的解决就包含在方方面面的小问题的解决之中，难点也就不难了。在考试中，我们如果采取分步分析的方法，找到了解决问题的难点，我们即使不能解决它，但我们的合理的解答步骤和阶段的解答结果也能获得一定的考试分数，这比交白卷要策略得多。

问题的难点，就是学习点。找到了难点，就找到了学习点；解决了难点，就学有所得。

问题的难点，就是崇高精神的展现点、体验点、成长点。找到了难点，就找到了崇高精神的展现点、体验点、成长点；解决了难点，崇高精神就得到了展现、崇高精神的美感就得到体验、崇高精神就得到了成长，我们就学有所得。

探索和实践

●如何找到问题的难点？如何将难题具体化？举个例子说明。

16.5 保持卷面整洁

问题的解答过程和解答结果都可能写在纸上——人们通常把写有这种字样的纸称为卷面。

请务必记住：问题解答除了结论正确、过程规范之外，还有一条规范，就是必须保持卷面整洁。

整洁，是整齐清洁的简称。整齐，指一丝不乱，清洁，指一尘不染。卷面是否整洁，是评价解题水平的重要指标——即使解题过程是规范的，解题结果是准确的，但卷面若不整洁的，则解题水平充其量是中级水平的，而不是高级水平的。

我们做人，不但要求真、求善，还要求美，把卷面写整洁，就是做人求美的表现；我们做事，不但要求真、求美，还要求强，把卷子写整洁，做好他人所不能做好的事，就是求强的表现。总之，在形式上，卷面整洁体现了卷面本身质朴、原本、简洁的形式美，表现了我们非同一般的学科基础训练水平；在内容上，卷面整洁体现了我们的责任心、自律水平、美学修养，反映了我们内在的精神美和人文素养美。由于持之以恒地"保持卷面整洁"须经过长期的艰苦努力才可以做到，所以"保持卷面整洁"的过程就是崇高精神展现、崇高精神体验和崇高精神成长过程，故是一种极其宝贵的自我教育资源。

与卷面整洁相反的是卷面脏乱。卷面脏乱，是一个人的人格品质、学习品质不良的真实显现，它直接反映了我们精神上缺乏自律、作风上缺乏自强、态度上缺乏自尊且学习行为粗疏、学习情绪浮躁、学习美感淡薄。在高考中，我们可能因为卷面整洁而考入清华大学；在工作中，我们也可能因为卷面脏乱而落聘。现代社会里，卷面整洁还伴有一定的社会功利性——对此，我们一定要有清醒的认识。

请记住我们的话：我们不但需要动笔就要准确，而且需要动笔就要整洁。"孔夫子不嫌字丑，只要笔笔有"——只要答案正确，卷面脏乱一点没关系的观念，是极端错误的。

探索和实践

●如何理解不但要动笔准确，还要动笔整洁？如何才能保持卷面整洁？

16.6 解题创新从何而来

《三国演义》中有一个脍炙人口的故事，叫草船借箭。说的是诸葛亮向周瑜立下生死文书，答应三天内造出十万支箭。诸葛亮第一天、第二天白天按兵不动，第二天子夜，诸葛亮准备了十几只扎有很多稻草人的木船。诸葛亮指挥士兵，一边摇船过江，一边鼓噪呐喊。曹营不知是计，箭如飞蝗般向草船射来，飞来的箭全部射在草人身上，诸葛亮不费吹灰之力，便向曹营"借"来十余万支箭，履行了自己对周瑜的承诺。

三天之内造十万支箭，是一个待解决的问题。诸葛亮一无材料，二无工匠，三天之内造出十万支箭，无异于天方夜谭。但诸葛亮利用曹操多疑的个性，采用"草船"且在大雾中鼓噪，引诱曹营放箭，是诸葛亮全新的解决问题的方式——像这种创设新的情景、用新的思维方式解决问题的方式，叫作创造性解决问题的方式。创造性的问题解决方式所追求的，是用最简单的方式、最深刻地揭示问题的本质，达到最直接地解决问题的目的。

创造性的问题解决方式往往是常规的问题解决方式的继续。只有熟练掌握了常规的问题解决方式，才可能在常规的问题解决方式的基础上，在思想方法的交会点上，发现并创造创造性解决问题的具体方法。创造性问题解决方式可以是观察分析角度的创新、思维方式的创新、思想方法的创新、问题解决过程切入点的创新、问题解决表达方式的创新等各种形式的创新。甚至是观察角度、思维方式、思想方法、问题解决过程切入点、问题解决表达方式的改进或改造，这些创新和改进或改造哪怕是只有很微小的一点点，都是有价值的、值得肯定的，都是可以化腐朽为神奇、化天方为夜谭的。

在今后的学习中，我们应在熟练掌握常规的解题方法的基础上，进一步探讨创造性解题的思想方式，努力把二者结合起来。

探索和实践

●解题创新要注意什么？解题创新有哪几个要点？试着实践，解题创新。

16.7 积累起经典题的解题经验

各科问题（包括试题）可分成经典题和非经典题两部分。问题成千上万，但经典题不过数百道。如果你对经典题的解答了如指掌，那么，对成千上万的非经典题，对从未谋面过的新问题的解答就可能不会存在太多的困难了——这就像你分别解剖了一只健康的麻雀、青蛙、兔子，就分别掌握了所有麻雀、青蛙、兔子的解剖生理学特征一样。

你应逐步积累起经典题的解题经验。

什么是经典题？它们有哪些特点？如何积累起经典题的解题经验呢？

所谓经典题，指的是命题思路、命题方法、问题表述方式、问题解答的思想方法方式和技能技巧方式具有典型学习意义的问题。基础的经典题有：①教科书上的例题；②教科书上供课后复习、练习用的综合题；③期中和期末考试题。

高水平的经典题有题库题、高考题、高考模拟题、学科竞赛题、老师或相关考试或教学法专家推介的问题。

经典题的特点是：第一，解题所用概念与原始定义紧密相联，具有概念基础性；第二，命题者在概念精析点上命题，具有命题思想和命题方法及表述方式的创新性；第三，在学科思想、学科方法应用交会点命题，具有鲜明的学科思想、学科方法掌握与灵活运用水平的检测性；第四，与科技发展的最新理论、最新发现、最新方法相联系，具有科技信息性；第五，与高等学校的学科学习要求相联系，具有学科继续学习的素质评价性；第六，解题的思想方法、表达方法具有典型示范性等。

如何积累起经典题的解题经验呢？

——分科各备一个本子，把经典题都收集起来，整理归档，建立经典题库。为节约时间，经典题可用剪辑的方式收集。请注意：要整理归档！整理，分门别类；归档，装订成册。

——记下每道经典题的解答体会（经验总结）。

——经典题的掌握与经验总结不以主观想象为标准。万万不可仅凭着听一下老师的讲课，或知觉一下题意，就自认为掌握了，有了经验了。而是要实实在在地动脑子想、动笔墨——动手一字一字地写。深入地思考了、动笔墨动手解答了、用多种方法解答都准确无误了、不存在任何疑点或难点了、解决该类问题的知识—经验模块建立起来了、实践证明你确实是有了体会了，且体会能上升到一定的理论层次上了，才可说你是真正地积累起了经典题的解题经验了。

——最典型的经典题莫过于高考题。高考题是考试专家经过反复斟酌、推敲后命定的。所以，研究高考题的命题思想、命题思路、命题方法，对我们总结、反思、积累经典题的解题经验，具有指导意义。有的同学忽视往年的高考题研究，认为考过了，不会再考了，所以没有必要再去研究了，这是幼稚可笑的。注意到，我们研究高考题的目的，乃在于积累经典题的解题经验，不在于检测我们会"做"还是不会"做"。因为高考题是经典题中的经典题，所以你在高考题研究中得到的或积累的经验，可能比你研究其他经典题得到的或积累的经验要多得多。

但你切不要误入另一个极端：专找一些超过目前学习基础的高考题来做。因为就你目前的学习水平，你还不能胜任高考题的难度。如果你执拗地这样做，无异于拔苗助长，你将会得不偿失。

竞赛题固然是经典题，但竞赛题大都是挖空心思，让你看了半天也摸不着头脑的难题或怪题，所以你不必在竞赛题上空耗时日。

当然，如果你学有余力，适当涉猎一些高考题和竞赛题，扩大见识面，也不是不可以的。

如果你对每一道经典题都曾动手正确地分析过、解答过、总结过、经验过，实践证明你确实是掌握了它；如果你采用探究的方法钻研各科经典题，形成了解答各科经典题的知识—经验模块，你就积累起了较丰富的学科经典题的解题经验了。

实实在在地打过仗的将军和没有打过仗的将军是不同的；实实在在地打过大仗、取得过大胜的将军和仅打过小仗、取得过小胜的将军又不同。二者的差别，就在于二者所获得的经典的战争经验的量和经典的战争经验质的差别。我们通过经典题的解答以积累起解题经验，与将军通过打大仗以积累起战争经验，异曲同工。

探索和实践

●收集、整理经典题，建立起经典题题库。

16.8 尝试"盲解"和"秒杀"

"盲解"，是我杜撰的名词。其大意是：你在准确知觉题意之后，要闭上眼睛，用内部语言在大脑中解题，暂不用笔在纸面上解题。

"盲解"的第一个要求，是准确知觉、准确理解、准确识记题意。

"盲解"的第二个要求，则是用内部的语言，把解题的过程形象地展现在自己的脑子里。

"盲解"的第三个要求，则是像放电影一样在头脑中形成问题、问题解答过程、问题解答结果的具体的形象，换句话说，要求你在头脑里做一份答卷。

"盲解"，既需要有敏锐的观察能力，又需要有准确的记忆能力、较强的想象能力和信息处理能力。"盲解"对你来说，既是良好的智力训练，又是良好的非智力训练，更是想象力、创造力的训练。

善于下棋的高手，是可以与人在头脑中对弈的，这种下棋的形式叫下"盲棋"，下棋尚可以"盲下"，我们为何不尝试解题的"盲解"呢？

注意：把我们感知到、思考到、想象到的事物转换为一幅幅画面，然后按逻辑顺序将其连贯起来，求得创意或结论，是一种有效的探究问题的方法，也是一种有效的锻炼记忆能力的方法。

"秒杀"是我借用的名词。其大意是：你在准确知觉题意之后，立即给出正确结论。"秒杀"要求准确、直接、快速，没有丝毫的拖泥带水；如果一个题，你不能"秒杀"它，说明你对这个题要检查的知识概念还理解不深、把握不牢或缺乏相应的能力和经验。

探索和实践

●选择一道习题，然后按下述要求操作：凭知觉判断结果；通过"盲解"求得结果；通过"盲解"估计结果；书面解答求得结果。

16.9 准确背记或准确复述问题的好处

我们每天都要解答大量的问题。如何提高问题解答的准确性和问题解答的速度,是我们最关心的事。对此,我向大家提出建议:解题时,不管问题如何困难复杂,你都要力求自己只需感知它一遍或仅需感知它一遍,就要准确地识记住它,然后把它准确地背记或复述出来。

不知你是否有过这样的经验,有目的的行为比无目的或目的模糊的行为有着完全不同的行为结果。当你有目的地行为时,你的注意力就会与你的行为方式高度地一致,成为有目的的注意力;相反,当你的行为无目的或目的模糊时,你的注意力就有可能分散开来或指向其他方向,成为无目的的或模糊的注意力。因此,只有当你抱着识记问题的目的来识记问题时,你的注意力才能与识记习题的行为相互一致,你才有可能准确地识记住它。

心理学家做过实验,证明人的第一印象是很重要的。第一印象是一种心理定势,这种心理之势一旦形成,便很难改变。因此,在解题的第一步——审题时,你就要形成准确的第一印象,即感知准确、理解准确和识记准确。如果第一印象不准确,你以第一印象为基础的一切活动,如背诵题意和复述题意就不会准确。这就是为什么强调仅需一次且只需一次就要准确地识记、背诵、复述题意的原因。

长期坚持一次且仅需一次就准确地识记住待解答的问题,不但可以锻炼你的注意力、观察力、记忆力,而且还可以锻炼你的逻辑思维能力和语言表达能力及识记能力。

探索和实践

●养成准确背记或准确复的准确知觉的习惯。

16.10 把握好解题细节

现在的高考是填答题卡的。某同学把考题都做完了,只要把答案填在答题卡上了。但他填卡的时候,却填错了顺序——在第三题的答案处填了第四题的答案,在第四题答案处填了第五题的答案。结果是自以为很有考试把握的他却意外地考个不及格。现在的高考阅卷是用电脑阅卷的,某同学的英语作文写得很好,但就是写得太小,在电脑屏幕上,阅卷老师即使费力看也看不清楚,结果扣除了他好多分数。

这虽是两个特殊的例子,但却说明了一个事实:把握好解题细节非常重要。

解题的细节错误通常表现在以下方面:

题意细节的知觉错误。有的同学一看问题很高兴——"这还不晓得!"不注意数值、单位、小数点、近似值要求及"问点"关键词的细节限定，提起笔一挥而就，一道很简单的题竟做错了！且愈是简单的题，愈是容易错！解题经验表明，很多时候，很多问题的很多解答错误，都是题意细节知觉时产生的细节错误。

题意理解的细节错误。如语言细节理解错误、条件限定细节理解错误、概念细节理解错误等。

问题解答的细节错误。如数理—逻辑判断条件细节不充分，分析、归纳、推理、判断细节不完整，言语细节表述不准确，符号及图表细节表达不规范，卷面排版及书写细节马虎脏乱等。

答案誊抄的细节错误。如填错了答题卡、答案张冠李戴、草稿解答正确但誊抄错误。

总之，解题的细节错误往往表现在感知问题时满足于大概、思考问题时满足于大约、表达问题时满足于大致——忽视了细节的精确辨析、细节的精确细分与细节的精确表达。

在老师的心目中，学习细节错误通常被称作为学习"不到位"。学习之所以会"不到位"，根本原因在于我们的学习责任心"不到位"、学习品质"不到位"、注意力"不到位"、数理—逻辑意识"不到位"及心态浮躁和严格训练不够及严谨自律不够。

毫无疑问，我们若要把握好解题细节，首先要强化责任心、提高学习品质和数理—逻辑品质，其次要在准确把握概念的基础上，克服浮躁心理并严格基本训练。

近年来，高考成绩特别优秀的女生是极大地增多了，这与女生们的学习"到位"——学习责任心强、学习品质优秀有关系，也与学习时有着女性特有的细心、细腻的心思和女性特有的细致、细密的心灵有关系，这一事实也从反面介绍了如何把握好解题细节的方法。

忽视细节，满足于粗略的大概和模糊的乌龙，是汉语言的缺陷，也是国人普遍的思维与操作缺陷。

探索和实践

●细节的错误有哪些？试分析一段英语对话，把细节一一列举出来。

16.11 自我暗示和理性解题

心理学研究表明：人的行为，被理性（理智）控制的时候少，被感性（情感）控制的时候多。人之所以经常犯错误，其主要原因，就是因为人的感性经常战胜了人的理性的缘故。因此，我们若要不犯或少犯错误，最好的办法，就在于在行为活动时，应尽量使感性的成分少一些，理性的成分多一些。

如何使行为的理性成分更多一些呢？告诉大家一个好办法：学会并掌握正确的自我暗示。

自我暗示，指用内部语言自己对自己直接的提醒、劝诫、约束或警告。如假若我们常常因情绪浮躁而行为马虎，我们可以这样在心理上自己提醒自己："忍气吞声！忍气吞声！""勿浮、勿躁、勿张、勿扬！"或在合适的地方写上"细致""不马虎"等作为座右铭，或自己对自己说："切记要细致！不马虎！""切记要细致！不马虎！"等。

解题时，我们除了提醒自己克服不良的情感、把握好行为活动的方向与限度外，还要劝诫自己把心理活动的重点，全部集中在注意、思维活动上，约束并警告自己要自强不息、百折不挠、全力以赴。

既有正确的、正向的自我暗示，就有错误的、负向的自我暗示。解题时表现的知难而退、半途而废、有始无终及还未看懂题意，就行色匆匆地、自言自语地自我鄙薄说："我不能！""我不行！""我不会！""我做不到！""这可能吗？这不可能！"就是在不良情感左右下的负向的自我暗示在作祟。负向的自我暗示以弱化信心、弱化意志、挫折情感和自暴、自弃、自卑为特征，许多同学解题时表现的心理或行为缺陷，无一不以负向的自我暗示为先导。

过犹不及。解题时，负向的自我暗示固然使人自卑、示弱，但过度的正向自我暗示也不妥。过度的正向的自我暗示使人自负和自大，有时甚至可能使人变得狂妄、固执或偏执，变成死脑筋。

不让情感战胜理智，在适度的、正确的自我暗示中解题，是理性解题。理性解题方式，是值得倡导的解题方式，我们应逐步学习并掌握这种方式。

正确的自我暗示，其实是以自律力为表征的崇高精神展现。自我暗示愈是强烈、行为愈是自觉，精神表现愈是崇高。

探索和实践

●为什么有的人似乎天生是一个"失败者"，这些人的失败，与他的自我暗示的内容、方式、方向有关吗？请具体分析一下。从自我暗示的角度想一想：为什么学习成功总是和自信心强的同学相联系呢？

第十七章　问题与解题学习的思想方法（三）

17.1 哲学的思想方法

有一只猴子，它有一块皮子，想用它做一顶帽子。它于是请到一位裁缝，裁缝答应了它。

但猴子想，既能做一顶帽子，就能做两顶！于是它对裁缝说："那就做两顶！"裁缝踌躇了半天，点头同意了。

猴子转念又想，既然能做两顶，就一定能做三顶！于是它对裁缝说："那就做三顶！"裁缝说："好！"

过了几天，猴子去取帽子。猴子把新帽子往头上一戴，"太小了！"猴子责问裁缝说："你怎么做这么小的帽子呢？"但裁缝回答它说："这就是你的责任了。皮子的面积有限，用有限面积的皮子，要做成三顶帽子，不做这么小怎么行呢？"猴子一时说不出话来。

这显然又是一个杜撰的啼笑皆非的故事。这个故事说明：我们无论做什么，都应该有哲学意识并掌握哲学的思想方法，解题也应该是这样。

任何问题可以也必须首先把它看作是一个哲学问题，然后才把它看作是一个学科问题——先将待解答的问题抽象为哲学问题，并用哲学的思想辩证地分析它，然后再将其回归为学科问题，并用学科的思想方法具体地解答它——这种在辩证的哲学思想指导下展开的、具体问题具体分析并具体解答的思想方法，称为哲学的思想方法。

下面举两个例子来说明哲学的思想方法的应用。

例 1：已知 $(1-2x)^7=a_0+a_1x+a_2x^2+\cdots\cdots+a_7x^7$，求 $a_1+a_2+\cdots\cdots+a_7$ 之值。

首先，将其抽象为哲学问题。在哲学上看来，$(1-2x)^7$ $=a_1x+a_2x^2+\cdots\cdots+a_7x^7$ 是抽象，$a_1+a_2+\cdots\cdots+a_7$ 之值则是具体。从抽象上升到具体，必须有联系的中介，这中介可以是 $x=0$ 和 $x=1$。经 $x=0$ 和 $x=1$ 两次具体，我们就可以求得 $a_1+a_2+\cdots\cdots+a_7$ 的具体值了。

接着，在上述哲学思想指导下，我们可选择函数的数学思想方法来具体解决问题：

设函数 $f(x)=(1-2x)^7$，则 $f(x)=a_0+a_1x+\cdots\cdots+a_7x^7$.

$\because f(1)=a_0+a_1+\cdots\cdots+a_7=-1, f(0)=a_0=1,$

故 $a_1+a_2+\cdots\cdots+a_7=f(1)-f(0)=-2.$

从上述例子可以看出，对所有的学科问题，我们都可以在哲学的思想方法指导下，首先寻求到宏观的解决方向；再在宏观方向的指导下，再确定微观的解决方法。

当我们用哲学的思想方法解决学科问题时，切记要具体情况具体分析，坚持把握好哲学的思想方法分析点、学科的思想方法选择点、哲学的思想方法与学科的思想方法联结点，努力通过宏观思路和微观方法的内在联系的总结反思，获得新的经验。

哲学的思想方法是学科的思想方法之本，所有的思想方法学习，首先应是哲学的思想方法学习。

探索和实践

●试用哲学的思想方法解答以下数学题：已知关于X的实系数二次方程 $x^2+ax+b=0$，有两个实根 α、β。证明：若 $|\alpha|<2,|\beta|<2$ 时，那么 $2|\alpha|<4+b$，且 $|b|<4$。若 $2|\alpha|<4+b$，且 $|b|<4$，那么 $|\alpha|<2,|\beta|<2$。

●试用哲学的思想方法解化学题：$FeCl_3$ 溶液中加入 a 克铁粉，全部溶解；若加入 b 克铁粉，充分反应有滤渣 c 克。试判断滤渣可能是什么，判断 a、b、c 之间有什么数量关系。

17.2 数学的思想方法

首先将待解决的原始问题（事理）抽象为数学问题（数理），接着将数学问题建构为数学模型，最后通过解答数学模型以最终解决原始问题的思想方法称为数学的思想方法。

根据建构的数学模型的不同，数学的思想方法主要有解析式法、图示法、表示法、模型法等多种。

建构数学模型的说法显然十分学术化。说的简单些，所谓建构数学模型，就是建立事物各变量之间的函数关系。说的更简单些，就是建立数学关系式。说得更直白些，是用数学式子或数学模型或数学图表来解答实际的问题。

建构数学模型一般分三步：第一步，准确把握客观事实，明确事理。第二步，准确掌握各数学变量间的函数关系，明晰数理。第三步，用简明的数学符号或其他符号将各数学变量间的函数学关系表达出来。

例一：在测量某物理量的过程中，因仪器和观察的误差，使得几次测量，分别得到 $a_1\cdots\cdots a_n$ 个数据。我们规定所测物理量的"最佳值近似值"是这样的一个量：它与其他近似值相比较，a 与各数据之差的平方和最小。求出 a 值。

这曾是一道用于高考的应用题。我们按照上面所说的步骤建构数学模型。

第一步，明确事理。多次测量有多个数据，每个数据的近似值不同，现要确立最佳近似值，而最佳近似值 a 是以定义的形式给出的："a 与每一项测量数据之差的平方之和应最小。"

第二步，明晰数理。a 与每一项测量数据之差的平方，是指 $(a-a_n)^2$，a 与每一项测量数据之差的平方和指 $(a-a_1)^2+(a-a_2)^2+\cdots\cdots+(a-a_n)^2$。$a$ 与每一项测量数据之差的平方和最小，应是 $(a-a_1)^2+(a-a_2)^2+\cdots\cdots+(a-a_n)^2$ 最小。

第三步，建构数学解析式：

$(a-a_1)^2+(a-a_2)^2+\cdots\cdots+(a-a_n)^2$ 之和最小"，可令该最小值为 y，则

$$y=（a-a_1)^2+(a-a_2)^2+\cdots\cdots+(a-a_n)^2$$
$$=na^2+2(a_1+a_2+\cdots\cdots+a_n)a+a_1^2+a_2^2+\cdots\cdots+a_n^2$$

建构数学模型以解答数学问题的思想方法很多。下述思想方法值得大家高度重视：

方程的思想方法，函数的思想方法，数、形结合的思想方法，转化的思想方法，分类讨论的思想方法，归纳的思想方法，分析和综合的思想方法，整体的思想方法，构造的思想方法，对称的思想方法，动态的思想方法，图示的思想方法，直觉和猜测的思想方法。

数学的思想方法应用广泛。不但物理、化学、生物需要应用数学的思想方法，就是吃饭、考试、写作文，也要应用数学的思想方法。例如写作文时，我们就可以先用数学的思想方法构思一个数学模型，再用它来指导写作。我们作文的数学模型是：确立主旨。在主旨统帅下，全文分五段：开头一段、结尾一段，中间有三段（一段或两段太少，四段或五段太多），作文的语言重点或思想精彩处安排在全文的 0.618 处，即中间稍偏后的位置上。这样写出来的作文就显得篇章完整、内容充实（古代科举考试时应用的八股文，就是用数学的思想方法构思一个写作模型）。

毫无疑问，数学模型是对客观事物本质的数学概括。我们是不可能无中生有，为建构数学模型而建构数学模型的（事实上也不可能建构起数学模型），我们是根据客观事物间固有的本质的数学联系，建构起数学模型的；我们建构起数学模型的目的，是为了解答数学问题的；而我们解答数学问题的目的，是为了解决原始的实际应用问题的。

数学的思想方法是最重要的思想方法。因为客观世界中的学科问题，从严格意义上说，大多数都是数学问题。而客观世界中的学科问题一旦可以用数学的思想方法解决，学科问题就得以根本的解决；而学科问题一旦可以用数学的思想方法得以根本解决，不但学科问题本身有了普遍意义，解决学科问题所需的数学的思想方法也有了普遍意义。

在解题过程中，数学的思想和数学的方法总是如影相随的。数学思想是数学方法的数学思想，数学方法是数学思想的数学方法；有时候数学思想即是数

学方法，数学方法即是数学思想。

数学的思想方法往往与学科的思想方法相融合，形成诸如数学的物理方法、数学的化学方法等。这些数学的学科方法是数学的思想方法在解决学科问题中的具体应用，使用时要注意边界条件。

数学的模型和图式有时比解析式更直观、更简单（如列车时刻表）。

数学的思想方法的熟练掌握，需要有强烈的哲学意识、数学意识做指导且需要经过长期艰苦、严格的数学训练。学习的最终目的之一，就是培养数理—逻辑素养。数学的思想方法的把握，是培养数理—逻辑素养的重要途径，所以数学的思想方法学习无论如何强调都不过分。

探索和实践

●你的作文水平一般，既写得慢，又写得拙，你如何利用数学的思想方法做指导，建构起一个数学模型，力求在高考中获得较好的作文成绩呢？

17.3 变换（转化）的思想方法

我们外出旅游，要不断地坐车、换车甚至换机、换船，不断地换地点，因为只有不断地变换，我们才能够实现我们旅游愿望。同样的道理，在解题过程中，我们必须不断地变换（转化）我们的问题，直至该问题变换（转化）为我们有能力正确地解答它为止。所以在一定程度上，我们可以说，解题的过程，就是问题不断变换（转化）的过程，我们把这一思想方法称为变换（转化）的思想方法。

使用变换（转化）的思想方法的第一个要点，是将我们注重表面观察的思想方法方式向注重事物内部联系分析的、更能揭示事物本质规律的思想方法方式转化（变换）：

例1，试写命题作文——《怎样用筷子喝汤》。

怎样用筷子喝汤呢？甲同学就事论事，认为实心的筷子是不能喝汤的，如果筷子要有喝汤的功能，就必须使用空心的筷子，吃饭时用其夹菜扒饭，喝汤时用其作"吸管"喝汤。这样，筷子就可以喝汤了。

但是，乙同学不这么看。他的文章开头就说："怎么用筷子喝汤——人又不是乌龟，怎么过河呢？"他用且仅用一句反语，就将"怎样用筷子喝汤"的"悖论"变换（转化）为另一个命题：只有充分地发挥主观能动性并又充分地尊重客观实际，就有可能做到并做好原以为做不到，或原以为做不好的事。因为乙同学将"怎样用筷子喝汤"的作文命题，变换（转化）成了怎样尊重客观实际且又怎样充分发挥主观能动性的哲学命题并据此构思，所以乙同学在充分掌握大量一手材料基础上，注重事物内部联系分析、揭示事物本质规律的作文，与甲同学的就事论事、仅徘徊在语言理解和逻辑辨析意义上和表面现象观察上的作文相比较，不知要深刻多少倍！

使用变换（转化）的思想方法的第二个要点，是将陌生的、复杂的问题不断地转化（变换）为熟悉的、简单的问题。

例 2，证明不等式：$1+\dfrac{1}{\sqrt{2}}+\dfrac{1}{\sqrt{3}}+\cdots+\dfrac{1}{\sqrt{n}}<2\sqrt{n}$。

显然，我们若不变换（转化）问题，是须用数学归纳法证明的，但用数学归纳法证明过于冗繁。

现在我们将复杂问题向简单问题转化，首先引入辅助命题，

"若 $k\in\mathbf{N}$，则，$\sqrt{k}-\sqrt{k-1}=\dfrac{1}{\sqrt{k}+\sqrt{k-1}}>\dfrac{1}{\sqrt{k}+\sqrt{k}}=\dfrac{1}{2\sqrt{k}}$，显然，$k$ 不为零，$\dfrac{1}{\sqrt{k}}<2(\sqrt{k}-\sqrt{k-1})$"。

因为辅助命题得到证明，所以 $\sqrt{k}$ 和 $\sqrt{k-1}$ 就联系起来了。

"令 $n=1$，有 $1<2(\sqrt{1}-0)$　　(1)

令 $n=2$，有 $\dfrac{1}{\sqrt{2}}<2(\sqrt{2}-1)$　　　(2)

……

令 $n=n$，有 $\dfrac{1}{\sqrt{n}}<2(\sqrt{n}-\sqrt{n-1})$　　(n)

(1)+(2)+……+(n)，有

$1+\dfrac{1}{\sqrt{2}}+\dfrac{1}{\sqrt{3}}+\cdots+\dfrac{1}{\sqrt{n}}<2\sqrt{n}$　$(n\in\mathbf{N})$。"

使用变换（转化）的思想方法的第三个注意点，是将抽象的问题变换（转化）为直观的问题。

例 3：若 $0<\alpha<\beta<\dfrac{\pi}{4}$，$\sin\alpha+\cos\alpha=a$，$\sin\beta+\cos\beta=b$，则正确的是_____。

A. $a<b$；　　B. $a>b$；　　C. $ab<1$；　　D. $ab>2$

通常的变换（转化）方法是将 a、b 用同一三角函数表示。通过比较三角函数值的大小，判断 a 与 b 的数学关系。

$a=\sin\alpha+\cos\alpha=\sqrt{2}(\dfrac{\sqrt{2}}{2}\sin\alpha+\dfrac{\sqrt{2}}{2}\cos\alpha)=\sqrt{2}\cos(\dfrac{\pi}{4}-\alpha)$，同样可得：

$b=\sin\beta+\cos\beta=\sqrt{2}\cos(\dfrac{\pi}{4}-\beta)$.

$\because \dfrac{\pi}{4} > \beta > \alpha > 0$,

$\therefore \dfrac{\pi}{4} - \alpha > \dfrac{\pi}{4} - \beta$.

$\cos(\dfrac{\pi}{4} - \beta) > \cos(\dfrac{\pi}{4} - \alpha)$.

即 $b > a$.

显然，这样的变换（转化）方法显得十分呆板，能否有更直观的变换（转化）方法呢？

因为 $\dfrac{\pi}{4} > \beta > \alpha > 0$，不妨设 β 从 0 趋近于 $\dfrac{\pi}{4}$，α 从 $\dfrac{\pi}{4}$ 趋近于 0.

当 β 从 0 趋近于 $\dfrac{\pi}{4}$ 时，$\sin\beta + \cos\beta = b$，$b$ 趋近于 $\sqrt{2}$；

当 α 从 $\dfrac{\pi}{4}$ 趋近于 0 时，$\sin\alpha + \cos\alpha = a$，$a$ 趋近于 1；

显然 $b > a$， 选 A.

使用变换（转化）的思想方法的第三个要点，是将此学科的问题变换（转化）为彼学科的问题，甚至将此解决问题的法则变换（转化）为彼解决问题的法则。

物理学、化学中的多数定义，都是可以变换（转化）为数学问题的；生物学中的大多数问题，都是可以可以变换（转化）为物理学、地理学或化学或数学的问题的；所有用商的形式表示的数学问题，都是可以变换（转化）为积的数学问题的。大家如果有兴趣，可以在课后试一试。

总之，当我们使用变换（转化的）思想方法时，我们一定要将其向更简洁、更直接、更直观、更能深刻地揭示事物本质的方向变换（转化），而决不可以漫无目的地乱变一气。

所谓灵活机动，所谓活学活用，所谓求变求强，所谓发现创新，其实都是变换（转化）的思想方法在具体情景中的具体变换（转化）。

值得强调指出的是，不同的学科，有着不同的问题变换（转化）方式，我们必须分门别类地掌握这些方式并积累起相应的变换（转化）经验；不同的问题变换（转化）方式需要不同的边界条件，我们必须分门别类地掌握这些边界条件并积累起相应的边界条件应用经验；不同的问题变换（转化）方式需要不同的变换（转化）技巧，我们必须分门别类地掌握这些变换（转化）技巧并积累起相应的变换（转化）技巧应用经验。为此，我们必须完成足够的学科问题解答练习量。不经过足量的练习，没有足够的见识，我们是不可能积累有足够的变换（转化）

经验，并熟练地掌握变换(转化)技巧的。

变换(转化)的思想方法的关键在"变"——变化、变换、变通……老子思想的核心在"变"，孙子兵法的核心在"变"，诸葛亮的法宝在"变"，孙悟空的法宝在"变"，一切战略战术，所有权谋计策的核心都在"变"。这是因为"变"则活，活则通，通则顺，顺则利，利则益……世界的万事万物都在变(唯有"变"是不变的)。因为变换(转化)的思想方法是一种有普世意义的积极的思想方法，所以它不但可以用在学习上，还可以用到社会生产和社会生活的其他方面。

探索和实践

●数学、物理学、化学各有哪些具体的变换(转化)方式？试着做一些总结。

●变换的目的在于化难为易，化未知为已知。你试着以此为指导思想，解答一道题看。

17.4 艺术的思想方法

有人问牧师："祈祷时，可以抽烟吗？"牧师回答："不可以！"另有人问牧师："抽烟时，可以祈祷吗？"牧师说："可以的。"可见，即便是一句问话，也有一个艺术的问题。和上述问话的方式一样，解题的思想方法也有一个艺术的问题。我们把以艺术的思想或方式表现的解题思想方法，称为艺术的思想方法。

概括起来，艺术的思想方法主要表现在以权变的思想方法求真，以审美的思想方法求善，以创新的思想方法求美这三个要点上。先看下面的例子：

"有人计划在 800 米宽的河面上建一座长 1000 米，离路面高 50 米，宽 100 米的双曲拱抛物线大桥，试求桥拱的抛物线长。"

甲同学说："这怎样求呢？我们只学过求抛物线方程，没有学过求抛物线长呀！"

乙同学说："有办法，我们将抛物线图绘制在坐标纸上，我们通过近似地求得在各坐标空格中的各抛物线直线长。就可以按比例近似地求得抛物线总长了。"

丙同学说："还有办法，我们将抛物线绘制在坐标纸上，取一根铜线与之完全重合，然后拉直铜线，量出它的长度，就可以按比例算得到抛物线桥的长度了。"

上述三同学中，对于如何求得桥的抛物线长的问题，甲同学没有思想方法，乙同学虽有思想方法，但是纯数学化的化曲为直的、变换的方法。丙同学的思想方法最好，他的思想方法不但具有数学的学科特征，而且具有求变的、用思想求真的艺术性特征。

老师提出一个问题供讨论："假如你的作文水平不高，既写得慢，又写得拙，你怎么在高考中获得较高的作文成绩呢？"

甲同学说："这是一个悖论————既然作文水平不高，怎么能获得较高的作文成绩呢？"

乙同学说："可以努力争取。如改'写得慢'为尽量'写得快'，改'写得拙'为尽量'写得优'。"

丙同学说："高考作文是分项评分记分的。我若紧扣题意，主旨准确，布局完整，语言明白流畅，就可以在审题、立意、谋篇、布局各项指标上得满分；我若把行文缓慢，转化为行文稳实：把言词稚拙，转化为言词质朴，就可以克服作文思不够流畅、文采不够灿烂的毛病，减少文字表达水平欠高的扣分。只要我保持平实的心态，注重条理和逻辑，写真实话，四平八稳地老实作文，努力把我做得到的做到比大家都好，把我做不到的，做到比我平时的好，我在高考中就可能获得较高的作文成绩。"

上述的三个同学中，甲同学认为作文水平既然低，作文成绩便难以提高，持消极的思想；乙同学能针对具体问题进行具体分析，但给出的意见过于抽象；丙同学是从数学和美学的角度——努力使评定作文成绩的各项指标都能尽善尽美并提出了自己的思想方法。看得出来，他的思想方法具有发现美、创造美，通过求美以求善的艺术性特征。

老师又提出一个问题供讨论：NaCl 晶体是完美的晶体，一个 Na^+ 的周围有六个 Cl^-，一个 Cl^- 的周围有六个 Na^+，每 4 个 Na^+ 和 4 个 Cl^- 构成了一个正六面体的晶胞。NiO 的晶体结构与 NaCl 的晶体结构全相同。若是 Ni^{2+} 和 O^{2-} 的核间距为 $a \times 10^{-8}cm$，计算 NiO 密度。已知 NiO 的摩尔质量为 $74.7g \cdot mol^{-1}$。假若部分 Ni^{2+} 空缺，被 Ni^{3+} 取代，如某 NiO 样品为 $Ni_{0.97}O$，求 Ni^{3+} 和 Ni^{2+} 数量之比。

这确实是一道文理上较为费解的、数理上却不费力，但解答模型构建需要有艺术的思想方法问题。

我们首先自己试着独立解决一下看（限 10 分钟）。

若我们解答有困难，我们不妨分析同学甲的思路：

一个晶胞的体积为 $(a \times 10^{-8}cm)^3$，1 mol NaCl 有 1 mol Na^+ 和 1 mol Cl^-，故共计 2 mol 离子，

每 4 个 Na^+ 和 4 个 Cl^- 构成一个晶胞，故 74.7g NiO 的摩尔晶胞为 $\frac{2N_A}{2 \times 4}$ 个，1 mol NiO 的摩尔体积为 $\frac{N_A}{4}(a \times 10^{-8}cm)^3$，

故 NiO 的密度为 $\frac{74.7g \cdot mol^{-1}}{\frac{N_A}{4} \times a^3 \times 10^{-24}cm^3}$，

据甲同学的算法，NiO 的密度应是 $\dfrac{496.0}{a^3} g\cdot cm^{-3}$。

老师说甲同学的计算结果错了。他错在哪儿呢？

细心的同学可能看出来了，同学甲的晶胞个数算错了！因为每一个晶胞都是面面重选的，同学甲算得的晶胞是独立的！实际的晶胞数应为同学甲算得晶胞数的 8 倍。

所以 NiO 的密度为 $\dfrac{74.7g\cdot mol^{-1}}{\dfrac{N_A}{4}\times 8\times a^3\times 10^{-24}cm^3}=\dfrac{62.0}{a^3}g\cdot cm^{-3}$。

至于第二问，该怎么求算呢？在中学化学学习中，我们没有接触过类似的计算。但是同学乙从 NiO 对外不显电性受到启发：

设 Ni^{3+} 为 x mol，则 Ni^{2+} 为（0.97-x）mol。

正电荷总数 [3x+(0.97-x)×2]mol，负电荷总数 2×1 mol，由此有 3x+(0.97-x)×2=2。

求得 x=0.06 mol，0.97-0.06=0.91 mol。

故 Ni^{3+} 与 Ni^{2+} 离子数比为 0.06：0.91=6：91。

从甲、乙同学对上题的解答可以看出：在学习过程中，需要我们创造地想象并创造性地理解，需要我们不拘常规，大胆地在想象中思考，在思考中创新，大胆地在创新中给出最完美的答案。甲同学就是因为缺乏创造性想象而功亏一篑的。

用创新的思想方法求得最优美的结果，是艺术的思想方法的第三个特征。

爱因斯坦教授的质能互变方程、罗巴切夫斯基教授的非欧几何学、袁隆平教授的杂交水稻都是艺术的思想方法在物理学、数学、育种学中的具体应用。可以说，我们若是不能掌握艺术的思想方法，我们就不可能有重大的科学发现和重大的科技创造。

艺术的思想方法最能激发人的想象力、创造精神和美感，且有强烈的个性归向色彩，甚至是"只可意会、不可言传"。

探索和实践

●从同学丙的关于高考作文的应考策略看，以善求美要注意些什么？

17.5 "实证"的思想方法

近代脑神经生理学早已确凿无疑地证明：只有脑才是人心理活动的器官。但成功地接受过心脏移植手术患者个性显著改变的事实又证明：人的心理活动确实与人的心脏活动有关系。究竟心脏与人的心理活动有关系还是没有关系呢？如果人的心脏与心理活动有关系，该种关系又是什么样的关系呢？要解答这一问题，就要做试验，就要应用到一个很重要的思想方法——"实证"的思想方法。

通过实验求得实据，或通过实践求得实例，以实据和实例为依据求得"实证"，依据"实证"逻辑地解答问题的思想方法，即是"实证"的思想方法。

看下面的例子：①有水杉、云杉、红豆杉、银杉四种植物，属松科的是_____。

②正确读出以下加点字的字音：病入膏肓、落叶归根、戎马倥偬。

③简述下述工业制碱法要点：苏尔维法、侯氏法、电解法。

我们对上述问题如果不能直接回答，可以通过查找资料以寻求实据。题①可以通过查阅植物学辞典或珍稀植物目录求得实据；题②可以通过查找字典求得实据；题③可以通过查阅教科书、制碱工业史等求得实据，根据实据，我们就有了"实证"。

当我们用"实证"的思想方法解答问题时，一定要一边动手寻求实据和实例，一边动脑思考实据和实例。许多同学往往通过"问"来寻找实据和实例——当然，"问"不乏为一种寻找实据和实例的方法，但"问"的实据或实例的寻找方法远不如身体力行地"做"。这是因为"问"多是接受学习方式，只动口而不动手，甚至不动脑，而身体力行地"做"，多是实践的、发现的学习方式。所以"问"得的实据或实例是间接经验，容易遗忘，"做"得的实据或实例是直接经验，就难得遗忘些。

又例，化学书上说草木灰不能和人粪尿混用，但农家为什么常将草木灰和人粪尿混合，经发酵后作基肥呢？

化学书上所谓草木灰不能与人粪尿混合施用，是从书本的角度出发，认为人粪尿中的氮素，主要以 NH_4^+ 形式存在，当它与碱性的草木灰混合时，会放出 NH_3 而损失肥效。但事实上，农家却经常用人粪尿与草木灰混合发酵做基肥（这是实据）——是书本错了？还是农家习惯（实据）错了？我们不妨通过实地调查求得实例，在实例中求得实据，或干脆做多个对比实验求得实据从而获得实证来探讨它。实例和实据都说明：就氮元素、钾元素损失而言，草木灰和人粪尿混合发酵后施用远小于人粪尿和草木灰分别单独施用。这是因为草木灰的主要成分之一为粉末状的、疏松且未完全燃烧完的炭和粉末状的、疏松的 SiO_2，此二者都有较强的吸附性，故能吸附较多的 NH_3；人粪尿中的有机质通过腐熟，既有利于土壤胶体固定钾和氮，也有利于植物吸收钾和氮，所以草木灰和人粪尿混合发酵后的肥效远大于二者单独施用的肥效，化学书上的说法是不准确的。

"实证"的思想方法使我们既获得直接经验（实据），又获得有直接经验支持的间接经验（实证）。请注意，在中国的传统文化中，先通过实验以寻求实据，再通过数理统计实据求得"实证"，后通过"实证"获得在一定条件下成立的数学结论是相当地不重视的。古代的先人们热衷于主观臆测，不太强调实验（试验）、观测和逻辑，亦较多地缺乏通过实验、实验探究获得实据以实证假设的思维习惯。我们必须克服这一不良的思维习惯。

学校学习的书本学习特征，使得我们的学习往往是从课本到练习本的接受学习。因为我们的学习主要是接受学习，所以我们的知识和知识系统总是缺少直接经验支持。

观察实验，发现实据，数理统计实据，获得实证，在实证的基础上建立起数学模型，是数理—逻辑意识和数理—逻辑思想方法的基础；不习惯通过具体的实据的收集、具体的实验操作、具体的实证的探讨，及具体地用数理—逻辑方法具体地解决问题，满足于不完全归纳和主观臆测，是学习的大敌。

探索和实践

●试判断下述铁粉的颜色并体验什么是"实证"的思想方法。

①放置在密封不严的试剂瓶中的还原铁粉；②用 H_2 还原 FeO 所得的铁粉；③用物理粉碎法得到的铁粉。

下述病症哪些与动物有关系？得到了"实证"吗？①禽流感；②非典；③狂犬病；④鼠疫。

17.6 系统的思想方法

刘备三顾茅庐，请教诸葛亮关于如何才可以在汉末军阀混战中称雄一方，诸葛亮给出了魏、蜀、吴"三分天下"的主张，这就是历史上著名的"隆中对"。像诸葛亮这样，从宏观的、战略的、整体的观念出发，通过对系统形式、结构、功能做出系统处理并获得最佳的问题解答结果的思想方法，称为系统的思想方法。

下面通过三个问题的讨论，可以发现系统的思想方法的特点。

第一个问题：每年，地球约排放出 65 亿吨 CO_2，地球温室效应因此加剧。全世界的科学家都在寻求解决这一问题的对策。美国科学家约翰·马丁曾提出一个"补铁"设想：在某些海域倾入大量铁屑，以便为海中的浮游生物提供铁源。马丁认为，地球上约有 50% 的光合作用由海洋中的浮游生物完成，当海洋中的铁源充足，浮游生物大举繁殖时，就会变成一块源源不断地吸收 CO_2 的"大海绵"，这样，地球表面的 CO_2 就会吸收掉一部分，全球气候变暖的趋势便可能得到遏制。

显然，马丁的"补铁"设想是否科学，必须选用系统的思想方法才能对做出正确的结论。

首先，马丁的"补铁"建议是否真的可以增进浮游生物的大量繁殖，需要试验验证。

其次，即使浮游生物能大规模地固定碳元素（将 CO_2 转化为生物体）时，浮游生物固定下的碳的生态学转移方向在哪儿？它是否会重新返回大气层呢？

第三，若浮游生物固定下来的碳，最终以甲烷等烃的形式回归大气层，又会有哪些生态效果呢？

最终，我们做结论说，约翰·马丁的"补铁"设想很有创意，但是否科学，有待试验实证。

——系统的思想方法的特点之一，是系统地掌握现实材料，并以系统的现实材料为依据，用物质世界是统一的、构成物质世界各要素之间是相互联系的观点分析问题、解答问题，而不是孤立地就事论事。

第二个问题：求 $\frac{1}{3} + \frac{1}{3^2} + \frac{1}{3^3} + \cdots$ 之值。

这是一个公比为 $\frac{1}{3}$ 的无穷递缩等比数列求和问题，我们当然可以通过等比数列求和公式求得它，但这样做显得冗繁。我们若用系统的思想方法：

设 $\frac{1}{3} + \frac{1}{3^2} + \frac{1}{3^3} + \cdots = x$, 则，即 $\frac{1}{3} + \frac{1}{3}x = x$, 解得 $x = \frac{1}{2}$。

——系统的思想方法的特点之二，表现在我们往往把系统看作是一个由相互联系着的局部（子系统）组成的整体（大系统）；我们往往采取从整体（大系统）到局部（子系统），再从局部（子系统）到整体（大系统）的"两边夹"方式，分析二者间的内部联系，最终整体地解答问题。

第三个问题：试分析马铃薯被日益重视，红薯被日益冷落的原因。

当我们分析红薯被日益冷落，马铃薯被日益重视的原因时，我们要从营养的、工业的、商业的、文化的、饮食快餐的、社会生活节奏的、社会流行方式和社会时尚方式等方面，进行动态的、辩证的、广角的、全面的比较分析，通过这种比较分析，最终找出红薯被日益冷落，马铃薯被日益重视的原因。

——系统的思想方法的特点之三，是动态地、变换地、辩证地分析问题并解答问题，而不是孤立地、僵化地、静止地就事论事。

总之，系统的思想方法是一种强调从局部中来、到整体中去，又从整体中来、到局部中去的动态的思想方法。该方法既是解题的哲学指导思想，更是解题的辩证思维方式。它的一般的把握形式是：开始动态地有条件地把握住一个中心点，然后动态地有条件地把握住若干条关键"线"，接着有条件地把握住若干个关键"面"，最终有条件地把握住问题的整体；末了又将问题的整体有条件地分解为若干个关键"面"，将"面"有条件地分解为若干条关键"线"，将"线"有条件地分解为若干个关键点，在若干个关键点中有条件地分离出中心点，最终有条件地回到整体。如此循环往复，不断深入，直到最终正确地解答问题。

高考语文科目中的阅读题和论述题,高考政治、历史、地理科目中的论述题,国家公务员考试中的申论题,就要用系统的思想方法来解答。

又及:所谓"认知地图""认知结构",其实都是知识概念在概括化、意义化基础上的系统化。

探索和实践

●国家公务员考试中的申论题通常是这样的形式:给出一系列材料,先要求应试者根据材料写出见解,再要求应试者论证见解。打一个形象的比方,这好比是基层干部供材料,中层干部写报告,高层干部做指示;应试者首先做中层干部,然后做高层干部。请用系统的方法说明,用这样的方法写申论是合理的。

17.7 归纳的思想方法

夫子说:"君子固穷,小人穷斯滥矣!"孟子说:"天时不如地利,地利不如人和。"韩愈则说"千里马常有,而伯乐不常有"。三位先贤用的都是归纳的思想方法。

顾名思义,归纳者,归而纳之也。归,将客观事物整合起来,汇集起来;纳,概括、抽象出其中本质的规律性。所以归纳是我们从特殊到一般的认识过程。

归纳有两种,一种是不完全归纳,不完全归纳是根据部分事物共有的本质属性而推断该类事物都有该本质属性;完全归纳法是穷极该类事物共有的本质属性而推断该类事物都有该本质属性。由于不完全归纳是从部分事物的共同属性而推及整体事物都有该属性的,所以往往不可靠。但是当限定条件,使概括所得的属性仅是部分事物的本质属性时,则往往是可靠的。事实上,我们在解答问题时,不可能全部用完全归纳法概括出所有事物的本质属性,我们只须概括出部分事物的本质属性就行了。更为重要的是,在某些场合,我们往往从不完全归纳法出发,首先猜想所有事物都具有某一本质属性,然后用完全归纳法证明我们的猜想是正确的。下面举例:

例一,命题作文——《论精神的中流砥柱》。

甲同学用不完全归纳法来写。甲同学首先认为,人是需要有精神的。在所有的精神之中,因为科学精神居于核心的、支配的地位,所以科学精神就是人的精神的中流砥柱。然后,甲同学用牛顿做例证——因为牛顿有科学精神,所以建立了经典力学;又用袁隆平做例证——因为袁隆平有科学精神,所以发明了杂交水稻;最后用梁稳根做例证——因为梁稳根有科学精神,所以创建了世界一流的企业——三一重工。末了,甲同学总结说,科学精神是人精神的中流砥柱,我们每个人都应寻求并坚持这一精神的中流砥柱。

乙同学则采取了与甲同学迥然不同的思想方法方式。乙同学首先介绍说,钱学森、郭永怀、邓稼先、袁隆平、梁稳根等同志都是具有崇高精神的或科学家、或思想家、或实业家、或实干家——他们的崇高精神表现在哪里呢？他们的崇高精神表现在他们都"永远仰望着国家的星空"，都是"有着国家情怀、国家责任感、国家荣誉感、国家敬畏感、国家自尊心和国家自信心的人"，都是"永远以国家利益为第一位的，热爱自己的国家，敬爱自己的国家，敬畏自己的国家，且是襟怀宽广、自强不息、有国家血性的、即以天下为己任的'赤子'。"乙同学接着说：和钱学森、郭永怀、邓稼先、袁隆平、梁稳根等同志一样，人是需要有崇高精神做支撑的，而在众多的崇高精神支柱中，必然有一种崇高精神支柱处于核心的、支配的地位，这一居于核心地位的崇高精神就是人的精神的中流砥柱——人的崇高精神的中流砥柱不是别的，就是人的爱国主义精神。然后乙同学分析了爱国主义精神与个人的潜能发挥的关系，认为一个人只有振奋爱国主义精神，才可能激发起国家观念、国家血性、国家认同感、国家荣誉感、国家危机感和国家责任感，才可能以此激励自己成为一流的科学技术拥有者和一流的敬业精神拥有者；相反，如果没有爱国主义作为精神，人只是为了活着而活着或为了物质欲望而活着，人就容易陷入平庸。最后，乙同学做结论说，爱国主义精神是人在正确的认识和激烈的情感支持下产生的，以追求真理、坚持真理、捍卫真理并以热爱国家、敬爱国家、敬畏国家为表征的忘我的思想意识状态，是人的价值观和世界观的核心部分，人找到了爱国主义精神就找到精神的根。

比较甲、乙二同学的作文，我们会发现，甲同学较多地应用了不完全归纳法来证明他的观点，话越说越绝对。而乙同学则较多地应用了完全归纳法来证明他的观点，即使使用不完全归纳法，也将它限制在一定的范围之内。所以，乙同学的作文就较少进入观点越证明越绝对的、形而上学的死胡同。

所以，当我们用归纳的思想方法解决问题时，一定要记住两条：第一，明确我们的认识范围，即确定我们的归纳的"边界"。我们一定要懂得，我们的任何"正确的认识"，都是在一定的范围内的"正确的认识"，如果超过了这一范围，我们的"正确的认识"就不一定是"正确的认识"了；第二，不完全归纳法使用的是形式逻辑思维方法，完全归纳法使用的是辩证逻辑思维方法，我们在用归纳法解决问题时，应较多地使用辩证逻辑思维方法，避免太多地使用形式逻辑思维方法。

例二，设 a,b 是满足 $ab<0$ 的实数，正确的是（　　）。

A、$|a+b|>|a-b|$；　　B、$|a+b|<|a-b|$；　　C、$|a-b|<||a|-|b||$；　　D、$|a-b|>|a|+|b|$。

显然，如若是用演释论证法求解，过程将十分冗繁；若用不完全归纳法求解，过程则十分简单。

令 $a=1$，$b=-2$，代入上式验证，知 B 成立，余均不成立。

对于部分选择题，可以通过不完全归纳法找到正确答案——可见用不完全归纳法解题是一种解题机智。但必须注意，这时被不完全归纳法解决的问题对象，应具有同一性，即是性质相同的对象，否则就会犯错误。必须注意，不完全归纳毕竟是"不完全"的，我们要完全归纳，必须用数学归纳法。我们若要归纳完全，又若有可能，可以用穷举法。

例三，当 $a>2$ 时，数列 $\{a_n\}$ 的前项 $x_1=a$，$x_{n+1}=\dfrac{x_n^2}{2(x_n-1)}(n=1,2,\ldots)$，证明 $x_n>2$。

例四，狱警发现犯人在狱中玩牌，但狱警搜遍监狱均找不着牌，狱警使用的是什么方法解决问题？他忽略了哪一重要的事项？

毫无疑问，例三要用完全归纳法证明，完全归纳法往往从不完全归纳着想，先证 n 对任意自然数 k 成立，再证 n 对任意自然数 $k+1$ 亦成立。完全归纳法常用于数学论证题中。

例四中的狱警显然是希图通过穷举归纳法来证明犯人在狱中玩牌的结论的，但狱警忽略了一个重要的归纳项——自身。当狱警搜查狱室和犯人时，犯人把牌藏在狱警的身上了。所以用穷举法归纳时，必须毫无遗漏地归纳穷尽，否则就会因穷举不尽而犯归纳不完全的错误。

归纳的思想方法是重要的解题方法，也是重要的逻辑思维方法之一。归纳往往以演绎为先导，而演绎则以归纳为基础，二者相辅相成。不完全归纳的思想方法让我们将某些次要条件忽略，得到的仅是一个模糊的结论。正是因为归纳的结论有模糊性特征，所以才使我们的思维有较大的速度，使我们的语言表达多姿态多彩。这就是若从完全归纳法的科学性来看，夫子、孟子、韩愈的说法虽都不显得十分辩证，但却仍不失为是至理名言。此外，因为不完全归纳得来的结果往往不一定完全是真，且有经验性质，所以我们切勿被归纳结果的经验性特征所误导。

探索和实践

●我们早晨洗脸、梳头、照镜子，反映了我们应用什么思想方法解决仪表的问题？学会用归纳的方法思考各学科的问题，尤其学会思考文科的问题。

17.8 分析和综合相结合的思想方法

著名的建筑学家梁思成先生，写过一篇很有名的散文，叫《千篇一律和千变万化》。梁先生说，在艺术创作中，往往有一个重复和变化的问题。若只有重复而无变化，作品势必单调枯燥；若只有变化而无重复，作品极易散漫零乱。梁先生分别以舒伯特的音乐《鳟鱼》，张择端的绘画《清明上河图》，北京的故宫、颐和园建筑群说明他的观点——在艺术创作中，千篇一律和千变万化应和谐地统一起来。

什么是分析和综合相结合的思想方法？将整体分解为局部，再探讨局部本身和各局部之间的规律性称为分析；再将各局部按照一定的方式整合起来，发现整体隐含在局部本身及隐含在各局部之间的规律性称为综合。依循先将整体分解为局部，再分析局部，然后将分析后的局部综合为整体的顺序，以更深刻地认识整体为目的的解答问题的思想方法，称为分析和综合相结合的思想方法。

如同梁思成先生引用实例、开门见山地提出千篇一律应与千变万化和谐统一的主张一样，分析和综合相结合的思想方法解答问题，总是从整体——准确理解题意入手的；如同梁思成先生分析音乐作品、绘画作品、建筑作品都有千篇一律和千变万化的特点一样，分析和综合相结合的思想方法解答问题的第二步，是将整体分解为局部——将大问题分解为局部即具体的小问题，努力在更具体的层次上，对更具体的局部即小问题及隐含在局部即小问题之间的规律性进行更具体的探讨；如同梁思成先生最终提出的，城市规划设计既会是千篇一律，又会是千变万化一样，分析和综合相结合的思想方法解答问题的最后一步，是将各局部本身及各局部之间具有的规律性回归为整体，通过综合，发现比局部规律更系统、更深刻、更概括的规律性，进而整体地解答要解答的问题。打一个形象的比喻：分析和综合相结合的思想方法解答问题好比烹"小鲜（小鱼，下同）"——决定烹"小鲜"是整体（综合），根据烹"小鲜"的决定，准备火、锅、油、盐、作料、"小鲜"是局部（分析），然后按照一定的程序和要求洗锅、生火、添油、加盐、下"小鲜"、下作料，调节色、香、味，使之成为一盘好菜，则是整体（综合）。

从烹"小鲜"的操作过程看得出来，分析是综合基础上的分析，综合是分析基础上的综合。分析和综合的思想方法总是从综合开始，经过分析，以综合为回归的；分析和综合相互映射，彼此依托，相辅相成，综合——分析——综合的过程完成了，未知（答案）便凸显在与已知的联系之中了，问题便完整地得到了解答。

在平常的解答问题的过程中，我们较多地习惯于微观的归纳和演释，较多地忽视了宏观的分析和综合。说得更直白些，我们习惯于从已知单向推断或单向证明未知，习惯于寻找答案，而不注重在具体的分析和在具体的综合中、在更深刻的分析和更深刻的综合中去发现已知和未知之间的本质联系。另一方面，解答问题时，分析和综合相结合的思想方法最需要的，是思维的准确性、完整性、系统性、周密性和表述的准确性、完整性、系统性、周密性，任何的粗枝大叶和任何的马虎随意，哪怕是任何的一丝一毫的疏漏，都会让解决问题的结果似是而非，甚至让解决问题的全部努力统统付诸东流。

探索和实践

●在《东郭先生和狼的故事》中，农夫是用什么办法让狼束手就擒的？狼是用什么思想方法论证东郭先生理应被它吃掉的呢？东郭先生用什么思想方法救狼一命呢？试用分析和综合的思想方法做指导，谈一谈你的见解。

17.9 构造的思想方法

我们首先来讨论一个问题。这个问题是：

"国家'软实力'是国际相关学术界的一个流行的话题。该话题说，国家的实力除了表现在军事、经济方面外，还表现在文化、教育、民族素质、民族人文传统等精神方面。国家的军事、经济称为'硬实力'，而文化、教育、民族素质、民族人文传统等称为国家'软实力'。试叙述盛唐时期的'软实力'表现及其'软实力'对当时的世界文化的影响。"

解答这个问题有两种方式。一种方式是，打开历史书照抄；另一方式是，首先就国家"软实力"建立起一个模型，即明确国家的"软实力"是什么、组成的要素是什么，然后对照该模型并结合唐帝国的国家"软实力"表现及其对当时的世界文化影响的实际，有条有理地做出论述。

像这样，根据问题的内在规律，构造出为学习者熟知的学科模型，然后按照该模型正确地解答问题的思想方法，称为构造的思想方法，简称构造法。

应用构造法解题的关键，在于构造出为我们熟知的学科模型。该模型既可以是数学模型（俗称数学建模），又可以是自己独创的几何模型或其他符号、其他形式表示的模型。

如写命题作文《学会感恩》，我们就可以按下述形式构造起写作模型（如图）：①作文主旨（线）：学会感恩；②导语段：提出论题，并解释、限定论题；③正向分析1：感恩于父母；④正向分析2：感恩于社会；⑤正向分析3：感恩于自然；⑥反向分析1：对忘恩负义者的报复；⑦结语段（综合）：学会感恩。

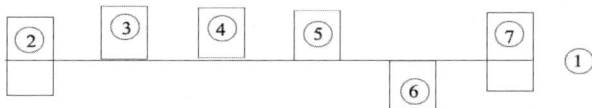

可见，作文的所谓篇章结构设计、"写提纲"，其实就是构造法在作文中的具体应用。

数学学习中，构造法解题的方式更多，如构造函数、构造数列、构造复数、构造向量、构造几何图形及构造方程式、不等式、坐标系等。

在物理学、化学、生物学等的解题学习中，我们往往根据题意首先构造成学科模型，接着用几何图形将该学科模型概括出来；或进一步将它们构造成数学模型，构造成数学与物理、数学与化学、数学与生物学等复合的数学——学科模型，甚至于构造成数学与物理与化学、数学与化学与生物、化学与生物与地理等多学科的复合模型。我们一旦构造起了这些模型，复杂的学科内容便立刻变得直观而且简单。

在外语学习中，构造法可以帮助我们理解课文，帮助我们理解单词的构造、理解句子的连接方式、理解语法的逻辑关系。如外语作文时，我们可以通过核心句、主线语法、主体段等构造，写出四平八稳的作文（这种作文虽然说没有什么文采，但可确保考试不被扣分）等。

为了成功地应用构造法，我们必须成为一个"建筑师"。一方面，我们应当很好地把握手头所有的"建筑材料"，即把握已知条件提供的所有的构造信息；另一方面，我们要把手中的所有的"构造信息"化繁为简，使之构造成为生动活泼的"几根筋"。此外，构造必须完整、符合客观实际，绝对不可以犯"完型"的错误。针对具体问题，我们可以同时设计多个构造方案，通过比较，从中选择出一个最优的构造方案来，这如同摸着石头过河，走一步，看几步，如果陷入困境，就马上回头。

构造的思想方法是复杂的、极富创造精神的、可以点石成金思想方法，本质上是一种数学方法。

探索和实践

●分析《智取生辰纲》（《水浒》中的一回）的情节是如何构造的。说一说体会。

17.10 "奇正"的思想方法

古代军事家孙子说："三军之众，使必受敌而无败者，奇正是也。"又说："凡战者，以正合，以奇胜。故善出奇者，无穷如天地，不绝如江河。"翻译成现代语言，大意是："整个部队受到敌人的进攻而未遭受失败，说明'奇正'的战术使用恰当。""一般的作战，总是以'正兵'合战，用'奇兵'取胜。所以善于出奇制胜的人，其战法的运用如大自然运行那样变化无穷，像江河奔流那样绵延不息。""奇正"，古代军事术语，指的是部队作战的战法，常用战法曰"正"，特殊战法曰"奇"。解答问题如同作战，同样需要"以正合"——用常规的思想方法解答大家都有能力解答的问题；"以奇胜"——用特殊的思想方法解答大家难以解答的问题。这种将"奇正"的军事观念应用于解答问题实际的思想方法，叫"奇正"的思想方法。

"奇正"的思想方法强调"以正合"，即用常规的思想方法解答一般问题。这是因为一般问题解答难度不大，我们没有必要卖弄技巧，尽量按常规解答好它就行了，况且许多问题是一目了然的，是训练式的，我们不需要，也没有必要把这些简单的问题弄得太复杂。再说，对简单的问题若放弃简单的解答方法，而采用复杂的方法解答，势必增大犯解答错误的风险，甚至会弄巧成拙，这显然是不必要的。

"奇正"的思想方法接着强调"以奇胜"，即用特殊的思想方法解答大家没有能力解答的问题。这些特殊的思想方法一般是指换位的思想方法、直觉和猜测的思想方法、具体化的思想方法、悖逆的思想方法和批判的思想方法等许多种，但以换位的思想方法为主。

从前有个人，卖矛又卖盾，他先举起自己的矛，说："我的矛尖锐得很，什么也戳得穿。"然后，他又举起自己盾，说："我的盾坚固得很，什么也戳不穿。"旁边一个人听见了，问他说："假如您用自己的矛，戳您自己的盾，又会怎么样呢？"那个人一时说不出话来。

这就是关于矛盾的故事。这个故事说明，当我们解答某个问题确有困难，或我们因期望简便快捷地解答某个困难问题而一筹莫展时，我们只要机智地换位思考一下就可以了。这种通过换位进而有效地解答问题的思想方法叫换位的思想方法。换位的思想方法的核心是换位，即机敏地通过改变、转化，变换、变通自己思考问题的位置，敏锐地找到简捷、准确地解答问题的换位方向、换位思路、换位"点"、换位"线"、换位"面"，甚至换位"数"。

客观事物总是相辅相成、相反相成，总是辩证地统一在矛盾的对立统一体中的。我们找到了点 A，通过换位，我们就有可能找到与之联系的点 B，然后依序换位求索下去，最终找到解答问题的根本点 X。在这些持续的换位过程中，我们毅然地舍去那些不便于我们直接找到点 X 的点，而牢牢地把握住那些使我们直接地找到点 X 的点。能让我们直接地找到点 X 的点也很多，但我们毅然地舍弃那些非典型的点和普通的点，而牢牢抓住那些典型的、有着特殊方向、特殊位置、特殊意义的"奇"点及由这些"奇"点集合起来的，具有特殊方向、特殊位置、特殊意义的"奇线""奇面"，甚至具有特殊意义的"奇数"。

又请看以下的例子：

①已知 $f(x)=x^2+bx+c$，对任何实数有 $f(2+t)=f(2-t)$，正确的是_____。
A $f(2)<f(1)<f(4)$；　B $f(1)<f(2)<f(4)$；　C $f(2)<f(4)<f(1)$；　D $f(4)<f(2)<f(1)$。

②证明 $|\sqrt{a^2+a+1}-\sqrt{a^2-a+1}| \leqslant 1$.

对于问题①，甲同学用"正"的方法求解，他先求出函数 $f(x)=x^2+bx+c$ 中的 b、c 的值，再求 $f(1)$、$f(2)$、$f(3)$、$f(4)$ 之值，然后比较大小。乙同学则不同。他认为：因 $f(2+t)=f(2-t)$，所以可以推断出 $x=2$ 是函数 $f(x)$ 的对称轴，$f(2)$ 是其最小值。由于该函数是二次函数且开口是向上的，所以 $f(x)$ 在 $[2, +\infty]$ 上是增函数，故 $f(4)>f(1)>f(2)$，选答案 A。乙同学出"奇"制胜的方法是，通过换位的思想方法，找到了换位"线"——二次函数对称轴。

对于问题②，乙同学先用"正"的方法将 $\sqrt{a^2+a+1}$、$\sqrt{a^2-a+1}$ 变形为

$\sqrt{(a-\frac{1}{2})^2+(\frac{\sqrt{3}}{2})^2}$ 和 $\sqrt{(a+\frac{1}{2})^2+(\frac{\sqrt{3}}{2})^2}$，再出"奇"制胜——找到了一个换位"数"——令 $z_1=(a+\frac{1}{2})+\frac{\sqrt{3}}{2}i, z_2=(\frac{1}{2}-a)-\frac{\sqrt{3}}{2}i$，则 $|\sqrt{a^2+a+1}-\sqrt{a^2-a+1}|=|z_1-z_2|=1$.

乙同学若不果断地从实数形式换位为复数形式，而是仍然坚持"以正合"，他是难以简单快捷地解答好这一问题的。

直觉和猜测的方法只能用来激发"奇"意，是不能用作严格的逻辑推理的依据。但直觉和猜测有时是"以奇胜"的先导，因为它们能启发我们积极地、出"奇"地思考。正是这种出"奇"地思考，才促使我们冲破思想牢笼，找到变换"点"和变换"法"而表现出创造性的。在学习实践中，敏锐的直觉和猜测有时是接近真理的先导。

具体化有时也是"奇"式之一。当一个问题百思不得其解时，我们将其从抽象转化为具体——目的具体、途径具体、方法具体、数据具体、问题具体……如把代数问题变成算术问题——抽象的问题一旦被具体化，我们就有可能受具体化的启发而找到了换位"点"或换位"线"而出"奇"制胜了。

悖逆的思想方法将自己放置在与对方相对立的位置上，或从反面确立自己的观点，或持矛盾的、对立的、否定的意见，或从相反的方向论证，即总是"格外一条筋"；批判的思想方法总是寻找对方的缺点和错误，并在深入分析对方的缺点和错误的基础上批判对方的缺点和错误。悖逆的和批判的思想方法能帮助我们尽力辩证地认识问题和辩证地解决问题，此二者往往能激发我们的"奇"想和"奇"意。

孙子说："战势不过奇正，奇正之变，不可胜穷也。"孙子又说："故兵无常势，水无常形；因敌变化而取胜者，谓之神。"孙子的意思是说，作战的方式不过是"奇""正"两种，"奇""正"的变化，却永远不可穷尽；"所以用兵打仗没有刻板的态势，正如水的流动不曾有一成不变的态势一样。能够根据敌情变化而灵活机动取胜的，就可叫作用兵如神"。孙子的这些军事见解，对于我们掌握"奇""正"的思想方法并用之于解答问题，尤其对于我们学会"出奇制胜"，是有指导意义的。

探索和实践

◆ "奇"有哪些方法？"正"有哪些方法呢？"出奇制胜"在学习上有哪些启发意义呢？

第五编　技能（术）改变世界

第十八章　技能（术）改变世界

18.1 技能（术）的理解

在本书里，为叙述方便，技能和技术经常互为通假。

"轻轻的我走了，

正如我轻轻地来；

我轻轻地招手，

作别西天的云彩。"

这是诗人徐志摩在其《告别康桥》一诗中写下的句子。诗人是如何使用如此水一般简洁的词语，写出如此水一般清澈的诗句来呢？换句话说，诗人在写这些句子时，他的所有的心理活动是如何组织起来的呢？

其实不单是写诗，包括写散文、写小说、写议论文等写作活动，还有计算、阅读、说话、观察等所有认识世界与改造世界的活动，都会涉及到一个如何使用正确的思维方式，将所有心理过程，特别是认识过程的中的思维、想象、识记、感知、情感等合理、完善、有效地组织起来的问题。

——我们把在具体认识客观事物的过程产生的，被合理、完善、有效地组织起来的心理活动方式称为心智技能。

在语文课、历史课和美术课中，我们前后三次欣赏过宋代画家张择端画的《清明上河图》。在长约5.287米，高约0.248米的图卷上，画家描绘了清明时节北宋京城汴梁的繁华情景：由远而近逶迤开来的，有河流城墙、柳树茅舍、田垅酒肆、车桥舟楫、城街市井、楼台亭阁、达官贵人、平民百姓、行商坐贾、贩夫走卒……画面风和日丽、车水马龙，各色人摩肩接踵——有闲逛的、推车的、挑担的、抬轿的、骑驴的、牵驼的、饮酒的、打水的、撑篙的、摇橹的、拉纤的、指手画脚的、大呼小叫的、汗流浃背的、悠然自得的、求医问卦的约一千六百四十余人。尽管每人的民族、职业、服饰不同，年龄、气韵、举止、神态各异，但画家无不观察仔细、刻画准确、用笔如神。图卷用的是变化多端的线描，略施墨色，显得朴实素雅，浑然天成，表现出一幅十足的、道地的、超凡脱俗的中国作风和中国气派。现在的问题是，画家在创作《清明上河图》时，是如何使用简陋的工具，将他的一系列绘画活动，以完善、合理、有效的方式组织起来的呢？

其实不止是绘画，几乎所有的活动，无一不涉及一个如何将一系列行为活动，包括身体的肌肉、骨骼、神经系统的活动，以合理、完善、有效地组织起来的问题。

——我们把在认识特定事物或解决具体问题过程中表现的，且被合理、完善、有效地组织起来的行为活动方式称为动作技能。

在学习心理学中，心智技能、动作技能统称为技能。

在具体的活动中，尤其是在完成任务与解决问题的过程中，心智技能和动作技能往往是如影随形的。

从认识和实践相统一的观点看，我们要完成一项任务或解决一个问题，不但需要心智技能，而且需要动作技能。由于内部的心理活动是外部的行为活动的调节者和主导者，所以心智技能水平在一定程度上决定了动作技能水平。因此，掌握正确的心智活动方式，包括掌握正确的思维方式对掌握正确的行为方式具有决定性、指导性意义。由于外部动作活动是内部心智活动形成的实践依据，内部心智活动是外部动作活动的思想指导，所以动作技能的发展势必促进心智技能的发展，心智技能的发展势必促进动作技能的发展——心智技能和动作技能彼此依存、相辅相成。

在后续的文章里，我们将学习到：心智技能优秀与否，首先表现在崇高精神展现与否，正确的思维方式和正确的思想方法方式把握与否；动作技能准确熟练与否，首先表现在崇高精神展现与否与技术、技艺或技能（俗称为技能）熟练与否。熟练的技能活动方式，往往是在崇高精神美鼓舞下产生且展现崇高精神美的、精准的心智技能与动作技能相结合的活动方式。正是因为这一原因，优秀的技能活动方式不但有利于我们认识世界，而且有利于我们改造世界。

值得再三强调的是，首先，在同一技能活动中，往往既有心智技能活动，又有动作技能活动。我们之所以称某一活动为心智技能活动或动作技能活动，只不过是心智技能活动或动作技能活动的活动成分何者相对偏多一些而已。其次，在21世纪，在工厂车间，工人手里最常用的生产工具，将不再是扳手和改锥，而是平板电脑，这是因为所有的制造工艺都信息化了，所有的信息都技术化了，所有的技术都技能化了。因此，与先进制造工艺业相匹配的信息技术、自动化技术、计算技术、软件技术、传感技术、网络技术、激光技术、机器人技术，最终都将转化为电脑编程技术与电脑操作技能——由于电脑编程技术与电脑操作技能是主要的技能活动方式，所以其中蕴含的心智技能活动方式和动作技能活动方式或将更高端、更熟练、更专业了。

探索和实践

●其实我们所有的活动，只要是动口、动眼、"动"耳、动手的，都是技能活动。这一命题对吗？

18.2 技能（术）改变世界

甲：这本是一个由经济学家和职业教育家或政治家们完成的伟大话题，但我们今天要以现代学习为背景，从技能力学习的角度去讨论它。

有一个叫唐津一的日本人，是日本松下电器公司高级管理人员出身的评论家，写了一本书，书名叫《中国能否赶超日本》。在书中，他没有通过刻意贬低中国来抬高日本，而是从具体的日本民族传统和具体的日本国情分析出发，在重点就中日两国的制造业技术做了比较后，做出了在近20到30年间，中国赶不上日本，在近100年间，中国仍有可能赶超不了日本的结论。他有一段话是这样弯绕着说的：

"在制造业中，日本有无数个世界第一（大意）……""在制造业中保持世界第一的地位，就意识着要持续制造别人无法模仿的一级品。所谓一级品，就是拥有高性能、无故障而能连续工作的产品。而产品越是高性能和高品质，就越发需要高水平的制造业技术。这样的产品在会发生的纰漏的车间是无法制造出来的。日本制造业的做法，是应该制造不需要反复检查就完全合格的产品。那么，消耗成本的产品兼控制体系就可以拿掉不要了。"

在读完全书的基础上再回顾这段话，我的体会是：这位日本先生在说：第一，日本是一个制造业立国并始终保持着制造业世界领先地位的国家；日本之所以在制造业领域保持着世界领先的地位，是因为日本掌握了世界一流的制造技术。第二，制造技术由"硬件"——管理、设备、材料、设计、工艺和"软件——劳动者掌握的制造技能等组成。因为日本既有一流的制造技术"硬件"又有一流的制造技术"软件"，所以日本就能生产出世界一流的产品并在高端制造业方面占据主导地位。第三，中国与日本间的差距，既表现在"硬件"方面的差距，又表现在"软件"——国民制造技能水平低的差距；中国要赶超日本，就要在制造技术的"硬件"方面和制造技术的"软件"方面同时赶超日本；中国要在制造技术的"硬件"方面赶超上日本，是可能做得到的，但中国要在制造技术的"软件"方面赶超上日本，中国暂时还做不到。总之，唐津一先生的言下之意是：如果中国在制造技术的"软件"方面赶超不上日本，即如果中国国民不能在先进制造业领域掌握一流的制造技能，中国是不可能赶上或超过日本的。

对唐津一先生的这一番言论，大家有什么感想呢？大家是否体会到，技能（术）改变世界——大家掌握的技术、技能水平和拥有的技术、技能素养，已经与当代生产力的最高发展水平、与国际竞争的实际、与国力兴衰的实际、与先进制造业发展实际等紧密地联系起来了呢？大家是否体会到，技能改变世界——一流的制造技能，尤其是以与世界先进制造业相匹配的一流的制造技能，是立国之本呢？大家是否体会到，掌握世界一流的制造技能，尤其是掌握以信息技术、自动化技术、计算技术、软件技术、传感技术、网络技术、机器人技术与激光技术等新技术为内涵的制造技能，是首要的现代学习内容呢？

乙：回顾一下历史就知道，日本的视"一流的制造技能水平是立国之本"的理念，乃偷师于他的欧洲老师——瑞士和德国。

瑞士是欧洲的一个内陆国。除了山，除了山上的石头，除了石头上的白雪和空气，瑞士几乎一无所有。但瑞士人发现，他们最宝贵的资源，就是自己的双手和自己的双手所掌握的制造技能——瑞士人拥有世界第一流的钟表制造、精密仪器及精密机械制造技术，世界第一流的微电子技术、精细化工和高端医药等高附加值的工业产品制造技术。在瑞士，独到且独有的一流的高制造技能称为 Know-how。顾名思义，Know-how 就是"秘诀"或"行家里手"的意思。瑞士人就是凭借这些一流的 Know-how，在短短的几百年内，把一个资源贫乏，似乎命中注定要落后的国家改变成为世界上最富裕的国家的。德国无论在重工、军工、机械制造技术方面，还是在电器、冶金、化工制造技术方面，从来就是地球各国的模范。德国通过立法，规定掌握一定的制造技能是公民的法律责任。德国通过高制造技能的全民掌握与全民普及，不但使科学转化为技术、使技术转化为产品、使产品转化为生产力，而且使自觉自律、一丝不苟、精益求精、尊重数理与逻辑的科学态度转化为民族精神，使产品标识——"德国制造"几乎就是"因为敬业，所以信赖"的代称。

在社会大生产中，制造技能是劳动者首要的生产素质，劳动者的制造技能水平越高，他制造的劳动产品的技术含量就越高、劳动产品的劳动价值就越高；劳动者的制造技能水平越低，他制造的劳动产品的技术含量就越低、产品的劳动价值就越低，甚至会导致浪费。我们知道，所有的资源和所有的知识（包括科学），都是必须转化为劳动产品才得以放大其资源价值和科学价值，表现为生产力的；而所有的资源和所有的知识（包括科学）的生产力转化，都必须依靠制造技术（能）做中介。比如同样是一堆石英砂，用来配制成三合土筑墙与还原成单晶硅制造成芯片，二者的价值迥然不同——没有高制造技能，就只能将石英砂筑墙；有高制造技能，就能将石英砂制造成芯片——所以世界各国的生产力竞争本质上确实是世界各国的国民所掌握的技能水平，尤其是现代制造技能水平的竞争。这正如唐津一先生所说，如果我们中国人不能在高端制造业方面掌握世界一流的制造技能，我们中国就不可能赶上或超过他们日本。

丙：在古代，我们的先辈制造了使西方世界惊叹不已的火器、丝绸和瓷器，其相应的制造技能，使当时的西方人难以企及我们的项背。在现代，我们开动了机器，在青藏高原上筑造了世界上海拔最高的铁路；我们建造了三峡大坝，我们将南方的水调往北方；我们制造了隐形飞机、核潜艇、巡航导弹和核武器；我们研制了杂交水稻、高产小麦；我们的诗人、文学家、音乐家、美术家、舞蹈、影视艺术家创作了灿若星河的文学和艺术作品……我们确实是掌握了一定的制造技能并拥有一定的技能素养水平了。但是，我们应该看到，我们的技能水平尤其在高端制造业方面的制造技能水平离世界最先进的制造技能水平还有一定的距离，有的甚至还距离遥远。尤为值得忧虑的是，我们的国民普遍地只重视应试升学、读书做官，普遍地只满足于坐而论道或争先恐后地在商品的贸易、流通中赚些蝇头小利，普遍地对先进制造业中的高端制造技能的学习、掌握、开发不够重视，部分人甚至不尊重凭借制造技术或生产技能安身立命的劳动或劳动者；我们的职业教育普遍地还是"赚钱谋生""谋生弄吃"的传统职业教育，还不是旨在赶超世界最先进的生产力发展水平的现代职业教育；我们普遍地谈不上老老实实地通过世界一流的高端制造技能的掌握，生产出世界一流的、具有高附加值的高端产品去赚所有地球人的钱。同时，我们普遍不能用敬业的精神，做好专业的事，毛躁马虎是我们职业通病，我们极度缺乏超脱金钱的羁绊，醉心于自身技能精益求精的大国工匠精神。我们中还没有出现大量的像司马迁、王羲之、齐白石、普希金、贝多芬、米高扬和格列维奇（前苏联飞机设计师）等世界一流精神产品和物质产品制造技能大师。

早在许多年前，英国哲学家培根就大声疾呼："知识就是力量！"培根先生的这句话，几乎成为所有旨在奋发图强的国家的共同语言。我坚持认为，我们在确信"知识就是力量"的同时，还要倡导"技能（术）改变世界！"——我们必须下决心在所有制造业领域，尤其在先进制造业领域，掌握世界一流的制造技术，制造出世界一流物质产品；我们必须下决心在哲学、文学、艺术等精神领域，掌握世界一流的制造技术，制造出世界一流的精神产品……这些"真本事"既是个人现代学习的需要，也是国家赶超世界最先进的生产力发展水平的需要。

探索和实践

●阅读《中国能否赶超日本》这本书，理解掌握制造技术在高端制造业中的核心意义。

18.3 知识技能化及其意义

如果体育老师告诉了我们关于蛙泳的知识——如何呼气、吸气，如何伸臂拨水、曲腿蹬水，如何呼吸、拨水、蹬腿及诸动作该如何配合之类，我们是否可以照本宣科，只要按照老师说的要领动作，就可以跳到水中并会像青蛙一样游动起来呢？不可以的。因为这时我们所认知的关于游泳的知识尚处于识记或言语领会状态，还没有被技能化——事实上，不单是游泳的知识，几乎是所有知识，我们若要真正地掌握他们，都有一个现代学习不但着眼于眼前的"学（考）"，而且更着眼于未来的"用（能）"；不但着眼于动脑的"知"，而且更着眼于动手的"行"的问题。什么是知识的技能化？对于我们的学习，知识技能化有哪些意义呢？

如果我们跳入水中，一边按照体育老师说的动作要领练习，一边体会这些动作发生与动作配合及动作效果的经验，一边将这些经验整合到完善、合理、有效地解决蛙泳的心理活动方式和动作活动方式中去，使蛙泳的语义上的知识，通过经验，转化为蛙泳活动得以顺利展开的心智技能和动作技能，即转化为技能化的知识——像这样，通过实践活动，在经验的支持下，将知识转化为技能的过程，称为知识的技能化。

知识一旦技能化，便是有实践经验支持的、能解决具体问题的技能性知识；知识一旦转化成有实践经验支持的、能解决具体问题的技能性知识，它就已被整合在合理、完善、有效地组织起来的心理和行为活动方式里，即进入到我们的认知结构里了，我们对它的把握，便不再停留在孤立的感性认识层次上，而会上升到有经验支持的理性认识的层次上了。另一方面，知识一旦技能化，知识一旦成为我们的认知结构的新的组成部分，我们学习更新、更深的知识就有了知识和技能基础——这如同我们学习了初等数学知识，就将其转化为初等数学的运算与论证技能；我们掌握了初等数学的运算、论证技能，就为高等数学学习做好了运算、论证技能准备一样。更为重要的是，语言的、逻辑意义层次上的知识一旦被技能化，它就有可能转化成认识世界、改造世界的新武器。尤其重要的是：技能化的知识是劳动者劳动素质的组成部分，是创造劳动价值的价值知识，也是劳动者用来改造世界的知识。我们知道：劳动者是在改造客观世界的过程中改造主观世界的——劳动者若是没有技能化知识，就不能改造世界；劳动者若是不能改造世界，也就不能改造自己。可见，知识技能化在人的持续发展中具有特别重要的意义。总之，技能化知识是生动活泼的"活"的知识，而非是"学"与"用"脱节的，除了用来不负责任的、装模作样的扯淡之外，宛如毫无任何意义的"死"的知识一样。

在实际的学习过程中，我们比较多地注重知识识记、知识理解与相关概念的认识掌握，以为在言语意义上认识了它们，就等于掌握了它们，这委实是一个天大的误解。任何知识如果不经正确应用于实践并将其转化为心智技能和动作技能，不成为认识世界和改造世界的正确的心理活动方式和动作活动方式或不首先转化为认知结构再转化为劳动素养，就会是一堆陈腐的教条。对我们的学习而言，这样的教条掌握得越多，不但无益，反而有害。

所有的学习，原则上都必须经历技能化过程，即所有获得的经验，都必须首先转化为技能——或是转化为心智技能，或是转化为动作技能，再转化为劳动素养。所以从现代学习角度看，所有的不能转化为技能的知识学习，原则上都不能称为"学习"，至少不能称为是完整的学习。

探索和实践

●试从知识技能化的角度理解为什么要在"学中做"和"做中学"。

18.4 技能只能通过苦练、苦思而获得

王羲之先生，"书圣"也。他博采众长，自成一家；所书"飘若浮云，矫若惊龙"，如"龙跃天门，虎卧凤阁"，又如"清风入袖，明月入怀"。自古至今，中国书法家多如繁星，但无有出其右者。

书法乃是技能，王羲之先生的书法技能的掌握，得益于他的苦练和苦思。

所谓"苦练"，有以下含义：技能是在多个分析器的共同作用下，通过建立起条件反射系统（心理学中称为动力定型）形成的。而条件反射系统的建立，需要反复多次地以相似的信号刺激，把心理和行为活动有目的地、合理地、有序地组织起来且连接成一个精确而自动的系统（该系统一旦建立，前面精确的心理活动或行为活动会自觉地引起后面精确的心理活动或行为活动而无须意识刻意控制）——毫无疑问，这一条件反射系统的形成需要很长的时间，需要付出大量的艰苦劳动，例如王羲之先生的书法就苦练了几十年——他家前面的小水塘因他天天因苦练书法技能、必须天天洗涤笔砚而染成了黑色。

所谓"苦思"，可以这样理解：技能掌握有模仿、熟悉、熟练三个循序渐进的阶段，从模仿到熟悉、从熟悉到熟练，技能活动不但有行为活动和心理活动的量的积累，而且有行为活动向技巧、心理活动向思想或技巧、思想向崇高精神和崇高精神美的质的飞跃。对"行为活动和心理活动的量的积累"，我们可以通过"苦练"获得；但对于"行为活动向技巧、心理活动向思想方法或技巧、思想方法向崇高精神和崇高精神美的质的飞跃"，我们则必须不断地实践，并在实践中体验、反思、总结、获得经验……进而改进、改造、创新……继而再实践、再体验、再反思、再总结、再获得经验……进而再改进、再改造、再创新……即在螺旋形渐进的"苦思"中才可以实现。在某种意义上，我们甚至可以说，通过苦思、苦练获得的高超的、炉火纯青的技能已经不是单纯的技能，而是精神、人品、思维方式、思想方法方式、美感或艺术方式，例如王羲之先生的书法就苦思、苦练了几十年，他的书法作品远已超越了书法的范畴，而是美术品或艺术品或美学著作（若他的书法作品《兰亭序》存世，无疑会成为中国第一贵重艺术品、世界最贵重的艺术品之一）。

世界上学习书法的人多如牛毛，但前无古人、可能后无来者的书法家仅王羲之先生一人——一支毛笔、一支墨、一张纸，仅凭着"写字"就能抵达独步古今的艺术高峰，不能不使我们对尊敬的王羲之先生由衷地致以最崇高的敬意（不能不使我们对所有高超的技能活动都由衷地致以最崇高的敬意，不能不使我们对所有拥有高超技能的工人、农民由衷地致以最崇高的敬意）。

假如王羲之先生不下苦功苦练、仅在口头上练习书法；假如王羲之先生不下苦功苦思、苦练书法，假如王羲之先生不能实现从写字向书法，从书法向思维方式、思想方法方式、艺术方式即实现从物质向精神的伟大飞跃，他就不能取得"前无古人、可能后无来者"的书法艺术成就。

技能只能在长期的"苦练"和"苦思"中获得。我们必须老老实实地下苦功、动心思练习技能。

探索和实践

●你有下苦功练习技能的习惯吗？设计一个下苦功练习技能的方案。

18.5 从学习说话、写字、礼貌、手工劳动开始学习技能

提及技能活动，大家可能会不约而同地联想到驾驶飞机、做外科手术、写长篇小说、表演影视戏剧等。大家可能没有想到，最基础且最经常的技能活动是说话、写字、礼貌和手工劳动。

说话，用口头语言表达自己的思想，既是心智技能活动，又是动作技能活动。当我们思考好了，切景、切时又切人地、有目的、有重点、有逻辑、有层次、有礼貌、有情感地用语言表达我们的思想的时候，我们的心理活动须有序地组织起来；当我们具体说话的时候，我们要通过口腔、齿唇、胸腔的行为活动控制气流和声带并将语音的声韵、腔调、轻重、急缓、平仄等合理有序地组织起来，故此，说话既是心智技能活动，又是动作技能活动，也是心智技能和动作技能兼容的技能活动。

写字，即用毛笔写汉字，同样既是心智技能活动，又是动作技能活动。当我们凝神静气，思考着如何抑扬顿挫地将自己的情感、美学理念和人生理念融入到笔画中去的时候，我们必须将一系列思维、想象、识记、感知等心理活动组织起来，我们便展开了心智技能活动；当我们握着笔，一笔一画疾徐有致、轻重有序地写好每一个字时，我们必须把一系列行为活动组织起来，我们便展开了动作技能活动。可见，汉字书写是心智技能和动作技能兼容的技能活动。

礼貌，指的是以尊重他人为前提的、以社会倡导的行为规范为标准且按一定程序展开的人际交往活动。当我们全体起立，向老师深挚地一鞠以示谢意时，我们必须把我们的行为完善、合理、有效地组织起来，我们便展开了动作技能

活动；当我们怀着感激之情，向着施惠于我们、关爱过我们的对方报之以微笑并真诚地致谢时，必须将心理活动完善、合理、有效地组织起来，我们便展开了心智技能活动。可见，礼貌也是心智技能和动作技能兼容的技能活动。

手工劳动，指的是动手劳作的技能活动，其中包括小制作、小装配、小发明、小创造、小加工、小设计、小园艺，做木工、钳工、铆工、电工、车工、油漆工，做理发师、厨师、摄影师等。手工劳动的作用，在于手工劳动能将体力劳动和脑力劳动结合起来，在技能知识化和知识技能化、技能劳动化的同时，既锻炼了手的灵巧性，又锻炼了脑的敏锐性。尤其是当我们使用各种工具，鼓足干劲，埋头苦干，将我们自己的书面设计转化为具体的劳动产品的时候，我们不但锻炼培养了心智技能和动作技能，锻炼培养了劳动观念，锻炼培养了认真负责的工作态度，而且展现了艰苦奋斗、自力更生的崇高精神，创造了劳动价值并为未来的职业技能学习扎实了基础。

你在说话、写字、礼貌和手工劳动等技能学习过程中，还包含着你的技能美体验过程、技能美创造过程和技能美的认识、技能美的欣赏过程。正因为说话、写字、礼貌和手工劳动富含技能审美活动成分，所以说话、写字、礼貌和手工劳动活动被赋予了特殊的技能美学意义。

技能学习从学习说好话，学习写好字，学习讲礼貌，学习手工劳动开始，是中国教师创造的独特的教育经验。说话锻炼了"心"、写字锻炼了手、礼貌锻炼了"身"、手工劳动锻炼了脑和精神。因为说话是必备的语言表达技能，写字是必备的文字表达技能，礼貌是必备的人际交往技能，手工劳动是必备的生产技能，所以严格的说话、写字、礼貌和手工劳动技能训练，对于我们在未来赶超世界最先进的生产力发展水平，具有重要的意义。实践证明，一个从小受过严格的说话、写字、礼貌和手工劳动等技能训练和技能美熏陶的学生，无论他在将来学习什么技能，都会得心应手、进步神速。

很遗憾，说话学习、礼貌学习、写字学习、手工劳动学习甚至包括所有的技能学习，全都没有引起我们（包括教育行政领导、学校、老师）的重视。在这一点上，我们要向日本学习。日本国民之所以掌握有高水平的现代制造业技术，很可能与他们自小就接受了严格的说话学习、礼貌学习、写字学习、手工劳动学习有关系。

实事求是地说，我们汉民族确实沾染有处事马虎的不良习惯。这种处事马虎的不良习惯可能与我们缺乏严格的说话、写字、礼貌、手工劳动训练有关。

探索和实践

●你如何理解技能学习活动可以从学习说话、书法、学习礼貌、学习手工劳动开始？到图书馆查阅一下，古代私塾是如何教小孩子学习说话、学习书法、学习礼貌的，从中我们可以获得哪些借鉴？

18.6 技能练习注意事项

技能的掌握得益于"苦练"。"苦练"不同于单调的机械式重复。苦练不但应该是自觉的、有目的的、科学的、有美感体验的"苦练",而且应该是有崇高精神展现的、注重反思的、获得"行家"指导的"苦练"。

技能练习既然是"苦练",就要吃"苦",即不但要"霸蛮"地让自己的心理接受超级的重荷,而且要"霸蛮"地让自己的生理接受超级的重荷;不但要在生理和心理的重荷中掌握技能和技术,而且还要在生理和心理的重荷中展现崇高精神,体验崇高精神的美感,促进崇高精神的茁壮成长。

技能练习首先必须是自觉的。人是很奇妙的,当我们自觉地"苦练"某一技能时,我们就会对该技能活动产生兴趣,我们一旦对该技能活动产生了兴趣,大脑皮层的神经联系就容易接通,我们一方面不容易疲劳——身在"苦"中不知"苦",另一方面,我们也容易恢复疲劳。

其次,技能练习必须是有目的的。因为技能练习是有目的的,所以技能练习就有方向和对象;因为技能练习有了方向和对象,所以就容易找到技能练习的"学习点";因为容易找到技能练习的"学习点",所以我们就能带着目的练习,我们就不至于漫无头绪地在黑暗中摸索。

再次,技能练习必须是有计划的、科学的。因为技能形成是一个循序渐进的过程,有其内部规律性,所以我们的技能练习必须遵循技能形成的内部规律,按部就班地,一步一步地练习;我们无论何时何地,都不得脱离实际,无视客观规律,凭主观想象一顿"乱练"。

技能练习必须不断地反思总结经验。对每次技能练习,甚至对每一步技能练习,我们都要有节奏、有韵律地反思、总结一番。通过反思、总结,我们要在第二信号系统的支持下,在获得经验的基础上,使有利于技能进步的神经联系得到正向的强化,使不利于技能进步的神经联系得不到负向的强化,从而促进技能活动暂时神经联系系统(关于技能活动的动力定型)得以早日形成并日趋巩固发展,进而使我们的技能练习是有思想基础或有理论指导的技能练习。

技能练习必须是高水平的练习。高水平的技能练习以技能行为为物质基础,以技能美的展现、欣赏、创造和崇高精神的展现、体验、成长为精神表征。低水平的技能练习因为缺乏精神张力,往往处在低水平的、单纯的行为活动上,所以它不过是精力空耗和汗水浪费。毫无疑问,缺乏精神张力的、低水平的、单纯的技能练习与科学的技能练习相距十万八千里。

在技能练习过程中,培养并改进自己的思维方式和思想方法方式非常重要。我们每练习一步,都要从思想方法和思维方式的层次上思考一步,由此获得经验一步，并因此改进思维方式和思想方法方式一步——只有这样，我们方可以把技能练习从单调的技能动作操作训练中解放出来，将技能动作操作的"苦练"，转化为思维方式的"苦练"和思想方法的"苦练"。

在技能练习过程中，获得老师，尤其是行家的指导极其重要。因为技能练习的指导，主要是实践经验的指导，其中的大部分实践经验，从书本上是查不到的，所以我们要永远怀抱着学而不厌的学习态度和好学不倦的学习精神，主动获得行家的指导——活到老、"苦练"到老，我们要视天下人都是自己技能练习的老师。

无须计较有人讥笑你在技能练习中展现崇高的精神是在"作秀"——人各有志，不管蛤蟆如何鼓噪，鲜花照样开放——走自己的路，让人家去说吧。

在技能练习过程中，许多同学缺乏技能学习的"悟性"。他们不知道，学习的目的，除了要解决知与不知的问题外，还要解决能与不能、会与不会、是一般的会还是高端意义上的会——即知识如何向技能、技能如何向思想转化的系列问题。他们若是能注意上述事项，他们的技能学习效果肯定会好得多。

探索和实践

●技能练习须总结经验，是总结哪方面的经验呢？

18.7 重视技能法则的熟练掌握

数学有运算法则、极值判断等法则，外语有单词拼读法则，单数、复数、时态等法则，物理学有左手法则、右手法则、螺旋管法则等多种法则。法则是一种关于技能活动的操作规定。法则是思维活动的概括与抽象，它是客观规律用于解决实际问题的简明要求。我们要特别重视技能法则的掌握。

首先，我们要理解法则的本质、理解法则反映的关于客观事物的规律性。例如，为什么括号前是负号，去括号时括号内的各项要统一"变号"呢？原来是因为括号前的负号是对括号内各项提取了公因式"—1"，所以，去括号时，"—1"便要回乘括号内各项，括号内各项自然要变号了。可见，我们只有理解了法则的本质，才可能在技能活动中正确地应用它。

其次，我们要在法则应用中学习法则。法则大都简单，容易理解。但真正应用它——通过技能活动解决实际问题就不容易了。所以我们要通过法则在不同情况下的应用，获得法则在不同情况下的应用经验，继而熟练地掌握它。如物理学中的左手法则、右手法则，外语学习的拼读法则就是这样。

第三，在日常学习中，我们要做个有心人，努力总结出适合自己的学习实际，为自己所掌握、所熟悉的法则。如写作的法则，解题的法则，总结经验的法则等。

任何技能活动，都有其各自的内部规律性，该规律性虽只在有限的技能活动范围有效，但仍不失为适应该技能范围的法则。如外语的听、说、读、写法则，数学的运算、推理、论证法则，语文的写作、阅读、演讲法则等。我们要善于总结经验，发现法则并利用它来指导技能实践实际。不管是何种技能活动，我们的心理或行为每展开一步，就有一项或几项法则支持我们就更好了。

探索和实践

●法则为什么不称为定理呢？函数变换有哪些法则和定理？为什么法则就像刨花，越刨越多呢？

18.8 技能模仿和技能创新

写字要临帖，习武要拜师，自小生长在大凉山深处的彝族小姑娘，显然是不会讲湖南话的。这说明像写字、武术、说话等技能，须通过模仿方可学习得到。事实上，何止是写字、习武、说话，几乎所有的技能，大至机床的操作、飞船的驾驶，小至穿针引线、洗衣做饭，都要经过模仿学习方可能掌握的。

技能掌握必须经过模仿学习阶段，决定于技能学习本身的规律性。我们已经知道，任何技能活动都不是单一的心智技能活动或单一的动作技能活动，而是由多种心智技能活动和多种动作技能活动组成的复杂的技能活动系统。因此，我们要掌握技能活动要领，仅凭抽象的言语介绍，在理论上和操作上都是难以讲明白的。但一旦具体化——取一个做示范的样板放在我们面前，让我们一面分析、观察样板，一面模仿、对照着样板并同时展开相似的且是合理、完善、有效的心理活动和动作活动，就直观多了，明了多了，学习效果就不知要提高多少倍了。

由于有了具体且直观的技能学习样板供我们模仿和对照，我们就能较快地"进门"——较快地发现问题并解决问题、总结反思技能学习经验，其中包括样板本身包含的间接经验和模仿样板学习所得到的直接经验。因为技能模仿学习能在短时间里提供大量的学习经验，所以我们的技能学习质量就提高了，技能学习速度就增大了。

通过技能模仿学习，我们就能在较短的时间里，完成掌握某一技能必须完成的基本训练量，如此就极大地节约了达到技能熟练阶段所需的时间。举个例子，写毛笔字时，我们如果临帖练习，苦练三年，就可以基本掌握写毛笔字的技能了；我们若是不临帖练习，而是持笔信手乱写，我们即使写上十年，也是难得写好毛笔字的。

因此，我们无论学什么技能，都要认真地对照着样板，从模仿样板学起，切记不要自以为是，放弃模仿学习，或是闭门造车，固执而盲目地在黑暗中蹒跚。

技能的模仿学习要注意以下事项：

——用心模仿、准确模仿，尽力做到惟妙惟肖，不但形似样板，而且神似样板。因为"用心模仿"，我们就启动了心智技能；因为"准确模仿"，我们就启动了动作技能。我们的模仿越是用心、越是准确，我们的思维和行为活动就越是能合理、有效、有序地组织起来，技能学习愈是有效。相反，如果我们马虎应付，行色匆匆地走过场，既没有激活思维——不用心琢磨技能模仿对象的心智活动方式，又没有激活行为——不准确地照着技能模仿对象的行为活动方式做，我们的模仿就会一直停留在初始且粗糙的"形似"阶段。

——在技能模仿中创新并在技能创新中模仿。技能模仿的终极目的是技能创新。而要技能创新就必须融入自己的思想，表现在不但有技能模仿心得、技能模仿体会，而且有技能模仿发现和发明，或创造新的技能方式，或改革、改造、改进原有的技能活动形式。

——尽力促进技能相互迁移。努力将此一学科的此一技能，迁移到此一学科的其他技能，甚至将此一学科的此一技能迁移到其他学科的其他技能，使其产生"一发通、万发通"的技能"共振"效果。

——尽力坚持长期模仿。技能掌握从生疏到熟练，是一个蜗牛上树的过程，只有坚持长期的技能训练，才能积累技能活动经验，增进技能成熟；同时只有经过长期的技能训练，技能活动的条件反射系统才得以定型。因此，所有技能的掌握都要立足于长期的"有心"的"模仿"，只有经过长期的"有心"的"模仿"，技能方可熟能生巧、出神入化、融会贯通。

"师傅领进门，修行在个人"。"进门"，在技能模仿；"修行"，在技能创新。

探索和实践

●分析你的外语学习模仿是精细的吗？是准确、完善的吗？

18.9 技能学习的熟练策略

现在有三个木匠，技术水平大相径庭。甲木匠知道如何做木匠，但他就是不动手做，他只会嘴巴讲，是个口头木匠；乙木匠知道如何做木匠，也能动手做，但不够熟练，是个粗木匠；丙木匠不但知道如何做木匠，而且善于做，技术很熟练，是个巧木匠。

如果我们家里要聘请木匠做家具或盖房子，显然会聘请丙木匠，而不会聘请甲木匠或乙木匠。

由此可见，技能掌握必须达到熟练程度。技能若不达到熟练程度，而是处于生疏或夹生的状态，是毫无意义的。

技能一旦达到熟练程度，便具备以下的特征：关于技能活动的条件反射（活动定型）已基本形成，动作技能的视觉控制减弱和动觉控制增强（也有例外）。由于大脑皮层能根据返回传入的动觉信号对于反应动作进行调节，所以反应动作的精确性提高了；心智技能的神经劳动消耗减少了，内部语言趋于减弱和概括，这时候的技能活动就基本达到了自动化程度了。总之，技能掌握到了熟练阶段，心理上的紧张感消失，感知事物的精确度、敏锐度和广度均增大了，对活动的意志、行为的意识控制相对减弱了，技能效率显著地提高了。

如何才能使自己的技能活动具备上述特征从而达到熟练程度呢？

第一，刻苦练习。技能是练出来的，不是想出来和喊出来的。只有通过长期有目的的艰苦练习，技能活动的条件反射系统方得以形成。第二，培养良好的思维方法方式，使心智技能有哲学思辨基础，使动作技能有智力思想基础，使智力有心理生理基础。第三，提高知识的理论水平。任何技能活动都是知识技能化的活动，提高知识的理论水平，有助于提高知识技能化水平，进而提高技能熟练水平。知识水平愈高，技能化水平就有可能更高。第四，善于总结、积累技能实践的经验。对于心智技能，要总结思维方式、思想方法的实践经验；对于动作技能，则要总结视觉形象（通过视觉活动获得的动作技能活动形象）和动觉表象（在实际的动作操作中得到的动作印象）相互结合并相互转化改进的经验。通过上述的措施，我们才能实现技能活动从生疏到熟悉、从熟悉到熟练、从知识化到经验化、从概括化到意义化、从物质到精神的转化。我们应该明确：即使技能掌握达到了熟练程度，仍然是不够的。技能掌握最终要达到精通的程度。所谓精通的程度，指的是对某一技能的掌握，已达到了极致的、"随心所欲、不逾矩"的、出类拔萃的、行家里手的程度。

探索和实践

●古代名画是十分贵重的，于是便有好利者模仿着画古画，个别好利者的模仿功夫优秀到连专家也分辨不出来，然而他们却成不了画家，这是为什么？

第十九章 技能的学习方法

19.1 如何提高写作技能水平

在学校里，大家最害怕的是写作文；而对大家的语文学习而言，最重要的，却是学会写作文。所以，学会写作文或说提高写作技能水平，是我们大家都期盼的事。

如何才能提高写作技能水平呢？

对于如何提高写作技能水平这一问题，是仁者见仁，智者见智。鲁迅先生认为写作就是多读书、多写作，无任何捷径可走；而众多的写手们却写了许多的关于如何提高写作水平的指导书，他们认为写作是有法可循的。在本文里，我不再重复他们的意见，我只是冒昧地谈谈自己的几个观点供大家参考。

——写作是人独有的、以语言为载体的第二信号系统活动。它既是心理的，又是生理的，它既是思维的，又是情感的——睿智且深刻的思想把握、严格且严密的数理—逻辑修养、丰富且丰盈的词汇积累，广博且广泛的句式、篇章技巧见识，是第二信号系统得以顺畅活动的物质基础，也是写作的物质基础。

——写作是一种心智技能。它反映了我们的被合理完善且有效地组织起来的心理活动方式，它既有技能的普遍性特征，即须通过练习而获得，又须通过反复练习才可以熟练；它又有心智技能的特殊性特征，即它的心理活动的对象是语言，它的心理活动的目的是语言的合理、完善、有效地组织。社会生活的复杂性，语言本身的复杂性，第二信号系统活动的复杂性，必然导致合理、完善、有效地组织语言等心理活动的艰巨性。故此，写作是一种高难度的心智技能。

——写作不是玩弄词藻和技巧，而是用一定的思维方式和一定的思想方法方式表达思想——写作主要是写思想，这是我们必须首先注意并反复强调的。没有思想的写作纯粹是无病呻吟、搔首弄姿，纯粹的无价值的、毫无意义的胡扯。

——写作时表达的思想，应是在正确的价值观、在一定思想方法指导下，通过语言表达的有价值的、有条理、经过洗练或锻炼的思想。这种思想必须是正确的、精神的、逻辑的、富有哲学意义的、丰富多彩的、有情感支持的和令人耳目一新的思想。

——写作时的内容表达，一定要有适合的形式与其对应。而对所有的形式，既有一定的法则约束，但又无绝对的法则约束。因为有一定的法则约束，所以写作有一定的文体，如议论文和说明文、记叙文和散文，甚至诗歌；因为无绝对的法则约束，所以我们可选用不同的文体来写相同的内容，即使是选用相同的文体来写，写作的方法还可以多种多样。例如同样选用议论文体来写，议论、证论、辩论、驳论的写法各不相同；又例如同样是写议论文，平常的作文习作式议论文写法与应试临场式议论文写法又不一样。因此，对不同的文体写作方法和不同的临场写作方式，我们要辩证地把握它们——既相对固定圆熟，又不刻板固执，绝对不能让文体形式和临场的写作情景成为内容表达的桎梏。

——写作还要有灵感、语感和美感。灵感，指突然意识到、认知到、觉悟到的思想。语感指的是我们在语言应用时是否准确、是否生动的直觉。美感指我们在语言应用时的态度支持倾向。为使自己有灵感，我们在平时便要多思考、多阅读；思考得多、阅读得多，思想的触角就多，灵感产生的机会就多。语感则决定于我们对语言的熟悉、熟练程度。为提高语感，必须多说、多读、多写、多接触生活。书读得多了、文章写得多了、生活积累多了，自然就有语感了。美感的产生需要我们去潜心体验，体验愈深刻，美感可能愈丰富；而美感愈丰富，写作思路愈广阔，语言所包含的思想与文句的感染力便可能愈强。

——随时回归主题。写作时最基本的原则，是随时回归主题。文章的主题好比项链的主线，文章的内容好比经过精选并琢磨好的钻石，这些钻石都要串联在这根主线上。具体写作时，应先确立好文章的主题，选择好文章的主线，然后点题（抓住线头），将文章内容（钻石）一层层串联在主线上，钻石串完了，一手持主线的末端，一手持主线的首端，将二者重合（点题），项链即"串联"好了，文章也就写好了。写作最忌散漫。上述"项链式"写作方法有利于克服写作散漫。

——高度的概括和生动的具体相结合。我们深刻的思想，表现在高度的抽象上，所以我们要学会严谨地归纳和逻辑地演绎；我们丰富的情感，反映在生动具体的描述和对是非的好恶上，所以我们要观察并体验生活，学会具体地、有情趣地、有情感地描述。高度的概括反映了我们是有着深刻思想的人，生动的具体反映了我们是有着丰富且高尚的情感的、真实可信的人。是深刻、深邃的思想表现和丰富、多彩的情感表现相结合，才使我们的写作活动既表现有思想性，又表现有人情味和可读性的。

——坚持写真话，不写假话（想象和创作是另一回事）。因为人在写真话时一定会流露真情和实意，人一旦流露真情和实意，才有话可写，才有情可抒，才有美可感，才可能在首先感动自己的基础上然后再感动他人，否则就会捉襟见肘、黔驴技穷（高考作文时万勿谎话连篇，因为当你谎话连篇时，你就不能自圆其说；当你不能自圆其说时，你就只好推倒重写。如此反复多次，你就没有了写作时间。到最后，你就不得草草了事，匆匆地上交一篇远低于自己真实的写作水平的文章）。如读《红楼梦》，我们可能不记得晴雯，但我们一定记得刘姥姥。我们之所以记得刘姥姥，是因为她"真"——我们要记住：全世界的人都不愿意受欺骗，都厌恶并鄙薄说假话。说真话的文章即使是文采稍次一些，但较那些通篇假话、大话、套话、空话的纨绔文章，要高尚得多、真切得多、感人得多。

——有逻辑、有条理、有详略。有逻辑就不散，有条理就不乱，有详略就不繁；文章若不散不乱不繁，就有中心和层次；文章若有了中心和层次，就有起承和转合；文章若有了起承和转合，就有谋篇、布局和取舍……总之，有逻辑、有条理、有详略的文章才能简洁而明晰地反映自己的思想，表达自己的爱憎，才不会是墙上涂鸦、信口开河、"打乱讲"（湖南方言：胡说、乱说的意思）。

——简洁、得体、朴实、留有余地。惜墨如金，多余的话一律删除。尽可能用通用、通俗的语言，精确地表达见解，不把个人的聪明露尽，尽量给他人留下更多的想象的空间。

——用心来写，讲究"写德"。文章总是写给别人看的，不盛气凌人，不拉架子"摆谱"，不讲假话、大话、套话、空话，有话则长、无话则短，是尊重他人并对他人负责的表现。一篇选题中庸、中肯，用真心写就，有思想的、有内容的、短小精悍的文章，总会使人开卷有益、读有所得，心智大开。而任何拉大旗做虎皮，包着自己、吓唬别人的假话、大话、套话、空话，任何虚张声势、外强中干、空洞无物的八股长文，都会使人"打尿噤"——浑身起鸡皮疙瘩。高考时，你若交上这样一篇使人"打尿噤"的八股长文，阅卷老师（他十几秒、不到几十秒就把一篇文章评阅完毕了）会像看见一堆牛屎一样，毫不犹豫地送你一把"大叉"，宣布你与重点大学擦肩而过。

——子曰："言之无文，行之不远。"写作需要文采支持，文章有文采才显得华丽夺目。但华丽必须得体，该华丽就华丽，不该华丽就不得华丽，否则就会东施效颦，弄巧成拙。作为中学生，写出一篇像泉水一样纯真、像白桦一样质朴、像阳光一样简洁、像荷花一样灵透的有条理、有思想、有爱憎、有信念支撑、有美感质感的文章，较之于写出一篇像热带鱼一般华而不实的、像流行歌一样无病呻吟的"肥皂文章"要重要得多。

——对记叙文写作，重要的是记中有叙、叙中有感、感中有悟、悟中有情、情中有雅、雅中无俗。故记叙文要交代时间、地点、人物，及至事件、主线、层次、参差、浓淡、照应、详略，包括个人的体验、体会、感悟和感慨，尤其要记真不记假。对议论文写作，重要的是，要揭示在一定条件下，事物之间存在着的那些必然的、本质的联系，不仅要求议而论之，而且要求辩而证之甚至驳而证之。如果记叙文成了"流水账"、议论文成了"例而论之"的形式论证，记叙文就是一堆乱草，议论文就是乱草一堆——都会变得空洞无物、一文不值。

——多背多听多想多记。对众多的中外经典，我们不但要认识它们、熟读它们，而且要背记它们。老百姓有无穷无尽的生动活泼的语言，我们不但要用耳朵"阅读"它，而且要用心"阅读"它，且一边"阅读"、一边思考；"阅读"完后，就用笔记下来——背得多、听得多、想得多、记得多了，语感就有了，词汇和语言自然就丰富多了。

总之，有思想（立意）、有条理（谋篇）、有内容（实事）、有文采（遣词、造句）、有新意、有爱憎、有美感，尤其是有崇高精神美感的、富有汉语言特色和汉语言气派、汉语言美感的文章，才是有意义的、有感染力的、有可读性的、有人文质感的好文章；我们的写作技能与其说是技能，还不如说是我们在认识社会、认识自然、认识人生的时候，在认识美、欣赏美、感悟美、创造美的时候产生的、有逻辑和有条理的语言、文字、思想、情感的真实且诚实的人格素养和语言素养表现。

探索和实践

●中学时期的毛泽东曾写过一篇作文，题目是《商鞅徙木立信论》，他的国文老师柳潜对该文的评语如下："实切社会立论，目光如炬，落墨大方，恰似报笔，而义法亦入古。逆折而入，笔力挺拔。历观生作，练成一色文字，自是伟大之器，再加功候，吾不知其所至。力能扛鼎，积理宏富。有法律知识，具哲理思想，借题发挥，纯以唱叹之笔出之，是为压题（点题）法，至推论商君之法为从来未有之大政策，言之凿凿，绝无浮烟涨墨绕其笔端，是有功于社会文字。"到网上查读这篇作文，体会柳潜先生对该文的评语，写一篇自己的感想——《我究竟应该如何写作文》。

●这是温家宝同志在怀念胡耀邦同志的文章中的一段话："耀邦同志去世后，我每年春节都到他家中看望，总是深情地望着他家客厅悬挂的耀邦同志画像。他远望的目光，坚毅的神情总是给我力量，给我激励，使我更加勤奋工作，为人民服务。"阅读温家宝同志怀念胡耀邦同志的文章和温家宝同志的其他文章，体会写作时坚持写真话的意义。

19.2 如何提高数学运算、数学论证与数学制图技能水平

数学运算、数学论证好比写文章，所有有利于提高写作技能水平的方法和措施（见上篇：《如何提高写作技能水平》），都可以用来提高数学运算、数学论证技能水平。

任何数学运算、数学论证，都是从实据、实例、实证开始，根据一定的数理、事理的逻辑关系，沿着一条数理、事理的逻辑主线，有条件地展开着并用规范的专业语言有层次表达着的。所以表面上看，数学运算、数学论证是"论证"和"计算"，本质上看，却是对概念（命题）、对问题解决的思想方法、对所

有逻辑联系的边际条件、对得体的且优美的学科语言的准确把握和准确表达。

——准确把握数学概念、数学法则及相关数学用语，是提高数学运算、数学论证技能水平的基础。

数学运算、数学论证是技能，它的掌握有技能学习的特殊性。它的特殊性在于：数学运算、数学论证过程既是思维过程、思维结果的表达过程，又是思想方法方式乃至情感方式、意志方式的表达过程，而不仅是技能行为方式的表达过程。

——提高学习品质水平：端正学习态度，规范学习行为，培养学习习惯，强化美学意识，是提高数学运算、数学论证技能水平的前提。

数学运算、数学论证是技能，它的掌握有技能学习的一般性。它的一般性在于：数学运算、数学论证必须在实践中借助多次模仿而熟悉，依靠多次具体训练获得经验而熟练。因此，持之以恒地在"做"中"思""数学运算、数学论证"，持之以恒地在"思"中"做""数学运算、数学论证"，持之以恒地通过多"做"和"思"，将数学运算、数学论证具体化了、技能化了、经验化了和思想方法化了，数学运算、数学论证技能才可能得以掌握。

数学概念、数学法则及相关数学用语一旦得到准确理解和准确把握，数学运算、数学论证一旦在反复实践中被经验化、技能化和思想方法化，它们就脱离了单纯的技能活动范畴，它们就可能以生动活泼的"活"的"数学"素养，进入到我们的认知结构和个性心理之中，我们的数学运算、数学论证技能就脱离了单纯的数学运算、数学论证技能阶段而转化成了我们的生动活泼的思想。

——随手乱画、不按照制图学要求制图、数学制图技能水平极差，是我们数学学习的真正的"跛足"。我们要提高数学制图技能水平，首先就要明确——无规矩不成方圆——我们必须严格按照数学制图标准（包括如何写字、如何画墨线、如何标志字符等）制图；其次——工欲善其事，必先利其器——我们要学会正确使用制图工具（包括如何正确地削铅笔、如何正确地使用直尺、圆规、橡皮等）制图；第三，甚至坚持高标准的、一丝不苟的、有美感的数学制图练习——高标准的数学制图练习做得多了，数学制图方法得心应手了，数学制图技能水平自然就提高了；第三，强化科学意识、规范意识、标准制图意识和数学制图的美感，杜绝随手制图的现象，克服马虎制图的习惯。

我们打开教科书、数学练习本、观察一下老师的板书，会发现不管是教科书、数学练习本，还是老师的板书，数学制图之差实在不忍卒视。我们的数学制图水平实在太低劣、数学制图态度实在太马虎！

数学教科书的编写者们，你们可以打开前苏联的学校教科书，看看他们是如何数学制图的，他们的数学制图实在是无懈可击啊！而你们为什么做不到呢？你们的数学制图是太没有美感、太没有示范作用。

——准确、严谨、有美感的数学制图过程，本身就是崇高精神的展现、崇高精神的美感的体验过程和崇高精神的成长过程。但从目前的情况看，对提高数学制图技能水平这件事，我们确实是重视不够。

探索和实践

●找一份工程师的工程设计图，理解运算、论证、制图技能如何标准化。

19.3 如何提高外语的听、说技能水平

为什么我们学习了许多年外语，却既不会听，又不会说呢？为什么生长在外语环境中的小孩子，他一年的生活外语学习，能胜过我们几年的学校外语学习呢？其中的主要原因，就在于我们没有将外语技能化，即没有将外语应用于合理地、完善且有效地组织起来的心理活动中和行为活动中，使其成为心智技能和动作技能的一部分——说得简单些，我们既没有将外语作为内部语言纳入思维活动，又没有将外语作为外部语言纳入我们的语言活动。作为交流思想和情感的异国语言，不能被技能化，我们怎么能活泼生动地、熟练地掌握它呢？

我们的外语学习之所以难以技能化，一方面在于我们的学习的立足点不对——我们总是把外语视为一门科学来学，把识记单词、掌握语法、学会阅读、应付考试作为学习目标，就像学习物理、化学一样地学习它，没有把它视作一种学习或生活的实用技能；另一方面，在于我们经常用母语作为辅助工具来学习外语——外语刺激往往须转换成母语刺激才得以完成语言刺激过程，而母语的介入不但影响了语言刺激和语言反应间的联结(使直接刺激转化为间接刺激)，而且母语的固有的语言结构和母语的固有的思维方式还干扰了我们对外语的语言结构和语言思维方式的理解。

我们的外语学习难以技能化的第三个原因，在于我们在学习外语的时候，经常是读写先于听说，即视觉刺激先于听觉刺激。因为视觉刺激先于听觉刺激，所以视觉反应定势形成先于听觉反应定势形成。而先形成的视觉反应定势使我们在做出听觉反应时，总是试图用视觉反应定势去反应它，如此牛头不对马嘴，自然就跟不上语言节奏，自然就听不懂了。

我们的外语学习难以技能化的第四个原因，在于单词学习的方法不对。我们知道，孤立的单词的读法与具体句子中的具体单词的说法是不太相同的。如果我们仅知道孤立的单词的读法，而没有掌握单词在具体情景中、在具体情景中的具体句子中的具体的说法，孤立的单词的读法与具体句子中的具体单词的说法就形成了"两张皮"——具体语言情景中的具体单词就有如雾里看花，我们自然就既听不懂这个单词，又说不准这个单词了。

我们的外语学习难以技能化的第五个原因，在于我们没有创设外语具体化

的学习情景——不勇于在人际交往的气氛中张开口说外语。因为外语是一门心智技能，心理上认知了它还不够，还要在行为上熟练它——如果我们在上课时认知了外语单词、句子和语法，在课后却不创造具体练习它的机会，我们对外语的认知就会死板地停留在呆滞的单词、句子和语法意义上；我们对外语的认知若是死板地停留在呆滞的单词、句子和语法意义上，听、说的语言训练量达不到一定的值，外语自然就难以技能化了。

提高外语听、说技能水平的关键，首先在于将外语作为内部语言纳入我们的心智技能活动——用外语思维；其次在于将外语纳入外部行为活动——用外语具体交际；第三在于克服母语对外语学习的影响，不让母语的语言结构方式、语言思维方式和语言表达方式影响外语的语言结构方式、语言思维方式与语言表达方式；第四在于创设外语交流的情景，大家都开口说外语，坚持先听说、后读写，坚持在外语的听、说交流中熟练外语、掌握外语；第五，多听——不管自己听得懂还是听不懂。

试着统计一下，从初一到初三，我们学习了多少单词、多少句子和多少语法呢？其中有多少单词、多少句子、多少语法通过技能化过程被我们熟练地掌握了呢？几乎少得可怜！我们同样地又试着统计一下，从高一到高三，我们学习了多少单词、多少句子、多少语法呢？我们是否将它们技能化了呢？同样是少得可怜！我们学习了六年的外语，学习的容量是如此之少，但我们却既听不懂普通的外语对话，又说不出简单的外语句子，我们的学习速度甚至比不上三岁的稚童，这岂不是一件令人羞愧的大笑话吗？

我们要下决心将外语技能化纳入自己的学习计划之中。我们每遇到一位同学，不妨从相互"Good morning"说起，到"Good bye"为止；我们即使遇到一位陌生人，不管他是谁，也不妨用内部的外语语言对他描绘一番；我们的日记、周记，不妨用外语写；课堂上学习外语时，我们不妨坚持首先听说，然后读写；多听——听得懂还是不懂无所谓。总之，凡有外语技能化的机会，我们就要尽力利用它。我想，如果我们如此地练习外语技能训练，是不可能学不好外语的，外语是完全可以技能化的。

在学校课程中，外语是一门主课，外语学习确实耗费了我们大量的时间和精力，我们理应该学有所得才是。当然，把外语当作一门语言技能来学，只是我们中学生的目的。到了大学，或到了更高的学习层次，外语就不仅是一种技能，而是一门学问了，我们学法就有些不同了。

探索和实践

●找几张原声电影影碟，然后反复播放，你会发现，你看电影学得的外语，比在课堂上学得的外语要多得多。这是为什么呢？母语如何影响外语学习？你对这些有什么体会？

19.4 如何提高实验技能水平

提高实验技能水平，几乎是所有中国学生面临的、亟待解决的、事关重大的学习问题。

缺乏实证精神，是我国传统文化的硬伤。在古代中国，圣哲们普遍地重视思考、思想和思辨，普遍地轻视实验、实证和实据。受此影响，我国的学校相对偏重于理念的授受和理论的辨析，相对忽视实验的探究和实证的发现。在许多学校里，老师和同学对实验采取的都是漠不关心的态度，学校不开放实验室，老师在视频上讲实验，学生在试卷上做实验——实验数据不是在具体的实验情景中，通过具体的实验观测获得，而是凭着主观的逻辑推理或主观的想象臆测！缺乏实证精神，曾经是元、明以降，中国缺乏科学原创力的原因之一，如果我们现在仍然缺乏实证精神，我们即使再努力发奋一万年，我们的科学技术仍然会赶不上西方国家！

实验技能包括实验心智技能和实验动作技能两方面。属于实验心智技能的有：实验方案设计技能、实验资料查阅、实验现象观察、实验信息收集与实验数据处理、实验结果分析与报告技能等。属于实验动作技能的有：实验仪器制作、调试与装置技能、实验仪器、用品操作技能、实验环境保护技能和实验意外事故处理技能等。

实验技能是一个复杂且庞大的技能系统工程。

和所有的技能活动一样，实验活动同样是知识技能化的过程，它本质上反映了我们的认识水平，反映了我们在一定思想方法指导下的思维方式和在一定思维方式指导下的行为方式。所以，提高实验技能水平的方式千头万绪，归根结底是提高知识水平、提高思想方法水平、改变思维方式。举个例子，植物的叶子本是用来光合作用、制造养分的，但植物叶子本身要新陈代谢、消耗养分。在一株植物上，哪一部位的叶子制造的养分与消耗的养分持平、哪一部位以上的叶子消耗的养分多于制造的养分、哪一部分的叶子制造的养分多于消耗的养分呢？当我们设计一个实验来探究它的时候，就需要我们要将相应的知识转化为实验技能，并佐以科学的思想方法和创新的思维方式。

值得注意的是，我们在充分提高知识水平、思想方法水平，改变思维方式的同时，要特别注意恪守实验技能活动的规范性。在学科实验室里，长期的实验实践积累了丰富的实验经验，这些经验累积起来并加以概括，就形成了实验室规范或实验室规则。对这些规范或规则，我们必须一丝不苟地遵守它，即任何的实验技能操作，都必须分毫不差地、按规范或按规则准确到位，切不可有半点的马虎。

和所有的技能活动一样，实验技能只有达到熟练程度才有意义，而熟练程度的达到，需要我们经过长期的练习。做个有心人，坚持长期的实验技能训练，是提高实验技能水平的途径，也是唯一的途径。

探索和实践

●提高实验技能可以从四方面入手，你对此如何理解？为什么说提高实验技能水平的本质在提高实验的思想方法、思维方式水平呢？

19.5 如何提高信息收集、处理技能水平

21 世纪，是百舸争流的世纪，一日千里的"信息技术"，把地球的各个角落连接起来了——一切都在名副其实地信息技术化，一切都在名副其实地技术信息化。为适应世界的信息化趋势，我们务必要提高信息收集、处理的技能水平。

所有的信息都是经由阅读、聆听、交流、观察、接触等途径，通过感觉、知觉、思维、记忆（储存）的过程收集到、处理好的。所谓"提高信息收集、处理的技能水平"，其实是提高信息的"感觉、知觉、思维、记忆（储存）"各个阶段的技能活动水平。

提高信息的"'感觉、知觉、思维、记忆（储存）'的技能活动水平"，包括两个方面。一个方面是提高相应的、各个阶段的智力技能活动水平，另一方面是提高相应的、各个阶段的动作技能活动水平。

要"提高相应的、各个阶段的智力技能活动水平"，首先是要有信息收集、处理的敏感性——善于感觉信息的刺激并迅速做出信息刺激反应。其次要能尽快地将感觉到的信息刺激整合起来，形成信息知觉并结合自己已有的经验，尽快地将信息知觉过渡到信息思维，并通过信息思维发现信息的本质或说发现本质的信息。最后，能将本质的信息转换为信息命题或转换为信息问题存储起来。

要"提高相应的、各个阶段的动作技能活动水平"，关键在于，第一，要认真负责、做个信息"有心人"。第二，要熟练掌握相关信息仪器设备的使用、维修技能和信息化技术。第三，信息动作技能活动应尽力向信息智力技能活动转化，绝对不陷入单纯的信息动作技能误区。

青蛙住在深井里，它见到头顶上有亮光——是它的信息感觉；它觉得头上这一大块亮光是天——是它的信息知觉；它说"天只有井口大"——是它的信息思维。青蛙一旦把"天只有井口大"这一信息结论记住了，它他就获得了"天只有井口大"这一信息了。由此看来，青蛙前一阶段的信息收集与信息处理的技能水平是比较高的，但青蛙最后得到的信息命题却错了，因为"天远不止一个井大"。如果青蛙能如此这般地将最终得到的信息反思成信息问题——或是"天难道真的只有井口大吗？"或是"天既然只有井口大，它为什么不会塌下来呢？"

或是"假如井口大一些，天是否会大一些呢？"……诸如此类，青蛙就不会犯"天只有井口大"这一信息错误了，青蛙也就不会被讥笑为"井底之蛙"了。可见高水平的信息收集与信息处理技能活动的最关键、最成功的一步，乃是将信息命题转化为信息问题——获得了信息命题，在信息收集与信息处理的技能活动中，只不过是"万里长征"走完了第一步。

总之，我们要做个提高信息收集与信息处理技能的有心人。我们尤其要注重有关新理论、新观点、新技术、新进展、新发现、新创造的信息的收集与技能处理。我们尤其要联系实际，在获得的信息中创造性地发现新问题。许多同学不善于通过阅读、交流、聆听、观察、探究、思考等方式以获得信息（上网不是聊天，就是游戏），即使获得了信息，也仅限于信息命题阶段，不能将信息命题转化为信息问题，他们像古代的读书人，"两耳不闻窗外事，一心只念教科书"，成了"信息技能盲"，这是极不妥的。

探索和实践

●报载：载人飞船返回舱是钛合金制造的，你因此获得了些什么信息呢？

19.6 如何提高人际交往技能水平

按照心理学家的观点，每个人都有成就的需要、情谊的需要、财富的需要或生理、安全、交往、自尊、自我实现等需要。我们要满足上述需要，只有一个途径，就是通过人际交往活动，努力从对方，从他人身上获得情谊，获得财富，满足自己或成就、或自尊、或安全、或自我实现的需要。所以提高人际交往技能水平是很重要的。

如何提高人际交往技能水平呢？

主敬——尊重他人。人是社会化的人，人最基础的心理需要之一当属自尊。因此，尊重他人，是人际交往技能中的基础技能。许多人人际交往技能的失败（包括学习的失败乃至人生的失败），就失败在"不善于真心地尊重人"这一基本的人际交往技能点上。对尊重人而言，最要紧的，是尊重他的存在、尊重他的自尊、尊重他的权利、尊重他的价值观念和他的思维方式（即使他是错的，也应该先尊重他，再商榷他错误的地方），而不是使用强制或胁迫的方式，逼迫他违心地放弃自己的主张而勉强地与他人的态度保持一致。交往时尊重对方的人格，注意礼貌礼仪、虚怀若谷地接受他人的意见，不苛责人，不将自己的意见强加于对方，是一种人际交往德行。我们应该牢记："己所不欲，勿施于人"，即使我们贵为上帝，且我们面对着的，是一个十恶不赦的、已判决为死刑的犯人，我们也必须尊重他——妄自尊大、自以为是、骄枉虚饰、盛气凌人，是人际交往技能的最大缺陷。

真情——真实、真诚、真挚。人是有感情的动物。在很多种情况下，人的行为不为人的理智所决定，而为人的情感所决定。所以，掌握人际交往技能的另一个关键，在于用真情感动对方，或通过某种途径让对方产生真情而自己感动自己。我们知道，情感是人的需要是否满足时产生的态度体验，我们要让对方产生自己肯定自己、自己认可自己的情感，必须首先设法满足对方自己肯定自己和自己认可自己的需要。因此，我们应积极付出"肩膀"，真心地让对方在获得成功的基础上，享受到自尊感、成功感和自我实现得以实现产生的成就感。对方一旦有了自尊感、成功感和成就感，心理压力得到放松，他的愉悦感和幸福感就会油然而生。对方不是傻瓜，他知道他的这些自尊、成功、成就、愉悦与幸福，均由我们的"肩膀"所促成，他自然会感恩于我们并尽快地缩短他和我们之间的人际距离。这样，我们的人际吸引力就增强了。所以说，"关心他人比关心自己为重"、助人为乐，是人际交往的核心技能。

沟通——促进彼此理解。每个人都是身心独立的个体。在人际交往过程中，不同意见的切磋、砥砺甚至交锋，在所难免。这时，我们要学会与人沟通，学会在沟通过程中交流思想、交换智慧、消除歧见和误解，用理智和情感说服人，同时，也让对方用理智和情感说服自己。但这种说服是心悦诚服的悦服，是彼此因对真理的共同向往的悦服，而非功利的诱惑或权势的屈就。"学会与人沟通，学会在与人沟通中放大智慧，学会用理智和情感悦服人"，是人际交往的关键技能。

互助——相互关心、相互爱护、相互帮助、相互支持。人难免会有困难、难免会受到挫折——困难会导致困境，挫折会产生忧虑。在困境和忧虑中，人最期盼的，是他人和团队的关心和理解。但人的私心常常表现出"锦上添花"常有，而"雪中送炭"不常有，因此，出自真心的"给出自己的肩膀，让人站得更高"，常使人产生感恩之心、减少戒备之心，进而缩短人际距离，因此，关心人、爱护人、帮助人、支持人，是人际交往的决定性技能。

让利——大公无私。温、良、恭、俭、让，不侵害、不损害他人任何利益，不做任何见利忘义的事；即使是属于自己的合理利益，也不争先恐后，甚至可以礼让他人。人与人之间，没有利益和利害冲突，人际交往自然顺畅许多。

当我们怀抱着真挚的情感，以真诚的态度和真实的形象，真心地与人交往时，我们自然就有可能获得对方以同样的真挚、同样的真诚、同样的真实与同样的真心的回报，这样我们和对方之间的人际认知便有可能愈来愈深刻，我们和对方的人际情感便有可能愈来愈密切，我们和对方间的人际距离便有可能愈来愈短小，我们和对方的人际关系联系便可能逐渐发生从相生到相识，从相识到相知，从相知到相悦，从相悦到相同的深化。所以，从某种意义上甚至可以说，人际交往技能千头万绪，归根到底就是躬行着两个字：一个"真"字——真挚、真诚、真实和真心；一个"忠"字——忠实、忠诚、忠心和忠恕。一个人不管把握有多么娴熟的人际交往技能，他一旦让"真"字和"忠"字蒙上了灰尘，他的人际关系技能就是一种自欺欺人的人际交往乌龙，便毫无技能的意义可言了。

在这井然有序而又五彩纷呈的社会里，每个人都要依靠他人才可能获得他必须的生活资料和生活条件，每个人都依靠他人的存在而存在——每个人都要依靠他人的"肩膀"才可能站得更高，每个人必须提供自己的"肩膀"让他人站得更高才可以得到他人的"肩膀"；更何况是"屋檐水滴现眼""种瓜得瓜，种豆得豆"……

总之，克服私心，掌握真实积极、外圆内方、蒋柔圆熟的人际交往技能，真诚地、具体地、娴熟地处理好各种人际关系，不但能使自己自立于世，而且又使他人也同时能自立于世，不但让自己出类拔萃，同时也让他人更能出类拔萃，是一件十分重要的事。在某种意义上可以说，"学会做人"的内容之一，就是学会处理人际关系，提高人际交往技能水平。

探索和实践

●比较下述人物的人际关系交往技能水平：诸葛亮与周瑜、关羽与张飞、曹操与刘备，谈一谈自己的意见。为什么人际交往时必须示人以真，不能示人以假呢？你对此有体会吗？

19.7 努力精通一至三门技能

我们早已知道，双手是我们的宝贵财富之一。双手之所以是我们宝贵的财富，是因为通过它，我们可以掌握并精通一门乃至多门技能。在这一门乃至多门技能中，核心的技能是职业（劳动）技能，其余的则是从属于职业（劳动）技能的、用以愉悦身心的兴趣技能。

我们长大成人之后，是要安身立命于世界上的。我们依靠什么安身立命呢？我们直接依靠并赖以安身立命的，不是抽象的思想，空洞的语言，深奥的知识，而是能为社会创造财富的职业（劳动）技能。我们正是通过职业（劳动）技能的活动，尤其是通过信息技术、自动化技术、计算技术、软件技术、传感技术、网络技术、机器人技术与激光技术等新技术活动，付出劳动，创造价值，得到社会报偿，实现劳动价值，然后才有饭吃、才有房住、才以安身立命的。这就像医生通过医疗技能实现劳动价值、工程师通过工程设计与施工技能实现劳动价值、教师通过教育教学技能实现劳动价值得以安身立命一样。而医生、工程师、教师等社会职业的劳动价值实现量，显然与其职业（劳动）技能的熟练、精通程度有关系。职业（劳动）技能熟练、精通程度愈高，即技能愈熟练、愈精通、愈职业化，其劳动价值就愈高，社会需求就愈迫切。这就是我们为什么反复强调要苦练并掌握、还需精通职业（劳动）技能甚至使它达到世界一流的原因。

除了熟练、精通职业（劳动）技能外，我们还要熟练、精通一至二门兴趣技能。如音乐、舞蹈、书法、文学创作、工艺制作等。兴趣技能可以松弛我们的身心，陶冶我们的性情，使我们的双手不至于空闲，使我们的大脑得到更全面的锻炼，使我们的学习生活更加充实、更加和谐。

在中学学习阶段，我们虽不能系统学习并熟练、精通未来的职业（劳动）技能，但我们可以为它未来的熟练、精通做准备。如我们的职业生涯理想是做一个环境艺术设计师，我们现在就可以学习并掌握基本的美术造型设计及景观设计技能，我们不必机械地等到了大学再学习它们。对兴趣技能，我们应该从中学阶段就开始培养它们。

如果我们每天疲于上课、作业、考试，除了掌握部分学习技能外，我们既未打好职业（劳动）技能基础，又未打好兴趣技能基础，我们的两只手几乎没有掌握什么技能，这是很可悲的。可悲之处就在于我们把我们与生而来的宝贝——熟练掌握技能的双手"丢失"了。

但贪多嚼不烂，艺多不沾身，我们期望努力精通的技能应该是有限的。我们不可能同时左手画圆、右手画方，即同时熟练、精通许多门技能。一方面，这是因为没有精力与时间来熟练、精通它，另一方面，是因为没有必要。在高中和大学学习阶段，高水平完成学业学习任务，毕竟是唯此唯大、重中之重。

你没思考过你未来的职业是什么吗？你的未来的职业，需要你熟练、精通哪些职业（劳动）技能呢？你现在在积极地做职业技能学习准备吗？你是否有让自己的双手变得更灵巧、更敏捷的期望呢？你如果有，应该如何将其具体化呢？

探索和实践

●某工厂的大型电机出了故障，找不出原因，于是请一个电机专家来帮忙。电机专家端详了电机一会儿，在电机的外壳处用粉笔画了一道"线"，说：这里有一匝绕组烧坏了，拆除并换掉它就行。工人们照着做，电机很快修好了。

工厂经理问电机专家要付多少钱。专家说一千美元。经理很诧异地说："您不是就画一道'线'吗，怎么值一千美元呢？"电机专家说："是的，画一道线只值1美元，而知道在什么地方画这道线值999美元。"经理无言以对。

试着分析本故事，说明精通技能的作用。经验化知识、知识化经验、知识技能化三者之间各有哪些异同？

第六编　培养课外学习力

第二十章　养成良好的课外阅读习惯

20.1 养成良好的课外阅读习惯

　　我们如果期望人有所成、学有所成，就必须养成良好的课外阅读习惯。

　　显然，学习的首要目的和主要任务，是在学习并掌握思想的基础上培养崇高精神——学习并掌握古今中外的已被实践证明是正确的或将被实践证明可能是正确的思想和崇高精神。由于这些思想和崇高精神大部分都是用文字承载在课外的书卷上和电子文本上的，我们若要学习它们，首先就要阅读它们。

　　与现代先进的生产力发展水平相比较，学校的课堂学习无疑是人类效率最低下的心理和行为活动（有时候我们在学校的课堂上花了一个月才学会的东西，其实只需花半天就可以学会了），然而我们又不得不进入学校学习——如此就产生了一个矛盾：一方面，学校学习效率低下，另一方面，我们又不得不进入学校学习。我们该如何解决这一矛盾呢？我们怎样才能提高学校课堂学习的效率呢？我们怎样才能克服学校学习效率低下的缺陷呢？我想，解决上述问题的最好办法，是养成良好的课外阅读习惯，努力通过课外阅读习惯的养成以增大课外阅读量，努力通过课外阅读量的增大以增大课外学习量，努力通过课外学习量的增大以提高学校课堂学习的效率，弥补学校课堂学习效率低下的不足。

　　养成了良好的课外阅读习惯，还有其他很多好处。

　　遗传学早已证明，每个人都是各有其智慧优势并各有其在智慧优势主导下的兴趣优势的。充分发展各自的智慧优势，充分发展各自的在智慧优势主导下的兴趣优势的最好办法，就是课外阅读。

　　与图文知觉作为刺激物的第一信号系统活动不同，书面阅读是以文字作为言语（符号）刺激物的第二信号系统活动，书面阅读的数量、质量、广度、深度，启动书面阅读的时机及书面阅读持续时间的长度，在一定程度上决定了我们的第二信号系统活动质量和我们的思维发展水平，进而为我们的后续学习做好心理准备。

　　学习有有意学习和无意学习两种，课外阅读就是一种无意学习；学习的准备有"精"预习（课程学习的课前预习）和"泛"预习两种，课外阅读就是一种"泛"预习。在知识分子家庭中长大的同学之所以更具学习力，是因为他们的课外阅读力较其他同学更强、无意学习量较其他同学更大、"精"预习和"泛"预习时间较其他同学开始更早、"精"预习和"泛"预习的范围较其他同学拓展更广的缘故。

假设我们正在读俄国诗人莱蒙托夫的诗歌《恶魔》（意译，不妥请原谅）：

"罪恶的灵魂，

谪放的精灵，

飞翔在污浊的大地上空。

往日生活的回忆，

纷纷交织在他的面前——

在这些日子，

他渴望着智慧，

透过永不消散的迷雾，

注视着天空中一对对被委弃的星辰——

……"

又设想我们在读《史记·淮阴侯列传三十二》，正读到蒯通再次、也是最后一次劝导韩信，希望他尽快地叛汉称王的情节："猛虎爪牙锋利，足以伤人，若被人擒获，还不如蜂蜜的毒刺；千里马若踌躇不前，还不如驽马走一步是一步实在，一个人纵然睿智于舜禹，但若沉默不语，还不如聋哑人打手势有用。所以处事最要紧的，是抓住时机，付诸实践。机会呀！机会呀！机不可失！时不再来呀！"

还设想我们已阅读完《百科知识》杂志2005年第十期，我们的学习就涉及到语言学、卫生学、航天航空学、数学、化学、遗传学、天文学、微生物学、地理学、地质学、动物学、医学、物理学、心理学、历史、政治、传记、金融学、生态学等几十门学科的几百个知识点。

假设我们在读《诗经》《楚辞》和汉乐府，我们会发现我们的先祖们是如此的弘毅坚韧、浪漫多情，又是如此地清澈纯洁、才华横溢……我们甚至会发现他们的语言文字把握力和语言美感领悟力在某些方面几乎遥遥领先于当今的世界。

——课外阅读就像放大镜和显微镜——通过课外阅读，我们就能见到一个远比教科书要丰富灿烂一万倍的苍穹。这个苍穹不但有利于我们获得知识，而且有益于我们成长精神，不但能启发我们产生丰富的想象和深邃的思考，而且能呼唤我们产生无垠的想象和浪漫的情感。

——他人甚至是许多人穷其一生甚至穷其几十年、几百年所总结、所发现的精神、经验、智慧、方法或思想，我们通过课外阅读，在几小时内就掌握了它，天下没有比这效益更高的学习活动了。

——课外阅读量大了，尤其是经典读物的阅读量大了，我们的内部语言就极大地丰富了。内部语言的丰富，使我们的思维从"经验的直觉"，转化为以"词"为载体的逻辑的"语言意识流"思维——学习实践已经证明，如何使"思维成为是以'词'为载体的'语言意识流'"思维，进而提高第二信号系统的活动质量，是一个特别重要的学习问题。

在古代中国，学校学习叫读书，课外阅读也叫读书。古代中国的课外阅读不但要"读"，而且要"背"，不但要广"背"，而且要博览——此所谓"博览群书"或谓"读万卷书，行万里路"也。

如果学校的学习所得定为1，课堂学习所得约为0.6，社会学习所得约为0.1，课外阅读学习所得约为0.3。如果缺乏课外阅读学习，我们的学习所得就不足0.6（为什么？）。

总之，课外阅读可以丰富我们的精神生活，引导我们学会学习、学会思考、学会做人、做事、做学问；课外阅读可以改变我们的个性和气质（如就个性和气质而言，爱读书的林黛玉与不爱读书的贾宝玉就不相同），甚至可以改变大脑皮层细胞间信息传递机制和第二信号系统活动的生理生化作用机制（这是一个特别重要的问题），使我们成为既有人文素养支持，又有崇高精神鼓舞；既受过系统的人类智慧滋润，又受过系统的人类文明熏陶的人。

我们当中有许多同学不热爱课外阅读，他们中有的几乎从未系统地阅读过一本书，甚至从未系统地阅读过一份报章杂志，他们几乎不关心任何用书面语言承载的人类文明……，因为他们的第二信号系统缺乏足够的训练和刺激，所以他们打开任何一本文字书，就会头晕脑胀……这些不能不说是一种令人痛心疾首的悲哀。尤其值得指出的是，互联网的普及，使得阅读网络化了。与书卷阅读相比，网络阅读是两种完全不同的阅读方式。网络阅读完全不是系统的第二信号系统刺激，阅读内容东拉西扯，有如布朗运动，它根本不可能创设一种让阅读者心驰神往、得意忘形的艺术美学境界。甚至可以冒昧地断言，网络阅读会使原本可以成思想家的夫子变成鲁智深、使原本可以成文学家的司马迁变成贾桂、使原本来可以成为诗人的陶渊明变成胡屠户……毋庸置疑，痴迷网络阅读而拒绝书面阅读，就等于是在堆垒一垛烂草——网络阅读越多，人反而越蠢。

在学校里，我们比较多地注重课堂学习，注重考试、分数，比较多地忽视了课外阅读，是我们的志向不够弘毅、个性不够坚强、视野不够广博、情感不够深刻、学习能力迟迟不能成熟的重要原因。

人和动物的根本区别，在于人总在不息地追求精神和思想，而动物则总在不停地寻求食物和增殖。当我们舍弃课外阅读，放弃精神与思想追求的时候，我们便和动物毫无二致。

探索和实践

●阅读习近平同志的《我的文学情缘》，体会阅读对人的重大作用。

20.2 拟定另一个学习大纲——着重阅读经典

"拟定另一个学习大纲——着重阅读经典"是一句形象化的话。其本意是，拟定一个课外经典图书目录以供课外阅读用。

课外阅读要读些什么经典，其目录拟定应从何处入手呢？哪些书是经典的且是必读的呢？

最简单的选择原则是：在老师的指导下，哪些书最有益于形成正确的世界观、系统地掌握方法论；哪些书最能开拓学科学习背景、最能给人以丰富的人文素养、最能激发人坚强的意志，最能丰富人高尚的情感；哪些书最能代表人类智慧并最能抵抗丑恶、改造贫乏和平庸、远离虚无和轻浮，哪些书的精神境界最高端、最高尚，哪些书会使人的心灵变得坚强、宏大、高尚，哪些书就是经典，你便选择哪些书来读。如果要我推荐，我以为这些书可能是依序必读的：优秀的诗歌、传记、哲学、历史、文学、百科知识、科普作品就是经典。请注意：诗歌类书籍应是排在第一位的，历史类书籍排在哲学类书籍之后，文学类书籍排在历史类书籍之后。

明确了必读书的类别和顺序，你就可以请老师做指导，列出必读书的详细目录。这些书大部分可以从家庭或图书馆借到，书店里也可以买到。

特别值得强调的是，你对与经典阅读相反的流行阅读、包括对部分电子阅读，要保持一定的警惕性。你不要过多地阅读那些不伦不类、文白夹杂的武侠书。这类书缺乏思想性，读多了还会影响语感。对言情类、魔幻类小说，你也没有必要去读它们，因为这类书完全是哗众取宠、唯利是图，难以把你培养成襟怀博大，志在千里的人。那些低级下流的口袋书、龇牙咧嘴的漫画书，也不要去关注它们，因为它们离优秀、伟大、高尚、坚韧、弘毅、浪漫有十万八千里。对于那些正在校园内流行的青春情感书，你也不要去读——书中的人物，小小年纪，连骨骼、肌肉都没有发育完全，就眼泪婆婆地"情"呀！"爱"呀！"拥抱"呀！"痛苦"呀！"彻夜不眠"呀！真是令人笑掉大牙！我认为：不要说是读，你就是把这类书从书包里取出来都应感到羞耻！对某些旨在"启迪"你的"人生经验"的"励志"书和网络上的部分"电子书"包括部分博客帖子，你也要持谨慎的态度，因为这些书，包括这些博客帖子讲求"卖点"、迎合世俗，其中有很多实用主义的东西，它甚至可以使你变得极端功利、极端世故、极端自私、极端平庸、极端生理、极端可怕，甚至极端下流。有人说，作为年轻人，接触一些负面的读物,可以提高精神免疫力——有人又说,读什么书,完全是个人的自由,用不着别人指手画脚——我不赞成这一观点。在高中或大学阶段,学习时间紧迫,对正面的读物,你尚没有较多的时间读,更何况是负面的读物呢?再说你的免疫机能还不足以抵抗这些黄色或灰色的负面读物的阴暗和侵袭;至于"读什么书,是个人的自由",更不值一驳:我们并未立法说海水里的鱼不能跳到岸上。假如海水里有一条鱼说,我在什么地方游,是我个人的自由,并且执意要从海水里跳到陆地上,它的结果会怎么样呢?可见,读什么书,固然是你的自由,但自由是相对的而不是绝对的。你如果良莠不分、是非不辨,仅为追求感官和心理的刺激而读书,你就会偏离课外阅读方向,甚至会使你读书愈多,人反而愈傻瓜、愈垃圾、愈痞子、愈市侩。

也许,美国教育部门的做法对我们"拟定另一个学习大纲——重读经典"有借鉴意义。

美国教育部门为高中学生列举的重读的经典有:莎士比亚的《哈姆雷特》、弥尔顿的《失落园》、柏拉图的《理想国》、奥斯丁的《傲慢与偏见》、马克思的《共产党宣言》、陀思妥耶夫斯基的《罪与罚》、托尔斯泰的《战争与和平》、马克·吐温的《哈克贝利·费恩历险记》、费特曼的《草叶集》、艾默生的《演讲集》等。美国教育部门规定,这些书目"数十年不变,且要参加相关内容的考试"。对于我们,重读中国的经典——《诗经》《楚辞》《汉乐府》《史记》《论语》《传习录》、唐诗、宋词、《红楼梦》《三国演义》《水浒传》《中国通史》《共产党宣言》《矛盾论》《实践论》《邓稼先传》并在此基础上,选读一些世界名著,是必须和必要的。

美国的教育管理相对松散,为什么美国的教育管理部门对学生的课外阅读要求却如此严格且如此具体呢?显然,美国教育部门的目的,旨在以这些作品所展现的精神,去帮助年轻一代对抗精神丑陋,同时引导年轻的美国人更好地面对社会、面对生活,更好地维护资本主义制度。

我们的教育部门和出版部门中的少数人似乎没有美国人这种眼光、似乎缺乏美国人这种远见。教育部门少数人考虑的,是"升学率";出版部门少数人考虑的,是"多赚钱";至于双方如何携起手来,如何通过课外阅读的落实以激发起我们的崇高精神和高尚情感、落实党的教育方针,他们不一定认真负责地讨论过。

课内学习和课外阅读好比"两条腿",我们的现代学习就是靠这"两条腿"走路推进的。

探索和实践

●试着拟一个自己的课外阅读目录。请你查一下自己的书橱,将那些令自己萎靡不振的书一律清除掉。

20.3 课外阅读的时间从哪里来

最好利用的阅读时间是周末、节目和假期。在这些时间里，我们的学校学习压力变小、学校学习包袱变轻，闲暇时间最多。粗略估算，一年里，全部节假期累积起来有半年之多！我们即使利用其中的一个月来阅读，一日阅读五万字，一年也要阅读一百余万字。

其次是利用课余的时间间隙来阅读。如课后、饭后、睡觉前。我们即使每天读数千字，一个星期就要读几万字，一个月就要读几十万字了。

再次是挤出时间用作课外阅读。如我们规定自己每天阅读二千余字，就必须挤出时间阅读完成这二千余字——不管如何学习紧张，这二千字的课外阅读量是必须想方设法完成的。

算一算我们每天用来找东西——找钥匙、课本、钢笔、文具书籍浪费的时间吧！算一算我们看电视或上网——游戏、聊天、胡乱点击所浪费的时间吧！算一算我们慢悠悠地上学、慢悠悠地回家、慢悠悠地学习浪费的时间吧！如果我们不找东西，不上网聊天，学习生活节奏快一些，学习准备做得充分一些，我们将能挤出多少课外阅读的时间来呢？这些时间难道不足以让我们完成每日二千字的课外阅读任务，甚至让我们完成每日二万字的课外阅读任务吗？完全是可以的。如若不信，我们可以亲自试一试。

探索和实践

●坚持每天挤出时间读四千字（《史记》一篇）。

20.4 走出小说阅读"围城"

在大多数情况下，我们的阅读面总是局限在文学作品，尤其是局限在单纯小说阅读的范围里——这是极不妥的。我们有必要走出单纯文学作品的阅读"围城"，要努力把阅读面拓展得宽广一些。

事实上诗歌、哲学、传记、历史、散文、百科知识、科普作品等的阅读与小说阅读相比较，前者给人的影响较后者更为远大。后者长于叙事，作者碰到石头拐个弯，情节复杂，节奏拖沓，思想散漫，我们在阅读后所体会到的，往往是记忆性的人物表象和轮廓模糊的松散故事。前者则不一样。诗歌凝练、浪漫、富于韵律、想象和美感，使我们浮想联翩、夜不能寐；哲学带着思辨和求是精神，给我们以世界观和方法论的启迪；历史在我们面前展开了波澜壮阔而又诡谲多变的人文画卷；散文则让我们更深刻地洞察人、洞察事，更深刻地洞察客观世界并更深刻地洞察主观世界；百科知识和科普作品能帮助我们拓宽学习背景，做好学科学习的认知准备；而传记——对一个伟人的终生的回忆和历史的评价，则给我们以人生的反思乃至人生的批判。让我们认真地读一读《共产党宣言》《矛盾论》《实践论》《诗经》《楚辞》《史记》《左传》《孙子兵法》《汉乐府》《马克思传》《红星照耀中国》《战争与和平》吧！让我们认真地读一读中国和世界诸多著名思想家、历史学家、诗人、文学家的著作吧！让我们认识屈原、曹操、李白、杜甫、白居易、普希金、莱蒙托夫、托尔斯泰、海涅、泰戈尔吧！首先还是让我们认真地读一读《邓稼先传》吧。

邓稼先，这位留学美国、26岁就获得核物理学博士学位，然后毅然归国的科学家，在国家一穷二白的条件下，组织科学家团队，在经历过无数次难以言喻的挫折与困难后，终于为国家研制出第一颗原子弹……他的强烈的国家责任心和国家使命感，他的超凡的现代学习能力和超凡的现代实践力，他的炽热的志在报国和旨在强国的爱国主义精神，他的不倦探索、勇于创造的科学精神，他的为了国防事业长期扎根戈壁沙漠、在二十八年中多次过家门而不入的艰苦奋斗精神，他的生命不息进取不已的拼搏奋斗精神——有一次，空投的原子弹因降落伞未打开而直接落地被摔得粉碎，他身先士卒，孤身一人深入试爆中心去寻找这些带有极强放射性的摔得粉碎的原子弹残骸——所表现的自我牺牲精神，无论是用东方的标准还是用西方的标准来评价，无论是用古代的标准还是用现代的标准来评价，都是令人高山仰止、景行行止的。可以说，我们每阅读《邓稼先传》一遍，灵魂就会升华一遍——《居里夫人传》曾经是一本影响过世界不计其数的年轻人的思想和精神的传记，但与《邓稼先传》相比，《邓稼先传》对人的志在报国、旨在强国、志在科学的价值观的影响，前者无疑地难以仰望后者的项背。

因此，在课外阅读时，我们要将阅读的触角分散到崇高精神、价值观和美学理念更为强烈的哲学、传记、历史、诗歌、散文的空间中去，努力走出单纯小说阅读的"围城"。

探索和实践

●集体阅读二十三个"两弹一星"元勋的传记并以此为题召开一次《我们应该如何阅读》的主题班会。

20.5 高年级课本是良好的课外阅读材料

因为课本是学生的学习用书，所以没有比课本编写更尊重科学，没有比课本编写更注重遵循学生的学习心理规律，没有比课本编写的态度更认真、更负责的了。因此，课本应是好的课外阅读材料。你一旦进入中学学习，就要从高年级同学那儿借来全部高年级课本，把这些课本当作课外书来阅读。

高年级课本阅读，其实是个"泛预习"的过程。对你来说，能否全部读得懂它们完全无关紧要——对政治、语文、历史、地理等高年级文科类的课本，你应该是读得懂的；对化学、生物等高年级理科类课本，你也应该朦胧地读得懂一些；对数学、物理等理科类课本，你则不一定读得懂——但这无所谓，你读得懂它们，固然好；你若是读不懂它们，你就知道在哪儿读不懂它们了，这样，你就找到"学习点"了！你的阅读目的——"泛预习"的目的就达到了。

所以，在假期里或平时学习的时候，你可以把高年级的课本放在一边，哪怕是"老鼠看筒车"——你有空就要把它阅读一番。尽管你当时的阅读所得是表象的、模糊的，似乎是一无所得的，但是，当你一旦升入高年级，当老师指导你在课堂上正式学习它们的时候，你就会恍然大悟，顿时有如醍醐灌顶、神仙下凡，你的学习进步会比其他同学要快得多！

由于学校很多，不同的学校有着不同的培养目标，所以高年级课本有很多种。一般而言，在中学和大学阶段，我们最好选用人教版的高年级的课本来读。若有可能，选一本或两本外文版的课本来读也可以（因为这是一件一举两得的事）。

外语类的高年级课本不是读，而是学，至少要把高年级课本的单词记牢。如果我们在高（初）中毕业后的暑假，就把高中（大学）阶段的单词记住了，我们高中（大学）阶段的外语学习就成功了一半。

探索和实践

●借来高年级的全部课本，初步制订一个阅读计划。

20.6 把握好课外阅读的思想意义

任何课外阅读材料，都有知识的、思想的、兴趣的多重意义。课外阅读时，我们要善于把握其中的思想意义。

课外阅读材料的思想意义，指的是隐含在阅读材料之中的人文精神意义。课外阅读材料隐含的人文精神意义，往往比阅读材料外显的组织形式和直接的知识意义更深刻。如读陶渊明的《桃花源记》，我们若从组织形式和知识意义上理解，会知道这是一篇描述捕鱼人在"落英缤纷"之中偶遇世外桃源的散文，我们若从思想的意义上理解，则会发现陶渊明在描述他所向往的"不知秦汉，也不知晋魏"，百姓丰衣足食且"鸡犬之声相闻，老死不相往来"的理想社会，在表现他的质朴自然的语言美学思想。

阅读就是"读"思想。这是课外阅读时须恪守的基本理念。一份课外阅读材料，只有当你从人文的、精神的、思维的、美学的、价值的角度去把握它的思想时，你才能真正地读懂它。

在实际的课外阅读活动中，我们许多同学仅把课外阅读视作一种休息或是一种纯消遣——读过了，模糊地知道其中的一些内容，受到了一些感动，高谈阔论一番，然后就忘记了——这种阅读方式对我们的学习几乎没有什么意义。你若是不信，可以尝试着做一个试验：先阅读一遍水浒传中的《鲁智深拳打镇关西》，反思一下自己的学习所得；然后带着"阅读是读思想"的理念，再重读一遍《鲁智深拳打镇关西》，又反思一下自己的学习所得。你会发现，当你在"课外阅读就是'读'思想"的理念指导下实践课外阅读时，你的阅读收获会大得多。

关于把握课外阅读的思想意义这一点，温家宝说得最是深刻且最是平易。温家宝说："好文章可以多读几遍，有些甚至可以背下来。"他又说"学习一篇文章，要能提纲挈领。文章不论长短，要很快抓住中心思想，分清要点，再结合自己的感受理解，这样最有心得体会。"他最后谦虚地说："这是我的学习经验。"

有人说文学就是文学，它是没有思想的。这种说法荒唐。从哲学看来，文学是物质的精神反映，文学既是物质的精神反映，怎么会没有思想呢？

总之，我们之所以学习，是为了学思想；我们之所以课外阅读，是为了"读"思想。所以，努力把握好课外阅读材料中的思想意义，并消化它们，很是重要。

探索和实践

●试着用阅读就是"读思想"的观念把握课外阅读过程。你有消遣式的课外阅读习惯吗？如何将其改变呢？

20.7 试着写些阅读体会

课外阅读时，我们一边阅读、一边有所体会，这时，我们应该拿起笔，把这些阅读体会写下来。

读书，写阅读体会，这种在"做中学"的、阅读不已且动手不已的课外阅读方式，是最有效的课外阅读方式。

在我们看来，写体会，是最伤脑筋的事了。一是无话可写，二是写不深刻。我想这些顾虑都不必要。

课外阅读的时候，我们一边阅读，一边思考，一边有所认知，认知便是我们的阅读体会；我们一边认知，一边想象，想象亦是我们的阅读体会；我们一边想象，一边体验情感，情感就是我们的阅读体会。总之，阅读时发生的全部内容认知活动，及与之同时发生的所有自我想象和自我情感等心理活动，都是我们的阅读体会。

但停留在观念意识上的阅读体会与用书面语言逻辑地表达出来的文字阅读体会毕竟不一样。前者是朦胧的、模糊的、表象的，后者则是清晰的、具体的、概括的和有言语意义的。

因此，我们有必要将前者转化为后者。我们将前者转化为后者的过程，就是我们反复地、深刻地、准确地认知把握阅读内容的过程和反复探讨分析、反复反思总结阅读所得的过程。写下阅读体会的作用，就在于强化这一过程——因为反复认知、反复分析、反复反思、反复总结阅读材料的过程，就是锤炼我们的知觉能力、抽象思维能力的过程；试图反复准确、真实、深刻地表达自身阅读体会的过程，就是锤炼我们的辩证思维能力和语言概括能力与语言表达能力的过程。

课外阅读体会不宜写得太长，集中笔墨写好一点或三点即可。写一点显得重点突出，写三点显得完整系统；写两点显得单薄，写四点显得累赘。

积水成河、聚沙成塔，日积月累、源远流长，我们的课外阅读体会将会是一笔极大的精神财富。

探索和实践

●课外阅读体会一定要写成长篇大论吗？试着将课外阅读体会写得简短些。

20.8 如何在课外阅读中培养语感

什么是语感？对这个问题，可能连语言学家也说不太明白。这正如一位优秀的渔人，虽然有着仅凭海风的"味道"，就知道什么地方、什么深度的海水中藏有鱼群的"鱼感"，但无论如何也说不清楚为什么他仅凭着海风的"味道"，就能给出在什么地方、在什么深度的海水中有鱼群这一判断的理由一样。我不是语言学家，但我冒昧地认为（并向大家求教），语感不是无中生有、虚无缥缈的心理意识，语感应该是在长期的语言实践中得到的，即使受到细微的言语刺激，也能及时、准确、快速给出反应的语言直觉（或语言敏感性）。

如何在课外阅读中培养语感呢？

多读，带着兴趣海量阅读。准确认识字、词、词汇，理解字、词、词汇的意义，积累起字、词、词汇及精细辨识字、词、词汇意义和灵活运用字、词、词汇的经验。

设想我们正在读《水浒传》中的《鲁提辖拳打镇关西》一段：

鲁提辖"把两包臊子打去，恰似下了一场肉雨"，而郑屠大怒，两脚冒烟，"从肉案上抢了一把剔骨尖刀"，来揪鲁提辖。鲁提辖"赶势接住右手，赶将入去，望小腹上只一脚，腾地踢倒在当街上。鲁达再入一步，踏住胸脯，提着醋钵儿大小拳头，看着这郑屠道：'洒家始投老种经略相公，做到关西五路廉防使，也不枉了叫镇关西。你是个卖肉的操刀屠户，狗一般的人，也叫作镇关西！你如何强骗了金翠莲？'"

我们应一边读，一边抱着准确认识、理解字、词、词汇的心向，尽量深刻体会字、词、词汇本身及其相互搭配的意义,如"臊子打去""恰似下了一场肉雨","两脚"是"冒烟"的,"步子"是"入"的,"胸脯"是"踏"的,"拳头"是"提"的,"郑屠"是"看"的;"我"是"洒家",且是"不枉"的,"你"是"郑屠",是"卖肉操刀的屠户",是"狗一般"的;"你"郑屠为什么是"狗一般"的呢? 是因为"你如何强骗了金翠莲!"当我们带着兴趣,在海量阅读中,通过反复多次的字、词、词汇认识与应用比较,我们就能认识、辨析、掌握更多的字、词、词汇,积累更多的字、词、词汇应用经验。字、词、词汇量的增大和字、词、词汇应用经验的增多,有利于我们在语言活动中,凭着语言直觉,迅速找到准确的字、词、词汇并利用其对语言刺激给出准确、精细的言语反应。

多读,带着问题海量阅读。掌握句法,包括掌握句子与句子相互联系的语法、逻辑,句子的修辞及句子的语调、语气、节奏、重音、意群、标点等语言表现方法,在海量模仿中培养敏锐的语言意义刺激与语言意义应对的语言直觉。

设想我们正读美国黑人民权运动领袖、黑人牧师马丁·路德·金《我有一个梦想》的演讲。他在简略地介绍了一百年前,一位伟大的美国人对黑奴解放做过的承诺后,便慷慨激昂地批判说:

"然而一百年后的今天,我们必须正视黑人没有得到自由这一悲惨事实。一百年后的今天,在种族隔离和种族歧视的枷锁下,黑人的生活备受压榨;一百年后的今天,黑人仍生活在物质充裕的海洋中一个被困的孤岛上;一百年后的今天,黑人仍然萎缩在美国社会的角落里,并且意识到自己是故土家国中的流亡者。今天我们在这里集会,就是要把这种骇人听闻的情况公之于众。"

我们一边阅读,一边问题思考。马丁·路德·金的这一段演说,共有五个句子。第一句是本段演说词的启首句,也是本段的关键句。第二、第三、第四句是并列句,这三个句子渐进式地表达了美国黑人低下的政治、经济和社会地位。第五句是总结本段演说词的句子,也是下一段演说词的连接句。第二、第三、第四句是对仗句。所有的句子都是判断的和肯定的,毫无模糊妥协和拖泥带水。句子中采用了比喻、排比、对仗等修辞手法,且始终牢牢地紧扣住了一个关键词——"一百年后"。

只有当我们从句法的角度,准确理解上述句子,准确理解上述句子和句子之间的语言、逻辑、语法、修辞及语调、语气、节奏、重音、意群、标点等语言意义,准确理解上述句子和句子之间为什么只有这样的而没有那样的语言、逻辑、语法方式和修辞方式、为什么只有这样的而没有那样的语调、语气、节奏、重音、意群、标点等语言意义时,我们才有可能准确掌握马丁·路德·金演讲的内容,并准确体验马丁·路德·金的讲演为什么具有如此之大的语言煽动性和真理鼓动性;同时,我们还可以以马丁·路德·金演讲为示范,一边思考句子的语言、逻辑、语法、修辞、语调、语气、节奏、重音、意群、标点关系,一边模仿着将字、词、词汇组合成句子，将句子和句子组合起来，一段一段地、逻辑地、有序地、准确地表达自己的思想。通过反复的带着问题海量阅读（包括海量思考和海量模仿），我们就有可能产生自动的、准确把握他人言语意义和自动的、准确把握自我言语意义的语言刺激反应连接。我们一旦产生了自动的、准确的言语意义刺激反应连接，我们就可能听话听音、闻一知十，甚至出口成章，我们就可能形成敏锐的语言意义刺激与语言意义应对的语言直觉，我们的语感水平就提高了。

多读，带着反思海量阅读。在阅读过程中，采取阅读、评价、鉴赏、学习相结合的方式，在反复的书面语言感知中，掌握写作思路、写作主旨、写作主线、写作方法、写作技巧，发现谋篇立意美、遣词造句美、节奏韵律美，培养语言鉴赏力，找到"语言学习点"。

设想我们正在阅读美国作家阿历克斯·哈利的《列车上的偶然相遇》。

——倒叙。从"父亲在那个晚上在火车里遇到的神秘先生"开始写起。

——顺叙。写父亲遇见这位先生的经过。

——顺叙。写父亲的执着、认真负责及忠实诚信改变了父亲本人及我们一家人的命运。

我们一面阅读，一面总结哈利先生的写作思路，一面反思他的写作主旨、方法、技巧，发现并体验其中的美感。我们发现，哈利先生的写作主旨置于文章末尾，他的写作方法是倒叙的和自省式的，他的句子多是单句，且字里行间总是洋溢着对"神秘先生"的感恩之情。质朴、简朴、纯朴，真实、真诚、真挚，立意美、心灵美、行为美，在美感体验中反复展现崇高精神的伟大，不刻意追求写作技巧的写作技巧，恰是我们最值得学习的地方……

如此这般地，当我们带着反思海量阅读，一边阅读，一边反思作者的写作主旨、写作思路、写作方法的时候，当我们一边给出写作评价，找到"写作学习点"，一边通过写作评价发现写作美感的时候，我们的言语阅读就不仅是言语阅读，而是写作探究，我们的写作探究就不仅是写作探究，而是写作评价，我们的写作评价就不仅是写作评价，而主要是写作鉴赏了。如果我们始终坚持将写作探究、写作评价、写作鉴赏、发现"语言学习点"结合起来，海量地整体地把握语言阅读对象，我们语言鉴赏力就会日趋提高，我们的语感就会日趋增强。

多读，带着想象和情感忘我地阅读。与西语的单词、短语不同，汉语的字、词、词汇、句子都是有生命力、有精神力的。设想我们在读《屈原列传》：

"屈原至于江滨，被发行吟泽畔，颜色憔悴，形容枯槁。渔父见而问之曰："子非三闾大夫欤？何故而至此？"屈原曰："举世皆浊而我独清，众人皆醉而我独醒，是以见放。"渔父曰："夫圣人者，不凝滞于物，而能与世推移。举世皆浊，何不随其流而扬其波？众人皆醉，何不哺其糟而啜其醨？何故怀瑾握瑜，而自令见放为？"屈原曰："吾闻之，新沐者必弹冠，新浴者必振衣。人又谁能以身之察察，受物之汶汶者乎？宁赴常流而葬乎江鱼腹中耳。又安能以皓皓之白，而蒙世之温蠖乎？"乃作《怀沙》之赋。于是怀石，遂自投汨罗以死。"

我们一边阅读，一边展开想象——在无边的黑夜里，屈原披散着头发，在汨罗江边徘徊，他颜色憔悴、形容枯槁、泪流满面……夜雨穿过柳林，夜风掠过河面，江水满怀着忧思和说不尽的留恋，汩汩地向北流去——阅读中的想象，可以把我们的思想像黑暗中的灯光刺破周围的夜空一样，向四面八方发散开来。我们还可以一边阅读，一边体验屈原的情感——举世皆浊，而他独清；众人皆醉，而他独醒，"宁赴常流而葬乎江鱼腹中"，也不肯"以身之察察，受物之汶汶"……阅读中的情感，可以将我们设身处地地、一目了然地体会字、词、词汇、句子、文章的语言意义，体验字、词、词汇、句子、文章表现的美感。我们体会了字、词、词汇、句子、文章的语言意义，体验到了字、词、词汇、句子、文章蕴含的美感，我们就自然而然地就可能体会到字、词、词汇、句子、文章所展现的崇高精神。

阅读实践告诉我们，我们若要一边读、一边展开想象并体验情感，最好的方式，是忘我——忘我地发出声来，忘我地朗读、忘我地朗诵，甚至发疯似的整篇整篇地忘我地背诵；忘我到动情处，不妨忘我地歌咏之、嗟叹之，乃至忘我地手之、舞之、足之、蹈之。

实践证明，语感是人在语言实践中培养并发展起来的，是高品质的第二信号系统活动的意识表征。因为语感是高品质的第二信号系统活动的意识表征，所以要培养语感，需要从字、词、句、段、文的海量阅读开始，通过反复持久的"阅读、评价、鉴赏、学习"相结合的海量言语刺激和言语训练，使第二信号系统活动达到自动化程度才可能形成。只要我们是积极地而非被动地接受语言影响，带着兴趣、带着问题、带着反思、带着情感，忘我地海量阅读，我们就能积语言刺激为语言体会，积语言体会为语言经验，积语言经验为语言直觉，积语言直觉为语感的。

古代文言文，既准确、简洁，又文采四溢，既生动、活泼，又雅俗共赏。我们目前的白话文，受西方语言的影响，有时或显得直白枯燥，或显得累赘冗长；而俯拾皆是的网语，就像无孔不入的语言苍蝇。如何在古代文言文和古代诗歌等原生态的中国语言学习中获得语感，如何避免网语影响我们的语感，是一个值得我们认真探讨的问题。

探索和实践

●你有哪些语感学习经验？试着介绍几条。试抱着培养语感的目的尝试课外阅读。

20.9 精读和泛读的比较

精读：逐字逐句地、反复地、钻研式、体会式、欣赏式阅读，甚至忘情地高声朗诵并精准背诵。精读的目的，旨在把握思想、领会内容、准确识记。泛读：则是跳跃式、浏览式、扫描式、搜索式默读。泛读的目的，旨在满足阅读的欲望或期望通过阅读发现"精读点"。

因此，在课外阅读时，你有必要把阅读材料分成两个层次，一是精读层次，一是泛读层次。精读层次的阅读材料在精不在多，而泛读层次的阅读材料则是在多不在精。对经典读物，如诗、词、歌、赋、经、史、子、集，对传记、哲学、历史等经典读物必须采取精读的方式。而对报章杂志等传媒类、休闲类读物，一般宜采取泛读的方式。

精读的关键在"精"。"精"者，精密且细微也。对精读材料，你要温故知新，反复认知、反复体会、反复揣摩、反复体验。若有可能，你要尽可能多地把其中的精华都背诵下来。

泛读的关键在"泛"。"泛"者，宽大且广袤也。对泛读材料，你要总揽大略、知其大概，紧紧扣住"关键句"和"关键词"，努力在快速浏览中"一目了然"——找到自己要精读的东西。

精读的不断积累，可以改变你的思维方式和思想方法方式，增强你的语感，提高你的语言应变能力和语言表达能力，尤其能提高你的内部语言能力；泛读的不断累积，可以拓展你的视野，提高你的语言理解力、语言敏感性和信息敏感性。

在实际的课外阅读过程中，精读和泛读方式相辅相成——精读中有时有泛读，泛读中有时有精读——如何把握好精读和泛读之间的辩证关系，是一种阅读智慧。

古代诗人陶潜，是善于把握精读和泛读之间的关系的模范。陶潜说他自己是"好读书，不求甚解"，但是，读书时"每有会意，则欣然忘食"。"好读书，不求甚解"——热爱阅读，但并不苛求自己是否能深刻理解阅读对象——这种阅读方式必然是泛读方式；但泛读时"每有会意，便欣然忘食"——每当读到有心得的地方、每当读到动情的地方，就停下来，就兴趣盎然地、废寝忘食地体会它并继续揣摩它——这种阅读方式则可能是精读方式了。可见，泛读不是"瞎子摸鱼"，不是"闭塞眼睛捉麻雀"，不是为了消磨时间，而是为了寻找可以使自己"欣然忘食"的心得"点"或动情"点"——即为了发现阅读的"精读点"。

在课外阅读中，对于外语类读物，我不赞成大家采取泛读的方式。我建议大家采取精读的方式。有时甚至可采取简单的"一、三、五"的形式。"一"，指（精读）一段话，"三"，指（识记）三个句子，"五"指（识记）五个新单词。如果我们每天坚持精读"一、三、五"，一年就精读了三百余段话，识记住近千个句子、一千余个单词。我们的外语学习的进步就大多了。

请注意：不管是采取精读的课外阅读方式还是采取泛读的课外阅读方式，大家一定要有准确识记的阅读心向并且养成作读书笔记的习惯。对泛读材料的大略，对精读材料，包括精读材料中的经典著作或经典著作中的经典章、节，对所有精读过的"欣然忘食"点，大家都要准确地用笔记录下它们并用"心"识记住它们，甚至要准确地、完整地背诵下它们。那种一边读、一边忘，或只动眼却不动手，或只动脑却不动口和手的课外阅读方式，都是不可取的。

探索和实践

●精读《红楼梦》的"黛玉葬花"、《水浒传》的"武松打虎"、《三国演义》的"煮酒论英雄"、《儒林外史》的"范进中举"，体会汉语言的语言美并将其与西方任意一部文学名著的语言相比较。

20.10 如何在课外阅读中学习写作

课外阅读的学习目的之一，是学习写作。如何在课外阅读中学习写作呢？

甲：要有学习写作的心向。我们不管阅读什么——不管是阅读一本哲学经典，还是阅读一本文学巨著，不管是阅读一篇花边短文，还是阅读一份路边广告，都要有这样的写作学习意识——看作者的拟题、立意，谋篇、布局，遣词、造句，开篇、结尾，意境创设、韵律节奏等有哪些特点；二看这对自己的写作，这些特点有哪些启发，是否可以作为写作示范和写作借鉴。

怀着学习写作的心向阅读，是自觉的、以思维为中心的、同时伴有想象和识记参与的、有准备的第二信号系统活动，它与以知觉为主的碎片式浏览相比较，可以找到更多的"写作学习点"。

乙：大量熟读、背记文言文经典。写作需要掌握足够多的词汇、足够多的短语、足够多的词组和足够多的句式、句型及足够多的立意、谋篇、修辞方法。如何才能达到这一目的呢？经验表明，大量熟读、背记文言文经典，可以帮助我们达到这一目的。因为当我们大量熟读、背记文言文经典时，文言文经典中的语言思维方式、词汇、短语、词组、句式、句型搭配就以整体的形式，生动地保存在我们的记忆里了（在单位文字量的文章里，古汉语的词汇、短语、词组、句式、句型数较现代汉语要大许多倍），写作时，我们不但可以原封不动地拿来照搬，而且可以灵活机动地推陈出新。我们的语言思维方式、词汇、短语、词组、句式、句型积累多了，我们写作的思路就开阔多了，具体写作时，我们的文思就会敏捷多了，我们就有话可说，甚至可以一挥而就、出口成章了。

丙：研习原文版西语（主要指英语、俄语）著作。毋庸置疑，我们的汉语已日益西化了。我们知道，西语与汉语相比，二者的语言思维方式与表达方式是不同的。西语的语义、语法相对具体、精确，精华就在具体、精确。而汉语的语义、语法相对抽象、模糊，精华就在抽象、模糊。当我们以汉语言为内容、以西语为形式写作时——西语的具体、精确的精华没有把握好，汉语的抽象、模糊的精华又丧失了，自然就牛头不对马面了。因此，研习西语如何思维，如何具体、精确表达，从中获得具体、精确表达的经验并借鉴到汉语上，使汉语表达做到既具体、精确，又不失去其抽象、模糊的韵味，十分重要。另外，我们在研习原文版西语时，只有通过对作者的拟题、立意，谋篇、布局，遣词、造句，开篇、结尾，意境创设、韵律节奏设计、修辞方法乃至行文断句等的反复揣摩、南北比较，才可能将其真实地、正宗地、原汁原味地转换为真实的、正宗的、原汁原味的汉语。事实上，这一比较、转换过程，既是具体的、中外语言的阅读过程，又是具体的、中外语言的写作学习过程。

丁：坚持在"读中写"和在"写中读"。坚持在"读中写"，指的是坚持记读书笔记、写读后感；坚持在"写中读"，指的是在阅读中，有目的地将阅读对象进行缩写、改写、扩写、仿写，甚至海阔天空地"一顿'乱写'"。经验表明，坚持写阅读日记，坚持在日记中落实"在'读中写'"和"在'写中读'"，努力将他人的写作优点经消化吸收后，转化为自己的写作优势，是学习写作的诀窍（我们若是从小学到大学一直坚持写阅读日记，注重写作积累，我们不成为诗人、文学家才怪）。

如果我们把握了上述若干个要点，我们也就找到了写作学习的"写作学习点"了。如果我们不能把握好上述学习点，我们的课外阅读便与看社戏、擦肥皂、洗脚脸没有两样，也就没有任何写作学习的效应可言。

探索和实践

●试着带着学习写作的心向，在课外研习、翻译屈原的《怀沙赋》，并背记下它；试着带着学习写作的心向，在课外研习、翻译英文版的高尔斯华绥的《苹果树》，并部分背记下它。通过上述阅读学习，总结、反思在课外阅读中学习写作的方法。

●阅读下面的短文，体会鲁迅先生是如何将西语和汉语的语言优势和谐地统一起来的：

"我常存在着这样的一个希望：这一次所见的赛会，比前一次繁盛些。可是结果总是一个'差不多'；也总是只留下一个纪念品，就是当神像还未抬过之前，花一文钱买下的，用一点烂泥，一点颜色纸，一支竹签和两三支鸡毛所做的，吹起来会发出一种刺耳的声音的哨子，叫作"嘟嘟嘟"的，吡吡地吹它两三天。"

20.11 如何尝试着文学创作

阅读不仅在于读,还要而且更要尝试着写。我们可以尝试着写诗歌、写散文、写短篇小说、写影视或话剧剧本,即尝试着文学创作。

不管写什么,我们首先坚持的原则,是努力写出深刻的思想、写出卓越的见解、写出高尚的情感、写出在坚强的意志支持下展开的伟大又又崇高的精神活动。所有这些思想、见解、情感、精神活动,都应该是我们真实的、善良的、美好的、创新的、进步的、图强的,而非刻意雕饰、胡编乱造或无病呻吟。因为只有求真的、求善的、求美的思想,求新的、求变的、求强的精神,既求真、求善、求美,又求新、求变、求强的情感才可以激动人、鼓舞人、教育人,才可以既有益于自己、又有益于他人、更有益于社会。

具体写作时,我们可以先从模仿入手,从小诗歌、小散文、小小说、小剧本写起,然后逐渐写大些。写好后,可以自己欣赏、自己修改,也可以共同欣赏、共同修改,甚至可以自发地组织起来,进行作品交换和作品交流。我们的文学创作愈注意交流,我们的见识便愈广阔、思想便愈敏锐、我们的见解便愈深刻、我们的语言便愈丰富、我们的文学创作能力便愈强。

在诸多的文学创作形式中,最能激发我们的情感与创造力的,首推写诗,其次是写剧本。事实上,我们每个人都是个诗人。我们可以备一个本子,把自己写的诗记下来。我们可以召开诗歌朗诵会或共同出版诗刊;我们还可以几个人共同构思,编写出剧本,然后自己导、自己演、自己打广告、自己拉大幕、自己拍摄微电影、微电视且自己歌唱、自己伴奏、自己观赏。我想,世界上也许没有什么比自己欣赏自己的诗作,自导、自演自己编写的剧本,自导、自拍自己的微电影、微电视,自写、自唱自己谱写的歌曲更能表现自己的崇高精神、表现自己的聪明才智、表现自己对生活的理解、表现自己的文学才能的了。

有的同学说,我无话可写。这种说法不对。怎么可能无话可写呢?写作好比走路,路有尽头吗?没有。路为什么没有尽头呢?因为路是曲折的,"山重水复疑无路,柳暗花明又一村","山重水复"——一条路眼看没了,但转个弯,"柳暗花明"——又一村,便发现一条新路了。文学创作就是要善于转弯——俗话说,"碰个石头转个弯",世界上有无数的石头,就有无数个弯,就能发现无数条路。文学创作怎么可能会无话可写呢?

文学创作可以丰富自己的精神生活,发现自己的聪明才智,增强自己的心理自信。使自己成为执着的、热爱生活的、有思想的、有崇高的精神追求的人。文学创作对提高我们的语文学习能力、语言表达能力、文学鉴赏能力和语言审美能力也有好处。

与阅读、作文不同，阅读、作文是心智技能活动，但文学创作是脑力劳动。从心智技能活动到脑力劳动，是解放思想到解放双手的飞跃过程。

用最简朴、最简洁、最简单语言，写出最真挚、最真实、最真切的情感，是一种智慧。

"敕勒川，阴山下，天似穹庐，笼罩四野。天苍苍、野茫茫，风吹草低见牛羊。"——这应该是骑在马背上的牧人们面对太阳高歌的歌词。这歌词写得多好啊！这不就在文学创作吗？文学创作一点也不神秘。

但我们也要记住，我们的小说、戏剧、诗歌等不可随便乱写，我们的话不能随口乱说，文学创作中反映的思想和精神一定是以强化国家意识、振奋崇高精神，以热爱党、热爱国家、歌颂人民、追求真理为荣，以损害国家荣誉、玷污真理为耻的，一定是求真、求善、求美的和求新、求变、求强的。

探索和实践

●先试着写个小故事，再试着写篇小小说，后试着写个短剧本。

●把自己写的诗收集起来，编辑成一本小诗集。举办一次诗歌朗诵会，把自己的诗作读给大家听。

第二十一章　发现你的兴趣学习点

21.1 发现你的兴趣学习点

夫子曰："好仁不好学，其蔽也愚；好知不好学，其蔽也荡；好信不好学，其蔽也贼；好直不好学，其蔽也绞；好勇不好学，其蔽也乱；好刚不好学，其蔽也狂。"夫子的"好学"指的是人的学习兴趣——兴趣是最好的老师。

你对什么感兴趣？你知道你为什么对它们感兴趣吗？你是否经常被你感兴趣的事物痴迷了呢？如果你知道自己对某事物感兴趣并有不同一般的"悟性"，但你又说不出理由且经常处于全身心地投入状态，那么这个痴迷你的、易被你领悟的事物就是你的兴趣所在。你知道了自己的兴趣所在，就应该珍视它、把握住它。俗话说"好知者不如乐知者"，学生时代的兴趣有可能影响你的终生的成就。

珍惜"兴趣"的最好方法是将心理上的认识兴趣转化为认识与行为相结合的探究兴趣。如你对无人飞机设计感兴趣，你当然不可能实际地设计无人飞机，但你可以探究航空史，学习电子学、流体力学、软件开发，阅读与无人飞机设计有关的科普读物，探究无人飞机航模设计与具体制作无人飞机航模等。

你千万别小看了这些稚嫩的兴趣探究行为，它的益处有好多。它可以满足你的好奇心，给予你初始的、启蒙的科学训练，还可以开拓你的思路，使你掌握了较其他同学深刻得多、丰富得多的专业知识。兴趣最大的益处，是使你生活充实，为你设计了一个自己战胜自己、自己约束自己、自己超越自己的专业平台。许多著名的学者就是在中学阶段痴迷某一兴趣，大学学习时选择了与之对应的感兴趣的专业，大学毕业后很快地胜任了工作并很快地在兴趣专业的平台上脱颖而出的。因此，兴趣与如影随形的兴趣探究、兴趣坚持极有可能是你在未来建功立业的人生起点。

从兴趣产生、兴趣探究到未来的建立功业之间有一过程。在这一过程中，兴趣坚持显得特别重要。通常的经验是，大多数人的兴趣行为都因为缺乏兴趣坚持失败了，能持续坚持下来的人很少。实践证明，坚持下来的兴趣者的兴趣行为只要集中持续 900 ~ 1200 个小时，兴趣者就有可能木秀于林了。如你若对书法感兴趣，你只要每天坚持写一小时，刻苦训练三年，你的书法就有其小成了。

兴趣五花八门。从音乐、体育、影视，到历史、文学、诗歌，从考古、地质、地理，到集邮、烹饪、魔术、工艺，举凡花、鸟、虫、鱼、琴、棋、书、画，从信息技术、自动化技术、软件技术、传感技术、网络技术，到机器人技术、激光技术、遗传技术等新技术，凡是对世界、对社会生产生活有益的事物，都可以成为你的兴趣。如果到了中学或大学阶段，你无论对什么（包括体育活动）都不感兴趣且没有任何兴趣行为，你就值得警惕、反省、批评自己了，说不定你就犯了一个"兴趣贫乏"的错误了。

"兴趣贫乏"指的是一个人除了吃饭、睡觉、好色、贪财外，什么都不感兴趣的状态。人的思想空虚、行为无聊，大多源自于"兴趣贫乏"。必须提醒你注意的是，第一，对你有害的兴趣，你要尽力回避它，如痴迷网络电游的兴趣、痴迷卡通漫画、武打小说的兴趣等。第二，兴趣是需要他人启发和指导的，为此，你有必要找一个好的兴趣指导老师；第三，兴趣坚持需要吃苦，兴趣并不像有人所说的完全是一件只有愉悦、没有丝毫艰难的快乐的事。

兴趣学习是现代学习的组成部分，是一个"泛预习"过程，开展时间要尽量地早，兴趣内容要适度地丰富多彩。

探索和实践

●分析你的兴趣，把有益的兴趣分列一排，把无益的兴趣分列另一排。

21.2 不做兴趣"叶公"

"叶公好龙"说的是有个人叫叶公，特别喜欢龙。他的所思、所想、所念，无一不与龙的形象有关。天上的真龙听见了，就到叶公的家里来做客。当真龙刚把头伸进叶公的窗户时，叶公吓得撒腿就跑了。"叶公好龙"这个成语，告诫我们对事物的兴趣，不要口是心非，仅停留在口头上或幻想里，而应该让它成为自己的内在需要并实践它。我们不少同学对事物有兴趣，但往往停留在口头上，或不能下定决心把心理的兴趣转化为行为的兴趣，是一个名副其实的兴趣"叶公"。这很不好。

不做兴趣"叶公"的最好办法，是将兴趣与兴趣行为探究结合起来，在兴趣中"学"和在兴趣中"做"，在兴趣中"探"和在兴趣中"究"。

兴趣不是消遣，不是猎奇，它归根结底是学习。因此，我们对兴趣应有较强的学习意识。在兴趣活动中，我们力图要通过兴趣实践以获得学习经验，而不是"开心一刻"——哈哈一笑就完事了。为此，我们的兴趣学习应该落实在具体的兴趣探究实践中。如你对乡土美术感兴趣，你就得迈开双脚，到乡村田间去，去向妇女、老人等学习乡土美术；你若对民间吹打音乐感兴趣，你就得拜师学艺，跟着师傅学习民间吹打音乐；你若对客家人的迁徙历史感兴趣，你得上图书馆查资料、查阅客家人的族谱，具体地调查研究，诸如此类。总之，你的兴趣之"种",一定要播在实践与探究之土上。

如果你的兴趣学习做到了以上几点,你就不是口头上好龙的叶公了,而是既在口头上,又在行动上都好龙的叶公了。

寻找到你的兴趣,不做"兴趣叶公",坚持在兴趣中学、在兴趣中做、在兴趣中探、在兴趣中究,坚持在兴趣中快乐、在兴趣中成就,坚持在兴趣中学会做人、做事、做学问是很重要的。

探索和实践

●为什么兴趣学习往往是兴趣探究?举个例子说明。兴趣如何转化为学习?能举个例子吗?

21.3 做一颗执着的兴趣"钉子"

钉子的两端截然不同。钉子尖的一端截面积小,钉帽的一端截面积大。当我们选择某个地方,用锤子锤击钉帽时,钉帽上所受的力几乎全都传递到了钉尖上,钉尖就"挤"到要钉的墙体或木面上了。

若要把钉子钉到墙体上或木面上,先要选择合适的钉子和合适的钉钉子的位置。选择好了后,再在钉帽上持续地、不断地用力,直至把钉子钉进去为止。

钉子钉入墙体或木面的情形,与兴趣的选择及执着地坚持着兴趣,直到兴趣有所成就的过程很相似。

首先,要像选择钉子一样选择兴趣。钉墙体的钉子,一定是钢钉,而钉木头的钉子则有可能是竹钉。如我们若是生长在家境较差的农家,一般情况下,最好不要选择钢琴作为音乐兴趣,因为这不切合我们农家的经济实际。同样,我们若是生长在城市,亦不宜把养殖作为我们的生物兴趣,因为这不切合城市生活实际。尽管兴趣多于牛毛,但我们的只选择切合个人、家庭、环境、生活实际的兴趣。

其次,正如钉尖宜尖、不宜钝一样,我们一定要有中心兴趣。如若我们没有中心兴趣,对任何兴趣都是一知半解、都是一掠而过,我们就没有足够的精力,在兴趣的精、深、细、上下功夫了,到头来我们还是没有任何兴趣可言。

第三,如钉帽宜略宽,不宜过窄一样,我们的基础兴趣面宜略宽、不宜过窄。基础兴趣面太窄,我们的兴趣基础视野太小,我们的中心兴趣便可能缺乏兴趣基础而进展缓慢。如我们对数字机械设计技术感兴趣,但我们既无计算机硬件技术兴趣,又无计算机软件技术兴趣,还无机械知识学习兴趣,这些基础兴趣的缺乏势必限制我们的数字机械设计技术这一中心兴趣的学习,至少会使我们在中心兴趣学习捉襟见肘、力不从心。

第四,就像钉钉子必须持续不断地用力敲击一样,我们的基础兴趣和中心兴趣必须持长而持久。如果朝三暮四、见异思迁，一种兴趣很快被另一种兴趣所代替，兴趣学习也不可能取得好成效的。

因此，在兴趣学习上，我们一定要做一颗执着的兴趣钉子——有稳定的中心兴趣、有广阔的基础兴趣，保持相对的兴趣稳定性并持续不断地、执着的进行兴趣行为探究，毫不气馁、绝不懈怠、倔强而又低调地始终坚持着。如果我们做到了这些，我们总有一天会稳定地把兴趣之钉钉到专业的木头上、钉到事业的混凝土上的。

探索和实践

●分析你的兴趣：中心兴趣是什么，基础兴趣又是什么？

21.4 兴趣选择应基本服从学习的大局

无须冗言，对我们来说，广义地看，最严峻的学习大局莫过于学习真本事，狭义来看，最严峻的学习大局莫过于高考。所以我们的一切学习活动包括学习兴趣选择都应该基本服从这两个大局，凡与这两个大局相冲突的兴趣，原则上都应该慎重考虑。

如何使我们的学习兴趣基本服从于这两个学习的大局呢？

广义地看，我们的兴趣选择，应该根据自己的职业设计方案，有目的、有针对性地加以确定；狭义来看，我们的兴趣选择，原则上应该服从于高考及自己在高考中选择的与新技术、新工艺、先进制造相关的专业要求。一般地，我们的中心学习兴趣，原则上应限制在自己选择的"与新技术、新工艺、先进制造相关的"真本事要求之内。如我们若以航天技术为自己的职业或专业，即"真本事"选项，但我们的中心兴趣却是古客家语言，该中心兴趣对我们未来的志在学习并掌握的"真本事"的选项相悖，对现实的高考亦毫无贡献，我认为原则上是一件不可取的事。

总之，与我们志在学习并掌握的"真本事"相悖，与高考相悖的学习兴趣，我们原则上应该慎重考虑它；对与我们志在学习并掌握的"真本事"相符，与高考大局相符的兴趣，则放心地拥有它；对不与我们志在学习与掌握的"真本事"相悖，即使与高考大局没有直接联系的兴趣，只要有益，我们就不应该舍弃它们，甚至还必须重视它们。

读到这里，或许有同学会问："老师，这兴趣学习岂不是也应该为应试服务吗？"我则会这样回答："高考是学习大局，因为这是国家严肃的选拔性考试，认真地准备考试并在考试中取得好成绩，是一件对国家负责的、光荣的事，应试并没有错。应试既无错，兴趣学习有利于应试有什么错呢？同样没有错。"或许有同学还会问："老师，这兴趣学习要服从高考这一大局，岂不是有悖于现代学习的宗旨吗？"我的答复是，看一个人的学习是否是现代学习，只有一个核心的标准，就是看他的学习是否是与赶超世界最先进的生产力发展水平做好素质准备。只要我们的学习与赶超世界最先进的生产力发展水平做好素质准备联系起来了，与我们志在学习并掌握"真本事"的实际联系起来了，我们的基本服从于高考大局的兴趣选择有什么错呢？因此，我们放心大胆地选择那些有利于高考取得好成绩的学习兴趣来学习。

读到这里，我们可能会纳闷，既有利于在未来学习与掌握"真本事"，又利于在眼前的高考中取得好成绩的学习兴趣究竟有哪些呢？其实，这样的兴趣有很多。如游泳、体操、武术、球类、田径、健美等体育类学习兴趣就有利于提高身体健康水平；如工艺、歌唱、器乐、书法、绘画、表演等艺术类学习兴趣有利于提高审美、鉴赏水平；如文学、诗歌等阅读、写作类学习兴趣就有利于提高写作和语言文字水平；如劳作、种养、制作、电子技术、计算机编程、工程、机械、军事、科研、发明等探究类学习兴趣，有利于提高数理学习水平；如外语的听、说、读、写类学习兴趣，可以提高外语学习水平等……显而易见，上述兴趣学习既满足了我们的兴趣需要，又直接或间接地有利于我们在未来学习与掌握"真本事"、在眼前提高高考成绩，真是一举多得。

因此，当我们走出初中毕业会考的考场的时候，就要拓开思路想一想：哪一种学习兴趣既合乎自己的实际、被自己喜欢，且对我们的现代学习包括对我们在未来学习与掌握"真本事"、对参加高考贡献最大；我们想好了，就下决心把它们坚持下来，千万别赶时髦、显高雅，随波逐流、丢失自我，弄一些华而不实的兴趣来装潢门面。

到了大学，学习兴趣选择同样要基本服从两个大局，一个大局是未来的专业（职业）选择，另一个大局是应对继续学习的需要。

探索和实践

●反思你的兴趣，把那些"花架子"兴趣统统去掉。如何理解"不弄一些华而不实的兴趣装潢门面"？

21.5 兴趣的三个层次

甲、乙、丙三位同学都对我国的古代民居感兴趣。甲的兴趣在休闲、消磨时间、缓减精神压力；乙的兴趣在探究，他力图探讨古代民居的建筑思想、设计风格和审美价值；丙的兴趣则在继承和创造，他一边探讨古代民居的建筑学、生态学、美学特点，一边试图结合现代民居要求，设计出富有民族传统、既节能、环保又美观的民居来。

甲同学的古代民居兴趣是爱好，只要满足他的好奇心就可以了，他没有兴趣目标，更没有探究行为；乙同学的对古代民居兴趣是探究，不断地探索、研究，他不但有兴趣目标、兴趣认知，还有兴趣探究的行为；丙同学不但有兴趣目标、兴趣认知和兴趣探究行为，而且有兴趣创新需要，他渴望通过古代民居的兴趣探究，对现代民居的设计借鉴有所发现、有所创造。

因此，就兴趣层次而言，甲的层次最低，处于爱好层次上；乙的层次稍高，处于探究层次上；丙的层次最高，处于创新的层次上。毫无疑问，上述三种兴趣层次对学习都是有贡献的，其中甲的贡献最小，乙的贡献就次之，丙的贡献最大。

但遗憾的是，我们很多同学的学习兴趣都处于与甲相同的层次上，仅仅是爱好、休闲而已；处于探究兴趣层面的同学都不是很多，处于创新兴趣层面的同学更是凤毛麟角。

因此，在兴趣学习中，休闲式的兴趣要尽力少一些，探究式兴趣要力求多一些。对学有余力的同学，兴趣学习能上升到兴趣创新的状态就更好了。

探索和实践

●如何理解兴趣创新？如何杜绝兴趣休闲？若你是个集邮爱好者，你如何让集邮不成为休闲兴趣呢？

21.6 记下兴趣体会

法国有个昆虫学家，叫法布尔，写了很多部关于昆虫的书。法布尔的这些书大部分是他的昆虫生态观察与昆虫生活探究的兴趣体会。我国有个医学家，叫李时珍，穷尽毕生的精力，写了一部名叫《本草纲目》的书，这本书是他实地药物采收制作探究与临床药物药理探究的兴趣体会。我国还有个地理学家，叫郦道元，写了一本叫《水经注》的书，这本书是他山水旅游和地理地质探究的兴趣体会。上述实例说明：当我们对某对象有兴趣并持续执着地探究它时，我们有必要及时把我们的所见、所思、所想，即把我们的兴趣体会记录下来。

用文字记录下的兴趣体会与心理朦胧的兴趣感受是不一样的。因为用文字记录下的兴趣体会是兴趣探究的概括，它是思维的结果，它比在兴趣活动中产生的朦胧的兴趣感知更抽象、更本质、更深刻。由于兴趣体会来自实证和实例，所以它不但有助于锻炼我们的观察力、思维力、文字表述力和意志坚持力，而且有助于我们获得认识世界的经验。因此，当我们通过总结兴趣体会以获得相关经验时，我们的兴趣活动过程就转化为兴趣学习过程了。而心理朦胧的兴趣感受仅是一种残缺的知觉体验，故不能说它已经系统地进入了我们的学习过程。

如果我们的兴趣学习坚持五十年，如果我们的兴趣体会记录坚持了五十年，我们就有可能成为某方面的行家。我们的兴趣体会记录就将可能是一笔可观的精神财富，甚至可能会是一本有影响的学术著作。

兴趣学习是"泛预习"过程，兴趣体会其实就是"泛预习"的学习笔记，愿我们能认识到这一点。

探索和实践

●找一个本子，记下兴趣体会。比较意向中的体会、思考中的体会与笔记式的体会的区别。

21.7 不可缺或少的四个兴趣

兴趣选择虽说是各取所需，但对以下四种兴趣，即使是自己不太喜欢，也要培养好。这四种兴趣分别是：书面阅读的兴趣、动手操作的兴趣、具体探究的兴趣和体育锻炼的兴趣。

一、从巴甫洛夫看来，条件反射存在两种信号系统，即第一信号系统和第二信号系统。第一信号系统是用实物作为刺激物引起无条件反射的信号系统，第二信号系统是用言语（符号）作为刺激物引起条件反射的信号系统。因为我们的学习主要是第二信号系统的条件反射活动，且第二信号系统活动直接与我们的思维活动相联系，所以第二信号系统的活动质量，在一定程度上决定了我们的思维活动质量。书面阅读就是以文字作为言语（符号）刺激物的第二信号系统活动，因此，书面阅读的数量、质量、广度、深度、难度，启动书面阅读的时间及书面阅读持续时间的长度，在一定程度上就决定了我们的思维活动质量和我们的智慧发展水平；教育统计学表明，凡是书面阅读较早、书面阅读量较大、一直坚持书面阅读、且一直用心阅读的孩子，其智力发展水平，一般都优秀于相同年龄段的孩子；教学实践亦证明，书面阅读是一个"泛预习"的学习准备过程，这一过程开展得愈早、阅读内容愈是丰富多彩，对阅读者的智慧发展和学校学习帮助愈大。是故我们要培养书面阅读的兴趣，养成课外阅读的习惯。

二、双手是大脑的延伸。大脑是认识世界的，双手是改造世界的，务必通过动手才可以让大脑认识世界包括认识自己，同时务必通过动手才可以改造世界包括改造自己的大脑，所以心灵务必手巧，手巧务必心灵——心灵和手巧相辅相成。世界是物质的，大多数物质是人动手创造的，不善于动手，不掌握劳动技能或不养成劳动习惯，不但不能创造物质财富且通过劳动交换获得物质财富，甚至连生存都会有问题。是故我们要培养动手操作的兴趣，养成劳动的习惯。

三、学习有两个目的，其一要获得经验，其二要将经验巩固为"比较持久的能力或倾向变化"；要获得经验，就要探究问题并反思问题，要"将经验巩固为'比较持久的能力或倾向变化'"，就要反复多次地持续地探究问题并反复多次地持续地反思问题。最高的学习目标是创新，即要有所发现、有所发明、有所创造，而"有所发现、有所发明、有所创造"的前提，就在于善于探究问题并善于通过问题探究，发现还没有被人发现的新问题。总之，我们若要有有效的学习，就要培养善于探究的兴趣——抓只蚂蚁子也要观察半天——养成遇到一处疑难就要盘根究底地思考半天的好习惯。

四、不管我们的智慧是如何的卓尔不凡，也不管我们的能力是如何的出类拔萃，我们的所有的智慧和所有的能力都是承载在我们的身体上的，这就像老虎的所有的威猛和老虎的所有的骁勇都承载在老虎的身体上一样。但我们与老虎不同，老虎的身体只能吃"老本"，靠爹妈给它的遗传素质吃饭，而我们则可以发挥主观能动性，通过有计划的、持续的体育锻炼，增强我们的体质和体能。我们的体质和体能一旦提高了，学习的效率就提高了，所以我们要培养体育锻炼的兴趣，养成锻炼身体的习惯。

探索和实践

●制订好上述四个兴趣的培养计划，并执行之。

第七编 关于能力发展的假设

第二十二章 关于能力发展的假设

22.1 关于能力的理解

上完英语课，你能把这节课的生词、例句、课文都准确地背下来吗？数学老师在黑板上画了一个复杂的立体几何图形，你能准确地想象出它的空间立体形状来吗？在三年高中阶段的学习过程中，你是否能抵制各种不良影响，把主要精力集中在学习上呢？如果你能够，说明你可能有较强的英语记忆能力，有较强的空间图形想象能力和学习自律能力。可见，平日里我们最熟悉的一个词——能力——总是与在具体的情景中，个体是否具有顺利地解决具体问题的具体本领相联系着。

能力是一心理学概念。对能力这一心理学概念，我们可以做以下理解：在认识上，能力反映了在具体情景中，个体顺利解决具体问题的认识活动水平；在实践上，能力反映了在具体情景中，个体顺利解决具体问题的技能活动水平；在心理上，能力反映了在具体情景中，个体顺利解决具体问题的心理活动水平；总之，能力是在具体情景中，个体有效地解决具体问题的具体本领，它总是与具体的情景、具体的问题、具体问题的具体解决方式、具体问题的具体解决水平及具体问题的具体解决速度相联系着，它首先反映了人对客观事物的认识水平、人的心理活动水平，同时与人的(行为)技能活动水平有关系。所谓发展能力，除了提高认识水平和心理活动水平外，还要提高相关的技能活动水平，即提高在具体情景中具体有效地动手解决具体问题的具体本领——离开在具体情景中具体有效地动手解决具体问题的具体本领而奢谈心理能力，是毫无意义的。

因为现代学习不但着眼于眼前的"学(考)"，而且更着眼于未来的"用(能)"；不但着眼于动脑的"知"，而且更着眼于动手的"行"。所以在现代学习中，如何发展能力并培养能力学习力，具有特殊的意义。

探索和实践

●你如何理解能力本质上是心理素质，但形式上是顺利解决问题的本领这一特点？

22.2 能力的本源是知识

普通人只能区分几种不同的黑色，但印染师却能区分出数十种不同的黑色。印染师超常的黑色区分本领——黑色分辨能力是从何而来的呢？

刚从事印染工作时，印染师和一般人一样，只能分辨出几种不同的黑色。但从事印染的时间长了，印染师对不同黑色之间的精微差别，对各精微差别之间的精细的观察方式和精确的表达方式积累了丰富的知识化经验和技能化知识，印染师就具备了超常的黑色区分本领。可见，印染师超常的黑色分辨能力的本源，是他对黑色、对黑色差别及对黑色差别的观察与黑色差别表述的知识有了系统的精确、精细、精密的掌握。

其实，所有的能力，都是本源于人的精确、精细、精密的知识化经验和精确、精细、精密的技能化知识的。而人的精确、精细、精密的知识化经验和精确、精细、精密的技能化知识，都是本源于人精确、精细、精密的经验化知识、人的精确、精细、精密的经验化知识，都是本源于人的精确、精细、精密的具体化知识的。人的精确、精细、精密的具体化知识都是来源于人认识到的精确、精细、精密的知识的。可见，能力根本于人对相关知识的精确、精细、精密的具体的掌握——诸葛亮之所以有七擒孟获的能力，是因为诸葛亮对孟获的心理，对作战时的军事、地理、环境知识有着精确、精细、精密的掌握；司马迁能写出《史记》，是他对历史、文学、军事、人文知识、写作知识有着精确、精细、精密的掌握；鲁智深能倒拔垂柳，是他对柳树、对如何拔起柳树的生物、物理知识有着精确、精细、精密的掌握。正因为诸葛亮、司马迁、鲁智深精确、精细、精密地掌握了相关方面的知识，所以他们对相关方面问题的认识才符合解决相关方面问题的实际。如果他们没有相关的知识或他们所拥有的知识与解决实际问题所需要的知识不相一致，实际问题便不可能得到顺利解决，他们就不具备、也不表现有相关的能力。就像诸葛亮虽善于运筹帷幄，但不会杀猪卖肉，司马迁虽善于著述立说，但不会行军布阵，鲁智深虽善于舞枪弄棒，但不会吟诗作画一样。

能力是个体对顺利解决问题的所需相关知识的精细、精密、精确的掌握——能力的本源是知识，要培养相关的能力，关键还在于精细、精密、精确地掌握相关的知识。

探索和实践

●有知识基础，很容易记住数字 12101440016900019600022500000，若没有知识基础，就记不住。为什么？

22.3 知识分类及其与能力的关系

"从太空中遥望地球，地球是什么颜色？"当你上幼儿园的时候，有人问你这个问题，你可能不知道，但你上了中学就可能知道了。因为你已有了这方面的知识。海豚是鱼吗？河豚呢？对这两个问题，你都可能正确地回答出来，因为你可能正确地掌握了关于鱼的概念。可见，知识是关于客观事物特征的语言表述，概念则是关于客观事物本质特征的语言概括。知识包括概念，但概念并不完全包括知识。然而在很多的时候，知识与概念总是相互通假，有时甚至将它们写成一个词——知识概念——二者并无太大的区分。但严格地说起来，在揭示事物本质这一点上，概念似乎比知识更概括、更准确。

你打开课本，会发现课本上的知识有两类：一类通过图文的形式，诉诸你的视觉，直接反映了客观事物的实际，即它具体是什么且是为什么；另一类则或通过图文的组织与表述角度、表述形式、表述情感色彩选择的不同，诉诸你的思维，间接地反映了图文组织者、语言表述者的价值观和方法论。前一类知识是直白的，故可认为是显性知识；后一类知识是隐含的，故可认为是隐性知识。显性知识是直接告诉你什么是什么且是为什么的概念性知识，隐性知识则间接地告诉你应该在什么思想指导下、采用什么方法并应该如何动手操作以解决什么问题的关于思想方法的知识——显性知识是直接写在教科书上的知识，而隐性知识则是隐含在显性知识里，需要你在学习实践中，在老师的指导下，通过反复实践、反复反思领悟才可能总结、发现得到的知识。

假如你正跟着老师学钢琴，老师告诉你钢琴演奏的指法和基本原理，但你仍不会弹奏。直到老师把着你的手教了你很多遍，你才基本入了门。这是因为如何动手弹钢琴——如手指击键的力度、手指击键的角度、手指击键的弹性程度应怎么样，书本上、口头上是根本讲不清的，只有具体示范才讲得清楚。可见知识还有一种分类法：原理化知识和技能化知识。原理化知识告诉你什么的本质特征是什么，而技能化知识则告诉你什么在什么条件下应该如何具体动手做；原理化知识是偏向于动脑的、抽象地表述问题的知识，而技能化知识是偏向于如何动手的、具体地解决具体问题的知识。

老师说分类讨论法本质上是一种分类穷举的思维方法，你听了半天仍不知道是怎么一回事。后来，老师指导你直接参与了一次交通警察的交通事故分析讨论会，你就知道什么是分类讨论的思维方法了。像这样，通过接受的方式直接得到的、暂没有实践经验支持的知识称为语义化知识；而通过实践检验、有实践经验支持的具体化知识，称作经验化知识，这又是知识的另一种分类方法。

隐性知识、技能化知识、经验化知识属于活的知识，它们往往是随机应变的、具体情况具体分析的。它们较多地偏向于指导你如何"做"和如何"行"。它们看起来似乎是相对简单些，但很多的时候，却是你解决问题的诀窍所在，也是决定你解决问题本领大小的能力表现所在。显性知识、原理化知识、语义化知识往往可以通过接受的方式得到；但隐性知识、技能化知识、经验化知识则必须通过解决问题的实践，你才可以发现到、理解到、经验到、领悟到或掌握到。我们许多同学某些方面的能力之所以较弱，在很大程度上是因为他们缺乏相关的隐性知识、经验化知识、技能化知识所至。

显性知识、原理化知识、语义化知识与隐性知识、技能化知识、经验化知识之间仅一纸之隔。当将前者具体化，即将前者应用于解决问题的实践并获得了相关的经验时，前者便有可能转化为后者。后者经过总结概括，又能上升为更高层次的前者。

一个人要有能力，就要同时兼有上述两方面的知识。一个人要培养能力学习力，就要总结、积累、掌握隐性知识、技能化知识、经验化知识等活的知识。

探索和实践

●如何将显性知识、原理知识、语义知识活化，将它们转化为直接解决问题的知识？

22.4 掌握辩证逻辑思维方式

1981 年，高考的作文题是《毁树容易种树难》。

该命题本源于《韩非子》。韩非子说："杨树是容易种活的，倒着种、横着种都行，然而十个人种树，经受不起一个人毁树，这说明了一个道理：毁树容易种树难。"试卷要求考生就此写一篇自我命题的作文。

许多考生望文生义，认为韩非子说得对，十个人种树确实是经受不起一个人毁树的，于是各自依葫芦画瓢似的发表了一通如学坏容易、学好难，创业容易、守业难，吸烟容易、戒烟难的议论来例证这一观点，结果是例证愈举愈木拙，话语越说越绝对，最终不得不陷入片面性的泥淖。

个别考生则表现了不凡的才智。他在充分肯定命题——毁树容易种树难——在一定情况下是正确的之后，就指出原命题的逻辑意义并不完整：毁树之所以容易，是由于种树者思想麻痹、管理松懈、对毁树者可能发生的毁树行为缺乏充分的估计；如若种树者对毁树者严加防范，若种树者通过立法并依法对毁树者的毁树行为课以处分甚至课以刑罚，毁树者的毁树就不容易了。接着，他认为种树之难是在一定条件下之难，毁树之易，是一定条件下之易，条件改变，"难"和"易"也就改变了——推而广之，毁树是难是易，决定于种树者如何尊重客观规律并如何发挥主观能动性；再推而广之，处事是难是易，决定于处事者如何尊重客观规律并如何充分发挥自身的主观能动性。

上述两种不同的论述方法，反映了两种不同的思维方式，前者是形式逻辑思维方式，后者是辩证逻辑思维方式——简称辩证思维方式。

辩证思维方式强调用辩证的观点看待客观世界，认为若要正确认识世界（解决问题），就必须坚持具体问题具体分析的原则：只有从客观事实的总和中，从客观事物全面的普遍联系分析中，才可能发现客观事物之间的本质联系，才可避免误入主观片面性，才能找到最终解决问题的具体办法。

辩证逻辑思维方式的指导思想是：

——全面掌握材料；

——具体分析材料，在诸多矛盾中发现主要矛盾，在主要矛盾中分析主要矛盾的各个侧面；

——在主要矛盾的多个侧面中，发现主要矛盾的主要方面（事物的本质）；

——找出矛盾转化（解决问题）的办法；

——辩证逻辑思维的起点，不是从现成的结论或主观臆想出发，而是从错综复杂的全部事实（材料）出发；

——辩证逻辑思维强调的，是具体情况的具体分析，而不是简单的全部肯定或全部否定；

——辩证逻辑思维采用对立统一的辩证矛盾观把握矛盾，通过矛盾对立统一的辩证分析，发现矛盾的对立面在一定条件下相互转化的规律性。

再举一个例子，以进一步说明辩证逻辑思维方式的具体应用：

1999 年，高考的命题作文是《假如记忆可以移植》，该如何用辩证逻辑思维方式把握题意并稳妥地写出一篇有见解的文章来呢？

第一步，全部掌握材料。假如记忆可以移植，是什么形式的移植呢？是什么人对什么人的移植呢？是普遍的、随心所欲的移植，还是特殊的、控制状态下的移植呢？是经济代价高昂的移植，还是经济代价低廉的移植呢？

第二步，全面、具体地分析材料。

（1）全面分析情况：在诸多的记忆移植方式中，最有可能的移植是生物芯片的移植，这是一种相对可行、费用相对较低，但对一般人而言，仍是代价高昂的移植。

（2）分析记忆芯片移植对人的影响。正面的影响是，有助于提高人的记忆能力，培养出智力高超且情感冷静的超人；负面的影响是，对接受过记忆移植的超人，即使荒于学习，亦具高智力，在社会竞争中，他们显然可以处于绝对优势；由于记忆芯片植入费用高昂，一般人不可能问津，是故该技术很可能成为有钱人的专利，而该技术一旦成为有钱人的专利，记忆芯片的植入很可能形成下述循环：记忆移植 → 生成超人 → 超人控制社会＝富人控制社会。

（3）发现问题本质：假如记忆可以移植，很可能会产生一个直接由超人控制、间接由富人控制的不公平社会。

第三步，提出个人见解：

（1）假如记忆可以移植，是一个有意义的，值得通过实践探究的综合性的科研课题。

（2）假如记忆可以移植，人类社会很可能会退化为一个不公平的、由富人绝对控制的社会。

（3）应该通过立法保护旨在科学研究的合法的记忆移植，根绝不合法的记忆移植。

第四步，根据自己的上述辩证分析，给出写作提纲，然后成文。

从上述"假如记忆可以移植"作文的审题立意、思路分析里，我们就可能初步知道什么是辩证逻辑思维方式及其优越性了。

凡是思维活动，都有一个辩证逻辑思维的问题。在议论文写作和问题解决的实践中，辩证逻辑思维方式尤其重要。提醒大家注意的是：我们学习中的大多数错误，都是因为没有很好地掌握辩证逻辑思维方式导致的思维方式错误，比如问题："树上有十只鸟，打一枪，树上还有几只鸟？"

你或许会回答说，树上没有一只鸟了。我则告诉你，你的答案错了！因为"树上有十只鸟"与"打一枪"之间，并不一定有实质性的意义联系。"树上的十只鸟"，是一回事，"打一枪"可能是另一回事。且即使是"打一枪"——在什么地方打一枪？朝什么方向打一枪？枪打中了鸟吗？枪是好枪、子弹是好子弹吗？鸟们中是否有聋子呢？不知道，一切视具体情况而定。

我们的能力之所以弱，是因为我们解决问题的本领小；我们的解决问题的本领之所以小，是因为我们缺乏隐性知识、技能化知识、经验化知识；我们之所以缺乏隐性知识、技能化知识、经验化知识，是因为我们的思维方式有缺陷；我们的思维方式之所以有缺陷，是因为我们的思维方式不是辩证逻辑思维方式，而是形式逻辑思维方式，甚至是错误的思维方式。我们只有坚持实事求是的、辩证逻辑的思维方式，我们的能力发展才有正确的认识论基础、正确的方法论基础即正确的唯物辩证的哲学基础。

能力的核心是辩证的逻辑思维方式。

探索和实践

●试着用辩证思维方式写一篇议论文，将其与形式论证方式写的论文相比较。

●试用辩证思维的方法分析以下问题：一张桌子截去一个角，还有几个角？

22.5 知识的存在形态和能力发展模型

甲：假如你是个心脏外科专家，你已经打开患者的胸腔，切除了带病的心脏，正在完成新植入心脏的神经搭接手术步骤。毫无疑问，你要正确完成这一手术步骤，必须有多种系统的经验化知识、系统的知识化经验和系统的知识化技能的支持——如心脏神经手术解剖的、心脏神经手术技能的、心脏手术经验的、心脏手术器械的、心脏手术仪器的、心脏手术心理的和心脏手术事故处理的等。所有这些知识、经验、技能不像字典中的单字一样孤立地存在着，而是被整合为若干个知识经验技能模块，保存在你的大脑皮层里。当你具体地解决心脏神经搭接手术这一具体问题时，这些知识经验技能模块会自动地、有机地组合起来，形成一个帮助你具体有效地解决心脏神经搭接手术的知识经验技能模块系统。是故你具体地解决心脏神经搭接手术问题的过程，即是你的心脏神经搭接手术的知识经验技能模块系统的具体化过程。值得强调的是，你所有的搭接心脏神经手术需要的知识、经验、技能，并不完全是你直接从课本上或从老师的口头上得来的，而是你在心脏神经搭接手术实践中通过反思总结得来，它是通过心脏神经搭接手术实践检验，是完全正确的操作型、经验型、技能型的经验化知识、知识化经验和知识化技能。

你的心脏移植手术一旦成功，你就会对在手术过程中应用过的各种单一的经验化知识、知识化经验和知识化技能，包括对各种单一的知识经验技能模块及手术中应用过的各种知识经验技能模块系统，进行多次的再反思、再总结和再概括，以形成水平更高、应用力更强的、技能更熟练的、单一的如心脏神经手术搭接的知识经验技能模块或水平更高、应用力更强的、技能更熟练的、综合的、集全部单一的心脏移植手术知识经验技能模块于一体的、概括化的关于心脏移植手术的知识经验技能模块系统。

像这样，将已掌握的知识经验技能模块系统地应用于解决实际问题的过程，称为知识经验技能模块的具体化；在实践中，将所有语义的、原理的、逻辑的知识转化为技能的、经验的、隐性的、被合理且有效地组织起来的动作活动方式与心智活动方式的过程，称为知识经验的技能化；在问题解决之后，将经验过的所有的知识经验技能模块概括起来，形成更高级的知识经验技能模块系统的过程，称为知识经验技能模块的概括化；在解决问题的过程中，在知识经验技能模块反复具体化、概括化的基础上，将所有知识经验技能模块尽可能地或与其他相关学科的知识经验技能模块"对接"起来，或与自身的认知结构"对接"起来，或与自身的动作活动方式与心智活动方式"对接"起来，这一过程称为知识经验技能模块的意义化。你的解决问题的本领，即你的能力就是在不断递进的知识经验技能模块的具体化、概括化、意义化的往复循环过程中得以提高的。因此，在学习时，你要做个有心人，你既要善于总结经验，促进概括化或意义化的知识经验技能模块的形成，将概括化的知识经验技能模块不断地具体化，又要善于联系实际，在知识经验技能模块具体化、概括化、意义化过程中不断总结经验，为下一次知识经验技能模块产生更高级的具体化、概括化或意义化渐进做好思想准备。

知识经验技能模块经过反复的具体化、概括化和意义化，将逐步转化为你顺利地解决问题，甚至转化为你在极为艰难的条件下也能顺利解决问题所需的、更高级的知识经验技能模块——能力化的知识经验技能模块——进而跃迁为你的心理素养。

乙：根据知识的存在形态和能力发展的实际，我们可以设计出以下的能力发展立方体模型（见图）。

从模型可以看出，能力发展有三个方向：知识、技能、经验。每个方向有三个层次：知识的三个层次是识记、掌握、应用；经验的三个层次是具体化、概括化、意义化；技能的三个层次是：模仿、熟悉、熟练。三个方向和每个方向的三个层次被设计成一个能力发展立方体，立方体的体积大小相当于能力发展程度。根据能力发展立方体模型，能

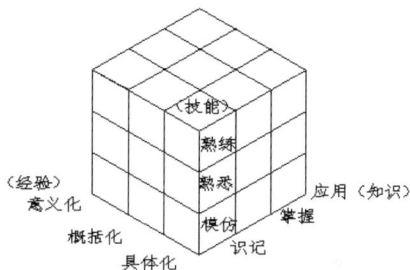

力发展立方体有三个知识经验技能模块——具体化知识经验技能模块、概括化知识经验技能模块、意义化知识经验技能模块。由于三个模块的知识、技能、经验的发展水平不同，使得能力发展立方体的体积不同，能力的发展程度亦因此不同。从能力发展立方体模型还可以看出：第一，知识、技能、经验三者是相互融合、相互迁移的，即知识是技能的知识，经验是知识的经验，技能是经验的技能……第二，只有在实践中，只有在动手的前提下，只有当知识、技能、经验三个方向都发展到了高级程度，形成了"意义化的知识经验技能模块"时，能力才能得到充分的发展（立方体的体积最大）；第三，如果知识、技能、经验三者缺乏交叉，知识、技能、经验三者中仅有一者或仅有两者得到发展，或三者在各个方向的发展都处于低层次，则能力发展就处于较低状态。

丙：我们要发展能力，显然首先要在解决问题的实践中，努力促进知识的具体化、经验化和技能化，使低层次的知识、经验、技能向高层次的经验化知识、知识化经验和知识化技能转化；其次，要促进经验化知识、知识化经验和知识化技能相互融合并相互迁移；第三，要尽力缩短具体化知识经验技能模块向概括化知识经验技能模块，概括化知识经验技能模块向意义化知识经验技能模块

的形成时间及转化时间——尽力促进能力的成熟。只有这样，客观意义的"死"的知识才能脱胎换骨，转化为成熟的、意义化或能力化的"活"的知识。

能力成熟是一个相对复杂的问题。某项能力的成熟，是支持某项能力的众多基础能力的系统成熟。能力成熟更与崇高精神尤其是世界观的成熟、思维方式的成熟、思想方法的成熟密切相关。知识容量小、技能水平低、经验积累少、低级的知识经验技能模块不能尽快向高级的知识经验技能模块转化，往往是影响能力成熟的重要因素。

又及：能力不是学习的最终目标，将能力、情感、意志整合起来，在崇高精神引领下，将三者推至高端——形成信念，才是学习的最高目标。

探索和实践

●体会当你熟练地解答数学题时，是知识经验模块的具体化过程。当你反思问题时，则是知识经验模块的概括化过程。谈一谈你对能力知识模块形成的理解。

●以异面直线间的夹角的定义掌握为例，反思将"识记型"知识转化为能力化知识的具体方法。

22.6 临门一脚和能力表现

足球比赛中，常有临门一脚的说法。大意是，不管运动员平时的体能、技术占多大的优势，关键在现场对抗中，在极短暂的一瞬间，能否抓住机遇，将自身的运动优势淋漓尽致地转化为破门入网的竞赛能力表现。

所谓能力表现，指的是在具体情景中，你能顺利且有效地解决具体问题——将已获得的能力外显的心理与行为表现。竞赛、对抗、应试，就是典型的需要能力表现的情景。

能力表现的重要性在于，在解决问题时，你不但想得到，而且做得到；你不但想得到、做得到，而且做得成；你不但想得到、做得到、做得成，而且做得好——你不但具有某方面的知识，而且具有某方面的能力；你不但具有某方面的能力，而且具有表现某方面的能力的能力。如果你确实具有表现某方面的能力的能力，但你却是"茶壶里煮饺子，倒不出来"，你的这样的"能力"再多，也没有实际意义。

如何才能将获得的能力淋漓尽致地表现出来呢？换句话说，如何才有表现能力的能力呢？

第一，保持情绪的稳定。在能力表现的过程中，不但要有绝对的理智，适度的热情，而且二者间要保持高度平衡。过度的热情可以淹没理智，过度的理智又可以消融热情。因此，在"临门一脚"的关键时刻，做一个理性的、有适度热情的现实主义者是很重要的。这时，你的全部注意和全部精力应集中在临门一脚这一关键点上，而决不能分散在其他方面。有的足球运动员本来可以轻松地踢球入网的，可是由于一时激动，把球踢歪了，或者由于一时思想糊涂，或有意炫耀一点小动作，以至于痛失进网良机——这些都是因情绪不稳定导致失败的例子。

第二，确保精准。具体问题的解决往往是大问题被分解为若干个小问题，待若干个小问题解决了，大问题才得以最终解决。因此，具体问题的最终解决并不简单地决定若干小问题解决的速度快，而决定于确定解决问题的思想方法及大问题分解成小问题、小问题被逐个解决的准确性。只要解决问题的思想方法和小问题的解答是准确的，尽管从局部上看，速度是小一些，但由于避免了来回折腾，整体问题的解决速度反而增大了。

第三，学会简洁。任何表面上看来是复杂的事物，毫无例外地都可以化繁为简，越是复杂的事物越必须且越容易化繁为简，"化繁为简"，就是"精"。"精"，就是极端的简洁。这就像足球运动员的动作虽五花八门，但临场的一脚，都是简洁的"一脚"一样。

化繁为简的方法，在于充分掌握已知材料，努力在辩证思维方式的指导下，直奔主题——首先发现主要矛盾，接着发现主要矛盾的主要方面，然后在多个解决问题的方案中，迅速地选择一个最简单、最适用、最精准的解决方案。

简洁是一种风格，是能力表现的最高水平。这就像在足球场上，动人心魄的临门一脚往往简洁得如行云流水一样。复杂不但使人疲劳困倦，而且使人容易犯错误。记住：能力表现实际上就如何将复杂的事物"秒杀"——精准地将复杂的事物变简单。

第四，巧用概括化知识经验技能模块。一般而言，解决同一个问题，可以选用多个不同的概括化的知识经验技能模块。对你来说，在多个概括化的知识经验技能模块中，其中必有一个是最直接、最科学、最熟悉、最不易犯错误的概括化知识经验技能模块——对！你就应该选择该概括化知识经验技能模块来解决问题。在学习过程中，你要努力反思、总结、积累、熟练这些概括化知识经验技能模块。你的这些知识经验技能模块积累的愈多，你对这些知识经验技能模块使用愈是熟练、愈是巧妙，你的表现能力的能力就愈强，这就像在足球场上马拉多纳，他的"上帝之手"连电视摄像机也分辨不出来一样。

第五，勇于创新。客观事物是运动着的。客观事物的运动不仅包括客观事物本身的运动，而且包括客观事物之间互为影响，互为条件的运动。你可以用已经掌握了的知识、方法、经验解决部分问题，但你却不可能用它们来解决不同条件下的所有问题，表现出能解决在不同条件下所有问题的能力。因此，你必须勇于创新。

创新的前提是克服定势、解放思想。创新必须采用辩证思维方式，努力从丰富的感性材料出发，具体情况具体分析，而不是从想象出发，形而上学地主观臆断。而改造——促进已经掌握的概括化知识技能模块在新条件下的创造性应用，是最重要的创新途径。因此，在某些场合，你面临的问题必须通过创新才能得到解决，你就用创新的方式解决。但有的时候，问题的解决并不需要创新，这时候，你就完全没有必要"弄巧成拙"——自作聪明地刻意通过创新来表现自己的能力。这就像足球运动员临门一脚时，完全没有必要向观众卖弄一个小动作表现一番一样。

第六，努力使意识、心理过程、行为活动具有目的性，并将它们稳固地集中在一个点上。因为意识、心理过程、行为活动若有目的性，可以放大心理和行为活动的效果；而心理过程、行为活动的目的性若集中在一个点上，可以避免我们因为意识、心理过程、行为活动的目的性不集中，进而犯下诸如情感浮躁、行为马虎、认知偏移、态度敷衍等心理或行为错误。

第七，学会"秒杀"——在尽可能短的时间里，敏捷、快速、准确地发现问题与解决问题。

因此，你不但要有具体地解决具体问题的普通能力，而且要有善于把握机遇、具有表现能力的能力。

探索和实践

●能力表现要抓住哪些要点？总结你的能力表现体会。

第二十三章 不创造，毋宁死

23.1 不创造，毋宁死

人类或许从直立行走，或许从点燃第一堆火，或许从打造第一件石器的时候起，就开始了永恒不息的创造活动。正是人的创造活动，才使人的脚和手得以分工，大脑得以进化，才使人创造了语言、文字、文学、诗歌、绘画、艺术、科学，发明了陶器、瓷器、铜器、铁器、蒸汽机、内燃机、计算机，发现了圆周率、能量守恒定律、核裂变和核聚变规律等数不胜数的规律，最终使人成为地球上最具优势的物种的。恩格斯说："劳动创造了人本身。"我们不妨这样理解：不是劳动中的筋骨、神经的劳累创造了人本身，而是劳动中的创造在创造世界的同时创造了人本身的。

如果没有创造，人类这一弱小的物种或许至今仍在森林中徘徊。

创造是如此重要，难怪世界各学科、各专业最顶尖的荣誉，无一不授予本学科、本专业的那些最富创造力的成果和那些最富创新意识、最富创新精神、最富创新思想的人们。

我国曾是一个善于创新的大国。我们的语言如同音乐，我们的文字如同绘画；我们在故宫里探究一番，会赞叹古代国人的建筑创造；我们或登上长城，或站在都江堰的堤坝上举目四望，我们会赞叹古代国人的工程创造；我们打开《本草纲目》《齐民要术》《天工开物》，我们会赞叹古代国人的医学、药物学、科学技术创造；我们打开异国博物馆的大门，会发现让异国引以自豪的，竟是从我们中国盗掠得来或从中国流失的丝绸、瓷器、青铜器、家具及中国人的书法与美术作品，我们会赞叹古代国人的工艺创造，更不用说改变世界面貌的火药、指南针、印刷术和造纸等发明了……元明以前，中国的创造犹如宇宙星空一样灿烂，遥遥领先于世界许多个世纪。

但元明以降，古代国人的创造力顿失。究其原因，一是由于古代中国是一个封闭的、自给自足的农耕社会，创造活动与生产力之间缺乏有机联系，全社会都没有通过积极的创新以推动生产力发展，尤其是推动工业发展的紧迫感和危机感；二是受易、老、庄思想和阉割了的儒家思想影响，古代国人普遍地缺少批判的辩证思维方式和系统的数理—逻辑思想方式，普遍地不喜欢刨根究底，尤其不喜欢试验和实证；三是科学的或学科的系统的理论知识，尤其是数理—逻辑知识、试验工具、试验技术手段缺乏，即使想创新，也不知道从何入手；

第四——也是最主要的——古代国人的学习，是脱离个人发展、脱离社会发展、脱离生产力发展、脱离生产劳动，单纯为了个人做官发财的传统学习，"朝诵经史子集、夜习八股文章"——普遍缺乏科学意识和科学精神。所以当西方利用新的数理理论、新的逻辑方式、新的试验手段和新的试验技术，将科学技术从经验总结折向理论创新和技术创新并不断地向数学、向分子、向原子等微观世界试验地、定量地、创造性地深入推进时，国人的创造力就相对萎缩了。

近代世界的创造多于牛毛，但属于我们中国人的创造仅占其中极少的一部分，如奖励学科内最富创新力理论成果的诺贝尔奖，我们仅一人获得；属世界最尖端的理论、试验、科学、技术，全部属于我们中国人创造的，还不是很多；我们的国民花了许多钱办了许多学校、培养了许多高学历者，但囿于传统学习的熏染，他们中的少数人不是老想着如何出国、如何发大财，就是老想着如何当大官、如何赚大钱；同样囿于传统学习的熏染，部分国民根本没有心思执着于旨在强国并志在报国的科技创新，也不屑于鼓励旨在强国并志在报国的科技创新，更不在乎新技术的掌握和新技术支持的先进制造，他们确实养成了封闭守旧、唯书唯上、不思进取、不思创新的病夫意识和懦夫习惯……所有这些，不仅令我们自责，更是令我们自羞、自愧且自耻！大家务必明确，第一，创造与生产力发展水平紧密相连，又与国力盛衰紧密相关，还与国家的核心竞争力强弱紧密相系，创造的丧失和创造力的缺失势必导致国家国力的丧失和国家核心竞争力的缺失；第二，在世界上，他国创造的创造，归根结底是属于他国创造的创造；他国是不会把他的创造，尤其是把他的核心的创造的创造，拱手出让给我们的，我们务必要有自己的创造；第三，我们的学习一定要从鄙薄创造和创造力的传统学习中解放出来，一定要坚持"有所发现、有所发明、有所创造"的现代学习理念，努力培养自己有"创造意识"和"创新精神"；第四，我们要全力使自己的民族，成为"创新型民族"，使自己的国家，成为"创新型国家"，使自己成为有创新意识的"创新型国民"——记得西方资产阶级革命时，有一句振奋人心的创造性口号，叫作"不自由，毋宁死！"我今借用这句话并予以再创造："不创造、毋宁死！"我的意思是说，上天给了我们充满活力和进取的生命，我们就要用他来创造！我们不能像井底之蛙一样坐井观天，像磨坊之驴一样因循守旧。如果我们除了消耗人间水米。重复他人说过的故事。只知道吃饭、赚钱、结婚、生子之外一无所新，我们便是行尸走肉、酒囊饭袋一个。

"不创造、毋宁死"——要求所有的人都视善于创造如生命，确实是稍微过分了些，但对我们来说，则一点也不过分。因为我们正处在世界观、价值观的形成与方法论的认识时期，在这一时期，我们若是在头脑中打下"不创造、毋宁死"的烙印，我们今后的创新意识就会强烈得多。如果我们始终魂牵梦绕着立志创造这件事，不懈地坚持现代学习，我们终究是会有所创造的。

创造的过程是创和造——"创"且"造"之；创造的结果是创新——"创"且"新"之——在本文里，创造和创新在本质上是同一个词。

探索和实践

●尝试着在思想与形式创新的理念指导下写一篇作文，体会其中的意义。

23.2 走出"定势围城"

父亲问儿子说："尿桶能做什么呀？"儿子说："尿桶从中间锯断，上一截可用作蒸饭的甑，下一截可用作洗碗的盆。"

这是一则在湖南农村广泛流传、常用来自嘲并嘲人的幽默故事，故事有讥讽自己的创意稍欠高明或他人的创意也不太高明的意思。

但我不但不觉得故事中的创意有什么不妥，反而觉得故事的创意且有新意——可不是吗？要是将一只尿桶从中间锯断，确实是可以一分为二，有上端用来作饭甑，有下端用来作碗盆的结果呀！这样做确实件是省工省料、一举多得的事！有什么不可以呢？该答案若是出自三岁小儿之口，这小儿更值得称赞，因为他小小年纪就具有敢想人之不敢想，做人之不敢做的创造意识和创造精神。因此，我认为这个故事完全不应该用来自嘲或嘲人，而应该用作肯定自我或肯定他人才是。

在学习和生活中，类似这样的故事俯拾即是。我们的创造意识、创造思维、创造思想就泯灭于这无形的关于意识的、思维的、思想的定势里了。这些意识的、思维的、思想的定势共同构筑起一道迫使我们胆小怕事、谨言慎行、不敢"高声"、不敢"逾矩"、不敢"出头"、不敢惊动"天上人"的、"踮起脚尖"走路的"定势围城"。毫无疑问，我们要有所创造、有所创新、有所发现和发明，就要走出这一束缚我们手脚的"定势围城"。

要突破诸多定势，走出"定势围城"，关键在我们自己。"世上本无事，庸人自扰之"。从表面上看，定势似乎是来自外部环境强求一致的心理压迫，但本质上看，定势更多的是自作自受。如果我们始终坚持实事求是，坚持不看他人的"脸色"行事，坚持不作茧自缚，坚决不盲从迷信，我们的心理压力消失了，定势自然就荡然无存了。我们主观上没有心理"定势"了，我们怎么会有"定势围城"呢？如果我们主观上没有"定势围城"，我们怎么会要走出这"定势围城"呢？

其次，我们要突破诸多定势，走出"定势围城"，还要有批判的辩证思维方式和敢于"造反"的大无畏精神。批判的辩证思维方式可以帮助我们克服自我示弱的和盲目从众的心理定势；敢于"造反"的大无畏精神可以帮助我们破除迷信、解放思想，把每一丝瞬息即逝的走出"定势围城"的创造性机遇，开辟成完全走出"定势围城"的创新性星光大道。

总之，走出"定势围城"的最好办法，一在于主观努力，二在于实事求是，三在于"造反有理"。这就像封闭在蚕茧中的蛹，它若只是想象着如何如何走出这蚕茧，它是永远走不出这蚕茧的。它只有采取行动，实际地"造反"一盘，用口咬破这茧，它才可以走出蚕茧来。当它咬破这茧，突破了或"摧毁"了蚕茧这一"定势围城"时，它就由蠕动的蛹化为飞翔的蛾，它就实实在在地走出这"定势围城"了。

世界上有数不清的定势，这些定势构筑起了数不清的"定势围城"，上千上万人的聪明才智就被束缚、被消融、被湮灭在这"定势围城"里，最后一无所成。我们决不重演这些可悲的命运故事。我们要下决心突破一切"定势围城"——为了有所创造、有所创新、有所发现和发明，凡是阻碍我们走出"定势围城"的，不管是神仙皇帝，还是山河地图；不管是祖传丸散，还是秘制膏药，全都踏倒它！

探索和实践

● "九州意气恃风雷，万马齐喑究可哀，我劝天空重抖擞，不拘一格降人才。"试以本诗中"意气"为内容写一篇命题作文《论意气》。从中体会突破"定势围城"的意义。

23.3 创造可以从不同的方向入手

你读过很多的咏月的诗吗？如果你读过，不妨把它们搜集拢来，做一次认真的分析。你会发现，同样是面对着天上皎洁的月亮，诗人们歌咏它的词句、创设的意境和寄托的情感各不相同。

——创造活动有如诗人歌咏月亮，可以从以下不同的方向入手。

想象。想象包括幻想、联想、思想、遐想、遥想、理想，甚至包括空想、梦想、痴想、异想、呆想。诗歌《离骚》、神话小说《西游记》、武打小说《射雕英雄传》、卡通片《哪吒闹海》、美术作品《洛神赋图》、小提琴协奏曲《梁山伯与祝英台》、黄梅戏《天仙配》、花鼓戏《刘海砍樵》、芭蕾舞剧《天鹅湖》、电影《藏龙卧虎》、童话《皇帝的新装》、民间故事《孟姜女哭长城》等通篇都是想象。想象没有边界。想象不受束缚。你可以自由地想，大胆地想，挖空心思地想，漫无边际地思想、随想、乱想、奢想、胡想、空想、瞎想、蠢想一通。只要你的想象是创新的，不是有悖于社会与法律、道德与伦理的，就是有价值的。

发现。发现指你通过探究获得的新的认知结果。发现的视野是广袤的，可以发现现象、发现问题、发现规律，还可以发现本质、发现对立、发现统一、发现联系、发现区别、发现愚蠢、发现荒唐和错误。总之，只要你发现了大家都未发现过的，不管是什么，不管是大是小、是对是错，对科学来说，就是创造。

问题。你通过观察分析，发现了矛盾或发现了矛盾的某一方面而不知道另一面，或发现了原因但不知道结果，或发现了结果但不知道原因，或发现了实证或实例，称为发现了问题。如果该问题不为大家所知，就可称为创造，该问题即称为创造性问题。创造性问题的探究，包括问题分析、问题解决和问题反思，都是伟大的创造性活动！我们知道，问题即是命题。如何给出一个命题有数不清的方法——这好比一个万花筒，每旋转一次，就有新图案出现一次一样。无论是新问题，还是老问题，只要稍微改变条件，就可以衍生出不计其数的"新新"问题和"老新"问题。在这些问题群中，你总会发现若干个具有创造意义的问题的。

实践（包括试验）。创造性问题的发现更多地来源于实践（包括试验）。这是因为在实践（包括试验）过程中，你能发现更多的矛盾或解决、见识、分析、矛盾的某一方面或多方面。你可以通过创造性问题的解决与反思，得到更多的创造性实践（包括试验）经验。而在创造性实践（包括试验）经验获得的过程中，你又会发现更多的关于创造性问题的创造性问题。如此循环不己，以至无穷无尽。

改进。如改进原创或改进原创的改进等。创造实践证明：提出原创是很困难的，但在原创的基础上改进原创或在原创改进的基础上继续进行原创的改进就容易且快捷多了。不断改进的方法很多，可以改进原有的思路、原有的设计，应用新的思想、技术和方法，变革或优化原有的作用与功能等。不断改进是创造的秘诀，也是创造的核心。绝大多数的创造都是不断改进的结果。事实证明，不管是什么事物，即使是完美至极的事物，都可以被不断的改进所创造。事关整体、剧烈而巨大的改进则称为改革。

思维。所有的创造性想象、所有的创造性问题发现和创造性问题的解决及所有的创造性实践活动，所有的改进和改革本质上都与创造性思维有关。创造性思维的创造性特征，表现在思维方向的创造、思维依据的创造、思维条件的创造、思维结果及思维材料的收集、整理、处理等创造上。思维的任何创造，哪怕是极微小的一丝创造，都有可能引发一连串创造性海啸从而衍生一大摞的创造性成就。

直觉和猜想。由于直觉和猜想是非逻辑的，所以它本身就蕴含有丰富的创造成分。想象依据的，往往是表象；直觉依据的，往往是经验；猜想依据的，往往是见识。直觉、猜想和想象一样，往往是诱发创造的前奏。因为直觉和猜想直接地表现为灵感，而灵感的放大则是创意，创意的实现往往是创新。

批判——辩证的、有时甚至是暂时的、非逻辑的、独立的、毫不留情且是毫无顾忌的批判。你要批判，就要有理由；你要有理由，就要去实践；你实践了，实践中发现的真理就会对你的批判提供事实依据，你就有可能创新。

事实上，在所有的创造活动中，在批判的辩证思维方式指导下的实践活动，才是首要的创造活动。由于其他的创造活动往往沉湎于坐而论道或纸上谈兵，而实践的创造方式则立足于胼手砥足、身体力行。从某种意义上甚至可以说，只有在理论联系实际的实践中，才会产生真正的创造。

实践中的创造并不神秘。所有的理论联系实际的实践活动，只要不是原封不动地照搬他人早已创造过的，就可以视为是创造。一次战争，就是一次创造；每唱一首歌，同样是一次创造；人家顺着走而你能倒着走，就是一次创造等。

创造有如天空中的阳光和无所不在的空气，它没有边界，没有固定的形式，它永远是变动着的，它永远是无处不在的。

探索和实践

●习惯于以邻为壑的日本的东侧，是马里亚纳海沟。地壳的板块运动，使马里亚纳海沟急速向西推进并与日本列岛产生严重挤压，于是某天发生的最惨烈的地震和最惨烈的海啸使大部分日本列岛沉没……历史上曾饱受日本侵略、决心报仇雪耻的、早已富强起来的中国并未对此幸灾乐祸，而是以德报怨，真诚无私地向日本人民伸出友谊之手……试着以此为题，创作一个电视文学剧本。

23.4 激发并捕捉灵感

如果你执着地思考某一问题，且是长年累月，昼夜不息地痴迷地思考着它——终究有一天，你的眼前会突然一"亮"、心头会猛然一"震"——长期令你魂牵梦绕的问题在顷刻间被突然解决。

——像这样，在意识中或在潜意识中问题被突然解决的现象，称为灵感。

灵感几乎可以通过所有的心理过程产生，甚至一丝像风一样掠过心头的思绪都可以触发灵感。但灵感不是鬼使神差的天上掉馅饼，而是长期执着思考的回应——它极有可能是因为大脑皮层间暂时神经联系瞬间被"接通"，因为这种"接通"是随机的和偶然的，所以你才可能会有眼前突然一"亮"、心头猛然一"震"的感觉。

所有的创造性活动，都曾经历过灵感触发的过程。爱因斯坦回忆狭义相对论的写作过程时说："一天晚上，我躺在床上，对那长期折磨自己的谜，心里充满了毫无希望的感觉，没有一丝光明。但是，黑暗里透出亮光，答案出现了"——灵感被触发了。

你一旦触发了灵感，就要"捕捉"住它。"捉住"它的方法是，马上用笔把它记下来，让这微弱的、小小的"一闪"，"定格"在创意里。灵感一旦"定格"在创意里，便被"捕捉"住了。

灵感可以是形单影只，也可以像大河的流水一样奔腾不息，或像高空的流云一样捉摸不定。众多的灵感甚至可以交相辉映，生成五色斑斓的"灵感"流。任何创造——不管是科学发明还是艺术创作，都是"灵感"流争相触发的结果。

例如《三国演义》中的桃园结义一回：一棵大树——刘备出身；织席贩履——刘备处境；喟然长叹——刘备看榜；回眸一惊——刘备遇张飞；酒逢知己——刘备遇关羽；桃花盛开——刘、关、张结义。如果刘备既遇到张飞又遇关羽的写作灵感有，但紧挨着的写作灵感却断桥了，或紧挨着的写作灵感不是桃园，而是牡丹园了，桃园结义的故事就难以为继，至少美感差多了；我们的作文之所以水平太低，我们之所以成不了作家，就是因为缺乏写作灵感或写作灵感流不连续所致。

灵感是创造性活动的起点。

探索和实践

●写作需要灵感。你是否写了半天竟没有一丝灵感呢？你为什么会没有灵感呢？如何才有写作的灵感呢？

23.5 珍惜、放大每一个创意

周瑜和诸葛亮谈及如何"破曹"，互不言明，而是把"破曹"之法写在各自的手掌上。二人伸出掌一看，都是一"火"字。火攻"破曹"，就是其二人共同的创造性策略，该策略是如何形成的呢？

曹操率几十万大军压境，如何战而胜之，是周瑜和诸葛亮昼思夜想的问题。也许是周瑜夜读兵书，稍一瞌睡，被烛焰烧着额头，于是突然由热，想到火，继而由火想到"火攻""破曹"；也许是诸葛亮夜观天象，知道某月某日有东南风起，由东南想起了西北方，由西北方想到了曹军；由刮风想到了火，由火想到了火烧，由火烧想到了"火攻"，由"火攻"想到了"破曹"。总之，他们的"火攻""破曹"的策略，都曾经历了由灵感到创意、到创意逐渐放大的过程。

创意放大的方法，一在于思考，二在于实践，三在于想象——"皇天不负有心人，春风送来画中人"，只要你执着不舍地思考、实践、想象，灵感总有一天会得以放大的。

几乎所有伟大的创造都源出于灵感，放大于创意。如老子骑青牛、西出函谷关的行为创造，就是放大于老子的"道之道，非常道"创意，源出于他的："人法地、地法天、天法道、道法自然"的灵感的；又如探究原子核裂变的试验创造，就是放大于用中子轰击铀原子核的试验创意，源出于中子不带电性、可以在原子中畅通无阻地运动的灵感的；青蒿素的发现、杂交水稻的发明、核动力潜艇的研制等创造，无一不是源出于灵感，放大于创意的。所以，你若期望自己有创造，你首先就要从激发灵感、珍惜并放大创意开始。

探索和实践

●你如何固定、放大你的创意？你如何理解灵感、创意、创造三者之间的关系？

23.6 学会变通

在美国的史密森学会里，收藏了三个伟大的创造物：爱迪生发明的灯泡、策特兄弟发明的飞行器和马迪安发明的核磁共振扫描仪——"不屈不挠"。

细胞所产生的核磁共振信号来源于细胞中的水分子。马迪安发现，在水分子紧密包裹着的细胞或松散地依附着的细胞的表面，各有着不同的核磁共振信号反应。马迪安由此突然获得灵感，既然细胞表面的水分子多少可以使核磁共振信号发生变化，那么健康的细胞与发生癌变的细胞亦会因细胞内外水分子数目的不同而将有信号区别。

马迪安先用老鼠的健康细胞组织与其他动物的癌细胞组织做比较试验，发现癌细胞的信号值要长得多。于是马迪安以此为据，写了一篇《核磁共振测定肿瘤》的论文，暗示他将研制成一种根据"健康的细胞与发生癌变的细胞因水分子的数目不同有信号区别"以测定肿瘤的仪器，但论文未引起科学界的重视，研制时困难重重，甚至连研究经费也难以筹措。但马迪安毫不气馁，而是继续做实验、不断改进仪器设计。多年后，他终于试制出了世界上第一台肿瘤测定仪，马迪安为其取名曰"不屈不挠"。

从区分正常细胞和癌变细胞的灵感的产生，到用核磁共振的方法测定肿瘤细胞位置的创意的提出，再到"不屈不挠"仪器的发明应用，马迪安经历过了一系列的变通过程——如果"变"且"通"了，马迪安就继续下一过程；如果"变"但不"通"，马迪安就另选方向"变"，直到"通"为止。

不仅是马迪安的"不屈不挠"，也不仅是爱迪生的电灯泡、莱特兄弟的飞行器，包括世界上所有的创造，都是沿着由"变"到"通"、又沿着由"通"到"变"的不断往复的顺序，将小创意做成大创造的。在这里，"变"是探究，是实践，"通"则是认识，是发现。如果"变"且"通"了，说明找到了客观事物的规律性了，认识符合实际了；若"变"而未"通"，或说明"通"的条件尚未成熟，或说明认识不符合实际。在实践中，反复不断地创造条件，"变"而"通"之继"通"而"变"之，事物变化的本质终被找到，陌生的事物就可能转化为熟悉的事物，旧事物就可能转化为新事物，创意就可能转化成创造了。

"尿桶能做什么？"父亲问儿子。"尿桶能一锯为二，上截做饭甑，下截做碗盆。""核能能做什么？"科学家问。"做原子弹、氢弹。""做核潜艇、核电站、核航母。""用来治疗癌症。""用来辐射育种。"……可见，创新的灵感要转化成创意、创意要转化成创造，毫无例外地都要经历变通过程，且变通的方向是发散的。但是发散务必融会，融会务必贯通，贯通务必变通——发散、贯通、变通时务必要不拘一格，切勿思想定势。事实上，变通之后还可以再变通，再变通之后就是再再变通，或改革，或改造，或改良，或改进——例如，我们中国人发明了指南针，原是用来看风水的，是个风水盘，西方人将看风水的指南针改造一下，就成了航海的航海仪；我们中国人发明了火铳，西方人将发射铁砂的火铳改造一下，成了发射子弹的火枪；我们中国人发明火箭，西方人将做武器的火箭改造一下，成了发射卫星的现代火箭。从风水盘到航海仪、从火铳到火枪、从作为武器的火箭到发射卫星的火箭，功能差别多大啊！但后者在经济上、智力上的成本却小得多。所以我们不但要善于变通，而且要善于改造；我们不但要善于改造，而且还要善于变通、变通、再变通，善于改造、改造、再改造。

探索和实践

●试举一个通过"变通"创新的例子。变通有两个环节：一为"变"，二为"通"。如何"变"，如何"通"呢？

23.7 不可幻想"一蹴而就"

你已经知道，从灵感到创意，从创意再到创造有一个过程。灵感可能是游丝般的"一闪"，创意可能是几丝想象、几丝否定、几丝轮廓、几丝叛逆、几丝缥缈，甚至几丝莫名其妙，它们在内容上是不完整的，理念上是不清晰的，方向上是不明确的，总之，它们往往具有细微、模糊、朦胧、漂泊、捉摸不定的特征。所以，你若要将自己的小创意转化为小创造甚至转化为大创造，必须有一个准备、积累、探究、深入的具体化过程，在此过程中，你务必克服浮躁，切不可幻想"一蹴而就"。

浮躁是急于实现功利目标，但却屡屡受阻导致的挫折心态。人一旦陷入浮躁，心理就失去了平衡，就不能集中注意，尤其不能实事求是。

浮躁往往使人张扬狂燥、虚荣自负，是创造的大敌。

克服浮躁的方法，是"淡泊宁静""明志致远"。"淡泊宁静"指心态，"明志致远"指志向，二者都是指崇高精神。当你像诸葛亮一样，用"淡泊以明志""宁静以致远"暗示自己勿骄勿狂、不与人较劲功利，当你志向高远、脚踏实地，不去投机取巧、幻想"一蹴而就"时，你的浮躁心态自然有可能得以部分或全部克服。

专心于一项创造，不但用了几年、十几年、几十年，耗费了毕生的精力，甚至用了上百年、几百年、耗费了几代人的精力的案例，屡见不鲜；期望在瞬息之间一蹴而就——像彩民一样，梦想在一个晚上就中奖千万——有一个"乾坤大挪移"式的"大创造",既极不现实,又绝无可能。

探索和实践

●不切实际地幻想"一蹴而就",将有什么不良后果?

●熟读荀子的《劝学篇》,理解什么是真正的脚踏实地。

23.8 要执着但不要执拗

插秧是一项重要且艰苦的农事。弯腰驼背、满身泥水、汗流如雨的插秧劳作承袭了数千年。数千年来,农友们一直在幻想,若有一个神仙下凡或有一部"木牛流马"般的机器能代替辛勤的插秧农作,该多好呵!

但插秧这件农事,看起来简单,若要用机械来代替它,却很不容易。因为插秧者面对着的,是一个复杂的动态系统:秧苗有茎秆粗的、有茎秆细的,田泥有硬的、有软的,田水有深的、有浅的,左手的五个手指头用来"分秧",右手的三个手指头用来插秧,八个手指头相互配合的动作,机器极难模仿。所以创造插秧机械这件事,人们一直在执着地进行着,却没有本质的、突破性的进展。

20世纪末的信息技术的广泛应用,可以使插秧机械的发明成为现实,因为人们完全可以设计一个插秧机器人来插秧。但随之而来的是:用一个昂贵的机器人来插秧,无异于打一把黄金锄头来种地,经济上是极不合算的。所以,利用信息技术解决插秧机问题显然不切实际。

插秧机的设计是如此艰难,有人便异向思考:能否舍去插秧这一耕作环节,如采取直播呢?但试验说明,直播的水稻生长速度竞争不过杂草的生长速度,所以直播不可行;能否用营养钵育苗撒播呢——在一块下凹的塑料板上铺好营养泥,稻种就撒在营养泥上,稻苗就长在营养泥上;制作好了营养钵,人们就可以轻松地站在田埂上,一边唱着插秧的山歌,一边像天女散花一样把带着营养钵上的秧苗抛到稻田里了。试验证明:抛秧耕作法的水稻产量较之插秧耕作法耕作的水稻产量还高2~3成,抛秧耕作法好!由于抛秧耕作法舍去了插秧的工序,所以插秧机就可以省去不要了。

从发明插秧机的灵感,到发明插秧机的创意,再到发明插秧机,再到不用插秧机,发明抛秧耕作法,人们的创造思路经历过从灵感的原创点出发、形成创意、展开创造、创造不成功,回到灵感的原创点;再形成另一创意,再展开另一周期的创造性活动。人们的这一创造性思路转换说明了一个道理:你若有志于创新,首先要执着——坚忍、坚毅、坚持、坚守、锲而不舍,其次不能执拗——不能刻板、固执、僵化、机械、顽固不化。如果你明知某条创造道路是走不通的,但你却倔强地顽固地走下去,你是迟早要碰壁的。例如永动机是早已被物理学证明不可能设计成功的机器，但世界上仍有千百万人执拗于它；用圆规和直尺三等分一角，早已证明是一个难题，但仍有千百万人在执拗地探究着它。痴迷于他人长期无法解决的问题本无可指责，但人生也有涯乎？如此死扣着这些难以解决或完全不能被解决的问题不放，把宝贵的精力和时间浪费在这些毫无价值的"创造"上面，这与唐·吉诃德举着长矛与风车搏斗有什么两样呢？所以在创造的时候，你切记不要固执守旧，切记要具体情况具体分析，因势利导，随机应变。

创新需要执着，但执着不是执拗。执着是实事求是的，执拗是形而上学的。执拗是一种死不认错、死不认输、死不与时俱进的心理定势且是一病态的心理定势。你一旦执拗起来，就陷没到这形而上学的、病态的心理定势里了，你就不可能有创造活动了。

探索和实践

●观看电视剧《士兵突击》，体会士兵许三多是如何执着而又不执拗、如何将二者统一起来的？

23.9 活学活用《孙子兵法》

你若有志于创造，建议你活学活用《孙子兵法》。

《孙子兵法》是古代军事家孙武写的一本军事著作。《孙子兵法》对中国，对世界，对世界大多数军事指挥家、军事理论家，对世界政治斗争、军事斗争乃至对世界的经济斗争影响深远。

《孙子兵法》首先是一本创造性的军事哲学著作。与古代夫子、孟子等诸子百家的以不完全归纳法为逻辑骨干的论述方式不同，孙子总是把他的思想置于一个动态的背景中，并以该动态背景为条件，在辩证设置的动态背景的辩证分析过程中，实事求是地、创造性地提出自己的主张。所以从军事哲学和逻辑学的角度而言，孙子的军事哲学较少主观臆测的先验成分。

《孙子兵法》其次是一本创造性的军事理论著作。在著作中，孙子揭示了战争规律，介绍了系统的军事战略思想和具体的军事战术思想。尤为可贵的是，孙子在朴素的唯物辩证法指导下，全面论述了战争的主观与客观、外交与军事、战略与战术、进攻与防御、胜利与失败、后勤与前线、多算和失算、军事与军事、军事与经济、军事与政治、军事与人事、军事与环境等诸多对战争矛盾之间的对立统一关系——"审计重举，明画深图"，提出了很多创新的、精辟的见解。

《孙子兵法》还是一本创造性的军事实践经验总结。孙子特别强调"谋""备""变""势""算"五个谋略"点"及其在具体的军事实践中的应用——"谋"，旨在把握主观与客观的关系；"备"，旨在把握量变与质变的关系；

"变"，旨在把握现象与本质的关系；"势"，旨在把握条件与现实的关系；"算"旨在把握必然性与可能性的关系——孙子尤其强调辩证思维方式在军事斗争中的作用。

《孙子兵法》的文学水平很高。《孙子兵法》的立意、章法、逻辑、修辞，是古文言文的典范。你如果像学习《论语》一样学习《孙子兵法》并且活学活用它，你的语文水平也会得到进步。

你的创造力学习和你今后的创造性活动，与行军打仗没有什么本质的区别，孙子的军事思想完全可以为你的创造、创新作思想指导。

对《孙子兵法》的学习，最重要的是活学活用，即学习他的辩证的创造性的思维方式和思想方法方式，学习他的辩证的创造性的军事战略思想与军事战术思想，而不是死记硬背或生搬硬套。

孙子的军事思想博大精深，古今中外的军事思想鲜有出其右者，即使是颇为自负的军事家曹操也自愧弗如。所以在读《孙子兵法》的时候，要下功夫钻研，尤其要注意理论联系实际，切勿稍微懂得一些皮毛就信口开河。

《孙子兵法》是一部唯有中国人最能读得懂的奇书，但它并未得到诸如《论语》、四书五经等同等的学术地位。这不能不说是一个遗憾！事实上，如果《论语》告诉了你如何做人，即告诉了你如何求真、求善、求美，《孙子兵法》则告诉了你如何做事，即告诉了你如何求新、求变、求强；《论语》告诉了你如何修身、齐家，《孙子兵法》则告诉了你如何通过求"谋"、求"备"、求"变"、求"势"、求"算"而求实、创新，及至修身、治国、平天下。

《孙子兵法》既是培养你的创造力素养的经典，又是培养你的崇高精神的经典。

又及：在古代所有的典籍中，唯有《孙子兵法》极少张扬传统学习观，这是很难得的。

探索和实践

●"《孙子兵法》是一部唯有中国人最能看懂的奇书"——你如何理解这个命题。试选某一创造性活动并将其与《孙子兵法》中的军事思想联系起来。背诵《孙子兵法》。

23.10 善于异想天开

异想天开，是一句形容人不切实际地空想的话——天怎么会像大门一样，打开一道缝儿来呢？

但历史却用无穷无尽的事实证明，"天"确实会因"异想"而"打开"一道缝儿来的。这里的"天开"，指的是人的创造，这里的"异想"，指的是人的创造性想象和创造性思维。

创造性想象是人把留置在识记中的表象重新概括并组织成新的形象的过程，是人的创造性活动的开始。如人把鸟在空中飞的表象与人的自我表象结合起来，就组织成了自己在天空中飞的创造性想象。很显然，人是受此创造性想象的启发，才发明了飞机的。李白是由于先有了天上月亮的表象、地上月光的表象、自己在月光下的影子的表象，才最后有《将进酒》中的"对影成三人"的创造性想象的。因此，你若是要想"天开"，就要有尽量多的创造性想象，而你若要有尽量多的创造性想象，就要有尽量多的表象储备，你要有尽量多的表象储备，就要有尽量多的见识。你的见识愈多，你的表象就愈多；你的表象愈多，你的组织成创造性想象的素材就愈多；你的组织成创造性想象的素材愈多，你的创造性想象的能力就愈强。

创造性思维不是指背离逻辑思维原理的思维，而是指符合逻辑思维原理，但思维的思想、方法、方向、程序、条件创设、结论推广、实际应用、理论概括等都有所创新的思维。创造性思维还可以不以概念、判断、推理为根据，而是借助创造性想象或创造性知觉，像放电影一样将各个表象或各个知觉衔接起来进行思维活动，据说爱因斯坦的相对论就是这样产生的。创造性思维甚至可以略去部分思维过程，仅仅根据猜想或直觉就直接给出结论，如哥德巴赫猜想就是这样提出来的。创造性思维的展开，需要有扎实的专业知识、丰富的实践经验、唯物辩证的思维方式、求新求异的创造性想象、敏锐的数理—逻辑学习意识作为支持，尤其要克服思想定势、思维定势等心理定势的影响。如果你因循守旧、孤陋寡闻、故步自封、夜郎自大、作茧自缚、画地为牢、树叶子掉下来也怕打破头，你是不可能有创造性思维活动的。你若是凡事就自言自语地说："这样做，行吗？这样做，是不可能的啦！这样做，是不可以的啦！"你的一点点创造性想象或创造性思维的萌芽就会被窒息在自我否定的摇篮之中。所以，你要大胆假设、大胆求证，大胆破除迷信、大胆解放思想，放手拓开知识背景、放手积累实践经验、放手克服心理定势，你要像天马行空、猛虎下山般百无禁忌、敢想敢做。只有这样，你才可以放开手脚"异想"，你的"异想"才可以真正地变成"天开"——天像大门一样，打开一道缝儿来——你才会有所发现、有所发明、有所创新、有所前进。

不过，话又说回来，异想天开必须辅以脚踏实地和数理—逻辑。如果不脚踏实地，不尊重客观实际，而是懒洋洋地躺在床上，一心只希望鸿鹄将至、天上会掉馅饼，或乱七八糟地、心浮气躁地"一顿胡思乱想"，是没有任何创造性的。

只要脚踏实地，"异想"就有可能"天开"。异想天开是好事，不是坏事，你要善于异想天开。

探索和实践

●异想天开为什么必须辅以脚踏实地？谈一谈你的感想。你为什么不能经常地异想天开呢？

●"异想天开"——这个成语就有创造性。你能举出二十个类似的成语吗？

第八编 艺术和体育学习无所不在

第二十四章 艺术和体育学习无所不在

24.1 艺术和体育是如何激活你的学习的

一是通过世界观的提升来激活你的学习。

所有的艺术学习都要创建艺术形象，所有的体育学习都要磨炼体魄。在创建艺术形象的时候，一方面要展现物质——用具体的视觉、听觉、动觉刺激构成的物的形象，另一方面要展现崇高精神——蕴含在由你创建与由你展现的艺术形象中的价值理念；在磨炼体魄的时候，你一方面要让物质的身心承受痛苦和磨难，一方面要让精神的血性展现坚韧和阳刚。当你在艺术学习中创建艺术形象、在体育学习中锻炼体魄的时候，你对崇高精神的向往和你对崇高精神的展现，将使你的世界观进入一个新的境界——世界观的提升将激活你的学习。

二是通过形象的动脑和具体的动手激活你的学习。

艺术学习中的动脑活动过程，是一个持续不断的创造性形象的形成、判断、融合及再形成、再判断、再融合的形象思维过程，它与以概念、判断、推理为顺序的逻辑思维共同构建了你的思维活动。由于艺术学习中的形象思维过程大都基础于丰富的美感和在丰富的美感支持下所产生的丰富的想象，所以艺术学习可以提高你的思维品质并使你能在热忱的情感支持下展开创造性想象活动。因为艺术和体育学习的"动手"是精确的，而不仅是准确的；是自动的，而不仅是协调的；是力度的和情感的而不仅是力量的和认知的，所以艺术和体育学习可以优化神经生理品质并藉此提高学习品质，包括提高学习的敏捷度、敏感度和敏锐度。形象思维、创造性想象、神经生理品质和学习品质的提高，极有利于激活你的学习。

三是通过动情、共情、励志激活你的学习。

艺术学习中的动情、共情不完全来自于需要的满足，更多地是来自于艺术形象的感染、艺术情景的感动和艺术角色的感悟——创造性的艺术想象使你产生创造性的艺术形象，创造性的艺术形象使你进入创造性的艺术情景，创造性的艺术情景使你饰演创造性的艺术角色，创造性的艺术角色使你产生创造性的艺术角色动情和创造性的艺术角色共情，创造性的艺术角色动情和创造性的艺术角色共情使你产生逼真的艺术角色感染、感动和感悟，逼真的艺术角色的感染、感动和感悟将使你的情感表现更优美、情感体验更深刻、情感境界更高尚，进而使你的学习价值观、学习选择性和志向趋于高端、远离平庸。

四是通过崇高精神的履践与展现及崇高精神的美感体验激活你的学习。

艺术学习中，你必须进入艺术角色，或展现艺术美，或欣赏艺术美，或体验艺术美，或创造艺术美——所有的艺术美，都是崇高精神美。你在展现、欣赏、体验、创造艺术美时，即在展现、欣赏、体验、创造崇高精神美，而你在展现崇高精神美时，崇高精神势必日益增长并日益伟大。体育锻炼是自找苦吃——通过自找苦吃，你可以振奋并振作进取精神，坚强与坚定意志水平，强健与劲健体质水平。而精神的振奋并振作、意志的坚强与坚定、体魄的强健与劲健，都可以增强学习自信心、提高学习疲劳抵抗力和学习疲劳恢复力；学习自信心的增强和学习疲劳抵抗力和学习疲劳恢复力的提高，可以增强你的学习责任心和学习坚持性。

崇高精神势必日益增长并日益伟大及学习责任心和学习坚持性的增强，将有效地激活你的学习。

四是通过对整个大脑皮层的生理刺激激活你的学习。

生理学家有限地支持心理学家关于人脑有七个智力中心的观点。这七个智力中心是：①语言中心；②逻辑或数理中心；③音乐中心；④空间或视觉中心；⑤运动或身体运动中心；⑥人际中心；⑦内在或内省中心。当你在单纯认知的时候，你主要用到了①语言中心；②逻辑或数理中心，其他智力中心则相对处于闲置状态，但一旦当你开始艺术学习和体育学习之后，你的其他五个智力中心便有可能被极大地激活起来了。脑生理学家和心理学家甚至还提出了以下的学术主张：大脑分左脑与右脑两部分，左脑负责语言、抽象思维，右脑负责节奏、想象、形象思维。左脑倾于严谨，富于理性，右脑倾于感性，倾向浪漫。艺术学习和体育学习可以同时刺激你的左脑与右脑，从而使你的整个大脑皮层都活跃起来。你的整个大脑皮层一旦都活跃起来，就可以使你的学习全面"激'活'"起来。

但是，有一件事必须引起你的注意——根据经验，少数过早地从事艺术和体育学习的同学，由于他们比较多地重视形象思维或比较多地重视身体力量锻炼，所以他们比较多地忽视了数理—逻辑思维学习。由于比较多地忽视了数理—逻辑思维学习，他们的情绪或比较多地容易冲动、容易浮躁，他们的意志或比较多地缺乏理性、缺乏耐心；他们的学习行为或比较多地的表现出不严谨、不细致、不具体、流于形式、马虎草率的毛病。也就是说，你的艺术和体育学习应与严谨严格的数理、逻辑学习和严谨严格的数理—逻辑思维训练结合起来并使二者相得益彰，否则你的艺术和体育学习可能会因为缺少数理—逻辑基本训练、太过"形象思维"而丧失学习激活作用。

总之，艺术学习和体育学习可以使你的精神日益崇高、身心更加和谐、反应更加敏锐、心理和行为更富美学意义。但艺术和体育学习应与数理—逻辑学习和谐一致，否则就会欲速不达、弄巧成拙。

艺术学习和体育学习是现代学习的重要组成部分。

探索和实践

●何谓感染、共情和暗示？它们与学习有什么关系？根据自己的经验谈一谈。

24.2 艺术和体育学习无所不在

你打开窗户，举目四望：早霞、落日、远山的背脊与苍穹相交的弧线，流淌着、汹涌着的奔腾不息的水流，月光背影中飘然而逝的桃花和黑暗中阵雨扫过竹林的声响……所有这些所见、所闻、所想，无一不是艺术想象、艺术表现、艺术创造的对象，即无一不是你艺术学习的对象；你迈开双脚走路、你背负重物上楼、你荷锄下地锄草、赤身下河摸鱼，你骑着自行车，深深地呼吸着迎面吹来的混合着苹果树芬芳的空气……所有这些所作、所为、所动，无一不是你体育学习的对象。

你随时随地可以学习艺术。你随时随地可以学习体育。艺术和体育学习无所不在。

首先要有随时学习艺术和体育学习的敏感性，即善于从纷乱的事物运动中，发现瞬息即逝的艺术的和体育的学习刺激。其次，你要有艺术和体育学习的热切情思或情感。当你有了这一份情思或情感时，你就会把看似呆滞的、僵化的、平淡的质朴，想象成生动活泼的、有血有肉的艺术和体育学习素材。其三，你应有一份学习艺术和体育的执着。学艺术和体育好比环绕地球，只要你顽强地向着东方前进，你迟早会绕地球一圈。过于刻意艺术和体育的学习形式，讲排场、拉架势，或是三天打鱼，两天晒网，即使天天都背着琴囊和球囊，也是学不好艺术和体育的。举例说学歌唱吧，难道只有在钢琴的伴奏下，在教师的指导下才可以学习歌唱吗？不是。听到广播里有人唱，可以学着唱，电视里有人唱，可以学着唱；步行、骑自行车时，可以学习调节气息，朗读、说话时可以练习发声；船夫的号子、小摊主的吆喝，牧童的山歌，都是你学习歌唱的素材。再举例说锻炼吧，难道只有在操场里、在球场上，才可以锻炼吗？不是。别人坐车，你走路，就锻炼了脚；你一边走路、一边深呼吸，就锻炼了肺；别人一上床就打呼噜，但你却在做睡前拉伸操，就锻炼了骨骼……总之任何时候，你都能进行艺术和体育学习。

艺术和体育表现形式繁多。只要你有艺术和体育学习的敏感性,有艺术和体育学习的悟性,有艺术和体育学习的执着,你总能找到最适合自己的学习方法。

探索和实践

●如何理解"学艺术和体育好比环绕地球,只要执着地向东方前进,迟早会绕地球一圈"?

24.3 发现你的艺术潜能

在静谧的春夜里,月光浸没竹林,远处空谷的深处,传来的清泉汩动的声音……你若置身上述情景,心底里很可能会弥散开一种莫名的、难以言喻的美感。你若能把这种美感用某种形式优美地表现出来并让他人也朦胧地体验到,你的这种表现形式就可称为艺术。可见艺术并不神秘。艺术是与物质紧密相联的精神活动,它源于人对客观世界的审美感受,源于人渴求表现自我的精神,也源于人抒发自我审美情感的主观需要。所以每个人都有从事艺术活动的潜能。毫无疑问,你同样有这方面的潜能,关键是你如何去发现它。如何发现自己的艺术潜能呢?

首先,你可以审视一下自己对哪方面的艺术学习感兴趣。凡是令你痴迷、着魔、流连忘返的艺术活动,极有可能是你艺术潜能之所在;其次,你要反思一下,在你面对着的多种艺术形式中,首先被你知觉且最能激发你美感的艺术活动是什么。凡是最能激发你的美感,被你首先知觉的艺术活动,极有可能是你的艺术潜能的所在点。第三,你可以模仿着某种艺术活动形式实践一番,如果你能很快地领悟该艺术活动的要点并较好地重现它,该艺术活动形式亦极有可能是你艺术潜力的所在。第四,你可以从感觉或知觉及手的灵敏性等方面,辨析自己是否有艺术学习必备的、精细且准确的体验、感知和模仿能力。

你一旦发现自己有某方面的艺术潜能,就要像怀抱一个可爱的婴儿一样,小心翼翼地呵护着他。

探索和实践

●艺术潜能固然与人的遗传因素有关,但更多地与主观努力有关,试举一个例子。

24.4 激发你的美感

"人固有一死,或重于泰山,或轻于鸿毛"之所以万古流芳,是因为这句话不但有思想,而且有美感;肖斯塔科维奇的《第七交响曲》之所以百听不厌,是因为这首交响曲不但有思想,而且有美感;王羲之的书法《兰亭序》之所以空前绝后，是因为书法《兰亭序》不但有思想，而且有美感。什么是美感？我们是否可以顾名思义地说，美感仅是优美的情感而已呢？答案是：有时是，但有时并不一定是。因为有时的美感是正向的优美的情感活动，如激动、幸福、愉悦、满足、视死如归；但有时的美感却是负向的情感活动，如痛苦、忧伤、苍凉、悲壮、泪如雨下；有时的美感还是一种肯定的、至真至纯的价值判断，如威武不屈、富贵不淫、贫贱不移、百折不挠，有时的美感却似乎什么也不是："人闲桂花落，夜静春山空，月出惊山鸟，时鸣春涧中。"总之，不管是阳春白雪、还是下里巴人，不管是高山流水、还是茂林修竹，不管是婚丧嫁娶、还是渔樵耕读，不管是擦黑板、扫地板、还是做作业、做实验，只要我们用审美的态度去体察它们，都可以在心底里激发起一种以崇高的精神做支柱的、因为长期的美好渴望在目前得以满足而产生的、肯定的价值判断与态度体验，这一在肯定的价值判断和态度体验就是美感。

美感既是一种以崇高的精神作支柱的价值判断活动和态度体验活动，那么，从哲学的角度看，审美价值观就是世界观在审美活动中的具体化；从科学的角度看，审美价值观就科学思想在审美活动中的具体化；从学科的角度看，审美价值观就是学科知识概念在审美活动中的具体化；从心理学角度看，审美价值观就是情感活动在审美活动中的具体化……。因为世界上根本不存在有某种超精神或超物质的美感，所以正确的价值观、精深的专业造诣、对崇高精神的执着追求，是激发美感的先导。

美感既是一种价值判断活动和态度体验活动，那么，在激发美感时，主观上必须有审美需要并充分激发起审美的主观能动性，客观上则要做好审美的条件准备，并在此基础上自觉地、积极地去发现美、体验美、欣赏美、创造美，而不是守株待兔、以逸待劳，等待着美感来"敲门"。如湖南张家界山区是个绝美的地方，但居住在湖南张家界山区的小孩子体验不到家乡的美感，每当他们看见那些一身疲惫、但满脸惊讶的旅游者，就会奔走相告说："看哪！那些城里人到我们乡里来看岩土喽……"可见，若是主观上没有审美需要、客观上没有审美准备，美感是激发不出来的。

实践证明，不管是自然还是社会，不管是科学还是艺术，不管是心理还是行为，只有激发美感，它的形式和内容才可能同时推至高端；而事物的形式和内容一旦同时推至高端，物质的事物就会向精神的事物转化，物质的事物一旦实现了向精神的事物转化，它就脱离了物质的客观状态而蜕变主观的精神状态；而这一主观的精神状态继续若获得了美感支持，会变得伟大且崇高。同样地，凡事、凡理、凡物的内容和形式一旦推进至高端，就会激发起美感来。《史记》中写到荆轲决计刺杀秦王时，曾与友人诀别于易水之上，当时的情形是天低云黑，风萧水寒，高渐离击筑，荆轲和而歌，众人无不为荆轲慷慨赴死的壮美而潸然泪下。若当时的荆轲是跨马游街、进京做官，众人会因为荆轲的跨马游街和进京做官而产生壮美感、进而潸然泪下吗？显然不会。

值得强调的是：一、美感激发因人而异并与功利相悖——自私虚伪、急功近利、流俗至极的人以损人利己、唯利是图为目的，除了权力、金钱、个人私利，是无法激发起他们的美感的；二、任何美感的激发，本质上决定于人们既有着对美的物质和精神的执着追求，又有着对美的内容和形式的执着需要，及对美的境界和情景的执着渴望；三、崇高精神美的激发是最高层次的美的激发，崇高精神美感是最高层次的美感，崇高精神美感的核心是伟大和崇高；四、艺术学习固然是最有利于激发起艺术美的学习形式，但是艺术学习本身却不能和美感激发画等号。

探索和实践

●一位老人赶着牛在耕田，他汗流浃背、一身泥泞，脚上还有牛屎，老人有美感吗？说一说你的理解。

24.5 近在眼前的艺术学习——书法

如果要讨论什么是最具汉文化特色的艺术形式，当首推写字。写字，古称"书"，现在称"书法"。

从汉语的成形到汉文字的产生，许多中间环节尚不清楚。但汉字的象形性特征，汉字的线条圆润、力度、结构，汉字的"墨分五彩"的特征，都无可辩驳地说明了汉字的源头应是古人用墨色和线条对具体事物的艺术抽象，即汉字应起源于原始意义上的绘画，书写汉字与绘画并没有本质的区别。

书写汉字不但接近于绘画，而且接近于写诗。这是因为汉字是用墨色和线条表现的，在线条的起、承、转、合，提、顿、捺、撇的疾徐、转折、起止、顾盼、呼唤的运动中，在墨色的浓淡、干湿、润泽、厚薄、流滞的抑扬中，在线条和墨色的整体、斟酌、和谐、错综、参差、激湍、动静的布局中，不但表现了汉字本身及汉字篇章排列的跃动感、空灵感、节奏感、韵律感，给人留下广阔的想象的空间，而且传达了书写者的美学意识、价值理念和情感或精神选向——甚至可以认为，汉字书写给人的美感与绘画、诗歌创作给人的美感如出一辙——在某种意义上甚至可以说，"书"即是"画"、"画"即是诗——书写汉字接近于绘画和写诗。

汉字及汉字书写的这些特点，使汉字及汉字书写被看作是书、画、诗相统一的视觉艺术（是古代中国的第一大发明，也是世界重要发明之一）。

"书"是古代学子们必修的艺术课程。如夫子教授学生的课程就有"御、书、射、数"多门——"书"居第二位。"书"还是君王开科取士的主要标准：

书法不良的读书人，无论文章如何出类拔萃，都是不能录用的。"书"还是汉文化艺术之根，以书法艺术为基础，衍生出了国画、金石、篆刻、碑帖、匾牌等艺术形式，影响了像铜器、玉器、陶瓷、园艺、建筑乃至服装及室内外的装饰风格。在汉文化诸多的艺术形式中，几乎没有不受书法艺术影响的。

书写汉字还可以修养人的个性，陶冶人的性情，故有一定的美育与德育功能。一般来说，一个小时候受过严格的书法训练的人，较之一个小时候缺乏严格的书法训练的人，前者对道德与行为规范的认识、对崇高精神的认可，比后者要深刻得多，他无论是做人、做事，还是做学问，比后者都要认真得多。

随着社会的发展，随着生产、生活节奏的加快，用毛笔做工具的书法逐渐让位于用硬笔做工具的写字。社会功利观及社会艺术观、审美观的变化，使得书法艺术的美学功能和德育功能逐渐被人淡忘。这不能不说是一件令人遗憾而又深感惋惜且令中华民族羞愧的事。

如何学习书法艺术，古今书家谈了很多，我不在此重复。我反复强调的是：要掌握书法艺术，首先要有练习好书法的积极性，有书法的审美要求。其次，需要在苦练中模仿名家笔墨、体验名家情感，接受名家书法美感的精神熏陶和情绪感染。第三，潜心体悟，学有所得，激发自身的灵感与创造。第四，或许是最重要的，是学习者要静心养性、专心致志，追求、展现、体悟精神的伟大与崇高。第五，书法要从童年练起，坚持一生。

如果你把书法视为一种精神，一种修养，一门艺术，如果你带着美感学习书法，如果你像学弹钢琴一样学习书法，如果你持之以恒地下苦功学习书法，如果你在追求精神的伟大与崇高中学习书法，如果你从童年开始练习书法，你不但会写出一手漂亮的汉字，而且对民族传统文化，对自己该如何做人、做事、做学问，都会有独特的体会。

你每天都要动笔写字，你为什么不把近在眼前的动笔写字作为书法、作为艺术来学习呢？，你为什么不做个鱼和熊掌兼得的人呢？

学会用毛笔写字、书法水平检测纳入高考，只是时间的问题。

探索和实践

●书法是最具汉文化特色的艺术，你对此如何理解？你的书法水平如何？试着像学绘画、音乐一样学习书法。

24.6 最简易的艺术学习——歌唱

学习绘画要买颜料，学习器乐要买乐器，学习戏剧要请老师，学习歌唱不用花一分钱。

——歌唱是最简易的艺术学习。

要准确地唱好一首歌，除了发声准确外，最重要的是准确地把握好歌曲的精神和情绪，即要把作曲者的歌曲精神及情绪设计准确地再现出来。要做到这一点，需要你有较强的精神感悟、情感体验、情感和乐曲重现的能力。所以，唱好一首歌的过程，在一定程度上是展现崇高精神、提高情绪体验能力及歌唱审美能力的过程。

从脑神经生理学看来，歌唱时所用到的大脑皮层部位与课堂学习时所用的大脑皮层部位是不同的，因此，歌唱可以使一部分大脑皮层工作，使另一部分大脑皮层得到休息，使整个大脑皮层先后活跃起来。

凭主观想象，参加团体的，如合唱、齐唱、歌剧等歌唱形式，其大脑皮层的调节作用可能比你一个人单独唱的效果好。因为在团体歌唱中，由于有团体的精神和情感感染，你对歌唱的情感体验会更深刻。

歌唱还有利于你认识、理解、掌握语言的发声、节奏、韵律等声学特征，有利于培养你的语感，从而有利于你的语言学习尤其是外语学习。不知大家注意到了没有，在班集体中，歌唱水平较高的同学，往往是语言学习能力较高的同学。

歌唱大都通过模仿入门。高水平的模仿，不只是歌唱形式上的模仿而是歌唱精神和情感表现上的模仿。歌唱需要足够大的肺活量和发达的喉、胸部肌肉群。歌唱需要发声、吐字、腔调准确，音准、音质好。因此，你若要唱好歌，就要多体验生活、多体会情感，锻炼好身体，唱准确。你若期望自己的歌唱水平能更专业化一些，你可以傍着键盘乐器（如钢琴、风琴）练习。

你天天在说话，时时在说话，所以你天天可以练习歌唱，时时可以练习歌唱。如果有可能，你不妨邀几个同窗好友，组织一个民歌合唱队，大家在一起学习歌唱，只要你带着心思练习歌唱，时间长了，你一定会有收获。

千万别害羞。你又没做坏事，歌唱害什么羞的？再说只要不影响他人，你如何歌唱，是你的自由。如果你"不敢高声语，恐惊天上人"，一味瞻前顾后、怕人取笑，不开口出声，是永远学不会歌唱的。

探索和实践

●善于歌唱的同学大多外语成绩比较好，这是为什么？

24.7 美术学习与职业方向

中学阶段扎实的美术学习，不但有利于激活你的学习过程，而且有利于你较早地确立你的职业方向。

——成为职业画家和职业美术教育家。

——成为职业美术设计师：如工业造型设计师、工艺美术设计师、服装设计师、建筑设计师、城市规划设计师、园艺设计师、影视和动画设计师等几十种职业设计师。

——成为相关职业技术工作者：计算机图文技术、纺织印染技术、计算机技术、计算机排版与印刷技术工作者等。

——成为工艺美术师：染、整、木、石、金、砖、竹、玉雕师，藤、竹、柳编师，园艺、陶艺、瓷艺、木艺、装裱、摄影、化妆、美容、剪接工艺师等。

总之，扎实的美术基础对你从事任何职业——土木建筑、城市规划、刑事侦查、考古挖掘、工程设计、材料设计、印刷出版、纺织印染等工作都会带来意想不到的帮助。

实事求是地说，有一部分同学的语言、数理逻辑智力确实差一些，但他们的动手能力、空间想象能力及色彩的感知力却很强，这些同学可以转过身来，将学习的重点放在自己蕴藏有较多天分的智力方向上，或及早接受美术学习，甚至可以把与美术有关的职业作为自己的职业方向。

一旦把美术作为自己的职业方向，你就要选择一位认真负责的且有较深的美术造诣的老师作为自己的专业老师，在他的具体指导下扎实努力地学习。经验证明：高中阶段，若坚持有七百个小时的美术学习，你就有可能有所小成；若坚持一千多个小时的美术学习，就应该有所较大成了。

探索和实践

●美术学习如何与职业方向相联系？

24.8 学会一门乐器

你不可能终日伏案学习。休息的时候，也不至于蒙头睡觉。你为什么不利用休息的时间或部分节假日的时间来学会一门乐器呢？

乐器学习又称器乐学习。器乐学习的特点是动手、动情、动脑，且这三者必须是自动的而不仅是协调的，是精确的而不仅是准确的。在艺术学习中，可能没有比器乐学习更能激发人的想象、情感和形象思维了。

在诸多乐器中，最佳的乐器选择当然是钢琴。钢琴是键盘乐器，乐音准确、极有利于培养音乐听力和乐感。其次有西洋的弦乐器和管乐器，还有民族乐器。一般而言，在目前条件下，钢琴尚属高档乐器，部分同学的家庭是买不起的，管乐和弦乐器需要老师教，不容易学会。民族乐器价格便宜，十分普及，找个老师教也不困难。如果你实在是经济条件有限，地处僻远，没有老师请教，不妨买一把二胡或买一支笛子或买一把口琴，再买一本相应的指导书，照着书本上学习。

器乐学习需要持之以恒。通常的情况是，进门容易，出门困难。许多同学往往学到了一些皮毛后，就不再坚持深入地学，于是乎半途而废。器乐学习还要扎堆成群地学。根据群体理论，在群体中，个体的行为有逐渐与群体大多数的行为保持一致的倾向，当大家"扎堆"——围在一起学习器乐时，相互间你追我赶，学习速度要增大很多。

学习民族器乐时，可以结合家乡的民间音乐来学。民间音乐看起来有点"土"，但它的魅力却正体现在它的"土"上。民间音乐是正宗的乡土文化，我们须经过较长时间的学习钻研，才能体会到它的质朴和优美。

探索和实践

●你有学习乐器的想法吗？若有，就邀集几个人一起学。器乐学习有哪些特点？学习钢琴有哪些好处？

24.9 可贵的工艺学习

谈及艺术学习，你可能会联想到音乐、绘画、戏剧、舞蹈、影视表演等艺术形式。有一种艺术学习形式极有可能被你忽视，这种艺术学习形式就是工艺学习。

工艺的范围很广，木艺、陶艺、瓷艺、漆艺、石艺、铁艺、泥艺、花艺、竹编、藤编、草编、石雕、玉雕、砖雕、剪纸、服装、染整、织造、装裱、刺绣、插花等都是工艺。你环顾四周，你坐的椅子、穿的衣服，窗台上的插花、厨房里的吊篮、大厅里的家具、房舍里的农具，无一不是人们在美学思想指导下，动手制作的工艺产品。

和器乐学习等许多艺术学习不一样，工艺学习既是一个动情、动脑的脑力劳动过程，又是一个动手、出力、流汗的体力劳动的过程。所以工艺学习是体力劳动和脑力劳动相结合的、在劳动过程中创造劳动产品——工艺品的艺术学习。

工艺学习的上述特征，决定了工艺学习是最全面、最具有教育效果的艺术学习形式。没有一种艺术学习的学习效果，可以横亘在工艺学习之上。以木艺的学习为例：你若正在学习木艺，你不但要从艺术的、美学的、文化的角度设计木艺产品，你还要从美学的、自然的、科学的角度选择木料和加工工艺；你不但要把你的美学理念和你的美感倾注在产品的设计与产品的制作之中，你还要身体力行，执锯动斤地动手锯刨斫削。木艺的学习不但劳累了你的筋骨、培养了你的劳动观点，而且让你掌握了木艺活动必备的基本操作技术，提升了你设计、生产木艺产品的艺术表现力与艺术创造力。更为重要的是，木艺操作技术的掌握，有可能让你增加了一门谋生的手段，该门谋生手段甚至可能成为你未来安身立命的职业。大家知道，不是每个人都有机遇做明星和科学家的，但每个人都是得吃饭且都是有机会学习并掌握一门工艺技术的。在工艺学习中，你会发现，当你在劳动中带着强烈的审美意识展开工艺过程的时候，它给你带来的情感体验，较之于其他"正宗"的艺术学习给你带来的情感体验，可能还要深刻得多。

工艺品的价值很高。一把明清时期的花梨木椅子动辄就是数百万元，一只明清时期的花瓶动辄也是数十万元，它们比同时期的一幅不知名的画作不知道要贵重多少倍。

探索和实践

●工艺学习的可贵点在那里？选择一门工艺作为自己的艺术学习内容。

24.10 可贵的乡土美术学习

少数农村的同学或许会问：学校里没有美术老师，怎么学美术呢？家里太穷，怎么学得起美术呢？让我告诉大家一个秘密：去学乡土美术吧！乡土美术学习无须找老师，也不用费太多的钱。

你环顾一下你可爱的家乡吧，你会发现，不管是小桥流水，还是寻常巷陌，四处都是你乡土美术学习的素材。

留心一下你们家及邻居家的家居式样，观察一下四周残存的古旧的楼、堂、会、馆、所、店铺、庙、宇、观、坊、牌、碑、桥等的外形设计和残留的内外装饰细节。你会发现其中有一种古拙、质朴、融自然一体的传统工艺美。

你还可以把挂在墙上的、摆在厅堂中间的、搁在楼上的古旧家具、农具、交通运输工具、婚丧、嫁娶用具及祭祀、祈福、餐饮器具等审视、欣赏一番，会发现在它们简朴的设计与造型之间，反射出一种具有中华传统文化特色及乡土文化特色的工艺美感。

你还可以迈开双脚，调查一下家乡有哪些传统工艺，包括印、刷、雕、刻、塑、堆、编、织、纺、刺、绣、染、打、剪、贴、油、漆、裱、抽、扎、绘等及与之有关的金艺、木艺、石艺、陶艺、瓷艺、竹艺、铁艺、花艺、玉艺等民间工艺技术方法。你或把这些工艺技术的工艺方法记录下来，或把具有代表性的工艺作品收藏起来，或拜一位师傅，直接把他的传统的工艺技术包括工艺美术方法继承下来。

乡土美术学习的最大优点是亲历亲为，耳闻目睹，它既是学习的对象，又是研究的对象。

真正的美术，是民族的美术。民族的美术，必然包括乡土美术。

目前，谈及美术，就是素描、图案、色彩、油画、人体、西方，传统的有中国特色的美术，包括工艺美术正在无声地消亡，这是一件值得忧虑的事。如果你是个有心人，若坚持学习、研究十年乡土美术，你取得的美术成就，很可能比那些坚持学习十年西方美术的同学要大得多。同时，你对继承、发扬祖国优秀的民族文化传统，也可能会做出了一定的贡献。

探索和实践

●什么是乡土美术？一个老大爷在雕刻皮影，他是在美术创作吗？我们能否向他学乡土美术呢？

24.11 培养尚武精神

尚武精神以崇高精神为支撑、以强健的体魄为基础、以严明的纪律和一流的军事技能为保证，是一种忠实于信念、忠实于责任、真诚于荣誉、真挚于激情，不惜流血牺牲以报效国家的奉献精神、战斗精神和革命英雄主义精神。由于崇高的理想、强健的体魄、严明的纪律、一流的军事技能都能够从体育学习中获得，所以体育学习对培养尚武精神，具有特殊的意义。

为明白这一点，我们不妨回顾一下古代中国的历史。

在古代，生活在长城以北、逐水草而迁的诸游牧民族与生活在长城以南、定居在垄亩之上的农耕民族——汉族经常发生战事，双方你攻我掠、朔征望伐，各有胜负。

秦及汉前期，汉民族在战事中是胜多负少。汉武帝甚至雄赳赳地宣告：凡侵略过我大汉的敌人（指匈奴），即使逃到天涯海角，也要歼灭他。汉武帝曾倾举国之力，着卫青、霍去病，策马挽弓，连续许多年、先后许多次不远数万里追击匈奴，终令匈奴逃至大漠之北，惶惶然不敢南下。

汉末之后，汉民族在南北民族战事中逐渐胜少负多，乃至彻底失败。甚至可以说，自汉末至民国，在南北民族战事上，汉民族从未扬眉吐气过——公元316年，西晋间接灭于匈奴；公元1127年，北宋直接灭于金（女真）；公元1279年，南宋直接灭于蒙古；公元1644年，明直接灭于满。

本来，一国之内，南北各民族你来我往地轮番上台执政，是一件正常的事。但在南北民族间的战事历史中，汉民族从胜多负少急转直下，变为负多胜少、最终彻底失败的事实，则提出了以下匪夷所思的问题——人口数量绝对庞大、生产力相对发达、科技水平相对先进、文化水平相对领先的汉民族，为什么会被人口数量绝对偏小，生产力、科技水平、文化水平都绝对落后的游牧民族打得落花流水、直至国家政权被游牧民族取而代之了呢？

答案很简单：汉倡导儒学，魏晋崇尚佛学，唐强调道学，这些坐而论道极大地萎靡了中华民族原有的骁勇血性和奋发图强、英雄尚武的民族个性，尤其在三国之后，北方诸游牧民族首倡武功，而南方汉民族首倡文治，北方诸游牧民族首倡骑射、南方的汉民族首倡耕读，北方诸游牧民族强调体育学习、倡导尚武精神，南方的汉民族强调文化学习，迷恋传统学习，鄙薄尚武精神。是故北方诸游牧民族身强体壮、骁勇彪悍，对抗力、绞杀力强，南方的汉民族身单体薄、怯懦柔弱，对抗力、绞杀力弱，当南北民族发生战事时，尚武精神强烈的北方诸游牧民族全民皆兵，有如洪水猛兽、神兵天将，群狼逐鹿、不可阻挡，而尚武精神淡薄的南方汉民族则有如文弱书生、草木蝼蚁，苟且偷生、退让逃避，不得不听任蹂躏宰割。

尚武精神缺乏，表面上用克己复礼、宁静淡泊、乐天知命为虚饰，本质上却痴迷着科举及第、做官发财、衣锦荣归，是古代汉民族最大的精神缺陷，也是汉民族连续一千余年饱受屈辱、更是清末的中国不断丧权辱国、割土裂疆的原因（也是古代中国人体质不断孱弱、身高不断变矮、个性不断懦弱的原因之一）。在这一点上，我们应该向秦人学习——身强体壮、所向无敌、横扫六国如卷席。历史的经验是，当娱乐、行乐、享乐主义至上并成为社会时尚时，当一个国家的多数青年人缺乏崇军尚武气魄，缺乏血性尚武担当，只知当官赚钱找异性寻欢时，当一个国家的多数青年人淡漠国家意识、缺乏纪律性、责任心和牺牲精神时，国家任人宰割的历史就可能会重演了。

"骑射兴邦，耕读误国"的说法虽有些偏颇，但秦汉以后汉民族尚武精神缺乏，却是确凿的事实。

尚武精神是崇高精神的组成部分，在体育学习中培养尚武精神，通过尚武精神展现崇高精神，以此提高体格、体质水平并以此强化对国家的敬畏度、对荣誉的信念度、对责任的忠诚度，同时提高意识形态抵抗力和对一切敌对势力的军事绞杀力，提高民族、个人的担当和血性，并以此改造民族品性和个人品行，是崇高精神学习观的重要组成部分。

探索和实践

●查找资料、请教老师，探讨以下问题：1.科举制的推行，对古代中国人的身体素质的影响；2.尚武精神缺乏，是中国贫弱的原因之一。

24.12　对体育学习的理解

作为生物学的个体，我们最大的特点，就在于我们不但能能动地适应身体压力不断增大的外部环境，而且能能动地把身体的这种对外部环境的适应稳固下来。我们的这种一边能动地适应身体压力不断增大的外部环境，一边能动地将身体对外部压力的适应稳固下来的锻炼过程，称为体育学习。

体育学习有以下特点：

第一，必须人为地创设一个身体压力不断增大的外部环境。

第二，必须在身体压力不断增大的外部环境适应中，将生理的坚持力（体力）、意志的坚韧力（意志力）、精神的坚定力（荣誉感）、行为的约束力（纪律性）激发到一定高度。

第三，必须使我们对不断增大的身体压力的短时的适应，稳固为我们长期的身心素养。

因此，体育学习还可以这样理解：体育学习就是一边让身体和心理在锻炼中吃苦受累，一边让身体和心理在吃苦受累的锻炼过程中求得发展的尚武学习。

遗憾的是，好多学校的体育学习纯粹是"放羊"。

探索和实践

●阅读毛泽东同志的《体育之研究》，写一份读后感。

24.13 下决心锻炼好体魄

在《三国演义》中，唯一使枭雄曹操割须弃袍、抱头鼠窜的英雄，是"身长八尺、面如冠玉、眼若流星、虎体猿臂、彪腹狼腰"、身有万夫不当之勇的马超。我们中的每一个男孩子，如若都拥有马超这样的英雄般体魄，该多好啊！

体魄是人健劲的体能、健壮的体质、健美的体格和崇高的精神、俊朗的气质、勇毅的作风的总称。

我们的五官的线条，是由父母的遗传基因决定的，一般不可改变。我们的体能、体质、体格，精神、气质、作风却都是可以通过体育锻炼或通过自我修养得以改变。从这一点上，我们甚至可以说，不管我们现在的体能、体质、体格、精神、气质、作风是多么的一般，只要我们刻苦锻炼，我们都是可以改变自己，获得或是可以接近马超这样的英雄般体魄的。

要有马超这样的英雄般体魄，至少要做到三点：首先要求我们要有一种精神、一股血性、一股正气，一股英雄的神武之气。英雄的神武之气，是体魄之魂。其次要求我们有超人的意志——我们不但要坚强、坚韧、坚定，而且要坚持、坚毅、坚忍，即受得难上难、吃得苦中苦。第三要求我们有超人的体力、体质和体能。如果我们人格低下、品德龌龊，没有崇高的精神做支撑，我们就缺乏精神和正气；如果我们怕苦怕难、慵懒懦弱，我们的意志势必薄弱，我们就没有血性；如果我们的骨骼不劲健，如果我们的肌肉不强壮，如果我们的神经不敏锐，如果我们的耐力不充足，我们就没有力量——如此这般，我们就是纯粹的病夫一个。

英雄般体魄的生成，是一个长期的有计划的锻炼过程，所以我们要脚踏实地循序渐进——我们甚至要坚持五年、十年，乃至更长的身体锻炼时间。

合理营养、合理作息、合理用药、促进心理健康很是重要。营养不足和营养过剩，休息不足和休息过剩，乱吃药包括乱吃保健品，心理长期处于压抑、焦虑、忧郁、痛苦等亚健康状态，都是体魄锻炼的大敌。

经验表明，年轻时，身体的肌肉只要持续拉伸锻炼三个月，就能看到它的略显凸凹的线条，持续拉伸锻炼六个月，就能看到它的明显凸凹的线条了。尽管遗传学家认为，人的身高已由遗传决定，但体育统计学表明，科学的体育锻炼和合理的饮食营养，确实是有利于人的长高——身高由遗传决定的结论并不是绝对正确的。

"机不可失、时不再来"——我们对体魄锻炼要有正确认识并早做准备。俗话说"过了这个村，就没有那个店"——我们的青春期一过，要想锻炼有马超这样的英雄般体魄，就十分困难了，甚至可以说是永远不可能了。

"百无一用是书生"——如刘邦就看不起书生，在金庸先生的小说里，英雄人物无一是书生，在吴敬梓先生的《儒林外史》里和民间的戏曲俚语里，书生总是被嘲讽的对象。书生之所以"百无一用"，原因之一就在于他们的体魄太差。我们切记要未雨绸缪，决不可以成为百无一用的书生啊！

如果我们都有马超这样的英雄般体魄——如果我们的尚武精神张扬到了极限，如果我们的体魄、体能、体质、体力都能发展到极限，我们只要大喊一声，河水不是会倒流，而是会断流的——这尽管有些夸大其词，但年轻一代人的体魄是否英雄与国家的发达兴旺密切相关，却是确凿的历史事实。

探索和实践

●孟子说："天将降大任于斯人也，必先苦其心智、劳其筋骨、饿其体肤、空乏其身，行拂乱其所为，所以动心忍性，增益其所不能。"体育学习可以让人做到这一点吗？文化学习呢？

24.14 增强体力、体能和体质

增强体力、体能和体质的根本，一在增强心脏的动力、耐力和抗疲劳力，二在增大肺活量，三在增强肌肉、骨骼、神经系统的意志力、爆发力、坚韧力和抵抗力，包括心理和行为的协调性、灵敏性及心理和行为的反应速度、反应强度与反应准确度。

我们可以采取以下方法来增强体力、体能和体质：

——不断推进体力、体能和体质的从"适应"到"稳固"的螺旋形渐进的进程。例如，我们在练习举重，假如我们已经完全举得起50公斤了，但举50.5公斤很难，然而我们下决心不管如何难——即使砍了头也要举起它。最终我们确实举起了它并多次举起它了。我们在生理和心理上对举起50.5公斤的行为就达到了适应状态——身心对外部压力处于平衡的状态。但这种平衡是暂时的平衡，只要我们稍一懈怠，我们就不适应了，我们就举不起50.5公斤了；我们若要持续不断地举起 50.5 公斤，就要大脑"命令"心理提供更坚强的意志力和坚韧力、"命令"心脏和神经提供更强劲的驱动力、更持久的忍耐力和抗疲劳力，"命令"肺增大肺活量，"命令"肌肉和骨骼加强新陈代谢、分裂出更多的新细胞……使身心对外部压力的适应转换为生理和心理的素养——适应向素养的转化叫稳固。我们的体力、体能和体质，就是以"适应"和"稳固"分别为质、量互变的表征、在不断推进的螺旋形渐进式进展中得以增强的。

——适当降低锻炼"坡度"（难度），依照"适应"到"稳固"的螺旋形进程，循序渐进地将体力、体能和体质的发展水平推进到高端。体力、体能和体质的发展毕竟有限，且愈是趋近于体力、体能和体质发展水平的高端，生理上所承受的压迫愈重，从"适应"到"稳固"的飞跃发生愈难——如何在人的生理承受力和意志承受力限度内，继续完成体力、体能和体质从"适应"到"稳固"的飞跃呢？答案是：采取"细步子""低坡度"的锻炼方式。"细步子"——增大从"适应"到"稳固"的飞跃发生的次数；"低坡度"——减小从"适应"到"稳固"的飞跃发生的难度。就像我们爬山一样，如果我们笔直地爬不上山，我们就多走些路，慢慢地盘旋着地爬上山去。

——体力是体能和体质之本，心脏动力、肺活量、肌肉、骨骼、神经又是体力之本，所以我们在锻炼时，要把锻炼的重点首先放在增大心脏动力、肺活量及增大肌肉、骨骼、神经的力量上。而心脏动力和肺活量的增大，又决定于肌肉、骨骼、神经所承受的压力的大小。因此，在锻炼体力时，我们要三方面兼顾——在锻炼肌肉、骨骼、神经时，要注意心脏动力的锻炼和肺活量的锻炼；在锻炼心脏和肺活量时，要注意肌肉、骨骼、神经的锻炼；在锻炼肌肉、骨骼、神经、心脏动力、肺活量时，外部压力要由小到大地、循序渐进地持续增强。

——掌握必要的运动方法和运动技巧并使之转化为自己的运动能力。如掌握跳跃、攀爬、负重、竞走、投掷、角斗、游泳、舞蹈、击打的运动方法和运动技巧，使之转化为自己的跳跃力、攀爬力、负重力、竞走力、投掷力、角斗力和身体的柔韧性、协调性、灵敏性、准确性等。

——"有恒一也，注全力也，蛮拙也"。恒一，持之以恒。若不持之以恒，确保运动时间与运动量，体力、体能和体质已经发生的"稳固"就会"消退"（退回到原来的状况）。全力，全力以赴。若不全力以赴，心理的活动和生理的活动就不能集中到一个"点"上，锻炼部位就有可能得不到充足的血液和氧气供应，锻炼效果就会差一些。蛮拙，湖南话——不讲道理、把蛮的意思。锻炼是自找苦吃，有时候心理上难免有逃避、退缩的动机，生理上难免会感到极大的痛苦，但我们全部不以为然——不管心理上和生理上是如何如何的阻力重重，我们都要激发起坚定的意志并全力以赴地战胜它们。

——规定每天的运动作息时间、运动时间量和运动量。

最大限度地将我们身体的体力、体能和体质的发展潜力都激发到极致的锻炼，叫"魔鬼般"锻炼。电影《冲出亚马逊》里的军人的体力、体能和体质的锻炼，就是"魔鬼般"锻炼的典型。为落实"魔鬼般"锻炼，我们必须制定相应的运动作息时间表、规定运动时间量、规定在规定的运动时间量内必须完成的运动量。

对我们来说，体魄是精神，即是"德"，增强体力、体能和体质，即是修"德"。很可惜，我们有许多同学"两耳不闻窗外事，一心只读圣贤书"，满脑子的读书发财与读书做官，别说是给自己以"魔鬼般"锻炼，就是对日常生活中的稍要费些心力的事，他们也是不愿意做的，他们全然不顾及心脏一天天疲弱、眼睛一天天近视、脊背一天天弯曲、身体一天天像"折脚蒌子"。他们如此这般的忽视增强体育学习，忽视尚武精神的培养，即使学富五车、满腹经纶，于国于民于自己，又有什么用呢？

探索和实践

●制订增强体力、体能和体质的计划，执行之。

24.15 关于姿容美的讨论

关注自身的姿容美——是好事而不是坏事。

因为姿容美由后天习得，所以姿容美是一个学习过程。

经验表明，你的心理活动，会使你的脸部的肌肉、五官的位置呈现对应的排列，使你的脸部皮肤表现出不同的色泽或明暗——这称"脸相"；你的心理活动，会使你的瞳孔、视线、眼睑、眉毛对应组合，尤其会使你的瞳孔会发射出不同方向的、或强或弱的光芒——这称"眼相"；你的心理活动，同样会使你的唇齿表现出不同的纹理和凹凸——这称"嘴相"。上述三"相"综合在一起，即你的"面相"了。相由心生，当你信念坚定、个性真实、真诚、真挚，由衷地欣赏、向往崇高精神和崇高精神美；当你敬重人、关爱人、品德优秀、大公无私；当你始终是毋意、毋执、毋固、毋我的，又始终是报着嘴唇且又始终是优雅地、自信地、略带微笑地（微笑着才会现酒窝）面对世界——没有半丝的狡猾、阴险、市侩、流俗和不可信赖，你的心灵美和信念美会使你的面相有如一轮皎洁的月亮，你就创造了面相美了。

你的身高、胖瘦、健康，包括体态、体貌、体格、体魄、体质给人的空间知觉，称为身形。如果你养成了良好的生活习惯和体育锻炼习惯，如果你亦因此体质健康、体态匀称、体格柔美、骨骼健劲，关节开朗、肌肉结实，皮肤光泽、曲线圆润，身体有弹性，有力量感、有性感并有质感——你就会像一棵在太阳下泛着亮光的、亭亭玉立而又挺拔秀丽的白桦树，你就创造了身形美了。

如果你在进取与退让之间，主敬、感恩、温良、谦让，敬畏国家、敬畏真理，尊重环境、尊重人，感恩国家、感恩父母，讲究礼节礼仪，你的心灵美和语言美、仪表美和行为美就会高度一致——你的举止就有了美的"节奏"和美的"韵律"，你就创造了举止美了。

如果你长期接受优秀文化的熏陶，多读诗歌和好书，你心中的情感就会纯洁、深刻并浪漫得像阳光和泉水，你会像芭蕾舞剧中的公主一样，高贵而不失平易，优雅而不失亲切，随意但又凛然不可侵犯……于是你在举手投足之间，你的面相美、身形美、举止美，就会表现出一种精神的、信念的"质感"——这就像出水的莲花绝不会混同于出水的荷花，林黛玉绝不会混同于薛宝钗一样——你就创造了气质美了。

合理饮食，保证营养，努力使自己长高但不长"肥"，是创造身形美的生理学基础。为摄入足够多的维生素C，你要多吃新鲜蔬菜和新鲜水果；为保证有足够的蛋白质，你可以多吃些鱼、牛肉和羊肉。须提请注意的是，你要在医生的监护下吃保健品，尤其不要不遵医嘱，大量地服用钙片（因为钙片摄入量太大，可能会使你的骨关节提早钙化，这样不但不能有助于你长高，还有可能有助于你长矮）！其实，要增加身体的钙质很简单，吃几片熟鸡蛋壳就可以了。熟鸡蛋的蛋壳消了毒，蛋壳主要成分是碳酸钙，胃分泌盐酸，盐酸和碳酸钙反应，生成氯化钙，氯化钙容易被吸收，这比服用钙片好得多。

作为女生，体内分泌的激素愈平衡，女性的特征愈明显；女性的特征愈明显，女性的身形愈优美。因此，凡是影响体内激素平衡的外部因素，都要尽力避免。影响体内激素平衡的外部因素有药物（包括保健品）、激素（如猪肉中就有很多激素）、化学添加剂（如零食中就有很多添加剂）、情绪状态（包括心理暗示）等。你如果过早谈恋爱或过早与男性有亲密接触或天天吃保健品或不停地吃零食，如果你喜欢男性化……这些都是会影响你身体的激素平衡、进而影响你的身形美的。

衣着整洁、仪表端正、视线始终集中而专注，有助于创造、展现你的举止美。无论何时何地，即使遭遇不测，你也必须"费厄泼赖"——像贵族一般——你的头发、衣着、鞋袜始终要做到一尘不染和一丝不乱；你的膝盖始终要绷直，腹部始终要收缩，胸部始终要挺起来，肩膀始终要放平，颈部始终要尽力向上伸展，身体的重心始终要尽力地上移（这一点尤其重要），你的心思始终要专心致志……我们中有很多同学热衷流俗，痴迷时尚，胡思乱想，她们心理叛逆、行为乖戾、言语粗鄙、衣着"哈妹"，头发不是梳成"一塌糊涂"、就是梳成"四向哈"的粉丝式样，这是根本谈不及举止美、气质美的。

最易行有效、最有助于身形美的方法是拉伸身体。拉伸的动作可以做站立拉伸，可以伴随舞蹈动作或伴随广播体操动作拉伸，甚至可以躺在床上伸开"四脚"拉伸。最方便的拉伸姿势是足后跟、小腿、臀、背、后脑背、垂直上举的手掌共九个点都紧贴着墙壁（门）做拉伸。拉伸时，思想要集中，足尖要着力顶地，身体产生的肌肉、骨骼的张力，要随着节奏并通过意识从手指尖（足尖）依序传递到肩部(小腿部)、颈部(会阴)、头顶、最终集中到收缩的腹部(肛门)上。在做拉伸操之余，你还要掌握一点保健按摩的知识，努力通过脸部、颈部、发际、额部的保健按摩，使皮肤、眉毛、头发有足够的营养，并使眉毛、头发顺向生长(而非听其自然，让眉毛、头发长得乱七八糟）。

需要特别指出的是，对你的姿容美学习来说，如何使骨骼清朗并使颈部肌肉群、肩部肌肉群、臀（腿）部肌肉群的肌肉线条明晰，显得十分重要。颈部肌肉群是裸露在外的肌肉群，肩部肌肉群、臀（腿）部肌肉群是直接支撑衣着的肌肉群。骨骼若不清朗，颈部肌肉群的肌肉线条若不线条明晰，肩部肌肉群、臀（腿）部肌肉群的肌肉线条若不劲朗圆润，你给人的姿容美知觉自然就要打折扣了（如果仅注重某一方面锻炼，身体还会畸形）。不少女孩子从不锻炼骨骼和上述三大肌肉群，以致年纪轻轻，颈部的皮肤就打着褶，不是腆着肚皮，弯着膝盖，就是塌着肩、缩着背，以致穿件衣服不是太瘦就是太肥，显得很是不雅。

脸部肌肉群是要限制锻炼的。因为脸部肌肉群若锻炼过度，就会满脸横肉。切记切记，你千万不能一天到晚都是一副生气的样子——如整天郁郁寡欢，或苦着脸、噘着嘴巴、白着眼睛、咬牙切齿——如何既保证身体各部位的骨骼、肌肉群都得到平衡锻炼，但又不会过度锻炼脸部肌肉群，是一经验积累过程，需要你细心体会，才能很好地把握住这个“度”。

此外，注意安全，不发生伤害事故，也是十分重要的。

总之，姿容美的后天习得过程，是一个学习过程。如果你把姿容美的创造理解为演员的化妆，每天涂脂抹粉，把自己修饰成一条热带鱼，不但毫无学习的意义、毫无美感，而且会浪费大量的时间。

探索和实践

●坚持做好“四操”——早操、间操、晚操和眼操，在“四操”时，努力与身体拉伸操结合起来。

24.16 健美你的体格

世界上最美的是什么？古希腊人认为：世界上最美的，是人的健美的体格。我十分赞成这一观点。

体格的健美，主要由三部分组成，一是健康，二是漂亮，三是“阳光”。健康包括没有身心疾病和身心缺陷，发育健全，有良好的体质、体魄与体能。漂亮指身体给人的美感，包括身体高度合适、比例恰当，皮肤亮泽、骨骼坚实、肌肉强健、须发茂密、曲线圆润或棱角分明。"阳光"指精神飒爽、气质高雅、姿容秀美、神采奕奕、有较强的性感。

健美的体格是在加强精神修养的基础上，有目的、有计划地锻炼的结果。因为只有加强精神修养，人才显得有气质，只有经过有目的、有计划地锻炼，骨细胞才可能加速分裂，人才可能长得更高，肌细胞的数量和质量才得以增加，人的肌肉才更结实，血管才会更粗，新陈代谢才会更快，才会给人以体格健美的知觉。

在学校里，最能健美体格的学习，当属舞蹈和体操。

舞蹈用肢体语言表达自己的情感、创造艺术形象。故此，舞蹈既是体力的，又是智力的，更是情感的活动。

体操包括广播体操和艺术体操。广播体操包括早操、课间操、睡前操。广播体操主要用来活动身体，促进身体协调发展和血液循环。广播体操贵在持之以恒，坚持久了，它的锻炼效果是不可言喻的。艺术体操用艺术的形式表现体操活动。艺术体操既在意创造艺术形象，又在意它的体育锻炼价值。但与舞蹈相比，艺术体操更偏重于身体的锻炼。

如果你有条件，不妨首先选学舞蹈；然后选学艺术体操；如果你没有条件，可以通过其他的体育锻炼方式锻炼身体，如游泳、田径、球类、武术、举重等。如果你实在没有条件，不妨坚持做广播体操和做拉伸操。对男同学来说，找个砖头或找块大石头当作哑铃来健美身体也无不可。

值得注意的是，锻炼必须适度并持之以恒。过度锻炼和时冷时热的锻炼，是不利于身体健美的。

健美还需要我们掌握一定的营养卫生知识，杜绝一切不良的饮食习惯和嗜好，保证身体有足够且平衡的营养；不吃太多的工业化食品、不吃过多的猪肉（现在的猪太多用工业饲料喂养，猪体内有较多的化学添加剂），不贪吃（就不会发胖），保持愉悦的心境，不让身体受伤，不让青春期来得太早。

如何使自己长得更高，是大家关心的问题。

影响人身高的因素有心理健康、合理的锻炼、充足的营养尤其是充足的优质蛋白质营养、充足的睡眠、均衡的维生素供给和微量元素供给等；民间育儿经验表明：营养差、情绪不良、消化力差、睡眠不足、身体受伤、小时候没有经过爬行阶段就学习走路、过早恋爱、室内湿度太大，都是不利于长高的。

体格必须通过锻炼才可以健美、健美要付出艰辛与努力。但体格一旦经过锻炼变得健美了，这无异于重新塑造了一个自己，其中的喜悦只有自己才能体会到。

探索和实践

●你有"健美的身体是世界上最美的事物"的概念吗？健美从何而来呢？

24.17 端正你的仪表

你也许会感到奇怪，仪表是人的仪容、仪态、精神、气质的总称，它怎么会与学习有关系呢？难道端正的仪表有助于提高学业成绩吗？为探究这个问题，你不妨在自己的班级里，以此为题做一个小调查。小调查后，你会惊讶地发现：大多数学业优秀的同学都有着端正的仪表、大多数学业不良的同学的仪表的确不够端正；在仪表和学习之间，确实隐含着某种特殊的正相关关系。

毫无疑问，一位刚刚咿呀降世的婴儿、一位自小生长在狼群中的狼孩是没有仪表可言的。可见，仪表是人的社会化的产物，是人的自我意识、群体意识、角色意识、美学意识等主观意识的客观反映，也是人的自信、自立、自律、自力、自尊、自强精神和人的纪律观念、是非观念、美学观念的公开展现。因此，你不断地优美自己的个人仪表的过程，不但是你的自我意识、群体意识、角色意识、美学意识等主观意识不断被强化的过程，而且是你的自信、自立、自律、自力、自尊、自强等崇高精神不断被振奋的过程，还是你的纪律观念、是非观念、美丑观念等价值观念不断被优化的过程，更是你通过自我教育与自我服务，主动地获得学习与生活经验的过程。所有这些过程本质上都是你的崇高精神展现过程。我们知道，任何意识、精神、观念都是彼此联系的，你的良好的主观意识、进取精神、价值观念都有可能直接影响到你的世界观、学习意识和学习品质，间接影响到你的学习需要、学习策略、学习方法调整和学习活动的有效性。所以端正的仪表与优秀的学业成绩之间隐含着的正相关关系确实毋庸置疑。

个人仪表可以是个人的形象，在教室里，你的个人仪表代表你自己。个人仪表还是家庭、集体、家乡的象征，所以在校园或社区里，你的个人形象代表着你的父母、代表着你所在的班级或代表着你所在的学校；在他乡，你的个人仪表还代表你所在的省或市；在他国，你的个人仪表则代表着你的祖国和你所有的同胞。个人仪表还显示了个人威望与个人信用。所以无论在何时何地，你都要像一个有着强烈的国家威仪感、国家自豪感的外交官一样，一刻也不要忘记把自己端正的仪表，与为父母、为班级、为学校、为国家争得荣誉联系起来。

在社会生活中，规范的个人仪表还反映了你对对方、对外部秩序的认可和尊重。

所以，一早起来，你要做的第一件事，就是端正你的仪表。努力做到整齐、清洁、规范、得体。例如头发要修剪、梳理、束扎得一丝不乱，衣着、鞋袜要整理得一尘不染；与人交往时，你要眼神纯洁、体态端正、礼貌周全，既不卑不亢，又不浮不燥；尤为重要的是，你要砥砺品行，锻炼身体，多读书，加强文化修养，使自己不但有健全的人格、坚强的意志，而且有深挚的情感、高尚的品格；使自己成为一个弘毅坚韧、秀外慧中的，或英武轩昂而又文质彬彬的、健美儒雅的人。端正的仪表、高尚的品格、崇高的精神、深挚的情感、弘毅的抱负、坚韧的气质，将使你成为大众瞩目的阳光男孩或阳光女孩；长期的严格的仪表训练和修养，还会使你变得自信、深沉、严肃、情感含蓄、富有耐性。

在我们当中，有少数同学根本不重视个人仪表这件事。他们头发蓬散、形容脏乱、衣着古怪、举止荒诞，其仪表甚至与《儒林外史》中的杀猪的胡屠户或与在街头闲逛的小混混没有两样。然而他们不但不以仪表不良为耻，反而以仪表另类、仪表脏乱为荣。老师若是批评他们，他们还振振有辞地说，他们这是在张扬个性、老师则在束缚个性。事实上，他们的这种以丑为美的审美观，是错误的审美观，这一错误的审美观的建立基础，是错误的荣辱观。而错误的审美观、荣辱观的张扬，则是自甘堕落、当众出丑。况且"相由心生"，当以仪表不良为荣的同学始终坚持这一错误的审美观、荣辱观时，他们的形象无疑会越来越差，如果长期坚持以仪表不良为荣，还会颠倒自己的个性意识倾向选择性，影响自己的全部生活，包括影响自己的学业，所以古人关于"先正衣冠，后明事理"的说法，是有道理的。

所有的职业都有相关的个人仪表整理方法和个人仪表整理要求。如军人的仪表整理称为"军容风纪——军容"整理（军人如何吃饭、喝汤、穿衣、戴帽、擦皮鞋、坐椅子、走路、敬礼、如何回答"是"等都有具体的要求），在某种意义上甚至可以说，军人的个人仪表构成了军人、军队威仪的一部分。在民间，老百姓也有个人仪表整理方法和个人仪表整理要求。老百姓称个人仪表为"相"，称个人仪表不端为败"相"。败"相"是最不为人所齿的。可见，使自己有"威"、有"仪"、有"相"——使自己有积极的自信和端正的仪表，努力在自己的周围形成一个不言自威的"气场"，决不是一件无关痛痒的、可有可无的事。

探索和实践

●个人仪表由哪几部分组成？优美的仪表追求是值得肯定的吗？做一个儒雅的、有教养的、有个人和集体乃至国家荣誉感的人是坏事吗？开展一次以端正仪表为目标的班级活动，使自己的班级成为学校里最注重仪表的班级。

第九编　父母是你的好老师

第二十五章　父母是你的好老师

25.1 父母是你的好老师

父母是你的好老师。

"可怜天下父母心"，每一位父亲或是母亲，几乎都是无私地疼爱着自己的儿女的。从是否具有爱心的角度看，父母就具备了做儿女老师的基本条件。

现代父母大都受过了一定的教育，有的甚至受过了系统的高等教育，其学历或学识水平，也满足做老师的要求。

任何家庭都须安居乐业——务农的家庭会经常论及农事、务商的家庭会经常交换商情、从医的家庭会谈医、从教的家庭会议教。在父母亲的"学术对话"里，你会学到许多背景性的专业知识。比如很多学起来感觉是很难、很痛苦的东西，有的同学可能老早在家里就已经轻松地从父母哪儿学会了。尤其值得重视的是，很多家庭富有家学传统，如医学世家、武学世家、绘画世家、书法世家等，很多家庭还有祖传绝技，如针灸、雕刻、染织、制药等，这些家学传统和祖传绝技都需要儿女接力传承。你向父母学习的，有时甚至不是一般的普通的学科知识，而是优秀的民族文化遗产。

学习必备的准备之一——教养的准备，是在家庭中完成的。家庭是社会生活的细胞，所有的社会价值观念和社会行为规范，都会在家庭生活中有所反映。父母会把崇高精神、正确的伦理道德观念、正确的行为规范及他们毕生的阅历和经验传授给你——父母其实是你接触最早的、情感最亲近的老师，家庭其实是你进入时间最早的、学制时间最长的、直到父母去世才能毕业的学校。

因为父母是你的好老师，所以你要克服叛逆心理，孝顺父母，悦纳父母的情感，虚心向父母求教，在父母那儿，你一定能学到很多在老师那儿学不到的东西。

所谓的"泛预习"，主要就是指在父母指导下的家庭学习。

始终把父母当作自己老师，是"孝道"的内容之一，也是中华民族得以绵延不息的原因之一。

教育实践指出：如果以世界观、精神品质、道德品质、人格品质、学习品质、身体品质、数理—逻辑品质、学业成绩乃至整体个性发展水平为指标并加以比较，在恪守儒家优秀价值观的家庭中长大的孩子，如在强调儒家的优秀价值观——敬爱国家、忠孝方正、仁德谦让、自强不息、诚实守信、主敬慎独、亲仁爱众等崇高精神的家庭中长大的孩子，比在放弃儒家优秀价值观的家庭中长大的孩子，其身心发展水平，一般要高级得多。前者之所以比后者要高级得多，是因为前者家庭中的孩子自觉或不自觉地把父母当作了自己的好老师，后者则没有。

事实上，对一个人的成长而言，完整的家庭教育，几乎完成了人生教育的百分之五十。比如幼时稚嫩的岳飞若没有母亲的教导，会有成年英雄的岳飞吗？不会有。我们目前的家庭学习缺陷，就在于我们对父母的教育力重视、发挥不够，对家庭教育资源开掘、利用不够，对我们民族强调的孝道传统、"家教"传统、家学传统的继承与弘扬不够。

又及：说父母是你的好老师，对。说好父母超过好老师，则不对了。这是因为不管父母如何优秀，都是不可能超过所有的好老师的。为什么这样说呢？因为父母的教育，主要是家庭启蒙教育和家庭养成教育，父母肩负的，是家庭的伦理教养责任，父母的"好"，就好在这里；老师的教育，是理想、信念、专业和成人成才的教育，老师肩负的，是国家托付的社会责任，老师的"好"，就好在这里——父母的教育重心在"养育"，老师的教育重心在"培育"，二者的教育目的相同，但教育的情景性、系统性、侧重点不同。所以在好老师中，不但包括父母，而且包括学校的好老师。"父母是你的好老师"的说法，在一定程度上是对的，但说"好父母超过好老师"的就欠辩证了（否则，我们就都不要上学了），我们绝不可以被这一说法误导了。

探索和实践

●你们家是既强调儒家的忠孝方正价值观、又强调现代公民的权力与责任价值观吗？

25.2 学会与父母交流

我们与父母交流的过程，其实是一个"泛预习"过程，即是我们的学习过程，如何与父母交流呢？

真实——实事求是。在父母面前，不讲假话。真实，既是你对父母的尊重，也是你对父母的信赖。当你尊重、信赖父母的时候，父母也会尊重、信赖你。当父母和你之间相互尊重、信赖的时候，彼此间就有了互信；当父母和你之间彼此间有了互信的时候，就有了交流的前提。

主敬——敬重、悦纳父母的情感。当你敬重、悦纳——快乐地接纳——父母的情感的时候，你和父母间的心理距离会更近，人际关系会更亲密，人际交流的效果会更好。

承认父母的价值观念。不强求父母的价值观念与自己的价值观念保持一致，让双方的价值观念保持相对独立性。彼此间若没有价值观念的矛盾，就较难产生人际交流的障碍。

共情。"己所不欲，勿施于人"，设身处地地为父母着想，理解父母、宽容父母。这样可以化解不同意见，保持交流的顺畅和和谐。

注重礼仪。和父母交流时，要注意礼节和礼貌；当父母说话时，要耐心地倾听。父母说得对的，照着办；父母说得不对的，暂时不做声；任何情况下都首先给父母以礼貌和尊重，任何情况下都不得顶撞父母。

远离争辩。在家庭交流中，对同样的问题，父母和自己可能有不同的意见。在不同意见的表达与讨论中，我们要坚持一个原则：和谐讨论、远离争辩。和谐讨论的时候，我们应本着因"实事"而"求是"的态度，寻求并发现真理，努力把问题讨论的过程转化为知识经验获得的过程即学习的过程。如果因"实事"而"争辩"，因"争辩"而对立，就容易因"争辩"而导致争吵或争执，甚至导致人际矛盾或人际冲突。争吵、争执、人际矛盾、人际冲突不但无益于自己与父母之间的交流，而且会损害自己与父母之间的亲情关系。

孝顺、感恩。受人滴水之恩，当涌泉相报。天下最无私的是父母，父母的恩情是比泰山还要重的。我们时刻要尊重父母，接受他们的教导，把父母的恩情记在心里，时刻不忘记报答他们。当我们孝顺父母、常怀感恩之情的时候，我们和父母之间的交流就有了更深的情感依托。

按理说，与父母交流不应该是一件难事。但现实的情形是，我们有许多同学与父母几乎没有交流。其中的原因，可能因为我们大都是独生子女，家庭过多的关爱和呵护，养成了我们唯我独尊的、主观且偏执的个性，滋生了拒绝、逃避父母教导的逆反心理。有时甚至是：不是我们敬畏父母，而是父母怯畏我们。我们或父母一旦有了上述心理，我们与父母之间就会产生隔膜，彼此间的交流势必就困难多了。

与父母交流有多种形式，有有声的口头语言，有无声的肢体语言，及至彼此的眼神、位置、距离都可以作为交流形式。有时候，无声的肢体语言交流比有声的口头语言交流要有效得多，因为这是父母在用"心"与我们交流。从用"心"与我们交流的父母身上，我们学到的东西将更多。

探索和实践

●反思你和父母的交流方式，找出值得改进的地方。

25.3 孝敬父母与学业有成

在古代文献记载里，学业有成的人总是与他具有孝敬父母的美德联系在一起的。在我教过的学生中，学业成绩优秀的学生确实远比学业成绩较差的学生在孝敬父母方面做得好。为什么孝敬父母与学业有成之间存在着如此显著的正相关呢？

儿女是否孝敬父母，表现在儿女是否理解并牢记父母的期望、是否能体验并悦纳父母的情感、是否常怀对父母的感恩之情、是否懂得并分担父母的辛劳、是否懂得并遵循家庭礼仪及是否为父母争得荣誉诸方面。其结果是，孝敬父母的儿女更能理解父母，对父母的亲情更深，对父母的教诲更易接受，报答父母恩情的动机更强，因而学习更加努力；父母则因儿女的孝敬、勤奋、努力，对儿女更加关心、更加疼爱，更加精心指导。总之，儿女孝敬父母可以使家庭生活和家庭学习产生一种境界，使自己与父母之间、使父亲与母亲之间的人际联系更加紧密，使家庭亲情气氛更加温馨，使自己的学习注意力更加集中、学习需要层次更高、学习心理压力更小，承受学习挫折的能力更强。相反，如果儿女不孝敬父母，动辄与父母闹矛盾，父母和儿女双方的需要都得不到满足，双方都可能因此遭受心理挫折并产生许多负向情感。诸多的挫折和负向情感累积起来，使双方都背上了沉重的心理包袱。在此心理包袱的压力下，父母变得日益焦虑和急躁，变得日益缺乏耐心，儿女变得日益逆反，变得日益另类，父、母之间和父母与儿女之间相互赌气，家庭里除了冷战就是争吵，父母放弃了监护和养育的角色、儿女弱化了学习期望、分散了学习注意力，学业成绩自然就下降了。

从学习心理学的角度看，儿女孝敬父母，不但是儿女的价值观念的具体实践过程、良好的行为习惯的养成过程，而且是儿女获得经验并使自身的优良的个性心理倾向和行为倾向发生积极的、比较持久的变化的过程。所以某种意义上甚至可以说：儿女孝敬父母的过程，就是儿女向父母学习的过程。

古人把"孝"列为首屈一指的普世价值，称"孝"为"孝道"。古人又称"百善孝为先"，又讲"忠臣出自孝子"，从社会伦理价值要求、提高家庭学习效率和创设家庭学习情境看，这一理念完全是正确的。儒家又说"修身、齐家、治国、平天下"——"齐家"就有通过"孝道"的清润使家庭伦理责任得以落实的意思。俗话说的"家和万事兴"——一旦"家和"，许多困难都可以努力得以克服。总之，孝敬父母是家庭教育力、家庭学习力之源，是崇高精神的具体展现，是我们每天必修的功课。

在家庭里，没有什么比孝敬父母更重要了，没有什么比忤逆父母更可耻的了。我们如果连生养自己的父母尚不知孝敬，还奢谈什么报效国家、服务社会、建功立业、发展个性呢？那些说孝敬父母、孝道是封建思想的人，岂不是连狗屎都不如吗？

尊师、孝敬父母，真实、勤勉、关爱他人，敬畏师长、敬畏父母，温、良、恭、俭、让，出则弟、入则孝、谨而信、泛爱众、而亲仁……追求人格完美和精神崇高，是古代原始儒家的思想，也是中国人的传统美德。可惜的是，西方的以利己为核心的个人主义功利观的长驱直入，尤其是受少数无良的"专家"的煽动蛊惑，已经把我们中国人建立在感恩之心基础上的、以利他为核心的儒家的孝道杀得一败涂地，这实在是一种"国伤"，是一件值得我们每一个家庭、每一个人痛定思痛的事。

但我们千万不要忘记了，在这些传统美德的前面，还有更重要的美德，这美德就是：热爱国家、敬畏国家、有精忠报国的国家意识且有为了国家的荣誉和国家的利益，不惜流血牺牲的国家精神——我们首先要对国家尽忠，然后才对父母尽孝，或者说对国家尽忠，才是最高级的对父母尽孝——如果我们只知对父母尽孝，不知对国家尽忠，我们的孝敬父母和我们的孝道就变得毫无价值。

探索和实践

●古人说"一等人，忠臣孝子；两件事，读书耕田"，试指出其中合理的一面。

25.4 把无意学习转化为有意学习

家庭生活中，许多学习是无意的，如阅读藏书、收看电视、翻阅报刊、读写家书，旁听父母、亲友的谈话，参加家庭、亲友的讨论等。

但无意学习的学习效果，无论如何也比不上有意学习。因此，在某种情况下，你要把家庭的无意学习尽力转化为有意学习。

将无意学习转化为有意学习的办法之一，是做个学习的有心人，努力使自己有有意学习的心向（做个有心人）——一旦在无意注意中遇到学习信息刺激，即刻将无意注意转换为有意注意、主动地通过意志努力去反映它。如看电视时，当你听到主持人说阴霾时，你立即意识到自己以前读作的"阴狸"是错的，于是马上拿起笔把正确的读法记下来；又如读报，当读到一篇写得精彩至极的文章时，你立即把它剪辑下来，反复琢磨、借鉴它的写法；将无意学习转化为有意学习的办法之二，是常怀学习的评价或批判意识，对在无意注意中发现的问题，就用有意注意的方式，实事求是地评价或批判一番。如电视里的演员说："落叶归根"，你对此有疑问，"落井下石"的"落"又如何读呢？于是就查字典把读音弄清楚。将无意学习转化为有意学习的办法之三是，常怀信息收集、整理意识，将在无意注意中感知的外部刺激，首先转化为知觉，然后将知觉转换为思维，接着将思维转化为命题或问题储存起来。如家里有亲人结婚，谈及宝石，说其中有一种人造宝石其实是氧化锆，于是你就在网络上搜索一番，进一步知道氧化锆之所以可以鱼目混珠的化学、物理学原因。

有了有意学习的心向及学习的批判意识和学习的信息意识，主动地将无意注意转化为有意注意，具体地实践一番，我们就能在家庭环境里，从父母亲那儿学到更多的东西。

探索和实践

●如何将家庭无意学习转化为家庭有意学习呢？如何通过家庭有意学习实现学习积累呢？

25.5 减少家庭学习时间的浪费

家庭学习中，时间浪费是最大的浪费，时间浪费表现在以下方面：

无计划、无目标、无规则和程序，什么都杂乱无章。

找东西。早晨起床找袜子，上学前找书，回家找钥匙。随手乱丢东西，既没有记性，又不吸取教训。

无效重复。什么都不能一次性准确做好，而需反复多次才可准确做好——反复审题、反复预习、反复演算、反复上墨水、反复穿衣服等。

拖拉疲沓。学习环节间隔大，不能有效链接。学习时东张西望，没有节奏、拖泥带水。

主次不分。学习时间分配与学习内容的紧要程度不相匹配。

注意力分散，学习效率低。经常转换注意力，一会儿做这个，一会儿做那个，注意力缺乏合理分配；注意力水平低，不能集中注意力做好某件事，人在心不在；做了大半天，不知道自己做了些什么。

要杜绝家庭学习的时间浪费，建议你要有时间观念，遇事有目标和有计划，按计划作息，绝不睡懒觉；凡事提前做好准备，减少时间间隔浪费；少看电视，少上网聊天；处事简洁、行为准确。

在上述各条中，凡事有目标、有计划且提前做好准备最重要。

探索和实践

●如何节约家庭学习时间呢？结合自身实际给出一个方案。

25.6 寻找家庭学习导师

学习是需要指导的。有导师的指导和没有导师的指导，有高水平导师的指导和没有高水平导师的指导，学习速度、学习深度、学习质量会有天壤之别。

你如何找到适合自己的导师呢？

你可以在家庭中可以找到适合自己的导师。首先考虑的是你的父母，看他们是否可以做你的导师。如你对化学感兴趣，而你的父亲恰好是一位植物药物学家，那么，找父亲作为学化学的导师便再好不过了。若选择父母做导师，没有一位父母会推辞的。你还可以考虑在直系亲属间找导师。如果直系亲属中没有人适合作自己的导师，你可以在直系亲属的亲朋好友中找导师——他们可以是你家人的亲戚的亲戚，也可以是家人的朋友的朋友，甚至是"瓜棚搭柳树"的亲戚的亲戚，或是"瓜棚搭柳树"的朋友的朋友。只要他有真才实学，不管是谁，只要他愿意，都可以做你的学习的导师。

如果我们把学业成绩视为一，家庭、父母、家庭学习导师的贡献则可能占据了百分之四十。因为家庭、父母、家庭学习导师为我们创建的是良好的学习情景，为我们展开了良好的"泛预习"过程，这种良好的学习学习情景和学习过程，是任何人都不可能代替的，也是任何人都复制不了的。

探索和实践

●可以找父母作为自己的导师吗？若父母有所长，不但要找他们做导师，而且必须找他们做导师。

25.7 坚持家庭体育学习和家庭阅读学习

考虑到体育学习的连续性和渐进性，我们在家里同样要坚持体育学习。

家庭体育学习最好的形式有早操、晚操、按摩操、跑步、冷水浴、武术、舞蹈、举重或哑铃操等。其中，早操、晚操、按摩操、跑步为男、女生首选的体育学习方式，冷水浴为男生必选的体育学习方式，舞蹈是女生任选的体育学习方式，举重或哑铃操是男生任选的体育学习方式。女孩子不适合冷水浴，也不太适合举重或哑铃操。

不管是哪种体育学习形式，都要努力与身体的"拉伸操"结合起来，都要有计划并循序渐进。

要坚持家庭体育学习，除了坚持自觉之外，还要有外部约束。外部约束可以是自己父母督促,也可以是作息制度督促,还可以是自我督促(如写锻炼日志)。

家庭体育学习必须讲求实效，运动量不必太大，但同样要有身体适应——稳固的渐进性质量互变过程,如若没有这一过程,体育学习就会退化为身体活动,进而丧失体育学习的价值。

家庭阅读学习包括家庭随机材料阅读学习和家庭课外阅读学习。家庭随机材料阅读学习范围很广，包括家庭订阅的报章杂志阅读、亲人的来往书信阅读、亲人的论文著作阅读，甚至包括各种商品说明书乃至医院病历书阅读等。

家庭随机材料阅读有利于培养我们的阅读兴趣和阅读习惯，也有利于扩大我们的知识面。

家庭课外阅读学习会专题讨论到，本文暂不重复。

探索和实践

●确定家庭体育学习项目，给出家庭体育学习时间表。

第二十六章　把网络学习和学校学习结合起来

26.1 网络是合格的老师吗

网络是一位合格的老师吗？我的答复是：网络有时是，但有时又不是一位合格的老师。

网络确有老师的功能，它能授业和解惑。因为通过它，你可以向全世界每一个坐在计算机终端的人请教，使你接受到最先进、最高端的教育。所以从这一点看，少数网络有时可能是合格的老师。

但是，多数网络又可能是不合格的老师，因为多数网络难以传道。

传道，是合格老师的首要条件。学校老师之所以能传道，是因为老师具有包括精神品质、人格品质、人格吸引力、人格熏陶力、人格影响力在内的人格魅力。在学习过程中，学生就是在老师人格魅力直接的熏陶和感染下，在直面的人际交往过程中，通过人际交流完成学习任务的。

但是，网络不一样。广义的网络不是活生生的具有人文思想和人文精神的人。它是现实的，又是虚无的；它是真实的，又是虚伪的。当你接近或离开网络时，感觉不到它是心灵的偶像和生命的源泉，你不会像接近或离开心目中最崇敬的老师一样产生无限的依恋之情。大多数的网络只能告诉你皮毛的"知"和皮毛的"行"；何况网络已经商业化了——为追求实利，大多数的网络经常表现出一定的商人、妓女、流氓、窃贼、吸毒者的无赖习气和低级趣味。只要你稍不小心，它就要从你身上狠狠地剥下一层皮来。这些更是网络不是一位合格老师的另一部分原因。

由于网络有时是，但有时又不是一位合格的老师，所以，你学习时要尽量利用它（如参加网校学习、上网查资料），但切不可过度地相信它（如毫无计划、毫无节制地上网聊天、玩游戏、浏览黄色网站），你切不要把网络当作学习的唯一途径，即不要犯"网络迷恋症"。事实上，十分钟有效的书面阅读或老师十分钟有效的直面指导，比在网络上一小时的胡乱点击菜单要有益得多。

现代学习离不开网络学习，但现代学习绝不是网络学习，网络有时不是一位完全合格的老师。

探索和实践

●分析你的学习时间是如何分配的。学习、浏览、聊天、电游各占去了多少时间？如果你上网的时间超过了课余时间的30%，你的上网活动是有问题的吗？

26.2 远离网络兴趣陷阱

每个人都有两重性——外显中的你和内隐中的你。在社会生活中，外显的你表现的是现实的角色，内隐的你表现的是隐蔽的角色。外显的你总是为人所熟知，外部世界可以通过你的言论、行为判断你的心理活动；内隐的隐蔽的中的你则总是不为人知，人们永远不会知道你在想些什么，你究竟是什么样子。

由于社会思想行为规范的限制，人的内隐的自己是不便公诸如世的，人的这个隐蔽的自己就像恶魔一样在人的潜意识中潜伏着，它不是不想表现自己，只是苦于没有条件表现自己。

网络恰好给内隐着的、恶魔般的你提供了显现的条件。社会条件限制被取消了，你可以放心大胆地把内隐着的即隐蔽着、潜伏着的恶魔般的你释放出来，让它淋漓尽致地表演一番。你亦因其淋漓尽致地表演了一番而体验到一种前所未有的满足和快意。如若你经常让恶魔般的你淋漓尽致地表演并经常让自己在这种满足和快意的刺激中获得愉悦，你就可能会形成一种稳固的心理或心理活动定势，你就产生了网络依赖性，准确地说，你就网络上瘾了，或者说，你就掉到不良网络刺激的陷阱里了。

据研究，因产生了网瘾而落入网络陷阱以至违法犯罪的青少年已不是少数。所以当你涉猎网络时，你千万别忘记网络中还有一伙电子流氓、电子妓女、电子无赖，他们无时无刻不在引诱你将潜意识中的自己释放出来。你不能与网络绝缘，但你决不能误入网络陷阱之中。

探索和实践

●网络的陷阱在哪儿？网络陷阱的表现有哪些？你有"网瘾"吗？"网瘾"是如何产生的呢？

26.3 远离网络陷阱的方法

自觉限制上网时间。

转换需要。你需要刺激，可参加体育锻炼；你需要发泄怨愤，可找父母朋友谈心或找心理医生。

寻找被欺骗的感觉。总结上网经验，玩电游是虚拟的，网上聊天是假的，既然是假的，你却痴迷地投入其中，你就会有一种受骗的感觉。你一旦发现自己受骗上当，上网的热情便降低很多了。

找到自己掉入网络陷阱的真正原因并克服它。掉入网络的真正原因，是思想空虚还是品行不良？找到了原因，你才可以从根本上解决它。

没有"仅是一次"。遇到不良网站，决不点击，不自我原谅说，这"仅是一次"。

远离网络陷阱的最根本的方法，是提高自己的需要的层次和需要内容，一个把成人成才、报效国家为己任的人，一个把崇高精神成长作为首要任务的人，即使不慎掉入网络陷阱，也会很快地从陷阱里爬出来的。只有缺乏自制力和自甘堕落的人才会深陷网络而不会自拔。

探索和实践

●你有哪些远离网络陷阱的经验？请做一番介绍。

26.4 "游戏"干不成大事

有同学开玩笑说，上网的同学中，50%的在玩游戏，49%的在聊天，只有1%的在做正事。玩游戏的同学是否真的达到上网同学总数的50%，我不得而知，但上网时，玩游戏的同学较多确是事实。

网上游戏极富刺激性，同时也需要有一定的智力活动相配合。但既是游戏，则必然是"游"而"戏"之。偶尔玩一玩，见识一下，是可以的，然而沉溺其中，乃至废寝忘食，就不可取了。因为古往今来的共同教训是："游戏"干不成大事。

网上游戏是高度商业化的产物，暴力恶俗、胡编乱造瞎扯淡是其特点。网上游戏所关心的，是如何通过强化心理乃至生理的刺激以提高点击率即收入率，什么精神产品的社会责任感，什么艺术家的道德与良知，什么崇高精神、人生观、价值观，对某些游戏设计者而言，统统见鬼去了。所以难怪有人把网上游戏比作是电子鸦片。

网上游戏大多是日、韩或美国产品，其中尤以日本产品为多。游戏人物造型大多源自卡通或漫画。在离奇的情节、夸张的动作、功利的奖惩中，你会发现这是一种文化——美国文化或日本文化。网上游戏既是文化，你便不得不被美国或日本文化"文"（打上印记）而"化"（精神、思想认同）之。事实上，网上游戏的文化战略效果不知高出其政治宣传多少倍，其对你的潜意识及对你的思想影响之深，几多年后，你就会深切地体会到。

你若是玩多了网上游戏，对阅读这种以语言作为信号刺激物的书面学习形式便不太感兴趣了。经验证明：网上游戏成瘾的同学是不喜欢阅读即不喜欢读书，甚至是从不读书的。你要知道，对你的人文素质发展而言，书面阅读有如日月精华，是不可缺少的成长要素。如果你缺少书面阅读的熏陶，你的第二信号系统就会萎缩，你就会像一颗缺少阳光照耀、水分滋养的、永远也不会生根发芽的种子。

如果你留心一下大众传播媒介，你会发现，公众都认为"游戏"已泛滥成灾，成为社会公害了。你再留心一下身边，在那些踯躅街头、神情恍惚、行为怪异的年轻人中，有相当的一部分是"游戏"的受害者，由于吸食了过多的电子鸦片，他们荒废了学业，浪费了青春，自己把自己的大好前途葬送了。

喜欢游戏，是人的天性。由于游戏可以使人的大脑皮层产生愉快的情绪，而愉快的情绪有可能促进大脑神经细胞间的相互联结，所以人是需要游戏的。但是游戏毕竟不能直接地认识世界和改造世界——游戏不可能制造出航空母舰、不可能将人送上太空、不可能断肢再植、栽种杂交稻……所以，每当你打开计算机"游戏"时，你就要自己警示自己说："游戏"干不成大事，少玩些"游戏"吧！

探索和实践

●你喜欢上网玩游戏吗？对你而言，上网游戏孰弊孰利？是弊多于利，还是利多于弊呢？

26.5 把网络学习和学校的课堂学习结合起来

学校的课堂学习面临的问题，一是学生的有效学习时间太少，无效学习时间太多；二是学生课堂高水平学习太少，课堂低水平学习太多；三是老师全程指导的时间太少，学生个人摸索的时间太多；四是学生自主的个性化学习的选择太少，学生学校的课堂学习的班级集体性限制太多；五是学生认知学习形式太多，学生信息学习形式太少等。总之是由于学校的课堂学习条件的制约，使学生的学习的主观能动性不能得到充分的发挥；由于学生的学习的主观能动性得不到充分的发挥，学校的课堂学习有时就成了效率最低的、严重束缚学生个性发展的学习。

如何才能走出低效率的、严重束缚学生个性发展的学校的课堂学习泥沼呢？答案之一可能是：把课余的网络学习（以下称网络学习）和学校的课堂学习结合起来。

网络学习是伴随着互联网的出现而出现的新的学习形式。和社会上的实体学校一样，网络学习同样有老师和教学影响，但与实体学校不同的是，网络学习的教学平台是互联网，网络学习的教学工具是计算机，网络学习有年级的差别，但没有学生人数的限制和学生学习进度的强制。网络学习的优势是：网络通过多媒体技术，以声、像、图、文等形式将最优秀的教学资源呈现在你的面前，为你及时授业、解惑，而你可以随时地向他们求教。由于网络学习的文本是信息的，所以它的学习内容是一个硕大无朋的、非线性的"超文本"；因为网络学习的同学、从事网络教学的老师很多，所以你可以随时和他们一起探讨学习问题、切磋学习经验；又由于网络学习的层次很多、门类很多，所以你很容易找到自己的"兴趣点"并深入地钻研它。由于很多为中小学生学习服务的网络学习是以学习周为环节设计学习内容的——周前，网络学习的老师会指导你预习，周后，网络学习的老师会组织你检测。周前的预习有利于你带着问题上课，做到有准备地学习，周后的检测有利于你及时"查漏补缺"、复习巩固、强化记忆，所以网络学习可以使你的学习是有总结、有反思的学习。因为网络学习没有进度的限制，所以你可以自由决定学习进度，如你在初中毕业后的暑假，就可以通过网络学习自学完高一的全部课程……但网络学习也有不足。网络学习的不足在于：网络学习本质上是"人机对话"的学习，计算机屏幕上出现的老师、同学、教学是虚拟的，你和他们虽然有信息的交换，但彼此间很难有思想的沟通和情感的交流，是故你很难受到他们的人文精神陶冶，你也很难与他们建立起良好的人际关系；同时，由于竞争的原因，网络学习的资源还不一定是最高端的学习的资源……诸如此类。

可见，学校的课堂学习和网络学习各有长短。但如果能将二者结合起来，让它们相互取长补短，就可以化腐朽为神奇——以一当十地提高你的学习效率了。比如你的无效学习时间就有可能转化为有效学习时间，你因为有网络学习提前做你的学习指导，你的课堂学习的难度就有可能减低；此外，你还可以天马行空，自由自在地、个性化地展开属于你自己的、独立自主的学习过程，你的学习就可以摆脱单一的、认知的学习状态，进入高端的、"超文本"的、信息的学习状态。事实上，至少从目前的情况看，与单一地依靠学校的课堂学习的学生相比较，大多数能自觉地把网络学习和学校的课堂学习结合起来学习的学生，其学业成绩，确实要优秀些。

值得补充的是，网络学习需要自觉，如果不自觉，反而会被网络所误导。

探索和实践

●尝试在网络上学习外语。将学习结果与学校学习相比较。

26.6 向传媒学习

传媒，大众传播媒介的简称，它包括广播、电视、报纸、杂志等新闻传播媒体。

传媒的任务是传播信息，其特点是新且快。随着传媒技术的进步，世界上每一个角落里发生的事情，瞬间可传遍整个地球。

传媒表现了全球的思想、理念、文化的融合，同时也加速了这一融合。

传媒总是通过图、文的形式传播信息的。与网络相比较，传媒相对严肃多了。

向传媒学什么呢？

学政治。学习党的路线、方针、政策，关心国家大事。学校里的政治课理论性强，在传媒中学政治，更生动活泼、更能联系实际。

学语文。听广播，看电视，可以学习说话；读报纸杂志，可以学习写文章。

培养政治敏锐性和信息敏感性，提高政治辨别力和信息处理能力。通过传媒学习，你的政治素养得到提高，你的政治敏感性亦随之增强了，传媒学习过程中，你会遇到多种信息，通过信息的筛选、过滤、分析、综合，你的信息处理能力亦有所增强。

在历年的高考中，大量的命题素材都取自大众传媒传播内容，如果你对国家大事、科技进步一无所知，你有可能会连高考题目的题意也读不明白。

但是，传媒毕竟是商业化的产物，少数不负责任的传媒纯粹是精神物质化、精神生理化、精神娱乐化的典型。传媒既是商业化的产物，它就不得不迎合大众的"口味"，其典型表现就是嬉笑怒骂、娱乐消遣及宣传并倡导时尚、迎合世俗。对于嬉笑怒骂、娱乐消遣，我们听之任之，不介入也不为所动；对于时尚世俗，我们知道一点就行了，没有必要参与其中深究并凑热闹。如果我们头脑简单，成了追星一族或世俗一族或粉丝一族且乐此不疲，我们就犯了一个极大的错误。

每天，你至少要抽出 5 ~ 20 分钟来，把当天的中央和地方党组织的机关报浏览一遍。每天，你至少要抽出 20 ~ 30 分钟来，把中央电视台的《新闻联播》看完。你还要订一份杂志，每期的内容都要通读一遍。你每星期至少要去一趟阅览室，阅读你感兴趣的报刊与杂志。总之，你对传媒要保持高度的现实亲和性，绝不做一个闭目塞听、不问国计民生的人。

不过话又说回来，传媒总是由传媒人来把握的，且有些传媒人总是把获得最大的经济利益放在第一位的（他们与奸商、地痞、恶棍没有区别，在他们眼里，几乎没有真理和道义），所以我们利用传媒学习时，要有是非判断力，我们不要被某些奸商、地痞、恶棍般的传媒人的不恰当的主张所蛊惑。

探索和实践

●十分钟读完一份报纸，把各版的头条找出来，把需要精读的文章找出来。

第十编　恪守师生礼仪、讲究师道尊严

第二十七章　恪守师生礼仪、讲究师道尊严

27.1 尊敬我们的老师并热爱他

在古代，不管是哪一级学校的学生入学，首先要向夫子老先生鞠躬致敬。我想，这也许是古代中国人最虔诚的礼仪，是中华文明得以世代传承的原因吧。学生们的这一躬反映了文明社会必须具备的基础的伦理观念——作为学生，不但要尊敬自己的老师，而且要热爱自己的老师。

老师是值得我们尊敬并必须获得我们尊敬的，值得我们热爱并必须获得我们热爱的。因为老师的职业是奉献生命的职业。老师就像高尔基笔下的丹柯——他的那一颗熊熊燃烧的心发出的火光，照亮了我们前进的道路。如果没有老师的教导，我们或许终生都会在黑暗里摸索。尊敬老师，热爱老师，只是我们对老师生命付出的少量回报。中国有句古话，叫作"生身父母小，养身父母大"，生身父母让我们获得生物学意义的生命，而老师则让我们获得社会学意义的生命。因为老师让我们获得社会学意义的生命，所以老师的教育之恩，重于泰山。但老师又不同于父母，父母与我们的关系是血缘关系，这是"扯不断"的骨肉之情；老师与我们的关系是社会关系，师生关系一旦断裂，学生便不再是老师的学生，老师便不再是学生的老师了；学生一旦失去老师指导，他的终身发展便有限了。

许多同学不懂得这一层道理。他们认为教育是公益事业，老师领了工资，理应上课教育我们。这话听起来似乎是天经地义，但实际上却是这样的：老师的教学是弹性的，其教学目标和教学内容，可以停留在初级阶段，也可以深入到高级阶段——老师可以在规定时间内，实现他的初级教学目标，老师还可以在规定时间之外，实现他的高级教学目标，即把他的教学目标和教学内容尽力向外伸展开来，甚至把他的终生所学，倾囊相授予我们。而老师是否会这样奉献，与我们是否尊敬并热爱他有关。我们不妨试着做个比较——我们的哪一门功课最好？毫无疑问，我们最尊敬、最喜欢的老师上的这门功课最好；我们的哪一门功课最差？我们最不尊敬、最不喜欢的老师上的这门功课最差。

尊敬我们的老师并热爱他，努力使我们与老师之间的人际关系由"相识"、

到"相认"、到"相知"、到"相熟"、到"相悦"再到"相同"依序过渡，努力使我们与老师之间的人际关系不但具有人与人之间的人际关系学性质，更有师生之间的伦理关系学性质——我们的老师除了做我们的先生外，还在做我们的父兄——我们若能受到这么多的老师和这么多的父兄的关爱、帮助和教导，我们的学习怎么会不快速地进步呢？

人不但要有知识，而且要有见识；人不但要有知识和有见识，而且要有思想和胆识；人不但要有思想和胆识，而且要有能力和素养；人不但要有能力和素养，而且要有血性、有远见卓识、有崇高精神和雄才大略。这些知识、见识、胆识、思想、能力、素养，远见卓识、崇高精神、雄才大略从哪儿来？举凡夫子、孟子、韩非子、孙膑、诸葛亮、孙悟空，钱学森、郭永怀、邓稼先、袁隆平、梁稳根、王忠诚，他们的知识、见识、胆识、思想、能力、素养，血性、远见卓识、雄才大略从哪儿来呢？答案只有一个——都从老师那儿来。

尊敬并热爱自己的老师、感恩于自己的老师、铭记住老师的恩情，终生也不忘却，是我们应具备的"学德"，这也是我们应有的良知。

请记住我的忠告：尊敬我们的老师吧，像尊敬父兄一样尊敬他；热爱我们的老师吧，像热爱父兄一样热爱他。我们若是能完全做到这些，我们就有可能遇到许多位恩师，这些恩师就有可能把他的终生所学倾囊相授与我们，我们就会因此成为世界上最幸运的人。

探索和实践

●反思你和老师之间的关系——是一般的人际关系还是有如父兄一般的伦理关系？

27.2 学校学习是师生双边活动

学校学习是双边活动，一边是老师，一边是自己。

自己是学习的主体，学与不学，学多学少，都由自己决定。因此，你切记要消除依赖思想，不要把提高自己学业成绩的希望过多的寄托在客观条件的改善上。

老师是学习的主导。学什么、学多少、学多快、学多深、学多广全由老师决定。因此，你切记要在老师的指导下学习，千万不要脱离老师的指导而过多地自行其是。

有许多同学，特别是学习成绩较好、学习能力较强的同学往往另搞一套。他们不是抱怨某老师的教学水平不高，就是抱怨某老师的教学的"速度"太慢，"难度"太小。这些抱怨中当然有些合理的成分，但在指导思想上却是错误的。不管这些同学的学习水平有多高——即使水平再高，暂时也不可能高过老师，即使水平高过老师，也不宜自行其是；对老师颐指气使、指手画脚、不可一世，更是不齿于人的缺乏家教的行为。

掌握了学习是双边活动的道理，我们就有可能更诚心地按照老师的指导并更积极、更主动地在老师的指导下学习，进而使我们的学能更好地促进老师的教，使老师的教，能更好地促进我们的学。

探索和实践

●你在学习上是否经常抱怨老师，表现出懈怠、自以为是甚至是自行其是呢？

27.3 不放过老师给出的任何信息

上课时，老师是课堂信息的发布者。老师信息发布，往往通过以下形式：

语言。包括口头语和书面语。口头讲授是老师首选的信息发布方式。老师还会用书面语——如把他的教学要点板书在黑板上，甚至用彩色粉笔把重要的细节从板书中选择出来。有的老师还会一边板书、一边用口头语补充并强调自己的观点。如做出"同学们，这是至关重要的！"提醒等。

非语言。如老师会用加强言语，使用手势、表情或变化语言的节奏，如采取或重复、或疾缓、或抑扬顿挫等形式强调语言信息的要点；老师还会用配合语言，如点头、转移视线、变换声调、变动眉毛，用身势动态语，如手势、姿势目光等传达他的信息；老师还可能用情景语，如用不同的体态、不同的空间距离、正面相视和背面离去等方式来发布信息。

老师语言的和非语言的信息表示，都是非常重要的，你切切不可放过！因为对教学目标和教学内容的把握，任何一位有经验的老师无疑都是娴熟的。以高考为例，可以说，任何一道高考题，老师都曾指导你解答过并叮嘱你做好准备。可惜的是，每当老师或用粉笔敲打着黑板，或用有色粉笔把重点中的细节框整起来，或用突然的停顿、冷峻的凝视，甚至亲切的微笑等告知大家"这就是解决问题的关键！"时，我们中的部分同学往往持不以为然的态度。这些同学在高考后往往后悔不及——对类似的问题，老师不是讲解过、强调过吗？我当时为什么没有领会到老师的信息细节提示呢？而部分同学则得益于不放过老师给出的每一丝信息——考试，尤其是高考，总是青睐这些同学，青睐这些不放过老师给出的任何信息的老实坨子们。

探索和实践

●探究老师课堂信息细节的表达方式，掌握它们。你有把握课堂信息细节的敏感性吗？反思一下看。

27.4 尽力获得老师的关注

如果我们期望学习得更好、更快且更有后劲，我们就得设法得到老师的更多的指导。我们要得到老师的更多指导，就应该尽可能多地获得老师的更多的关注。

关注，指的是一个人有目的地、全神贯注地注意注意对象的心理状态。注意对象可以是物、可以是事、可以是人，也可以是其他。

一个人要获得另一个人的关注，其必要条件是：二者之间必须有某种因素紧密联系。什么因素才可以使我们和老师之间紧密地联系起来、使我们获得老师更多的关注呢？

老师的职业特点，决定了老师的需要，大都处在自我实现和自我超越的高成就需要层次上，即老师们几乎都期望在教学活动中能最大限度地展现自身的教学潜能，实现自身的职业理想和职业抱负，激发起自己的职业自豪感和职业荣誉感。因此，凡是能满足老师的高成就需要、凡能激发起老师的职业自豪感和职业荣誉感的人、物或事，都能引起老师的关注。所以我们获得老师的更多的关注的首选方法，就是努力学习，尽力实现老师预定的教育教学目标，让老师为我们的努力和成就而自豪——因为我们愈让老师实现他预定的教育教学目标，我们就愈能让老师为我们的努力而自豪，我们自然就愈能获得老师更多的关注。

提醒大家注意的是，关注是相互的。我们愈是希图老师关注我们，我们愈是应该首先关注老师。决不能够只希望老师关注我们自己，而我们自己却不关注老师。同时，我们对老师的任何关注，都要有及时的关注回馈。事实上，我们都曾受到过老师的关注，只是因为我们没有给老师以适当的关注反馈，致使老师给我们的关注就越来越淡薄、最终中断了。

老师给我们的关注和我们给老师的关注反馈，就像红丝带一样把老师与我们连结起来。在我们的学习生涯中，我们哪怕是仅找到一条这样的红丝带，找到一位能精心关注自己的老师，就应该倍感幸运了。

探索和实践

●你是否有感情最亲近的老师？你对老师的关注有回馈吗？如何才能引起老师的最大关注？你体察过吗？

27.5 恪守师生礼仪、讲究师道尊严

从人格和法律关系的角度看，先生和学生彼此是平等的；但从人际关系学

和伦理学的角度看，先生则处在长者、贤者、尊者、能者的位置上。正是因为先生处在长者、贤者、尊者、能者的位置上，所以学生对先生应怀敬爱、敬畏、敬重之心，施以尊长、尊尊、尊贤之礼。也就是说，学生必须"恪守师生礼仪、讲究师道尊严"。

现代学习认为，"恪守师生礼仪、讲究师道尊严"的命题既是理论的，又是实践的，本身就是一种优质的教育资源。因为通过"恪守师生礼仪"的实践，师生能同时认识到各自的人际或伦理角色、同时认识到各自肩负的社会责任；同时，只有通过"讲究师道尊严"的实践，学校的教育、学校教师的教学才能保证教育教学的权威性、教育性、组织性和有序性；总之是只有通过"恪守师生礼仪、讲究师道尊严"的具体化，学校的教育教学才有教育力，学校才能培养并形成优良的学风和校风。提醒大家注意的是：在 20 世纪五六十年代，各级各类学校的学风和校风空前淳朴，与当时的学校极为注重教育学生"恪守师生礼仪、讲究师道尊严"不无关系——在 20 世纪五六十年代，鲜有无视师生礼仪、漠视先生权威、藐视师道尊严的无法无天者和自由放任者。20 世纪 60 年代后，尤其是"文革"之后，像鞠躬问好等师生间的礼仪竟奇迹般地消失了，学生遇见老师只是在远处打一个招呼或点点头"OK"一声，甚至"OK"一声都不要了，部分学校的学风和校风也远不如 20 世纪 60 年代了。究其原因，不能不说是各级各类学校荒于实践"恪守师生礼仪"、耻于实践"讲究师道尊严"、漠视二者的权威性、教育性、组织性和有序性种下的苦果。

"天地君亲师"，曾是中华民族尊崇与敬畏的对象。在中华民族的认识里，"天地君"并不是唯一代表天地和君王，而主要是代表国家。随着人们对"天地君亲师"及其相关的一系列伦理观念的误解和淡薄，"师生礼仪、师道尊严"曾长期遭受非议和批判。但辩证地说，无论从政治的、教育的、伦理的、社会的、民俗的角度看，还是从国家的、民族的、历史的、比较的角度看，"师生礼仪"与"师道尊严"即使是少量地有些唯心的意识，但其反映的对国家、对真理的敬畏之心和对国家、对真理的感恩之心不容置辩，对先生有精神教育力、有人格教育力、有人格感染力和人格穿透力不容置辩，对先生的权威充满敬畏和感恩之心才能使我们的学习活动变得紧张有序的现实不容置辩。在我们这个有着数千年文明史的国家里，少数人不以学生无视师生礼仪、抹黑师道尊严为耻，反以学生无视师生礼仪、漠视师道尊严，变相地成为一群"学痞""学霸"或"学棍"或"学习懒汉"为荣，岂非咄咄怪事？

恪守师生间的礼仪、认可先生的权威、讲究师道尊严，对国家、学校、先生的教育满怀感激之情……及至有礼貌地对先生鞠躬致敬，甚至像军人对首长有礼貌一样对先生有礼貌，像军人对首长服从一样对先生服从，显然是一件有益于师生间建立起良好的人际关系、提高自觉纪律性和组织意识、增强品行修养、放大教育资源、提高学校教育力、提高学生学习力的好事情。

在学校里，最有价值的教育资源莫过于校风和校纪了。"恪守师生礼仪、讲究师道尊严"，就是校风和校纪的重要组成部分。实践证明，哪一所学校倡导"恪守师生礼仪、讲究师道尊严"，哪一所学校就会有良好的校风和校纪，哪一所学校就能全面落实党的教育方针，哪一所学校就会有较高的教育力，哪一所学校就有较高的教学质量。

"恪守师生礼仪、讲究师道尊严"，应成为校园里的一道美丽的风景。

不过，老师也要像个老师的样子。师德涂地、人品低下、白天炒股票，晚上打麻将的老师，徒有虚名，其实是一个混混——对这样的老师，我们心中有数就行，没有必要羞辱他。

探索和实践

●俗话说"礼多人不怪"，其中有些什么哲理？以师生间礼仪交往说明之。

27.6 珍惜老师的激励

激励是老师常用的教育措施。所谓激励，指的是通过正向的或负向的某种心理刺激，以激发动机、情感或更高层次需要的过程。

老师的激励有正向的激励和负向的激励。老师的正向的激励如肯定、赞许、表扬、奖励等。正向的激励旨在满足你对自尊心、成就感和荣誉感的渴望，激发你产生更强的学习动机、更高的学习积极性和更高成就的学习需要，同时也在群体中，将你作为榜样示范。老师的负向的激励如否定、愠怒、批评、惩罚等。负向的激励旨在通过负向的评价，暂时不满足你对自尊心、成就感、荣誉感、崇高精神的渴望，从负向达到激发你产生更强的学习动机、更高的学习积极性和更高成就的学习需要，同时在群体中，给出一个负向的样板。由于人的心理对正向的激励更容易接受，所以老师在激励你时，会较多地采用表扬、肯定等正向激励方式，而较少采用批评、惩罚等负向的激励方式。

对老师的任何激励，你都应该持客观的态度。对老师的正向的激励，你千万莫被它冲昏了头脑，而应该谦虚谨慎，反思自己的不足；对老师的负向激励，你千万别垂头丧气，而应该积极地振作起来。通常情况下，你对老师的负向激励，有些讳疾忌医，这很不好。你应明确，老师之所以从负向激励你，是因为他关注你、重视你；他若是不关注你，他是不会从负向激励你的。

对老师的每一次激励，你都要认真地做好反思并立刻在行动上做出反应。

老师的激励是一种无比美好的回忆，即使是受过罚责等负向的激励，也是一种无比美好的回忆。不少大师讲起在小时候挨过老师用戒尺打手心的事，无不一笑置之且幸福之情溢于言表，没有一个大师对老师的打手心的责罚耿耿于怀。

探索和实践

●老师为什么批评你？你如何对待老师批评呢？

27.7 尊重老师的劳动

"尊重老师的劳动"包括三个要点：一是尊敬老师的职业；二是珍惜老师的劳动成果并重视老师的劳动过程；三是努力让老师的教学获得成功。

老师是肩负着国家的重托来教育我们的——为生产力的发展培养高素质的劳动者，是国家的重托，也是老师的职业责任所在，更是老师的社会价值和伦理权威所在，我们尊敬老师的职业，就是尊重老师的劳动。备课、上课、批改作业、课外辅导是老师的劳动内容，也是老师的劳动过程，所以服从老师的教育权威、遵从老师的教学指导、完成老师规定的教学任务，是重视老师的劳动内容和劳动过程的表现，也是尊重老师劳动的方式。老师是知识分子，让学生成人成才，是老师的教育理想且是老师最高的劳动需要，所以始终抱着极端认真、极端负责的态度学习，努力实现老师预定的教育理想，即让自己既成人又成才，更是我们尊重老师劳动的表现且是最佳的尊重老师劳动的表现。

尊重总是相互的。我们愈是尊重老师的劳动，老师会愈将是尊重我们的劳动；老师愈是尊重我们的劳动，我们愈将尊重老师的劳动，二者循环往复，结果是教学相长——老师的教学获得了成功，我们的学业取得了长进。我们可能对老师总是较多地关心那些操行表现和学业成绩都优秀的同学有意见，认为这是老师"偏心"。然而不知道我们是否从尊重老师劳动的角度思考过：操行表现和学业成绩愈是优秀的同学，往往是尊重老师劳动的同学；正是因为这些同学能尊重老师的劳动，所以老师就更尊重他们的劳动，表现在老师给他们的关注多了、给他们的指导多了；有的同学在尊重老师的劳动方面做得差一些，老师给他们的关心、指导自然就少一些了。

"主敬"，是中国传统文化中的一个重要命题。"主敬"的大意是说：我们对待任何客观事物——不管是鸟兽虫鱼、山川草木，还是人（更不要说是对待老师）——都要真诚地尊重它（他）们的存在并真诚地尊重它（他）们存在的权利，且一刻也不能有半点的消极怠慢。事实上，我们所有的生存环境、我们所有的聪明才智乃至我们所有的功业成就，确实都是在真诚地尊重对方的存在并真诚地尊重对方存在的权利中获得的。任何对物、对人、对事、对学问的轻视——非"主敬"，都是自己预先埋下的、注定会导致自己的人生、事业失败的地雷；任何不尊重老师劳动的言行，都必将是我们预先埋下的、注定会导致我们学习失败的地雷。

尊重老师的劳动(包括尊重所有人的劳动),是我们必备的学习(人生)良知,故是一种德行。

探索和实践

●为什么尊重老师的劳动是一种学习德行呢?

27.8 向老师求教的艺术

要学习就会有疑难,有疑难就要向老师求教,向老师求教要注意求教的艺术。

——要向老师求教虽经过深思熟虑但仍不能解决的疑难。向老师求教,是一个人际交往过程中的人际沟通的问题。你和老师之间实现良好的人际沟通的首要条件,是彼此间的人际情感能相互悦纳。当你向老师求教的问题,是一个逻辑严谨的、有普遍意义的、已经经过你深入思考但你仍不能解决它的疑难问题时,老师在情感上便可能肯定你,赞誉你,认为你的这个问题提得好,从而接受你的提问;而当你不假思索地提出一个幼稚的、肤浅的、连你自己都没有探讨过的问题时,老师会因你行为懒惰或思维不周而从情感上拒绝你,即使老师的喜怒不行于色,但在心理上却产生了不予接受你的动机。

——要向老师求教内容准确、表述清晰的疑难,而不是内容、表述含糊不清的疑难。老师面对的是全班数十名学生,他必须注意轻重缓急、合理分配时间,使方方面面的学生均能被照顾到。如果疑难表达不准确,老师听你说半天也抓不着要领,就只好含糊其辞地囫囵作答。因此,向老师的求教时,要"一句话准确、清晰地问到位",切不可像村口老大爷闲聊一样,说了半天也不着要领。

——要选择合适的时刻向老师求教疑难。当老师教学情绪高涨、思维清晰、总是期望你提出疑难时求教于他,他最高兴,指导也最翔实具体;如果你不择时机地向老师求教,如在老师休息的时刻求教或在老师工作特别忙的时候求教,效果往往不好。

——要有礼貌地向老师求教。因为老师是长辈、是先生,你是晚辈、是学生,所以你必须恪守师生、长幼之礼。当你朝老师施以学生之礼时,老师自然会以履行先生之责以回应。有的同学不懂得这个道理,以为老师就是老师,他有责任依法施教,所以全然不顾及师生礼节。这些同学不知道,同样是依法施教,但施教的水平却有天壤之别。只有当你用激励的方法,让老师把他自己的教学积极性调动起来时,你才能得到他的最深刻、最透彻的教导——老师对他的学生表现的任何一种漠视他的劳动、无视他的人格尊严的、不礼貌的行为,都是自责的、自疚的、否定的和深恶痛绝的。既然老师对学生的无知无礼持否定的态度,他怎么会把他的聪明才智倾囊相授于他的这个漠视他的劳动、无视他的人格尊严的学生呢?

探索和实践

●有礼貌地向老师请教，要注意哪些事项？尝试着有礼貌地向老师请教。

27.9 永不嘲笑老师的教学失误

老师不是圣人。上课时，他可能会犯各种错误。

对老师的错误，我们应持宽容的态度。我们应注意：无论在何种情况下，都不要嘲笑老师的错误。

老师对教学失误，总是十分愧疚的。老师的这种愧疚常表现在老师坦诚的教学失误致歉之中。我们应对此表示理解。如果我们恶作剧地一哄而起，嘲笑老师，常会使老师因自尊心受到损伤而下不了台。

人的心理活动总是相互联系的。在课堂上受过学生哄笑的老师对哄笑过他的学生极有可能持谨慎、拒绝的或回避的态度。老师在教学过程中过度的谨慎或持拒绝的或持回避的态度，会影响老师的教学创造性与教学智慧的发挥，归根结底会损害我们的学习。

正确的态度是：当老师犯有教学错误时，我们可以委婉地指出（不指出是不行的）。当老师发现自己的错误并向大家致歉时，我们应回报以热烈的掌声。任何一位理智的老师都会以实际行动珍惜大家这一阵真诚的掌声，我们与老师的人际关系将会由此掌声变得更加密切的。

探索和实践

●嘲弄老师有什么不妥？你有过嘲弄老师的经历吗？

27.10 牢记老师的示范

任何学习过程，都是思维的过程。而任何思维过程，都是要经过具体化的。什么是离散型数学模型？该模型是如何建立并是如何解决具体问题的呢？老师在理论上阐述明白后，会举出若干个实例来告诉你具体如何做。在教学过程中，教师的这种举出若干个实例来告诉你具体如何做的教学方式，称具体化教学方式，又称作教学示范。

你要睁大眼睛，活跃全部细胞，观察、识记、反思老师这一具体示范。

理论上能解决问题和实践上能解决问题并不是一回事。理论上能解决问题的人，不一定在实践上能解决问题；而在实践上能解决问题的人，不一定能理论上能解决问题；只有在理论上和实践上都能解决问题的人，才称得上是真正能解决问题的人。因此，对教师的示范，你要从理论和实践两方面加以掌握和理解。

对老师的示范，你既要理解并掌握理论是如何联系实际的，又要理解并掌握实际是如何回归理论且是如何具体地动手实践的。对老师的具体示范，你唯有通过理论和实践"两边夹"的双向理解，才可能真正地在理论上理解它并在实践上掌握它。

注意到老师给出的具体示范不但会写在黑板上、展示在讲解中，而且会具体动手做给大家看。你对老师的"写""讲"，对老师的"做"，要十二分的留心。尤其对那些经典的示范——思想方法的示范、法则步骤的示范、技能技巧的示范、思维方式的示范、表达方式的示范、动手操作的示范——你一定要在一边具体思考、一边具体动手、一边具体动口的模仿过程中，在已有的经验的支持下，将它们整合到自己的知识经验技能模块中，深刻在自己的记忆里并用笔记下来。

必须反复强调的是：第一，我们要牢牢地记住：任何学习都是从对示范的具体模仿中开始的，老师的具体示范就是我们模仿学习的样板；第二，世界是运动的，面对运动着的世界，我们必须有新的思想方法与日新月异的世界相对应。这就是说，我们决不可将老师的示范视为我们解决所有新问题的万宝灵丹。否则，老师的示范不但不能激发我们的创造性，反而会成为束缚我们思想的定势。

探索和实践

●你如何记住老师的示范？是通过多次重复识记、模仿识记，还是通过动手识记呢？

第十一编　培养学习品质

第二十八章　从满足现实的需要做起

28.1 从满足现实的需要做起

"我需要成为一个植物药物学家、我需要获得植物药物学博士学位……我需要观察洋葱细胞分裂实验，我需要做好洋葱的切片、染色及显微镜的调试工作……"你的需要是如此之多，你就像一滴水，掉在"需要"的"大海"里了。你该怎么办呢？

我的回答是：暂时撇开那些尚不可企及的、未来的"高成就"需要（这些需要不是不需要），埋头从满足现实的、做好观察洋葱细胞分裂实验和做好眼前的洋葱切片的需要做起。

在生物学实验室里，从满足做好观察眼前的洋葱切片的实验需要做起，远比期望在未来成为植物药物学家的需要能得到满足重要得多、具体得多。因为成为一名植物药物学家毕竟是一项遥远的需要，至少暂时是一项抽象的需要，而解决洋葱切片实验中的问题，满足目前的问题解决的需要，却是一件实际的、迫在眉睫的具体事。你只有每天把面临着的、具体的、实际的事做好了，使眼前的现实需要得到满足，才有可能谈得上未来的获得植物药物学博士学位的高成就需要有可能得到满足。这好比你要满足坐火车去北京的需要，必须首先满足去车站购买一张去北京的火车票的需要一样。

有许多同学不懂得这一道理。他们期望中的需要太高且多如牛毛，但又不愿从满足现实的、琐碎而平凡的需要做起，结果是他们常因需要太多太高且不能实现而不得不陷入焦虑和浮躁，有的甚至因此严重影响了心理健康……这是名副其实的"需要愚蠢"。如果你既有期望在未来得到满足的"高成就"需要，又能从满足现实的学习需要做起，并在具体的、现实的学习需要得到满足中寻求到了学习的愉悦，你就不会犯"需要愚蠢"的错误。

面向实际，脚踏实地，真实地从满足现实的需要做起，远离"需要愚蠢"，远离所有因"需要愚蠢"带来的焦虑和浮躁，不沉溺于任何不切实际的需要幻想之中，是一件值得高度正视的事。

探索和实践

●从满足现实的需要做起与确立"高成就"需要相矛盾吗？学习的浮躁、焦虑的心理学原因是什么？

28.2 恪守真实

周成王有一位大臣，人称召伯。召伯人格真实。召伯巡行到召地时，为不惊扰百姓，就在甘棠树下搭个草棚，自己就在边幅也不加修整的草棚里办公、过夜。召伯死后，百姓们对他很是怀念——甚至对甘棠树也恭敬有加（见《诗经·甘棠》）。

夫子说："我看见甘棠树就像看见宗庙一样肃然起敬。"

甘棠树有如召伯，召伯有如真实，夫子是因为看见真实就像看见宗庙一样肃然起敬的。

"真实"，又称"诚"或"信"，或称"诚信"。"真实"是一种崇高精神。我们无论是做人、做事、做学问，都要恪守"信"，即恪守并弘扬"真实"这一崇高精神。

由于多种原因，我们固有的人格特征与在具体情景中表现的现实的人格特征可能相互一致，也可能相互不一致。当我们的固有的人格特征与在具体情景中表现的现实的人格特征不相互一致时，我们现实的人格表现就是虚伪的双重人格表现。这种虚伪的双重人格表现俗称为"不老实"。

对周围的事物，我们都会持一定的态度。在具体情景中，我们对具体事物的具体态度可能与自己真实的态度相互一致，也可能相互不一致。当我们的现实的态度和自己真实的态度不相互一致时，我们这时的态度表现就是虚假的态度表现，这种虚假的态度表现俗称为"不诚实"。

我们总是生活在一定的社会关系中，我们不管是做人、做事、做学问，既要享受一定的权利，又要遵守一定的规则，既要承担一定的义务，又要履行一定的责任。当我们只顾享受权利，但无视社会规则并逃避相关义务和责任时，我们被称为"不忠实"。

上述这些"不老实""不诚实""不忠实"，使我们做假人、讲假话、做假事。我们一旦做假人、讲假话、做假事，轻则得不到友谊、觉得心理压抑、不快乐、不自由、活的"累"，重则会使我们失去良知、失去公德，甚至违法犯罪。此两者都会影响我们个人的公众评价和公众形象，都会让我们背上沉重的心理包袱，进而影响到我们的学习。

夫子说"人而无信，不知其可也"。"信"——真实、诚实、忠实，是人的真本事，是人的优秀品质（包括学习品质）和美好情感的发生之源，也是"立德""立功""立言"即"学会做人、学会做事、学会做学问"的心理学基础，更是人身心快乐、自尊自律、自胜自强，获得社会信赖和社会声誉的"核武器"。

可惜的是，为了昙花一现的虚荣和转瞬即逝的实利，我们中的许多人昏然窒息了真实、浑然选择了虚假、悍然选择了欺骗、懵然忘却了"恪守真实"这一"核武器"，及至茫然放弃了"以天下之至真至实胜天下之至虚至伪"的处世原则，所以我们中的许多人无论是做人、做事，还是做学问都失败了。

恪守真实——像召伯一样，老实做人、忠实做事、诚实地做老实的学问，是一件很重要的事。

中国传统文化的糟粕之一，就是"求假"。比如易经、老庄等许多"经典"，就有许多求假的内容；又如"厚黑学""菜根谭"及多如牛毛的"警世恒言"，还有许多"专家"的"讲坛"，满篇都是教人如何拉关系、耍阴谋、放冷箭，满篇都是教人如何"难得糊涂"及如何在"求假"中"求财""求官"，谋取个人私利——但不少人对此竟津津乐道，把它们当作座右铭来学，甚至不以"求假"为耻、反以"求假"为荣——"求假"，是人学习品质和人的个性品质最大的诟病；"求假"，曾让我们的民族吃过大亏。

——曹操和刘备"煮酒论英雄"。曹操以至真至实的"飞龙在天"，论及当今英雄"唯使君与操尔"，刘备以至虚至伪的"闻雷失箸"、逢迎曹操说当今的英雄"非丞相莫属焉"。如果曹操说："天下英雄唯使君与操尔！"而刘备竟傻乎乎地回答说："丞相说得对啊，这天下英雄除了你、我，确实没有别人了。"——刘备即使头掉了，也不会知道头是如何掉了的。可见，"恪守真实"，是对自己人而言的，敌我之间，是难得有"恪守真实"一说的。如果不分青红皂白，敌我之间还"恪守真实"一番，就显得有一些书生气了。

探索和实践

●夫子的"君子"，在一定程度上指的是老实人吗？夫子的关于"信"的命题，说的是真实吗？试着说说你的见解。

28.3 学会自律

考试的时候，老师不在，我们是作弊呢还是不作弊呢——这里就涉及到一个自律的问题。所谓自律，指的是自己管理（约束、控制、规范）好自己。所谓学会自律，就是学会自己管理（约束、控制、规范）好自己。由于人的一切优秀品质都植根于人的严格的自律之上，所以对我们来说，学会自律，是一件非常重要的事。

自律，包括两方面的内容，一是精神自我的自律，二是物质自我的自律。

精神自我的自律指的是精神自律。它主要反映的，是我们在认知、情感、意志及需要、动机、兴趣、理想、信念、世界观等方面表现的选择性，它不但包括一系列心理上的自我要求、自我肯定、自我否定、自我暗示和一系列心理上的自警、自省和自责，而且包括对不自律所产生的严重后果有着清醒的认识。精神自律使我们通过自己检查自己、自己批判自己、自己约束自己等方式，达到自己教育好自己、自己管理（约束、控制、规范）好自己的目的。我们知道，没有精神自我的自律，人就会缺乏高层次的自我要求；人一旦缺乏高层次的自我要求，就会缺乏高层次的自我需要；人一旦缺乏高层次的自我需要，就会缺乏高层次的心理动机；人一旦缺乏高层次的心理动机，就不能最大限度地激发自己的潜能，就会流于平庸、懒散和极端个人主义；人一旦流于平庸、懒散和极端个人主义，就是行尸走肉，即使活着，也等于死了。

物质自我的自律指的是行为自律。它的主要内容是指行为上的自尊自重、自洁自爱、自胜自强，表现在我们的行为能主动地接受并遵守外部行为规范的约束。行为自律是在想念自律的基础上，通过个人的意志努力来完成的。我们知道，人的身心的生物学独立性，决定了人的行为的生物学、社会学自私性。人一旦意志薄弱，自律松弛，人的行为的生物学、社会学自私性就会恶性膨胀，人的物质自我就会放浪形骸、耽于享乐、随心所欲；人的物质自我一旦放浪形骸、耽于享乐、随心所欲，人就会变得贪婪低俗、道德沦丧、唯利是图、恬不知耻，其所作所为甚至变得禽兽不如——无规矩不成方圆，个人若没有自律，个人和社会就没有秩序；个人和社会若没有秩序，个人、社会、民族、国家都会一事无成。

高度的自律——在崇高精神支持下表现的、有正确的组织观念和坚强的意志、强烈的责任感支撑的自觉自制能力，称为自律力。

我们若要提高自律力水平，首先要在信念的感召下——坚持不懈、自强不息，奋发图强、锐意进取，让信念自我变得伟大而崇高——这是最根本的；第二，我们要在纪律自我的约束下，强化组织意识和责任意识——不但要求自己的行为严格遵守外部环境给定的组织纪律，而且要求自己的行为严格遵守自己给自己给定的自我纪律，使自己的精神自我和物质自我都变得严谨、规范，远离自由散漫；第三，我们要培养良好的意志品质，让积极的情感，尤其是自我美感鼓舞自己。总之，我们要坚守操守、重视慎独和责任，努力在自律的实践中学会自律。

在现代社会里，商业化像空气分子一样渗透进社会的各个环节和各个角落。我们的信念自我和物质自我只要稍有懈怠或稍有疏忽，即只要我们稍微失去哪怕是一点点自律，唯利是图的商业化就会从我们的身上狠狠地割下一块"肉"来。另外，我们还必须明确：人的所有的崇高精神和崇高品性，无一不建立在强大的和高尚的自律力之上；人的所有的实力，包括个人的学习实力、社会的科技实力，乃至民族与国家的经济、政治、军事实力的较量，本质上都是个人、民族、国民自律力水平的较量。我们务必要记住：对我们来说，自律力、学习力、实践力、创造力、坚韧力、竞争力和体质体力是我们首先必备的七种能力。但自律力又稳居七种能力之首。我们若期望自己善于现代学习并有实力，我们若期望我们的民族与国家善于现代学习并有实力，我们就要从学会并展现自律力、体验并培养自律力开始。

严格自律，是人的人格操守，是人的崇高精神。坦率地说，自律力欠缺，是我们最大的素质缺陷。

探索和实践

●举例说明什么是自律？如何自律？为什么"所有的实力，包括人的学习实力、社会的科技实力，乃至民族与国家的经济、政治、军事实力的较量，本质上都是个人、民族、国民自律水平的较量"呢？

28.4 学会自励

自励，即自我激励。自我激励一词有自己激发、自己鼓励自己的意思。若从行为心理学看，自我激励指通过自己激发、强化自己的行为动机，甚至包括激发、强化自己的情感和需要，以期产生更强劲、更持久的学习内驱力的心理过程。

每个人都蕴藏着极丰富的体力和智力的潜能。但能将自身的潜能开掘出来并发挥至极限的人有如凤毛麟角，大多数人的潜能都悄无声息地荒废或浪费了。为什么人不能将自身的潜能充分开掘出来并发挥至极限呢？是人本身缺乏这一需要吗？不是；是缺乏开掘并应用这一潜能的条件吗？也不是。人之所以眼巴巴地看着自己的潜能随风而逝，原因是因为他或缺乏自励的意识或没有掌握自励的方法或没有自励的决心或不能将自励付诸实践。

自励的意识、自励的方法、自励的决心、自励付诸实践的方式有：

有自励的自觉要求。认识到自己是有潜能的，潜能是可以开掘的，潜能的开掘靠的是自己的持续努力的并付诸实践。

有自励的敏感性。善于抓住时机、抓住榜样、抓住场合，在反思、总结的基础上，自己激励自己。

肯吃苦，有自加压力，争创一流的锐气。善于把压力、挫折、逆境、痛苦过程转化为自励。

养成自省、自警、自责、自我暗示的自我教育习惯，努力使自己的需要始终处在高层次上。

自我期望值高。永不甘于现状、永不甘于平庸、永不甘于落后。

不抱怨客观环境和客观条件，强调最大限度地发挥主观能动性。客观环境和客观条件是客观存在的，不管你是如何如何地怨天尤人，都不可能改变"黄河之水天上来"的事实。最最重要的乃是把握好自己，坚持"千里之行，始于脚下"，从现在做起，从小事做起，从自己做起。

最大自励是精神的自励，如责任的自励。历史上的勾践把卧薪尝胆作为自己复国报仇的自励，俄国少年苏斯洛夫睡在石头上，让皮肉的痛苦作为自己在将来实现海军上将理想的自励，祖狄把闻鸡起舞作为自己收复中原的自励，韩信把"钻胯"的侮辱作为自己在未来建功立业的自励……这些都是精神的即责任的自励。在学习过程中，我们随时随地可以找到精神的自励对象、自励方法和自励实践。

早上，你躺在床上，如果你不自励自己按时起床，你是永远也不可能按时起床的；课后，你在做作业，如果你不自励自己"不把有一丝错误的作业交给老师"，你是永远也不可能做到"不把有一丝错误的作业交给老师"的。所以自励的关键，在于你能把自励当作责任，既尊重实际，又尽量发挥自己的主观能动性且善于用情感鼓舞起自己自觉自励的热情。

又及，据说有一位大亨是这样教他的孙子的：这天，他的孙子正站在桌子上。大亨说："你跳下来吧，我在下面伸手接着你。"他的孙子果真跳下来，但大亨并没有伸手接他。孙子摔疼了，批评大亨说："您答应过伸手接我的，您怎么骗人呢？"大亨说："我其实是在告诉你，孩子，在这世界上，你什么人都不要相信或指望，你唯一可相信或可指望的，是你自己。"如果仅从心理学的层面、不从政治学或伦理学的层面看，大亨的做法和说法有一定的准确性。我们一个人的最可相信或最可指望的，不是别人，而是自己——是自己的崇高精神和在崇高精神支持下产生的自力更生与奋发图强。

探索和实践

●你经常自励吗？有时候的自励是一种暗示，你对此有体会吗？

28.5 学会自强

"人的一只脚不能同时踏进两条河流"。时间在流逝，你一天一天在发生变化——今天的你，不同于昨天的你；现在瞬间的你，不同于现在瞬间的你之前的你。但你的这种变化，应该尽可能地是积极主动的自己激励自己的变化，且是高速度与高质量的变化，你的这种通过自己激励自己产生的高速度与高质量的心理发展过程称为自强。自强又叫作自我超越。如何才可以实现自我超越呢？

首先必须明确，自我超越完全是自己的事，自己不决心自我超越，他人是无论如何也不能代替你自我超越的。这就像一颗种子，如果种子自己不发芽，他人是不可能代替它发芽的。

其次必须明确，自我超越完全是一件自找苦吃的事，如果缺乏吃苦受难的精神准备和吃苦受难的坚强意志，自我超越就是一句口号。

三是必须明确，自我超越的核心是坚持学习，专心致志地从事某项工作且视全力地做好它们为自己的天职，它不是简单的苦干加蛮干。

自我超越有以下要点：第一，不断赋予自己新的奋斗目标，努力实现精神自我的自我超越和物质自我的自我超越，每天都有一个全新的自我；第二，积极进取，努力实现知识超越、思维方式超越和能力素养水平和自律水平的超越；第三，意志坚定、作风顽强，朝气蓬勃、坚韧不拔，有科学精神和创新精神做支持；第四，不寄希望于他人，一切立足于自己。

当你来到人世间并开始学习的时候，无数的前人已遥遥领先地跑在你的前面了。你要有所成就，就必须大步流星地往前赶，不断地超越他们；而不断超越他们的前提，就是你要不断地自己超越自己，使昨天的"你"不同于今天的"你"，甚至使上一小时的"你"不同于现一小时的"你"。你如果能朝夕如斯，经过几年、十几年的努力，即使你是个"傻瓜蛋"，也会后来居上，把无数的同龄人，甚至把无数的前辈远远地抛在后面。

"天行健，君子以自强不息"，乃是天下第一古训。这句古训之所以天下第一，是因为这句话说出了一个流芳百世的道理："你看看日月星辰、宇宙万物吧，它们之所以朝气蓬勃，绵延古今，是因为她们都有一种不屈不挠、永不停息的自我超越精神！"我想，所有坚持现代学习、立志成才的人，所有立志报国的人，所有立志自强并决心以天下为己任的人，都要把这句话深刻在脑子里。

探索和实践

●自强的本质是不断地自我超越，你对此如何理解？

28.6 学会自信

社会生活已经证明：一个人不但要有知识，而且更要有胆识；一个人不但要有能力，而且更要有魄力；一个人不但要有干劲，而且更要有闯劲。举例说，你若是位太空飞行员，你的太空船在进入返回地球的轨道时突然出现了故障，为排除故障，你首先需要的心理素质是什么？你若是位医学家，你计划在自己的身上试验一种可以治愈艾滋病的新药，你首先需要的心理素质又是什么呢？是决心吗？是坚定吗？是沉着吗？是，且又不全然是。这时，你首先需要的心理素质，是包括胆识、魄力、闯劲、坚定、沉着等在内，但远比胆识、魄力、闯劲、坚定、沉着等更本质、更概括、更高级的心理素质是——自信。

所谓自信，指的是在正确的信念指导下，自觉地寻求责任，主动地将自己自觉寻求到的责任托付给自己，相信自己能克服困难并履行好责任的、情绪冷静且理智的、积极的自我意识评价状态。

自信的思想基础是信念。信念使你自觉地寻求责任并主动地承担责任；信念使你不但有知识，而且有见识；使你不但有知识和见识，而且有胆识。没有信念做自信的中流砥柱，自信就成了自欺。

自信的动力基础是自我期望。从心理学的角度看，自我期望其实就是一个人高层次的"自我实现"需要。对自我期望的合理性认识越深刻，实现它的可能性越大，你的"自我实现"需要越是强烈，你就越是自信；你越是自信，你的积极性就越高，你也就越能激发潜能。

自信的情感基础是自信心。自信心其实是坚信自己能够承担责任，相信自己能够履行好责任而产生的自豪感。由于自信心是一种情感，而情感既是生理的，又是心理的，所以自信心应该积极、冷静且理智。相反，如果你没有适度的自信心作为情感支持，你的自信就可能成了自大或自卑。

自信是一个人的自我意识支柱，它可以激发、放大个人的潜能。你不管在什么情况下，也不管遇到了什么样的危难（更不要说是困难）——即使你乘坐的飞机已失去控制，正从海拔一万米的高空向下坠落——你都不可以丧失自信！你只要不丧失自信，你心理的智慧和生理的潜能就会得到激发，你心理的智慧和生理的潜能一旦得到激发，什么样的人间奇迹都有可能在你身上发生。

我们中的每个人，其实都是物质和精神的统一体。因为我们是物质的，所以我们能感受到因身体的重荷导致的生理性痛苦；因为我们是精神的，所以我们能感受到因心理的重荷导致的心理性痛苦。为免受生理的或心理的痛苦，我们在做任何事情之前，都有一个本能的"评估"过程——自信自己能做好这件事，自信这件事能给我们带来成功或愉悦，我们就有可能决定做这件事并做好这件事；相反，如果我们不相信自己能做好这件事，或认为面临的这件事有可能给我们带来失败或痛苦，我们就有可能拒绝做这件事并回避做这件事。所以，我们无论做什么——无论是做大事还是做小事，最大的挑战是我们自己、最大的敌人是我们自己、最大的失败是我们自己不能战胜我们自己。而当我们坚持着正确的信念、坚守着理智的情感、坚持不懈地做出意志努力、坚韧不拔地提高自我期望值，以坚定不移地支持起自己的自信大山时，我们就首先在意识上稳稳地获得了自己战胜自己的初步胜利。

自信还是个人形象的重要组成部分。相传三国时候的曹操想知道自己在他人心目中的形象如何，就设计了一个试验——在接见外国使臣的时候，他让一个与自己相像的随从打扮成自己，并令他坐在高堂之上，自己则穿戴着随从的衣帽，按剑侍立一旁。礼仪完毕，曹操就差人问使臣曰："您以为高堂之上的曹丞相如何？"使臣答曰："高堂之上的曹丞相不错。但按着剑、侍立一侧的那个随从才是真正的英雄！"——为什么使臣仅凭着一面之交，就能做出曹操是一个英雄的判断呢？这是因为使臣观察到，在"随从"曹操的眉宇之间，透射出了一股非常人拥有的高度自信。就是这一股高度自信，使使臣仅瞥一眼曹操就做出曹操是一位"真正的英雄"的形象判断的。可见一个人越是自信，他给他人的个人形象知觉就越好。

在世界上，有见识、有能力、有干劲的人常有，但是既有见识、有能力、有干劲，又有胆识、有魄力、有闯劲的人却不常有。"舍得一生剐，敢把皇帝拉下马"——那些有见识、有能力、有干劲，又充满着自信的、有胆识的、有魄力的、有闯劲的人物，往往就是英雄人物。

睁大你的眼睛，紧闭你的双唇，集中你的注意，盯准你的目标，踏稳你的脚步，气宇轩昂、神采奕奕地做一个充满自信的人吧。

探索和实践

●在学习小组内召开一次辩论会。正方的论题是"生命可以丧失，自信不可以丧失"，反方的论题是"自信可以丧失，但生命不可以丧失"。

28.7 学会执着

许多亿年前，青藏高原深沉在古海洋的底部，为什么今天的它却雄踞于地球之巅，成为离太阳最近的世界的屋脊了呢？与苍茫的大地相比，飘荡在空气中的一粒种子是如此的孱弱和微不足道，它是如何历尽千辛万苦，寻找到一片土地，扎下根来，最终长成了一棵需要几十个人手拉着手才能抱住的参天大树了呢？没有纸，所有的文字都要写在竹简上，司马迁是如何收集资料，起草、修改、成文，殚精竭虑，创造性地完成了数十万言的《史记》了呢？答案也许有，且只有一个——执着。

执着，也作"执著"。"执"，紧紧地、虔恭且唯恐有所失地秉持着；"着"通"著"，写好了的文章。引申起来，执着这一词就是认准一件事，然后专心致志地、尽善尽美地、坚持不懈地做好它的意思。

"认准一件事"，是执着的认知特征。"认"指分析研究，"认准"指比较选择。"一件事"则是指在某段时间内，能满足我们的需要，甚至实现我们的人生理想的具体的"事"——"事"可大可小，大至终生的学习与职业目标，小至认知某个概念、掌握某项技能、解决某个问题。

"专心致志地做好这件事"，是执着的情感特征。"专心"，集中工作热情，"致志"，全身心地投入——没有任何客观或主观因素可以影响我们做好这件事。

"尽善尽美地做好这件事"，是执着的行为特征。"尽善尽美"，表现在我们不但在做这件事，而且在竭尽全力地、身体力行地在做好这件事，即我们不但在形式上把这件事做到止于至善，而且在内容上把这件事做到止于至善。

"坚持不懈地做好这件事"，则是执着的意志特征。表现在我们自觉克服困难，持之以恒地，有始有终地做好这件事，且决不让这件事半途而废。

总之，执着是由令人肃然起敬的倔强和由令人肃然起敬的自信为主体所组成的信念与态度系统。执着有如一股绳，它把我们的智慧、感情、意志，把我们的期望、理性、行为紧紧地拧在一起。

历数所有的成功者，在其成功的事项上，无一不是一个执着者；历数所有的失败者，在其失败的事项上，无一不是一个非执着者。这是因为有着执着信念与执着态度的人，他首先战胜的，乃是自己消极软弱、趋利避害等人性弱点，即他首先自己战胜了自己；而不具执着信念与执着态度的人，他首先就被自己的不执着的人性弱点所击倒。在一定程度上可以说，执着者胜，不执着者败；执着者强，不执着者弱；执着者存，不执着者亡——所以，我们要有所成就，就要学会执着——认准一件事，便坚信着它，坚守着它，坚持着它，坚毅且坚定不移地做好它。

遗憾的是，我们的学习最缺乏的，就是执着。我们经常朝三暮四，今天认准要做好的事，明天却忘记了它，却又"认准"着去做另一件事；我们今天下决心开始做某一件事，但过不了几天，又因困难太大而放弃了它；我们或因取得了一点像鸡毛般大小的成绩而沾沾自喜，或因获得了一点像蒜皮般大小的功利而夜郎自大；我们召开过无数次心灵的誓师大会且无数次试图让自己在今后脱颖而出，但我们都因诸多人性弱点的狙击而不得不无数次放弃了执着，或临阵退缩或有始无终；我们就像孟子笔下的"打井"人，这里"挖几尺"，没有见到水，又跑到那里"挖几尺"，还是没有见到水——我们终日"打井"忙碌，却始终因为缺乏执着，没有"打"出一口"冒水"的"井"来。

从心理学的角度看，执着反映了我们的态度。但从哲学角度看，执着却反映了我们是否具有的"尊重实际，与时俱进，自强不息"的崇高精神。我们要学会执着，实质上就是要学会并弘扬这种"尊重实际，与时俱进，自强不息"崇高精神。请记住我的忠告：《愚公移山》《夸父逐日》《精卫填海》的故事之所以流传不息，是因为故事中的愚公、夸父、精卫有着执着的崇高精神才得以让故事流传不息的。

"世上无难事，只怕有心人"——"有心人"就是秉持着执着的崇高精神并执着地执着着的人。

但我们的执着必须是合理的执着。因为执着若是过了头，就会转化为死板和执拗。死板势必保守，执拗势必固执；保守势必封闭，固执势必孤立。死板、执拗、保守、固执、封闭、孤立会使人陷入思维定势（认死理、钻牛角尖）而不善于通达权变。我们若是不善于通达权变，我们就不善于学习。

探索和实践

●如何理解执着是一种态度但又是一种崇高精神？

28.8 选择合理的学习错误归因方式

学习难免犯错误。犯了错误就要反思，反思就要分析原因。学习错误的原因分析称学习错误归因。

学习错误归因分为三步：①错误原因归因；②错误性质归因；③错误经验归因。

错误原因归因旨在分析学习错误是何种因素所至。通常的学习错误有四种归因：①归因于个人努力程度大小；②归因于个人能力大小；③归因于任务难度大小；④归因于机遇和情景好坏。我们一般应归因于①，即归因于个人努力不够这一主观因素上，而不能归因于②、③、④等客观因素上。

错误性质归因旨在分析学习错误是什么性质的学习错误。一般而言，不同的学习错误按性质分成以下四类：①概念认知与应用错误；②思想方法选择或应用错误；③学习心态错误；④经验不足、能力不强导致的错误。属于性质①的错误说明不知，属于性质②的错误说明不会，属于性质③的错误说明不慎，属于性质④的错误说明不能。

错误经验归因旨在通过学习错误的归因分析，从反方向反思总结学习经验。其中包括：①学习错误性质分析经验；②学习错误内容更正经验；③学习错误防止经验；④思想方法总结提高经验等。

学习错误归因，是一种效果很好的学习方法。抓住某一学习错误，把它当作反面教材，从不同的方向、不同的层次上深入地分析它，开掘它，你就有可能学到更多的东西。有的同学对学习错误归因讳疾忌医，总是持回避的态度，学习错误迟迟得不到根本解决，概念认知迟迟得不到及时深化，思想方法迟迟得不到改进，这是很不好的。俗话说："聪明人就是改错快的人，知错不改的人是蠢家伙"。说得对，但说得不太精准。精准的说法应该是："聪明人就是错误归因正确、错误归因快速、经验归因正确、改正错误快速的人，蠢家伙就是错误归因错误、错误归因缓慢、经验归因错误、改正错误缓慢的人。"

狐狸去摘葡萄，摘不到。狐狸就说：这葡萄一定是酸的。因为狐狸把错误归因到客观原因上，所以狐狸注定永远吃不到葡萄。如果狐狸实事求是，把摘不到葡萄的事实，归因到自己的个子太矮上，于是搬了把梯子来，它就摘到葡萄了。我们如果像狐狸这样，总是把错误归因到客观原因上，是永远改正不了错误的，学习是永远难得进步的。

探索和实践

●在学习过程中，有的错误为什么总是一错再错呢？试从学习错误归因分析之。

28.9 让学习抱负和学习上进心相互砥砺

学习抱负是你自觉确定并期望在未来能达到的、具体的学习理想。学习上进心则是在学习责任感支持下表现的必须使学习不断进步的情感。如果你的学习兴趣和学习价值观决定了你的学习方向，那么，你的学习抱负水平和学习上进心则决定了你的学习水平有可能达到的限度。

对学习者来说，在学习活动中，是否拥有学习抱负，是一件重要的事。这是因为学习者若拥有高水平的学习抱负且又实现了它，学习者就有可能产生学习的成就感；学习者若实现不了学习抱负，甚至在学习上打了败仗，学习者就有可能产生学习的挫折感。经验证明，学习成就感往往激励学习者产生更高的学习抱负水平，进而促使学习者更加努力地学习；学习者的学习的挫折感如果调节适度，也可以进一步磨炼学习者的学习意志，促使学习者认真吸取反面教训，进而从反方向激励学习者提高学习抱负水平，同样促使学习者更加努力地学习。

在学习成就感或在学习挫折感的激励下产生的、自觉提高学习抱负水平的情感，称为学习上进心。显而易见，学习抱负和学习上进心好比两条腿，学习抱负激励学习者产生更强的学习上进心，而学习上进心激励学习者有着更高的学习抱负水平，二者彼此砥砺，相辅相成。显而易见，如果学习者没有学习抱负，学习者的学习上进心就失去了产生的前提。

不管你的学习的起点如何，也不管你的学习的现实水平如何，你务必要确立一定的学习抱负，并不断自觉地提高它；你务必要激发一定的学习上进心，并不断自觉地强化它；你务必要让学习抱负和学习上进心彼此砥砺、相辅相成。记住：有志者事竟成——乌龟因为有较高的抱负，所以跑赢了兔子，而兔子若有较高的抱负，则可能比马还跑得快。

曾子曰："士，不可以不弘毅。任重而道远，仁以为己任，不亦重乎！死而后已，不亦远乎！""弘"，指的是胸襟博大、气度恢宏、胆识超人。"毅"，指的是行为果敢、意志坚强、正气浩然，总之是抱负宏大、上进心强烈。曾子是说，一个知识分子，因为要为国家、为社会担当起重大的责任，所以抱负宏大、上进心强烈——不惜牺牲自己，是成就其抱负的基本的条件。曾子的这一观点对我们如何提高学习抱负水平、如何激发学习上进心，有借鉴意义。

古代中国以夫子为代表的人本主义教育家认为：教育的目的之一，乃在于培养人有献身精神、有弘毅精神、能担当起报效国家并服务社会的历史责任，人的学习应该是且首先应该是担当起社会责任的学习。古代中国朴素的、注重人的崇高精神培养的人本主义教育思想，与某些西方教育思想鼓吹的、旨在诱惑人如何满足一己私欲的、金钱至上的、实用主义的假人本主义的教育思想（西方的教育思想也有优秀的一方面，这里仅是指其落后的一面）相比较，是完全不同的两回事。

探索和实践

●如何提高你的抱负水平？试着设计一个方案，执行之。

第二十九章　倡导健康学习

29.1 倡导健康学习

　　每位同学都曾生病过。重感冒必须一个星期才得病愈，轻度感冒也需二至三天的时间才能恢复健康。不小心受到运动损伤、遭遇车祸或感染上肝类等传染病，治疗的时间便更长了。大家可以算一笔账，在一个学期里，因为生病、因为身体不舒服耽误了多少时间呢？我想，这一定不是一个小数字！

　　再审视一下彼此的肤色，比较一下彼此颈部的肌肉群及胸围、肺活量、四肢的匀称程度，比较一下彼此给人的精神印象——不奇怪的是我们都戴着眼镜，有的还驼着背、缩落着肩膀——脸色红润、骨骼坚实、体态均称、须发茂密、神采奕奕、令人羡慕不已的健美小伙子和漂亮姑娘实在太少了！

　　再反思一下我们的学习心理，比较一下彼此的学习心理过程和学习品质，我们都是忘我地、热忱地、快乐地学习着的吗？我们是否经常陷入涣散、叛逆、厌学、焦虑、浮躁、偏执、冷漠、情绪不稳定、人际关系紧张、不喜合群且胸口似乎感觉到有一股莫名其妙的压力之中呢？我们是否动辄向父母发脾气，与老师、同学对抗呢？可以说，持有上述负向学习情绪特征的同学是不少的！

　　由于不注重生活卫生或因体质较差而感染传染性生理疾病，由于不注重学习卫生导致的学习保健性疾病，由于学习心理卫生不良导致的心理卫生性疾病，由于身体健康不良、体力不足和脑部供血不足导致的身心极易疲劳，既占用了我们大量的学习精力，浪费了我们大量的学习时间，增加了学习成本，降低了学习效率，又影响了我们体质的强健，因此我们应大力倡导健康学习。

探索和实践

　　●晚上学习到深夜，白天上课就打瞌睡，学习情绪不安定有哪些害处？试从健康学习角度分析这个问题。

29.2 学习心理健康的若干标准

　　人的健康不但包括生理的健康，而且还包括心理的健康。

　　据世界卫生组织的观点，心理健康可以用这些标准量度：①智能良好；②善于协调控制自己的情感；③具备良好的意志品质；④人际关系和谐；⑤能动地适应和改造现实环境；⑥保证人格的完整和健康；⑦心理年龄和生理年龄相适应。若按世界精神卫生学会规定，心理健康有五项标准：①身体智力、情绪的和谐；②适应外部环境；③在人际关系中彼此谦让；④有幸福感；⑤在工作和职业中充分发挥自己的能力，过着有效率的生活。

从上述心理健康标准出发，保持学习心理健康应该注意以下方面：

——真实、诚实，不虚伪。

——有正确的学习功利观，学习需要结构合理、切合个人实际。

——自我意识成熟，能自律自知、自信自强、自尊自爱，能充分发挥学习能力，有学习效率。

——情绪稳定，真挚、积极、认真、负责任，不夸饰张扬。

——能战胜学习挫折，意志坚强，能吃苦，不易疲劳且较易恢复疲劳。

——"主敬"：尊重他人，不走极端，凡事三思而行，设身处地为他人着想，不以自我为中心；能和父母、老师、同学、集体建立起良好的人际关系。

你若是做到了这些，你的学习心理肯定会处于健康状态。

探索和实践

●甲同学经常考第一名，你羡慕他吗？丙同学经常考试不及格，你鄙视他吗？你遭遇了学习挫折，能很快振作起来吗？分析你的心理判断是否健康。

29.3 化解过度学习应激

教室里的记事牌已翻到"离高考还有50天"的位置——高考一天天临近，但你觉得你的学习似乎毫无进展，你的生理、心理因此紧张并激动起来，甚至表现出病理性症状。这种因为学习压力太大导致的生理、心理特别紧张而激动的状态，称为学习应激。

学习应激是一种自觉的学习准备状态。适度的学习应激有利于你集中注意力，做出反应，提高学习效率，但过度的学习应激则降低你的学习效率，甚至严重地影响你的心理健康。

在情绪上，过度学习应激将产生焦虑、浮躁、压抑、过敏、偏执等不良情感，及心率加大、血压增高、易疲劳、失眠等病理症状，还可以使你产生逃避、拖沓、马虎、敌对等不良行为。过度学习应激经过长期累积，还会使你注意力分散、记忆力下降、智力减退、自我意识水平降低。

过度学习应激的主导成分是学习的焦虑感。学习的焦虑感来自你对未来的学习功利需要将难以得到满足的错误估计及由此产生的学习的危机感。因此，化解过度学习应激的办法，是借助自我学习暗示，降低学习功利需要水平，淡化对学习功利需要将难以得到满足所带来的不良影响的主观预期，回避对未来学习功利需要是否能得到满足的主观猜测，把主要的精力集中在满足近期具体的、较低层次的、现实的学习需要上。你若对未来的学习需要、对未来的学习功利，以及对未来的学习功利需要是否得到满足有辩证的认识和豁达的态度，你就不会莫名其妙地犯过度学习应激的错误了。

人的独到的大智慧是善于积极等待——积极等待机会、积极等待机遇、积极等待"天将降大任于斯人也"（而非守株待兔或等待天上掉馅饼）。积极等待期间，过度心理应激和过度焦虑是不允许的——"车到山前必有路"。天塌下来自有高个子顶着"，在积极地充分调动自身的主观能动性的基础上，来一点儿自宽自解或自嘲自讽，对降低过度心理应激和过度心理焦虑，也有很好的效果。

探索和实践

●如何化解过度应激？自宽自解自嘲是否可以用来化解应激呢？

29.4 把握好自己的情绪

1990 年，美国的约翰·梅耶尔和彼得·沙洛维在定量研究人的情感差异中发现：有的人在识别自身与他人的情感及解决个人情感方面，有着更强的能力。他们对其给出了如下的定义："处理情绪信息的能力，特别是当涉及感知、理解情绪管理的时候。"他们把情绪智能分解为以下几种能力：情绪知觉、评价与表达能力、思维过程中的情绪推动能力、情绪理解能力和情绪管理能力。

而使情绪智能广为人知的是美心理学家丹尼尔·戈尔曼。戈尔曼发现了梅耶尔·沙洛维的研究并融入了部分自己的研究，写成了《情绪智能》一书。

将《情绪智能》译为中文的，是中国的台湾学者，他启用了一个极有创意的词"代替"情绪智能，这个词就是"情商"。显然，"情商"就是"情绪智能"的中国式说法。

概括起来，情绪智能至少给我们以下启示：

第一，如何把握好自己的情绪，如何与他人沟通及如何与他人和谐相处，是一项重要的技能。

第二，情绪是一种习惯。良好的情绪将极大地改善我们的生活，但不良的情绪足以毁掉我们所有的美好愿望。

第三，良好的情绪状态只有通过主观努力才能达到。

深入的脑生理学研究指出，情绪活动受大脑皮层的调节，又与中枢神经的边缘系统、下丘脑、脑干网状结构及植物神经系统有关系。由于任何心理活动都在情绪的作用下进行，又由于与情绪有关的植物神经系统又恰好是人体内脏器官和内分泌腺的控制者，而人体内脏器官和内分泌腺的活动质量又影响了我们的行为活动质量。所以情绪是否正常不但影响我们的生理健康、影响我们的心理健康，而且影响我们的学习行为活动质量——乐观的情绪有助于我们的学习，压抑的情绪则有损于我们的学习；强、弱适度的情绪有益于我们的学习，过强或过弱的情绪则有害于我们的学习。

在意识倾向主导下表现的、带有强烈价值选择性的、较持续稳定的情绪活动叫情感。道德感、理智感、美感是主要的情感活动形式。而爱国心、感恩心、责任心是上述情感的核心，所有的崇高精神、优秀品质和高尚行为都与这三个核心有关系；所有的错误，大部分是因为我们的情绪控制不当或这三个核心缺乏所导致的错误。所以，在学习活动中，学会控制情绪，学会提高情绪的学习功能，学会培养道德感、理智感、美感，尤其要学会培养爱国心、感恩心、责任心，是值得我们特别重视的一件事。

探索和实践

●如果控制不住情绪了，就要忍气吞声。试着忍气吞声一次，看效果如何。

29.5 体会"子绝四：'毋意、毋执、毋固、毋我'"

为保持情绪的和谐与稳定，夫子提出了四项主张：一曰：毋意，不要猜疑；二曰：毋执，不要刻板；三曰：毋固，不要固执；四曰：毋我，不要自私。夫子的主张对我们学习情绪的管理，是有启发意义的。

——每个人都有保护自身免受伤害和在相互交往中得到尊重、充分发挥个人潜能的需要。这些需要是否得到满足，常使人产生猜测和臆想。如果这种猜测和臆想总是负向的、非实事求是的，人就会陷入无端的认知猜疑之中。

"世上本无事，庸人自扰之"。猜疑使你增添了许多不必要的心理负担。猜疑若成了习惯，人的情绪就会变得极端的狭隘与极端的偏执。古人的《列子·说符》（失了斧子的人）的故事，就典型地表现了人是如何因猜疑而狭隘、因狭隘而偏执，还有如何因偏执而有害于自己和他人的。

——实事求是、具体情况具体分析，是辩证思维方式的核心，也是使自己的情绪如何适应环境的认知基础。你如果忘记了这一条原则，而是在形而上学的观点的误导下，盲目地照抄、照搬往日曾行之有效的思想与行为定势以应对新的环境，你必然会遭遇挫折——挫折必将导致你产生许多如沮丧、失落、痛苦等负向情感。提醒你注意的是，因为刻板的思维方式与挫折是如影随形的，挫折又与负向情感是如影随形的，所以刻板的思维方式总是与负向情感如影随形的——说得通俗些，你一旦刻板，你就不能随机应变，你一旦不能随机应变，你就会遭受失败，你一旦遭受失败，你的情绪就不能保持稳定。

——固执是一种非理性的态度。固执者之所以拒不接受正确意见，顽固地坚持自己的错误，是因为在情感倾向上，他是被虚荣心和自负感维系着的（死要面子）。由于虚荣心和自负感是畸形的自我意识的情感表现，且都是从主观先验的自我想象出发、以自己满足自己虚伪的自尊需要为表征的，所以你愈是固执，就愈是虚伪和愈是自负；你愈是虚伪和愈是自负，你的情绪就愈不和谐愈不稳定了。

——人是身心独立的个体，人又是一切社会关系的总和；人不但要对自己负责，还要对他人、群体、社会负责，人不但要自己成功，还要让他人成功，所以人要多做他人的肩膀——此所谓"欲立立人、欲达达人"也。如果你忽视了这一点，为人处世一切从个人利益出发——"以个人利益为半径画圆"，那么，你就会成为一个唯利是图的孤家寡人——你既不可能从你能满足他人的需要中得到快乐，也不可能从他人给你的情绪感染中得到快乐，更不可能从他人满足了你的需要中得到快乐。总之，你若是奉行极端个人主义的原则，你将永远得不到丝毫的快乐，你的情绪连一分钟也不会和谐。

夫子不愧为大家，在他的"四毋"之中，居首要地位的是"毋我"。因为"我"是"意""执""固"等不良个性或不良人格品质之源，也是不良情绪之本。"有容乃大、无欲则刚"，"己所不欲，勿施与人"——你只要摆脱了私心、私利、私欲，摆脱了"我"和"私"的牵绊，能用忠诚、忠实、忠恕的原则处理好人际关系和周围的所有事务，为人处世不计成本，无愧于天地良知，你就一定能把情绪管理好。

夫子的"四毋"还说明了一个道理：学习首先是"学做人"的。你只有学会了"做人"，有了和谐而稳定的情绪，才可能有准确而有效的学会做事和学会做学问。

探索和实践

●曾国藩是晚清重臣。如果仅就学术评论，曾国藩的很多关于个人修养的观点是值得借鉴的。譬如，他在遗嘱中告诫后代该如何学做人时说：

"一是慎独则心里平静。自我修养的道理，没有比养心更难的了。心里既然知道有善恶，却不能尽自己的力量以行善除恶，这是自己的表现。内心是不是自欺，别人无从知道。孟子所说的上无愧于天，下无疚于心，所谓养心一定要清心寡欲。所以能够慎独的人自我反省时不感到愧疚，可以面对天地，和鬼神对质，绝对不会有行为无悔恨而心却退缩的时候。人假如没有可以愧疚的事，面对天地便神色泰然，这样的心情是愉快平和的，这是人生第一自强之道，是最好的药方，修身养性的第一件大事。

二是主敬则身体强健。在内专一纯净，在外整齐严肃，这是敬的工夫；出门如同看见贵宾，对待百姓像行大祭祀一样崇敬，这是敬的气象；自我修养以让百姓平安，忠实恭顺而使天下太平，这是敬的效验。聪明智慧，都是从这些敬中产生的。庄重宁静则一天比一天强，安闲敬纵则越来越懒惰，都是自然的征兆验效。如果不论人多人少，事大事小，都以恭敬之心相待，不敢懈怠，那么身体的强健，还有什么令人怀疑的呢？

三是追求仁爱则人高兴。一般的人生下来，都得到天地之理以成心性，得天地之气以成形体，我和民间万物根本是同出一源的。如果只知道谋求私利，而对百姓不知道宽仁，对万物不知道爱护，这是和同出一源道理相违背的。至于高官厚禄，高居在百姓之上，就有拯救百姓于水火、饥饿之中的责任。读书学习，粗浅地知道了大义所在，就有使后知后觉的人觉悟起来的责任。孔子教育人，莫大于求仁，而其中最要紧的，莫过于‘欲立立人，欲达达人’这几句话。人有谁不愿意自立自达，如果能够使人自立自达，就可以和万物争辉了。人有不高高兴兴地归附的吗？

四是参加劳动则鬼神也敬重。如果一个人每天穿的衣服吃的饮食，与他每天所做的事所出的力相当，则看到的人会赞同他，鬼神也会加以称许，认为他是自食其力的人。倘若农夫织妇终年勤劳，才能收获数担粮食数尺布，而富贵人家终日安逸享乐，不做一事，却每餐必是美味佳肴，穿必锦衣绣袍，高枕而眠，一呼百应，这是天下最不幸的事，鬼神也是不赞同的。这样怎么能长久呢？古代的圣君贤相，无时无刻不以勤劳自勉，为自己打算，则必须操习技艺，磨炼筋骨，在困境中奋力前行，殚心竭虑，而后可以增加智慧增长见识。为天下人考虑，一定要使自己饥饿，自己陷于水火之中，把民贼强盗不被擒获视为自己的过失。大禹治水十三年三过家门而不入，墨子摩顶放踵以有利于天下，都是极俭朴以修身、极勤劳以救百姓的实例。所以勤劳能使人长寿，安逸能使人夭亡；勤勉则人尽其才，安逸则无能而被人抛弃；勤能够广济百姓，而神灵敬仰，安逸对人无好处，鬼神也不羡慕。"

●你阅读上述内容后，对夫子的"毋意、毋执、毋固、毋我"有什么感想？

29.6 快乐是金

快乐一般是需要被满足，心理紧张被解除时产生的情绪体验。但快乐是即时的，它有可能随着时间的推移而逐渐减弱，或被紧随而来的其他情绪所代替。快乐有时可以表现为没有心理压力产生的比较微弱而持久的，且被称为快乐心境的情绪状态。快乐甚至可以受他人的快乐感染而产生——他人快乐着，自己莫名其妙地跟着快乐起来。

快乐的情绪有利于提高免疫力，进而增进人的心理健康。快乐的情绪有利于化解过度的学习应激——消除你的学习焦虑、浮躁、压抑和疲劳。学习实践证明：快乐地学习着的人与痛苦地学习着的人相比，前者的学习效果更好、学习效率更高。

快乐的情绪之所以有更好的学习效果、更高的学习效率，很可能与快乐的生理机制有关系——当你快乐时，你的大脑皮层的相关部位特别是与学习有关的部位便处于积极的唤醒状态，从而使你的注意力更集中、感知更敏锐、想象更丰富、思维更敏捷，从而更有利于你建立起新的条件反射联系。快乐的情绪避免了负向情绪导致的、低效率的学习心理过程。

真实是快乐之本。真实，就问心无愧；问心无愧，就胸怀坦荡，没有心理压力；没有心理压力，人自然就快乐了。"知足常乐""助人为乐"。要保持情绪、心境的快乐，就必须知"足"、感恩、"助人"、宽以待人——个人欲望不要太高、太多、太过于理想化；欲望若是过高、过多、过于脱离现实，你便难以得到满足，就无快乐可言了。快乐还需要用心去体验，努力从纤细处发现它、从心底里感触它，否则会"身在乐中不知乐"；在学习生活中，你还要学会"主敬"：学会尊重、宽恕他人过失，体验他人情感，处事豁达大度、乐于奉献，能与他人建立起良好的人际关系，"送人玫瑰，手留余香"——你就能得到自己对自己的快乐的回馈；对人常怀感恩之情："滴水之恩，当涌泉相报"——珍惜他人的付出，少为个人的得失斤斤计较；有的时候，你还要表现得"傻帽"一点儿，甘于吃亏，学会忠恕，善于自宽自解。若是这样，你就会变得襟怀坦白、真实积极、无牵无挂，你一旦无牵无挂了，就快乐了。

记住：那些"己所不欲、勿施与人"的人，那些精神崇高、襟怀坦白、真实积极、良知充盈、质直无私的人，那些既允许自己存在、又允许他人存在的人，那些敬重他人、感恩环境的人，那些给出自己肩膀、让他人站得更高的人，才是真正快乐的人。从某种意义上甚至可以说，快乐不是别的，快乐是你真心地允许他人存在并真实给他人以帮助、感激、快乐后得到的、他人给你的真诚的回报，或是你在感恩于他人对你的帮助、感激他人给你快乐后得到的、自己给自己的真诚的回报。

探索和实践

●你如何理解"知足常乐"这句话？"知足常乐"也有负面的作用，试着谈一谈自己的看法。

29.7 不要长时间过度压抑自己的情感

在学习和生活中，顺意的事不过十之一二，失意的事却占了十之八九。因此，因失意遭受心理挫折，因心理挫折遭受情感的心理打击，是一件司空见惯的事。

出于心理的本能，我们每遭受一次情感的打击，就要采取一次心理防卫。压抑——主观地把情感尤其是负向情感排除在自我知觉之外，并将其压迫在潜意识之中——是我们主要的心理防卫形式。在一定条件下，适度压抑着自己的某些情感是应该的且是有益的。但长时间过度压抑自己的情感就有害了。因为束缚在潜意识之中的情感，尤其是负向情感，当它的分量太多、被压迫的时间太长、受压迫的强度过大的时候，它就有可能突破我们脆弱的心理防线，甚至会像火山一样爆发出来。长时间过度压抑的情感一旦像火山一样爆发出来，就有可能使我们的心理失常。《儒林外史》中的范进因为"中举"而人格变态、《祝福》中的主人翁祥林嫂因为阿毛的夭折而精神失常，就是典型的例子。

如何避免长时间过度压抑自己的情感呢？

首先，有积极的人生态度和正确的价值理念。当我们有着积极的人生态度和正确的人生价值观的时候，无论环境如何艰难、无论内心如何痛楚，我们都会持乐观、坚韧、坚毅、坚强的人生取向，我们都不会陷入过度压抑自己的情感造成的极度消极、极度消沉和极度悲观之中；无论人生如何大起大落，我们始终不会因为过度压抑自己的情感而丧失理智、信念、信心和英雄气概。

其次，充分发挥主观能动性——或在痛苦中总结经验、把坏事变好事；或像阿Q一样，"自宽自解自嘲"一番；或转移情感活动方向、化此方面的消极情感为彼方面的积极情感；或以更热忱的态度，瞄准另一个目标更执着地进取；或参加体育和文娱活动，沉浸在个人的课余兴趣之中；或写诗、唱歌、演戏，甚至痛彻心扉地大哭一场……总之要让过度压抑的情感尽情地宣泄掉。当我们的情感，尤其是当我们的负向情感全都被化解、被疏导、被升华、被转移时，我们就没有什么情感可以是长期地被压抑的了。

最重要的，是不让负向情感产生或尽可能地产生得少一些——世上本无事，庸人自扰之——许多的负向情感源出于痛苦，许多的痛苦源出于的错误的主观归因。我们的主观归因若是正确的，实事求是的，痛苦自然就少多了，负向情感自然就少多了。

事实上，不管痛苦是"命中注定"的，还是无事生非的，它都是一笔财富。我们只有经受过无数次的痛苦的洗礼，我们才会产生精神的坚韧力，我们才会在心理上成熟起来。

我们要记住：任何痛彻心扉的人生挫折和任何刻骨铭心的人生痛苦，与我们的宝贵的生命、与我们伟大的事业、与我们的现代学习和国家伟大的未来比较起来，都不算是什么东西！因此，长时间过度压抑自己的情感，使自己患上心理或生理疾病，甚至采取极端的方式解除负向情感长期对自己的过度的压抑和压迫，都是极不可取的，也都是极不负责任的。

探索和实践

●从情感压抑的角度看来，坚忍、坚毅、坚强各有什么区别？能各举一个案例说明一下吗？

第三十章　培养学习品质

30.1 评价学习品质的八个标准

任何事物都有一个质的问题，即品质问题，学习也一样。由于学习活动由学习的行为活动和学习的心理活动两部分组成，因此，学习品质可视为学习时表现的心理活动品质和行为活动品质的总和。

毫无疑问，人的行为活动为人的心理活动所制约。人的心理活动——不管是心理活动过程还是个性心理——首先为人的个性意识倾向、主要是为人的信念所制约。因为信念是意志化、行为化、情感化的世界观，又具有思想性、选择性和激励性，所以人的信念品质的良莠在源头上决定了人的学习品质的良莠。故此，信念品质是评价人学习品质的首要标准。

由于人的行为活动直接为人的思维活动所制约，使得人的思维活动在人的整体活动中占有主导地位。因为思维活动在人的整体活动中占有主导地位，所以以逻辑为中心的思维品质，尤其是以数理—逻辑力为中心的思维品质自然是评价学习品质的第二个标准。

因为学习品质是人在学习实践活动中显现的品质，而任何学习实践活动都是自觉不断克服困难的过程。要克服困难，就必须自律并有意志做支撑，且学习品质愈高级，用以支撑学习品质的自律力和意志品质就愈高级——甚至可以说，没有支持自律力的意志品质做支撑，就谈不上学习品质，是故以自律力为标志的意志品质是评价学习品质的第三个标准。

任何学习活动，归根结底都是行为活动。学习活动既是行为活动，就有一个行为活动的质和行为活动的量的量度问题。而量度学习行为活动质量的唯一标准，是学习者学习行为活动的规范程度，包括学习者学习行为的准确度、学习行为的敏捷度、学习行为的美感水平和标准化程度。所以学习者学习行为活动的规范程度是评价学习品质的标准之四。

任何学习活动，归根结底又都是情感活动。由于情感既是生理的，又是心理的，所以情感的质量不但在心理上、生理上决定了学习积极性的高低，而且在心理上、生理上决定了学习的态度倾向。所以评价学习品质的标准之五，是学习者学习情感水平。

任何学习活动，归根结底都要下苦功"做"——持之以恒地在"学中做"、在"做中学"。懒惰是学习的黑洞。所以评价学习品质的标准之六，是学习者学习的勤奋程度。

任何学习活动，都要提高学习效率，即提高学习的准确度、速度、难（深）度、学习的容量和学习的理论起点，而影响学习效率的主要因素，乃是学习者的学习悟性。所以评价学习品质的标准之七，是学习者的学习悟性。

任何学习活动，都要真实地展现崇高精神、真实地体验崇高精神的美感，真实地实现崇高精神的成长，促进物质向精神的彼此转化。所以评价学习品质的标准之八，是学习者的精神品质，即学习者对崇高精神的真实展现、对崇高精神美的真实体验和崇高精神的真实成长程度。

思想品质、思维品质、意志品质、行为品质、情感品质、进取品质、学习悟性、精神品质，是评价学习品质良莠的八个标准。在这八个标准中，首要的标准是以崇高精神为核心的精神品质。

所有学习成绩不良，都源出于学习品质不良，首先是精神品质不良；学习的最大的缺陷，是学习品质缺陷，首先是精神品质缺陷。如何提高学习的精神品质，即如何在学习中真实地展现崇高精神的伟大，真实地体验崇高精神的美感，真实地促进崇高精神茁壮成长，是提高学习品质的核心问题。

探索和实践

●学习品质不良本质上是精神品质不良，你说对吗？试着为此写一篇小论文。

30.2 培养观察力

无数的人亲历过无数的物体落地的情景，除了诗人和文学家，这一情景在许多人心目中不曾留下什么痕迹。但有个叫牛顿的人却不一样。传说他见到苹果落在地上，就联想起一个问题——苹果为什么径直落地而不落向其他方向呢？于是他执着地、穷追不舍地探究这一问题，终于发现了万有引力定律并建立了万有引力理论。普通人之所以是普通人，科学家之所以是科学家，差别仅在于前者用"知觉"被动地感知世界，后者则用"观察"主动地探究世界，前者的知觉不是观察，后者的观察却是知觉。所谓观察，指的是在具体的情景中，为发现问题而展开的、有目的、有计划的知觉活动。

观察总是与发现问题联系着。观察的目的是为了"观"——发现问题和明确问题，观察的结果是为了"察"——分析问题和解决问题。所以从表面上看，观察过程似乎是个知觉过程，从本质上看，观察过程却是一个思维过程。

观察总是与动脑、动手联系着。要发现问题，就要动手创设观察条件，动手制作、安装、调试观察用的仪器设备，动手查找资料，动手记录观察数据等，所以观察可视为在"做中学"和在"学中做"相结合的实证性学习的典范和动手学习的典范。

观察不是随机的观察，而是有准备、有预定目的、准确的、过细的、有步骤的、寻求实证和实据的观察。观察之前，应该做到胸中有数；观察的时候，应一边按照预定计划，周密、准确地展开知觉过程，一边深入思考，一边做好书面记录——即使对稍纵即逝的蛛丝马迹，也要见微知著，保持着高度的知觉警觉性和知觉敏感性；观察结束，要给出书面观察研究报告或书面观察研究结论。

总之，观察是在具体的情景中，通过知觉和思维，具体地发现具体问题的本领。该本领的初级阶段，表现了人的知觉水平，该本领的充分发展，则形成了人的重要的心理能力——观察力。

观察力是人重要的科学素养，也是人的认知能力的基础构成部分。观察力的高低与人的意志努力程度，与人的知识经验、动手操作水平，与人的思维方式和直觉思维品质有关。没有观察力，人就不能客观地感知世界，人就是"聋子"和"瞎子"，人就没有任何能力可言。

极为敏锐而又极为深入细致的观察力称为洞察力。洞察力往往与丰富的思想方法经验、广博的见识、渊博的学识和开放且严谨的思维品质相联系。洞察力不但能使我们准确地观察到瞬息即逝的现象，而且能使我们迅速地把握住瞬息即逝的事物的细节并迅速地把握住瞬息即逝的科学机遇。

传统文化的弊端之一是不喜欢实证，故传统文化不喜欢观察。我们深受传统文化影响，经常在观察上打马虎——具体表现在观察过程缺乏目的性、计划性、整体性；知觉过程不准确、不细致、不全面；书面记录不客观、不细致、不具体；观察结论不系统、不准确、不深刻等方面。经验证明，我们在学习上犯的错误，大半是因为观察力欠强导致的错误；我们科学素养的缺乏，主要表现在观察力素养的缺乏。

瞪大我们的眼睛，伸长我们的耳朵，放开我们的双手，大胆地、潜心地去观察世界吧！通过观察活动，我们才有可能成为一个脚踏实地的人、一个富有科学素养的人、一个心有灵犀的人，我们才有可能通过准确地发现问题，找到实证和实据，找到思维的入口和认识的入口，我们才有可能迅速把握住事物的瞬息即逝的细节并迅速地把握住瞬息即逝的科学机遇，进而发现学习的大门并进入科学的大门。

探索和实践

●何谓观察能力？如何提高观察能力？为什么说问题发现总是与观察联系着呢？

30.3 留住准确的学习表象——提高记忆力

数学老师在黑板上完成了一个例题，用彩色粉笔在相关的部位画了一个

"圈"，并告诉大家说："请注意：这里是解决整个问题的关键！这里初看起来似乎是一种简单的形式变化，但本质上却是一个思维方法转换的问题。大多数同学的考试失误，就失误在这里！"许多同学对老师的这番"即席演讲"不以为然，以为这不过是老师惯常的小题大做罢了。而你却把黑板上的例题、老师的画圈和老师的言语强调等相关情景，都形象地留在脑子里了。你这种把学习情景、形象地保存在大脑里的学习心理现象，叫作留住学习表象。

不同的人，有着不同的记忆方法。有的人善于逻辑记忆，有的人善于形象记忆。准确的表象记忆，就是形象记忆中的一种。

准确的表象记忆能留住准确的形象，这不但有利于记忆，而且有利于复习。临睡前，你可以把当天所有主要的学习表象像电影一样"放映"一遍。考试时，你也可以把你的学习表象调取出来，从中得到启发。经验表明，所有的考试包括高考中，不管是题型还是解答的思想方法，大部分都曾被老师反复强调过，如果你把老师讲解时的学习表象都准确地印象在脑子里了，考试临场时，你就可能有意想不到的收获。

学习表象不仅是课堂学习的表象，几乎所有的现实的情景：流泉明月，暮日翠竹，渔舟唱晚，阳春白雪，无一不是学习的表象。

学习表象的存在，对提高你的形象思维与直觉思维，对于你的文学、艺术学习，好处更大。你若是缺乏学习表象，就会觉得无话可说、无情可抒、无状可名，脑子里一片空白。当你有丰足的表象包括学习表象时，你会浮想联翩、有话可说、有情可抒、有状可名、左右逢源、文采四溢了。

留住准确的学习表象有益于培养你的学习识记能力，有益于你的学习想象，尤其有益于你的创造性想象，而创造性想象是你创造性思维的源泉。你千万不要把它忘却了。

探索和实践

●表象总是与识记、想象、思维联系着，试举一个例子。试阅读一篇古文，找出与表象有关的修辞方式。

30.4 提高感（知）觉品质

听到声音，是感觉；听到有人唱歌，是知觉；有人立即听到了，有人听了半天都听不到；有人听得出这是小姑娘在唱民歌，有人只听到有人唱歌但不知道谁在唱什么歌——反映了人的感（知）觉品质不同。感觉是人脑对直接作用于感觉器官的客观事物的单一属性的直接反映，知觉是在感觉的基础上，人脑对客观事物的整体属性的直接反映。评价感（知）觉品质的标准有两条，一是感（知）觉准确度，二是感（知）觉速度。

提高感（知）知觉品质是一件很重要的事。如何提高感（知）觉品质呢？

首先要培养感（知）觉心向。即有感（知）觉的兴趣、感（知）觉的敏锐性、警觉性和好奇心，时刻做好了认真感（知）觉的准备。

其次要培养感（知）觉的习惯。对任何待感知的对象，在感知它们之前，都要明确感知目的、明确要解决的问题，做好预习（最好能制订好感（知）觉它们的具体计划），并进行一次"毛估"——估计可能的结果和感（知）觉时可能出现的问题，做到心中有数。

再次要提高感觉辨析力。像猫感知老鼠一样——集中注意，哪怕是对细弱如游丝的感觉刺激细节，也能迅速地、及时地"竖起耳朵"——敏锐地激发起感觉反应并加以精细的辨析和辨别。注意力不集中，就发现不了，也辨别、辨析不了"弱如游丝"的感觉刺激细节；感觉反应不及时、不迅速，就会错过精细地辨别、辨析感觉细节刺激的时机，继而产生错觉。

第四要提高知觉辨析力。即使感觉准确，在形成知觉时，若对知觉的整体性把握不当，也会产生知觉错觉。为避免知觉错觉，一方面要确保感觉准确，另一方面要保证知觉的辨析准确（如何避免知觉错误？可以查阅普通心理学中的相关内容）。

要在确保准确的前提下，适当提高感（知）觉速度，一次就要将对象准确感（知）完毕。感（知）觉速度若是太大，人脑对感觉刺激反应不过来，（瞬时）记忆速度低于感（知）觉速度，就会产生错觉。但速度若是太小，辛辛苦苦感（知）了半天，还只擦一点点感（知）"肥皂"，也无实际意义。如果首次感（知）就产生了错觉，希图通过再次或多次重复以修正它，很是困难，有时甚至做不到——即使做到了，也会耽误时间。因此，务必速度适中，一次且只需一次就要将对象准确感（知）。

尽快地将感（知）觉活动转化为思维。一边感（知）事物的现象，一边通过思维发现现象与本质间的必然联系，一边将这些必然联系用来解决问题，或抽象为问题，或概括为经验，而非停留在单纯的感（知）觉现象描述上。

切记要准确记忆。一边准确地有目的地感（知）觉客观事物，一边准确地有目的地记忆感（知）觉结果——记准、记牢，尽可能地做到过目不忘——最好是感（知）觉结束，就能把要点准确地背记下来。

及时将感（知）时获得的经验归档。对已转化为思维的感（知）觉经验和感（知）觉问题，进行再次感（知）觉和再次思维，使其成为更高层次上的感（知）觉经验和更高层次上的感（知）觉问题。

高水平的感（知）觉不但是高水平的学习品质表现，而且是高水平的工作能力表现。国家公务员考试内容之一，就是感（知）觉准确度测试和感（知）觉速度测试。

探索和实践

●如何准确地感（知）觉并背记住一篇英语课文？试着设计若干提高感（知）觉准确度与感（知）觉速度的方法。

30.5 增强学习悟性

夫子过泰山侧，闻一妇女在哭。夫子问清情况后，就愤然说："苛政猛于虎也！"——夫子毕竟是夫子，他的学习悟性是非普通人所能企及的。

所谓学习悟性，指的是即使接受到极微弱的学习刺激，也会迅速地产生一系列准确的学习心理能力包括学习观察力、学习理解力、学习迁移力和学习敏感性予以应对的学习品质。

学习悟性是后天培养的最重要的学习品质之一，如何增强学习悟性呢？

一是有学习的意识和发现学习影响的心向，走到哪里学到哪里，时刻睁大眼睛，时刻绷紧学习这根弦。

二是善于观察。哪怕接受到的，仅仅是一闪而过、像游丝般纤细微弱的刺激，也要敏锐地激发起积极具体的学习探究心理和积极具体的探究行为。

三是尽快将观察到的现象向探究结果——或向命题，或向问题转化。在命题的或问题的再探究中，发现更本质的问题。我们若发现了本质问题，就会有所领悟；我们若在发现了本质问题的同时，发现了更本质的问题，我们就有所感悟。

四是放大"悟"的效果。像太阳向四周发射出光芒一样，我们须努力通过发散思维，将有限的领悟或有限的感悟尽可能无限地、广褒地，或是有逻辑地，或是无逻辑地向四面八方无遮无拦地发散开来。因为发散务必融会、融会务必贯通、贯通务必会有新的领悟或新的感悟；发散务必交叉、交叉务必矛盾、矛盾务必对立、对立务必统一、统一务必会有新的顿悟或新的醒悟。

五是尽可能在"做中悟"并在"悟中做"，或边"做"边"悟"，或边"悟"边"做"，切不可陷入动脑不动手的、和尚坐禅似"悟"而不"做"的空想。

当我们遇到刺激，就敏锐地、敏捷地、敏感地、锲而不舍地、像孙悟空大闹天宫一般地遵循上述三个基本步骤，领悟、感悟、顿悟、醒悟一番且因此坚持不懈，我们的学习悟性自然会有所增强。

《论语》中的每一句话，都是夫子对物质（小人）和精神（君子）的"悟"。《史记》中的每篇文章，尤其是篇后的《太史公曰》，都是司马迁先生对历史的人和历史的事的"悟"。贾谊先生写《过秦论》，全篇都是对秦王朝的"过"的"悟"……岂止是夫子的《论语》、司马迁先生的《史记》、贾谊先生《过秦论》，天下有哪一件事的准确辨析不与"悟"、不与人的"悟性"密切相关呢？我们若是不"悟"，内容和形式、现象和本质的联系就不能被我们发现，我们的感性认识就难以上升为理性认识，我们就不得不长时间在事物的外部"擦肥皂"，我们势必难以学有所得。

探索和实践

●在《史记》里，司马迁先生在记叙完夫子的生平和事迹后，感叹着说："《诗经》言：'像高山一样令人景仰，像大道一样让人遵循'——我虽然达不到这样的境界，但心却向往之……自古以来，天下的君王、贤人算是众多的了，他们生时显赫荣耀，但死后悄无声息，而夫子不过一介平民，他的道统身世，却绵延承袭了一十余代……上至天子王侯、下到普通百姓，所有研究六经道艺的人，无一不以夫子的思想为依归，夫子真是一位圣明到极点的人啊！"司马迁先生的这一番评述，对增强我们的学习悟性，有什么启发？

30.6 联想是一种智能

遥远的天空中飘过来一片云彩，诗人说，这是远方的游子要回到久别的故乡。从云彩的飘动想象到"久别的故乡"——这种从一种想象引发起另一种想象的心理现象称为联想。

学习需要联想。联想可以激发你的创造性思维，促进学习的意义化过程和学习的创造性迁移。联想还可以使你的情感变得深刻而丰富。

在联想产生的诸事物之间，必然存在着某种联系。这种联系有可能是意义联系，也可能不是。通过想象，诸事物之间的联系便有可能意义化了。如从中和热联想到焓变，从焓变想到弱酸弱碱中和热，从元素周期表联想到金属性强弱的递变规律，从金属性强弱联想到氧化还原反应就是例子。由于联想的方向是发散舒展的、无拘无束的，所以它可以信马由缰地向多个方向创造性迁移。如袁隆平教授培育了杂交水稻，人们自然会联想到杂交玉米、杂交小麦和杂交高粱。联想还与创造性想象直接相连，从而引发创造性活动。如在极低的温度下，有的物质的电阻接近为零，你就联想到，在极大的压力下，金属的电阻是否会无限大呢？在磁场中，金属的电阻是否会变小呢？联想还可以激发情感。你如果观赏油画——《父亲》，你就会联想起自己的父亲，联想起天下人的父亲，联想起天下人的在烈日下辛苦地耕耘的父亲……总之，人类的所有的发现、发明，人类的所有的文学、艺术，人类的所有的精神文明与物质文明成果，无一不是人类创造性想象即联想的产物。

然而，我们常常孤陋寡闻于世俗，把许多多姿多彩的想象一概贬为胡思乱想并加以指责，这显然是错误的。实事求是地说，在学习活动中，我们对想象的注意和重视程度还很不够，即我们的胡思乱想还很不够，在一定意义上甚至可以说，我们之所以缺乏创造力、缺乏学习的迁移能力、缺乏丰富的情感，是因为我们缺乏想象力，尤其是缺乏创造性联想力的缘故。

联想的关键在想。因此，在学习时，我们要放开手脚，破除迷信、解放思想，大胆地想，大胆地、创造性地梦想、幻想、遥想、遐想、思想、猜想、瞎想、空想、痴想、一通"胡思乱想"。我之所以这样号召大家，是因为在某种意义上，想象和思维一样，是一种智能——一种特殊的叫作联想的智能。

探索和实践

● "桃花坞里桃花庵，桃花庵下桃花仙。桃花仙人种桃树，又摘桃花换酒钱。酒醒只在花前坐，酒醉还来花下眠。半醉半醒日复日，花落花开年复年。但愿老死花酒间，不愿鞠躬车马前。车尘马足显者事，酒盏花枝隐士缘。若将显者比隐士，一在平地一在天。若将花酒比车马，彼何碌碌我何闲。世人笑我太疯癫，我笑他人看不穿。不见五陵豪杰墓，无花无酒锄作田。"这是诗人唐伯虎写的桃花诗。在诗中，唐伯虎是如何联想的？试着画出他的联想"地图"。

30.7 远离学习自卑

每个人都遭遇过学习失败。在学习失败的瞬间，每个人都产生过学习自卑的情感。学习自卑，是学习者自己对自己的学习缺乏信心且自己怀疑自己某方面能力欠强的负向情感，它直接来源于学习挫折，间接来自于学习的成就需要得不到满足或对将来仍然有可能得不到满足的悲观的预计。

学习自卑的危害，在于它可以使你丧失学习自信心，使你的学习需要从高层次上退化到低层次上，它还可能使你持冷漠或退化的态度对待学习。久而久之，学习自卑会使你陷于一种茫然的学习恐惧、焦虑之中，进而严重影响你的学习心理健康。

学习自卑是你的主观情绪体验。世上本无事，庸人自扰之。对于学习挫折这一现实，你若能够客观地对待它，不把它与功利和自尊联系起来，就不可能产生这一情感；另外，你若把学习挫折的后果看得淡一些，也就不会产生这一情感了。即使你产生了这一情感，你也能主动地调节它——大事化小，小事化无，最终让它逐渐消失，就不会产生这种情感了。

因此，克服学习自卑的方法，首先是调整现实需要的数量和需要的水平。现实的需要不要太高、太多、太复杂。其次，对于学习挫折的认识，要从学习挫折的现实感受上转移到导致学习挫折的原因探究和战胜挫折的努力上去，不让体验学习挫折产生的消极情感占主导地位。第三，切不能依靠自负——这种名不副实的自命不凡的虚荣心来克服学习自卑。因为自负本质上是一种自我欺骗性的情感转移方式，它是自卑的影子，它是不可能用来调整学习自卑情感的。

远离自卑，保持内心学习情感的平衡，化自卑为自信自强——"大家都做兔子吧！我还是做我的乌龟！"你越是如此实事求是、客观大度，你越会变得信心十足，你越会远离学习自卑。

探索和实践

●虚荣心有什么害处？虚荣心能克服学习自卑吗？学习自卑与学习挫折和学习骄傲有什么关系？

30.8 杜绝学习的行为马虎

如果你问我："老师，你最深恶痛绝的不良学习品质是什么？"我会毫不犹豫地回答你："学习行为马虎！"

学习的行为马虎指的是缺乏崇高的精神力和坚强的意志力支撑，且在不认真、不负责的学习态度支持下产生的，以学习行为过程不规范、学习行为结果不标准、学习行为美感缺乏为特征的学习活动方式。

据我观察，缺乏崇高精神支持，情绪易激动，相对缺乏耐力和毅力的学生多有学习行为马虎的毛病，可见精神、意志和个性对学习行为是有影响的。对学习刺激的感知度小，兴奋性、耐受性低及行为反应不准确、不敏捷、不坚持的同学也多有学习行为马虎的毛病。缺乏严格的基本技能训练的同学，如读、写、算、述、作（技能操作）达不到标准的同学，也容易表现出学习行为马虎。个人的低水平心理因素，如低水平的认知、情感、意志都可能导致学习行为马虎产生。此外，缺乏美学意识和审美体验也会导致学习行为马虎。少数小时候学习过艺术，没有接受严格的数理逻辑和数理技能训练的同学，到了高年级，也常常表现出马虎行为。但学习行为马虎的根本原因还在学习者本身——学习者缺乏崇高精神做学习支撑、学习品质不良且学习态度不良。

学习行为马虎很容易稳固成为学习马虎的行为习惯——即不管在什么场合，也不管在学什么及在做什么，都会有行为马虎的表现。

学习行为马虎的负面影响是全方位的。首先，它会使我们认知不准确。多次的认知不准确将降低我们的学习效率。其次，学习马虎的行为习惯有可能迁移为处事马虎的个性，衍生出一系列不良的学习与生活习惯及价值观念，进而全面影响我们的人文素质。行为马虎是最难转变的个性行为特征之一，如果我们在学校是一个行为马虎的学生，走出学校后，我们很可能把行为马虎的个性习惯与工作习惯结合起来，并以此为本衍生出一系列职业马虎个性和职业马虎习惯。这就是社会学家对有学习马虎的行为习惯且又屡教不改的学生深恶痛绝的主要原因。

如何克服学习行为马虎的不良习惯呢？

真实地展现崇高精神的伟大、真实地体验崇高精神的美感。在学习中，不但要提高认知水平和认知能力，而且要真实地展现崇高精神的伟大，真实地体验崇高精神的美感；要求自己在学习中展现美、创造美、欣赏美——要求自己提高审美水平和审美能力，努力将学习的行为活动向崇高的精神活动转化。

强化意志力和自律力。我们的学习行为必须接受学校的学习纪律和自我学习纪律的双重约束。我们务必记住：严谨的、规范的、标准的、认真负责的、一丝不苟的作风，都来自于严格的意志力和自律力的严格约束。

提高学习行为规范水平。在学习过程中，我们不但要提高认知质量，还要提高行为质量（如作文，我们不但要求文章写得好，还要求格式规范，书写工整，卷面整洁，不写错别字，不撕页，不反复涂改；要求先拟提纲，再写好草稿，写好草稿后再誊正；要求无论是草稿还是正稿，都必须写美观、写整洁等）。

提高责任心。明确学习不但应对老师负责，更应对自己、对父母、对国家负责，而任何形式的马虎，都是对老师、对自己、对父母、对国家的不负责任。

坚持学习书法。汉字是方块字，一个字，就是一幅画。既是一幅画，可以认真画好，也可以马虎应付不画好。在教学中发现：小时候认真学习过书法的人，大都比较认真负责；小时候没有认真学习过书法的人，大多比较马虎。所以学习书法，是有利于克服马虎行为习惯的。

至今为止，我们生产的航空发动机质量还没有完全过关，我们的许多的机械材料、信息设备的核心部件如特种钢材、芯片，甚至特殊部位的特殊螺丝，都不得不依赖进口。为什么我们生产的航空发动机质量还没有完全过关，我们许多材料、部件，甚至螺丝都不得不依赖进口呢？原因之一是，我们的工艺、材料、检测不合要求。为什么我们的工艺、材料、检测不合要求呢？有人不负责任、工作马虎——不负责任、工作马虎是我们民族的第一大工作痼疾！如果我们能杜绝马虎——我们现在的学习行为和今后职业行为都不是马虎的，而是极端认真和极端负责的，我们个人的和民族的综合素质就不知道要放大好多倍了！我们的国人不仅是以一当十的，更会是以一当百的了！我们的一个湖南省的国民经济生产总量，就有可能相当于甚至超过三分之一个日本的国民经济生产总量了。

探索和实践

●你将如何克服马虎习惯？什么是学习纪律？为什么学习行为马虎的人难以学到真本事呢？

30.9 减少学习的认知漂移

两夫妻扯皮。旁人问："为什么扯皮呀？"丈夫答："为野鸡。""堂客要炖着吃，我要炒着吃，二人争执不下，所以扯皮了。""野鸡在哪儿呢？"旁人又问。"还在山上。"妻子答。"野鸡还在山上，你们就为着炖、炒扯皮，岂不是有些愚蠢吗？"旁人说。夫妻无言以对。

像上面这样，本有能力准确认知、事实上却未能准确认知的心理现象，称为认知漂移（心理学上有认知偏移的概念，认知漂移与认知偏移意义相近，但又有些不同）。

关于认知漂移产生的原因，很有可能是你犯了知觉错误，你听错了或看错了或写错了，由于人的认知原始于人的感知，感知差之毫厘，认知便谬以千里了；其次，很可能是你试图"完形"——主观地增添了许多先验的臆想条件（如上夫妻俩就以为野鸡已经抓到了），使认知的范围、前提、边际条件发生了变化；第三，可能是你受到了情绪的影响——因为所有的负向情绪如浮躁、厌倦、焦虑和所有过强的正向情绪如狂喜、激情、激动等都会影响你准确认知；第四，可能是你原有的认知定势影响了你目前的认知——由于本质不同的新的认知对象与你曾经准确认知过的旧对象现（形）象相似，而你却按原有的认知方式、认知经验去认知它；第五，可能是由于你的逻辑和行为活动粗略：认知心理不细致——粗心；认知表达不细心——粗略；认知判断不细密——粗糙等……所有这些，都会让你因为忽略了某些条件或未按照规范表达而犯下"想错了""说错了""写错了""看错了""算错了"的认知漂移错误。总之，认知漂移产生的最根本原因，主要在于你的学习品质，尤其是数理—逻辑思维品质和知觉品质不良。

克服认知漂移的方法是：

强化责任意识、自律意识、逻辑—数理意识，提高思维品质和知觉品质，时刻绷紧思维的辩证性、逻辑性、准确性、批判性这四根"弦"。

恪守准确学习的原则。准确观察、准确识记、准确应用、准确论证、准确计算、准确表达，一切学习活动都要求"准确先行"。

不让不良情绪影响自己的认知。加强暗示，克服思想、思维、知觉定势和"完形"的心理影响。加强有步骤和有程序地准确认知事物和有步骤地和有程序地技能操作的基础训练。

——最重要的，是在认知过程中彰显极端认真和极端负责、实事求是、奋发图强的崇高精神。

——记住：克服认知漂移现象的关键在强化数理—逻辑意识，提高学习品质，尤其是提高思维品质，养成学精准、记精准、无论如何都不马虎的学习习惯。

因为认知漂移不但浪费了大量的学习时间，还会使人养成敷衍塞责、草率随便、消极应付等不良的思维方式和行为习惯，所以必须尽量克服。

探索和实践

●认知为什么会发生漂移？你经常发生认知漂移吗？你能否以此为题写一个学习心理学分析报告呢？

30.10 克服学习的情感浮躁

饭是一口一口吃的，田是一垄一垄犁的，即使是森林里的老虎，在扑食的时候，也是一步一步地进逼的——这说明任何目标的达成，都必须以时间为经，以量变为纬，耐心地、循序渐进地完成从量变到质变的过程。学习是一个循序渐进的量变到质变的过程。那种因为学习功利性观太强且学习需要又屡遭阻碍产生的，以学习认知肤浅、学习心态焦虑、学习行为逃避与学习意志薄弱为特征的，企望在学习的量变不足的条件下能发生学习质变的消极的情绪状态，称为学习的情感浮躁。

学习情感浮躁产生的原因大致有以下几方面：

缺乏崇高精神做支撑。信念上没有"定力"、思想上没有"张力"、行为上没有"耐力"，怕苦、怕累、怕难，渴望一蹴而就。

学习功利观太强。总是把眼前的学习得失与遥不可及的学习功利联系起来，只要学习受到一点挫折，就用高不可及的学习功利来评价它，以致产生了未来的学习需要肯定不会得到满足的心理失望，导致了莫名其妙的心理浮躁。

学习挫折超过了心理承受极限。因为学习挫折超过了心理承受极限，所以不得不采取心理浮躁的方式以减小心理压力，以求得暂时的心理安全。

学习的数理—逻辑意识薄弱。不愿意具体地、细致地、细密地实证和实例，不愿意用数学方法定量地、逻辑地解决问题。

学习作风漂浮、不踏实、不深入，总是有始无终、冷冷热热、来来回回地"擦肥皂"。

学校的影响。老师不按照教学规律组织教学，考试过难过多，致使学习成功远少于学习失败，频频的学习失败挫折了学习信心。

学习情感浮躁最大的负向影响，是使认知情绪化。认知情绪化的后果既降低了认知的准确度，又降低了认知速度和认知敏捷性。认知准确度、认知速度和认知敏捷性的降低，使认知不但是不准确、不细致的认知，而且是容量小、不具体、易遗忘、不能有始有终的认知。

克服学习情感浮躁的最好方法，一是建立自信，即使学习成绩位于全班倒数第一也不失去学习自信。二是淡化学习功利观，从满足现实的学习需要做起，不把眼前的学习失利与遥不可及的学习功利联系起来（如不把眼前的学习名次与将来的升学联系起来）。三是建立学习的归零意识（不问成功与失败，一切从零开始）——过去的也就过去了。四是学会学习的情感调节——如培养一点"阿

Q精神"，在学习挫折发生和情感浮躁萌发时，来一点儿"自宽自解"也很重要。

学习好比行军作战，是丝毫也不能浮躁的。浮躁必然导致失败。只有像钢铁一样的坚毅并像山岳一般的稳实，才能克敌制胜。学习既需要的是精神的顽强，又需要情感的真实专一和虚一守静。

有才而性缓定属大才，有智而气和定属大智；顶尖的智慧一在远见、二在准备、三在冷静、四在激情、五在坚韧、六在等待——浮躁是干不成大事的。你宁可像《射雕英雄传》中的郭靖：质朴无华、傻帽平实、屈服忍耐，也不要像《三国演义》中的马谡：张扬浮躁、骄妄夸饰、文过其实。

探索和实践

●分析自己是否有浮躁情绪。分析浮躁的原因；给出克服浮躁的方法。

30.11 克服学习的意志薄弱

我们即使是弯下腰来拣拾一根麦穗，也必须通过意志努力才得以做到。

从心理学的角度看，所谓意志，指的是自觉确定目的，主动调节、支配行为，通过积极克服困难以实现预定目的的心理过程。学习意志薄弱表现在：学习被动，不能自觉确定学习目的；不能主动调节、支配学习行为；不能直面学习困难。

表面上看，学习意志薄弱似乎仅与学习者的学习期望萎缩、学习动机淡化、学习责任涣散、学习行为懒惰有关，本质上看，学习意志薄弱则与学习者的崇高精神缺乏、自我意识低下有关。

学习的意志薄弱危害很大。它降低了学习热情，将学习需要、学习态度、学习兴趣坠落至低层次上，产生了诸如萎靡、逃避、散漫、随波逐流等懦夫行为和怯懦、空虚、冷漠、容易疲劳且疲劳不易恢复等病夫习惯。

克服学习的意志薄弱可以从下述几方面着手：

——促进崇高精神成长，提高信念水平和需要层次。崇高精神、信念、意志是联结在一起的，精神愈高尚、目标愈远大、追求愈卓越、信念愈坚定，意志愈坚强；一个决心献身国家富强的人，死都不怕，还怕困难吗？

——强化自我意识，严格要求自己。学会自律和自强，学会执着和激励——不怕苦、不怕难、不怕鬼、不信邪，凡事对自己"把蛮"，越是艰苦的事，越是抢着去做；认准一件事，就专心致志地、有始有终地、全力以赴地做好它，努力将自身的自觉性、坚持性、自制力发挥至极致。

——体会坚强意志得以贯彻始终，困难得以克服或部分克服产生的美感。

——参加艰苦的体力劳动。经验证明：大多数经受得起艰苦的体力劳动考验的人一般都能够经受得起艰苦的脑力劳动考验。因为在艰苦的体力劳动中，通过骨骼、肌肉、神经系统有目的协调运动，我们最大限度地激发了体能和体力，体能和体力的最大限度激发有利于唤醒我们高水平的自我意识和高水平的自我需要，进而增强意志力，实践证明，人越勤奋，意志越坚强；人越懒惰，意志越薄弱。

——参加艰苦的军事体育锻炼。意志是人的主观的心理活动。在艰苦的军事体育锻炼中，体力和体能不得不努力发挥至极限。我们亦因此体会到，我们既有克服意志活动中各类困难的可能性，又有克服意志活动中各类困难的现实性，这样可以坚强我们的信念、激发我们的意志力。

——尽量在群体或团队学习活动中取得群体或他人的意志支持。一个人夜行，就胆小怕鬼，有人相伴，就胆大不怕鬼了，这说明在团队中，个人的意志可以团队化，个人的意志一旦团队化，就有了团队的意志做支撑——有了团队的意志做支撑，个人的意志就增强了。

——淡化痛苦的痛苦感。意志薄弱产生的前提之一，是对未来可能产生的痛苦做出了错误的估计，放大了现实痛苦的主观感受。如果我们不把未来的痛苦想象得那么严重，不把现实的痛苦感受得那么强烈，意志水平自然要相对高得多，我们的意志力就要强得多。

"靡不有初，鲜克有终"——学习是将坚强意志、将崇高精神贯彻始终的过程。我们如果期望学有所成，首先就要从克服学习的意志薄弱并将其贯彻学习的始终做起。

探索和实践

●反思参加艰苦劳动和体育锻炼的好处，尤其反思二者是如何有益于我们培养崇高精神和坚强意志的。

30.12 正确对待学习挫折

或因学习动机受阻，或因学习失败而不能实现预定的学习期望所产生的，负向的学习情绪状态，称为学习挫折。因为学习挫折，你可能会情绪沮丧、信心丧失，莫名其妙地愤怒地攻击自己、攻击他人、攻击与自己毫不相干的对象；你还可能会出现焦虑、烦闷、头昏、心悸等心理或生理的病理症状；更为严重的是，学习挫折还可能导致你学习需要退化、学习意志薄弱、学习精神萎靡、学习行为逃避。

学习挫折是你的主观情绪体验。因为它是主观的，所以你体验到的有些学习挫折确实是挫折，而有些学习挫折则纯粹是你在无中生有、作茧自缚、画地为牢、自作自受。

战胜学习挫折的最好方法，是冷静情绪、回归理智。而冷静情绪、回归理智的前提，是你必须自己对自己、自己对自己产生学习挫折的原因有正确的认识并采取正确的归因方式——承认学习挫折的存在，分析它产生的主观原因，反思其经验教训；放下所有的心理包袱，努力在挫折中奋起，把坏事变成好事。

当然，你选择适当的场合、适当的时候，理智地宣泄一下因学习挫折带来的苦闷和不安，也是可以的，但必须适度。你千万要记住：其一，有些学习"挫折"发生的原因及其后果，事实上远没有你想象中的那样情况严重，你若在心理上"退"一步，自宽自解自嘲自律一番，挫折就消失了。其二，当你在宣泄学习挫折带来的苦闷和不安的时候，切不可强烈地虐待自己、攻击他人，如果把自己的痛苦和不安宣泄到他人身上，是不道德、不理智的。

"淡泊以明志、宁静以致远"，据说这是诸葛亮写在茅庐门边的一副对联。从学习心理学的角度看，这副对联反映的，是诸葛亮的"归零"心态。"归零"心态主张"一切从零开始"——过去的就过去了，没有必要让过去的学习挫折阴影影响现在的情绪，一切从现在开始。俗话说得好："世上本无事，庸人自扰之"，挫折本来就是无所谓有、又无所谓无的——佛家说得更好："菩提本无树，明镜亦非台，本来无一物，何处惹尘埃？"——当你心理"归零"，什么都不念及——"无一物"，不把学习挫折视为挫折时，你就没有"学习挫折"、你也就无须劳神费力去战胜"学习挫折"——无须劳神费力去"惹尘埃"了，你就一身轻松、没有什么精神包袱了，人的所谓"大器"，可能就表现在这里。

亚马孙雨林中有一种树，名叫坚果树。坚果树的种子一旦发芽，就处于热带雨林浓密的阴影中，一直不能长高长大，为此，坚果树只有等待——只有等到周围的大树死亡了、倾倒了，得到了阳光雨露，才能茁壮成长起来。坚果树的等待不是几天、几年，而是几十年甚至更长——卧薪尝胆、忍辱负重，坚韧、坚忍、坚持、坚决地承受挫折几年、几十年甚至更长时间；但一有机会，遂激情四射、猝然发作，出手非凡、平定乾坤——这就是坚果树得以成长壮大的秘诀。如果坚果树不肯，也不能耐受挫折，刚发芽就索性倒下，它就不能成长为一棵高耸入云的坚果树，它们就不能成长为一片摩肩接踵、冠盖云集、遮天蔽日的坚果树林了。由此看来，适度的学习挫折有其有利的一面，它可以使你痛苦、悔恨，使你吸取教训、获得经验、增长见识，激励你产生更高层次的学习需要、产生更强烈的学习动机和学习信心，激发你产生更积极、更热忱的学习情感，同时及时地让你自己对自己的张扬跋扈、盲目乐观、夜郎自大泼一瓢冷水。事实上，在茫茫人世间，有作为的人并不是智商奇高、至睿至智的河曲智叟，而是像坚果树一样不惧挫折，表面上看质朴鲁钝、沉肃冷峻，但内心深处却激情非凡且愈挫愈坚的北山愚公。

——学习挫折就像是一条河，河是必须通过无数次挫折才能将水汇入大海的，学习是必须经过无数次挫折，无数次的学习的质量互变才得以成长起来、成熟起来、坚强起来，取得进步的。如果你经受了一次或几次学习挫折就变得一蹶不振，像一摊永远也糊不上墙的稀泥，或像一滴静待蒸腾殆净的死水，那你就必须深刻地反省一下自己了。

探索和实践

●作文：《挫折就像一条河》。

图书在版编目（CIP）数据

倡导现代学习 / 谢春勤著 . -- 长春 ： 东北师范大学出版社，2018.1
ISBN 978-7-5681-4101-7

Ⅰ . ①倡… Ⅱ . ①谢… Ⅲ . ①学习方法 Ⅳ . ① G791

中国版本图书馆 CIP 数据核字 (2018) 第 008746 号

□责任编辑：包瑞峰　□封面设计：陈丽维
□责任校对：张巨凤　□责任印制：张允豪

东北师范大学出版社出版发行

长春净月经济开发区金宝街 118 号（邮政编码：130117）

电话：0431－84568003

网址：http://www.nenup.com

东北师范大学出版社激光照排中心制版

北京市金星印务有限公司

2018 年 4 月第 1 版　2018 年 4 月第 1 版第 1 次印刷

幅面尺寸：170mm×240mm　印张：30.5　字数：580 千字

定价：79.00 元